增訂四版

政府會計
——與非營利會計

張鴻春 著

三民書局

國家圖書館出版品預行編目資料

政府會計:與非營利會計 / 張鴻春著. — 增訂四版
一刷. — 臺北市;三民,2002
　　面;　　公分
參考書目:面

ISBN 957-14-3113-3　(平裝)

1.政府會計

564.7　　　　　　　　　　　　　　　88015901

網路書店位址　http : // www. sanmin. com. tw

© 政 府 會 計
—— 與非營利會計

著作人　張鴻春
發行人　劉振強
著作財
產權人　三民書局股份有限公司
　　　　臺北市復興北路三八六號
發行所　三民書局股份有限公司
　　　　地址／臺北市復興北路三八六號
　　　　電話／二五〇〇六六〇〇
　　　　郵撥／〇〇〇九九八——五號
印刷所　三民書局股份有限公司
門市部　復北店／臺北市復興北路三八六號
　　　　重南店／臺北市重慶南路一段六十一號
初版一刷　西元一九八四年三月
初版五刷　西元一九九〇年十月
增訂二版一刷　西元一九九二年九月
增訂二版六刷　西元一九九七年二月
增訂三版一刷　西元二〇〇〇年一月
增訂三版二刷　西元二〇〇一年八月
增訂四版一刷　西元二〇〇二年八月
　編　號　S 56053
　基本定價　拾伍元貳角
行政院新聞局登記證局版臺業字第〇二〇〇號

增訂新版序

　　就會計工作之領域而言，可概分為企業會計與非營利會計，而後者又以政府會計為主體，由是而言，政府會計幾可與營利事業會計分庭抗禮，其重要程度自不待言。近世政府之職能日益擴張，因之政府之財務管理便愈顯其重要。會計為財務管理之有力工具，欲期政府之財務收支，達於經濟而有效，即需借助於政府會計以提供管理所需之資訊，隨之，政府會計之地位，應現代政府任務之需求，而更為人們所重視。

　　由於政府施政所涉之範圍異常廣泛，遂致政府會計之內涵便亦甚為複雜。政府辦理各項政務必須有經費為支援，於是便須經立法指定財源設置基金以供應，隨之，政府會計即須針對各種基金之收支而處理。政府的每一基金各成為一個財務個體，各有一組自相平衡之帳戶，形成一個單獨的會計個體，因而，政府會計亦可謂為各種基金之會計，此項觀念，不僅為政府會計之基本原則，甚且有學者更擬將基金本位之理論，推廣其應用範疇至營利事業會計。

　　政府之基金中應用範圍最廣者，厥為普通基金，因而普通基金會計，便成為政府會計之重心。普通基金之收支，須嚴守預算之範限，於是本書在論普通基金會計之前，先述政府預算，然後針對我國政府會計之組織，分章列敘總會計與單位會計，以其與預算密不可分，有稱之預算會計者，其年報又稱決算；政府之財務收支須經獨立之審計，故其後列入決算、審計兩章。自此以下，除引美國政府之普通基金會計事務為例之外，繼分章列示各特種基金之會計，及其與我國目前政府會計之處理不盡相同之處，用意在中西兼顧，以資互相比較。

　　政府之會計事務，依其性質可概分為公務機關之會計事務，與公有事業會計事務兩類，公務機關又有普通公務與特種公務之分，前者屬於一般機關之單位會計，後者則以徵課會計與公庫出納會計較重要，故本書於地方政府單位會計之後，再將上兩種特種公務會計納入。又政府公務機關對長期負債及長期性資產，須另行設置帳類處理，因是本書遂於公務會計之後另列兩章分述長期性資產與長期負債會計。

　　各國政府多設有各種特種基金，本書對特種基金會計之討論，除我國預算法已指明之營業基金、債務基金、信託基金、作業基金、特別收入基金、資本計畫基金外，另增述代理基金、政府內部服務基金、特賦基金之會計；此外，並將美國地方政府之各種政務基金如資本計畫基金、債務基金等以及美國聯邦政府之會計處理亦予納入，用供參考。

今日美國社會非營利機構很多，我國近年非營利機關之設置，如雨後春筍，其財務處理是否與設置目的相符，不僅捐助者關心，有者亦為社會大眾所注意；財務報表之公正表達，有賴於健全之會計，非營利會計自有別於企業會計，與政府會計亦不盡相同，惟我國目前尚乏非營利會計準則，為充實習會計者之知識領域，兼便國內非營利機構之參照，乃選擇美國一些非營利機構會計，奠列於本書最後兩章，期有益於讀者，非為擴張篇幅也。

本書已儘可能將所有涉及政府會計之問題，均予羅列在內，足敷大學或專科學校會計系科，或其他系科必修或選修政府會計課程之應用，如為教學時數所限，自亦可加以選擇，如政府預算兩章可全捨或僅取一章，至總會計與單位會計，中央與地方政府之處理方式實大同小異，亦可僅選中央政府會計，而省略地方政府會計，普通基金會計應用至廣不可不知，至特種基金會計，亦可自視環境所需，而加以適用之選擇。

本書每章之後均附有問題與習題數則，內有選自高普考或國內外會計師考試用題，一則以供在學同學研習，再則可資有意參加考試舉子之參考。本書除供教學之用外，復對已經從事或有意參加政府會計工作者，最有幫助，如政府之預算實務、中央與地方政府總會計、公務機關單位會計、稅收徵課會計、公庫出納會計、固定資產會計等，均含現行實務之處理，可就自己工作所需，或興趣所向，自由選擇參閱。

本人於臺大等校會計系任教政府會計，苦無適當教本，國外出版者固不乏佳著，惟以多不切合我國實務，且國內書商尚未獲版權印行，不得已乃自編講義，其苦自不待言，會承臺大楊超然教授、辛世間教授、白健二教授之推介，三民書局劉董事長之訪託，乃將原擬講義加以整修補充，送由書局印行，意不在名利，但為學子便利耳。本書編撰期間，多勞臺大畢業同學現任審計部審計官江健介、李枝春，國庫審計處同事李美齡、王麗珍、劉淑貞，臺大會計系助教衛婉倩等幫忙協助，至為感激。本人雖曾在中央主計審計機關任職，略具實務經驗，且在臺大、輔大等校講授會計課程多年，但所知仍屬有限，書中錯漏恐仍難免，至祈學者專家多予指教，以匡不逮，是幸。

本書經增訂補正新版發行之後，方見及美國政府會計準則會新近發表三十四號公報，內中對美國地方政府之財務報表與會計制度有重大變革，而為政府會計有關人士不可不知，因此，增訂美國地方政府會計一章，俾資有所借鏡。

張鴻春

於臺大

政府會計
——與非營利會計

目　次

第三章　政府預算

第四章　預算制度

第五章　政府總會計

第六章　公務單位會計

第七章　省市政府會計

第八章　縣市政府會計

第九章　稅賦徵課會計

第十章　公庫出納會計

第十一章　長期性資產會計

第十二章　長期負債會計

第十三章　政府決算

第十四章　政府審計

第十五章　政府基金會計

第十六章　普通基金會計

第十七章　普通基金歲入

第二十五章　信託與代理基金會計

第二十六章　美國地方政府會計

第二十七章　美國聯邦政府會計

第二十八章　非營利機構會計

第二十九章　大學院校會計

附　　錄

第一章　基本概念

第一節　政府會計之意義

政者乃眾人之事，政府就是為人民辦事之機關。由於人民要政府辦理之事日漸增多，於是政府之業務活動也就日漸趨廣，除了公務行政機關之外，政府尚設有多種非營利機構，如學校、醫院、圖書館、養老院等，甚至還投資設立公營事業，這些機關之財務活動，均需要透過會計加以處理，於此即可見政府會計之範圍相當廣泛，處理之對象相當龐雜。

會計乃就某一機構個體之財務事項，加以記錄、分類與彙總編報之技術，但我們要瞭解，會計的任務，不僅只是建立資料，尤其是要提供資訊給對此有興趣之團體，及解釋資料為企業決策之應用。政府會計乃以政府機構為對象，依據法律規章，針對其業務實況，研究設計其會計制度，用以記錄其財務事項，彙總報告其財務情形，進而予以分析解釋，以提供決策參考之應用。惟政府機關之財務活動，必須依據法定預算，年度預算執行終了，尚須編製決算，其平時之財務收支及年終決算，又須經審計機關之審核，故從廣義而言，政府會計不僅限於會計處理，尚應包括預算、決算與審計。本書固在研究政府會計之理論、技術與方法，惟其所述則一以實務之應用為重心。

第二節　政府會計之功用

政府會計是政府行政管理之有力工具，政府機關倘若缺乏會計方面所提供之財務資訊，由是其管理必然失去憑藉，其計畫與控制亦都將落空，於是政務就無法向前推行。會計不僅可將施政之進度和成效用數字以表達，更可用以確定政府官員忠貞清廉之程度。

會計之主要作用，在提供過去與現在財務情況之資訊，作為未來業務之導針。會計可以數字表達已往工作之績效，以之與財務計畫、工作標準及業務目標相比較；會計可就未來計畫，用貨幣金額編成財務預算，以便利計畫之實施；日常財務事項須賴會計加以分類記錄，以供業務參考與財務控制，例如，根據預算分配與執行之

記錄，隨時查知尚可支用之預算餘額，以免費用支出或契約責任超過預算；此外，尚可利用會計資料，實施有效內部控制，防杜金錢、財產之損失，使財務處理及經費支出完全符合法令規定；復根據其業務成績報告，評定其管理成效。政府會計除可達成上述要求外，其主要任務在控制政府機關之財務收支，公開政府之財務事實。公開是民主的基石，每一位公民都有權知道政府財務的情形，所以政府會計應提供政府的財務資料予社會公眾，及有關機關，且其所提出的財務報告，須經獨立的審計予以查核確定。也可以說政府會計之主要目標，是提供忠實可靠有效可行之資料，以達成營運上的經濟管理，與資源上的最佳運用，因根據管理資料的報導，可以明瞭計畫方案之實施成效，與財務資源之使用情形，進而用以評估其管理績效，同時將政府之施政成果，和基金之運用情況公諸於社會大眾，以取得人民之信賴，此亦即所謂的政府責任會計，因其目的在表達財政資源之責任，遵行法律要求與行政政策之責任，營運上經濟有效之責任，與計畫方案活動成果之責任。簡要言之，政府會計之功用，在促使政府有效執行預算，幫助政府順利推行政令，嚴密控制政府收支，杜絕弊漏發生，追蹤考覈政績，達成施政目標，公開政府財務實況，取得人民充分信賴。概括而論，政府會計可供立法機關之應用，行政管理之應用，與社會大眾之應用。

(1)立法機關之應用。各級政府之立法機關，根據政府會計所提供之資料，藉以明悉政府財政計畫之進展情形，財務管理之負責程度，然後作為新財務法案及來年預算之審議依據，並可用以確認政府各部門之工作成效。蓋以立法機關對政府財務之立法限制，各部門是否認真執行，主要依賴會計制度所產生之報告。

(2)行政管理之應用。政府機關之行政管理人員，經常急切的需要會計方面的資料，例如預算執行情形，現在財務狀況等項報告，該項會計報告不只可用以檢核附屬機關之業務活動，尚可用之編擬來年財務計畫，送請立法機關審議，財務管理官員，依賴會計資料，可以審核費用開支情形，控制各部門之財務活動，並擬編未來年度預算。機關首長更需要會計資料，以瞭解撥款狀況、業務成果，並作為來年財務需求之依據。總之，對政府公款收入或支用負有直接或間接責任之每位官員，或負責政府現金、財產之保管人員，均需依賴適當的會計記錄，產生所需資料，編製正確報告，提供給應對其負責之人員參考。

(3)社會大眾之應用。政府應定期編製易懂之會計報告，公告予社會大眾，他們不需要很詳細的報表，他們所最關心的是政府的預算情形，因為由此他們才能知道他們的議員所提出之建議，和政府官員所訂定之政務計畫與辦理情形，以及議會對政府荷包控制之影響，他們也注意政府會計是否依循適當之程序，並符合主要的原

則，忠誠有序地去處理政府的財務事項。由是，政府的會計必須是完整的、正確的，方可以對其現況與結果產生適當的報告資料。為了達成公眾瞭解之目的，這些報告必須具備完美的格式，並且要隨附明晰之解釋，如此，沒有受過政府財務管理訓練之公民，才能夠閱讀並瞭解政府的會計報告，同時也需要利用超然之審計人員，對政府的財務記錄與報告加以審核與證明。

第三節　政府會計之性質

若就會計之性質或目的而論，有者將整個會計領域，劃分為兩個世界，一屬企業會計占領，一為非企業會計所據。一般稱企業為營利事業，隨之便指非企業組織為非營利機構，究其實際，後一說法並不十分恰當，蓋以若干非企業組織有者亦有從事營利之行為，而將這類業務之會計，歸由營利基金(profit funds)處理；當然非企業組織多是從事不以營利為目的之活動，其會計當然歸屬非營利基金(not-for-profit funds)之範圍。現在再就這兩種基金之本質，加以充分說明。所謂營利基金亦常謂為不可支用之基金(nonexpendable funds)，因為其資本權益要時常維持不變，於任何會計期間均不能隨意將之支用；至非營利基金亦可稱之可動用基金(expendable funds)，即其所有資本權益在會計期間之內均可以費用支用，在財務年度終了時這類基金可能留存若干權益，如對某機關預算撥款之所餘，多回歸於普通基金。

非營利基金會計之目的，在記錄所獲之資源，並編報由收入所流入者，及因支出所流出者，所以這種基金也可稱之為資源之流用基金(resource outflow funds)，其報表在顯示基金之流入與流出。

政府機關固屬非企業組織，但就其所有之基金性質言，即不宜一概歸之於非營利基金，以其中尚有部分營利基金之存在，所以亦不宜稱政府會計全部為非營利會計，惟政府之營利基金究屬有限，該項基金可以營業基金(enterprise funds)為代表，屬於業權基金(preprietary funds)性質，其會計與企業會計大同小異，故一般政府會計教本多不將其收納在內，況政府之基金要以政務基金(governmental funds)為主體，對此類基金之會計，乃構成政府會計之主體，以此類基金均屬非營利基金，所以一般人士便將政府會計稱為非營利會計。

第四節　政府會計之組織

政府會計欲期有效處理，須先建立職責分明之適當組織，會計組織重在責任之

劃分，俾使組織單位均有其應負之會計責任。政府會計組織之最大原則，就是以基金為基礎，然後把所有的會計予以集中，受主管官員之指揮監督，他不僅負責所有帳目之管理，而且要負責報表之編製發表，這並不是說所有帳目必須同置於一處，也不是說所有會計都必須統一，而是說他們的財務報表都要透過主管機關，經主管官員之審核，以求報告資訊之正確，因為所有的財務報告都會集中到一個主管機關，所以政府的一般行政機關的會計，可能會使之趨於一致，然而有一些業務特殊的機關像公用或公有事業，就必須有適合其業務需要的會計，但是為了總報告的編製，這些機構的某些資料也可與其他政府單位的資料彙集在一起。不同的政府機關其會計責任也有差異，蓋由於各個機關對會計資訊之需要有所不同也，像獨立之公有營業機構，其所需要的會計多少類似企業的會計，其他如政府的部會機關，其會計乃以預算撥款之記錄為主體，多數都可以一致方式處理，但是有些機關團體，如學校、醫院、圖書館、公用事業等，即需有不同的會計制度，以應各自業務之需要，俾能產生適合自體的會計資訊。會計必須配合適應各個機構之需要，這一點非常重要，儘管各附屬機構的報告型態有所不同，但是均須受主管機關之監管。由此，整個政府的財務資訊，方能為之彙集與發表。最後，所有帳表都須經由獨立審計之公正審核。

　　我國政府會計之組織，依會計法規定，分為總會計、單位會計、單位會計之分會計、附屬單位會計、附屬單位會計之分會計。中央與各級政府之會計，各為一總會計。在公務機關有法定預算之機關單位之會計，或在總預算中列其全部收入與支出之特種基金之會計，為單位會計。單位會計下之會計，除附屬單位會計外，為分會計。政府或其所屬機關附屬之營業機關、事業機關或作業組織之會計；或各機關附屬之特種基金，以歲入、歲出之一部編入總預算之會計，為附屬單位會計。附屬單位會計下之會計，為附屬單位會計之分會計。上述各種會計之帳務處理，為因事實需要，亦可集中辦理。由會計法規定之政府會計組織以觀，總會計以下之會計，大概分為兩大系統，一為單位會計及其分會計，一為附屬單位會計及其分會計，前者以政府行政機關為主體，其所需經費以機關單位全部編入總預算；後者乃指公有事業、公有營業以營業基金及作業基金為主體，在總預算內，僅列其資本增減額或盈餘繳庫額，或虧損由庫撥補額，不將全部收支列入總預算，而將其全部收支另行編成附屬單位預算，隨附總預算送審者。由於兩者會計迥然不同，因是總會計對兩種會計之處理方式亦大不相同。

　　大陸的政府會計稱預算會計制度，包括財政總預算會計制度、行政單位會計制度及事業單位會計制度，財政總預算會計制度適用於國家財政部門進行總預算會計

之核算，包括中央財政總預算會計與地方財政總預算會計；至行政單位會計制度適用於政府機關的會計核算；事業單位會計制度適用於科學研究機構，大專院校等國有事業單位的會計核算。與此相對的，則稱企業會計制度。

第五節　政府之會計事務

　　政府會計乃以政府之財務事項為對象，隨之，政府會計之處理程序，即須與公共財務管理之需要與目的相配合，由是，吾人應先瞭解政府財務管理之要點，從而方可以適當之會計方法加以處理。政府之財務管理需要會計配合者，約有下列數端：

　　⑴**各項收入之控制**。政府的各項收入，如賦稅收入、證照收入、罰款收入、規費收入等，一經確定為政府之財源，在尚未收到之前，即須由會計為適當之控制。

　　⑵**現金保管之控制**。經收現金人員所收現金之存放保管，固須予嚴密之控制，即對零用金之管理，亦不可疏忽，所有現金收支，均應有明確記錄。

　　⑶**物品採購之控制**。用品之採購與儲存，應採集中方式辦理，因而為購置而發生之債務，亦應為集中之記錄。

　　⑷**預算支用之控制**。政府機關之財務管理，多著重於預算支用之控制，支用預算要經確當授權，支付責任要有適當登記，驗收物品要有負責人員，付款憑單要經確實審核。

　　⑸**員工薪津之控制**。聘雇人員薪津之核定，工作人員薪餉之發放，都要有明確之控制與適當之記錄。

　　⑹**其他財產之控制**。現金以外財產之管理，如有價證券、文具用品、房屋土地與設備等，不僅要確定管理責任，更需要建立其會計責任。

　　⑺**負債發生與償還之控制**。對負債之發生與清償，須經法定程序，且要有確定之文件，由支付責任之發生至到期之償付，均須有適當之會計記錄。

　　上列各種財務管理事項，在在都需要會計配合處理，故亦可謂其為政府之會計事務。蓋以諸此事項，設無會計為正確之記錄，即無從達到管理控制之目的。

　　如若詳細分析，政府及其所屬機關之會計事項，可列舉如下：

　　⑴預算之成立、分配、執行。

　　⑵歲入之徵課或收入。

　　⑶債權、債務之發生、處理、清償。

　　⑷現金、票據、證券之出納、保管、移轉。

　　⑸不動產物品及其他財產之增減、保管、移轉。

(6)政事費用、事業成本及歲計餘絀之計算。

(7)營業成本與損益之計算及歲計盈虧之處理。

(8)其他應為之會計事項。

前列會計事項，依其性質，又可分為四類：

(1)**普通公務之會計事務**。謂公務機關一般之會計事務，再分為三種：

　①公務歲計之會計事務。謂公務機關之歲入或經費之預算實施，及其實施時之收支，與因處理收支而發生之債權、債務，及計算政事費用與歲計餘絀之會計事務。

　②公務出納之會計事務。謂公務機關之現金、票據、證券之出納、保管、移轉之會計事務。

　③公務財物之會計事務。謂公務機關之不動產物品及其他財產之增減、保管、移轉之會計事務。

(2)**特種公務之會計事務**。謂負有特種任務之公務機關，除上述一般會計事務外，對其所辦之特種公務之會計事務，約有下列六種：

　①公庫出納之會計事務。謂公庫關於現金、票據、證券之出納、保管、移轉之會計事務。

　②財產經理之會計事務。謂公有財物經理機關，關於所經理不動產物品及其他財產之增減、保管、移轉之會計事務。

　③徵課之會計事務。謂徵收機關，關於賦稅捐費等收入之課徵、查定，及其他依法處理之程序，與所用之票照等憑證，及其處理徵課物之會計事務。

　④公債之會計事務。謂公債主管機關，關於公債之發生、處理、清償之會計事務。

　⑤特種財物之會計事務。謂特種財物之管理機構，關於所管財物處理之會計事務。

　⑥特種基金之會計事務。謂特種基金之管理機關，關於所管基金處理之會計事務。惟此處所稱之特種基金，乃除公有營業、及公有事業外，不屬於普通基金之各種基金。

(3)**公營事業之會計事務**。凡政府投資從事生產、銷售貨品或提供勞務，而以營利為目的，獲取相當代價之營業機關其會計事務，復可分為四種：

　①營業收支之會計事務。謂營業預算之實施，及其實施之收支，與因處理收支而發生之債權、債務，及營業損益之計算與盈虧撥補之會計事務。

　②營業成本之會計事務。謂計算營業之出品或勞務每單位所費成本之會計

事務。

③營業出納之會計事務。謂營業上之現金、票據、證券之出納、保管、移轉之會計事務。

④營業財物之會計事務。謂營業上使用及運用之財產增減、保管、移轉之會計事務。

(4)非常事件之會計事務。謂有非常性質之事件，及其他不隨會計年度開始與終了之重大事件，其主辦機關或臨時組織對於處理該事件之會計事務。

第六節　政府之財務組織

財務行政包括財政法案之訂定與執行，當其擬訂財政計畫之時，固需會計提供參考資料，該項計畫完成立法付諸實行之後，更需會計為之記錄編報，因而會計成為財務管理利賴之工具。政府之財務組織多有不同，有關之法令規定亦欠一致，惟大體來講，政府的行政部門負責擬訂財務計畫，提出所需經費及取得財源之建議於議會，立法機關應就行政部門所需經費之用途，及謀取財源之方法加以審議而決定；財政計畫一經議會通過，完成立法程序，行政部門即需負責去執行，立法機關尚可實施獨立之查核，並由行政部門定期提出之報告觀察其執行之結果。政府經管財務工作之行政組織，負責預算之控制，會計之管理，賦稅之徵收，公款之出納，用品設備之購置，現金證券與其他財產之保管，因此，為了執行上項任務，及便於實施內部控制，在此行政組織之下，即須設置如下單位，俾使各司其事。設收入處主管歲入之課徵；設國庫處主管現金證券之收入支付與存管；設稽核處主管收支事項之內部稽核，以補獨立審計之不足；設會計處主管會計及財務報告；設採購處主管物品之購置與存儲；設財產處主管一般財產；設預算處從事預算之編製事宜，惟亦有將預算業務單獨設立機構管理，而直屬於行政部門首長者，如美國政府預算管理局即係直隸總統，屬行政部門之機構，而不屬財政部，更有將預算處置於立法機關之下，然而，有關已過期間之財政業務資料，仍須由財務部門提供，以其為歲入之估計及歲出之規劃所必需。

關於我國政府財務之監督，依憲法規定，分由三個機關掌理：立法院掌理財務立法、行政院掌理財務執行、監察院掌理財務監督。至於政府對於財務之處理，乃採行聯綜組織，即政府所有財務收支，必須透過行政、主計、公庫與審計四個組織系統辦理。行政系統職司收支命令之發布，主計系統掌理預算、決算與會計，公庫系統執行庫款之出納及公有財物之保管，審計系統辦理財務審計與財物稽察工作，

四個系統依法各司其事，互相制衡，以期防止浪費，杜絕弊端，進而促使政府各部門有效利用國家資源，實現施政計畫目標，追求施政績效，增益國計民生，以達廉能之治。

茲再將我國政府辦理財務行政的聯綜組織，其所包含之四個系統，各系統之任務及主辦機關分述如下：

(1)行政系統。是指發布收支命令之機關，所以亦稱「命令系統」，包括主管課徵行政和公庫行政之機關，在中央為財政部，也是全國財務行政系統之最高機關，在省為財政廳，在直轄市為財政局，在縣（市）亦為財政局，不設財政局者為縣（市）政府。

(2)主計系統。是指主管預算、決算、會計和統計之機關，在中央為行政院主計處，是我國主計系統最高機關，在省（市）為省（市）政府主計處，在縣（市）為縣（市）政府主計室。中央及省市縣各行政機關，特種公務機關，公有營業和公有事業機關內，均分別設置主計人員和主計機構，辦理各該機關歲計會計和統計事項，分別對各該管上級機關主辦主計人員負責，並依法受所在機關長官之指揮。

(3)審計系統。是指主管財務審計與財物稽察之機關。在中央設審計部，屬於監察院，乃審計系統之最高機關。審計部在各省市設置審計處，縣市設審計室，負責監督預算之執行，審核財務收支，審定決算，考核財務效能，核定財務責任。

(4)公庫系統。是指辦理公款、票據、證券及其他公物之出納、保管和移轉等事務之機關，亦稱「出納系統」。公庫於中央政府稱國庫，省（市）政府稱省（市）庫，縣（市）政府稱縣（市）庫，都是由各級政府委託銀行代理。國庫指定由中央銀行代理，中央銀行未設有分支機構之地點，轉委由其他銀行或郵政機關代辦。

上述四個系統，在縱的方面，各司專職，互相牽制，以防弊於未然，但在橫的方面，仍相聯繫，相輔相成，以發揮財務之績效，再就四者對財務收支之聯繫運用說明如下：

(1)歲入之徵收。先由主計系統之主計機關編製歲入預算，經完成法定預算後，行政系統之財務機關方可依據預算命令徵課機關依法徵收。繳款人依據徵課機關之通知，將款繳到公庫收受，並由主計機關登帳，編造會計報告，到年度終了時，辦理決算，一面按期把會計報告及決算送審計機關審核。每一筆公款之收入必須經過四個機構互相牽制稽核，以防發生弊端。

(2)經費之支付。先由主計系統之主管機關編製歲出預算，經完成法定預算後，方可據以執行。各機關所需經費，由行政系統的財務機關，依據法定預算簽發撥款憑單命令公庫支付，或各機關依分配預算簽付款憑單，經財政機關簽發公庫支票，

然後公庫方得支付，另由主計機關登帳，編造會計報告，年度終了辦理決算，均須按時送由審計機關審核，每一筆公款之支出，也要經過四道防線，重重盤詰，奸宄自難容身。

問　題

一、試述政府會計之意義。

二、試述政府會計之主要功用及目的。

三、試述非企業會計與非營利會計不同之處。

四、試略述政府會計之組織。

五、試述政府財務管理與會計事項相互配合之要點。

六、試述我國會計法規定，政府會計事務，依其性質之分類。

七、試述我國政府財務之聯綜組織系統。

八、試述政府財務聯綜組織對財務收支之聯繫辦法。

九、試述政府會計和企業會計之異同。

十、試列述政府會計的特點。

十一、試列述政府會計之功用。

十二、依我國會計法之規定，政府會計之組織分為幾種？請分別列舉並說明之。

十三、試解釋下列各名詞：⑴單位會計，⑵附屬單位會計，⑶公務歲計之會計事務。

十四、會計法所規定之特種公務會計事務共有幾種？試述之。

十五、何謂公有營業？

十六、我國政府財務聯綜組織各系統權責劃分之情形如何？

十七、公有營業機關及公有事業機關有何區別？

第二章　比較特質

第一節　政府會計原理之特質

　　政府會計雖為會計之一支，且亦以一般會計理論為基礎，惟其應用對象，主要為政府機關，因之於會計事項之處理上，有些地方究與企業會計大不相同，由此特殊現象，即可說明政府會計原理之特質。

　　企業會計之重心，在維護其資本，與衡量其利潤，前者包括一切資產與負債，後者由當期收益與相關成本以決定，其目的在提供過去之營業成果及現在之財務狀況，用為未來業務發展之導向。而政府之主要任務，乃為人民服務，惟對其所提供之服務，多不計取代價，間或有收費者，其所收亦遠低於成本，鮮有完全按成本收回之事例，蓋以政府在為社會服務，並不以營利為目的也。政府的歲入，以足敷當年必需之支出為限，不必預為提存資產，以為未來重置房屋、設備之需，設如必須設置資本時，亦不考慮由收入保全其資本。政府之支出並不需與其收入相關連，也就是說不擬將該項支出視為收入之成本，以與其收入相配合。更其甚者，政府的支出包括獲得實用設備之資本支出在內，先將之視同業務費用之支出，且多不計資產之折舊，亦不擬為資產成本之回收。至其對基金之動用，專注於資產之流動，而不在利潤之獲得，此與企業之觀點迥然不同，惟這種說法，對政府經營之類似企業機構，必須加以修正，如政府之循環基金事業，其對勞務之提供，一定會計收費用，雖不盡然獲得利潤，起碼是想將所花成本收回，以期能夠保全資本。至於政府機關的信託基金，又與之截然有別，基於信託規約，必須保持其資本之不得遭受傷損，因之其所能耗用之資金，僅限於所獲之淨利。政府之公營事業類似私營企業，其活動之目的與政府機關業務有別，由是，其所應用之會計觀念與基礎，亦與政府機關會計不同，而與私營企業會計相似，其對會計事項之處理，亦以一般公認之會計原則為準繩。惟政府之公營事業，乃由政府投資而設立，其股東亦係經政府選派，僅代表政府行使股東權利，而不能以個人名義享有公司財產權，或分配股利權，由於公營事業多以對大眾服務為主要任務，很少企圖專為獲取利潤者，因之收費大都很低，如果發生利潤，亦將留供政府公用，不能像私營企業將之分配予股東個人，除非有私股參加。

私營企業之營收，包括提供勞務或出售商品成本之收回，除了須負擔之營業費用，尚含有應歸於業主之利潤，但是它不能擔保其勞務或商品之一定能夠出售，也就是不能把握其勞務或貨品成本絕對可以收回，更沒有權力強迫大眾購買其勞務商品，去維持其一定利潤，然而政府機關之收入性質，就與之不盡相同，雖然也有包含提供服務費用之回還，且政府所設置之某些機構，如消防、警察、學校、公園等，就是為了提供某些特定服務，政府某些收入，確是為了特別服務，而以受惠者為對象，但就全部收入目的而論，並非如斯單純，蓋以政府全部收入，乃用以支應政府為民服務所需之全部支出，即如賦稅之課徵，亦是為了供應政府服務估計所需之經費，因政府之服務多以全體國民為對象，由是其徵收之稅賦，亦屬於普遍性質，政府有權去徵收，但須守法律之規定，此外，政府尚可以尋求其他方法去獲得收入，因此可知政府的收入，有些與其所提供之勞務有直接關係，有些則無任何直接關係，於此，亦說明政府會計對收支處理之原理，與企業會計之收支配合原理，尚有相當之距離。

第二節　政府財務收支之特點

政府機關之設置，在根據大眾需要，以為民服務為宗旨，惟其對民之服務，同時並不直接收取費用而係以稅收為主要財源，故政府財政之要務，乃在徵收租稅，同時控制所獲資金之使用，並非在製造產品銷售以圖利也。各級政府機關，上自中央政府，下至省、市、縣政府，雖其規模大小各異，但其主要任務則一。根據梅、馬、賴(Walter B. Meigs, A. N. Mosich and E. John Larsen)三氏所著《近代高級會計》(*Modern Advanced Accounting*)，將政府財務收支與企業不同之點歸納如下：

(1)以為民服務為主旨。各級政府之設置，乃在為其所屬公民服務為主旨。普通企業僅為少數人所創設，政府機關則係全民根據憲法而建立，故私營企業會計之業主權益帳戶，於政府會計則付闕如。

(2)非以營利為目的。政府機關，除少數例外，一概不以營利為目的，非如普通企業無不以牟利為其主要動機。

(3)以稅收為主要財源。政府之主要收入來源，乃向其管轄下之公民及其事業所徵收之賦稅，此為普通企業所無可與以比擬者。

(4)受立法之嚴格管束。政府之各項財務措施，諸如預算、舉債、徵稅、支出等，在在皆受立法之管束，普通企業雖亦為法令所羈，惟不如政府機關直接所受立法限制之嚴峻。

因普通企業會計以經濟個體為本位，側重於經濟實質之顯現，而不太受法律之繩束，例如合夥企業其在會計上被視為一獨立個體，母子公司於法律上雖各具有單獨之人格，但於經濟上因須受統一之管制，故於會計上即將之視為一總體，其財務尚須為合併編報。企業會計之處理，皆以企業個體為對象，就該一企業個體所發生之交易，作系統之記載與忠實之報導，故就會計立場言，任何型態之企業，不問為獨資、合夥或公司，各自為一獨立會計單位，與其出資者分離自成一主體。質言之，會計上所謂之獨立個體，與法律上構成之單位或法人其觀點並不一致。

政府會計非常強調法律之規定，而疏視於經濟實質之顯現，其所以一以法律為重心，種因於政府機關之特質，而必須受立法之嚴峻限制，其於財務之處理，乃以經營資源之交代為首要。

普通企業之會計制度，要在顯示企業之財務狀況與營業結果，政府會計制度不僅須根據一般公認會計原則，充分揭露其財務狀況與收支結果，更須表達其遵循立法規定之程度，且立法規定與一般公認會計原則如有所衝突或牴觸，仍以立法之規定為依歸。

(5)受預算之嚴密限制。企業理財須量入為出，故以營收為重心。政府理財則係量出為入，其主要財源為稅收，故必先估計執行各項政務所需之支出，而後決定應予徵收之稅額。根據穆雷、海葛(Lloyd Morey and Robert P. Hacket)兩氏著《政府會計之基礎》(*Fundamentals of Government Accounting*)所載，政府預算之作用可歸納如下：

①為財政之計畫。

②為立法控制財政之利器。

③為處理財務行政之南針。

④為會計制度之張本。

⑤為公開財政之資料來源。

⑥為昭信於民之根據。

私營企業雖亦用預算以為事先策劃，執行控制與事後考核之工具，惟於正式帳冊則不引用預算科目。預算之於政府會計，實與私營企業具有相同作用，惟更側重於執行之控制耳。

政府之支出，由於基金之設置而受其限制，藉以確保資金之動用，必與基金之設置原旨不相悖，惟對政府各項業務活動可得支用之金額，則猶有賴於預算之控制。政府預算一經核定，即當正式列入帳冊。多數基金咸設有預算帳戶(budgetary accounts)，以記載歲入預算數與歲出預算數，並以其差異，借入或貸入基金餘額戶，

當為會計記錄時，預算帳戶之借貸，適與其相關之實際收支帳戶(proprietary accounts)記載相反。通常歲入實收數戶為貸差，歲出實付數戶為借差，而歲入預算數戶則為借差，歲出預算數戶則為貸差。如是由預算金額與實際金額之比較，即可收有效之統制。惟通常普通基金唯有經正式立法程序核定之經費，始為分錄記載其預算金額，至長期負債類帳戶，長期性資產類帳戶，政府內部服務基金，或公營事業基金之採用預算帳戶者，則並不多見。

(6)須對財源之支配運用負責。政府機關經管之財源如何運用，須對公民有清楚之交代，由是而知政府會計制度之主要任務，乃在揭示各年度資源之發生與處置情形，換言之，政府機關之財務報告，首在對其經管之資源與去向有所交代。財務狀況表（資產負債表）用以列示可供利用之資源，歲入表與歲出表用以揭露資源之來龍與去脈。一般私營企業之經營，主要動機在牟利，故其會計之重點在於計算損益，以衡量企業之成就，對於營運資金來蹤去跡之交代，則居於次要地位，其與政府會計之重點適巧相反。政府財務報表分析之焦點，乃在判斷資源是否耗用於原定合法之途，並評估資源耗用後所產生之成果，而非斤斤於盈虧之計算。公營事業，其性質與普通政府機構不同，而與私營企業大致類似，所以其會計制度與一般企業會計尚無重大懸殊。

第三節　政府會計處理之特徵

政府會計與普通私營企業會計殊異之點，除於前節敘述者外，尚有數項有關會計事項之處理態度，亦有顯著之不同，特再申述於後：

一、關於折舊之提列

私營企業會計，頗重視固定資產折舊之計算，其用意乃在將資產成本按其有用年限分攤，俾使各期之費用與其獲取之收入相配合，進而決定其收益，並用以：

(1)測度企業於繼續經營原則下之價值。

(2)探知公司證券之收益能力。

(3)備作貸款之確實根據。

(4)決定可供股利分配之數額。

(5)計算應負之所得稅額。

政府會計以基金為基礎，除公營事業外，並無計算損益之必要。政府之職責在為民服務，其支出與收入並無因果之關係，更毋須按收益而繳付所得稅。政府發行

之普通公債，乃以課徵賦稅之權力為後盾，並不依賴於政府之財務狀況，故其長期性資產與其信用或舉債能力並不發生直接關係。政府機構亦不能如私營企業之可以發行股票，上市交易，公開買賣，政府收支即如有餘，亦不能如私營公司之可供分配股利之用。值是之故，對長期性資產殊無提列折舊，予以正式記錄入帳之必要，否則無異畫蛇添足，多此一舉。

政府普通基金之長期性資產，除非依法可就折舊額儲備現金，以供替換重置之用，自不宜提列折舊，如可就折舊數額自當期收入中劃出現金專戶提存，而將折舊列為預算歲出項目之一者，自當另作別論。惟即能如此處理，亦不足為訓，因長期性資產之購置，所費不貲，每須發行公債募集資金以供應，再於購置之後依賴徵賦以為清償，如是，設將債務基金與折舊基金之需要一併列入預算，於公債存續期間，納稅人豈非蒙受雙重負擔。

政府會計不將折舊正式記錄入帳，並非抹殺經濟現實，亦非謂不可另作折舊之備忘記錄，如若政府機關欲計算其工作之單位成本，或政府內部服務基金須以工作成本(job cost)為取費之根據，則未始不可提列折舊，但其記錄必須與普通基金與其他非公營事業基金之實支數帳戶與預算數帳戶隔離。美聯邦政府會計將固定資產列入平衡表並計算折舊，惟其結帳時須與有預算之費用劃分，前者與其預算對結，後者則使投入資本減少。美國政府會計準則會新近公報，地方政府會計採雙軌制，除基金會計外，另設機關個體會計採權責基礎，含納資本資產，並提列折舊，乃屬重大改革。

二、關於交易之處理

交易為私營企業入帳之所本，一切會計處理，必須以交易事實確已發生，交易業經完成為根據。然則，政府會計對交易之處理，與私營企業又未盡一致，政府機構與外間發生交易前，即將其預算金額正式登錄於帳冊，尤其對一種事項之交易未必集中記錄於一處，每散載之於不同之基金，或又列入政府機關之會計個體。例如發行債券所得款項存入並記入資本計畫基金，相關償債基金之按期支付金額，多來自普通基金，而存入並記入債務基金帳戶，並須計列債務基金到期清償時必須提撥之金額。茲特擇若干政府交易為例，以表列示應予記錄之基金會計。

三、以歷史成本為重心

近代會計學者有主捨歷史成本，而以現時價值(current value)入帳，用為改進收益之衡量。政府會計因非以決定收益為主旨，故猶可以歷史成本為重心，對於現時

價值儘可置之於不問。美國政府會計委員會所訂定之基本會計原則，其一有謂：「長期性資產應按歷史成本計列，歷史成本如無法查考，則採用估計成本，至由捐贈而得之資產，則以收取時之評估價值為準。」

交易事例	應登錄之基金							
	普通基金	特種收入基金	債務基金	資本計畫基金	公營事業基金	信託與代理基金	政府內部服務基金	特賦基金
(一)核定歲入預算	✕	✕						
(二)核定歲出預算	✕	✕						
(三)徵稅以供一般歲入之用	✕							
(四)核准發行普通公債				✕				
(五)上列公債以現金按面值出售				✕				
(六)以上列公債售得款項建造工程，支付承攬商				✕				
(七)簽發購貨訂單	✕	✕						
(八)收到上項訂貨，並核准付款	✕	✕						
(九)購置警察局設備，核准付款	✕							
(十)徵收本年度賦稅	✕							
(十一)收到已銷除賦稅	✕							
(十二)核發薪金（薪金通例不設歲出保留數），並扣除退休金	✕	✕				✕	✕	
(十三)批准築路工程，經費歸接鄰受益財產分擔								✕
(十四)普通基金撥款充作清償公債之用	✕		✕					
(十五)分期攤還公債到期償還，清償款包括於歲出預算	✕		✕					
(十六)出售廢棄設備	✕							
(十七)自物料處領購物料	✕						✕	
(十八)記錄公營事業長期性資產之折舊					✕			
(十九)公營事業提供服務，向普通基金取費為酬	✕				✕			

四、不受稅法之影響

私營企業因欲減輕稅負，往往因陋就簡，為將就稅法而犧牲健全之會計原則。政府機關收支之結餘，因享有免稅之特權，故其會計制度之設定與財務報告之編製，對於稅法可無顧慮之必要。

第四節　政務基金會計之特質

政府會計有些地方與私營企業會計迥不相同，尤其是屬於政務基金(governmental funds)之各種基金會計，或者屬於公務機關之單位會計，由於其組織型態與業務性質與企業大相逕庭，故所適用之一些帳戶與處理原則，便與企業機構所採行者顯然有別，於此足以顯示政務基金會計所具之特質，茲舉舉舉大者於後：

(1)不為損益計算。政府機關除了公營事業之外，其會計多不涉及損益之計算，亦不採完全的權責基礎，更遑論收入與費用相配合。當其購置固定資產時，亦先視同經費支出處理。蓋以政府會計之重點，在於收入支出之登記，而無意於收益或損失之決定。政府收入會計之主要目的，在於提供可以支付或可資發生契約責任之可用數額；至於支出會計之中心，則在說明當期何種支出須由收入之款以支應，或何項契約責任已發生，須賴收入款項去支付，最後決定究係收入多於支出而產生歲計賸餘，抑或支出大於收入而致發生虧絀。

(2)無業主權益帳戶。政府機關之施政，在為民謀福利，不似企業機構之經營在為其業主賺取利潤，故政府為人民服務所需之費用，多以賦稅方式取之於民，並無資本之需要，所以政務基金會計不設置業主權益類帳項。充其量將資產負債之差，以基金權益表達，如果政府的收入超過支出，可以賸餘帳戶處理，亦可謂為基金之餘額。

(3)設立預算帳戶。政府機關之活動，完全依賴預算之支應，為便於對預算之控制，即須設立預算帳戶，藉以明瞭預算執行之情況。設歲入預算帳戶，登記預計收入數與實際收入數；設經費預算帳戶，記錄核定分配數，契約責任數，及實際支用數，並顯示其經費之餘額。利用這些預算帳戶，俾便於對各機關收入與費用之限制，同時也可供來年各種收入與各項支出估計之參考。由於預計數與實際數均經記入帳戶，如欲將兩者加以比較就非常方便。預算在企業機構雖也採用，惟其所代表者為業務之目標或預測，除了對某些費用略具限制作用之外，非如政府機關之預算，著重於財務收支之限制，且其將預算納入總帳帳戶者更屬鮮見，多僅將之視為參考資料而已。

政府普通公務會計制度之預算帳戶，包括收入與支出兩方面的預算控制帳戶。預算帳戶有別於資產負債收入與支出帳戶，根據預算帳戶之記載，可以窺知業務之進展以及其與預算之配合情形，並可將其實際成果，隨時與其歲入之預計數及歲出之限制數相比較，預算帳戶所列之歲入估計數與歲出限制數，必須與實際交易密切相聯繫，同時亦須顯示契約責任之發生數，因其必將由歲出預算以支付也。年度終了時，預算帳戶應予結帳，於是結帳後的財務報表便只剩下流動資產、流動負債保留與賸餘項目了。

(4)利用基金控制支出。政府機關對其所收之收益及財產，由於法令之限制，沒

有完全控制權，因之為了符合各種限制規定，就必須建立各種基金，如其所收之金錢或財產，係出於特定財源，且經指明特定用途者，即係已加予限制之基金，而不能違反其用途。每一基金自成一個單獨會計個體，各有其資產負債、收入支出與賸餘，基金之資產應與其他資產分開，且僅能為該基金建立之目的而使用。因此，政府的平衡表不是單獨一個表，而是各個基金平衡表之集合體，同時表現各個基金之個別財務狀況。

⑸固定項目分別入帳。政府會計與企業會計之明顯區別，可由其對固定資產及長期負債之不同處理方式窺悉。政府基金除營運基金、公用基金或信託基金之會計外，其對長期性之資產負債，不僅須與流動資產負債清晰隔開，且不能共同置於一個基金之內，而必須將此類固定項目分別另立帳簿登記。一般公務機關購入之財產，在普通基金會計係以經費支出處理，同時須另行登記財產帳目，而使之另外形成一組自相平衡的帳戶，其對長期負債之會計處理，與固定資產相類似，絕不能與流動負債以同樣會計方法處理，也必須另立一組自相平衡之帳戶記載。此種分開處理之基本理由，乃因此類固定資產不可能用以應付當期之支出，而長期負債既非以現有資產抵押，亦非賴現存資產償付。由此可知，其對固定資產之會計處理方式，乃在一方面表示此項經費已經支付，另方面且將長時期持有並能繼續使用此項財產。至於其對長期負債之處理意義，乃在表示將來收入之負擔，而不需使用現時流動資產去償還。固定資產及長期負債帳戶，即如列入基金平衡表，亦係借貸自相平衡。惟美國地方政府依新規定，不再另立帳戶而須登入政府個體會計，聯邦則早已將之納入其平衡表。

⑹多不計算折舊。政府公務機關之固定資產，多不計算折舊費用，蓋以政府行政機關之會計，並不欲計算損益，其財產亦不擬用作借貸基礎，況其預算未列有折舊費用，因納稅人所重視者為政府長期財產之成本，即如提列折舊也無保留盈餘作為未來之重置資金，偶有為計算公務成本而計折舊者，但其對折舊之處理，究與政府的公營事業或計算損益的基金而有重大之不同。惟查美國政府機關均已計提折舊。

⑺須經獨立審計。每一政府機關之財務收支記錄，均須經由獨立之審計機關之審核，一則防止舞弊發生，再則無論是立法機關、行政主管或社會大眾，均有賴獨立審計提供關於政府財務收支之資料。因審計係獨立行使，被審機關不能加以干涉，故其所提出之審核報告足資信賴也。

⑻年終須辦決算。政府機關之財務收支除按月編製報告，用以顯示其業務進展及預算執行情況外，尚須於年度終了，就其預算執行之結果，再編製決算，向議會提出報告，以表達其工作成果，用以解除其財務責任，經獨立審計及議會認可後以

取信於社會。

　　(9)嚴受法令束縛。政府機關不論具有多大權力，它的作為仍須嚴受法規限制，尤其是財務收支的行為，必須嚴守法律規定，收入固須依照法律，支出更須依法辦理，何項收入可以收取，這些收入用到那裡，均須依法從事，嚴受規定限制。政府之財務程序，既須遵守法令規定，由是，政府會計之處理，亦須遵守法令規定。

　　(10)遵從議會授權。政府之財務行為須有法律依據，而政府立法權在議會，因之，政府之一切財務活動，即須遵從議會之立法授權，也就是說，政府會計對財務事項的處理，必須按照有關法律規定，政府會計事項，有賴於立法授權者，以下列三事最為重要：(a)依據立法授權從事歲入徵收；(b)依據立法授權撥發經費支付費用；(c)依據立法授權舉借銀錢發生債務。也可以說，非經議會立法，政府不得課徵稅捐或為其他收入，非經議會授權撥款，政府不得發生契約責任或為銀錢支出。

第五節　政府會計基礎之特點

　　會計基礎大別有二，一為收付實現制，一為權責發生制。收付實現制以現金之收付為入帳根據，從而決定收入費用所屬之年度。在現金基礎下，凡預收收益預付費用，概歸本期損益之計算，而應收收益應付費用，則予排除。權責發生制以實際發生之收付權責，為決定收益之標準，由是應收未收收益，應付未付費用，均列入本期損益之計算，而預收預付則否。權責發生制之勝於收付實現制，其關鍵即在此，藉應計事項之計列，可使同時期之收入費用相配合，進而使不同時期之經營結果可互資比較，是故美國政府會計委員會主張，除非為事實所礙，當儘量採用權責發生制為是，並特別建議公營事業，信託基金，與政府內部服務基金，其會計應以權責發生制為準。蓋以上列各種基金，其於會計事項之處理，猶如營利事業會計，並無法令之嚴格限制，採用權責發生制應無問題。至普通基金、特種收入基金、債務基金、資本計畫基金、特賦基金，因其財務行政與收入來源之特異，如全面採用權責發生制，殆非可行，充其量可按修正權責發生制(modified accrual basis)權宜處置。所謂修正權責制者，除允許少數帳目可採現金制外，亦可將資本支出按照費用支出方式處理，更將之擴大而包括契約責任。

　　政府機關不以牟利為目的，故基金會計亦非以按期決定收益為主旨，而應以依照預算執行為前提，隨之將絕對遵循權責發生制列為次要。如立法規定普通基金與特種收入基金之某項預算按收付實現制編列，為期會計與預算置於同一基礎，該基金會計必亦步亦趨，採用收付實現制，以資相比較。依預算觀點而論，基金之收支

當歸屬於預算所屬之年度，由於歲出編列於立法指派之時期，未必即為其實際耗用之時期，因而亦形成政府所採權責發生制之特別現象。

政府有若干收入與支出，必須採用收付實現制，方可符合立法規定，例如公債之應付利息尚未到期者，必待下年度支付，如予事先計列，自於法令不合，況近代之財政收入，有可以應收計列，有不可以應收計列者，如本年度之所得稅、銷售稅及執照費、停車費、罰款、沒收金等雜項收入，事前均難於估計，施行權責發生制，有其事實上之困難，故其收入多用現金基礎。至如財產稅則不然，因其係於某一特定日期依法徵取，稅額既可事先決定，且於財產又有留置權，故於到徵收之日，即可將稅單分發納稅人，同時將應收稅款登載於帳冊，一如私營企業之應收帳款。

政府機關之應計收入與應計費用，如為數甚微，採用權責發生制而予斤斤計量，實得不償失，儘可將之忽視，故政府機關於支付保險費，或購入用品時，即以支出列帳，其預付部分於財務狀況表上即予略而不計。惟如大量購置用品，仍應於購入時，先借入用品盤存戶，而於年終再將消耗部分之成本轉列支出。

由於政府之支出，須以歲出預算為前提，依照立法意旨將支出歸於預算所屬之年度，絕不許有超逾預算之情事，因而為了便於歲出之控制，乃採契約責任制(obligation basis)，即凡發出購貨訂單或簽具採購契約，為使未來之支出，有預算可用，即為歲出保留之登記，此種入帳基礎，即係契約責任制，亦有將之歸入修正權責發生制，更有泛稱之為權責發生制。

由是可知普通基金、特種收入基金與債務基金會計所採用之權責發生制，與私營企業會計並不盡同。此三種基金會計之特點，在於將主要收支採用權責發生制，而無關緊要之收支則用收付實現制，美國政府會計委員會稱此種制度為修正權責發生制，根據該委員會給予修正權責發生制之定義，謂除一般長期負債之應計利息外，支出應於負債發生時記錄；除重要項目於徵收時可以計列者外，收入須待現金收到時始行入帳。

美國地方政府會計依最新規定採雙軌制，政務基金會計仍用修正權責制，而政府機關之個體會計則用完全權責基礎。

第六節　政府收支配合之特質

政府會計關於收支配合之觀念，與普通企業會計迥然不同。政府普通基金之所謂收入，固為資產之增加，而政府負債之增加，有時亦為基金之收入，但公營事業與政府內部服務基金之投入資本，則不作收入論。然而，某一基金之收入，就整個

政府單位而言，未必一定為收入，如：(a)某一基金為另一基金提供服務之收入。(b)出售公債之收入是。有時公債售得款項，係資本計畫基金之收入，因而發生之債務則列為普通長期負債，須另登入機關個體之會計。

　　支出(expenditure)與費用(expense)兩詞之涵義，原不相同，所以政府會計關於收支配合之觀念亦隨之而異。例如下列第一計算公式，已適用於普通私營企業會計，而第二、第三計算公式，則只適用於政務基金會計：

　　(1)收入－費用＝收益淨額。
　　(2)收入－支出＝基金餘額。
　　(3)收入－支出－支出保留數＝未保留之基金餘額。

　　於私營企業會計，收益為收入與成本費用間之差異，其準確性有賴於此兩類內容之明確規定及其相互間之密切配合。成本費用係獲取資產或勞務之代價，每隨企業之經營，於獲取收入之過程中逐漸消耗，財務狀況表各項資產之成本，代表未消耗部分，收益表之各項成本，代表已消耗部分。就一般原則而言，收入以交易完成業經實現為認定基準，費用以確實消耗於獲取收入為基點，是故於私營企業會計，支出唯有已耗費用，得與已獲收入相配合，而將未耗用之費用視作資產轉入下期。

　　政務基金會計之目的非在計算損益，其重點乃在顯示資源之來蹤去跡，故所有支出，不論購得之資產於本期耗用與否，概與本期收入相配合，藉此決定基金之餘額。例如普通基金購置長期性資產之支出，必須全部與本期收入相配合，而與後期收入無涉，是故於普通基金會計，對私營企業之成本費用觀念並不適用，乃本諸基金流動觀念(funds flow concept)，不分資本支出與收益支出，悉將購入資產之全部成本，自購置年度之基金餘額扣減。同樣，普通公債到期，如自普通基金撥款清償，亦如購置物料之支出，用以減低基金餘額。根據上述基金流動之觀念，財務狀況表之編製，乃在揭示餘留可用之資源，是否可用以充作下年度所需之經費。蓋本年度終了時之基金餘額，連同下年度之收入，均係用以應付下年度之需要也。

　　政府會計之配合觀念與私營企業會計相較，尚有一重要區別，必須徹底瞭解，即私營企業之理財以量入為出為前提，根據收益與成本配合原理，企業為了獲取收益必須先花費用，然後始可產生收入，惟政府機關之財政則以量出為入為原則，政府為民服務，從事各項活動，為了支應所需支出，必須先取得收入，方可以促其成，此種收入自非為投入成本費用而後產生者。

　　政府支出因不得超逾立法機關核定之數，故普通基金，特種收入基金，資本計畫基金與特賦基金,每有支出保留數(encumbrances)之設。支出保留數為基金之負擔，乃基於訂單、契約，或其他估計應付之款項，依照法令之規定，終須支付之義務，

故於簽訂合約或發出購貨訂單時,即須將是項經費劃出留存,以免將來支付無著。但於私營企業,則對已簽合約或購貨訂單須為將來支付之數額,並不預為保留以與收入相配合,此點顯與政府機關有殊也。政府會計之收支配合觀念,於此獲更進一層之瞭解,其與收入互相配合之支出,尚包括支出保留數,藉以決定未支用與未保留之基金餘額。由此可知,基金財務狀況表所列之權益,除列示法定之負債外,尚側重於資產使用之限制或約束。

問　題

一、試述政府會計對資本支出之處理方法。

二、試述政府財務處理與企業不同之點。

三、試述政府會計與企業會計之重大不同。

四、試述政務基金會計之特質。

五、試述政府會計之基礎。

六、試述政府之普通基金,特種收入基金與債務基金會計採用何種基礎為宜。

七、何謂修正權責發生制?

八、試述政府會計對收支配合之觀念。

九、政府會計中通常所採用的會計基礎有幾種?我國採用何種基礎?

十、政府會計基礎應否和一般民營企業一致?

十一、政府會計中「保留數」觀念,究為預算觀念,抑為支出觀念?

第三章　政府預算

第一節　預算之意義

　　預算英文名曰"budget"，原意為錢袋或皮包，是指財政大臣去國會時用以盛裝政府的需求與財源計畫及說明文件，也就是政府送請議會通過之財政計畫。隨之，人們便把這項裝著財政計畫的皮包，稱之為政府的預算。

　　現代預算制度可以說發軔於英國，在1217年英皇約翰所簽訂的大憲章中曾規定：「非經議會同意，皇室不得徵收任何款項……」。所以說，預算制度的發展實際上就是近代議會制度成長的一部分。因為議會用以控制皇室或行政當局最有效之手段，莫過於限制政府的支出和核准其收入的財源了。不過，議會對於政府財政的控制，最初僅及收入方面，以後才逐漸及於支出方面。今日的趨勢，則由單純限制費用支出的類別，進而注意支出的目的何在了。

　　政府替人民辦事謂之施政，根據施政方針訂定施政計畫，再延伸為業務計畫和工作計畫。為實行施政計畫當然需要經費，同時又需籌措財源用以支應經費開支，預算便是根據此種需要而形成，由是可知預算是將來一定期間所需支出之估計，同時也是財務支應方法之建議。廣泛而言，預算包括為應來年支出須籌撥之經費，與為配合經費支出，須由稅課及其他收入所籌得之財源；如就其狹義而論，預算是政府機關在財務期間可以支用經費之授權，及提供籌措財源之方法；也可以說，預算是政府的財政計畫，是幫助立法機關控制財政之必要手段，是財務管理之工作指引，是政府會計制度之基礎，是對社會大眾關於財務事項合法處理之保證。預算之簡要內容有二：一為收入，一為支出，收入預算是列示謀求財源之方法，支出預算乃未來施政計畫之貨幣表達，故預算可謂為政府之財政實施計畫，亦即是預定之財務收支計畫。惟政府之財務活動必須受立法之限制，以防其任意擴展，實施財務限制之有效方法，就是建立財務預算制度，透過預算，使所欲謀之歲入徵收有一定之數額，而政府為達預期目標所需支付之費用亦有一定額度。預算是根據施政計畫編列，因而，由預算即可窺得政府施政之指針。各機關之財務收支為預算所範限，故預算亦可為各機關財務處理之準繩。預算亦影響國家資源之分配與運用，與國民所得之消長相關聯，故預算政策當須與國家經濟政策相配合。

政府預算由行政部門編擬，但須經立法機關通過，預算經完成立法程序，始具有法律效力，稱為法定預算，然後，各機關方得據以執行。關於預算之處理程序，總括而論，有如下四端：

⑴**預算之編製**。此乃行政部門之職責。

⑵**預算之審定**。是指經立法機關通過之收入與經費法案。

⑶**預算之執行**。包括為供歲出而必須課徵之收入，及歲出預算之分配，支付契約責任之發生，經費撥款之支用。

⑷**預算之會計**。包括預算帳戶之記錄，預算執行進度與結果之編報，和審計人員對財務報表之審核。

欲期預算能有效達成其任務，即須具備如下之要求：

⑴預算應為綜合計畫之代表，須包含所有基金及其業務活動。

⑵預算應提供費用支出之適當財源。

⑶預算對於歲入之估計，與歲出之需要，應儘可能達於確實。

⑷預算應包括以前年度可資比較之資料，藉以說明其趨勢與變化。

⑸預算項目分類，應儘可能與會計科目相一致，兩者亦應具相同之基礎。

⑹預算之編製應受行政首長之指揮。

⑺預算應利用適當機會提供大家去討論。

⑻預算須經立法機關通過，其項目之安排與經費之撥發，均須符合實際應用。

⑼預算之執行，必須具有效之控制方法。

⑽預算一經通過，即須進入帳戶，以便隨時提供歲入歲出預計與實際之比較資料，於此可知預算與會計之關係至為密切。

第二節　預算之功用

預算是代議政治下一項主要的產物，是人民所推舉的議會代表們，用以控制政府支出和收入的一項重要手段。因此，預算所具有的功能，也就隨著社會上對於政府收入和支出所具有的觀念的轉變，而發生不同的企望和效果。而這些觀念，是與每個時代的政治、經濟、社會思想和實際發展情形，有著密切不可分離的關係。

在十九世紀及二十世紀的初葉，甚至更肯定的說，在1930年代以前，根據古典學派的經濟思想，認為政府應該儘量避免與人民爭利，所以說政府的業務範圍，應該限制的愈小愈好，它的基本任務，應該僅限於辦理私人不願意或不宜於從事的工作，諸如教育、文化、國防、外交、治安等等，這種思想，就是古典學派的自由主

義的政治經濟思想，所以，在那個時代，預算的主要功用，在根據政府所提出的支出來核定如何為這些支出籌措所需的財源。至於對政府的財政政策，認為政府的預算應該絕對保持收入和支出逐年的平衡，乃因政府的收入和支出，除了直接的目的外，另外沒有任何作用，故惟有逐年平衡，政府的財政才能算是建立在健全的基礎上。同時對於以發行公債，作為籌措財源的方法，認為是一種不道德的手段，是將這一代所應負擔的費用，轉移到下一代去償付的不負責辦法，並且認為由於政府發行公債吸收市場的資金，將相對的妨礙或減少生產資本的積蓄。

不過，在1930年以後，由於美國的經濟大恐慌，當時的羅斯福總統，實行所謂「新政」(New Deal)故意增加支出，以促進就業，繼以英國凱恩斯(J. M. Keynes)新經濟思想和美國哈佛大學教授韓森(Hansen)等所主張的功能財政(functional finance)，以及福利學派經濟學的興起，一般理論趨勢，都認為政府對於國民經濟福利負有重要的責任，政府支出必須採取補償的財政政策(compensate policy)，以便藉政府的收入和支出政策來防止經濟上的膨脹或蕭條的趨勢，使得整個國民經濟能夠繼續維持於高度發展的狀態。這就是說，政府應該以維持長期的經濟平衡代替年度的預算平衡，而根據經濟循環的趨勢，在蕭條時增加政府支出及減輕稅課，以刺激國民經濟的發展；在經濟過度繁榮而達於膨脹的趨勢時，則應減少支出，增加稅收。目前更有根本否定平衡之說，主張政府應該繼續增加及保持高度的充分就業之學說。

茲就現代預算之編審程序及其與施政政策之配合情形，再申論其功能。

預算乃由行政部門提出，經立法機關通過，付諸執行之後尚須經獨立審計之查核。編製預算之時必須依照政府之施政目標，配合政府之施政計畫，蓋以預算之主要功能在便利政府之施政。立法機關對預算之審議，其立場與行政機關不相同，因負責審查預算之議員乃人民選舉之代表，其主要任務在為人民看緊政府之荷包，亦即是儘量撙節政府的支出，以減輕人民之負擔，乃透過審查預算之途徑，以達成其任務，故就立法機關而言，預算實為其控制政府財政之手段。民主政府之財務收支，多經獨立審計人員之查核，用以監督預算之執行，防止弊端之發生，並示政府財政之公開，故就審計立場來看，預算可資為財政監督之依據。若單就預算便利政府之施政功能而論，它不僅可以幫助政府達成其施政目標，同時尚可促致政府的經濟政策與財政政策之實現。政府根據其政治理想，建立其施政目標，進而訂定施政計畫，再根據施政計畫之需求，擬編成預算，預算經完成立法，即可依預算撥款，用以供應施政之需要，然後施政各計畫方可能次第付諸實施，故預算可以說是施政之原動力，是達成施政目標之必具手段，若無預算之支持，施政計畫將難以實現，施政目標亦必然落空。因為預算是根據施政計畫之需求而擬編，所以由預算即可窺得政府

施政之方針，掌握政府施政之重點，平時並可根據預算之執行情形，以考核施政計畫之完成程度，年終再根據決算之表達，以判定施政目標之已否達成。

　　政府預算無論收入或支出，其實施結果都可能影響於經濟，尤以資本支出的預算，對國家經濟更有直接的貢獻，由此可知政府預算之另一項功能，是它可以用為國民經濟之管理工具。各國對經濟的管理程度，隨公共經濟在全體經濟活動之重要程度而不同，亦基於政府預算之內容對經濟活動之影響程度而不同，預算可以反映國民經濟生活的形象，由預算的經濟特性，即可窺得政府的職責在國民經濟活動方面所占地位之重要。蓋以政府的公共收入對民間的經濟活動與所得水準會發生特別的影響，政府的公共支出亦會影響到民間的經濟活動，而且部分決定全體經濟活動之水準，於此，可見政府的預算已不再僅限於政府行政計畫的實施，而將政府的經濟活動亦包括在內，用以反映國家總體行動的需要，表達國家政治權力與國民經濟的分配，因此，我們必須承認政府預算對經濟的影響，尤其是對國民經濟生活的自動影響，進而確認政府預算的經濟功能，以其不只是經濟管理之重要工具，而且是實現經濟政策的主要途徑。

　　政府預算亦可謂為政府的財政計畫，前節業已述及。政府的財政計畫乃依財政政策訂定，故政府預算嘗為廣義的財政政策所涵蓋，然而，政府的財政政策有時又很難與政府經濟政策為明確之劃分。至於財政政策的意義，近年美國學者有說它是利用收入、支出及債務計畫，去獲致較高水準的總生產量與防止通貨的膨脹。若就其在行政業務上之運用而言，財政政策是指政府為發展與穩定經濟而採取之某些措施與行動，如稅收、歲出與債務管理都是財政政策之工具，然而又須與貨幣及信用控制相配合。租稅是政府取得收入之方法，也是將國家資源由民間移供公用之手段。最近幾年有人強調租稅不僅只是為供應政府支出籌集資金之方法，抑且是控制民間支出數量之有力工具。依據傳統觀念，公共支出可視為民間支出之縮減或替代，泛泛而言，政府支出是對民間不能辦理之事項而為之支出，晚近學者對政府支出之認識已開始有所轉變，有人認為可利用政府的支出以緩和失業之困苦與抵制民間經濟之衰退，然而政府大量的支出固可能消除失業，推動經濟，但亦可能帶動物價之上漲。政府公債的出售與償還，可資為財政調節之手段，故公債的管理亦關乎財政政策之運用。總之，政府的多種活動，都可能受到財政政策的影響，財政政策寓於政府稅課，歲出，及公債的運用，進而影響到國民所得與就業水準。所以政府施政計畫之設計與實施，必須考慮到對所得與就業之可能影響，於此當可明政府預算與財政政策之配合關係。

第三節　預算之結構

政府之主要職責在為人民服務，為了達成其所負任務，乃有施政計畫之訂定，並據以編成年度預算，經立法機關通過，責由政府各部門按照執行，由是可知，施政計畫乃是政府一切業務活動之中心，而預算之編排又須與施政計畫之成立相配合，俾便利計畫之執行與責任之歸屬。政府的施政計畫，通常均以一年為期，因之，多數國家的預算均屬年度預算，但也有若干國家的預算例外，尤其對資本支出之規劃，有採用較長期的計畫，因而產生長期預算。政府預算由於其所依據之計畫性質不同，及其所需資金之來源有別，遂又可將之區分為普通預算與特別預算兩類。普通預算以支應政府一般業務之需求，其經費來源主要賴於租稅收入。特別預算係因應特別事故，其發生為期不定，而為某一定期間或數年一次之偶然支出，如戰爭費用、重大災害之救濟費等。我國預算法規定，國家如遇國防緊急設施或戰爭、國家經濟上重大變故、重大災變、不定期或數年一次之重大政事，行政院得於年度總預算外，提出特別預算。我國政府預算分總預算、單位預算、附屬單位預算、單位預算之分預算、及附屬單位預算之分預算幾種，總預算乃政府每一會計年度，就其歲入歲出全部所編之預算，包括債務之舉借與償還。其構成分子，主要為單位預算，兼含附屬單位預算應編入之部分。總預算及單位預算之內又分歲入預算與歲出預算，歲入歲出預算，按其收支性質再分為經常門與資本門。所謂歲入，乃一會計年度之一切收入；所謂歲出，乃一會計年度之一切支出。歲入除減少資產及收回投資為資本收入外，均為經常收入。歲出除增置或擴充、改良資產及增加投資為資本支出外，均為經常支出。總預算與單位預算中，除屬特種基金之預算外，均為普通基金預算。單位預算是指公務機關有其法定預算之機關單位之預算，或指特種基金應於總預算中編入其全部歲入、歲出之預算，設如特種基金僅以其歲入、歲出之部分編入總預算者，其預算為附屬單位預算。單位預算或附屬單位預算內，依機關別或基金別所編之各預算，為單位預算之分預算，或附屬單位預算之分預算。如就預算之編製階段區分，可分為概算、預算案、法定預算及分配預算四種。概算為各主管機關，依其年度施政計畫，初步估計之收支。預算案為尚未經過立法程序之預算。法定預算為經立法程序而公布之預算。分配預算為各機關依照法定預算按實施計畫與進度分配之預算。如就預算成立之時序區分，有年度預算、追加預算及特別預算。年度預算為每一會計年度定期成立實施之預算。追加預算係在年度進行中執行原預算遇有不足，依法定條件所辦理之預算。特別預算乃遇緊急情況、重大災變、重大政事等，

在年度預算以外，所提出之預算。如依基金別區分，可分為普通基金預算及特別基金預算。普通基金係指歲入供一般用途之基金。特種基金係指歲入供特定用途之基金，又可劃分為營業基金、債務基金、信託基金、作業基金、特別收入基金、資本計畫基金。如依收支性質區分，又可分為經常與資本兩門。經常門預算為各機關除資本門預算收支以外之一切收支。資本門預算為各機關因減少資產或收回投資所發生之一切收入，暨因增置或擴充改良資產以及增加投資所發生之一切支出。如依科目層次區分，歲入科目可分為來源別、來源別子目、來源別細目。歲出科目可分為政事別、機關別、業務計畫別、工作計畫別、用途別。

第四節　預算之編審

預算之編審程序，各國頗不一致，在民主國家，預算之編審權責，分屬於行政與立法部門，以美國聯邦政府預算為例，其預算係由行政部門編製，總統向議會提出，經參眾兩院審議通過，方能按照預算撥款。聯邦的預算，於年度開始一年半之前，即須著手籌劃，政府各機關都設有一個預算主管單位，負責籌劃擬編初步概算提送預算局，該局隨即召集經濟顧問及財政部會商，預測未來之經濟趨勢，依據現行稅制估計可獲的收入，向總統建議下一會計年度所應採取的財政政策。總統就所建議的財政政策加以核准或變更，然後預算局再根據此項政策決定預算的最大總額，以及每個機關預算的最大限額。各機關對每項業務計畫加以周詳地考量，在限額以內，提出其正式概算，預算局再邀集各個機關從事審核，對於概算中什麼地方可以削減，什麼業務計畫必須優先列入，以及什麼計畫不太符合財政政策，都一一提出建議。各機關根據審核結果，修正改編他們的概算，預算局獲得各個機關的概算，彙編成為總預算案，以便總統向國會提出。總統向眾議院提出他的預算咨文及預算內容提要時，並說明預算是否需要增加稅收，在預算不能平衡時，如何籌措財源以彌補差額。有九個月是國會審查預算的期間，主要由眾院撥款委員會審查，這個委員會分為若干分委員會，每一分委會掌管若干機關，各撥款分委會常召各個機關首長到議會應詢，然後就對每個機關應獲的預算，加以決定並提出報告。撥款分委會的報告與建議由撥款委員會全體採納後，便將對每個機關的所謂撥款法案，提到眾院全體會議付諸辯論，或再加修正而予通過。撥款法案經由眾院通過後，就送到參議院。預算案在參院內也要同樣地經過撥款委員會的審議質詢，假定參院於通過預算案時，有進一步的修正，兩院所形成的不同意見，須由兩院聯合會議加以協調，再分由各院予以通過。預算案到此方完成立法程序，即可以送請總統簽署，經總統

簽署後，撥款法案對於各政府機關而言就變成為法律了。

　　我國的政府預算，每一會計年度辦理一次，政府會計年度改採曆年制，於每年1月1日開始，以當年之中華民國紀元年次為年度名稱。我國政府預算之籌劃與擬編，就中央總預算言，係按下述步驟辦理。行政院於年度開始九個月前訂定下年度之施政方針，中央主計機關依照施政方針，擬訂下年度預算編製辦法，報行政院核定，分行各機關依照辦理，各主管機關根據施政方針及預算編製辦法，擬定其主管範圍內之施政計畫及事業計畫，與歲入歲出概算；其施政計畫及概算，得視需要，為長期之規劃擬編；重要公共工程建設及重大施政計畫，應先行製作選擇方案及替代方案之成本效益分析，並提供財源籌措及資金運用之說明，始得編列概算及預算案。中央對各類支出之需求，須先就總資源供需估測，并各種經濟情況詳加分析，以確定歲出預算總額度，提報行政院年度計畫及預算審核會議審議。中央主計機關審核各類概算時，視事實需要，聽取各主管機關其對所編概算內容之說明，中央主計機關將審核結果，及擬定之歲出限額呈報行政院，行政院核定各主管機關概算時，其歲出部分得僅核定其額度，預算限額核定後，行知各主管機關轉知其所屬機關，各主管機關依行政院核定之預算限額，轉知其所屬各機關，各依其計畫，按照預算編製辦法，在限額範圍內，編製其下年度預算。各機關所編單位預算及附屬單位預算，送經其主管機關審核，彙編其主管預算，送中央主計機關，有歲入預算者，另以整編之歲入預算送主管財政機關彙編。中央主計機關將各主管機關所送各類歲出預算，與財政主管機關彙編之歲入預算，加以彙核整理，編成中央總預算案，並將各附屬單位預算彙編綜計表，加具說明，連同各附屬單位預算，隨同總預算案，提報行政院會議通過，依法送立法院審議。

　　總預算係將單位預算之全部及附屬單位預算之應納入部分彙總而成，關於單位預算之編製，首先須遵照政府之施政方針、施政計畫擬訂下年度之業務計畫及工作計畫，並在年度預算額度內，衡酌緩急，釐訂優先順序，配合預算科目層次編製年度預算。歲出各項計畫，除工作量無法計算者外，應儘量選定其工作衡量單位，進而計算公務成本，每一計畫所選定之衡量單位視需要而定，並不以一個為限。工作單位選定後應即參照以往工作情形，預測未來趨勢，訂定其工作數量。各機關單位預算歲入應按來源別，歲出應按計畫或業務別，分別經常門及資本門編製之，資本支出與經常支出應列為不同之計畫。各機關歲入預算之編製，胥視收入之種類，依據法令所規定之稅目、稅率或費率，並參考最近三年之實收情形，以及預測未來之變動趨勢估算編列。歲出預算之編製，經常支出如一般行政及一般業務支出，應按用途別如人事費、事務費、維護費等逐一詳細計算核實編列，凡年度編製辦法內已

有規定者，按規定標準，未規定者依市價估算之，不得以上年度預算為基數籠統增減。資本支出計畫應就成本觀點，可行程度及技術方法等詳加評估，對於新興之計畫並設擬代替計畫，以成本最低效益最大者列入預算。核計各項計畫之成本，為實施績效預算之特點，公務成本之估計係以工作計畫為基礎，根據所確定之工作數量與工作單位詳為估算之，故事實需要亦可採用成本會計觀念，對二個以上工作計畫共同有關之費用，分攤至所有各有關之工作計畫，並可按費用之固定性與變動性，分別計算之。

總預算送立法院審議時，尚應附送附屬單位預算。附屬單位預算應編入總預算者，在營業基金為盈餘應解庫額，虧損之由庫撥補額，資本之由庫增撥或收回額；在其他特種基金為由庫撥補額或應繳庫額。至於附屬單位預算之擬編，以營業基金之國營事業預算為例，各事業主管機關，應依照核定之事業計畫，指示所屬各事業，擬定其業務計畫，根據業務計畫擬編預算。營業基金預算之主要內容為：營業收支之估計，固定資產之建設、改良、擴充與其資金之來源及其投資計畫之成本與效益分析，長期債務之舉借與償還，資金之轉投資及其盈虧估計、盈虧撥補之預計。其中有關營業收支之估計，應依其業務情形，訂定計算標準，應為成本計算者，須附具成本計算方式、單位成本、耗用人工及材料之數量與有關資料，並將變動成本與固定成本加以分析。各國營事業機關所屬各部門或投資經營之其他事業，其資金獨立自行計算盈虧者，應附各該部門或事業之分預算。

關於預算之審議，權屬議會，中央政府總預算之審議，由立法院辦理。立法院審議總預算時，由行政院長報告施政計畫；主計長及財政部長報告預算案之編製經過，並備質詢。然後由有關委員會進行分組審查，分組審查完畢，由預算委員會綜合各審查會議報告，編擬審查總報告，提報全院各委員會聯席會議，加以審查後，提報院會。總預算案於全院各委員會聯席會議及院會審查時，得限定議題進行正反辯論或政黨辯論。預算案之審議，應注重歲出規模、預算餘絀、計畫績效、優先順序，歲入以擬變更或擬設定之收入為主，就來源別決定，歲出以擬設定或擬變更之支出為主，就機關別、政事別、及基金別決定。至特種基金預算之審議，在營業基金是以業務計畫、營業收支、生產成本、資金運用、轉投資及重大之建設事業為主；其他特種基金，則以基金運用計畫為主。總預算案須於會計年度開始一個月前議決，並於年度開始十五日以前由總統公布。總預算案之審議，如有部分未經通過時，歲入暫依上年度標準及實際發生數執行；支出部分除新興資本支出及新增科目須俟完成審議程序外，得依已獲授權之原訂計畫或上年度執行數覈實動支。至履行法律義務之收支仍可進行。

第五節　預算之控制

　　預算完成立法程序，於年度開始之前，須依規定編製分配預算；預算付諸執行之後，更須將預算執行情形按期編報。原分配預算為配合實際情況須予調整時，應報請修正分配預算；用途別科目預算應事實需要必須流用時，應辦理流用手續；原列計畫經費不敷事實需要時，得申請動支預備金；如遇特殊情事發生，可辦理追加預算。凡此均屬預算執行之彈性適應辦法，亦即預算執行之控制重心。

　　各機關於年度開始前，應按照法定預算科目數額，編製歲入歲出分配預算，遞送中央主計機關核定，並將核定情形通知其主管機關及原編造機關，另以核定之分配預算通知財政及審計機關。單位預算歲出預算之分配，屬經常性之經費應按月平均分配，資本性經費，應依計畫實施進度按期分配，特殊性經費，應於支用時逐案核撥。各機關執行歲入分配預算，應按各月或各期實際收納數額考核，其超收應一律解庫，不得逕行坐抵或挪移墊用。各機關執行歲出分配預算，應按月或分期實施計畫之完成進度與經費支用之實際狀況逐級考核，其下月或下期之經費不得提前支用，遇有賸餘時，除列為準備者外，得轉入下月或下期繼續支用，但以同年度為限。中央主計機關審核各機關報告，或派員實地調查結果發現該機關未依進度完成預定工作，或原定歲出預算有節減之必要時，得協商其主管機關呈報行政院核定，將其已定分配數或以後各期分配數之一部或全部，列為準備，俟有實際需要，再專案核准動支。各機關於分配預算執行期間，如因變更原定實施計畫，或調整實施進度及分配數，而有修改分配預算之必要時，可依法定程序修正其分配預算。

　　各機關之財務收支，均應按照法定預算執行，為控制預算之執行，乃於預算法對預算之流用加以限制規定，依法總預算內各機關、各政事及計畫或業務科目間之經費，不得互相流用。但法定由行政院統籌支撥之科目及第一預備金，不在此限。惟對用途別科目預算之流用，則不予嚴格之限制，俾使之略具彈性。依預算法規定，各機關之歲出分配預算，其計畫或業務科目之各用途別科目中有一科目之經費不足，而他科目有賸餘時，可按中央主計機關之規定流用之，但不得流用為用人經費。為便於預算之控制，同時為因應各機關特殊情況之需要，乃於總預算內設置預備金，第一預備金於各機關單位預算內設置，其數額相當於其歲出總額百分之一；第二預備金設於總預算。各機關執行歲出分配預算，如遇經費確有不足時，可報請上級主管機關核定，轉請中央主計機關備案後，支用第一預備金。各機關有下列情形之一，得經行政院核准動支第二預備金及其歸屬科目金額之調整，事後由行政院編具動支

數額表，送請立法院審議：(a)原列計畫費用因事實需要奉准修訂致原列經費不敷時。(b)原列計畫費用因增加業務量致增加經費時。(c)因應政事臨時需要必須增加計畫及經費時。政府預算執行期間，如遇國家發生特殊事故而有裁減經費之必要時，得經行政院會議之決議，呈請總統以命令裁減各項經費。各機關重大工程之投資計畫，超過五年未動用預算者，其預算應重行審查。政府預算如確屬不敷支用，除申請動支第二預備金外，如有下列情形之一者，尚可請求提出追加歲出預算：(a)依法律增加業務或事業致增加經費時。(b)依法律增設新機關時。(c)所辦事業因重大事故經費超過法定預算時。(d)依有關法律應補列追加預算時。上項追加歲出預算之經費，財政主管機關應籌劃財源平衡之。反之，如法定歲入有特別短收之情勢，不能依法裁減調整時，財政主管應籌劃抵補，並由行政院提出追減預算調整之。此外，如有國防緊急設施或戰爭，國家經濟重大變故，重大災變，重大政事，尚可於總預算之外提出特別預算。會計年度結束後，各機關已發生尚未收得之收入，應即轉入下年度列為以前年度歲入應收款，其經費未經使用者，應即停止使用，但已發生而尚未清償之債務或契約責任部分，經核准者，得轉入下年度列為以前年度歲出應付款或保留數準備。惟轉入下年度之歲出應付款及保留數準備，應於會計年度結束期間後十日內，報由主管機關核轉行政院核定，分別通知中央主計機關、審計機關及財政主管機關。誤付透付之金額及依法墊付金額，或預付估付之賸餘金額，在會計年度結束後繳還者，均視為結餘，轉帳加入下年度之收入。

　　以上所陳偏重於公務機關單位預算之執行與控制，至於營業與事業機關之附屬單位預算，其性質與公務預算不同，故對營業事業預算之執行與控制，自不能與公務預算同日而語。關於附屬單位預算之執行，預算法僅規定，應依其業務情形編造分期實施計畫及收支估計表，報由各該主管機關核定執行。附屬單位預算之執行，如確因市場狀況之重大變遷或業務之實際需要，報經核准，得不受預算法有關規定之限制，但有關固定資產之建設改良擴充，資金之轉投資，資產之變賣，長期債務之舉借與償還，仍應補辦預算。附屬單位預算應行繳庫數，經立法審定後如有差異時，可由行政院調整預算所列數，並由主管機關列入歲入分配預算依期報解。年度決算時按其決算及法定分配結果調整之。公營事業之經營管理，重點在長期經營計畫的控制，因之營業預算控制的技術亦漸著重於計畫機能，以其與企業的利益計畫相表裡，因而發展成為一種新型的預算控制制度。此種預算控制制度，乃以利益計畫為其骨幹，按照目標利益──銷貨收益──容許費用的順序，首先設定目標利益及目標基本利益率，然後編製實現此種利益的銷貨預算，以及有關費用方面的生產額預算，生產成本預算，暨其他各種費用預算，然後再編製支應此種經營過程的資

金預算。同時應以長期經營計畫為基礎，與直接成本計算相呼應，以強化其計畫機能，尤須與標準成本制度相呼應，採彈性預算的方式以增大其控制機能。一般講來，如欲達成預算控制的目的，即必須遵循控制的基本原理，亦即所謂預算控制原則。

營業預算的控制原則，新近發展建立者，有個人認識原則、組織原則、有效的意見溝通原則、標準原則、例外管理原則、追究原則、彈性原則、與成本意識原則等項。所謂個人認識原則(the principle of individual recognition)，乃在建立個人尊重制度，無論超標準以及標準以下的工作，評判必須公平及合理的準確，對於個人的能力、意志、反應，以及團體壓力的影響均應有所認識。總之，個人的尊嚴必須重視。所謂組織原則(the principle of organization)，乃在確定控制權責。蓋實施控制必須假手於人，故應就組織的觀點及各項工作的目標，對所屬人員的權責予以劃分清楚。所謂有效的意見溝通原則(the principle of effective communication)，在使對於某一問題有相同瞭解，為了達到有效的控制，上下意見應該溝通，並對於各自的職責及目標有相同的瞭解。按職責編製的計畫預算，如能由各級管理人員儘量瞭解加以發揮，則必較其他方法可獲得相當程度的效果。所謂標準原則(the principle of a stand-ard)，首需建立標準制度。由各種標準使能樹立一個努力的目標，樹立一個衡量尺度，藉以比較實際的結果，進而衡量控制的效能，換句話說，就是決定按計畫目標進行的效率。所謂例外管理原則(the principle of management by exception)，在使一般忙碌的高級人員，專心致力於不尋常或例外的項目，而不為通常的工作所煩累。高級管理人員要能留心處理例外項目，而無須為瑣事末節錙銖必較，欲貫徹此項原則，必須設計使一些例外項目立於控制系統之外。由於預算計畫及預算控制著重差異分析，故預算計畫及預算控制遂可提供各級管理人員注意例外事件的方法，惟此項原則須要將實際的標準與真正的標準(realistic standard)加以比較，通常用以前年度的經營結果作比較數字是不夠的。有效的例外管理，基本上必須從預算著手。所謂追究原則(the principle of follow-up)，即對作業的結果，無論好壞，均須加以檢討。發現壞的作業，檢討其癥結何在，可以即刻加以改正。如係優良作業，可以求其優點何在，以供其他同樣的作業借鏡，並對將來的計畫擬定及控制工作，提供改進的基礎。所謂彈性原則(the principle of flexibility)，乃指對費用及成本預算，決不能硬性的加以實施，亦不能以無預算為理由，拒絕合理的支付。變動及彈性預算，常常可以解決由於產量的變動所引起的控制問題。例如預計的生產數量為一萬單位時，某部門的間接人工費用預算為二千元，但因情勢變動，實際生產數量竟達一萬二千單位，因之實際的間接人工費，自將超過原定之預算。嚴格的講，此種差異之計算毫無意義，彈性預算的長處，即在能比照實際生產數額，於計算差異以前，先行調整預算數字。

所謂成本意識原則(the principle of cost consciousness)，在建立成本意識。由經驗及研究結果顯示，高昂的成本意識是有效成本控制的基本。如一個事業的主管人員有高度的成本意識，其屬下亦將有提高成本意識的趨勢，反之主管人員之成本意識不高，其屬下之成本意識亦將趨於低落。因之吾人必須注意個人及一個工作集團對成本的認識與心理，參考此種心理狀態，以為控制系統的設計。

對預算控制原則持反對論者，以為實施預算控制之企業，其業務性質，生產型態，經營規模以及經營組織等諸多不同，則預算控制之目的及技術手段自各有異，因之實難建立一種普遍妥當的預算控制原則。如勉欲訂立一種抽象原則，對於實際並無何裨益。但我們就現在有些企業所實施預算控制的情形及一般人對於預算控制的概念來看，則預算控制原則實有建立之必要。因為預算控制的手續多少含有一些會計技術的成分，所以一般人多不免側重其會計技術方面，而預算控制的運用遂常誤認為只是一種計算的技術，而缺乏包含「人情」要素的經營管理。現在有一般人認為預算控制的效用，只是節省費用的一種手段，資金調撥的工具，而昧於預算控制是一種有關整個事業的利益管理(profit planning and control)方法，因而在編製預算時，也不就事業目標，最高經營政策，全盤管理方針，銷售、製造、採購、財務等基本計畫以及利益計畫徹底加以檢討,預算的編製遂完全成為會計部門的機械工作。像這樣完成的預算即自然缺乏一種目標性，指導性及信賴性。所謂差異分析自然更是一種虛應故事，既不能指出差異發生之原因，亦難追究責任之所在。如果預算依據一套公認原則加以控制，即會產生積極的作用與預算之效果。

第六節　預算科目分類

政府的歲入歲出預算資料，必須加以適當的分類組合，以使易於瞭解其意義，並便於比較。預算之分類與結構，乃提供政府業務資訊，查考政府業務成效之方法。政府的各項業務，由各機關分別辦理。政府各部門針對應對公眾辦理之事項，訂定各項施政計畫，施政計畫一經立法通過，遂即撥款以供應計畫之實施，故施政計畫可謂政府業務活動之中心。施政計畫之實施，須賴預算之支持，隨之預算科目之安排，即須要便利業務計畫之擬訂、執行與會計處理。預算科目之設置與編排，一般而言，須符合下列四項基本要求：(a)必須便於施政計畫之擬訂。(b)必須便於預算之有效執行。(c)必須便於會計之處理。(d)必須便於對政府業務經濟效能之分析。預算分類因其目的不同而有多種分類方式，如經濟特性分類、政府職能分類、業務計畫分類、工作成效分類、機關組織分類及支出用途分類等。總括而言，前四種分類乃

便於預算之表達，後四種分類乃便於預算之執行。經濟與用途分類，乃便於經濟分析。職能分類可謂對國民大眾之分類，乃將政府之業務為綜合簡明之表達；例如，國家安全、國際事務、教育衛生與福利等。職能分類也稱政事別分類，主要顯示政府在做什麼。政事分類重點在於歲出，至於歲入乃以其主要來源為分類。然而，任何預算分類制度，必須包括按機關單位之劃分，蓋以預算原初係由機關編製，其後有關之審議，執行，與審計，亦均以機關單位為基礎。最為廣泛應用之歲出分類法，乃以用途為基礎之分類。用途別分類之主要功用，在便利各機關對支出之控制，如人事費、業務費等；後者又可再加細分。

　　政府預算之作用，不僅限於財政之管理與控制，尚須顧及國家資源之利用及社會財富之分配，以配合國民經濟之發展，並利用歲出各類計畫之經濟影響，以改善國民生活之水準。政府計畫目標與收支政策之適當配合，須賴完善之預算科目用以表達，預算科目為顯示預算結構之基本工具，隨著預算功能之漸次擴張，以及預算管理技術上之不斷改進，傳統上按用途別為基本分類之方法，已漸失其重要性，而被政事與經濟性之綜合分類所取代，以期藉政府預算科目之合理分類，以達成下列各項目的：(a)適應國民經濟建設之策劃。(b)核計政府之資本形成。(c)便利預算之編製審議及執行。(d)提示政府之施政目標。(e)便利統計資料之蒐集與分析。

　　為達成第一項目的，必須將政府收支按公私經濟之移轉關係予以區分，藉以研判政府收支行為對國民所得、通貨以及資源開發之影響，此類區分即所謂經濟性分類(economic character classification)。為達成第二項目的,必須將政府之經常支出(current expenditures)及資本支出(capital outlay)予以劃分，藉以規劃政府之資本形成，並賴以控制政府經常支出以租稅收入所能負擔者為限，此類劃分即產生所謂複式預算(double budgets)，亦即將政府支出分別編成為普通預算(ordinary budget)與資本預算(capital budget)兩種。如欲在一個預算內顯示，則應以科目分類方法予以劃分。為達成第三項目的，必須將政府收支與各部門建立統馭關係，此即所謂機關別科目分類(unit classification)，同時使每一科目有一定之概念，一切收支有一定之計算標準，此即所謂來源別(resource)與費用別(object)科目分類。為達成第四項目的，必須將政府支出作有系統之歸納，藉以顯示政府之功能，此即所謂政事別科目分類(functional classification) 。由於政府之政事千頭萬緒，為使納稅人易於瞭解，乃將政府收支之性質為簡明顯示，此即所謂公眾型分類(citizen-type classification)，此種分類係將政事別予以分類、歸納。為達成第五項目的，必須顧及預算資料在國際間之廣泛應用，其科目名稱與其內容，不應與國際標準相去過遠。

　　上述經濟性分類乃供財經決策之參考，非政府執行預算本身所必需。蓋以政府

收支行為係整個國民經濟體系之一環，但非整個國民經濟體系，為使此一重要環節充分顯示其與國民經濟結構之關係，才有經濟性科目分類之設計，根據此類科目所產生之資料，連同國民會計所得之資料，去其重複收支，可反映全部經濟因素之變動情況，以供財政經濟高層決策人士(top management)之參考，其本身不具執行目的，因而亦不須經過立法程序。

　　資本性分類，為法定預算本身所必需，無論就預算政策或預算執行而言，均有積極意義，如不能編製複式預算，仍須用科目分類方法，將經常支出與資本支出分別編列。現代進步之政府支出預算，除按資本性分類外，尚須按政事別加以分類，於政事別科目之下，再列其具體計畫(programs)科目。預算由歲入歲出兩部分構成，故歲入科目亦須為合理分類，惟問題比較簡單，收入以來源別科目區分，幾成為普遍採用之方法。

　　我國政府預算之科目分類，即係依照上述原則辦理。歲出先列政事別科目，如政務支出、國防支出、教育科學文化支出等，政事別科目之下為機關別，其下再就其業務計畫與工作計畫分兩級列示。至於歲入類科目，主要按來源別分類。如就收支性質分類，全體預算可分為經常門與資本門兩類。各機關單位預算，於工作計畫科目下，尚可列用途別科目，即各種費用。

問　題

一、試述預算之意義及其目的。

二、試述預算處理程序及為期預算能有效達成任務須具備之要求。

三、試就1930年代前後的經濟思想說明於政府預算之影響。

四、試述預算在財政政策上之功能。

五、試述我國政府預算之結構體系。

六、試述我國中央總預算編審之程序。

七、試述各機關單位預算之編製步驟。

八、試述預算流用、追加、追減之條件。

九、試述公務機關單位預算與公營事業附屬單位預算相異之處。

十、試述營業預算之控制原則。

十一、試述我國政府預算科目之分類。

十二、試述附屬單位預算與總預算之關係。

十三、政府歲入、歲出年度劃分，以何為標準?

十四、營業預算與公務預算的控制方式有何不同?

十五、政府預算應設預備金以保持彈性，試說明預備金之種類，如何設置，其金額如何決定。

十六、試述預算的功用。

十七、特別預算提出的原因為何？

十八、歲入歲出預算依其收支性質如何分門？

十九、何謂分配預算？並述我國預算法關於分配預算的規定。

習　題

一、試根據下列資料編製某機關××年度歲出預算表及一般行政預算分配表。

（單位：新臺幣千元）

	本年度	上年度
一般行政	$10,000	$8,000
人事費　$5,600　業務費　$3,600		
設備及投資　500　獎補助費　300		
建築及設備		
土地	2,000	
交通及運輸設備	8,000	13,000
第一預備金	按經常門百分之一	
高等教育		
高等教育行政及督導	12,000	10,000
私立學校教學獎助	8,000	6,000
師資培育	3,000	2,000

二、某機關支出如下，試按照用途別科目歸類。

品名	金額	品名	金額
電費	$100	汽車維護	$500
職員薪餉	20,000	郵票費	80
茶葉	200	政府機關間之補助	7,000
汽油	1,000	報費	100
加班值班費	400	旅費	800
儀器設備	6,000	特別費	3,000
印刷報表	300	電腦設備	15,000
原子筆	500		

第四章　預算制度

第一節　績效預算

　　我國預算制度自清末建制以來，歷經數十年，其間雖有改進，惟仍脫離不了費用預算之型態。因其預算支出僅就費用性質編成，既缺乏工作衡量單位，又無公務成本顯示，更談不到政府支出績效之考核。由於行政管理科學觀念之演進，及對政府預算管理功能之要求，政府預算結構勢須配合改進，因而我國遂於民國50年度引進績效預算。績效預算(performance budget)的首要條件，是要支出與計畫配合，因為今天政府的支出已經不是十八、十九世紀管家式的預算，而是包涵著許多許多不同的目的和計畫。如果政府的預算不能夠將這些計畫的最終目標清晰的表達出來，對於政府的行政當局來說，便不可能幫助他去考慮決定，那些計畫是最優先必需的，那些是比較次要的，以至於這些計畫是否都與他的基本施政方針相符合。其次對於立法部門來講，以往以費用科目為分類基礎的預算，在預算內所能夠表現的，只是要買多少物資，要用若干人員，至於為什麼需要這些人員和物資，都不能由預算上直接查核出來，故在審查時，就很難達到一個最公平客觀的判斷。再就各個行政單位來說，過去的預算，僅只規定了各機關可以支用的金錢數字，並沒有相對的規定用這些金錢，所應完成的工作。故而行政首長只要在預算以內任用人員，購置物料不超過限額便算達成任務。至於在公帑支用以後，所計畫完成的工作是否已經達到，無從根據預算報告直接加以比較和考核。

　　績效預算，便是針對這些傳統預算的缺點而建立，首先著手研究這項制度的，是美國政府設立的胡佛委員會。根據美國第二次胡佛委員會預算及會計工作小組的報告，認為一個現代的政府單位預算，應該至少能達到下列三個基本要素：

　　⑴在一定時期內，所欲完成的計畫項目及其程度。

　　⑵每一計畫的個別成本、工作數量及儘可能的單位成本。

　　⑶明白確定每項計畫負責完成的機構。

　　實行績效預算的基本原則，要統一規劃，適當分類，協調配合，分層負責，彈性控制，及正確衡量。所謂統一規劃是指年度總預算中，各項業務計畫或工作計畫，應該根據政府整體施政計畫來編訂，並且要與長期的財經計畫相一致。各項計畫的

支出，應該以當年度各機關各項工作計畫之預定進度與工作數量為根據，不應完全依照以前年度的支出數字為基礎。而且年度預算應該包括全部工作計畫所預計之必需費用，除非計畫有變更，工作數量有增加，不應辦理追加預算。所謂適當分類，是說總預算中的歲出預算應該按照政事別，主管機關別，各個業務計畫別，作三層級之適當分類。同時對於各個機關單位預算，由於業務計畫的不同，組織型態的不同，以至於工作方法的不同，必須根據其個別的實際需要再加以適當分類，也就是按照其業務計畫及工作計畫項目的分類，並且要與負責單位相一致，最後是按照費用科目的分類。所謂協調配合，就各項業務計畫及工作計畫來講，無論政府的整個計畫，或者每一個業務單位的個別工作，都應該密切的協調配合，其次對會計人員來講，應隨時地依照行政主管的政策，配合業務部門的需要，而提供一切必須的資料。所謂分層負責，是實行績效預算的一個最基本原則，無論在預算的籌編及執行上，都應該確守此項原則，尤應注意各項工作計畫進度與成果的控制，及經費或成本的控制，這也可以說是每一項工作，權與責的兩面，均應由其承辦單位同時負責。所謂彈性控制，當然是指預算的執行而言，因為年度預算的籌編，在年度開始前的一年就已開始，距離預算的執行要有九個月的時間，美國聯邦政府預算的編製，比較我們更長，需要十八個月的時間。這樣，事實上，在籌編預算時不可能把將來的計畫和支出需要，絕對準確一絲不差的估計出來，所以在各機關籌編預算時，我們不得不注意到預算執行時的伸縮彈性，就科目分類來講，如果計畫項目定得太籠統了，固然難於將每個計畫的輪廓目的及工作成果清楚的表達出來，也無法充分證明你的經費需要是正確的。但如果定得太詳細了，則將來在執行時，一定要遭遇到很多事實上的困難，所以說在我們研訂計畫項目與科目分類時，便應該注意到將來執行時的彈性。其次主計機關為使預算富於彈性，也可由核定之預算內劃出一部分列作準備，有的計畫可以按季分配預算。所謂正確衡量，是指工作計畫為預算估計時，需要採用工作衡量制度來對計畫中的工作進度及數量加以正確的估計，同時對於達成此項工作所需之成本因素，也要加以正確的計算。在預算執行時和執行後，尤須要提供正確的工作績效和成本報告，用以促進管理的改進與成本的控制。

　　依管理或績效要求編製的政府年度預算，是以政府擬做的工作或擬提供的服務事項為基礎，並分列每一項工作和服務事項所需的成本。預算經立法機關通過後，本質上已成為立法機關與行政當局兩方面的一個契約。換句話說，經立法機構通過的預算，就是對預算內所列擬做的工作或提供服務事項的協議書，並明定各工作及服務項目應撥之經費；因此，立法機關在預算年度終了時，首先需要瞭解的，也就是行政機關對所訂的契約或原先通過的預算，履行的結果如何？所以行政機關首長

對於法定預算所列的工作或服務事項，須負責完成。這就是說，在預算執行期間，為了有效地履行對立法機關所負的責任，行政當局必須利用會計與報告制度，對所執行的工作加以控制，以保證工作計畫內所列的工作或服務事項能夠有效的完成。所以預算控制的目的，在使所計畫的工作或服務事項確實完成，而所設計的會計和報告制度，旨在提供預算執行期間所完成的工作和其相關費用的資料，這些資料的相互關係，要加以分析，並與核定預算相同時間的預計工作與預計費用相比較。如實際工作及預定工作，和實支費用及預計費用之間，發生了不可避免的偏差時，須加以分析說明，並予矯正。因此，會計和報告制度，就是以法定預算中的工作與費用，作為繼續稽考其績效的手段。

各項支出的用途在績效預算裡，都很明顯地與計畫的工作和服務事項相聯繫，也就是把一宗特定款項的用途，如薪津、旅費、用品等，使與工作或服務事項聯繫在一起。各項支出用途的嚴密而適當的會計，就績效預算與傳統的預算相比較，毋寧更為重要；因為支出的用途是促使工作實施的手段，而工作的完成才是預算執行上更高的目的。現代政府的組織單位，日趨複雜，如期能夠更有效的行使其預算上的管理職能，其預算程序即須針對其總體工作與各細項工作而設計。績效預算是基於總的工作和分類工作而編的，並不是僅以費用和組織單位為基礎，乃使它成為行政部門計畫的工作，和達到計畫工作目標的一種有效工具。

績效預算是以政事、業務計畫、經常支出工作計畫或資本支出工作計畫為其預算科目的分類，這種分類方法也稱之為績效分類，乃是便於編製政府年度工作計畫預算的基本分類結構。政事別(function)可解釋為政府組織內全部工作的廣泛分類，如國防、教育、公共衛生、農業等。業務計畫(programme)為政事的再分類，也就是政事內所包含的分項工作，例如教育是一項主要政事，可以再分以若干業務計畫，如初級教育、中級教育、高級教育、技術教育、教育設備的修理和建造等。政事劃分為業務計畫的基本標準，是使業務計畫本身能代表部分的政事，以便在政事範圍內，對其目標的成就，能作有意義的評估。政事與業務計畫都是立法機關及最高級行政機關所最注意的，因其所代表的是預算中每一種分類，對任何國家在任何時期內政策的擬訂審核和執行很關重要。同樣地，每項業務計畫內又分為許多個經常支出工作計畫或資本支出工作計畫，使反映出業務計畫項下的工作區分，以便於業務計畫目標的完成。經常支出工作計畫(activity)和資本支出工作計畫(project)均為業務計畫的再分類。兩者的不同處，在於前者是屬於業務計畫的經常工作部分，後者是業務計畫的資本支出部分。經常支出的工作計畫是循環的、繼續的；而資本支出的工作計畫，是非經常的。將業務計畫劃分為經常支出工作計畫和資本支出工作計畫

的真諦，在使業務計畫下的總工作能分成合理一致之工作形式，此種分類，可將工作劃分明白，易於選取工作衡量單位，而整個工作亦可以選定的工作單位來表示。

　　依照上述按績效方式編製年度預算的重點，即可知道績效預算的特點：(a)它為達到主要政事範圍內短期和長期目標，所需要的經費。(b)它為完成各種政事目標的各項業務計畫，及各業務計畫內的各項經常支出工作計畫或資本支出工作計畫。(c)它為各種業務計畫及經常支出工作計畫或資本支出工作計畫所需的成本。(d)它是所擬定的各業務計畫及各種工作計畫的質與量的資料。(e)它可表明負責執行業務計畫的機關單位。(f)它可表明一切收入和一切支出的來源與數額。

第二節　工作衡量

　　研究績效預算一定要涉及到工作衡量制度，因為績效預算之編製在求表現政府各機關之工作計畫與預算之密切配合，各項工作計畫須藉建立工作衡量方法把數量表現出來方能分析研究比較其成果。編製績效預算時，可藉工作衡量方法，表現出機關之工作負荷與人力之配備是否相稱。績效預算之特點之一，為儘可能計算公務成本，以便對逐年或各部間從事相同工作之成果，加以分析比較，故須先為每一工作計畫或項目確立工作單位，以便在工作量與總成本間，求取單位成本。因此，工作衡量技術的應用，須先鑑定和選擇工作衡量的階層，次為選擇衡量該一階層的適當單位，根據所選定的工作單位，登記編報該一階層的工作數量，然後將該工作數量，與其所需的人員時間，或其包括人員時間在內的一切費用成本關連起來。

　　建立工作衡量制度之第一個基本步驟，為選擇擬衡量之對象。選擇擬衡量對象之原則為：(a)易於建立工作之方法與程序並進而使工作效率標準化。(b)易於確立適當之工作單位。(c)能清晰地反映出工作方法之缺點。(d)易於以單一之工作成果為單位。但是不可否認的，有時候一個機關的工作事項中，有些工作的成果是無法衡量的，如該項工作所用人員數額，不受工作數量的支配與影響，而是法定編制，或法律規定的組織體制，如各部會的主管和他的直屬幕僚是；又有些工作，不與該機關工作中某特定部分相關，而是關係到全部工作，如行政管理工作是；有些工作的結果，不能預先斷定，如某種形式的研究工作是。惟多數機關所用的人員，從事於前述不能衡量的工作的人數，畢竟是很少。所謂其工作不能衡量，也只是說其工作本身不能用有意義的單位表示出來。

　　預算內的工作計畫，何者可以衡量，何者不能衡量，經過鑑定以後，次一合理的步驟，就是為每一種可以衡量的工作計畫，選擇一個合適的衡量單位。在工作衡

量制度內，為每一工作計畫，選擇工作單位，是一重要的步驟。因為一個正確的選擇，密切地影響到這個制度的功用，也是高度技術性的步驟，必須作許多的努力與分析，纔能完成。到目前為止，從美國和他國於工作衡量上所得到的經驗，可以提供下列的選擇標準：

　　(1)工作單位必須是可以計算出來的，同時必須表示其完成的工作。換句話說，它必須可以用數量名詞來表示，如道路建築的里，灌漑的畝，種痘的人，完成的調查。

　　(2)每一項工作計畫所定的工作單位，通常一定是用以衡量工作結果的單位，而不是衡量工作數量或衡量工作成就的單位。這三種衡量單位的不同，在於「工作數量的單位」，係機關為獲得所期望成果而採的內部行為，例如學校，這種單位是指學校裡所開的班級數，而不是指受訓練的學生人數；但「工作結果單位」，是屬於一個機關已完成了的工作，而此等工作對達到所期望的目標，有直接的效果，仍以學校為例，這種衡量單位是與受訓練的學生人數相關，而不是學校所開的班級數；至「工作成就單位」，是與機關的施政目標有關，舉例來說，這種衡量單位關係於提高公民的識字率，而不是學校開的班數，或受訓練的學生人數。上述各種形式的工作衡量單位，在預算裡，均有其適當地位。例如，工作計畫在預算內所需要的說明材料，必須對產生預計工作結果所需工作數量有所顯示。其次，其工作結果又必須與所期望的目標成果相聯繫。無論如何，為工作計畫所選的適當單位，通常，一定是用以衡量其所希望的工作結果的單位。

　　(3)工作單位必須一致，也就是工作單位在全組織內，以及自某一段時期至另一段時期必須具有同一意義，能夠把一個機關，某一時間的任一部分的工作衡量結果，與另一部分同形式的工作結果相比較，同時也可以把一項工作的結果，在時間上作一比較。在一段時期以內，工作品質的規格，須與所做工作相符，換句話說，同樣的工作要用同樣的工作單位來衡量，並應用相同的計算與報告方法。

　　(4)一個工作衡量單位，有時候並不能適用於一項工作計畫下的各種工作。於此場合，則須有一個以上的工作單位。但應儘可能地對每個工作計畫僅用一個工作衡量單位，並使其與該申請經費的工作計畫內所做的最重要工作相關聯。

　　(5)工作單位，必須以習用的名詞來表示。這些名詞，必需為負責工作報告的人，和中央預算機關及立法機關負責審查的人所熟習。

　　每個工作計畫的工作衡量單位一經採用，則這種工作單位作為計算、記錄、和編製績效報告的方法，必已確定；績效報告的繁簡，應符合使用報告者的需要。下述三種報告形式，或許可資選用：

　　　①只用所選定的單位表示整個工作的報告。

　　　②工作單位總量及其所耗人工時間的報告。

　　　③工作單位，時間和成本的報告。

工作衡量與報告制度的主要目標，在使負責每項工作計畫，及業務計畫的主管當局，得照認定的效率尺度，以衡評其工作效果，期能對於方法、組織與管理有所改進。

　　我國中央政府的預算編製辦法指明，各機關對每一計畫項目之設定，應與機關內部各單位之組織及職掌相適應，並應由其計畫與預算統合協調綜合評估，藉以達成統一規劃之要求。一個內部單位得設定一個以上之業務計畫，但一個業務計畫應以由一個內部單位主辦為原則。工作計畫應儘量具體不涉瑣細，並以能顯示工作單位及核計單位成本為原則。

　　各機關之工作計畫項目，應儘量選定其工作單位，並應配合分支計畫之設定情形，每一計畫所選定之衡量單位視需要而定，不以一個為限，但下列各類性質之工作，得不為工作衡量單位之選定：(a)凡工作量無法獨立計算者，如行政管理及其類似之工作。(b)凡工作目標無預定期限或其結果不可預測者，如研究工作。(c)凡工作效益確無適當單位可資衡量或其單位無實際意義者，如訪問、出席會議。(d)其他確屬不易選定工作單位之工作。各機關對工作單位之選定應注意：選定之工作單位須能表達工作之目標，須能計算其數量，須能反映所費之成本，須為一般通用之名稱，須為易於瞭解之事實，須具有普遍性與連貫性。

第三節　計畫預算

　　設計計畫預算制度，英文名為 "Planning-Programming- Budgeting System"，簡稱PPBS，乃將目標設計、計畫訂定、與預算籌編融合為一體的一種預算制度。這種預算是以設計為中心，利用成本效益分析，或稱本益分析(cost-benefit analysis)方法以協助增進政府預算執行之效果。所謂設計(planning)是指對未來之環境研究其目標及可行方法，並從中選擇一種最佳的方法，此項設計多指長期性的策劃，與傳統上的策劃只考慮一、二年之成本及收益有別，計畫(programming)則指就實際欲達成之目標擬定更具體之工作方案，而預算(budgeting)則係將工作方案納入正式合法的體系並據以執行。一般而言，設計計畫預算制度的特性，是將各種計畫型態納入一種設計體系，將預算過程與設計過程相結合，使計畫與預算納入為達成某些既定目標之體系中。

　　設計計畫預算制度的基本要求，在認明組織的基本目的，與一切業務有關的計

畫結構，發展多年計畫，考慮過去計畫決策與現在設計的未來計畫，編製多年財務方案，顯示經常成本，研究發展成本，資本性投資，及可應用於五年計畫預測有關的所入；綜合、分析、與比較計畫的抉擇，兼用各種財務的、數學的、與論理的技術，儘可能的減少主觀判斷的幅度。

　　設計計畫預算及成本效益分析的主要內容包括：(a)擬定方案(programs)的目的及目標，換言之，要達成其所希望的成就，需要何種目標。(b)為達成此種目標，應該擬定何種政策(alternative policies)。(c)在某項政策擬定之後，估計其「成本」。(d)為協助成本及效益之估計，及以後各種政策及制度之選擇，必須建立各種數理模型(mathematical models)。(e)要建立偏好標準(criterion of preference)或社會折現率(social discount rate)以幫助「最佳」可行政策之選擇。

　　設計計畫預算制度的實施步驟為：(a)依據施政方針確立目標。(b)訂立需要達成之指標或任務，及考核衡量之標準。(c)擬訂方案，確定作業事項及所需財源。(d)編製預算，選定作業方案，編審各年度預算計畫。(e)照案實施，遂行方案及控制財源之運用。(f)隨時追蹤考核，針對任務或目標而予考核。

　　如期有效實施設計計畫預算，計畫之「成本」與「效益」為一極重要之考慮因素，一般而言，成本不僅包括明確的成本(explicit costs)，尚且包括隱含的機會成本(implicit opportunity costs)。成本效益分析的基本標準，並非使效益成本比率(ratio of benefits to costs)或邊際效益成本率(marginal benefits-costs ratio)獲得極大(maximize)為目的。茲以下表各種水壩防洪政策之效益及成本為例，說明成本效益分析之使用：

各種防洪政策之邊際效益成本率

可行政策	每年成本	每年利益	邊際效益成本率$\left(\dfrac{\Delta利益}{\Delta成本}\right)$	總效益大於總成本
不興建水壩	$　0	$　0	0	$　0
政策甲（低水壩）	100,000	200,000	$\dfrac{200,000}{100,000}=2.0$	100,000
政策乙（中型水壩）	200,000	350,000	$\dfrac{150,000}{100,000}=1.5$	150,000
政策丙（高水壩）	300,000	400,000	$\dfrac{50,000}{100,000}=0.5$	100,000

　　上表政策甲之低水壩計畫，其邊際效益成本比率最高，為2.0，這表示一元之成本，可獲二元之利益，然而政策乙（中型水壩）計畫較為合理，雖然其邊際效益成本比率較低，但其總收益較總成本超出十五萬元，而非低水壩之十萬元，至於高水

壩（政策丙）之邊際效益成本比率最低，只0.5，且總收益超過成本也僅十萬元，故丙計畫非合理之選擇計畫。由上述可知，邊際效益成本率最高之計畫，不一定就是最佳之計畫，尤有進者，在選擇計畫之標準時，尚應考慮：(a)社會對政府提供財貨目前消費抑或未來消費之時間偏好(time preference)。(b)預算收入之限制。(c)利益可否數量化或衡量。由於公共投資計畫之成本及效益，非一兩年後即可消失，若干計畫之利益，甚至成本，延續時間頗長，是故目前之貨幣利益，較之五年、十年或二十年後之同額貨幣利益為高，未來利益必須換算為現值(present value)，方能正確反映投資計畫效益之大小。在成本效益分析時，如時間因素予以考慮，將使問題更趨複雜。

　　一般而言，計畫之選擇通常以效益成本率最高之計畫為原則，而效益成本率低於一之任何計畫（表示投資成本大於其效益）則予放棄。然而成本效益分析的有效性，具有若干之限制。成本效益分析並不能解決所有政府支出的決策問題，在計畫評估及比較各種不同的計畫時，成本效益分析的用途，受有相當的限制。成本效益分析並不能有助於目標優先次序的決定（例如國防與教育孰為優先），由於效益衡量及許多計畫的不確定性，使計畫的成本及效益無法數量化。

　　設計計畫預算最早係用於企業經營上，其後則逐漸用於政府部門，美國於1961年代，國防部首先實施，1965年以後，始擴及所有聯邦政府機構。美國國防部之實施此制，肇因於1960年時希區(Charles J. Hitches)及麥肯(Roland N. Mckean)出版其名著《核子時代的國防經濟學》(*The Economics of Defense in the Nuclear Age*)一書，內中探討國防經濟的效率問題，他們建議軍事設計上，應將各種可行方案的成本與效益作一個比較，適1961年麥克瑪拉(Robert McNamara)任國防部長，乃根據他們的主張，將此一制度在國防部予以實施。

　　詹森總統(L. B. Johnson)鑒於國防部實施PPBS以來成效卓著，乃於1965年經由一項行政命令將此種制度實施於聯邦政府之其他機構，他想藉此種現代化的管理工具，使每位國民以可能的最低成本，獲得較佳的生活。實施本制度需各部門延聘專家，運用現代化的方案分析(program analysis)確定各該部門未來的目標，這些目標一經確定以後，便需要尋找最有效、最低廉的手段以達成之。為貫徹詹森總統全面推行設計計畫預算制度，美國預算管理局(Office of Management and Budget)乃於同年10月印發1966年度第三號公報，具體說明此一制度的實施辦法，該公報指出此一制度的實施，乃為提供更多的有效資料與分析，以協助各單位、主管、部會首長以及總統，用於研討需求，及決定資源的使用，並對有競爭性的需求，核定資源的分配。

　　我國實施績效預算制度，已經歷有年，雖對於革新財務，促進行政管理貢獻很

大，惟尚未徹底做到施政計畫與各機關業務計畫密切配合，甚至各機關本身各項業務計畫，亦多重疊，或有遺漏情形，無法依該項計畫作整體有系統之施政考核。行政院主計處鑒於上述缺失，經全國主計工作會議研討，擬就預算制度作業改進方案，將美國設計計畫預算制度之精神，納入績效預算，其基本觀念在於以國家為目標，建立長程計畫，運用系統分析方法，並擬訂替代方案，以謀求資源之合理分配。在計畫預算制度下特別強調效率觀念，主張長期計畫與分年預算之配合，預算編製偏重彈性精神，並要求各部門打破本位主義。進而於預算法明定政府之施政計畫及概算，視需要為長期之規劃，重要公共工程及重大施政計畫，應先製作選擇方案及替代方案之成本效益分析。

　　績效預算與計畫預算兩制度各有特質，其實施之範圍與重點亦略有差別。績效預算的基本構想，在使政府的費用與其所為的工作，發生密切的關係，故其績效分類的重點，在顯示用錢的原因，而用錢的標準，則根據以往之成本記錄而衡量，是故績效預算之編製，有神經費之覈實。而計畫預算制度係以瞻望未來為其特質，表達政府對未來之經濟發展與社會政策之構想，並將此項構想化為具體可行之長期計畫，此項長期計畫，不但打破部與部間之界限，甚至打破中央與地方之界限，範圍相當廣泛，而計畫所需完成之期間較長，影響較為深遠，故必須就其長期成本與未來成果予以分析，才能對該計畫的價值為正確的評價，使國家資源達成公平與合理之分配。績效預算制度重視行政效率與績效成本的衡量，適合於單位預算的機關，以便依其業務性質，根據以往經驗，在其工作細目計畫的範圍內，設定評價與考核之根據，直接控制其成本與績效，有助於機關內部管理之強化。至計畫預算之長期計畫，是一種涵蓋廣泛的計畫，乃以國家為目標，因之，一個主要計畫可能包含若干分支計畫，每一分支計畫又再包含若干細目計畫，是故一個主要計畫執行，可能分由若干機關辦理。此項預算適合政府之總預算，以便統籌全體資源為合理的分配。採用計畫預算，可以擴大決策者的眼界與思考，啟發其選擇計畫與分配資源的智慧，以促致國家達於長治久安之境地。

　　總括而言，設計計畫預算制度及成本效益分析，其優點有三：(a)使資源作更有效的配合，政府對目標之選擇及達成這種目標之政策有更明確的瞭解。(b)有助於所得分配的公平。例如某一防洪計畫，根據報酬率顯示結果，應在某一地區實施，若計畫之財源來自所得稅，而繳納之人來自其他高所得之縣市，則實施結果可以產生重分配之效果，即將高所得之實質所得移轉於低所得之地區。(c)有推動經濟穩定與成長之效果。由於預算執行之效率，促使資源之有效運用，使非自願性失業減少，而且由於生產增加結果，社會福利亦可因而提高。然而此種制度亦不乏許多不可避

免之缺點：(a)此種制度過於機械化，缺乏彈性。由於這項制度係由技術人員來管理，而不受人的意識來左右，因之，有些人諷刺此種制度全由電子計算機來作決定(government by computer)。(b)此種制度的實施，成本太高，設計的成本有時超過計畫的效益。(c)此種制度的推行遭遇到許多資料收集與分析的困難，許多投入與產出無法數量化，而且管理人員或政府官員可能以偏見操縱設計計畫預算及成本效益的研究，而達成其所冀求計畫的實現。(d)社會折現率及偏好標準不易確定，各政府機關所採用的社會折現率常有不同。(e)衡量社會產出效益與社會投入成本缺乏標準。(f)某些私人團體反對這種制度的推行，因方案的經濟評估結果，會損害他們經濟的利益。(g)有些政府機構缺乏此制度所需之分析人員，或有些政府機關的辦事人員無法勝任方案分析的工作。(h)政府官員有時無法向立法機關提出成本效益分析所要的資料。

設計計畫預算制度，於1965年美國政府正式開始實施，至1971年為止，美國聯邦政府中有廿五個以上的機構使用此種制度，在州政府中亦有十個州採用此一制度。自美國聯邦政府公布實施此一制度以後，一度引起世界各國的注意，若干北歐及南美國家亦紛紛採用，惟此一制度由於上述的各種缺點，推行時亦復困難重重，因而推行此種制度的國家，多知難而退，即美國本國也自1972年起開始放棄此種制度，目前美國聯邦政府除農業部尚予採用外，其他部門均已放棄。

第四節　零基預算

政府預算制度，隨時勢所需，近年多有改進，先捨傳統預算，採行績效預算，進而實施設計計畫預算，再邁入零基預算。績效預算重在行政管理，計畫預算重在長程整體規劃，零基預算重在方案重新評估。零基預算(zero basis budgeting system)的意義，依首創人彼得皮爾(Peter A. Pyhrr)的說法是：每單位主管於提出預算時，應從計畫之起點考慮，並說明其需要該項支出之理由，將每一計畫，作為一項決策方案(decision package)，予以系統化的分析與評估，按其重要程度，排定優先次序。由是可知，零基預算制度為一種規劃預算之程序，強調預算項目不可因襲既往，僅予增量調整編列，而須重新加以考慮，亦即是任何一個單位提出年度概算需求時，應自零點開始，無論舊有或新增項目均應基於相同基礎，詳加評估其效益及必要性，對於不合時宜或無效益之現行計畫應予刪除，以期資源分配予優先性較高，效益較大之新興計畫，使預算分配更為合理及更具彈性。關於概算之編製工作應由各層次主管負責，以該主管對所提出本單位之概算需求均已充分瞭解，並可為有力之辯護。零基預算制度為一有系統合理之預算編列方式，其要點為：

⑴對現行計畫仍應視同首次提出，並詳加審核其成果及效益。

⑵對資源分配允許新興計畫在合理之基礎下，與現行計畫競爭。

⑶對預算之取決，著重於每一決策單位決策方案之評估。

⑷確使各階層主管參與預算編審工作，使計畫需求與預算分配更為密切配合。

零基預算的作業過程可分為四個步驟：

⑴劃分決策單位(decision unit)。

⑵分析每一決策單位的決策方案。

⑶應用成本效益分析，評估與分級排列所有決策方案，發展為預算需求。

⑷分配資源。

所謂「決策單位」即每一機關認為「有意義的工作項目」(meaningful elements)，相當於預算單位。每一決策單位所擬定之說明文件即為決策方案，其內容包括：⒜目的或目標。⒝工作說明（做什麼，如何做）。⒞成本與效益。⒟工作量及執行措施。⒠達成目標的各種執行方案。⒡不同程度的做法（水準）。其中以執行方案之評估為其關鍵。一般可分兩個步驟進行：⒜列出所有可行方案加以比較，並選出最佳方案，⒝對此最佳方案列出不同程度的做法及每種做法所需費用。若干做法即構成若干決策方案，因此一個決策單位，可能有數個決策方案。決策單位的工作分析，係由各該單位主管擔任，因其對所管工作最為瞭解，並負執行責任，但其分析必經由上級主管加以檢討，俾資對選定決策方案的修正或重編。計畫主管應對所有決策方案加以評估，將其對本機關的效益大小作優先次序的排列，目的在使高級主管能對其有限財力作合理分配，集中注意力於重要的政策及非絕對必要的支出。資源按其順序支用，使資源達於最適當之分配與使用，社會福利達到最大的程度，即使情況有所改變，例如政策上的改變或資源有所增減時，只須依序調整，不須重新編製。

由於經濟資源有限，人民公私慾望無窮，在今日民主政治下，一方面人民要求政府謀求最大福利，他方面政府又不能增加人民過重負擔，因此，政府公共支出只有除舊布新，力求效果提高，以善盡政府的財務職能，此亦即零基預算創思而受重視的主要因素。零基預算主要功能，乃為支出費用與獲得效果之比較、分析，研究如何以最少支出而獲得最大成果，以相同的成果如何去尋求最少之支出為目的。採用零基預算方法編製預算之後，預算數額的累積膨脹固得以緩和，公共部門的浪費支出亦得以儘量避免。零基預算的最大功效在於統籌國家資源，配合施政目標，對工作項目加以評估，決定優先次序，以發揮彈性預算功能，而且由於相關人員的參與，使「決策」與「執行」合一，上下意見完全溝通，消除隔閡，提高效率。惟因政府的政務活動常具抽象價值，無法均予以數量化表達，於評估時不易達於絕對精

確程度，增加預算編製的工作負荷，零基預算容易招人詬病者即在此。

　　零基預算制度於1970年德州儀器公司開始試行，結果十分成功，復由創始人彼得皮爾於1970年11月、12月於《哈佛商業評論》(*Harvard Business Review*)為文鼓吹，引起當時喬治亞州州長吉米卡特(Jimmy Carter)之注意，被延攬至喬州，為其設計該州各機關零基預算作業方法，自始零基預算即普遍為民間企業及政府機構所採行，1977年卡特入主白宮擔任美國總統，同年2月14日即函令聯邦政府所有部門及機關首長，要求根據預算管理局之指示，訂定各該部門零基預算作業程序，並說明其優點如次：

　　⑴預算編製過程著重於計畫目標與經費需求之詳盡分析。

　　⑵計畫及預算之作業過程結為一體。

　　⑶各級主管對所提之工作計畫均有詳細之成本效益分析。

　　⑷擴大各級主管有關預算編製工作之參與。

　　零基預算制度經卡特總統引進美國聯邦政府各部門並極力推行後，各州政府亦紛紛先後採行，或將其部分作業方式如決策方案，優先順序之排列等納入其預算編製過程。惟不旋踵間，至1981年雷根擊敗卡特繼任為美國總統之後，零基預算之名詞已不再在官方預算文書中出現，從各種跡象顯示，美國聯邦政府已不再熱衷於此一制度，但美國之捨棄並不表示對此一制度價值之否定，有關零基預算作業過程，如決策方案之編製，優先順序之排列等技術與方法，仍值得深入研究及探討。零基預算制度實際上係以設計計畫預算為主要基礎，而在決定預算分配之方法上更為合理與有效，此項觀念正足以革除策訂年度施政計畫不切實際之弊，優先順序之排列，可以使預算之分配公平合理，各種不同程度的做法（水準），各有其經費支援，可使預算靈活運用，適應各種不同的需求。

　　我國政府文書正式出現零基預算一詞始於民國68年之總預算編審辦法，要求各機關編製概算時，應貫注「零基預算」精神，並規定一般經常支出均應核實編列，不得以上年度預算為基數，籠統增減，對各計畫以往年度實施之成效應逐一切實檢討，凡未具績效，或已辦理完成之各項計畫經費，應照數減列。由上規定觀之，我國政府預算已將零基之精神予以涵蓋，其後更揭示了落實零基預算主要精神之作業要點，以使資源之分配更合理，進而更加有效之運用。

第五節　營業預算

政府投資經營之事業謂之公營事業。中央政府投資之事業稱國營事業，其範限

依國營事業法規定：

　(1)政府獨資經營者。

　(2)依事業組織特別法之規定，由政府與人民合資經營者。

　(3)依公司法之規定，由政府與人民合資經營，政府資本超過百分之五十者。

　我國審計法亦規定應經審計機關審核之公營事業機關如下：

　(1)政府獨資經營者。

　(2)政府與人民合資經營，政府資本超過百分之五十者。

　(3)由前兩款轉投資於其他事業，其轉投資之資本額超過該事業資本百分之五十者。

　公營事業之組織型態，粗略而言，可分為三類，第一類型是受政府行政機關控制的事業，亦即附屬於政府機關的商業行為，其財務有的與政府機關的財務相結合，有的與政府機關的財務相劃分，而另以營運資本相支應。第二類型乃以取得股份方式，參加其公司，該公司之股份也許全部或者部分為政府所掌有。第三類型則為完全公營的公司，惟須具有下述法令特質：(a)為特定目的基於特別法律規定而設立。(b)無普通股份亦無股東之設置。(c)由政府的行政部門負管理責任。(d)管理人員由政府任命，負責處理日常業務。(e)就法律觀點而言，此種公司亦為獨立之法人。(f)負特定的財務會計責任。公營事業就其所從事經濟活動言，可大別為兩類，一類業務屬於財務金融方面，一類業務屬於商品勞務方面，前者包括政府經營之銀行或信託與保險機構，後者又可概分為生產銷售業與商品買賣業，前項如政府經營之發電廠、鐵公路是，後項如政府經營之市場，或必需品供應站是。在西歐國家的公營事業多屬專賣機關，如菸酒專賣，此種事業之經營，主要以財政收入為目的，且將每年預期之鉅額盈餘列入政府的歲入預算，政府經營事業也有不完全為了財政目的，有的含有社會作用或國防任務，因此，其經營結果可能發生虧損。

　政府的總預算，雖然僅將公營事業的盈虧列入，然而，各事業本身仍須編列其預算，我國預算法稱之附屬單位預算，對營業基金的預算，也稱之為營業預算。美國的公營事業，根據其控制法顯示，有如下特點：

　(1)公營的公司可以其公司名義掌握財產並具與外界訂立契約之自由。

　(2)公司的管理費用雖被議會法案所定，但對其合法的業務支出並未予嚴格的限制。

　(3)其會計應與其業務相配合，並產生損益表與平衡表，但其會計制度必須經會計總處之核定。

　(4)公司的會計須經會計長之稽核，但是他無權干涉特定業務，如發現違法行為

必須呈報國會。

　　(5)公司應向預算局提出其營業預算。美國國會對公營公司預算之審查，係以其整體預算為審定對象，非如對行政機關預算之按項目核定，以其不需國會按預算項目撥款也，公司可自由使用其收入以應營業之支出，而不受國會撥款之控制，當然公司也可以為恢復營運資金或為資本支出而要求特別撥款。

　　政府經營的公司其預算編製程序大體同公務機關，其預算內容由三個主表以表達：(a)資金之來源與用向。(b)收益與費用。(c)財務狀況。如係負特殊任務的公司，可加編一些補助明細表，如用途別科目明細表，營建計畫預算表，營運資金變動表以及預算的詳細說明等。雖然營業預算已具標準格式，但公司仍可以為彈性運用，如成本會計，內部控制，對內財務報告等，公司的管理當局都可以採用。

　　雖然政府預算之編製與執行，對行政管理是必要的，但這並不意味著，同程度的預算控制，亦必須施之於營業預算之執行，同時也無必要採取如普通基金或特殊收入基金所需要的預算會計制度。相反地，因為公用事業或其他公營事業是商業性之自行營運，因之，它的支出不能以瑣細嚴格的控制，亦不需為分批撥款。因為事業的支出隨著時間和服務的需要程度而變動，假如支出受到嚴格控制，就可能延誤業務擴展的需要，阻礙事業的經營，難獲預期之績效。為了管理富有彈性並能符合實際的應用，事業機關不必使用如一般公務機關之預算會計制度和預算控制的方式。但是基於法律所需之預算估計數，仍須為備忘之記錄，以便編製業務上所需之比較報表。

　　我國政府的預算，分總預算、單位預算與附屬單位預算，凡特種基金之以歲入歲出之一部編入總預算者，其預算均為附屬單位預算，附屬單位預算應編入總預算者，在營業基金為其資本之由庫增撥或收回額、盈餘之應繳庫額、或虧損之由庫撥補額，而非以其全部收支均編入總預算，故營業基金預算為附屬單位預算。附屬單位預算中，關於營業基金預算之擬編，我國預算法為之規定如下：

　　(1)各國營事業主管機關，應依照施政方針及核定之事業計畫與預算編製辦法，擬定主管範圍內之事業計畫，分別指示所屬各事業，擬定業務計畫，根據業務計畫，擬編預算。

　　(2)營業預算之主要內容為：

　　　①營業收支之估計。

　　　②固定資產之建設、改良、擴充與資金之來源及其投資計畫之成本與效益分析。

　　　③長期債務之舉債及償還。

　　④資金之轉投資及其盈虧之估計。

　　⑤盈虧撥補之預計。

　⑶新創事業之預算，準用前款之規定。

　⑷國營事業之辦理移轉、停業或撤銷時，其預算應就資產負債之清理及有關之收支編列之。

　⑸營業收支之估計，應各依其業務情形，訂定計算標準，其應適用成本計算者，並應按產品別附具成本計算方式、單位成本、耗用人工及材料之數量與有關資料，並將變動成本與固定成本分析之。

　⑹盈餘分配及虧損填補之項目如下：

　　①盈餘分配：⒜填補歷年虧損，⒝提列公積，⒞分配股息紅利或繳庫盈餘，⒟其他依法律應行分配之事項，⒠未分配盈餘。

　　②虧損填補：⒜撥用未分配盈餘，⒝撥用公積，⒞折減資本，⒟出資填補。

　⑺有關投資事項，其完成期限超過一年度者，應列明計畫內容、投資總額、執行期間及各年度之分配額；依各年度之分配額，編列各該年度之預算。國營事業辦理移轉、停業，應依預算程序辦理。又規定編營業基金預算之機關，應依其業務情形編造分期實施計畫及收支估計表，其配合業務量增減需要，隨同調整之收支，併入決算辦理。

　　至於附屬單位預算中，營業基金以外，其他特種基金預算應編入總預算者，為由庫撥補額或應繳庫額，但作業賸餘或公積撥充基金額，不在此限，其預算之編製審議與執行，除信託基金依其所定條件外，凡為餘絀及成本計算者，準用營業基金之規定。各國營事業機關所屬各部門或投資經營之其他事業，其資金獨立自行計算盈虧者，應附送各該部門或事業之分預算。

　　各國營事業機關擬編業務計畫與預算時，首應注意長期計畫之配合，並本零基預算原則辦理。數據資料應力求具體、詳盡與確實，固定資產投資、現金增資、轉投資、盈餘轉增資及各項支出，均應依規定程序列入預算辦理。計畫型的資本支出計畫，應對市場預測、工程技術、人力需求、原料供應與財力負擔及過去投資之實績，先有周詳之考慮，成本效益應作精密之評估，注意風險與不定性分析，顧及公害防治、環境影響及工業安全，並訂定優先順序，對於計畫的社會成本或效益，應予計算或說明。非計畫型資本支出，應力求撙節。產銷營運目標，應以過去實績為基礎，衡酌未來市場趨勢，擴充設備能量、提高設備利用率，與提高人員效率等因素，計算其成長率，縝密估測其量值。成本售價應注意合理報酬，各項成本應按變動與固定分析，變動成本包括直接材料、直接人工、及與生產有關的直接費用，諸

如依機器小時或生產數量核計之設備折舊、水電煤氣費，及部分運輸與推銷等變動費用，應依工業工程研究或依歷史資料發展，訂定標準單位變動成本（率），並於預算表內註明。固定成本包括支援性之製造費用，諸如維護、督導、生產規劃、品質管制及一般推銷、管理等固定費用，亦應依增量成本效益分析，按部門或企業整體訂定適當固定金額，然後根據正常成本訂定公平售價與合理報酬。研究發展計畫應作事先評估，注意將來所需財力及相關條件之配合，並考慮國際及國內科技發展之動向。各附屬單位預算內所列盈餘之應解庫額、虧損之由庫撥補額及資本之由庫增撥或收回額，應由主管機關核明編列主管歲入歲出單位預算。國營事業預算列有虧損者，應詳加分析原因。如虧損之發生，由於產品售價或勞務費率低於合理成本者，或虧損之發生，由於成本增加，而增加之成本，無客觀事實之憑證足以劃分與辨認者，均應於損益表附註說明。若總虧損之發生，原因複雜者，應另編分析表，列為損益表之附表。

　　營業機關所編之附屬單位預算，應送其主管機關審核，彙轉中央主計機關，彙案編成綜計表，連同各附屬單位預算隨同總預算案，提出行政院會議，總預算案暨附屬單位預算及其綜計表，經行政院會議決定後，由行政院依限提出立法院審議，立法院對特種基金預算之審議，在營業基金以業務計畫、營業收支、生產成本、資金運用、轉投資及重大之建設事業為主；在其他特種基金，以基金運用計畫為主。附屬單位預算經立法院通過後，各編製附屬單位預算之機關，應依其業務情形編造分期實施計畫及收支估計表，由各該主管機關核定執行。惟附屬單位預算之執行，如因市場狀況之重大變遷或業務之實際需要，報經行政院核准者，得先行辦理，並得不受預算法所定「政府不得於預算所定之外，處分公有財物或為投資之行為，及政府非依法律，不得於其預算外增加債務」之限制，但有關固定資產之建設改良擴充，及資金之轉投資，資產之變賣，及長期債務之舉借與償還，仍應補辦預算。

第六節　複式預算

　　政府預算將之分成資本預算(capital budget)和經常預算(current budget)兩部分而編製者謂之複式預算。但也有指將政府預算分為循環預算(recurring budget)和非循環預算(non-recurring budget)，或分成正常預算(ordinary budget)和非正常預算(extraordinary budget)而言，我國的政府預算分為經常門與資本門兩部分，有人解釋此即是複式預算。政府預算劃分資本支出的基本用意並不是要記錄和衡量政府資產的變動，也不表示如經濟學家所說的在衡量社會資本的增加，但也非如一般工商業用

以衡量業主權益的增加。政府預算劃分為資本及經常兩部分的主要目的在顯示政策和財務程序。政府預算的資本支出，最低限度是要集中注意於需要一種特別決策類型的政府支出，而這類支出大概與政府籌借債款發生關連。複式預算的起源，幾乎沒有例外，都是用來說明政府需要舉債以彌補財政赤字的理由。因此，複式預算中的特別部分，或非循環部分，或資本部分，可以被指認為用來說明政府舉債的種種理由。近來美國的經濟學家有主張在美國政府預算中加上一個資本帳，以便將政府在橋樑、道路、及建築等長期性的投資從經常性業務費用中區分出來，乃有助於對美國政府的赤字大小得到一個更好的瞭解。其實，政府預算採取企業預算的型態，將資本預算從經常預算中區分出來，既不能解決財政問題，也不致使財政問題更為惡化，採用複式預算的主要目的，僅是對國家的真實財務狀況，提供較正確詳實的資訊，以便決策者參考抉擇而已。

　　資本預算就企業的觀點而論，乃是資本性資產之增加及其財源籌措方法的一種長期性預算。此種投資需要大量資金，性質較為長久，而所預期獲得之效益亦較長遠，如房屋之擴建、設備之添置等，均為資本支出項目，資本支出之決策，頗為困難，主要原因是預測將來情況是一種沒有把握，難得正確的事情，因為無法知道的因素太多，吾人力之所及，僅能收集已知之資料，加以分析而已。故對資本支出之決策應特別留意，因為固定資產增加，即變為一種沈入成本(sunk cost)，每年之固定成本增加，如果銷量無法達到標準，對企業之經營十分不利。政府的資本預算其目的固與企業的資本預算不盡相同，但其性質則無二致，若其財源來自債款，以後年度仍須負擔其債務成本，故對資本支出之決策，必須就其預期可獲致之效用為深長審慎之考量。尤其對於公營事業之投資決策，更要特別謹慎，如投資錯誤將招致以後之重大損失，故不可不慎也。

問　題

一、試述實行績效預算之基本原則。

二、試述績效預算之科目分類。

三、試述績效預算在工作衡量上的選擇標準。

四、試述設計計畫預算的主要內容及其實施步驟。

五、試述邊際效益成本率最高之計畫，不一定就是最佳之計畫理由。

六、試述績效預算與計畫預算之特質及其差異。

七、試述計畫預算制度之優缺點。

八、試述零基預算作業過程所需步驟。

九、試述零基預算之意義及其編列要點。

十、試述零基預算的主要功能。

十一、試述零基預算之優點。

十二、試述公有事業之組織型態。

十三、試述美國對公營事業的控制特點。

十四、試述國營事業機關擬編業務計畫與預算時應注意要點。

十五、試述國營事業如因執行政策發生虧損，會計上應如何表達。

十六、試述複式預算之結構。

十七、簡述營業預算之編審程序。

十八、說明營業預算之主要內容。

十九、試述設計計畫預算制度之意義。

二十、何謂資本預算？並說明其優缺點。

第五章　政府總會計

第一節　總會計之結構

　　政府總會計係將該政府所屬各機關會計加以綜合之會計，亦即該政府各種基金會計之綜合會計。現先就我國政府會計制度討論，俾能充分瞭解我國政府之會計實務。查我國會計法規定，中央省縣市政府之會計，各為一總會計。中央總會計之主要任務在將中央政府所屬各機關及各類基金之會計報告予以審核與記錄而為綜合之報告。由於中央總會計要統馭中央政府各部門之各類會計，而各機關之會計事務又不盡相同，因之總會計便不能僅就各部門會計報告加以合併即可達成，而須按其性質而為不同方式之處理。現行中央總會計對各機關會計之綜合處理辦法，分為統制記錄與彙編兩部分，凡在總預算內列有單位預算之機關或基金，其會計報告均納入統制記錄部分；凡編有附屬單位預算之特種基金，包括營業基金及作業基金其會計報告，則按綜合彙編方式辦理，茲將中央總會計之結構圖示於下。

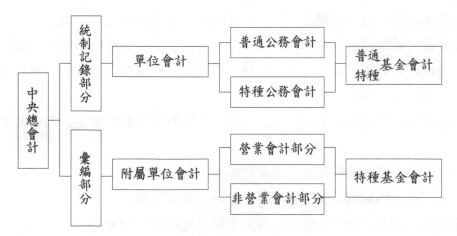

　　上述中央總會計兩部分之分界，如就預算之觀點言，其對單位預算之會計為統制記錄，對附屬單位預算之會計採彙編方式：如就基金立場言，其對普通基金之會計，及少數特種基金之會計，為統制記錄，對營業基金及作業基金之會計採彙編方式；如就機關業務言，其對普通公務及特種公務機關之會計，為統制記錄，對公有營業及公有事業機關之會計，採彙編方式，然後再將統制記錄所產生之平衡表，與彙編部分之平衡表，合併成為中央總會計之平衡表。

第二節　統制會計之科目

　　中央總會計統制記錄部分之會計基礎依會計法為權責發生制，事實上則採修正權責基礎，平時會計以收付實現制為主，但為便於預算執行之控制，亦採契約責任制，至年度終了則須按權責發生制為之整理，故其會計科目之設置，須符合三種基礎之應用。中央總會計之會計科目，可概分為：統制記錄部分、財產類及長期債款類，至其收支之明細科目完全依預算之所定，同時亦可將歲出部分再為職能別及經濟性之分類，職能別科目依歲出政事別科目歸屬，經濟性分類依國民會計之分類原理，就歲出用途別科目歸納之，上項預算科目之分類，本書前於政府預算章已為詳列，於此不再重述。茲將中央政府總會計統制記錄部分及固定資產帳、長期負債帳之科目列述如下。

一、總會計統制記錄之科目

(一)資產科目

　　⑴國庫結存：凡國庫執行總預算收支之餘額，預算外收入，及保管款等現金之結存屬之。

　　⑵各機關結存：凡各機關執行年度預算收支之現金餘額及存款屬之。

　　⑶應收歲入款：凡各機關執行各年度歲入預算已發生之應收未收款項屬之。原稱歲入應收款，中央新近修正改稱；此外，另增加「應收歲入保留款」及貸方「歲入保留數」兩科目。惟國外甚少採用。

　　⑷備抵壞帳：凡各機關應收歲入款中預計不能實現之數額屬之，為應收歲入款之減項。

　　⑸有價證券：凡各機關所持各種有價證券之數額屬之。

　　⑹材料：凡各機關購入之各項物料、材料、藥品等屬之。

　　⑺預撥款：凡在法定預算範圍內國庫預撥各機關之款項屬之。

　　⑻緊急命令撥付款：凡國庫依預算法及國庫法規定緊急支付之款項屬之。

　　⑼押金：凡各機關之存出保證金、押金等屬之。

　　⑽暫付款：凡各機關因業務需要在法定預算範圍內預付、估付及依法墊付之款項屬之。

　　⑾歲入預算數：凡中央政府年度總預算、追加預算、特別預算等之歲入預算數

屬之。

(12)歲入分配數：凡歲入預算數經中央主計機關核定按期或按月執行之分配預算數額屬之。

(13)歲入實收數：凡各機關執行歲入預算已發生之收入數屬之，為歲入分配數之減項。

(14)應收歲入保留款：係歲入保留款之相對科目，保留於以後年度繼續收得之款項。

(15)歲出保留數：凡因契約責任，預算經核准保留於以後年度繼續支付之保留款項。

(16)經費支出數：凡各機關執行歲出預算已發生之支出數額屬之，為歲出分配數之減項。

(17)歲出保留數：凡各機關執行歲出預算已發生契約責任之款項屬之，為歲出分配數之減項。

(二)負債科目

(1)短期借款：凡國庫向銀行透支或為短期借款，尚未償還之數額屬之。

(2)應付歲出款：凡各機關執行各年度歲出預算已發生之應付未付款項屬之。原稱歲出應付款，中央新近修正改稱。

(3)代收款：凡各機關依法令規定或承受委託代為管理之款項屬之。

(4)預收款：凡各機關預收尚未到期之歲入款項屬之。

(5)暫收款：凡各機關暫收來源及歸屬尚未確定之歲入款項屬之。

(6)保管款：凡各機關依法令規定保管之保證金、提存款、押標金等屬之。

(7)歲出預算數：凡中央政府年度總預算、追加預算、特別預算之歲出預算數屬之。

(8)歲出分配數：凡歲出預算數，經中央主計機關核定按期或按月執行之分配預算數額屬之。凡經行政院核准動支第二預備金及統籌科目數額，以及經中央主計機關核定備案之動支第一預備金數額均視同歲出分配數。

(9)應付歲出保留款：凡各機關歲出保留之款屬之。本科目原名「歲出保留數準備」，中央新近修正改稱，似與權責基礎不盡相合，查國外政會採契約責任制者，仍用保留數準備科目。

(三)餘絀科目

(1)歲計餘絀：凡當年度總預算及特別預算收支執行結果所發生之賸餘或虧絀數

額屬之。

(2)以前年度累計餘絀：凡以前各年度之歲計餘絀，依照審定決算經調整而產生之累積數額屬之。

(四)新增科目

為配合修正預算法而修正總會計制度，增訂如下科目：公債收入預算數、賒借收入預算數，移用以前年度歲計賸餘預算數，應收公債收入，應收賒借收入，債務還本預算數，債務還本核定數，應付債務還本數，公債收入，賒借收入，以前年度歲計賸餘收入，債務還本，收支調度數。

二、總會計固定資產帳之科目

中央總會計對各公務機關取得之長期性財產，另為統制記錄，以備編製中央政府之財產總目錄，其科目如下。

(一)借方科目

(1)土地：表示各機關購置房屋基地及其他土地價值之總額。

(2)房屋建築及設備：表示各機關房屋與其他建築及其附著物水電設備等財產價值之總額。

(3)機械及設備：表示各機關各項機械工程、工具、測試儀器、醫療器械及設備等財產價值之總額。

(4)交通及運輸設備：表示各機關電信、電視、廣播設備及陸運、水運、空運、氣象設備等財產價值之總額。

(5)雜項設備：表示各機關事務、防護設備及不屬於以上各科目之設備等財產價值之總額。

(6)權利：表示各機關所取得之專利權、著作權、商標權及其他財產權利價值之總額。

(二)貸方科目

現存財產權利總額。僅有此一科目，係表示借方六科目之相對總額。

三、總會計長期負債帳之科目

中央政府所舉借之內債外債，及為國內公私企業擔保向國內外之借款，以其償還期長或性質特殊，不宜歸入前述統制會計之一般短期負債類，乃另立科目，以為統制。其科目如次：

㈠借方科目

⑴待籌償債數：凡欠付內外債尚未籌得償債資金數額屬之。

⑵待籌付息數：凡內外債應付利息尚未籌得資金數額屬之。

⑶可用償債數：凡欠付國內外債已籌得償債資金數額屬之。

⑷保證數：凡政府擔保國內銀行、公私企業向國內外銀行、公私企業保證借款之數屬之。

㈡貸方科目

⑴應付債款：凡屬政府所舉內外債均屬之。

⑵應付借款：凡屬政府所賒借之款均屬之。

⑶應付利息：凡屬政府內外債之應付利息數額屬之。

⑷保付國內借款：凡政府擔保公私企業向國內銀行借款之保證數額屬之。

⑸保付國外借款：凡政府擔保國內銀行、公私企業向國外銀行、公私企業借款之保證數額屬之。

第三節　統制記錄事項

中央總會計之統制記錄不設普通序時簿，而以分錄轉帳傳票代替，設置總分類帳，以為編製平衡表之依據，另設各種明細帳，以供編製明細表之所需，茲就總會計統制記錄所記載之主要會計事項，分別列舉如下：

⑴年度總預算、追加預算、特別預算、分配預算、動支第二預備金及統籌科目撥付款之入帳。

根據歲入預算總額。

借：歲入預算數　　　　　　　　追加預算如左例，追減預算為相反之
　　貸：歲計餘絀　　　　　　　分錄。

根據歲出預算總額。

借：歲計餘絀　　　　　　　　　追加預算同左例，追減預算為相反之
　　貸：歲出預算數　　　　　　分錄。

根據歲入分配預算。

借：歲入分配數
　　貸：歲入預算數

根據歲出分配預算。

　　　　　　借：歲出預算數
　　　　　　　　貸：歲出分配數
　核定動支第二預備金。
　　　　　　借：歲出預算數
　　　　　　　　貸：歲出分配數
　核定各統籌科目撥付款。
　　　　　　借：歲出預算數
　　　　　　　　貸：歲出分配數
⑵按各機關歲入類會計報告入帳。
　表列收到各項收入。
　　　　　　借：各機關結存
　　　　　　　　有價證券
　　　　　　　　貸：歲入實收數
　表列發生應收賦稅。
　　　　　　借：應收歲入款
　　　　　　　　貸：歲入實收數
　　　　　　　　　　備抵壞帳
　表列收到各項應收款。
　　　　　　借：各機關結存
　　　　　　　　有價證券
　　　　　　　　貸：應收歲入款
　表列退還各項歲入款。
　　　　　　借：歲入實收數　　　　　　　　左例為由各機關就其結存內自行退
　　　　　　　　貸：各機關結存　　　　　　還，如由國庫直接退還，貸記國庫結
　　　　　　　　　　　　　　　　　　　　　存。

　表列註銷各項應收款。
　　　　　　借：備抵壞帳
　　　　　　　　貸：應收歲入款
　表列將歲入款解繳國庫。
　　　　　　借：國庫結存
　　　　　　　　貸：各機關結存
　表列收到預收稅款、暫收款、保管款。

借：各機關結存

　　有價證券

貸：預收款

　　暫收款

　　保管款

表列出售有價證券。

借：各機關結存

貸：有價證券

(3)按未實施國庫集中支付之各機關經費類會計報告入帳。

表列向國庫領到經費。

借：各機關結存

貸：國庫結存

表列支付歲出各款。

借：經費支出數

貸：各機關結存

表列發生應付帳款。

借：經費支出數

貸：應付歲出款

表列清償應付帳款。

借：應付歲出款

貸：各機關結存

表列註銷以前年度應付款。

借：應付歲出款

貸：以前年度累計餘絀

表列存出保證金、押金及購入材料。

借：押金　　　　　　　　　押金收回時為相反之分錄。

　　材料

貸：各機關結存

表列收到代收款。

借：各機關結存　　　　　　退還時為相反之分錄。

貸：代收款

表列將賸餘經費繳還國庫。

借：國庫結存

貸：各機關結存

表列暫付款。

　　　借：暫付款

　　　　　貸：各機關結存

⑷按已實施國庫集中支付之各機關經費類會計報告入帳。

表列簽發付款憑單支付費款及領取零用金、支付暫付款、押金。

　　　借：經費支出數

　　　　　各機關結存

　　　　　暫付款

　　　　　押金

　　　　　貸：國庫結存

表列以零用金支付各項支出。

　　　借：經費支出數

　　　　　貸：各機關結存

表列支出收回，退還庫款。

　　　借：國庫結存

　　　　　貸：經費支出數

表列繳還上年度支出、零用金、存出保證金、押金。

　　　借：國庫結存

　　　　　貸：以前年度累計餘絀

　　　　　　　各機關結存

　　　　　　　押金

表列繳還本年度剔除經費。

　　　借：國庫結存　　　　　　　　　　　年度結束將當年度剔除經費移為支出

　　　　　貸：歲入實收數　　　　　　　　之減項時作沖轉之分錄。

⑸按國庫收支報告入帳。

表列自行收到各項歲入款，事前未據各機關報告者。

　　　借：國庫結存　　　　　　　　　　　如事後據機關報告不再列帳。

　　　　　貸：歲入實收數

表列收到預收稅款、暫收款、保管款，事前未據機關報告者。

　　　借：國庫結存　　　　　　　　　　　如事後據機關報告不再列帳。

　　　　　貸：預收款

　　　　　　　暫收款

　　　　　　　保管款

表列直接撥付地方政府之補助款。

借：經費支出數

貸：國庫結存

表列各機關繳來歲入款，事前未據機關報告者。

借：國庫結存　　　　　　　　事後據機關報告不再列帳。

貸：各機關結存

表列核撥各機關經費款，事前未據機關報告者。

借：各機關結存　　　　　　　對實施集中支付機關免作本分錄。

貸：國庫結存

表列支付緊急命令撥付款，或預撥下年度各機關經費，事前未據機關報告者。

借：緊急命令撥付款

　　預撥款

貸：國庫結存

表列直接退還歲入款，事前未據機關報告者。

借：歲入實收數

貸：國庫結存

表列國庫透支或為短期借入款。

借：國庫結存

貸：短期借款

(6)按審計部決算審核報告修正數入帳。

修正增加歲入款。如為權責數借應收，如係預收暫收應改列歲入者，則沖轉預收暫收款；又因年度決算後歲入收入數已結帳，故逕貸累計餘絀。

借：應收歲入款

　　預收款

　　暫收款

貸：以前年度累計餘絀

修正減列歲出款。如將暫付款或押金，誤列經費支出者，借暫付款及押金，如為權責數之減少，則借應付款；又因年度決算後經費支出戶已結帳，故逕貸累計餘絀。

借：暫付款

　　押金

　　應付歲出款

貸：以前年度累計餘絀

(7)月終結帳分錄。

結各項歲入。

　　　借：歲入實收數

　　　　　貸：歲入分配數

結經費支出。

　　　借：歲出分配數

　　　　　貸：經費支出數

(8)年度結束之結帳分錄。

發生應收歲入款。

　　　借：應收歲入款

　　　　　貸：歲入實收數

發生應收歲入保留款。

　　　借：應收歲入保留款

　　　　　貸：歲入保留款

發生應付歲出款。

　　　借：經費支出數

　　　　　貸：應付歲出款

發生應付歲出保留款。

　　　借：歲出保留款

　　　　　貸：應付歲出保留款

結轉歲入實收數及歲入保留數。

　　　借：歲入實收數

　　　　　歲入保留數

　　　　　貸：歲入分配數

結轉經費支出及歲出保留數。

　　　借：歲出分配數

　　　　　貸：經費支出數

　　　　　　　歲出保留數

將歲入預算未分配之餘額結轉歲計餘絀。

　　　借：歲計餘絀

　　　　　貸：歲入預算數

將歲入分配數超收之餘額結轉歲計餘絀。歲入收入數如超過分配預算，經結帳兩戶對沖後，分配數帳戶即出現貸方餘額。

借：歲入分配數　　　　　　　　短收時為相反之分錄。

　　貸：歲計餘絀

將歲出預算數未分配之餘額結轉歲計餘絀。

借：歲出預算數

　　貸：歲計餘絀

將歲出分配數未用之餘額結轉歲計餘絀。

借：歲出分配數

　　貸：歲計餘絀

為配合修正後之預算法增訂總會計科目，將其分錄列舉如後：

㈠發行公債及賒借

⑴中央政府年度總預算或特別預算公布，列有發行公債及賒借時。

借：公債收入預算數

　　賒借收入預算數

　　貸：收支調度數

⑵按國庫收支報告表列收到公債及賒借時。

借：國庫結存　　　　　　　　　為使年度進行中之會計報告充分揭露

　　貸：公債收入　　　　　　　公債及賒借收入情形，原收入沖轉核

　　　　賒借收入　　　　　　　定預算數分錄，延至年度結束時一次

　　　　　　　　　　　　　　　登錄。

⑶年度結束時。

將已發行之公債及賒借收入沖轉原預算數。

借：公債收入

　　貸：公債收入預算數

借：賒借收入

　　貸：賒借收入預算數

尚未發行之公債及賒借結轉至下年度執行。

借：應收公債收入

　　貸：公債收入預算數

借：應收賒借收入

　　貸：賒借收入預算數

公債及賒借不發行部分之沖轉。

借：收支調度數

　　　貸：公債收入預算數

　　　　　賒借收入預算數

　　以應付債款及應付借款科目長期負債帳組，依會計法第二十九條規定，不宜作為平衡表科目，故該項分錄予以刪除，將應付債款及應付借款之沖轉科目修正為歲計賸餘，其分錄如下。

　　已發行公債及賒借結轉歲計餘絀（含結轉至下年度執行數）。

借：收支調度數

　　　貸：歲計餘絀

㈡債務還本

⑴中央政府年度總預算或特別預算公布，列有發行公債及賒借時。

借：收支調度數

　　　貸：債務還本預算數

⑵核定債務還本計畫時。

　　借：債務還本預算數

　　　　貸：債務還本核定數

⑶債務還本支付或撥款時。

借：債務還本

　　　貸：國庫結存

⑷月終結帳時。

　　為使年度進行中之會計報告充分揭露債務還本情形，且一致會計帳務處理時程，將原還本數沖轉核定預算數之分錄，延至年度結束時一次登錄。

⑸年度結束時。

將已還本之債務沖轉原預算數。

　　借：債務還本核定數

　　　　貸：債務還本

尚未還本結轉下年度執行。

　　借：債務還本核定數

　　　　貸：應付債務還本數

債務還本預算數未核定部分之沖轉。

　　借：債務還本預算數

　　　　貸：收支調度數

債務還本已核定數未支用餘額之沖轉。

借：債務還本核定數

　　　貸：收支調度數

已償還債務還本沖減應付債款及應付借款。

以應付債款及應付借款科目長期負債帳組，依會計法第二十九條規定，不宜作為平衡表科目，故本項分錄予以刪除，將應付債款及應付借款之沖轉科目修正為歲計賸餘，其分錄如下。

已償還債務還本沖減歲計餘絀（含結轉下年度執行數）。

借：歲計餘絀

　　　貸：收支調度數

㈢移用以前年度歲計賸餘

⑴中央政府年度總預算或特別預算公布，列有移用以前年度歲計賸餘。

借：移用以前年度歲計賸餘預算數　本項科目配合前述修正，分錄修正如

　　　貸：收支調度數　　　　　　　左。

⑵移用時。

借：累計餘絀

　　　貸：以前年度歲計賸餘收入

借：以前年度歲計賸餘收入

　　　貸：移用以前年度歲計賸餘預算數

⑶年度結束時。

移用以前年度歲計賸餘未移用時。

借：收支調度數

　　　貸：移用以前年度歲計賸餘預算數

移用數沖銷。

借：收支調度數

　　　貸：歲計餘絀

第四節　總會計之報告

總會計之報告以年報為重心，且係與決算合併編報。中央政府總會計統制記錄部分之年報，係納入中央政府年度總決算，中央總決算乃就總預算執行之結果，以及整個中央政府之財務狀況編製之，其主要報表有：歲入歲出決算表，以前年度權責發生及保留數決算表，平衡表等，另有多項附屬表及財產目錄、債款目錄。近為配合新修預算法之融資規定，增訂融資調度平衡表及應付債款與應付借款明細表。

至彙編部分之年報，乃就各附屬單位之決算彙編之，其主要表有：損益綜計表、盈虧撥補綜計表、現金流量綜計表、及資產負債綜計表。茲將總決算內之表式，擇舉列於後頁。

總會計統制記錄部分，平時原不產生報告，僅在年度結束後編製年報，目前已併入總決算報告，因此，於年度進行中，政府預算執行情形與財務狀況如何，均乏資料可供行政當局作決策之參考，顯然失去統制記錄之作用。為了補救此種缺隙，其後修正總會計制度規定增編幾項月報，一者名為中央政府總預算收支執行狀況月報表，其列報之內容見後附表。

總會計對營業基金會計與作業基金會計之綜合會計，係採報表彙編方式，惟平時不予彙編報告，僅在年度終了後產生綜合報告。上述兩特種基金之預算，為總預算之附屬單位預算，其決算則為總決算之附屬單位決算。因之，總會計彙編部分之年報，即係將上列附屬單位決算之主要表，分別為之綜合而編成各項綜計表，附屬單位決算營業部分，亦即國營事業之決算，其中四項主要表中之損益綜計表格式列於76頁，至盈虧撥補綜計表、現金流量綜計表與資產負債綜計表，為節省篇幅，不再一一列示。

總會計之年報，雖於上述總決算內列有平衡表，並對附屬單位決算編製資產負債綜計表，但仍屬普通基金與特種基金個別財務狀況之表現，為期能顯示中央政府整體財務狀況，乃進而再將各項基金之平衡表加以綜合，而構成總會計之綜合平衡表，其表式見77頁，惟須注意者：(a)本表各類基金資產負債各科目列數，應以相同之基礎與範圍彙編之。(b)凡非全部為國有之各類基金其有關資產負債科目列數，應按政府所占權益比例折計之。(c)各類基金間之明顯重複事項儘可能予以抵銷，按淨額編列之。(d)各項基金中，凡不足顯示或與政府資產負債綜合實況無關之事項得調整編列之。

為使對中央總會計所編報告之依據與流程能以深入瞭解，特繪製中央總會計報告流程圖於78頁，藉供補充說明。

第五節　總會計制度研議

中央總會計之處理，須悉依中央總會計制度之規定。現行中央總會計制度內分總則、會計報告、會計科目、會計簿籍、會計憑證、總會計事務處理及內部審核程序與附則，以中央政府所屬普通公務與特種公務之單位會計，及特種基金（營業部分與非營業部分）之附屬單位會計事項為其實施範圍，因是，該制度乃將上述會計

中央總會計
歲入
歲出　決算表

歲入來源別
歲出政事別
歲出機關別

中華民國　年　月　日至　年　月　日

科目		預算數			決算數			本年度餘絀數	說明
編號	名稱	本年度預算數	本年度預算增減數	合計	本年度收付實現數	決算時權責發生及保留數	合計		

說明：本表於本年度結束後根據單位決算並參照各機關歲入（經費）累計明細表（本年度）編製之。

中央總會計
以前年度權責發生及保留數決算表

歲入來源別
歲出政事別
歲出機關別

中華民國　年　月　日至　年　月　日

科目		上年度決算時權責發生及保留數	本年度減免數	本年度收付實現數	決算時尚未清結數（轉入下年度）	說明
編號	名稱					
年度別						

說明：本表於本年度結束後根據單位決算並參照各機關以前年度權責發生數及保留數之未清結數編製之。

中央總會計

歲出決算職能別及經濟性綜合分析表

中華民國　年　月　日

經濟性分類　＼　職能別分類	經常支出						資本支出								合計
	貨品及勞務支出		利息支出	補助支出	對家庭之移轉收益	經常移轉		資本支出			資本移轉		預付與直接貸款及其他		
	減：貨品及勞務銷售收入	貨品及勞務支出淨額				政府間移轉	國外移轉	事業基金	固定資本形成毛額	其他資本支出	政府間國內其他部門	國外	政府間國內其他部門	國外	

說明：本表按照預算之分類依決算支出數以統計方法彙編。

中央總會計
歲出決算用途別科目分析表

中華民國　年　月　日

科目		名稱	經常支出								資本支出							合計
款	項	目	人事費	業務費及事務費	維護費	旅運費	材料費	設備費	補助及獎勵費	其他	小計	人事費	業務費及事務費	維護費	旅運費	材料費	設備費	補助及獎勵費	其他	小計

說明：本表依據各機關單位或主管決算所編用途別科目分析表彙編。

中央總會計
財產目錄

中華民國　　年　　月　　日

項目 機關名稱	土地	房屋建築 及設備	機械及設備	交通及 運輸設備	雜項設備	權利	其他	總值

中央總會計
債款目錄──外債部分

中華民國　　年　　月　　日

公債名稱	幣別	借款總額	動支淨額	訂借年月	償還日期	截至本年月止償還數		結欠數		備考
						本金	利息	本金	本息	

中央總會計
××年度中央政府總預算收支執行狀況月報表

中華民國　年　月份

項　目	全年度預算數	分配數		實收實支數		累計實收實支數占全年度預算數%	說　明
		本　月	累　計	本　月	累　計		
甲、總預算部分:							
一、收入							
二、支出							
三、餘 (+) 絀 (−)							
乙、特別預算部分:							
一、收入							
二、支出							
三、餘 (+) 絀 (−)							
丙、補收補付以前年度部分:							
一、應收歲入款							
二、應付歲出款							
三、餘 (+) 絀 (−)							
丁、綜計:							
一、收入							
二、支出							
三、餘 (+) 絀 (−)							

說明: 本表根據各機關編報之預算執行狀況表並參酌各機關歲入經費累計明細表、及國庫收支月報編製之。

中央總會計

國營事業損益綜計表（依收支科目分列）

中華民國　　年　　月　　日

上年度審定決算數		科　目	本年度				
			決算核定數		法定預算數		比較增減（－）
金　額	%		金　額	%	金　額	%	%

說明：本表係根據附屬單位決算（營業部分）綜合彙編之。

中央總會計

國營事業損益綜計表（依業別分列）

中華民國　　年　　月　　日

科　目	總　額	工　業		礦　業		電氣業		交通業		金融業		其他業	
		金　額	%	金　額	%	金　額	%	金　額	%	金　額	%	金　額	%

說明：本表係根據附屬單位決算（營業部分）綜合彙編之。

中央總會計
普通基金及各特種基金綜合平衡表

中華民國　年　月　日

摘要	普通基金		特種基金								合計	
	本年度	上年度	營業基金		作業基金		其他基金				本年度	上年度
			本年度	上年度	本年度	上年度	本年度	上年度				
資產………												
負債………												
餘絀(或淨值)………												

說明：本表根據各類基金之平衡表彙編之。

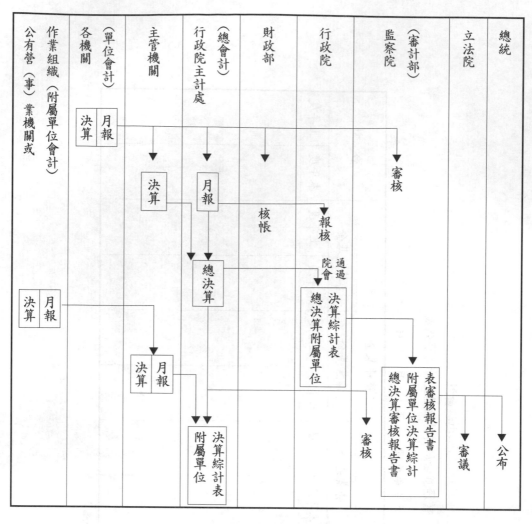

中央總會計報告流程圖

事項分為統制記錄與彙編兩種不同方式處理，即將公務機關之單位會計，由總會計予以統制記錄，對營業事業機構之附屬單位會計，總會計只將報表彙編，惟究其實際，總會計之工作重心，毋寧置於統制記錄，蓋對附屬單位會計報表之彙編，每於年度終了併同附屬單位決算辦理，平時總會計並未予以聞問也。因中央公務機關甚多，故總會計之統制記錄工作異常繁重，然而其所獲得之成效則極其有限。會計之最大功用，一為便於財務控制，一為提供決策所需資料，而我國目前總會計之統制記錄，頗不易順利達成，以其記錄之依據為各機關之會計報告，該項報表如到達不齊，即影響統制記錄，隨之影響其統制記錄部分要產生之報表，等待各機關報表到齊，經統制記錄之後再編製總會計報告，時過境遷已成明日黃花矣，因是，以往總會計向不產生月報或期中報告，其後修正該制度雖規定統制記錄部分之月報，應就

總預算收支按月執行情形編製之，但就原附中央政府總預算收支狀況月報表表式之說明：「本表根據各機關編報之預算執行狀況表並參酌各機關歲入經費累計明細表及國庫收支月報編製之」以觀，總會計月報實非由其統制記錄產生，至總會計之年報依本制度報表編製規定，本制度之年度會計報告與總決算合併編製，又規定統制記錄部分之年報，應就總預算執行之結果，施政計畫之實施進度，以及整個中央政府財務狀況編製之，其報告之種類為：總說明、總表、決算表及附屬表等，且將平衡表歸入決算表類內，根據上項規定，顯然可見，總會計之年報就是中央政府的年度總決算，而總決算依決算法是由中央主計機關就各單位決算彙編而成，並將各附屬單位決算彙編成綜計表，隨附總決算，至總會計記錄僅供參考而已，並不據以編製年報或總決算，若是總會計之統制記錄即失去會計記錄之主要作用，如說總會計徒虛有其名，其統制記錄亦非必要，不為言過其實。欲期總會計發揮其積極作用，最簡易可行辦法，乃充分利用國庫會計，甚或將兩者合而為一，即可收事半功倍之效，以總會計統制記錄之對象為各公務單位會計，而公務機關之會計，又以執行預算為主體，各機關之歲入涓滴均須繳庫，而各機關之經費又均係由國庫撥支，因而國庫之收支即各機關預算之執行，由其收支月報即可窺見各機關預算執行情形，亦即中央總預算之執行狀況，不僅其列報之數額確實，且報告之產生最為迅速，況而今國庫收支資料已全部用電腦處理，由電腦產生之預算執行情形報告，可由政事別而業務計畫工作計畫別乃到用途別，又可按機關別與主管別劃分，資料最為細緻完整，分析可達非常詳盡之境，如再加歲出保留記錄，更可達全盤預算之控制目的，所有總會計之功能，可一一替代而無遺，遂之，政府總決算之產生，亦可迅速而確實。外國政府之會計年報，其資料之來源多係如此，由國庫主管編製年報者實不乏其例，似可資為借鏡。

　　去歲（90年）中央總會計制度行政院主計處曾為少許修正，除為公債收入、賒借收入、移用歲計賸餘分設預算科目及收支調度數科目外；復將歲入應收款、歲出應付款改稱為應收歲入款、應付歲出款，並將歲出保留數準備改為應付歲出保留款，竊以為無此必要，尤以將保留數準備改為應付保留款，就學理言實不敢苟同，以契約責任制究與權責發生基礎有所區別，不宜將兩者混為一談也，況與新修正之預算法，關於歲出保留之規定實亦相違悖，主其事者宜再思之。

第六節　總會計改進芻見

　　除上節所述現行總會計制度本身之缺失外，進而再就現行會計法有關政府會計

諸規定，以及現行政府會計之實務處理，加以綜合研究，深入探討，不難發現更多迷惑，尚有待謀求改進之問題，茲擇其要者分述如次。

⑴就財務報告言。首先吾人要瞭解政府之收入與一般企業之收入迥別，政府重大財源之提供者，並不期望對其所提供之資財，將來可望如數收回，或取得相當比重之經濟利益，而接受人民提供財源之政府機關，亦非如企業經營之理念，須對其所獲之收入付予對等之勞務或貨品，於此可證，人民所供給政府之財源，非屬買賣性質，全為人民之犧牲奉獻，同時亦可說明，人民給予政府之收入，非如對企業之投資，沒有取得相對之業主權益，更不似企業之業主對其所持有之權益，可自由轉讓出售乃至於最後之清算收回，儘管政府財源之取得與企業不同，但是政府對人民所提供資財之運用，仍具有應負之會計責任，此乃政府財務報告之基石。所謂會計責任，乃要求政府對其轄屬公民所提供之公共財源與使用目的，應為妥當之管理，並為詳盡之解述。

政府會計責任之基礎，是建立在公民有獲知之權上，公民有權獲得政府公開宣布其財務收支之事實，或許因此而引致人民公開之辯論，甚至影響其對議會代表之選擇。在民主社會裡，政府的財務報告，對政府財務責任之公開評判，居於極重要之地位。政府財務報告之主要作用有四：⑷用以宣示其實際財務運作之結果與法定預算相一致。⑸用以評定其財務狀況與業務成果。⑹幫助決定其財務處理與有關法規相符合。⑺協助評定其施政之績效與結果。財務責任用財務報表以表達，財務報表之資料，取之於正確之會計記錄，適當之記錄，有賴於優良之會計制度。為使我國政府總會計，能以達成會計責任之基本任務，提出足資人民信賴之財務報告，乃當務之急。

⑵就會計組織言。會計法規定，政府會計之組織分總會計、單位會計、分會計、附屬單位會計、附屬單位會計之分會計五種；中央、省市、縣市各有一總會計；單位會計又有機關單位會計，與特種基金會計；附屬單位會計乃指營業機關、事業機關、作業組織及其所屬之特種基金之會計。經比較探究，會計法所定之會計組織種類名稱，可能受政府預算內容結構之影響，因預算法把預算分為：總預算、單位預算、單位預算之分預算、附屬單位預算、附屬單位預算之分預算，為求政府會計與政府預算相結合，乃將政府會計亦如預算之種類而名之。謂單位會計附屬單位會計之名，若不參閱預算法、會計法有關條文之說明，其內容究何所指，除令外行人費解，尤其附屬單位一詞，許多人將之直認為附屬機關，初學政會士子，即此會計類稱，嘗使之如入五里迷霧之中，設沿用俗稱各公務機關會計，各營業機關會計，不待說明而自明矣。會計組織名稱之費解，此其令人困惑之一也。

　⑶就基金會計言。依會計法規定，屬單位會計者不僅只機關單位之會計，而在總預算內有法定預算之特種基金亦屬之；又規定各機關附屬之特種基金，以歲入歲出之一部編入總預算者，其會計為附屬單位會計。由此可知，特種基金會計有者屬單位會計，有者屬附屬單位會計，只以其收支編入總預算者為全部或部分而劃分。至基金之定義與分類，會計法並未釐訂，反而在預算法中可以窺得，預算法先將基金分為普通與特種二類，進而再指出特種基金有營業基金、債務基金、信託基金、作業基金、特別收入基金、資本計畫基金；預算法再規定總預算單位預算中除屬特種基金之預算外，均為普通基金之預算，特種基金之一部編入總預算者為附屬單位預算。根據預算法對基金預算之規定，可以推知，總會計、單位會計包括普通基金會計與特種基金會計，而附屬單位會計則全屬特種基金會計，然則特種基金與會計組織究係如何配合，即何項特種基金為單位會計，何項又屬附屬單位會計，會計法並無明文規定，只好從第六條推敲，以探求一點線索，會計法第六條將特種基金歸屬為特種公務之會計事務，並指明包括信託基金、留本基金，而將營業基金、債務基金排外。根據上條所定，推知特種基金之信託基金、留本基金屬單位會計，以公務會計事務為單位會計也；從而推知營業基金、債務基金為附屬單位會計，然而，吾人已知單位會計與附屬單位會計之處理原則迥不相同，單位會計按公務會計辦理，而附屬單位會計則依企業會計方式處理，總會計對單位會計要為統制記錄，對附屬單位會計則採報表彙編，同為特種基金因歸屬之會計組織不同，以致會計處理原則不同，當然影響於報表之表達，因特種基金經統制記錄後已失其原貌矣。若再就上述列為特種公務之特種基金其個別特性加以分析，信託基金嚴格來講，非全屬政府之資產，不宜與一般公務機關預算會計同樣看待。由上所舉預會兩法有關基金之規定，顯現基金與會計組織，很難以密切相配合，從而對基金之會計處理與編報，不免發生認知之困惑，如何使基金會計與會計組織相結合，如何使基金會計有明確之法規以遵循，從而使基金會計報表有充分完整之表達，似值吾輩深入研討之課題。

　⑷就會計基礎言。政府會計應用之會計基礎，依會計法規定，除公庫出納會計外，應採用權責發生制。查權責制之基本功能，在決定當期之淨利，故收入以當期確已賺得為準，不論現金之收獲與否，即所謂收入之認定原則，而費用又以為獲取當期收益而發生者為限，不論現金之是否付出，即所謂配合原則，此兩原則乃企業會計之金科玉律，任何人不得置疑者。反觀政府機構之收支性質，則與企業機構之收支認列標準有天壤之別。政府財務資源之獲得，多屬強制性無償性，資源提供者，並不期望將來如數收回，或取得相當之經濟利益；政府對所獲財源之支用，為便於施政，而不需要對其收入提出相當之貨品或勞務，進而謀取適當之利潤，以政府機

關不似企業之具有業主權益,而須予保護資本,增加利潤,基本上權責基礎在政府會計上,並非如企業會計之那麼神聖。政府理財,以收抵支,故其收入必須確實,應收數難期用以支應費用開支,所以財政主管多不願採權責數,避免望梅止渴,不切實用,是所以在收入方面,寧願採現金基礎之故;政府之支付費用,廣泛而論,並非為謀求收入,兩者難期為嚴格之配合,何況政府之支出與費用不盡相同,其支出除收益支出外,尚含有為數可觀之資本支出,此外,對公債還本付息,嘗須預先撥入債務基金,對用品購入、房屋保險等預付費用,亦多逕行先列為支出之現象,由此以觀,其支出亦與完全真正之權責基礎不盡相符合;是故美國地方政府會計之政務基金會計採用修正權責制,不無其道理。況會計法規定:各機關會計人員對於財物之訂購或款項之預付,應為預算之保留;歲出保留更非經費實支,但用於預算控制之會計,則不可或缺,斯謂之契約責任基礎,亦與權責基礎有別也。

　　(5)就會計個體言。會計法規定各政府主計機關,接到各單位會計機關、各單位會計基金之各種會計報告,有統制綜合之需要者,應分別為統制之記錄,以彙編各該政府之會計總報告。依上條規定,各政府既應編會計總報告,當然應有其總會計制度。會計制度之主要任務,在產生有用之財務報表,以提供決策所需之資料,審度目前總會計制度,頗不易達成此任務,總會計既不能產生報告,其平時所為之統制記錄,即失其作用,欲期總會計發揮其積極作用,最簡易可行辦法,乃充分利用公庫會計,即可收事半功倍之效,以總會計統制記錄之對象,為各公務單位會計,而公務機關之會計又以執行預算為主體,各機關之歲入涓滴均須繳庫,而各機關之經費又均係由庫撥支,因而公庫之收支,即各機關預算之執行,由其收支月報,即可窺見各機關預算執行情形,兼明總預算之執行狀況,不僅其列報之數額確實,且報告之產生最為迅速,況而今庫款收支資料已全部用電腦處理,資料最為細緻完整,分析可達非常詳盡之境,唯一遺憾,出自公庫會計之現金基礎,與總會計之權責基礎有別,更無契約責任記錄,難期達成控制預算所需,惟查權責數平時甚少發生,多出於期末調整,故對公庫平時報表之參用,並無太大影響,至於控制預算乃各機關之責任,自可任由單位會計對契約責任之發生予以會計控制。綜上所述,總會計之統制記錄大可全部取消,其任務交由公庫會計代之,亦即平時公庫月報用為總會計之報告,除此之外,可將總會計定位為綜合會計,此可以會計法第八條為依據,該條規定各機關應對普通與特種公務會計事務,以及營業與事業會計事務,分別種類,綜合彙編,作為統制會計;準此規定,總會計當然可對其所屬單位會計與附屬單位會計之報告,加以綜合彙編,基此,何不逕將總會計之統制會計,改為綜合會計,用以產生總會計之報表。

　　究實而論，政府會計之重心，不在總會計而在單位會計，亦即公務機關會計，政府公務機關之會計事務，就其性質而論，又有普通公務與特種公務之分，後者如賦稅之徵課，財物之經理，庫款之出納等，惟此等特種公務機關，除應為特種公務會計外，尚具有普通公務之會計事務，故普通公務會計應為全體公務機關一律所必具，其地位非常重要。政府公務機關之單位會計，原應各有其會計制度，惟以其會計事務性質大致相同，為免各自處理之分歧，影響總會計之統制，乃為一致之規定，此項一致規定，遂取代了會計制度。依一致規定，普通公務單位會計和其分會計，均應分歲入與經費兩類會計，各自為一會計個體，此外，尚須另設財產帳類，由是，單位會計須具三套帳表，形成三個會計個體，究竟有無如此必要，容就三者一一論之。各機關之收入，必須涓滴繳庫，不能留以自用，或用以抵撥經費，由是以知，歲入類會計事項，僅一收一繳而已，除此之外，鮮有其他會計事項，其對歲入預算之執行，除發生極少數極短時極流動之資產負債外，並無資產負債之差額，亦即無平衡表之第三類帳戶，以是而論，儘可將其全部會計事項與經費會計合為一體處理，實無單獨成立歲入會計個體之必要。再就經費會計探討，由於各機關之經費侷限於年度法定預算，而各機關經費統由公庫支應，以致各機關之經費支用會計，與公庫之庫款支付會計，一步一趨，完全重疊，所以各機關之經費會計報告，常時與公庫會計報告密切相契合，雖然公庫會計為現金基礎，而單位會計採權責基礎，理論上兩者報表列數必不一致，惟權責數之出現，多屬期末之整理，平時殊少發生。各機關經費會計，平時最值得強調者乃契約責任基礎，以便預算執行之控制，顯示確實可用之預算餘額，避免超逾預算授權之範圍，俟年度終了時，各機關依平時經費實支數，再加經整理產生之權責數與未了之契約責任保留數，即構成該機關歲出之年度決算數。如將歲入會計合併，並不影響經費會計之功能，至財產會計之合併尤屬理所當然，容於資本支出節內詳細論述。

　　⑹就公務成本言。各機關預算執行之責任，不僅限於須符合法令之規定，更進而要追求預算執行之績效，換言之，不只問花了多少錢，尤須問究竟作了多少事，前者在追求公務成本，以顯示執行預算之經濟程度，後者在追求達成工作之效率與成果，欲明執行預算之經濟程度，必須先明其公務成本之高低，所以公務成本之計算，便成為單位會計之主要責任。要計算公務成本，首須將其經費支出，為明確之劃分，資本支出之部分，不宜列為當期之公務費用，然資產之耗用與固定資產之折舊，則應攤入執行公務之成本。資本支出實為資產之增加，故可結為政府之投資，而折舊費用因原無其預算，固不宜會同其他公務成本與預算相對結，因而必須將折舊費用擺脫預算之羈絆，單獨予以結帳，認為政府投資之減少，此二者乃當前政府

單位會計所不能達成者。

(7)就資本支出言。如論公務機關之資本支出，立時觸及到財產會計，依會計法規定，政府之財物，除列入歲入之財物外，應分別列表，不得列入平衡表，也就是說，單位會計機關之財物，不應納入經費會計之平衡表，所以單位會計機關，必須另設財產帳，據以另編財產目錄。竊以為，經費會計之所以排出財物者，純係就年度預算之觀點而論，限定單位會計於預算會計之範疇，特別顯示其流動之特性，各機關財產之會計處理，宜否單獨為會計個體，殊有商榷之餘地。上舉會計法所指之財物，當係指財產與物品，而今各機關已均將用品存貨納入其平衡表，預算結帳為經費賸餘之部分，至所謂財產當指公務用之房屋與設備，此乃由經費預算為資本支出之結果，理應列入經費會計之平衡表，況若計算公務成本，必然包括使用財產之折舊，倘帳表不列該項設備，折舊將無從計算，不計折舊，必使公務成本之計算難期真實，而影響績效預算所追求之結果。

綜上所論，單位會計之歲入會計、經費會計、財產會計，應可合為一體，產生一個平衡表，合併後之會計體，可改稱為機關會計，亦即原稱之單位會計。財產會計之不宜另立會計個體者，亦在其不符合複式簿記之道理，因只有借方帳戶餘額，而缺貸方帳戶之對立，現行財產會計勉強以現存財產總額為其貸方帳戶，殊不相宜，蓋此帳戶之餘額，實即借方科目之合計也，何可強作為貸方帳戶餘額耶。

我國政府會計之主體，建立在各級政府之總會計，與各機關之單位會計，至於附屬單位會計，因與企業型態之會計，並無甚多差別，於此不擬討論。我國尚未成立制訂政府會計準則之機構，所以迄無政府會計準則之公布，以為從事政府會計人員所遵循，政府會計之各種會計制度之訂定，政府會計報表之編製，以及政府機關會計事務之處理，悉依會計法之規定。查會計法早於民國24年制定，其後間有條文小修，直至61年方為全面修正，但距今又已三十餘年之久，以是，無論總會計或單位會計之會計制度，其所產生之財務報告，幾難愜足人們期求獲悉之資訊，有失報表提供有用資訊之功能。又以法律規定，有者與時代情況未盡充分相合，且無政府會計準則可循，益使政會人員對會計事務之處理，不時產生迷惑與茫然，更有不被重視之感受，我們的政府會計究應如何滿足人們的需求，茲事體大，本人僅以學術研究之態度，法乎美國聯邦會計之作法，提出一些不甚成熟之淺見，野人獻曝，聊盡國民一份職責而已。現以機關會計為重點，並以普通基金為例，羅列可資檢討改進之芻見。（註：據云本(91)年會計法已完成修正，尚未經立法通過）

(1)個體與基礎。俗云沒有破壞就沒有建設，首先想打破現行政會之組織結構，強調基金制度在公共理財之重要地位，因而主張，政府會計應以基金為基礎，總會

計應為政府之綜合會計，取消統制記錄，報告一以彙編方式為之。將政府會計之重心，置於政府各機關，利用基金會計個體，使成為機關財務管理之工具，並便於追求各機關財務管理之權責，單位會計可逕稱機關會計，不再劃分歲入經費兩類會計，將固定資產納入機關會計之平衡表，並計提折舊，不再另立財產會計個體。各機關之業務收支，包括特種公務機關之稅課收入，改採修正權責基礎，惟對預算之控制，則採契約責任基礎，公庫收支採現金基礎，並與機關會計密切相聯合，代庫會計採銀行存款制。去年(91)美國政會有重大變革（不含聯邦）；於基金會計之外，另建立政府個體會計系統，除政務基金會計仍採修正權責外，政府個體會計則採權責基礎，實施雙軌會計制度，頗值我國參考。

　　(2)帳戶之結構。政府機關普通基金之帳戶，可概分三類，即控制預算帳戶、平衡表帳戶、業務收支帳戶。預算控制為機關會計之首要任務，為達成此項任務，機關的會計制度，就必須有預算控制科目之設置。屬於預算控制之科目，通常有經費預算、分配預算、支付責任、已用經費等科目，控制目的固在使機關的業務支出，勿逾越預算授權之範限；但在機關的觀點來看，經費預算也可以說是它的財務來源，可以用它來支應一切開支，所以當預算經議會通過後，機關在公庫就有基金存款可用，由此推論，即可知經費預算在平衡表之身分與地位，它是屬於政府權益應毋庸置疑的。政府機關的平衡表科目，分資產、負債及政府權益三類，資產類又分流動資產與固定資產，資產減負債之餘，稱政府權益，又可大致分為政府投資、業務成果、經費預算、信託基金等項，其中又以業務成果科目比較特別，事實上它就是業務收支之結果。至業務收支類科目，比較習見者為業務收入、其他收益、費用成本、移轉收入、移轉支出等，均屬臨時性質，經結帳而歸結為業務成果。

　　(3)支出之劃分。我國政府機關之單位會計，凡屬動用歲出預算而為一切開支者，一律借經費支出科目，如此作法，既忽略資產之取得，亦影響公務成本之核計，更難以為績效之追求矣。為釐清支出之含意，即須依會計原理，將支出為明確之劃分，即所謂資本支出與收益支出之區別，凡支出之結果，同時增加資產者為資本支出，否則即歸入當期之費用。例如購入物料，尚未耗用時，應先借物料帳戶，購置設備時，即逕借設備，明白宣示資產之增加，不使含混於支出帳戶，以致妾身不明，間接影響資產少計而費用虛增。同樣道理，當物料直接耗用時，則借直接成本而貸物料，以使部分資產轉變為費用成本，此外，如保險費、旅費及固定資產之折舊等，均歸屬於間接費用，至用途別科目之設定，端視管理資訊之需要，與成本中心或成本分析之要求，而不必侷限於數目與名稱。

　　(4)成效之衡量。政府施政先要擬訂施政方針，據以擬具施政計畫，進而擬編所

需經費預算，送經議會審議通過，方有可供運用之財務來源。經費預算之通俗意義，就是說，為了做這些事，所以才要這些錢，然而，花錢務求經濟，做事要有績效，並要達成一定成果，如問花費是否經濟，可就成本分析窺視，若問做事是否有效，可就業務成果來看，如其工作可衡量者，尚可計算其完成工作量，兼可計算其單位成本，如不具衡量單位者，可就內部組織單位之成果與成本，加以比較分析，以明其所推行之業務，是否經濟而有效，是否達到預期之成果，因此，我們主張，各機關除編預算與實支比較表外，尚應增編一個業務成效表，在此表內，先對其財務來源加以交代，一般行政機關，當然是以經費撥款為主體，除此，如服務收入，或因物料之耗用，固定資產之折舊，及其他資產之攤提，亦應列入其財源，其次再列業務成本與費用，業務成本又可概分為直接成本與間接費用，前者含直接人工、直接材料，後者則為薪資、水電、租金、旅費與折舊、攤提等等，最後將財源合計與成本費用合計，加以比較，以明其業務之總體成效，表達其對所獲資源分配運用之情形。運用此表尚可進而加編輔助表，以為業務成本之分析與比較，如依內部組織單位，或業務計畫、工作計畫，將成本分別歸集，即可加以比較分析，藉以明瞭其完成工作之經濟與有效程度。

　　(5)預算之控制。為便預算之控制，各機關會計制度，應將預算控制與財務變動為雙軌之設計，亦即當財務事項發生，無論為購入資產或支付費用，凡涉及預算者，必須為兩重之記錄，一者記資產或費用之增加，一者記經費預算之已用。先言預算之進帳，機關預算一經立法通過，意即授權機關可於公庫動支公款，機關會計即可借存庫基金，似公庫存款，相當於現金；同時貸經費預算，即我國政會所稱之歲出預算數。預算可按組織單位、業務計畫或分季分期分配，分配一經核定，應即將經費預算之已分配部分，轉入分配預算戶，借經費預算貸分配預算。為期預算控制更趨嚴謹，應採契約責任制為預算會計之基礎。當發出購貨訂單訂購物料設備，或為建築工程與包商簽訂契約，即發生未來之支付責任，將來可用之分配預算必然受到影響，為避免將來履行支付責任時，不慎而超支預算，也就是為了預算控制目的，此時即須將支付責任記帳，應借分配預算貸支付責任，主要在減少可用之分配預算，以上均屬預算之會計控制記錄。其後，訂購之物料驗收，這時的會計須同時作三筆分錄，先沖轉支付責任，改列已用經費，此屬預算會計，再將取得之資產入帳，此屬財務會計，其分錄分別為：(a)借支付責任貸分配預算，(b)借分配預算貸已用經費，(c)借物料存貨貸應付帳款，第一分錄在沖銷已為之契約責任，第二在表明預算已經使用，均屬預算之控制記錄。如原先訂購設備收到，或委建之工程完工，似此交易，仍須同時作三筆分錄，(a)與(b)同上所列，第三為借設備或房屋貸應付帳款；倘若支

付保險費、水電費、旅費等間接費用，事先未經契約支付責任者，只須作兩筆分錄：(a)借間接費用貸應付帳款，(b)借分配預算貸已用經費，至應付帳款之償付，則貸庫存基金。另有一些會計事項，尤須特別注意其記帳方法：(a)為物料之耗用，須借直接成本貸物料存貨，(b)為固定資產提列折舊，則借間接費用貸累計折舊——某資產，(c)為出售設備獲益，則須作兩筆分錄，除借現金、借累計折舊——設備，貸設備、貸出售設備收益外，尚須借政府投資、借出售設備收益，貸雜項收入待納庫，上列三例，均不涉及預算會計，尚有(d)為年終費用調整，例如應付未付直接人工薪資之調整記錄，此事不僅增加費用成本，抑且涉及分配預算，故須為兩筆分錄：(a)借直接成本貸應付薪資，(b)借分配預算貸已用經費。上述會計方法，係參引美國聯邦政府之雙軌會計制度。

　　(6)**報表之編製**。政府機關應編之財務報表，首為財務狀況表即平衡表，其中將資產分流動資產與固定資產，後者列減累計折舊，負債分流動負債與其他負債，政府權益分政府投資、業務成果、未用經費等項。其次編業務成果表，表示其業務收支之結果，內中先列財務來源，次列各項費用，前者有經費撥款、服務收入、權益移轉等項，後者分直接成本與管理費用，然後，結計財源超過或低於費用，加期初業務成果，即為本期之期末成果。第三報表為財務狀況變動表即現金流量表，第四為經費預算表，列示預算數與實際數之比較，先列本期經費預算，減預算註銷數，再減尚未支用之經費預算數，結出本期已用之經費預算數。第五報表為政府權益變動表，列政府投資、業務成果、未用經費之變動情形。

　　財務報表編就，即須辦理結帳。從上節所述預算之控制方式，應已深切明瞭其在會計處理上所採之雙軌並行制度，即凡有經費動支，必涉及預算控制，所以當支出發生時，不論是取得資產，抑或是業務費用，就預算觀點而言，均屬經費預算之使用，因此，遂致「已用經費」隨支出而累計，年度終了之結帳，便以上列帳戶為主要目標。又因支出之中另有資本支出，而致財產增加，所以政府權益便應隨之增加，因而須將為取得資產之已用經費，轉列為政府投資，即借已用經費貸政府投資，這種處理方式，頗值吾人取法者。其次再談費用支出之結帳，不論費用支出之為直接成本與間接費用，都是為了業務之推行，其支出之結果，姑且稱之為業務成果，隨之，便將成本與費用結入業務成果，即借業務成果貸直接成本與間接費用，但費用支出同時使用了經費預算，因之，這部分之「已用經費」，便須與業務成果對結，即借已用經費貸業務成果，我們知道有些費用，實係資產之轉變，如存貨之耗用，固定資產之折舊等，這種費用使資產減少，資產之減少同時亦為政府投資之減少，所以應借政府投資貸權益移轉。然後，再將權益移轉，結轉業務成果。

問 題

一、試述中央總會計之統制彙編方法。

二、試述總會計之統制會計科目分類。

三、試述中央總會計之報告種類。

四、試述總會計年報與年度決算之關係。

五、試評述現行中央總會計制度之缺失。

習 題

一、試將下列會計事項作成總會計統制分錄。

1.核定本年度歲入預算$300,000，歲出預算$280,000，並全數分配。

2.收到本年度各項歲入$260,000。

3.發生稅課收入$200,000。

4.各機關由其自行退還歲入款$18,000。

5.收到稅課收入$120,000。

6.解繳國庫歲入款$300,000。

7.收到預收款$2,000，暫收款$800，保管款$500。

8.支付本年度歲出款$200,000。

9.國庫收支報告退還自行收入之歲入款（權責數）$30,000。

10.支付本年度零用金$20,000。

11.撥付地方補助款$50,000。

12.零星支付歲出款$16,000。

13.國庫報告各機關繳來歲入款$120,000。

14.審計部決算審核報告修正減列歲出款$18,000。

15.繳還上年度存出保證金$70,000。

16.國庫報告各機關支付緊急命令撥付款$20,000。

二、某政府上年度結轉各科目餘額如下：

各機關結存	$28,000
國庫結存	3,000
暫付款	8,000
預收款	18,000

應付歲出款	15,000
以前年度累計餘絀	6,000

年度進行中所發生之會計事項彙列如下：

1. 核定本年度歲入預算$500,000，歲出預算$400,000。

2. 預定發行公債$100,000。

3. 7月份分配歲入預算$60,000，歲出預算$35,000。

4. 收到規費收入$30,000。

5. 發生罰款及賠償收入$13,000。

6. 收到罰款及賠償收入$10,000。

7. 將歲入款解繳國庫$28,000。

8. 支付上年度應付歲出款$9,000。

9. 支付押金$3,000，暫付款$1,500。

10. 註銷以前年度應付歲出款$2,000。

11. 審計機關決算審核報告修正增加歲入款（權責數）$2,100。

12. 收到公債收入$56,000。

13. 收到預收款$1,000，暫收款$500，保管款$700。

14. 自行收到財產收入$16,000。

15. 支付用人費等$8,000。

16. 由機關直接退還規費收入$600。

17. 付本年度零用金$2,000。

18. 繳還本年度剔除經費$700。

19. 撥付地方政府補助款$10,000。

20. 零星支付文具用品$1,500。

21. 以支出收回書退還庫款$800。

22. 核撥各機關經費款$3,000。

23. 審計機關決算審核報告修正減列歲出款（權責數）$900。

24. 收回上年度暫付款$5,000。

試根據上列會計事項作成統制分錄過入總分類帳並編製平衡表及現金出納表。

三、下列為結帳前試算表。

應收歲入款	$ 38,000
暫付款	24,000
國庫結存	65,000
各機關結存	44,000
歲入預算數	40,000

經費支出數	38,000	
應付歲出款		$ 24,400
歲出預算數		40,000
歲入實收數		28,900
代收款		4,000
應付歲出保留款		10,000
（惟國外政會仍用「歲出		
保留數準備」）		
累計餘絀		141,700
	$249,000	$249,000

經查：

1. 漏記註銷以前年度應付款$4,200。

2. 漏記訂單與契約責任$1,000（其經查明將予保留）。

3. 漏記應付本年度支出$500。

4. 漏記購入材料$300。

5. 漏記應收本年度收入$2,000。

6. 各機關結存多計，因代收款已全部繳清，尚未入帳。

7. 暫付款多計與各機關結存少計$800。

試作調整分錄，並編製結帳後試算表。

四、下面是政府總會計，在本年度結帳前各項目餘額，惟歲計餘絀與累計餘絀未知。

國庫結存	$ 7,000
各機關結存	1,000
歲出保留數	1,700
歲入預算數	100,000
應收歲入款	3,300
經費支出數	90,200
歲入實收數	99,000
應付歲出保留款	1,700
歲出預算數	96,000
應付歲出款	1,700

試求：

1. 歲計餘絀之確定數。

2. 累計餘絀之確定數。

3. 歲計餘絀結帳後餘額之計算。

五、某政府總會計91年度開始時，各科目餘額如下：

國庫結存	$11,000	暫收款	$ 2,000
各機關結存	7,000	代收款	10,000
應收歲入款	40,000	應付歲出款	14,000
暫付款	16,000	應付歲出保留款	16,000
有價證券	20,000	以前年度累計餘絀	49,500
押金	2,500		

本年度之會計事項如下：

1. 全年度歲入預算數$90,000，歲出預算數$100,000（包括第二預備金$3,000，統籌科目$2,500），債務還本$5,500，移用以前年度歲計賸餘$5,000，其餘均為公債及賒借並按2：1。編列又上項歲入、歲出預算數於年度終了時，除第二預備金僅核准動支半數、統籌科目核定撥付$2,400外，其餘均已全數分配。另融資調度數預算，除公債部分僅發行五分之四，另五分之一尚未發行，結轉至下年度執行外，其餘均已全數執行完畢。

2. 各機關自行收到各項歲入款$97,500，自行退還歲入款$5,000，收到各項應收款$33,000，出售有價證券$1,500，解繳國庫歲入款$119,500。

3. 未實施集中支付機關向國庫領到經費$40,000，支付各項支出$34,000，暫付款$750，支付上年度應付歲出款$3,000，註銷以前年度應付歲出款$1,250，存出電話押金$1,000，經費賸餘$1,250，繳還國庫。

4. 已實施集中支付制機關支領零用金$2,000，支付各項支出$51,000，支出收回繳庫款$1,000，以零用金支出各項費用$2,000，以前年度存出電話押金$1,500繳還國庫，發生訂單及契約責任$8,000（於年終核准保留）。

5. 按審計機關審核上年度決算報告，修正減列支付實現數改列權責發生數$3,000，另剔除減列經費支出數$2,250（已收回解繳國庫）。

6. 國庫收到代收款$450，暫收款$150，保管款$50。

7. 結帳前據各機關報告漏記部分事項如下，應行調整紀錄：

㈠暫付款$750已結報，尚未作正列支。

㈡漏記應收本年度收入$1,000。

㈢漏記應付本年度支出$500。

㈣各機關結存多計，因代收款$10,000已繳付，尚未入帳。

試根據上述資料，作該政府會計本年度應有之平時分錄及年終調整、結帳分錄，並編製該政府會計年度終了結帳後平衡表。

六、假設中央政府總預算會計及單位預算會計91年度相關資料如下：

⑴民國91年度法定總預算資料：

歲入預算數	$921,382,000	
歲出預算數	979,883,000	
	(含第二預備金及統籌科目)	
債務還本預算	50,658,000	
發行公債預算	22,800,000	
賒借預算	40,660,000	
移用以前年度歲計賸餘預算	45,699,000	

(2)民國90年12月31日各歲入類單位會計平衡表彙總（結帳後）：

中央政府
各歲入類單位會計平衡表彙總(結帳後)
民國90年12月31日

資產		負債	
歲入結存	$ 1,216,000	存入保證金	$ 266,000
有價證券	380,000	暫收款	190,000
應收歲入款	31,464,000	預收款	114,000
		應納庫款	31,464,000
		待納庫款	1,026,000
合 計	$33,060,000	合 計	$33,060,000

(3)民國91年1月31日各歲入類單位會計平衡表彙總：

中央政府
各歲入類單位會計平衡表彙總
民國91年1月31日

資力及資產		負擔及負債	
歲入結存	$ 2,189,000	存入保證金	$ 266,000
有價證券	1,368,000	暫收款	228,000
應收歲入款	20,824,000	預收款	133,000
歲入預算數	844,622,000	應納庫款	20,824,000
歲入分配數	76,760,000	待納庫款	1,030,000
歲入納庫數	74,100,000	預計納庫數	921,382,000
退還以前年度歲入款	1,520,000	歲入收入數	76,000,000
		收回以前年度納庫數	1,520,000
合 計	$1,021,383,000	合 計	$1,021,383,000

(4)民國91年1月份各歲入類單位會計現金出納表彙總：

中央政府

各歲入類單位會計現金出納表彙總

民國91年1月1日至1月31日

科目及摘要	金額		
	小　計	合　計	總　計
一、收項			
1.上期結存		$ 1,596,000	
(1)歲入結存	$ 1,216,000		
(2)有價證券	380,000		
2.本期收入		88,981,000	
(1)歲入收入數	76,000,000		
(2)應收歲入款	11,400,000		
(3)預收款	19,000		
(4)暫收款	38,000		
(5)以前年度納庫收回數	1,520,000		
(6)審計處增列上年度決算	4,000		
歲入收入數			
收項總計			$90,577,000
二、付項			
1.本期支出		$87,020,000	
(1)歲入納庫數	$74,100,000		
(2)應納庫數	11,400,000		
(3)以前年度歲入退還	1,520,000		
2.本期結存		3,557,000	
(1)歲入結存	2,189,000		
(2)有價證券	1,368,000		
付項總計			$90,577,000

(5)民國90年12月31日各歲出類單位會計平衡表彙總（結帳後）：

中央政府

各歲出類單位會計平衡表彙總（結帳後）

民國90年12月31日

資力及資產		負擔、負債及謄餘	
專戶存款	$ 3192,000	保管款	$ 988,000
保留庫款	77,463,000	代收款	4,104,000
有價證券	760,000	應付歲出款	129,770,000
材料	232,000	小　計	$134,862,000

暫付金	55,776,000	餘　絀	
押金	194,000	經費賸餘─待納庫部分	$ 2,340,000
應收剔除經費	11,000	經費賸餘─押金部分	194,000
		經費賸餘─材料部分	232,000
		小　計	$ 2,766,000
合　計	$137,628,000	合　計	$137,628,000

(6)民國91年1月31日各歲出類單位會計平衡表彙總:

中央政府

各歲出類單位會計平衡表彙總

民國91年1月31日

資力及資產		負擔、負債及賸餘	
專戶存款	$ 3,154,000	保管款	$ 532,000
可支庫款	9,698,000	代收款	3,576,000
保留庫款	69,369,000	應付歲出款	113,620,000
零用金	137,000	歲出預算數	814,853,000
有價證券	304,000	歲出分配數	81,654,000
材料	194,000	小　計	$1,014,235,000
暫付款	51,178,000	餘　絀	
押金	182,000	經費賸餘─待納庫部分	$ 2,721,000
應收剔除經費	239,000	經費賸餘─押金部分	175,000
預計支用數	814,853,000	經費賸餘─材料部分	155,000
經費支出	67,978,000	小　計	$ 3,051,000
合　計	$1,017,286,000	合　計	$1,017,286,000

(7)民國91年1月份各歲出類單位會計現金出納表彙總:

中央政府

各歲出類單位會計現金出納表彙總

民國91年1月份

科目及摘要	金　額		
	小　計	合　計	總　計
一、收項			
1.上期結存			$ 81,415,000
(1)專戶存款		$ 3,192,000	
(2)保留庫款		77,463,000	
(3)有價證券		760,000	

2.本期收入			80,670,000
(1)預計支用數		81,654,000	
(2)代收款		(528,000)	
收入數	$　　8,000		
減：沖轉數	(536,000)		
(3)保管款		(456,000)	
收入數			
減：發還數	(456,000)		
收項總計			
二、付項			$162,085,000
1.本期支出			
(1)經費支出		$67,978,000	$ 79,423,000
(2)應付歲出款		15,770,000	
(3)暫付款		(5,358,000)	
支付數	$3,838,000		
減：沖轉數	(9,196,000)		
(4)材料		(38,000)	
支付數	38,000		
減：沖轉數	(76,000)		
(5)押金		(12,000)	
支付數	7,000		
減：沖轉數	(190,000)		
(6)經費賸餘—待納庫部分		494,000	
(7)經費賸餘—材料部分		76,000	
(8)經費賸餘—押金部分		19,000	
(9)註銷保留庫款			
（審計處修正）		494,000	
2.本期結存			
(1)專戶存款		3,154,000	82,662,000
(2)可支庫款		9,698,000	
(3)保留庫款		69,369,000	
(4)有價證券		304,000	
(5)零用金		137,000	
付項總計			$162,085,000

(8)民國90年12月31日總會計平衡表：

中央政府
總會計平衡表
民國90年12月31日

資　產		負債及餘絀	
國庫結存	$229,433,000	保管款	$　1,254,000
各機關結存	5,662,000	代收款	4,104,000
有價證券	1,140,000	預收款	114,000
應收歲入款	31,464,000	暫收款	190,000
材料	232,000	歲出應付款	129,770,000
押金	194,000	負債合計	$135,432,000
暫付款	55,776,000	餘　絀	
應收剔除經費	11,000	累計餘絀	$188,480,000
總　　計	$323,912,000	總　　計	$323,912,000

⑼民國91年1月份公庫報告，未據各單位預算機關或基金報告之資料：

　①收到賒借收入　　　$ 2,900,000

　②支付債款還本支出　　38,280,000

試根據上述資料：

㈠作該政府91年1月份總會計之統制分錄。

㈡編製該政府91年1月31日總會計平衡表。

第六章　公務單位會計

第一節　單位會計與一致規定

我國政府之會計組織分總會計、單位會計、分會計、附屬單位會計、及附屬單位會計之分會計五種，所謂單位會計，乃指在總預算中有其法定預算之機關單位之會計，或不以機關劃分而有法定預算之特種基金之會計。單位會計之下之會計，除附屬單位會計外，均為其分會計。政府機關之會計事務，就其性質而論，計有普通公務、特種公務、公有事業、公有營業等項，前二者屬單位會計之範圍，後二者則屬附屬單位會計之事項，亦即公務機關之會計為單位會計，事業營業機關之會計為附屬單位會計。關於公務機關之業務，有者比較特殊，如賦稅之課徵，財物之經理，庫款之出納等，均非一般機關均辦理者，乃稱之為特種公務，此外均屬普通公務，由是，單位會計又有普通公務單位會計與特種公務單位會計之分，前者用以處理公務機關一般之會計事務，後者則指特種公務機關，除一般會計事務外，所辦理之特種公務之會計，如賦稅徵課會計，財物經理會計，公庫出納會計等是。政府普通公務機關之單位會計制度，原應由各機關之主辦會計人員擬定，但由是而產生之結果，必多歧異，雖會計事務極相類似之機關，由於其制度之不同，遂之，其會計報告及會計科目亦自難一致，因而政府總會計便無法為之綜合彙編，而各單位會計之會計事務亦難以比較。職是之故，會計法便規定：

(1)凡性質相同或類似之機關或基金，其會計制度應為一致之規定。

(2)各會計制度不得與會計法及預算決算審計統計等法抵觸。

(3)中央政府各機關對於事項相同或性質相同之會計科目，應使其一致，對於互有關係之會計科目，應使之相合。

行政院主計處為期達到上述目的,乃對普通公務單位之會計制度為一致之規定，俾各普通公務單位會計機關之主辦會計人員，於設計其會計制度時，有所依據。惟各機關會計事務繁簡不同，主辦會計人員，得就實際情形，依法設計會計制度，除參照一致規定所定之會計報告及會計科目外，其他皆可量為增減改易，以適應個別之需要，至若其機關之會計事務可悉照一致規定處理者，即當採用此項規定，或照一致規定酌加補充，毋庸另行設計會計制度。

至普通公務單位會計一致規定之實施範圍，有如下所列之各機關：

(1)無附屬分會計之普通公務單位會計機關。

(2)有附屬分會計之普通公務單位會計機關。

(3)有歲入預算之普通公務單位會計機關。

(4)無歲入預算有收入之普通公務單位會計機關。

(5)特種公務機關，除特種公務會計外之一般會計事務。

(6)徵課機關其徵課會計，亦可參照本規定關於歲入類會計之處理方法，設計其制度，或應用之。

(7)實施集中支付之普通公務機關。

(8)普通公務之分會計機關，但會計事務簡單者，可採用抄報方法。

(9)特種基金單位會計機關無單獨會計制度者，關於一般歲入、歲出會計部分亦得適用之。

依一致規定，普通公務單位會計或其分會計，均分為歲入、經費兩類，各設置其科目、報表、簿籍、憑證以處理。經費類會計關於財產之處理，須另設置財產統制帳簿。無歲入預算而有少數收入之機關，亦得將其歲入部分，併入經費類會計以處理之。

政府普通基金有關歲入事項之會計處理，將於第十七章就美國政府之收入事例，詳為說明其會計方法，至於普通基金之經費會計，亦於第十八章再予論述，本章所論歲入類會計及經費類會計，固專應我國中央政府普通公務機關之需要，惟與本書十七、十八兩章所述頗多相似之處，讀者若予相互印證，當能領悟更為深刻。關於公務機關之財產會計，將另立專章再詳為論述之。

第二節　會計科目之分類

普通公務單位會計一致規定之會計科目分為兩大類，一為歲入類、次為經費類。此外，另設財產統制科目。

一、歲入類會計科目

歲入類之會計科目又分為資力及資產、負擔及負債兩項，茲分列各科目名稱，並說明其應用範圍如下：

(一)歲入類之資力及資產科目

(1)歲入結存：凡本機關歲入款項存入專戶或自行保管者皆屬之。收入之數記入借方，繳庫或退還之數記入貸方，其借方餘額，表示本機關歲入款結存之總額。

(2)所屬機關歲入結存：凡所屬機關歲入款項存入專戶或自行保管者皆屬之。收入之數記入借方，繳庫或退還之數記入貸方，其借方餘額表示所屬機關歲入款結存之總額。

(3)應收歲入款：凡已發生應收未收之歲入款項皆屬之。應收之數記入借方，收入或註銷之數記入貸方，其借方餘額表示應收未收歲入款之總額。

(4)有價證券：凡可以變現之有價證券皆屬之。收入之數記入借方，變現繳庫或退還之數記入貸方，其借方餘額表示有價證券結存之總額。

(5)歲入預算數：凡全年度歲入預算數、追加（減）預算數皆屬之。核定本年度預算數及追加預算數記入借方，按期或按月轉入歲入分配數或追減預算之數記入貸方，其借方餘額表示預算尚未分配之數。

(6)歲入分配數：凡歲入預算按期或按月分配之數皆屬之。其由歲入預算轉列之分配數記入借方，追減之分配數及年終與預計納庫數對沖之數記入貸方。

(7)歲入納庫數：凡本年度歲入款已經納庫之數皆屬之。納庫之數記入借方，退還數及年終與歲入實收數對沖之數記入貸方。

(8)退還以前年度歲入款：凡退還以前年度歲入款皆屬之。退還之數記入借方，與以前年度納庫收回數沖轉之數記入貸方。

(二)歲入類之負擔及負債科目

(1)預收款：凡未到期之預收款皆屬之。收入之數記入貸方，沖轉或退還之數記入借方，其貸方餘額表示尚未沖轉或退還之預收款總額。

(2)暫收款：凡未確定性質之收入皆屬之。收入之數記入貸方，沖轉或退還之數記入借方，其貸方餘額表示尚未沖轉或退還之暫收款總額。

(3)保證金：凡收到歲入保證用款項皆屬之。收入之數記入貸方，發還或轉正繳庫之數記入借方，其貸方餘額表示保證金之總額。

(4)應納庫款：凡查明應收尚未納庫之數皆屬之。應納庫之數記入貸方，納庫或註銷之數記入借方，其貸方餘額表示應收歲入款尚未納庫之總額。

(5)待納庫款：凡已收之歲入款項尚待納庫之數皆屬之。待納庫之數記入貸方，納庫之數記入借方，其貸方餘額表示待納庫款之總額。

(6)預計納庫數：凡歲入預算預計應繳庫之數皆屬之。核定預算及追加預算預計

應繳庫之數記入貸方，追減預算及年終與歲入分配數沖轉之數記入借方。

⑺歲入實收數：凡各項歲入款之收入皆屬之。收入之數記入貸方，年終與歲入納庫數對沖之數記入借方，並將差額結轉應納庫款或待納庫款科目。

⑻收回以前年度納庫款：凡收到國庫退還以前年度之歲入納庫數皆屬之。收回之數記入貸方，與以前年度歲入退還數沖轉之數記入借方。

二、經費類會計科目

經費類之會計科目，分為資力及資產、負擔及負債、餘絀三項。茲分列各科目名稱，並說明其應用範圍如下：

㈠經費類之資力及資產科目

⑴專戶存款：凡本機關代收款及其他款項存入專戶者皆屬之。收入之數記入借方，支出之數記入貸方，其借方餘額表示本機關專戶存款戶結存之總額。

⑵所屬機關專戶存款：凡所屬機關代收款及其他款項存入專戶者皆屬之。收入之數記入借方，支出之數記入貸方，其借方餘額表示所屬機關專戶存款戶結存之總額。

⑶可支庫款：凡實施集中支付機關之本機關，依分配預算可開付款憑單，請支付機關簽發國庫支票付款者皆屬之。根據已奉核定之分配預算將本期可支用數記入借方，開具付款憑單送支付機關付款之數記入貸方，其借方餘額表示依照分配預算尚可開具付款憑單之數額。

⑷所屬機關可支庫款：凡實施集中支付機關之所屬機關，依分配預算可開付款憑單，請支付機關簽發國庫支票者皆屬之。根據已奉核定之分配預算將本期可支用數記入借方，開具付款憑單送支付機關付款之數記入貸方，其借方餘額表示所屬機關依照分配預算尚可開具付款憑單之數額。

⑸保留庫款：凡實施集中支付機關之本機關，保留以前年度應付歲出款須由支付機關繼續支付者皆屬之。年度終了根據當年度發生之應付款與保留數額，自可支庫款轉來之數記入借方，支付之數記入貸方，其借方餘額為保留庫款之數額。

⑹所屬機關保留庫款：凡實施集中支付機關之所屬機關，保留以前年度應付歲出款須由支付機關繼續支付者皆屬之。年度終了根據當年度發生之應付款與保留數額，自所屬機關可支庫款科目轉來之數記入借方，支付之數記入貸方，其借方餘額為所屬機關保留庫款之數額。

⑺經費結存：凡未實施集中支付機關之本機關經費存款及現金皆屬之。收入之

數記入借方，支出之數記入貸方，其借方餘額表示本機關經費結存之總額。

⑻所屬機關經費結存：凡未實施集中支付機關之所屬機關經費存款及現金皆屬之。收入之數記入借方，支出之數記入貸方，其借方餘額表示所屬機關經費結存之總額。

⑼零用金：凡撥付額定零用金，以備零星支用之現金皆屬之。撥付之數記入借方，收回之數記入貸方，其借方餘額表示零用金結存之總額。

⑽有價證券：凡可以變現之證券皆屬之。收到之數記入借方，變賣、兌換或退還之數記入貸方，其借方餘額表示現存有價證券之總額。

⑾應領經費：凡未實施集中支付機關之應領經費皆屬之。應領之數記入借方，領到之數記入貸方，其借方餘額表示應領之經費總額。

⑿材料：凡購入供工程或修繕用之材料、燃料、配件暨損壞而尚有價值之廢料等皆屬之。購入、退庫及盤盈之數記入借方，領用、出售及盤虧奉准之數記入貸方，其借方餘額表示現存材料之總額。

⒀押金：凡依規定存出保證金、押金皆屬之。支出之數記入借方，收回之數記入貸方，其借方餘額表示存出押金尚未收回之總額。

⒁暫付款：凡在法定預算範圍內暫付或依法墊付之薪津、旅費、各項補助費、定金、工程款及其他費用皆屬之。暫付之數記入借方，收回或沖轉之數記入貸方，其借方餘額表示尚未收回之暫付款總額。

⒂應收剔除經費：凡經審計機關審定剔除應追繳之經費皆屬之。應收之數記入借方，收回之數記入貸方，其借方餘額表示應收未收之剔除經費總額。

⒃預計支用數：凡實施集中支付之機關，依照歲出預算可支用之經費皆屬之。核定預算數及追加預算數記入借方，按期或按月根據分配預算轉列可支庫款之數或追減預算數記入貸方，其借方餘額表示本年度尚可支用之預算數額。

⒄預計領用數：凡未實施集中支付之機關，依照歲出預算可領用之經費皆屬之。核定預算數及追加預算數記入借方，領到之數或追減預算數記入貸方，其借方餘額表示本年度尚可領用之預算數額。

⒅經費支出：凡歲出預算各項支出皆屬之。支出之數記入借方，收回之數記入貸方，其借方餘額表示本年度預算各項支出之總額，年終應與歲出分配數對沖。

⒆歲出保留數：凡歲出預算因簽發訂單、簽定契約及其他付款之承諾，為經費保留之數皆屬之。月終查明已簽證尚未支付之數作備忘分錄，簽證之數記入借方，於次月初沖銷之數記入貸方，其借方餘額表示已簽證尚未支付之數額。

㈡經費類之負擔及負債科目

⑴保管款：凡代保管之押標金等皆屬之。收到之數記入貸方，退還之數記入借方，其貸方餘額表示代保管款之總額。

⑵應付歲出款：凡已發生應付未付之歲出款項皆屬之。應付之數記入貸方，支出或註銷之數記入借方，其貸方餘額表示尚未支付之應付款總額。

⑶代收款：凡代收代付之款項皆屬之。代收之數記入貸方，解繳、轉帳或支付之數記入借方，其貸方餘額表示代收款尚未解繳、代付或轉帳之總額。

⑷預領經費：凡預算尚未成立或分配，經核准由國庫先行預撥之款項皆屬之。預領之數記入貸方，沖轉之數記入借方，其貸方餘額表示預領經費尚未轉帳之總額。

⑸歲出預算數：凡全年度歲出預算數，追加減預算數皆屬之。核定本年度預算數及追加預算數記入貸方，按期或按月轉入歲出分配數或追減預算之數記入借方，其貸方餘額表示尚未分配之預算數。

⑹歲出分配數：凡歲出預算按期或按月分配之數皆屬之。其由歲出預算數轉列之分配數記入貸方，追減之分配數及年終與經費支出或經費剩餘沖轉之數記入借方。

⑺歲出保留數準備：新修正為應付歲出保留款，凡預算支用保留數，於月底尚未支用之準備數額皆屬之。月底查明之數記入貸方，次月初與歲出保留數科目對沖之數記入借方，其貸方餘額表示已簽證尚未沖轉之歲出保留數準備總額。

㈢經費類之餘絀科目

⑴經費賸餘——待納庫部分：凡庫撥經費已無需支用部分及應收剔除經費待納庫之數皆屬之。賸餘之數記入貸方，解繳及移轉（押金部分、材料部分）之數記入借方，其貸方餘額表示尚未解庫之經費賸餘數額。

⑵經費賸餘——押金部分：凡依規定由經費預算項下支付之押金皆屬之。年度終了時，自經費賸餘——待納庫部分轉來之數記入貸方，收回、解庫之數記入借方，其貸方餘額表示經費賸餘屬於押金部分之數額。

⑶經費賸餘——材料部分：凡由預算購入材料而尚未使用之數皆屬之。年度終了時，自經費賸餘——待納庫部分轉來之數記入貸方，領用、沖轉、收回、解庫之數記入借方，其貸方餘額表示經費賸餘屬於材料部分之數額。

上述經費類之材料科目及經費賸餘——材料部分科目，如該機關無大宗購料之情事者，可免予設置此項科目。

普通公務單位會計對長期性之財產，另設財產帳登記，其統制科目，借方科目為：土地、房屋建築及設備、機械及設備、交通及運輸設備、其他設備、權利，貸

方則用現存財產權利總額。有關公務機關之財產會計，俟後專章再詳細討論。

行政院主計處為因應預算法之修正規定，乃對中央總會計制度及普通公務單位會計制度之一致規定為少部分之修訂，於90年8月發布，其於一致規定之修訂科目如下：

一、歲入類

㈠資力及資產科目

⑴應收歲入款：凡已發生尚未收得之款項均屬之。

⑵應收歲入保留款：本科目為歲入保留數之相對科目，係指凡保留於以後年度繼續收得之款項均屬之。

㈡負擔及負債科目

⑴應納庫款：凡應收之歲入款及歲入保留款尚未納庫數均屬之。

⑵歲入保留數：凡歲入預算經核准保留於以後年度繼續收得之數額均屬之。

（刪未實現收入科目）

二、經費類

㈠資力及資產科目

⑴歲出保留數：凡歲出預算因發生契約責任及經核准保留於以後年度繼續支付之保留數均屬之。

⑵保留庫款：凡實施集中支付機關，保留以前年度應付之歲出款及歲出保留款須繼續支付之款項均屬之。

㈡負擔及負債科目

⑴應付歲出款：凡已發生尚未支付之款項均屬之。

⑵應付歲出保留款：本科目為歲出保留數之相對科目，係指凡保留於以後年度繼續支付之準備款項均屬之。

（刪支出保留數準備科目）

第三節　歲入事項之記錄

普通公務機關編有收入預算者不多，比較常見之收入為規費收入，及法院之罰鍰與沒入物收入。無歲入預算者，如偶然獲得收入，即為預算外收入，亦須按歲入

處理，並繳庫。

　茲將普通公務機關歲入類會計帳冊及會計事項之處理分述於後：

一、帳簿之設置

　普通公務機關登記歲入之帳簿，有現金出納登記簿，分錄日記簿，總分類帳，歲入預算明細分類帳，以前年度應收歲入款明細分類帳，預算外收入明細帳等，無歲入預算者，則不必設歲入預算及以前年度應收歲入款兩明細帳。茲將歲入預算明細帳，及預算外收入明細帳，兩者帳式列舉在105頁。

　歲入預算明細分類帳，按歲入預算之最低級之分類項目分設帳戶，內分分配數、應收數、實收數、納庫數各欄，分別受總分類帳歲入分配數、歲入實收數、應收歲入款，歲入納庫數各科目所統制。本帳根據傳票直接登記，先將分配數按期登入，再於查定應收，或實收時分別登入各該欄，分配數減收入數即為未收入之分配數，隨時計算登記之，應收收起之數，於應收數欄列減，並登入實收數欄，歲入已納庫者，登納庫數欄，本帳為編製歲入累計表之依據。預算外收入明細帳，按收入來源別科目設戶，以原無預算依憑，故僅設應收、實收、納庫三欄，該三欄之登帳方法，同於歲入預算明細帳之相同欄，此帳為編預算外收入明細表之依據。

　歲入類現金出納登記簿，其性質與一般會計之現金簿類似，為一特種日記簿，於收付兩方各設歲入結存與轉帳兩欄，據收入傳票、支出傳票及現金轉帳傳票登記之。歲入類之其他帳簿格式，與一般會計所用者雷同，茲不再贅述。

二、會計事項之處理

㈠預算之入帳
　核准本年度歲入預算數。

　　　借：歲入預算數　　　　　　　　並記入歲入預算明細分類帳。
　　　　貸：預計納庫數
　核准各月份或各期歲入分配數。

　　　借：歲入分配數　　　　　　　　並記入歲入預算明細分類帳。
　　　　貸：歲入預算數

㈡實收與應收
　接代理公庫銀行報告收到本年度歲入款。

　　　借：歲入納庫數　　　　　　　　並記入歲入預算明細分類帳。
　　　　貸：歲入實收數

機關名稱
歲入預算明細分類帳

第＿＿頁

代號＿＿　款＿＿　項＿＿　目＿＿　節＿＿　名稱＿＿

中華民國　年度

全年度預算數＿＿＿
追加全年度預算數＿＿＿
追減全年度預算數＿＿＿

年		傳票		摘要	原始憑證	歲入分配數	實收數	應收數	未收入之分配數	約庫數
月	日	種類	號數							

預算外收入明細分類帳

中華民國　年度

科目

		傳票		摘要	原始憑證		應收數	實收數	約庫數
月	日	種類	號數		種類	號數			

自收屬於本年度歲入預算之零星收入。

　　　借：歲入結存　　　　　　　　　並記入歲入預算明細分類帳。

　　　　　貸：歲入實收數

接代理公庫銀行報告收到以前年度應收歲入款。

　　　借：應納庫款　　　　　　　　　並記入以前年度應收歲入款明細分類

　　　　　貸：應收歲入款　　　　　　帳。

自收屬於以前年度應收歲入款之零星收入。

　　　借：歲入結存　　　　　　　　　並記入以前年度應收歲入款明細分類

　　　　　貸：應收歲入款　　　　　　帳。

屬於本年度預算之零星收入繳納代理公庫銀行。

　　　借：歲入納庫數　　　　　　　　並記入預算明細分類帳。

　　　　　貸：歲入結存

屬於以前年度應收歲入款之零星收入繳庫。

　　　借：應納庫款　　　　　　　　　並記入以前年度應收歲入款明細分類

　　　　　貸：歲入結存　　　　　　　帳。

㈢抵繳、暫收與轉帳

收到抵繳歲入款之有價證券。

　　　借：有價證券　　　　　　　　　並記入歲入預算明細分類帳。

　　　　　貸：歲入實收數

暫收保管之有價證券。

　　　借：有價證券

　　　　　貸：保管款

有價證券兌現並繳庫。

　　　借：歲入結存

　　　　　貸：有價證券

　　　借：歲入納庫數　　　　　　　　並記入歲入預算明細分類帳。

　　　　　貸：歲入結存

自收暫收預收保管等款項。

　　　借：歲入結存

　　　　　貸：暫收款

　　　　　　　預收款

　　　　　　　保管款

上項暫收款預收款，轉帳為本年度歲入實收並辦理繳庫時。

借：暫收款　　　　　　　　　並記入歲入預算明細分類帳。

　　預收款

　　貸：歲入實收數

借：歲入納庫數

　　貸：歲入結存

其暫收款轉帳屬以前年度應收歲入款並繳庫時。

借：暫收款　　　　　　　　　並記入以前年度應收歲入款明細分類

　　貸：應收歲入款　　　　　帳。

借：應納庫款

　　貸：歲入結存

(四)預算外收入與原無預算之收入

接代理公庫銀行報告，收到本機關預算外收入。

借：歲入納庫數　　　　　　　並記入預算外收入明細分類帳。

　　貸：歲入實收數

接代理公庫銀行報告，收回本機關以前年度支出。

借：歲入納庫數　　　　　　　並記入預算外收入明細分類帳。

　　貸：歲入實收數

自行收入之預算外零星收入。

借：歲入結存　　　　　　　　並記入預算外收入明細分類帳。

　　貸：歲入實收數

前項零星收入繳納代理公庫銀行。

借：歲入納庫數　　　　　　　並記入預算外收入明細分類帳。

　　貸：歲入結存

(五)收入退還與應收註銷

接代理公庫報告退還以前年度所收之歲入款。

借：退還以前年度歲入款

　　貸：收回以前年度納庫款

註銷以前年度應收歲入款。

借：應納庫款

　　貸：應收歲入款

三、年終調整與結帳

年度終了查明應收歲入款。

　　　借：應收歲入款　　　　　　　　　　　並記入歲入預算明細分類帳。
　　　　　貸：歲入實收數

　　將歲入實收數（含應收數）與歲入納庫數對沖並將其差額結轉應納庫款及待納庫款。（自收未繳者屬待納庫款，權責應收數屬應納庫款。）
　　　借：歲入實收數
　　　　　貸：歲入納庫款
　　　　　　　應納庫款
　　　　　　　待納庫款

　　將歲入分配數與預計納庫數對沖。如歲入預算數未經全部分配，應加貸歲入預算數，以結束預算科目。
　　　借：預計納庫數
　　　　　貸：歲入分配數
　　　　　　　（歲入預算數）

　　將退還以前年度歲入款與收回以前年度納庫款對沖。
　　　借：收回以前年度納庫款
　　　　　貸：退還以前年度歲入款

　　將歲入類總分類帳戶可能尚有餘額之科目結轉下期。
　　　借：應納庫款
　　　　　待納庫款
　　　　　暫收款
　　　　　預收款
　　　　　保管款
　　　　　貸：歲入結存
　　　　　　　有價證券
　　　　　　　應收歲入款

四、新近修訂部分之分錄舉例

㈠年度終了

⑴查明當年度應收歲入款。
　　　借：應收歲入款
　　　　　貸：歲入實收數

查明當年度應收歲入保留款。
　　　借：應收歲入保留款

　　　　貸：歲入保留數
(2)查明以前年度應收歲入保留款應轉為應收歲入款。
　　　　借：應收歲入款
　　　　　　貸：應收歲入保留款
(3)將應收歲入款及奉准保留之應收歲入保留款之未納庫數結轉應納庫款。
　　　　借：歲入實收數
　　　　　　歲入保留數
　　　　　　貸：應納庫款

㈡以後年度

(1)收到以前年度應收歲入款及應收歲入保留款並予繳庫。
　　　　借：歲入結存
　　　　　　貸：應收歲入款
　　　　　　　　應收歲入保留款
　　　　借：應納庫款
　　　　　　貸：歲入結存
(2)註銷以前年度應收歲入款及應收歲入保留款。
　　　　借：應納庫款
　　　　　　貸：應收歲入款
　　　　　　　　應收歲入保留款

第四節　歲出事項之記錄

　　公務機關辦理各項業務，自然需要僱用人員與採購設備與用品，該項勞務與購置費用，乃為其公務之必要成本，然而公務機關並不能由是而自行謀取收入，用以涵蓋其成本之所需，而必須另籌財源以支應，其唯一財源乃政府依法定預算之撥款，也可以說公務機關之需求須完全依賴其歲出預算，經核定其歲出可用之款額，即係該機關之經費，由是可知，公務機關施政計畫之實施，亦即其歲出預算之執行，其一切財務之活動，均不出預算之範圍，故公務機關之經費會計，亦可稱之謂歲出預算會計。政府之公務機關很多，故經費會計之應用最廣。茲將經費會計所用之帳冊及歲出事項之會計處理，分別列述於後。

一、帳簿之設置

　　普通公務機關經費會計所需用之帳簿，有現金出納登記簿、分錄日記簿、總分

類帳、歲出預算明細分類帳，以前年度應付歲出款明細分類帳及其他科目明細帳，其中比較特殊而且重要者，為經費類現金出納登記簿，歲出預算明細帳，及以前年度應付歲出款明細帳。

經費類現金出納登記簿，（格式見112頁）為經費類之特種日記簿，根據收入傳票、支出傳票、現金轉帳傳票或以付款（轉帳）憑單代傳票登記，收付兩方金額，各為經費結存、可支庫款、專戶存款三帳戶設置專欄，以便過帳。但如非參加集中支付之機關，即毋須設置可支庫款科目，隨之此簿亦不設該科目專欄。

歲出預算明細分類帳，（格式見113頁）為歲出預算執行之明細分類記錄，按歲出單位預算分別經常門資本門之工作計畫或分計畫設戶，並按用途別科目設置專欄。根據預算將全年度預算數、追加減數、工作計畫名稱，分別填入帳首之指定位置。根據傳票，按核定之分配預算數，填入歲出分配數欄。經費支出（包括實付數、應付數），及契約責任發生（即保留數）時，根據傳票填入各該專欄，同時各別調整其分配數餘額欄。保留數或應付數實付時，根據傳票記入該費用之實付數欄，並以紅字記入保留數或應付數欄。保留數或應付數註銷時，應根據傳票以紅字記入各該專欄，同時調整各相關之分配數餘額欄。契約責任確定為負債時，應根據傳票記入該費之應付數欄，並用紅字記入保留數欄。本帳每月結計一次，採「本月合計」、「上月累計」及「本月累計」三行結算方式辦理。本帳為總分類帳歲出分配數、經費支出數、應付歲出款、歲出保留數四帳戶所統馭。本帳各費之實付數及應付數之和，即為本計畫之經費支出。本帳為編製經費累計表及績效報告成本計算之根據。

以前年度應付歲出款明細分類帳，（格式見114頁）為以前年度應付歲出款清償情形之明細記錄，按以前年度應付歲出款之工作計畫或分計畫設戶，並按用途別科目分設專欄。根據以前年度歲出單位預算之支出性質及所屬會計年度，工作計畫名稱，分別填入表首各指定位置。開帳時根據傳票將以前年度應付款，分別填入各戶之轉入數欄及餘額欄，以前年度契約責任確定為負債時，根據傳票記入各戶之轉入數欄，並調整其餘額欄，註銷應付款時，則以紅字記入轉入數欄並調整其餘額欄。應付款償付時，記入實付數欄，並調整其餘額欄。本帳每月結計一次，採「本月合計」、「上月累計」、「本月累計」三行結算方式辦理。本帳為總帳應付歲出款──以前年度帳戶所統馭。本帳為編製以前年度應付歲出款餘額表之根據。

二、特殊事項之處理

公務機關為計算公務成本，特為設置經費支出科目，以為成本之累積，年度終了再將之結帳。各機關平時發生之權責事項，如營建、修繕、購置物品或僱用勞務，

其契約訂單之簽發，與已驗收而尚未付清款項者，應即分別以歲出保留數或應付歲出款登帳。購入大宗材料，先以材料科目登記，耗用材料時，再根據領料單，記入歲出預算明細分類帳各工作計畫材料費實付數欄。隨購隨用之零星材料，購入時可直接作為費用處理，記入歲出預算明細分類帳用料之工作計畫材料費實付數欄，如料款未付，則應記入應付數欄。實施集中支付機關收到緊急命令撥款，應先以借可支庫款，貸預領經費科目，編製收入傳票登帳。俟成立預算法案後再借預計支用數貸歲出分配數將該預算入帳，並隨即以借預領經費，貸預計支用數沖帳，其支付時與一般費款支付程序相同。未實施集中支付機關於收到緊急命令撥款時，應先以借經費結存貸預領經費科目登帳，並俟成立預算法案後再將預算入帳並將預領沖轉。實施集中支付機關支用經費時，簽開付款憑單送地區支付處簽發國庫支票直接付予債權人，其時應貸可支庫款而不貸經費結存；未參加集中支付機關其經費仍係由庫撥入其經費存款專戶，支用時仍舊自行簽開其經費存款支票交債權人，故其記錄須貸經費結存。

三、一般會計事項之記帳

(一)預算成立、分配與撥款

法定預算成立。

　　　　借：預計支用數（未參加集中支付機關者則借預計領用數）
　　　　　　貸：歲出預算數　　　　　　　並記入歲出預算明細分類帳。

核定每月每期（或專案）分配預算。

　　　　借：歲出預算數　　　　　　　　並記入歲出預算明細分類帳。
　　　　　　貸：歲出分配數

如係參加集中支付機關應同時加記。

　　　　借：可支庫款　　　　　　　編製收入傳票，記入現金出納登記簿
　　　　　　貸：預計支用數　　　　　收方可支庫款欄。

未參加集中支付機關之經費仍係由庫按期撥發，當其向庫領到本年度經費。

　　　　借：經費結存
　　　　　　貸：預計領用數

如其領到上年度之保留經費。

　　　　借：經費結存
　　　　　　貸：應領經費

機關名稱

經費類現金出納登記簿（甲式）

中華民國　　年度

第　頁　付方

傳票				會計科目	摘要	原始憑證	總分類帳頁數	經費結存	可支庫款	保留庫款	專戶存款	轉帳	合計
月	日	種類	號數										

第　頁　收方

傳票				會計科目	摘要	原始憑證	總分類帳頁數	經費結存	可支庫款	保留庫款	專戶存款	轉帳	合計
月	日	種類	號數										

機關名稱

歲出預算明細分類帳

中華民國　　年度

支出

支出性質　全年度預算數　追加預算數　追加減支全數　追減第一預備金數　預算總額　業務計畫　工作計畫

年	傳票		摘要	原始憑證	歲出分配數	實付數	應付數	保留數	分配數餘額	費 歲出分配數	實付數	應付數	保留數	分配數餘額	費 歲出分配數	實付數	應付數	保留數	分配數餘額	費 歲出分配數	實付數	應付數	保留數	分配數餘額
月	字	號																						
日																								

機關名稱

以前年度應付歲出款明細帳

中華民國　年度

第　　頁
支出性別　　
年度別　　
業務計畫　　
工作計畫　　

年月日	傳票字號		摘要	原始憑證	以前年度結轉應付數	實付數									未支出之應付數
	字	號				用途別項目							合計	
						費	費	費	費	費	費	費	費	

預算尚未成立或分配經核准由庫先行預撥經費，未集中支付機關則借經費結存。

　　借：可支庫款

　　　　貸：預領經費

上項預領經費於預算成立與分配時除為預算之進帳外並將預領經費轉銷。

　　借：預領經費

　　　　貸：預計支用數（未集中支付機關則貸預計領用數）

集中支付機關支領零用金。

借：零用金	簽具付款憑單送地區支付處開支票向
貸：可支庫款	國庫領款，根據第三聯代傳票記入現
	金出納登記簿付方可支庫款欄。

(二)費款之支付

由零用金支付費用並同時撥還零用金。

借：經費支出	簽具付款憑單送支付處開國庫支票直
貸：可支庫款	接支付，根據第三聯代傳票各欄記入
	現金出納登記簿付方可支庫款欄，另
	記入歲出預算明細分類帳某工作計畫
	帳戶有關欄。

支付某計畫經費，即係公務成本。

　　借：經費支出

　　　　貸：可支庫款

支付以前年度應付歲出款。

借：應付歲出款	簽具付款憑單送支付處付款，並記入
貸：保留庫款	現金出納登記簿，另記入以前年度應
	付歲出款明細分類帳某工作計畫帳戶
	有關欄。

支付暫付款。

借：暫付款	簽具付款憑單送支付處付款，並記入
貸：可支庫款	現金出納登記簿，另記入暫付款明細
	分戶帳。

支付押金。

借：押金	簽具付款憑單送支付處付款，並記入
貸：可支庫款	現金出納登記簿。

上列各筆支付記錄，所以貸可支庫款或保留庫款者，乃以其參加集中支付為前

提，如係尚未參加集中支付之機關則當貸經費結存科目。

(三)轉帳與支出收回

暫付款轉正列支。

借：經費支出　　　　　　　　　並記入歲出預算明細分類帳及暫付款
　貸：暫付款　　　　　　　　　明細分戶帳。

收回本年度經費支出、暫付款、押金，並繳回國庫，恢復可支庫款餘額。

借：可支庫款（未參加集中支付機關收回各款，未繳庫前則借經費結存。）
　貸：經費支出　　　　　　　　有關經費支出部分以紅字記入歲出預
　　　暫付款　　　　　　　　算明細分類帳。
　　　押金

（收回以前年度之歲出，則應以歲入實收數列入歲入會計，並將收回之款以歲入繳庫。）

收回以前年度支付之押金。

借：專戶存款
　貸：押金

將上項收回之押金繳庫。

借：經費賸餘——押金
　貸：專戶存款

(四)契約責任與代收款

某計畫因簽發購貨訂單，或簽訂契約及其他付款之承諾，為嚴密控制預算即須為經費之保留。（如另備預算控制登記簿者，並可於月終彙總為之，並於次月初再予沖回。）

借：歲出保留數　　　　　　　　並記入歲出預算明細分類帳某計畫帳
　貸：保留數準備（應付歲出　　戶保留數欄。
　　　保留款）

上項計畫之契約責任，因已收到財物或勞務，應予對轉註銷，在尚未付款前，列作應付款，並同時沖減保留數。

借：經費支出　　　　　　　　　並記入歲出預算明細分類帳某計畫帳
　貸：應付歲出款　　　　　　　戶及其某費用之應付數欄，另以紅字
　　　　　　　　　　　　　　記入該保留數欄。

又借：保留數準備（應付歲出保留款）
　　貸：歲出保留數

收到代收款項。

借：專戶存款
　　貸：代收款

支付或退還代收款。

借：代收款
　　貸：專戶存款

借入款項。

借：專戶存款
　　貸：借入款

收存作押標或保證用之有價證券。

借：有價證券
　　貸：代收款

(五)材料與應付款

大宗材料驗收，料款未付。

借：材料
　　貸：應付歲出款

（上列應付歲出款之償付，在集中支付機關貸可支庫款，未集中支付機關貸經費結存。）

某計畫耗用材料。（隨購隨用之零星材料，於購入時即作支出正式列帳，大宗購料之耗用，根據用料作成下列分錄。）

借：經費支出　　　　　　　並記入歲出明細分類帳某工作計畫帳
　　貸：材料　　　　　　　戶材料費實付數欄。

（上項支出如係使用上年度結存之材料，則須加記：借經費賸餘——材料部分，貸可支庫款，並隨即以經費賸餘繳庫。）

以前年度某計畫使用材料。

借：應付歲出款　　　　　　並記入以前年度應付歲出款明細分類
　　貸：材料　　　　　　　帳有關帳戶實付數欄。

（上項材料如係上年度之結存，則應加記：借經費賸餘——材料部分，貸保留庫款，並隨即以經費賸餘繳庫。）

以前年度某計畫某項費用之應付歲出款註銷。

借：應付歲出款　　　　　　並以紅字記入以前年度應付歲出款明
　　貸：經費賸餘——　　　　細分類帳某計畫某費用之轉入數欄。
　　　　待納庫部分

（上項應付歲出款如尚未向庫領款者，則改貸保留庫款。）

㈥剔除經費與統籌經費

審計機關審定歲出決算，剔除經費列支，通知追繳時。（至平時審計對支出之剔除應列入歲入，以懲其不得再用該預算數，至年終再沖歲入轉為支出之減少，並將其預算結入經費賸餘。）

借：應收剔除經費
　　貸：經費賸餘——待納庫部分

追回收到剔除之經費。

借：專戶存款
　　貸：應收剔除經費

將剔除經費繳庫時。

借：經費賸餘——待納庫部分
　　貸：專戶存款

統籌核撥之結婚、生育、子女教育等項補助費於奉准時應先列入預算。

借：預計支用數　　　　　　　　並記入歲出預算明細帳。
　　貸：歲出預算數
借：歲出預算數
　　貸：歲出分配數

各項補助費收到通知撥款時。

借：可支庫款
　　貸：預計支用數

發出各項補助費時。

借：經費支出　　　　　　　　　並記入歲出預算明細帳。
　　貸：可支庫款

四、年度終了調整與結帳

查明當年度權責發生數。

借：經費支出　　　　　　　　　並記入歲出預算明細分類帳有關戶之
　　貸：應付歲出款　　　　　　　應付欄。

（權責數已經保留者，並須將保留數與準備對轉沖銷。）

應付歲出款奉准時須將已分配預算之可支庫款轉為保留庫款。

借：保留庫款
　　貸：可支庫款

結束經費支出帳戶。

借：歲出分配數
　　　貸：經費支出

將本年度內押金增加之數沖減歲出分配數，轉列為經費賸餘。

借：歲出分配數
　　　貸：經費賸餘——押金部分

本年度購入之材料如有大量結存，則將未用部分沖減歲出分配數，改列經費賸餘。

借：歲出分配數
　　　貸：經費賸餘——材料部分

集中支付機關，歲出分配數帳戶如有餘額應予結平。

借：歲出分配數
　　　貸：可支庫款（如為未參加集中支付機關，則貸
　　　　　經費賸餘——待納庫部分）

未參加集中支付機關，如有權責應付款，而該項經費尚未撥款者則借應領經費。

借：應領經費
　　　貸：預計領用數

未集中支付機關之預計領用數帳戶如尚有借方餘額，不需再由國庫簽撥者，應沖抵經費賸餘待納庫款。

借：經費賸餘——待納庫部分
　　　貸：預計領用數

年度終了，各公務機關經結帳後，其預算科目及經費支出科目已無餘額，若材料無餘，未參加集中支付機關若無應領經費者，則可能賸下之資產負債與餘絀帳戶如下，並將之轉入下期。

借　方	貸　方
經費結存	應付歲出款
專戶存款	應付歲出保留款
保留庫款	代收款
有價證券	經費賸餘——待納庫部分
押金	經費賸餘——押金部分
暫付款	

五、新近修訂部分之分錄舉例

㈠年度終了

⑴查明當年度應付歲出款。

> 借：經費支出
> > 貸：應付歲出款

查明當年度應付歲出保留款。

> 借：歲出保留數
> > 貸：應付歲出保留款

⑵將奉准保留之應付歲出款及應付歲出保留款之已分配預算可支庫款未支用部分轉為保留庫款。

> 借：保留庫款
> > 貸：可支庫款

將奉准保留之應付歲出款及應付歲出保留款之未分配預算可支用數轉為應領經費。

> 借：應領經費
> > 貸：預計支用數

⑶查明以前年度應付歲出保留款應轉為應付歲出款。

> 借：應付歲出保留款
> > 貸：應付歲出款

⑷將經費支出、歲出保留數與歲出分配數沖轉及清結不須支付之可支庫款等帳目。

> 借：歲出分配數
> > 貸：經費支出
> > 　　歲出保留數
> > 　　經費賸餘——待納庫部分
> 借：經費賸餘——待納庫部分
> > 貸：可支庫款

㈡以後年度

⑴將應付歲出款及應付歲出保留款之應領經費經分配預算轉為保留庫款。

> 借：保留庫款
> > 貸：應領經費

⑵支付應付歲出款、應付歲出保留款。

借：應付歲出款
　　　應付歲出保留款
　　貸：保留庫款
(3)轉正開支。
　　借：應付歲出款
　　　應付歲出保留款
　　貸：暫付款
(4)註銷應付歲出款、應付歲出保留款。
　①未開付款憑單向國庫領款者
　　借：應付歲出款
　　　應付歲出保留款
　　貸：保留庫款
　②已開付款憑單向國庫領款者
　　借：應付歲出款
　　　應付歲出保留款
　　貸：經費賸餘──待納庫款部分
　　借：專戶存款
　　貸：暫付款
　　借：經費賸餘──待納庫部分
　　貸：專戶存款

六、某機關經費會計實例

設某機關某年度5月底之經費類平衡表如下：

××機關
經費類平衡表
中華民國××年5月31日

資　力	金　額	負　擔		金　額
可支庫款	$ 50,000	歲出預算數		$880,000
零用金	35,000	歲出分配數	$1,645,000	
押金	2,700	減：經費支出	1,540,000	105,000
暫付款	20,000	經費賸餘──		
預計支用數	880,000	押金部分		2,700
	$987,700			$987,700

⑴該機關6月份所發生之會計事項如下。

　　①核定6月份分配數$880,000。

　　②支付用人費$700,000。

　　③支付文具用品$30,000。

　　④暫付旅費轉正$18,000，多餘繳回。

　　⑤支付特別費$4,000。

　　⑥以零用金支付維護費$30,000，所餘繳回。

　　⑦支付員工子女教育補助費$30,000。

　　⑧發生訂單與契約責任$10,000。

　　⑨支付電話費$8,000。

　　⑩支付租金$25,000。

⑵將上列事項分錄過帳並辦理年終結帳。

①歲出預算數	$880,000	
歲出分配數		$880,000
可支庫款	$880,000	
預計支用數		$880,000
②經費支出	$700,000	
可支庫款		$700,000
③經費支出	$30,000	
可支庫款		$30,000
④可支庫款	$ 2,000	
經費支出	18,000	
暫付款		$20,000
⑤經費支出	$4,000	
可支庫款		$4,000
⑥經費支出	$30,000	
可支庫款	5,000	
零用金		$35,000
⑦預計支用數	$30,000	
歲出預算數		$30,000
歲出預算數	$30,000	
歲出分配數		$30,000

可支庫款	$30,000	
預計支用數		$30,000
經費支出	$30,000	
可支庫款		$30,000
⑧經費支出	$8,000	
可支庫款		$8,000
⑨經費支出	$25,000	
可支庫款		$25,000

⑩年終結帳

ⓐ歲出保留數	$10,000	
應付歲出保留款		$10,000
歲出分配數	$10,000	
歲出保留數		$10,000
保留庫款	$10,000	
可支庫款		$10,000
ⓑ歲出分配數	$2,385,000	
經費支出		$2,385,000
ⓒ歲出分配數	$160,000	
可支庫款		$160,000

⑪將結帳後所餘帳戶餘額結轉下年度

經費賸餘——押金部分	$ 2,700	
應付歲出保留款	10,000	
保留庫款		$10,000
押金		2,700

(3)上列各項分錄過帳後各帳戶之現象，列於125頁。

(4)記帳說明及憑證格式。

①前舉會計事項之第一筆，複分兩步處理，第一步以分錄傳票記日記簿，並將分配數記入預算明細帳戶；第二步以現金收入傳票列借可支庫款，記入現金出納簿。

②凡屬經費支出，均貸可支庫款，簽開付款憑單，送地區支付款簽發國庫支票支付，付款憑單一式三份，支用機關以一份代支出傳票，登記現金出納簿，茲以第三筆分錄為例，附具付款憑單樣式於126頁。

③暫付款轉正列支時，須開轉帳憑單送地區支付處辦理轉帳，並以一份代現

金轉帳傳票登記現金出納簿，茲以第四筆分錄為例，附其轉帳憑單及支出收回書格式於127及128頁。

④前舉第七筆支付事項，因員工子女教育補助費為政府之統籌支出科目，其預算由行政院就該科目預算總額減除未實施集中支付機關應保有之預算數額後，核定其可支用數額，函知財政部轉函地區支付處根據各支用機關所送之付款憑單支付之。故該項記錄須以四筆分錄處理，先以分錄傳票列其預算數，再以分錄傳票列其分配數，第三步以收入傳票列收預計支用數，而增加可支庫款，第四步再以付款憑單列支該項補助費，凡統籌支用科目動支時均如此處理記帳手續殊顯繁瑣。

第五節　會計報告之編製

公務機關之會計報告，主要報表有歲入類現金出納表、經費類現金出納表、歲入類平衡表、經費類平衡表、歲入累計表、經費累計表、以前年度應收歲入款餘額表、以前年度應付歲出款餘額表。惟歲入與經費兩累計表，於年度終了改編為歲入決算表及歲出決算表。現金出納表為表示一定期間現金收付之動態報告，根據現金出納登記簿編造之，歲入類出納表收項所列之歲入實收數，按來源別科目編列；經費類出納表收項之預計領用數或預計支用數，及付項所列之經費支出均按各項業務計畫分列。月報之平衡表內應將預算科目餘額列表，以示其資力與負擔，至年報之平衡表因預算科目均已結平，只列少數資產負債科目之餘額。在經費類月報平衡表內，應將經費支出數與歲出保留數在歲出分配數項下列減。歲入累計表根據歲入預算明細帳編製，用以表示一機關在一定期間歲入預算執行之經過，其中所應列報之科目，應照歲入預算分配預算所列科目次序，並應列至來源別子目止；經費累計表根據歲出預算明細帳編製，用以表示一機關在一定期間歲出預算執行之情形，其中所列之科目，應依照歲出分配預算之科目順序，並列至第一級用途別科目為止。以前年度應收歲入款餘額表，每月底根據以前年度應收歲入款明細帳編製；以前年度應付歲出款餘額表根據以前年度應付歲出款明細帳編製之。歲入累計表、經費累計表、及新增訂之以前年度歲入保留數餘額表、以前年度歲出保留數餘額表等四種表式，分列於129、130、131頁，用資覆按。

可支庫款

借方		貸方	
	50,000	②	700,000
①	880,000	⑧	30,000
④	2,000	⑤	4,000
⑥	5,000	⑦	30,000
⑦	30,000	⑨	8,000
		⑩	25,000
		ⓐ	10,000
		ⓒ	160,000
	967,000		967,000

保留庫款

結轉下年度	10,000	ⓐ	10,000

零用金

	35,000	⑥	35,000

押　金

	2,700	結轉下年度	2,700

暫付款

	20,000	④	20,000

預計支用數

①	880,000		880,000
⑦	30,000		30,000

經費支出

借方		貸方	
②	1,540,000	ⓑ	2,385,000
⑧	700,000		
⑤	30,000		
⑥	4,000		
⑦	30,000		
⑨	30,000		
⑩	8,000		
④	25,000		
	18,000		
	2,385,000		2,385,000

歲出保留數

ⓐ	10,000	ⓐ	10,000

應付歲出款

結轉下年度	10,000	ⓐ	10,000

歲出預算數

①	880,000		880,000
⑦	30,000		30,000

歲出分配數

借方		貸方	
ⓐ	10,000		1,645,000
ⓑ	2,385,000	①	880,000
ⓒ	160,000	⑦	30,000
	2,555,000		2,555,000

應付歲出保留款

結轉下年度	10,000	ⓐ	10,000

經費賸餘——押金部分

結轉下年度	2,700		2,700

付款憑單

第一聯（共三聯）送地區支付處完成支付後登帳（會計室）存查（第二科）

機關代號	0712-1

支用機關

名稱	某某機關
地址	臺北市×××路×××號
編製日期	××.6
付款憑單編號	100002

附件

地區支付處名稱	財政部臺北區支付處
收到日期	
地區代號	
支付處編號	

預算科目代號及名稱	經費支出一般行政 5707120101-9 02 行政管理 事務費	款項所屬會計年度	××年度
支出用途	購原子筆等文具用品	本科目支付本款後之餘額	
受款人	三三文具印刷有限公司　　地址 臺北市衡陽路×號		
金額新臺幣（大寫）	參萬元整　（NT$30,000）		
特別記載事項	1.□支票請劃線　2.□支票請載明禁止轉讓	費用分析代號	
領取支票方式	1.□存入受款人金融機構存款帳戶（金融機構名稱：　）戶名：　帳號： 2.□自領　3.□郵寄　4.領回轉發:(1)□郵寄 (2)□支用機關指定人員領取	單列代號	
附記事項			
機關長官或授權簽名蓋章			

收件登記
驗對簽印鑑
查對餘額及登記
記帳
檢發空白支票
支票封發

審計機關駐審人員核簽	主辦會計人員	處長	地區支付處核簽	主辦會計人員	第二科科員	第一科科長

盖付訖日戳

領取支票憑證（第　號）
已交受款人
盖章處
人員「自領」或「指定人員領取」專用指定

轉帳憑單

支用機關	名　稱	某某機關	機關代號	0712-1
	地　址	臺北市××路××號	轉帳憑單編號	100002
	編製日期	××.6		

附件

財政部臺北區支付處　地區代號 01　支付處編號

轉帳收方

預算科目代號及名稱	收方金額
暫付款	
一般行政	
5707120101-9	18,000
行政管理	
合　計	NT$18,000

轉帳付方

預算科目代號及名稱	付方金額
經費支出	
一般行政	
5707120101-9	
行政管理　05	
旅運費	18,000
合　計	NT$18,000

轉帳金額新臺幣（大寫）　壹萬捌仟元整

轉帳事由摘要　科目轉正，原付款憑單第××號

會計年度	××	轉帳後收方科目餘額		轉帳後付方科目餘額	
單別代號					
科別代號					

支用機關	機關長官或授權代簽人	主辦會計人員	處長	地區支付處核簽	主辦會計人員	第二科科長	第一科科長	審計機關核簽人員駐簽

收到日期　傳票號碼　支用機關

檢對簽證　印鑑人員

查對餘額及登記人員　轉帳登記日期　蓋轉帳登記戳

記帳人員

第一聯（共三聯）　送地區支付處辦理轉帳後發帳（會計室）存查（第一科）

說明：
一、本憑單為支用機關通知地區支付處辦理各付科目間轉帳之憑證。
二、轉帳款項同時有多筆者，得彙編轉帳憑單一份。
三、各機關簽開本憑單，應依照「國庫集中支付作業程序」第　條規定，將有關各欄逐一詳明填列，如有關係文件隨同附送者，應將附件名稱及件數註明於「附件」項下。
四、「地區支付處」欄名稱及代號由編製機關填列。

支出收回書

第一聯：此聯由收款支庫交繳款人

字　第　　　號

第一聯（收據）

原支付款項						收回金額	繳款人
支用機關名稱及代號	支用科目名稱及代號	款項所屬		金額	付款憑單		
		年度	月份		字	號	
0712-1 某某機關	暫付款 5707120101-9 一般行政 行政管理	××	5	20,000	××	×××	財政部臺北區支付處 1108-2

地區支付處名稱及代號：財政部臺北區支付處 1108-2

收回金額 2,000

收款國庫

收回金額（大寫）

收回理由及其他應行說明事項：暫付借支旅費收回

填發機關
　名稱
　長官職銜簽章
　填發日期　中華民國××年6月　日

收款國庫
　名稱
　主管人員職銜簽章
　收入庫收日期　中華民國　年　月　日

白紙印黑字

機關名稱

歲入累計表

中華民國　年　月　日起至　年　月　日　第　號　第　頁

科目			原預算數	預算追加（減）數	全年度預算數（截至本月止分配預算數）	收入憑證 字	收入憑證 號	本月實現數（截至本月止累計實現數）	應收數（保留數）	未收入之分配數	本月納庫數（截至本月止累計納庫數）
款	項	目 代號及名稱									

註：本表之「實現數」係指現金全收入實現數，「應收數」係指已發生尚未收得數，「保留數」係指經核准保留於以後年度繼續收得數。

機關名稱

經費累計表

中華民國　年　月　日至　年　月　日　　第　號　第　頁

科目		原預算數		第二預備金		截至本月止分配預算數	原始憑證		本月實現數	截至本月止累計實現數	應付數	保留數	分配數餘額
款項目節	代號及名稱	預算追加(減)數	第一預備金	經費流用數	全年度預算數		起訖字號	字號數				保留數	備註(暫付數)

註：本表之「實現數」係指現金支出實現數，「應付數」係指已發生尚未支付數，「保留數」係指因發生契約責任及經核准保留於以後年度繼續支付數。

機關名稱
以前年度歲入保留數餘額表
中華民國　年　月　日至　年　月　日
第　號　第　頁

年度別		科目	以前年度轉入數	註銷或減免數	收入憑證		本月實現數	累計實現數	調整數	尚未收入之保留數	納庫數	
款	項	目	代號及名稱	應收數	應收數	字	號	應收數	應收數	應收數	應收數	本月納庫數
				保留數	保留數			保留數	保留數	保留數	保留數	累計納庫數

機關名稱
以前年度歲出保留數餘額表
中華民國　年　月　日至　年　月　日
第　號　第　頁

年度別		科目	以前年度轉入數	註銷或減免數	原始憑證		本月實現數	累計實現數	調整數	轉入數餘額	備註
款	項	目	代號及名稱	應付數	應付數	字	起訖記號數	應付數	應付數	應付數	應付數	（暫付款）
				保留數	保留數			保留數	保留數	保留數	保留數	

第六節　單位會計制度研議

　　各機關之會計制度，依會計法規定原應由各該機關之會計機構自行設計，普通公務機關之會計制度，自亦不能例外，惟中央主計機關以普通公務機關甚多，其會計事務性質相同，為免發生分歧，便於統制彙總起見，乃為一致規定，實則此項一致規定，即係普通公務機關之單位會計制度。普通公務單位會計，其主要任務在會計預算之執行。民國50年間政府改進預算制度，實施績效預算，由於預算制度改變，同時國庫亦擬實施集中支付，因而會計制度自須配合修正，惟以一時不及徹底辦理，乃行權宜暫行先予補充規定，一直沿用73年8月，始將暫行補充規定，正式納入一致規定而構成完整之一致規定，原有一致規定乃用於未實施集中支付之機關，暫行補充規定則可供參加集中支付之機關應用，由於支付制度分歧，故其會計處理亦難期一致，此種情形之解決，固有賴財政部之魄力於近期將全部公務機關之經費，一起納入國庫之集中支付，而行政院主計處亦宜再修正一致規定，使公務機關之會計得以暢便處理。

　　所謂集中支付，乃將各機關所需之經費開支，一律集中由財政部地區支付處簽發國庫支票直接付與政府之債權人。在未實施集中支付之前，財政部依據分配預算將各機關經費由國庫撥給各機關，存入其經費專戶，然後由各機關自行簽發支票支用。實施集中支付制度，不僅國庫款可以集中調度使用，於各機關經費之支用也未發現有任何不便與滯礙，而今中央機關多已參加集中支付，未能實施集中支付之機關實寥寥可數，將之一起納入集中支付，應無甚大困難，如果中央所有公務機關之經費均能實施集中支付，普通公務單位之經費會計，便可更加簡化，甚或不要該項會計制度，亦無大礙，蓋以集中支付會計已可涵蓋各機關之經費會計，因各機關經費之支用，必須一一透過集中支付，支付會計勢必對所有各機關經費支出為完整之記錄，且由電腦迅速產生月報，由於普通公務單位經費類會計與支付會計完全重複，所以各機關經費會計大可予以簡化，甚或將之取消亦無不可。惟為便於預算控制，可僅設置歲出預算備查簿，按預算所列工作計畫分戶，登入其分配數，並據付款憑單登記其支付數，此中尚可再分實支數與暫付款，俾按期與支付會計報表核對，再將訂購及契約保留數納入，便可隨時產生可用之分配預算餘額，以達預算控制之目的。如採行此項簡化辦法，各機關僅設置預算簽證人員，即可達成經費會計之任務。普通公務機關歲入原極有限，所有收入由庫逕收或須立即繳庫，隨之，國庫會計已有各機關收入之完整記錄，各機關僅備一備查簿亦無不可，如斯簡化之後，普通公

務單位會計必然大為改觀。

　　新近行政院主計處修正普通單位公務會計之一致規定，除將歲出保留數準備科目改為應付歲出保留款科目，以有悖於學理及預算法有關規定，期期不敢苟同外；另對新增加之應收歲入保留款與歲入保留數兩科目，亦感甚為困惑，查預算控制制度，重心置於經費預算，歲入超出預算或無預算之收入，或以前年度收入，均無不得列收之道理，保留數係基於契約責任之發生，針對經費支出而言，以經費支出不得超逾預算，遂以契約責任為基礎，預為支出之控制；而歲入不發生契約責任問題，不須預為收入之控制，而如歲入沒有保留，事實發生實收時，仍可照收無誤，未聞以未經保留而予拒收也。

問　題

一、試述普通公務單位會計一致規定及其實施範圍。

二、試述普通公務單位會計對歲出預算之記錄與經費支用列帳方法。

三、試述經費類單位會計對權責發生及契約保留之會計處理與年終結帳方法。

四、試述經費類會計對購入財產物品之記錄方法。

五、試述歲入類會計科目之特點。

六、試述歲入類會計收納科目之結轉方法。

習　題

一、某機關單位會計某年度7月份發生之會計事項如下：

　1.核定本年度歲入預算$130,000。

　2.核准本月份歲入分配數$10,000。

　3.接代理公庫銀行報告收到本年度稅課收入$50,000。

　4.收到預算外零星收入$3,000。

　5.查定本年度應收歲入款$7,000。

　6.接代理公庫銀行報告收到罰款及賠償收入$7,000。

　7.接代理公庫銀行報告收到以前年度規費收入$18,000。

　8.零星收入以前年度應收歲入款$800。

　9.零星收入繳納代理公庫銀行$3,800。

　10.接代理公庫銀行報告收到暫收款$5,000，保管款$2,000。

　11.接代理公庫銀行報告收回本機關以前年度支出$6,000。

12.發還保管款$1,000。

13.接代理公庫銀行報告收到預算外收入$4,000。

試根據上項資料：

1.作成應有之分錄，並登錄現金出納登記簿，過入總分類帳。

2.作月終結帳分錄。

3.編製平衡表及現金出納表。

二、下列是某機關某月份結算前總分類帳各科目餘額：

歲入預算數	$534,000
歲入分配數	46,000
歲入結存	4,300
所屬機關歲入結存	1,120
歲入實收數	34,200
歲入納庫數	33,880
應收歲入款	28,300
應納庫款	28,300
預收款	5,100
預計納庫數	580,000
收回以前年度納庫款	800
退還以前年度歲入款	800

歲入實收數中屬於本年度歲入款部分$10,700，屬於應收歲入款部分$23,300。

試根據以上資料：

1.作成月終結帳分錄。

2.編製結算後平衡表。

三、下列為某實施集中支付機關經費類單位會計某年度某月份發生之事項，請作應有之記錄、過帳，並編製平衡表、現金出納表。

1.核定全年度經費$200,000。

2.核定本月分配預算$20,000。

3.支付用人費$12,000。

4.發生訂單與契約責任$6,000。

5.維護費不足，奉准流用事務費$3,000。

6.核定動支第一預備金$5,000。

7.支付員工子女教育補助費$8,000。

8.支付旅運費$2,700。

9. 收回以前年度支出$1,200。

10. 支領本年度零用金$1,000。

11. 收回本年度支出用人費$600。

12. 支付押金$500。

13. 以零用金支付文具用品費$200。

四、某機關經費類總分類帳各科目12月31日餘額如下：

可支庫款	$ 56,000
專戶存款	6,000
零用金	3,000
押金	10,700
暫付款	1,500
代收款	6,000
歲出分配數	190,000
經費支出	121,500
經費賸餘——押金部分	2,700

1. 年度終了時，尚須調整之會計事項如下，試作整理分錄。

㈠6月份電話費$8,000，尚未支付。

㈡訂購資料夾乙批$20,000，已送，未驗收。

㈢收回零用金$3,000。

㈣收回以前年度押金$2,700並繳庫。

㈤暫付款$1,000為旅費已轉正列支。

㈥查明當年度另有應付歲出保留款$5,000，其中已暫付$500。

2. 試作結帳分錄，並編製結帳後平衡表。

五、下列為某機關（未實施集中支付）全年所發生之會計事項：

1. 全年度分配預算$460,000。

2. 截至6月底止各月份分配數均已領到。

3. 與工程公司訂約興建工程，計價$200,000，已付清，並另付3%設計費。

4. 支付用人費$155,000，尚有$32,000未付清，並代扣所得稅$7,200。

5. 支付設備費$13,000，修繕辦公室費$8,000。

6. 支付印刷費$37,000，經審計部通知剔除$2,600，半數已收取，尚未繳庫。

7. 年度預算不足，辦理追加預算$120,000。

8. 代扣所得稅繳庫。

9. 領到本年度額定零用金$20,000。

　　10.暫付員工差旅費$48,000。

　　要求：

　　1.試作平時及結帳分錄。

　　2.編製結帳後平衡表。

六、某機關某會計年度，預計歲入$500,000，歲出預算$480,000，經費按季分配如下：第一季
　　25%，第二季30%，第三季25%，第四季20%。

　　1.試作預算成立時之分錄。

　　2.試作每季開始時之經費分配分錄。

七、下列為某機關某年度歲入類會計所發生之會計事項：

　　1.本年度歲入預算$360,000，各月平均分配。

　　2.轉入上年度暫收款$30,000，保管款$20,000，應收歲入款$60,000。

　　3.查明上項暫收款$10,000為支出收回，其餘為本年度歲入。

　　4.接國庫通知收到本年度歲入$230,000及預算外收入$120,000。

　　5.收到本年度歲入$100,000，除支票$20,000金額錯誤外，餘均已納庫。

　　6.國庫通知退還以前年度歲入$12,000，本年度預算外收入退還$20,000（本機關支付）。

　　7.審計部通知剔除經費$3,000，由國庫收回二分之一。

　　8.查定本年度應收款$20,000，以前年度應收歲入款$52,000，餘註銷。

　　試作：

　　1.分錄。

　　2.結帳分錄。

　　3.現金出納表。

八、某機關在××年度1月份發生之會計事項：

　　1.本年度核准歲出預算數$120,000。

　　2.核定每月分配預算$10,000。

　　3.領用本年度額定零用金$1,000。

　　4.支付以前年度應付歲出款$200。

　　5.暫付旅費$120。

　　6.付電話押金$100。

　　7.收回以前年度歲出$80。

　　8.將以前年度誤支收回繳庫。

　　根據上項資料試擬應有之分錄。

第七章　省市政府會計

第一節　省市總會計

　　依會計法規定，各級政府應各設一總會計，臺灣省政府原有其總會計制度。惟於88年精省後，省成為中央之派出機關，無自有財源，省府預算納入中央總預算，因而失去其總預算之地位，隨之，亦不需要設置總會計。

　　政府目前的直轄市，只有臺北與高雄兩市，惟後者規模略遜前者，現僅以臺北市為例，說明其總會計。臺北市政府之總會計制度，分總則、會計報告、會計科目、會計簿籍、會計憑證等章，凡有關原則性之規定，均納入總則一章。該市總會計之結構，分為統制記錄與彙編兩部分，凡在總預算內列有單位預算之機關或基金與其有關之會計，均須為之統制記錄；凡屬附屬單位預算之特種基金，則採報表彙編方式，由是產生總會計之綜合報告，用以表達該市之財政狀況，以應行政管理與議會監督之需要，及市民對市財政收支之瞭解。

　　市總會計採權責基礎，惟其統制記錄部分關於權責發生事項，於年度結束時方予處理，平時僅對各機關所發生之契約責任事項，為保留數之登記。統制記錄不設序時簿，僅設總分類帳、各機關收支明細帳、各機關本年度歲入、經費累計明細帳與其他明細帳，及必要之備查簿。根據預算書與會計報告等項文件，編製分錄傳票或彙總記錄單，直接登入分類帳，惟其利用電子計算機處理之會計事項，則以計算機產生之工作底稿裝訂成冊代替帳簿。茲再就統制記錄之科目分錄與報表分述之。

一、會計科目

　　統制記錄部分之會計科目，分資產負債類、財產類。其收支類科目，悉依預算之所定，資產負債類之科目，又分為資產、負債、餘絀及過度科目等四種，茲將各科目分列如下：

資產科目	負債科目
市庫結存	應付借款（短期）
各機關結存	應付歲出款
歲入結存	應付歲出保留數

經費結存	減：歲出保留數
應收歲入款	代收款
減：備抵壞帳	預收款
應收歲入保留數	暫收款
減：歲入保留數	保留款
有價證券	歲出預算數
材料	歲出分配數
應收剔除經費	減：經費支出數
預撥款	
緊急命令撥付款	**餘絀科目**
押金	歲計餘絀
暫付款	以前年度累計餘絀
墊付款	
歲入預算數	**過度科目**
歲入分配數	待整理資產事項
減：歲入實收數	收支調度數
公債收入預算數	待整理負債事項
賒借收入預算數	

二、分錄例釋

　　為期對市總會計統制記錄實務，能以深切瞭解，茲擇其重要會計事例，分別列示其分錄方法。

　　年度總預算或特別預算核定公布。

　　⑴根據歲入預算總額。

　　　借：歲入預算數　　　　　　　　並記入各機關歲入累計明細帳。
　　　　貸：歲計餘絀

　　⑵根據歲出預算總額。

　　　借：歲計餘絀　　　　　　　　　並記入各機關經費累計明細帳、第二
　　　　貸：歲出預算數　　　　　　　預備金動支明細帳、總預算統籌科目
　　　　　　　　　　　　　　　　　　經費動支明細帳。

　　⑶如有公債及賒借預算時。

　　　借：公債收入預算數
　　　　　賒借收入預算數
　　　　貸：收支調度數

核定各機關歲入與歲出分配預算。

⑴根據歲入分配預算。

借：歲入分配數　　　　　　　　　　並記入各機關歲入累計明細帳。

　　貸：歲入預算數

⑵根據歲出分配預算。

借：歲出預算數　　　　　　　　　　並記入各機關經費累計明細帳。

　　貸：歲出分配數

核定動支第一預備金或動支第二預備金。

借：歲出預算數　　　　　　　　　　並記入各機關經費累計明細帳、第二

　　貸：歲出分配數　　　　　　　　預備金動支明細帳。

核定各統籌科目撥付款。

借：歲出預算數　　　　　　　　　　並記入各機關經費累計明細帳、總預

　　貸：歲出分配數　　　　　　　　算統籌經費動支明細帳。

按各機關歲入類會計報告記錄。

⑴表列收到各項收入。

借：各機關結存──　　　　　　　　並記入各機關歲入累計明細帳、各機

　　歲入結存　　　　　　　　　　　關收支明細帳。

　　有價證券

　　貸：歲入收入數

⑵表列發生應收賦稅及稅課外收入。

借：應收歲入款　　　　　　　　　　並記入各機關歲入累計明細帳。

　　貸：歲入實收數

　　　　備抵壞帳

⑶表列收到各項應收款。

借：各機關結存──　　　　　　　　並記入各機關收支明細帳、各機關歲

　　歲入結存　　　　　　　　　　　入累計明細帳。

　　有價證券

　　貸：應收歲入款

⑷表列退還各項歲入款。

借：歲入收入數　　　　　　　　　　並記入各機關收支明細帳、各機關歲

　　貸：各機關結存──　　　　　　入累計明細帳。

　　　　歲入結存

⑸表列註銷各項應收款。

借：備抵壞帳　　　　　　　　　並記入各機關歲入累計明細帳。
　　貸：應收歲入款
⑹表列將歲入款解繳市庫。
借：市庫結存　　　　　　　　　並記入各機關收支明細帳、各機關歲
　　貸：各機關結存——　　　　入累計明細帳。
　　　　歲入結存
⑺表列預收稅款、暫收款、保管款。
借：各機關結存——　　　　　　並記入各機關收支明細帳。
　　歲入結存
　　有價證券
　　貸：預收款
　　　　暫收款
　　　　保管款
⑻表列出售有價證券。
借：各機關結存——　　　　　　並記入各機關收支明細帳。
　　歲入結存
　　貸：有價證券
按未實施市庫集中支付之各機關經費類會計報告記錄。
⑴表列向市庫領到經費。
借：各機關結存——　　　　　　並記入各機關收支明細帳。
　　經費結存
　　貸：市庫結存
⑵表列支付歲出各款。
借：經費支出數　　　　　　　　並記入各機關經費累計明細帳、各機
　　貸：各機關結存——　　　　關收支明細帳。
　　　　經費結存
⑶表列發生訂單與契約責任。
借：歲出保留數
　　貸：應付歲出保留款
⑷表列發生應付帳款。
借：經費支出數　　　　　　　　並記入各機關經費累計明細帳。
　　貸：應付歲出款
⑸表列清償應付帳款。

借：應付歲出款　　　　　　　　並記入各機關經費累計明細帳、各機
　　貸：各機關結存——　　　　　關收支明細帳。
　　　　經費結存

(6)表列註銷以前年度應付款。

借：應付歲出款　　　　　　　　並記入各機關經費累計明細帳。
　　貸：以前年度累計餘絀

(7)表列存出保證金、押金及購入材料。

借：押金　　　　　　　　　　　並記入各機關收支明細帳。
　　材料
　　貸：各機關結存——
　　　　經費結存

(8)表列收到代收款。

借：各機關結存——　　　　　　並記入各機關收支明細帳。
　　經費結存
　　貸：代收款

(9)表列將庫撥經費賸餘數繳還市庫。

借：市庫結存　　　　　　　　　並記入各機關收支明細帳。
　　貸：各機關結存——
　　　　經費結存

(10)表列預付款項。

借：暫付款　　　　　　　　　　並記入各機關收支明細帳。
　　貸：各機關結存——
　　　　經費結存

按已實施市庫集中支付之各機關經費類會計報告記錄。

(1)表列簽發付款憑單實付經費、支領零用金、暫付經費及支付押金款。

借：經費支出數　　　　　　　　並記入各機關經費累計明細帳。
　　各機關結存——
　　經費結存
　　暫付款
　　押金
　　貸：市庫結存

(2)表列以零用金支付各項支出。

借：經費支出數　　　　　　　　並記入各機關經費累計明細帳。

　　　　　　貸：各機關結存──

　　　　　　　　經費結存

⑶表列以支出收回書繳還庫款。

　　　借：市庫結存　　　　　　　　並記入各機關經費累計明細帳。

　　　貸：經費支出數

⑷表列繳還上年度支出、零用金、存出保證金、押金。

　　　借：市庫結存

　　　　貸：以前年度累計餘絀

　　　　　　各機關結存──

　　　　　　經費結存

　　　　　　押金

⑸表列以繳款書繳還本年度剔除經費。

　　　借：市庫結存　　　　　　　年度結束將當年度剔除經費移列支出

　　　貸：歲入實收數　　　　　　之減項時作相反之記錄。

⑹本年度剔除經費未繳庫者。

　　　借：應收剔除經費

　　　貸：歲入實收數

按市庫收支報告記錄。

⑴表列庫收各項歲入款事前未據各機關報告者。

　　　借：市庫結存　　　　　　　並記入各機關歲入累計明細帳。

　　　貸：歲入收入數

⑵表列收到預收稅款、暫收款、保管款事前未據機關報告者。

　　　借：市庫結存

　　　　貸：預收款

　　　　　　暫收款

　　　　　　保管款

⑶表列庫收各機關繳來歲入款事前未據機關報告者。

　　　借：市庫結存

　　　　貸：各機關結存──歲入結存

⑷表列庫撥各機關經費款事前未據機關報告者。

　　　借：各機關結存──經費結存

　　　　貸：市庫結存

⑸表列支付緊急命令撥付款或預撥下年度各機關經費，事前未據機關報告者。

　　　借：各機關結存——經費結存
　　　　　貸：市庫結存

(6)表列直接退還歲入款事前未據機關報告者。

　　　借：歲入收入數
　　　　　貸：市庫結存

(7)表列收到公債及賒借收入，及發行市庫券收入。(前兩項為長期負債應另記入債款帳，後者屬短期負債，可列為應付借款（短期）。)

　　　借：市庫結存
　　　　　貸：公債收入
　　　　　　　賒借
　　　　　　　應付借款（短期）

　　　借：公債收入
　　　　　賒借
　　　　　　貸：公債收入預算數
　　　　　　　　賒借收入預算數

　　　借：收支調度數
　　　　　貸：歲計餘絀

按市審計處決算審核報告修正收支款。

(1)修正增加歲入款。

　　　借：應收歲入款
　　　　　預收款
　　　　　暫收款
　　　　　　貸：以前年度累計餘絀

(2)修正減列歲出款。

　　　借：預付款項
　　　　　押金
　　　　　歲出應付款
　　　　　　貸：以前年度累計餘絀

月終結帳分錄。

(1)結轉各項收入。

　　　借：歲入實收數
　　　　　貸：歲入分配數

(2)結轉經費支出。

　　　借：歲出分配數
　　　　　貸：經費支出數

年度終了，結帳分錄。

(1)將歲入未達分配之餘額結轉歲計餘絀。

　　　　借：歲計餘絀

　　　　　　貸：歲入分配數

(2)將歲入分配數超收之餘額結轉歲計餘絀。

　　　　借：歲入分配數

　　　　　　貸：歲計餘絀

(3)將歲出預算數餘額結轉歲計餘絀。

　　　　借：歲出預算數

　　　　　　貸：歲計餘絀

(4)將歲出分配數未用之餘額結轉歲計餘絀。

　　　　借：歲出分配數

　　　　　　貸：歲計餘絀

(5)根據賒借收入額及發行各項債券之應還本金額列入長期負債帳。

　　　　借：待籌償債數

　　　　　　貸：應付借款（短期）

三、會計報告

市總會計報告分月報、年報及不定期報告，統制記錄部分，就總預算收支執行情形，按月編製總預算收支執行狀況月報表，用以顯示年度進行中，各機關每月執行預算收支，及市庫出納之綜合狀況，另編第二預備金動支數額月報表，以顯示各機關每月動支第二預備金數額及其餘額情形，編市庫出納月報表，顯示市庫當月收支及結存實況。總會計之年報，有關預算執行部分，與總決算內容雷同，故將其年報與總決算合併編製，其年報之主要報表，除平衡表外，即為歲入歲出決算表，以前年度權責發生轉入數決算表，至彙編部分之年報，乃就各附屬單位會計決算，彙編市營事業損益綜計表，或其他特種基金收支綜計表，盈虧或餘絀撥補綜計表，資金運用綜計表，及綜計平衡表等四種，然後再就普通基金及特種基金之平衡表，合併編成該市全部基金之綜合平衡表，惟各類基金間之明顯重複帳項應儘可能予以銷除，其中資產負債之列數，如有非全部市有者，按市府所占權益比例折計。茲將其會計報告流程圖，以及預算收支執行狀況月報表，市庫出納月報表，與其年度決算表等各種表式附列於145至149頁，以供參閱。

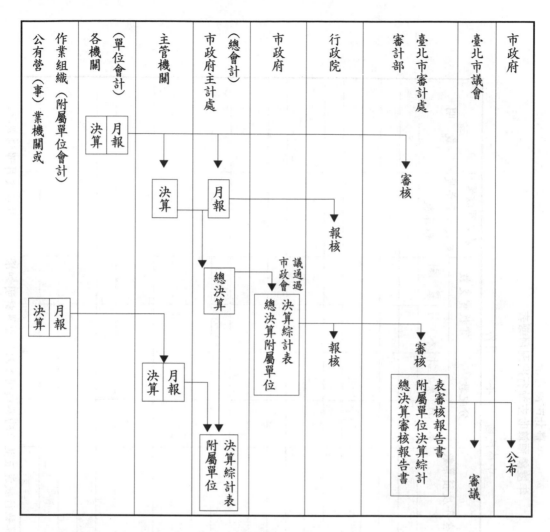

會計報告流程圖

臺北市總會計
年度總預算收支執行狀況月報表
中華民國　年　月份

項　目	全年度預算數	分配數		實收實支數		累計實收實支數占全年度預算數%	說　明
		本月	累計	本月	累計		
甲、總預算部分:							
一、收入							
二、支出							
三、餘(+)絀(-)							
乙、特別預算部分:							
一、收入							
二、支出							
三、餘(+)絀(-)							
丙、補收補付以前年度部分:							
一、應收歲入款							
二、應收歲出款							
三、餘(+)絀(-)							
丁、綜計:							
一、收入							
二、支出							
三、餘(+)絀(-)							

說明：本表根據各機關編報之預算執行狀況表並參酌各機關歲入經費累計明細帳，及市庫收支月報編製之。

臺北市總會計
市庫出納月報表

中華民國　年　月　日起至　月　日止

收入科目	預算數	實收數	比較		支出科目	預算數	實支數	比較	
			增	減				增	減

說明：本表係表示市庫收支情形，以市庫所送月報表替代。

臺北市總會計

歲入
　　　決算表
歲出

中華民國　年　月　日至　年　月　日

歲入來源別
歲出政事別
歲出機關別

科目				預算數			決算數			本年度餘絀數	說明
款	項	目	節	本年度預算數	本年度預算增減數	合計	本年度收付實現數	決算時權責發生數及保留數	合計		
		名　稱									

說明：本表於年度結束後根據單位決算並參照各機關歲入（經費）累計明細表（本年度）編製之。

臺北市總會計
以前年度權責發生轉入數決算表

中華民國　年　月　日至　年　月　日

歲入來源別

歲出政事別

歲出機關別

年度別	科目			上年度決算時權責發生及保留轉入數	本年度減免數	本年度收付實現數	決算時未結清數（轉入下年度）	說　明
	款	項	目	名稱				

說明：本表於年度結束後根據單位決算並參照各機關歲入（經費）累計明細帳（以前年度）編製之。

第二節　省機關單位會計

各機關之會計制度，原應本各自需要自行設計，如是其所設會計科目，及所產生之報表必多歧異，不僅影響總會計之綜合彙編，抑且不便相互間之分析比較，於是會計法遂規定：凡性質相同或類似之機關或基金，其會計制度應為一致之規定。又規定：各機關對於事項相同或性質相同之會計科目，應使其一致，對於互有關係之會計科目，應使之相合。地方政府對於與中央政府事項相同之會計科目，應依中央政府之所定，對於互有關係之會計科目，應使合於中央政府之所定。臺灣省各機關之普通公務會計事務相同，為免處理分歧，省政府曾對省之普通公務機關單位會計制度為一致之規定，省各公務機關之會計事務，便依照上項制度規定辦理。該項制度採用權責發生基礎為期末之整理，並將其會計分為歲入歲出兩類，各依其科目報表簿籍憑證，予以分類處理，如無歲入預算或歲入不多者，亦得將其歲入歲出會計合併處理。

臺灣省政府被精簡之後，雖仍有省政府之名，實變為中央之派出機關，其預算便成為中央總預算之單位預算，至其仍存在之省機關亦然，因之，省機關之會計，便可一體採用中央所訂之普通公務會計制度之一致規定，亦即本書第六章之所述，在未改採中央制度之前，省原訂制度，自仍可應用，究實兩者差別有限，讀者可將兩者加以比較自明。

一、會計報表

省各機關應編之報表，分為日報、月報、季報、年報四種，日報為現金結存表，月報有平衡表，現金出納表，歲入、歲出累計表，以前年度應收歲入款、以前年度應付歲出款餘額表等，均按歲入歲出分類編報，季報須編績效報告，按其工作進度及所獲成效列報，年報則與其年度決算合併編報。

二、會計記錄

省機關單位會計，所設定之會計科目，分為歲入、歲出兩類，此外，另設財產統制科目，歲入歲出兩類科目，復劃分為資力資產，負擔負債，歲出尚有餘絀科目，並採用預算科目。其會計簿籍，設序時簿、總分類帳、各種明細帳及備查簿，惟以轉帳傳票代替普通序時簿，以日計表代替特種序時簿。根據已執行之收入、支出傳票，付款憑單或轉帳憑單，分別按歲入、歲出科目別將有關現金收付會計事項，彙

總記入各該類總分類帳科目日計表，以代現金日記簿，同時以轉帳傳票代分錄日記簿，直接記入總分類帳。歲入、歲出預算明細分類帳，依經常門、資本門之歲入來源別子目，及歲出用途別登帳。大宗用料機關，除在總分類帳設「材料」科目用以統馭外，並設材料明細帳，以登記材料之購入、撥用及結存。單位會計所依據之會計憑證，分原始憑證與記帳憑證兩類，如原始憑證憑以記帳之條件具備者，並得以原始憑證用作記帳憑證，記帳憑證採單式傳票制，分為收入、支出、轉帳傳票，及付款憑單、轉帳憑單等五種，關於歲入結存、經費結存、可支庫款、保留庫款之增減事項，編製收入傳票、支出傳票或付款憑單，其轉帳事項須透過支付處並應編入現金出納表者，應編製轉帳憑單，其餘轉帳事項則編轉帳傳票。

三、會計事務之處理

　　省公務機關所有會計事項之處理，分別為普通會計、成本會計、材料會計、工程會計、財產會計、現金收支與物品管理，詳予說明其處理程序及應注意之要點。

(一)普通會計事務之處理

　　各機關之普通會計事務包括：原始憑證之簽核、記帳憑證之編製、會計簿籍之登記、公務成本之計算、會計報告之編送分析及解釋、會計檔案之整理、及其他有關之會計事項。根據合法之原始憑證造具記帳憑證，根據記帳憑證登記會計簿籍，根據會計簿籍，編製會計報告，並依法公告與遞送。各機關之收入、支出事項，應依照規定嚴格劃分，不得以收入抵充支出。會計報告係表達各機關之財務及業務實況，對各機關財務之加強管理與其業務之謀求發展關係至鉅，主辦會計人員應隨時加以必要之分析說明，提報機關長官核閱。預付款項應以預算內及契約所規定或專案核准之原始憑證預付為限，並由主辦會計人員隨時注意清結，勿任久懸。支出收回屬於當年度者，應沖回原支出科目並填製支出收回書解庫，屬於以前年度者，以「歲入實收數——預算外收入」科目填製繳款書繳庫。暫收、保管、代收等款均應存入公庫，非經專案核准，不得挪移墊用，並應於年度終了前分別查明清理、繳庫或退還，勿任久懸。已收到確定之歲入款，不得以預收款、代收款、暫收款等科目列帳。經審計機關審定之剔除經費，各機關應即負責收回繳庫不得稽延，並應以預算外收入——剔除經費科目處理。但年度結束辦理決算時，其本年度之剔除經費，應自收入方面移作支出之減項。

(二)成本會計事務之處理

　　各機關經常支出與資本工作計畫，應分別為公務成本之計算，但未具工作衡量

單位者，得免求單位成本。所謂成本，係指營造、修繕或供給勞務之一切支出，即各該成本計算期間內所耗用之一切費用。公務成本之計算，包括：人工成本、材料成本、其他成本。人工成本，應以各工作計畫所需工作人員之薪給、報酬等為準。而人工成本發生時，應按人員與工作之實際關係，直接計入工作計畫成本，其須分攤者，應於發生時分攤之，有關攤計標準，由各機關自行核實訂定。材料成本，應以各工作計畫實際耗用者為準。大宗用料機關，購入時先以材料處理，待耗用時，再列入工作計畫成本。其他成本，應以各工作計畫人工、材料以外之其他各項費用如事務費、維護費、旅運費等為準。而其他成本發生時，應儘量按其與工作計畫之關係，直接計入工作成本，其須分配有關計畫負擔者應妥定分配標準，於發生時攤計。成本計算，應就歲出預算明細分類帳各項計畫之實付數及應付數兩欄列數併計列入。各機關發包工程之施工費用，於列計成本時，不須將其中所包含之人工、材料分析列入人工成本與材料成本內。公務成本內屬於共同性費用之攤計標準，由各機關自行覈實訂定。各項工作計畫之承辦單位，為便利成本之控制，應有耗用材料之記錄，參加工作之人數、工作時數，以及完成工作數量或進度等記錄，並應按期編報，以為內部之參考，該項報告，應以一份送主計單位，俾便成本之計算。各工作計畫之成本，一季結計一次，並採用表結計算方式併入績效報告編報。年終決算時並據以編造績效報告摘要表，附入決算報告內。各機關為公務成本計算時，並得依事實需要，自行設置各項必須憑證及簿籍。

㈢材料會計事務之處理

　　所稱材料，係指工程、修繕、裝配、儲備及供勞務所需自行購置之物料、燃料、配件以及待加處理之呆廢料。材料會計處理，係指材料之預算、採購、收料、發料、呆廢料、計價、料帳等有關處理事項。材料之名稱、規範、編號等，為便於材料管理、記帳及統計分析起見，應統一分類編號。新增材料應將名稱、規格、按其性質增補。材料名稱之文字，應以中文為準，並得以外國文字表示其特定規範。材料之採購、驗收、保管等工作，應分別指定專人辦理，不宜互兼，以收內部牽制作用。材料應實行存量控制，訂定最高及最低存量。庫存材料應採永續盤存制，並定期實地盤存及經常派員稽核用料情形，如發現有不當情事，應即簽報機關長官核定後，分別依規定處理。各機關應根據核定之業務計畫，參酌實際情況，將所需材料編列各個計畫預算內，以為作業之依據。業務單位應根據核定之預算，參酌預算分配數及存料情形，編定購料計畫表，簽請核定，作為購料依據。用料及購料預算，除由業務單位按年度預算負責執行外，並由主計單位負責審核及控制。購置材料，應由

業務單位根據年度預算及核定之購料計畫，並參酌用料及庫存情形，填具材料請購單，經簽奉核准後，按照規定程序辦理採購。材料管理部門對需購材料，應根據過去採購記錄、市場行情，預先搜集資料予以登記，並辦理廠商徵信、調查其來源、索取廠商之產品目錄及圖解樣品等，以為預估底價之參考。各項材料之驗收及驗交，應以約定條款為依據，並依規定程序辦理。材料品質與性能之檢驗，由檢驗技術人員負責，其形狀、數量及可由度量衡表示之規範，由收料人員負責。各項材料經驗收後，應由業務單位依照實收數量，填具收料單，送主計單位辦理付款及列帳。凡屬契約規定分批交貨之材料，於每批交貨時，均應填具收料單。自製或翻新材料，於完成交貨時，應視同新品材料計價入帳。贈與材料，應按新舊程度及完整情形，分別估價入帳。材料應經辦妥驗收手續後始得領用。用料部門領用材料時，須憑工作或工程通知單或機關長官核准之案據，填製領料單，送交材料管理部門核對發料。其耗用量如超過通知單之所定時，得由用料部門詳述原因，申請追加，報經機關長官核准後撥發。領料單以一料一單為原則，材料管理部門於收到領料單時，應詳核單內所列實發數量辦理發料，如事後發現撥發之編號、名稱、規範、單位、數量或單價等有錯誤時，應由發料部門填製材料更正通知單分送有關部門更正。當月份所耗用之材料，應於月終按計畫或工程別填製耗用料單，送主計部門列帳。如耗用料多時，得按工作計畫別先編「耗用材料彙總表」再送主計部門登帳。倘工程材料較多時，亦得以領料單辦理轉帳。用料部門賸餘或不適用材料之退繳，均應填具退料單，送交材料管理部門檢驗收管，並應視退回材料新舊程度、完整情形，按照原領單價或參酌估價作為原領用時歲出項目之減項入帳。購進材料列帳之價格，以購入成本價格為準。購進材料之成本價格，包括原價、關稅及驗收入庫前所支付之一切運雜費用。材料之運雜費攤入成本時，如僅係一種材料，可直接計入，如係多種材料，可將全部運雜費，按照材料原價或其他適當標準估計分攤。購入材料在運達時，如發現耗損，應視交貨條件或約定條款，向廠商交涉補足或核減價款，其經保險者，則依保險條款向保險機構交涉賠償。用料之計價，應採用平均法。材料應按名稱、規範之不同，設置材料收發登記卡，根據有關憑證逐日按筆登記其收發結存數量。材料收發登記卡，為材料收、發、用、存數量之原始記錄，每月應與主計部門之材料明細分類帳核對相符。主計單位除設置材料明細分類帳，以統馭材料收發登記卡外，並受總分類帳材料科目之統馭。

(四)工程會計事務之處理

各項發包工程，以不預付工程款為原則。支付工程部分款，應由主管工程部門，

定期按工程實際進度估驗計價，由監工人員填具工程估驗詳細表，連同工程請款單，並附承包商開製之合法憑證，按完成工程價值核付適度價款，如有預付或應扣除款者，應照預付成數或應扣除款，在工程請款內按期扣回。支付工程尾款於本工程全部完工並經規定驗收後，由主管工程部門檢附驗收證明單、竣工計價單，連同合法憑證，簽請核付尾款，如有各項扣款，應加附註明請款書內，在支付工程款時，照數扣除收帳。各項扣款如超過應付尾款時，其超過金額，由應承包商清繳，否則應向保證人追索。各項工程驗收合格後，主辦工程單位應會同有關單位將本工程所支出各項成本彙編工程決算書及各項明細表，並依規定程序辦理。代辦工程，應另造送委託機關核備。工程成本係指工程自施工前之勘測、設計、試驗、發包開工起，以迄完工驗收後可使用之狀態時止所發生之一切支出。自辦工程成本包括：直接人工，凡自辦工程僱用工人工資，以及直接參與工作之工人工資、津貼等屬之。直接材料，凡自辦工程所使用之材料等。間接費用，凡自辦工程直接所耗用之費用及間接應分攤之費用均屬之。發包工程成本包括：發包工料費，凡發包工程費屬之。供給材料費，凡發包工程係由本機關供給之材料等屬之。間接費用，凡發包工程直接所耗用之費用及間接分攤之費用均屬之。各項工程材料之領料、用料、退料、調撥等手續及其計價，應依材料會計事務處理規定辦理。間接費用於每一工程竣工時結轉之，如屬共同性質間接費用者，應列表分攤。各工程成本結算，採用表結方法計算，不另設置成本帳戶。各工程預算之審核、分配暨工程成本之計算、分析等工作，應由主計單位辦理。

四、其他有關會計之事務

除上列會計人員應辦之會計事務以外，其他有關會計之事務，尚有：根據機關長官之施政方針及有關單位提供之資料，編製預算書表，各種收款或領款收據之核章，員工現金給與等表冊、收據散總金額及員工應得薪津之核算，按月將暫收、代收、預付等款列表，並擬訂清理方法，報機關長官核決後，據以辦理收回之會計事務；另根據總務部門所送財產增加單按月彙總編製轉帳傳票記入財產統制帳，年終時根據總務部門所編之財產目錄核對財產統制帳；又須辦理支票之會簽及現金結存日報表之核對，根據機關長官之核定，辦理追加減預算、分配預算及預算科目流用及變更計畫事項，年終根據有關單位所送證件，依法辦理應收及應付款之保留手續，各類所得之扣繳及年終根據收支結果辦理決算書表；有關會計文書之擬辦、核會及法案之登記；保管總決算公布前所記載之會計簿籍及各種會計憑證、會計報告等，執行內部審核，對所屬機關會計事務之指導、監督及會計帳目之查核，關係現金出

納文書之事前核簽及所取得單證書據之核章等等。

第三節　省機關會計記錄

省機關之會計，分歲入歲出兩類處理，平時多用收付實現制，期末則採權責發生制為會計基礎，故應收歲入款、應付歲出款科目，於年度結束時方予採用，平時在月終查明歲出已簽證尚未支付者，得用歲出保留數及歲出保留數準備兩科目，為歲出預算之保留，以利預算之控制，茲將其歲入與歲出兩類會計科目及其會計事項舉例分錄分列如次。

一、歲入類會計科目

資產及資力科目	負債及負擔科目
歲入結存——現金	保管款
歲入結存——存款	暫收款
應收歲入款	預收款
應收剔除經費	應納庫款
歲入預算數	預計納庫數
歲入分配數	歲入實收數——××收入
歲入納庫數	歲入實收數——預算外收入
以前年度歲入退還數	以前年度納庫收回數

二、歲出類會計科目

資產及資力科目	負債及負擔科目
經費結存——現金	代收款
經費結存——存款	借入款
可支庫款	代辦經費
保留庫款	應付歲出款
零用金	應付料款
有價證券	預領經費
材料	歲出預算數
預付費用	歲出分配數
預付定金	應付歲出保留款
預付薪津	防護及災害搶修準備

預付旅費   餘絀科目

預付各項補助費   經費賸餘——待納庫部分

未完工程   經費賸餘——押金部分

委辦工程   經費賸餘——材料部分

押金

歲出保留數

預計支用數

歲出實付數——××支出

待分攤費用

三、歲入類會計記錄

為期對歲入類會計科目之應用，有深切之瞭解，再就省機關有關歲入之會計記錄，舉例列示其分錄，惟須特別注意者，因其無現金轉帳傳票，且以總帳科目日記表代替現金日記簿，故有關現金收納之轉帳事項，須以收入、支出之單式傳票為個別記錄，以便日記表各科目之歸集，由是其下所列之現金轉帳分錄，略現繁瑣。

核准本年度歲入預算數。

    借：歲入預算數   並記入歲入預算明細分類帳相當帳戶

      貸：預計納庫數   預算數欄。

核定各月份或各期之歲入分配預算數。

    借：歲入分配數   並記入歲入預算明細分類帳相當帳戶

      貸：歲入預算數   分配數欄。

按代理公庫銀行報告收到本年度歲入款並辦理繳庫。（因用單式傳票，故分收支兩分錄。）

    借：歲入結存——存款   並記入歲入預算明細分類帳各相當帳

      貸：歲入實收數——   戶實收數欄。

           ××收入

    借：歲入納庫數   並記入歲入預算明細分類帳相當帳戶

      貸：歲入結存——存款   納庫數欄。

接代理公庫銀行報告收到以前年度歲入款並辦理繳庫。

    借：歲入結存——存款   並記入以前年度應收歲入款明細分類

      貸：應收歲入款   帳相當帳戶實收數欄。

    借：應納庫款   並記入以前年度應收歲入款明細分類

      貸：歲入結存——存款   帳相當帳戶納庫數欄。

接代理公庫銀行報告收到暫收款、保管款、預收款。

借：歲入結存——存款　　　　　並記入暫收款、保管款、預收款明細
貸：暫收款　　　　　　　　　　分類帳貸方。
　　保管款
　　預收款

將上項暫收款、預收款轉作本年度歲入款並予繳庫。

借：暫收款　　　　　　　　　　並記入暫收款、預收款明細分類帳借
　　預收款　　　　　　　　　　方。
貸：歲入結存——存款
借：歲入結存——存款　　　　　並記入歲入預算明細分類帳相當帳戶
貸：歲入實收數——　　　　　　實收數欄。
　　　　××收入
借：歲入納庫數　　　　　　　　並記入歲入預算明細分類帳相當帳戶
貸：歲入結存——存款　　　　　納庫數欄。

將前項暫收款轉作以前年度應收歲入款繳庫。

借：暫收款　　　　　　　　　　並記入暫收款明細分類帳借方。
貸：歲入結存——存款
借：歲入結存——存款　　　　　並記入以前年度應收歲入款明細分類
貸：應收歲入款　　　　　　　　帳相當帳戶實收數欄。
借：應納庫款　　　　　　　　　並記入以前年度應收歲入款明細分類
貸：歲入結存——存款　　　　　帳相當帳戶納庫數欄。

接代理公庫銀行報告收到預算外收入並辦理繳庫。

借：歲入結存——存款　　　　　並記入預算外收入明細分類帳相當帳
貸：歲入實收數——　　　　　　戶實收數欄。
　　　　預算外收入
借：歲入納庫數　　　　　　　　並記入預算外收入明細分類帳相當帳
貸：歲入結存——存款　　　　　戶納庫數欄。

接代理公庫銀行報告收回以前年度歲出款並繳庫。

借：歲入結存——存款　　　　　並記入預算外收入明細分類帳相當帳
貸：歲入實收數——　　　　　　戶實收數欄。
　　　　預算外收入
借：歲入納庫數　　　　　　　　並記入預算外收入明細分類帳相當帳
貸：歲入結存——存款　　　　　戶納庫數欄。

機關零星收到本年度歲入款並予繳庫。

借：歲入結存──現金　　　　　　　並記入歲入預算明細分類帳相當帳戶
　　貸：歲入實收數──　　　　　　實收數及納庫數欄。
　　　　　　××收入
借：歲入納庫數
　　貸：歲入結存──現金

機關零星收到以前年度應收歲入款。

借：歲入結存──現金　　　　　　　並記入以前年度應收歲入款明細分類
　　貸：應收歲入款　　　　　　　　帳相當帳戶實收數欄。

機關零星收到預算外收入款。

借：歲入結存──現金　　　　　　　並記入預算外收入明細分類帳相當帳
　　貸：歲入實收數──　　　　　　戶實收數欄。
　　　　　預算外收入

零星收到以前年度歲入而不屬所調整之歲入應收款之內者。

借：歲入結存──現金　　　　　　　並記入預算外收入明細分類帳相當帳
　　貸：歲入實收數──　　　　　　戶實收數欄。
　　　　　預算外收入

將各項零星收入繳庫。

借：歲入納庫數　　　　　　　　　　並記入預算外收入明細分類帳各相當
　　貸：歲入結存──現金　　　　　帳戶納庫數欄。

將零星收入以前年度歲入應收款繳庫。

借：應納庫款　　　　　　　　　　　並記入以前年度歲入應收款明細分類
　　貸：歲入結存──現金　　　　　帳相當帳戶納庫數欄。

註銷以前年度應收歲入款。

借：應納庫款　　　　　　　　　　　以紅字記入應收歲入款明細分類帳各
　　貸：應收歲入款　　　　　　　　相當帳戶以前年度結轉應收數欄。

接代理公庫銀行報告退回以前年度歲入繳庫款，同時將該款退還予原繳納人。

借：歲入結存──存款
　　貸：以前年度納庫收回數
借：以前年度歲入退還數
　　貸：歲入結存──存款

接到審計機關通知核定剔除本年度經費並予繳庫。

(1)核定時。

借：應收剔除經費　　　　　　　　並記入預算外收入明細分類帳相當帳
　　貸：歲入實收數——　　　　　　戶。
　　　　本年度剔除經費

(2)收到時。
　　　借：歲入結存——現金　　　　　並記入預算外收入明細分類帳相當帳
　　　　貸：應收剔除經費　　　　　　戶。

(3)繳庫時。
　　　借：歲入納庫數
　　　　　貸：歲入結存——現金

年度終了查明應收歲入款。
　　　借：應收歲入款　　　　　　　　並記入歲入預算明細分類帳相當帳戶
　　　　貸：歲入實收數——　　　　　應收數欄。
　　　　　××收入

年度終了將歲入實收數預算外收入與歲入納庫數對沖並將其差額貸應納庫款。
　　　借：歲入實收數——預算外收入
　　　　貸：歲入納庫數
　　　　　應納庫款

年度終了將歲入實收數——預算內收入（含應收款）與歲入納庫數（預算內部
分）對沖並將其差額結轉應納庫款科目。
　　　借：歲入實收數——預算內收入
　　　　貸：歲入納庫數
　　　　　應納庫款

年度終了將歲入分配數與預計納庫數沖轉。
　　　借：預計納庫數
　　　　貸：歲入分配數

年度終了將以前年度歲入退還數以前年度納庫收回數沖轉。
　　　借：以前年度納庫收回數
　　　　貸：以前年度歲入退還數

四、歲出類會計記錄

　　為期對省單位會計歲出類科目之應用，能以深切瞭解，再就省機關有關歲出之
會計事項，舉例列其分錄如下。
　　核准本年度歲出預算數。

借：預計支用數　　　　　　　並記入歲出預算明細分類帳各工作計
　貸：歲出預算數　　　　　　畫帳戶預算數欄。

核准各月份或各期歲出分配預算數。

借：歲出預算數　　　　　　　並記入歲出預算明細分類帳歲出分配
　貸：歲出分配數　　　　　　數欄。

借：可支庫款
　貸：預計支用數

預算尚未成立，奉准由公庫先行預撥經費並預付款項時。

借：可支庫款　　　　　　　　並記入預領經費明細分類帳相當帳戶
　貸：預領經費　　　　　　　貸方。

借：預付費用　　　　　　　　並記入預付費用，預付旅費明細分類
　　預付旅費　　　　　　　　帳有關帳戶借方。
　貸：可支庫款

接到支付處墊付款轉正支付通知書，辦理庫款歸墊及沖轉預付費用、預付旅費，並以支出科目作正列支。

借：預領經費　　　　　　　　並記入預領經費明細分類帳相當帳戶
　貸：可支庫款　　　　　　　借方。

借：可支庫款　　　　　　　　並記入預付費用、預付旅費明細分類
　貸：預付費用　　　　　　　帳有關帳戶貸方。
　　　預付旅費

借：歲出實付數──××支出　　並記入歲出預算明細分類帳有關帳戶
　貸：可支庫款　　　　　　　實付數欄。

簽發付款憑單提領額定零用金。

借：零用金　　　　　　　　　並記入零用金備查簿有關欄內。
　貸：可支庫款

由零用金支付本年度歲出款並開付款憑單送回支付處撥還零用金。

借：歲出實付數──××支出　　並記入歲出預算明細分類帳有關帳戶
　貸：可支庫款　　　　　　　實付數欄暨零用金備查簿內。

年度終了零用金悉數收回。

借：可支庫款　　　　　　　　並記入零用金備查簿有關欄內。
　貸：零用金

簽發付款憑單支付押金。

借：押金
　貸：可支庫款

收回以前年度付出之押金。

借：經費結存<現金
　　　　　　　存款

　　貸：押金

借：經費賸餘——押金部分

　　貸：經費賸餘——待納庫部分

將經費賸餘繳納公庫。

借：經費賸餘——待納庫部分

　　貸：經費結存<現金
　　　　　　　　　存款

預付員工借支薪津或預付各項補助費。

借：預付薪津　　　　　　　　　並記入預付薪津、預付各項補助費明

　　預付各項補助費　　　　　　細分類帳各帳戶借方。

　　貸：可支庫款

由本年度歲出款預付定金或預付費用。

借：預付定金　　　　　　　　　並記入預付定金，預付費用明細分類

　　預付費用　　　　　　　　　帳各帳戶借方。

　　貸：可支庫款

由以前年度應付歲出款內預付定金或預付費用。

借：預付定金　　　　　　　　　並記入預付定金，預付費用明細分類

　　預付費用　　　　　　　　　帳各帳戶借方。

　　貸：保留庫款

　擬動支之經費，經會計單位預算簽證後，至月終尚未支付者依據有關憑證為預算之保留。

借：歲出保留款　　　　　　　　並直接記入總分類帳歲出保留數及應

　　貸：應付歲出保留款　　　　付歲出保留款科目內，於次月即予沖
　　　　　　　　　　　　　　　回。(平時以備查簿登記保留數以為預
　　　　　　　　　　　　　　　算之控制。)

所購之大宗材料經驗收而料款未付。

借：材料　　　　　　　　　　　並記入應付料款明細分類帳及材料明

　　貸：應付料款　　　　　　　細分類帳各有關欄。

支付應付料款。

借：應付料款　　　　　　　　　並記入應付料款明細分類帳有關欄借

　　貸：可支庫款　　　　　　　方。

支付零星材料購置款。

  借：材料   並記入材料明細分類帳各有關欄。

    貸：可支庫款

根據各單位使用材料報告單。

  借：可支庫款   並記入歲出預算明細分類帳該計畫材

    貸：材料   料費實付數欄，暨材料明細分類帳有

  借：歲出實付數——××支出 關欄。

    貸：可支庫款

上年度賸餘材料結轉本年度繼續使用，應於使用時，編製付款憑單並填繳款書以經費賸餘繳庫。

  借：歲出實付數——××支出 並記入歲出預算明細分類帳該計畫材

    貸：材料   料費實付數欄，及材料明細分類帳有

  借：經費賸餘——材料部分 關欄。

    貸：經費賸餘——

      待納庫部分

  借：經費賸餘——待納庫部分

    貸：可支庫款

支付本年度歲出款——經常支出。

  借：歲出實付數——××支出 並記入歲出預算明細分類帳有關帳戶

    貸：可支庫款   實付數欄。

支付本年度歲出款設備費——資本支出。

  借：歲出實付數——××支出 並記入歲出預算明細分類帳有關帳戶

    貸：可支庫款   實付數欄內。

前兩項支出內如有財產之增加可於月終根據「財產增加單」彙記財產帳。

  借：××財產   並記入財產統制帳及財產明細分類帳

    貸：現存財產權利總額   有關欄。

支付以前年度應付歲出款。

  借：應付歲出款   並記入以前年度應付歲出款明細分類

    貸：保留庫款   帳各有關欄。

沖轉預付定金並以經費支出科目作正列支。

  借：歲出實付數——××支出 並記入預付定金明細分類帳有關帳戶

    貸：預付定金   貸方及歲出預算明細分類帳有關帳戶

　　　　　　　　　　　　　　　　　　　　　實付數欄。

核定退休金、撫卹金或各項補助費。　確立專案動支之預算數。

　　借：預計支用數　　　　　　　　　並記入歲出預算明細分類帳該科目預
　　　　貸：歲出預算數　　　　　　　算數欄。
　　借：歲出預算數　　　　　　　　　並記入歲出預算明細分類帳該科目分
　　　　貸：歲出分配數　　　　　　　配數欄。
　　借：可支庫款
　　　　貸：預計支用數

支付退休金、撫卹金或各項補助費。

　　借：歲出實付數──××支出　　　並記入歲出預算明細分類帳該科目實
　　　　貸：可支庫款　　　　　　　　付數欄。

支付各項自辦、發包工程款在尚未辦理決算時。

　　借：未完工程　　　　　　　　　　並記入未完工程明細分類帳有關帳戶
　　　　貸：可支庫款　　　　　　　　借方。

未完工程辦理決算時沖轉原列支科目以經費支出作正列支。

　　借：可支庫款　　　　　　　　　　並記入未完工程明細分類帳有關帳戶
　　　　貸：未完工程　　　　　　　　貸方。
　　借：歲出實付數──××支出　　　並記入歲出預算明細分類帳有關帳戶
　　　　貸：可支庫款　　　　　　　　實付數欄。

收到代收款項及代辦經費。

　　借：經費結存──存款　　　　　　並記入代收款及代辦經費明細分類帳
　　　　貸：代收款　　　　　　　　　有關帳戶貸方。
　　　　　　代辦經費

支付代收款項。

　　借：代收款　　　　　　　　　　　並記入代收款明細分類帳有關帳戶借
　　　　貸：經費結存──存款　　　　方。

　　凡工程機關年度預算編列之配合款，與其他機關撥來配合款一併辦理時，應填
具支出證明單給他機關憑以作正列支，並將他機關撥來之配合款提存專戶支用。

　　借：歲出實付數──××支出　　　並記入歲出預算明細分類帳實付數
　　　　貸：可支庫款　　　　　　　　欄。
　　借：經費結存──存款　　　　　　並記入代辦經費有關帳戶貸方。
　　　　貸：代辦經費

以代辦經費支付某項委辦工程款時。

借：委辦工程　　　　　　　　　並記入委辦工程明細分類帳有關帳戶
　　貸：經費結存──存款　　　　借方。

某項委辦工程決算後將該項委辦工程與該項代辦經費對沖。

借：經費結存──存款　　　　　並記入委辦工程明細分類帳有關帳戶
　　貸：委辦工程　　　　　　　　貸方。
借：代辦經費　　　　　　　　　並記入代辦經費明細分類帳有關帳戶
　　貸：經費結存──存款　　　　借方。

凡當年度編列之「防護及災害搶修」經費，於年度終了時尚未用清仍需支用者，
應填具支出證明單作正列支，並提存專戶存儲備用。

借：歲出實付數──××支出　　　並記入歲出預算明細分類帳實付數
　　貸：可支庫款　　　　　　　　欄。
借：經費結存──存款　　　　　並記入防護及災害搶修準備明細帳有
　　貸：防護及災害搶修準備　　　關帳戶貸方。

次年度動用上項存儲之防護及災害搶修費。

借：防護及災害搶修準備　　　　並記入防護及災害搶修準備明細帳有
　　貸：經費結存──存款　　　　關帳戶借方。

註銷以前年度應付歲出款。

借：應付歲出款　　　　　　　　以紅字記入以前年度應付歲出款明細
　　貸：保留庫款　　　　　　　　帳有關帳戶內以前年度結轉應付數
　　　　　　　　　　　　　　　　欄。

年度終了查明應付歲出款，及沖銷無須保留之預算支用簽證數。

借：歲出實付數──××支出　　　並記入歲出預算明細分類帳各有關帳
　　貸：應付歲出款　　　　　　　戶應付數欄。
借：應付歲出保留款
　　貸：歲出保留數

年度終了結束歲出實付數帳戶。

借：歲出分配數
　　貸：歲出實付數──××支出

年度終了按本年度內押金增加之數及本年度購入之材料結存數，將歲出分配數
沖轉為經費賸餘。

借：歲出分配數
　　貸：經費賸餘──押金部分
　　　　經費賸餘──材料部分

年度終了如尚握存有零用金或無須作正列支之預付款時，應將歲出分配數轉為經費賸餘待納庫。

　　　借：歲出分配數
　　　　　貸：經費賸餘──待納庫部分

年度終了歲出分配數餘額不再需用，應與可支庫款帳戶對沖。有歲出保留數者，同時將可支庫款轉為保留庫款。

　　　借：歲出分配數
　　　　　保留庫款
　　　　　貸：可支庫款

法定預算中如有專案經費，既未核定分配亦不再支用時，應將該預算數沖回。

　　　借：歲出預算數
　　　　　貸：預計支用數

第四節　市機關單位會計

臺北市改制為院轄市後，市政府為求市屬各機關學校普通公務單位會計事務之處理，有一致標準起見，乃訂定臺北市政府所屬各機關普通公務單位會計制度一種，其後由於實施集中支付制度，再將上項會計制度加以修訂，以資適應，並規定採用權責發生制為記帳基礎，分為歲入與歲出類會計，各設置其科目、報表、簿籍與憑證分別處理，若無歲入預算或歲入事項不多者，亦得將歲入會計與歲出會計合併處理。

一、會計報告

市屬單位會計所應產生之報告，有日報、月報與年報，均按歲入歲出分類編報，日報為現金結存表，月報之主要表，為平衡表，現金出納表，歲入、經費累計表，以前年度應收歲入款、應付歲出款餘額表，及其他明細表，年報則與其單位決算合併編製，其中主要表為平衡表，歲入來源別決算表，歲出機關別決算表，歲出計畫實施狀況年度報告表等。歲入類現金出納表之收項，所列歲入實收數係按來源別科目編列；歲出類現金出納表之收項，所列預計支用數，及付項所列歲出實付數，均按各項業務計畫編列，歲入、歲出累計表，均分別依照歲入、歲出分配預算所列科目順序編列，歲入累計表列至來源別子目，歲出累計表列至用途別科目為止。茲僅將其歲入、經費累計表格式，分列於166、167頁。

機關名稱

歲入累計表

中華民國　年　月　日起至　年　月　日止

科目		全年度預算數	截至本月止預算分配數	收入數				未收入之分配數	約庫累計數	備考
符號	名稱			實收數			應收數			
				收入憑證	本月份	截至本月止累計數				
				字　號						
	××收入									
	×××									
	×××									
	小計									
	××收入									
	××××									
	×××									
	×××									
	小計									
	總計									

說明：本表為本機關在一定期間內，本年度歲入預算并執行經過之動態會計報告。於每月終了時，根據歲入明細分類帳編製之。

本表經常門與資本門應分開編製，如有刪除經費應另編一表。

同一總帳科目之各明細帳列後，其各欄數額分別填列後，應分別各結一小計。

機關名稱
經費累計表

中華民國 年 月 日起至 年 月 日止

科　目		全年度預算數	截至本月止預算分配數	實支數			歲出保留數	未支出之預算分配數
編號	名稱			支出憑證	本月份	截至本月止累計數		
				字　號				

說明：本表為表示本機關在一定期間內本年度歲出預算執行之狀況動態報告，於月終時根據歲出預算明細分類帳編製之。除經常支出按各計畫用途別編列外，資本支出各計畫祗工費或設備費之下，應按預算明細項目編列。

二、會計科目

　　市屬普通公務單位會計之科目，分歲入與歲出兩類，依收付實現事項及權責發生事項而設置，惟應收歲入款及應付歲出款科目，於年度結束時方為應用，平時於月終查明有歲出已發生尚未支付之責任者，得以歲出保留數及應付歲出保留款科目處理。其歲入與歲出類之會計科目，又分為資力及資產，與負擔及負債兩類，茲將各科目分列於後。

　　㈠歲入類會計科目

資力及資產科目	負擔及負債科目
歲入結存──現金	保管款
歲入結存──存款	應納庫款
有價證券	歲入保留數
應收歲入款	暫收款
應收歲入保留款	預收款
應收剔除經費	預計納庫數
歲入預算數	歲入實收數──××收入
歲入分配數	歲入實收數──雜項收入
歲入納庫數	歲入實收數──剔除經費
以前年度歲入退還數	以前年度納庫收回數

　　㈡歲出類會計科目

資力及資產科目	負擔及負債科目
經費結存──現金	代收款
經費結存──存款	借入款
可支庫款	預領經費
保留庫款	應付歲出款
零用金	應付料款
有價證券	受託經費
材料	歲出預算數
應領經費	歲出分配數
暫付款──員工借支	應付歲出保留款
暫付款──旅費借支	災害搶修準備

暫付款——各項補助費
暫付款——定金　　　　　　**餘絀科目**
暫付款——其他費用　　　　經費賸餘——待納庫部分
押金　　　　　　　　　　　經費賸餘——押金部分
未完工程　　　　　　　　　經費賸餘——材料部分
委託經費
歲出保留數
預計支用數
歲出實付數——××支出

三、憑證簿籍

　　市屬普通公務單位會計所用之記帳憑證，有收入、支出、轉帳傳票及付款、轉帳憑單五種，凡歲入結存、經費結存、可支庫款、保留庫款之變動，均用收支傳票或付款憑單。至其會計簿籍則有：現金、分錄日記簿，總分類帳，歲入、歲出預算明細分類帳，以前年度應收歲入款、應付歲出款明細分類帳及其他明細帳，與必要之備查簿，惟以總分類帳科目日計表代現金日記簿，以轉帳傳票代分錄日記簿。歲入預算明細分類帳依來源別子目分戶，內設：預算數、分配數、實收數、應收數、納庫數各專欄，歲出預算明細分類帳依工作計畫分戶，內設：分配數、實付數、應付數、保留數等欄，其中實付數又按一級用途別科目分設專欄，以便經費累計表之編製。

第五節　市機關會計記錄

　　市屬普通公務單位會計，分歲入、歲出兩類，為期瞭解市屬公務機關會計事務之處理，茲就其重要會計事項，分別列其分錄如後，惟須注意者，其中有關現金轉帳事項，均用現金收支傳票分別處理，以便日計表及現金出納表之編製。

一、歲入類會計記錄

核准本年度歲入預算數。

借：歲入預算數　　　　　　　並記歲入預算明細分類帳各相當帳戶
　貸：預計納庫數　　　　　　預算數欄。

核定各月份或各期之歲入分配預算數。

　　　借：歲入分配數　　　　　　　　並記歲入預算明細分類帳各相當帳戶

　　　　貸：歲入預算數　　　　　　　分配數欄。

接代理公庫銀行報告收到本年度歲入款並辦理繳庫。

　　　借：歲入結存——存款　　　　　並記歲入預算明細分類帳相當帳戶實

　　　　貸：歲入實收數——　　　　　收數欄。

　　　　　　××收入

　　　借：歲入納庫數　　　　　　　　並記歲入預算明細分類帳相當帳戶納

　　　　貸：歲入結存——存款　　　　庫數欄。

接代理公庫銀行報告收到以前年度歲入款並辦理繳庫。

　　　借：歲入結存——存款　　　　　並記以前年度應收歲入款明細分類帳

　　　　貸：應收歲入款　　　　　　　相當帳戶實收數欄。

　　　借：應納庫款　　　　　　　　　並記以前年度應收歲入款明細分類帳

　　　　貸：歲入結存——存款　　　　相當帳戶納庫數欄。

接代理公庫銀行報告收到暫收款、保管款、預收款。

　　　借：歲入結存——存款　　　　　並記暫收款、保管款、預收款明細分

　　　　貸：暫收款　　　　　　　　　類帳貸方。

　　　　　　保管款

　　　　　　預收款

將上項暫收款、預收款轉作本年度歲入款並予繳庫。

　　　借：暫收款　　　　　　　　　　並記暫收款、預收款明細分類帳借方。

　　　　　預收款

　　　　貸：歲入結存——存款

　　　借：歲入結存——存款　　　　　並記歲入預算明細分類帳相當帳戶實

　　　　貸：歲入實收數——　　　　　收數欄。

　　　　　　××收入

　　　借：歲入納庫數　　　　　　　　並記歲入預算明細分類帳相當帳戶納

　　　　貸：歲入結存——存款　　　　庫數欄。

將前項暫收款轉作以前年度應收歲入款。

　　　借：暫收款　　　　　　　　　　並記暫收款明細分類帳借方。

　　　　貸：歲入結存——存款

　　　借：歲入結存——存款　　　　　並記以前年度應收歲入款明細分類帳

　　　　貸：應收歲入款　　　　　　　相當帳戶實收數欄。

　　　借：應納庫款　　　　　　　　　並記以前年度應收歲入款明細分類帳

　　　　貸：歲入結存——存款　　　　相當帳戶納庫數欄。

接代理公庫銀行報告收到預算外收入並予繳庫。

　　　　借：歲入結存——存款　　　　並記預算外收入明細分類帳雜項收入
　　　　　　貸：歲入實收數——　　　帳戶實收數欄。
　　　　　　　　雜項收入
　　　　借：歲入納庫數　　　　　　　並記預算外收入明細分類帳雜項收入
　　　　　　貸：歲入結存——存款　　帳戶納庫數欄。

接代理公庫銀行報告收回以前年度歲出款並予繳庫。

　　　　借：歲入結存——存款　　　　並記預算外收入明細分類帳雜項收入
　　　　　　貸：歲入實收數——　　　帳戶實收數欄。
　　　　　　　　雜項收入
　　　　借：歲入納庫數　　　　　　　並記預算外收入明細分類帳雜項收入
　　　　　　貸：歲入結存——存款　　帳戶納庫數欄。

本機關零星收到本年度歲入款並予繳庫。

　　　　借：歲入結存——現金　　　　記入歲入預算明細分類帳相當帳戶實
　　　　　　貸：歲入實收數——　　　收數及納庫數欄。
　　　　　　　　××收入
　　　　借：歲入納庫數
　　　　　　貸：歲入結存——現金

本機關零星收到以前年度應收歲入款。

　　　　借：歲入結存——現金　　　　並記以前年度應收歲入款明細分類帳
　　　　　　貸：應收歲入款　　　　　相當帳戶實收數欄。

本機關零星收到預算外收入。

　　　　借：歲入結存——現金　　　　並記預算外收入明細分類帳雜項收入
　　　　　　貸：歲入實收數——　　　帳戶實收數欄。
　　　　　　　　雜項收入

本機關零星收到以前年度歲入而不屬所保留應收歲入款之內者。

　　　　借：歲入結存——現金　　　　並記預算外收入明細分類帳雜項收入
　　　　　　貸：歲入實收數——　　　帳戶實收數欄。
　　　　　　　　雜項收入

將各項零星收入繳庫。

　　　　借：歲入納庫數　　　　　　　並記預算外收入明細分類帳雜項收入
　　　　　　貸：歲入結存——現金　　帳戶納庫數欄。

將零星收入以前年度應收歲入款繳庫。

　　　借：應納庫款　　　　　　　　　並記以前年度應收歲入款明細分類帳
　　　　貸：歲入結存──現金　　　　相當帳戶納庫數欄。

註銷以前年度應收歲入款。

　　　借：應納庫款　　　　　　　　　以紅字記入應收歲入款明細分類帳各
　　　　貸：應收歲入款　　　　　　　相當帳戶以前年度結轉應收數欄。

接代理公庫銀行報告退回以前年度歲入繳庫款與原繳納人。

　　　借：歲入結存──存款
　　　　貸：以前年度納庫收回數
　　　借：以前年度歲入退還數
　　　　貸：歲入結存──存款

接審計機關通知核定剔除本年度經費並予收回繳庫。

⑴核定時。

　　　借：應收剔除經費　　　　　　　並記應收剔除經費明細分類帳相當帳
　　　　貸：歲入實收數──　　　　　戶。
　　　　　　本年度剔除經費

⑵收到時。

　　　借：歲入結存──現金　　　　　並記應收剔除經費明細分類帳相當帳
　　　　貸：應收剔除經費　　　　　　戶。

⑶繳庫時。

　　　借：歲入納庫數
　　　　貸：歲入結存──現金

年度終了查明應收歲入款。

　　　借：應收歲入款　　　　　　　　並記歲入預算明細分類帳相當帳戶應
　　　　貸：歲入實收數──　　　　　收數欄。
　　　　　　××收入

年度終了將預算外雜項收入之實收數與其納庫數對沖並將其差額結轉應納庫
款。

　　　借：歲入實收數──雜項收入
　　　　貸：歲入納庫數
　　　　　　應納庫款

年度終了將預算內之歲入實收數（含權責數）與歲入納庫數對沖並將其差額結
轉應納庫款科目。

借：歲入實收數──××收入
　　貸：歲入納庫數
　　　　應納庫款

年度終了將歲入分配數與預計納庫數對沖。

借：預計納庫數
　　貸：歲入分配數

年度終了將以前年度歲入退還數與以前年度納庫收回數對沖。

借：以前年度納庫收回數
　　貸：以前年度歲入退還數

二、歲出類會計記錄

核准本年度歲出預算數。

借：預計支用數　　　　　　　　並記歲出預算明細分類帳各工作計畫
　　貸：歲出預算數　　　　　　帳戶預算數欄。

核准各月份或各期歲出分配預算數。

借：歲出預算數　　　　　　　　並記歲出預算明細分類帳歲出分配數
　　貸：歲出分配數　　　　　　欄及預算控制備查簿歲出分配數欄。
借：可支庫款
　　貸：預計支用數

歲出預算尚未成立奉准向公庫先行預領經費作暫付款時。

借：可支庫款　　　　　　　　　並記預領經費明細分類帳相當帳戶貸
　　貸：預領經費　　　　　　　方。
借：暫付款──其他費用　　　　並記暫付款──其他費用，暫付款
　　暫付款──旅費借支　　　　──旅費借支明細分類帳有關帳戶借
　　貸：可支庫款　　　　　　　方。

歲出預算完成法定程序後沖轉預領經費，並將暫付款作正列支。

借：預領經費　　　　　　　　　並記預領經費明細分類帳相當帳戶借
　　貸：可支庫款　　　　　　　方。
借：歲出實付數──××計畫　　並記歲出預算明細分類帳相當帳戶實
　　貸：暫付款　　　　　　　　付數欄，及暫付款明細分類帳相當帳
　　　　　　　　　　　　　　　戶貸方。

簽發付款憑單提領額定零用金。

借：零用金　　　　　　　　　　並記零用金備查簿。
　　貸：可支庫款

由零用金支付本年度歲出款並簽發付款憑單請撥還零用金。

借：歲出實付數——××支出　　　並記歲出預算明細分類帳有關帳戶實
　　貸：可支庫款　　　　　　　付數欄暨零用金備查簿。

簽發付款憑單支付押金。

借：押金　　　　　　　　　　並記押金明細分類帳有關帳戶借方。
　　貸：可支庫款

收回以前年度付出之押金，並以經費賸餘繳庫。

借：經費結存<現金 存款　　　並記押金明細分類帳有關帳戶貸方。
　　貸：押金

借：經費賸餘——押金部分
　　貸：經費賸餘——
　　　　待納庫部分

借：經費賸餘——待納庫部分
　　貸：經費結存<現金 存款

暫付員工借支薪津或暫付各項補助費。

借：暫付款——員工借支　　　並記暫付款——員工借支，各項補助
　　暫付款——各項補助費　　費明細分類帳有關帳戶借方。
　　貸：可支庫款

由本年度歲出款暫付定金或暫付費用。

借：暫付款——定金　　　　並記暫付款——定金、其他費用明細
　　暫付款——其他費用　　分類帳各有關帳戶借方。
　　貸：可支庫款

由以前年度應付歲出款內暫付定金或暫付費用。

借：暫付款——定金　　　　並記暫付款——定金、暫付款——其
　　暫付款——其他費用　　他費用明細分類帳各帳戶借方。
　　貸：保留庫款

擬動支經費經主計單位預算簽證後至月終尚未支付者依據預算控制簿所記餘額及有關文件為預算保留。惟僅於月報顯示，於次月初即予沖回。

借：歲出保留數
　　貸：應付歲出保留款

購入材料驗收並支付一部分料款。

借：材料　　　　　　　　　並記材料明細分類帳相當帳戶借方。
　　貸：可支庫款

借：材料　　　　　　　　　　　並記材料明細帳相當帳戶借方。

　　貸：應付料款　　　　　　　　並記應付料款明細帳相當帳戶貸方。

支付應付料款，其中部分為上年度購料款。

借：應付料款　　　　　　　　　並記應付料款明細帳相當帳戶借方。

　　貸：可支庫款

　　　　保留庫款

耗用材料。

借：歲出實付數　　　　　　　　並記歲出預算明細帳相當帳戶實付數

　　貸：材料　　　　　　　　　　欄。

　　　　　　　　　　　　　　　　並記材料明細分類帳相當帳戶貸方。

由上年度保留款購入材料並為歲出保留而耗用材料時。

借：材料　　　　　　　　　　　並記材料明細帳相當帳戶借方及貸

　　貸：保留庫款　　　　　　　　方。

借：應付歲出款　　　　　　　　並記應付歲出款明細帳相當帳戶實付

　　貸：材料　　　　　　　　　　數欄。

上年度賸餘材料結轉本年度繼續使用，應於使用後編製付款憑單並填繳款書以經費賸餘繳庫。

借：歲出實付數──××支出　　並記歲出預算明細分類帳該計畫材料

　　貸：材料　　　　　　　　　　費實付數欄，及材料明細分類帳有關

借：經費賸餘──材料部分　　　帳戶貸方欄。

　　貸：經費賸餘──

　　　　待納庫部分

借：經費賸餘──待納庫部分

　　貸：可支庫款

支付本年度歲出款。

借：歲出實付數──××支出　　並記預算控制備查簿實支數欄及歲出

　　貸：可支庫款　　　　　　　　預算明細分類帳有關帳戶實付數欄。

各項支出內如有財產之增加可於月終根據「財產增加單」彙記財產帳。

借：××財產　　　　　　　　　另記財產統制帳及財產明細分類帳有

　　貸：現存財產權利總額　　　　關欄。

支付以前年度應付歲出款。

借：應付歲出款　　　　　　　　並記以前年度應付歲出款明細分類帳

　　貸：保留庫款　　　　　　　　有關帳戶。

沖轉暫付定金於適當科目作正列支。

借：歲出實付數──××支出　　　　並記暫付款──定金明細分類帳及歲
　　貸：暫付款──定金　　　　　　出預算明細分類帳有關帳戶實付數
　　　　　　　　　　　　　　　　　欄。

核定退休金、撫卹金或各項補助費，及其他統籌科目經費。

借：預計支用數　　　　　　　　　並記歲出預算明細分類帳該科目預算
　　貸：歲出預算數　　　　　　　數欄。
借：歲出預算數　　　　　　　　　並記歲出預算明細分類帳該科目分配
　　貸：歲出分配數　　　　　　　數欄。
借：可支庫款
　　貸：預計支用數

支付退休金、撫卹金或各項補助費，及其他統籌科目經費。

借：歲出實付數──××支出　　　　並記歲出預算明細分類帳該科目實付
　　貸：可支庫款　　　　　　　　數欄。

支付各項自辦、發包工程暫付款時。

借：未完工程　　　　　　　　　　並記未完工程明細分類帳有關帳戶借
　　貸：可支庫款　　　　　　　　方。

沖轉未完工程於適當科目作正列支。

借：歲出實付數──××支出　　　　並記歲出預算明細分類帳有關帳戶實
　　貸：未完工程　　　　　　　　付數欄。
　　　　　　　　　　　　　　　　　並記未完工程明細分類帳有關帳戶貸
　　　　　　　　　　　　　　　　　方。

收到代收款項。

借：經費結存──存款　　　　　　並記代收款明細分類帳有關帳戶貸
　　貸：代收款　　　　　　　　　方。

支付代收款項。

借：代收款　　　　　　　　　　　並記代收款明細分類帳有關帳戶借
　　貸：經費結存──存款　　　　方。

凡工程機關年度預算編列之配合款，撥與其他機關一併辦理時，應填具支出證明單作正列支；受託機關應將撥來之配合款提存專戶支用。

委託機關：

借：歲出實付數──××支出　　　　並記歲出預算明細分類帳有關帳戶實
　　貸：可支庫款　　　　　　　　付數欄。

受託機關:

　　　　借: 經費結存——存款　　　　　　並記受託經費明細帳有關帳戶貸方。
　　　　　貸: 受託經費

委託機關將預算移轉受託機關。

　　　　借: 委託經費　　　　　　　　　　並記委託經費明細帳相當帳戶借方。
　　　　　貸: 可支庫款

受託機關收到委託機關移轉預算時。

　　　　借: 可支庫款　　　　　　　　　　並記受託經費明細帳相當帳戶貸方。
　　　　　貸: 受託經費

受託機關支用委託經費時。

　　　　借: 暫付款　　　　　　　　　　　並記暫付款明細帳相當帳戶借方。
　　　　　貸: 可支庫款

受託機關將支出憑證檢送委託機關列報。

　　　　借: 受託經費　　　　　　　　　　並記受託經費明細帳相當帳戶借方,
　　　　　貸: 暫付款　　　　　　　　　　及暫付款明細帳相當帳戶貸方。

受託機關將受託經費餘額退還委託機關時。

　　　　借: 受託經費　　　　　　　　　　並記受託經費明細帳相當帳戶借方。
　　　　　貸: 可支庫款

委託機關收到受託機關檢附支出憑證列報時。

　　　　借: 歲出實付數　　　　　　　　　並記歲出預算明細帳相當帳戶實付
　　　　　貸: 委託經費　　　　　　　　　數,及委託經費明細帳相當帳戶貸方。

委託機關收到受託機關移還預算餘額時。

　　　　借: 可支庫款　　　　　　　　　　記入委託經費明細帳相當帳戶貸方。
　　　　　貸: 委託經費

　　各學校當年度編列之「防護及災害搶修」款, 於年度終了時尚有未用者, 應填
具支出證明單作正列支, 並提存專戶存儲備用。

　　　　借: 歲出實付數——××支出　　　　並記歲出預算明細帳相當帳戶實付數
　　　　　貸: 可支庫款　　　　　　　　　欄。
　　　　借: 經費結存——存款　　　　　　並記防護及災害搶修準備明細帳有關
　　　　　貸: 防護及災害搶修準備　　　　帳戶貸方。

次年度動用上項存儲之防護及災害搶修費。

　　　　借: 防護及災害搶修準備　　　　　並記防護及災害搶修準備明細帳有關
　　　　　貸: 經費結存——存款　　　　　帳戶借方。

註銷以前年度應付歲出款。(非集中支付機關貸應領經費)

借：應付歲出款　　　　　　　以紅字記入以前年度應付歲出款明細
　　貸：保留庫款　　　　　　帳有關帳戶以前年度結轉應付數欄。
　　　　應領經費

年度終了查明應付歲出款，及沖銷無須支用之預算支用簽證數。

借：歲出實付數——××支出　　並記歲出預算明細分類帳各有關帳戶
　　貸：應付歲出款　　　　　應付數欄。
借：應付歲出保留款
　　貸：歲出保留數

年度終了應付歲出款及保留數奉准保留後沖轉庫款。

借：保留庫款
　　貸：可支庫款

年度終了結束歲出實付數帳戶。

借：歲出分配數
　　貸：歲出實付數——××支出

年度終了將本年度內押金增加之數及本年度所購材料之賸餘沖減歲出分配數。

借：歲出分配數
　　貸：經費賸餘——押金部分
　　　　經費賸餘——材料部分

年度終了如尚存有零用金或不能作正式支出之暫付款時，應列為經費賸餘待納庫款。

借：歲出分配數
　　貸：經費賸餘——待納庫部分

結束歲出分配數及可支庫款帳戶。

借：歲出分配數
　　貸：可支庫款

法定預算中如有專案經費，既未核定分配亦不再支用時。

借：歲出預算數
　　貸：預計支用數

問　題

一、試述省機關單位會計之會計報告。

二、試述市總會計之科目分類。

三、試述省公務機關對材料會計之處理要點。

四、試述市總會計之統制綜合方法。

五、試述市屬公務機關所編之會計報表。

習　題

一、下面為某市政府會計平衡表的一部分帳目：

歲入實收數	$880,000
歲入預算數	920,000
應收歲入款	7,000
歲出預算數	870,000
經費支出	760,000
歲出保留數	23,000
備抵壞帳	4,000
應付歲出款	1,500

　　試計算歲計餘額，未支用餘額，未保留餘額，歲入預算餘額，應收歲入款淨額。

二、上林市環境清潔處20××年度收集垃圾業務經費預算$244,800，全部均係變動性質。預期業務量170,000公噸。會計年度結束時，核計實際收集垃圾180,000公噸，經費支出 $252,000，試求：

　1.實際單位成本與預算單位成本的比較。

　2.依彈性預算原則，調整其應有的預算額度。

　3.實際支出與彈性預算額度的比較。

　4.綜合評估其績效。

三、假定我國某地方政府90年11月30日總會計平衡表各科餘額如下：

借方科目	借方餘額
公庫結存	$　501,795
各機關結存	146,125
應收歲入款	160,500
有價證券	10,050
材料	1,740
暫付款	408,315
歲入預算數	303,090
歲入分配數	3,333,945

（減）歲入收入數	(3,308,115)
公債收入預算數	250,500
（減）公債收入	(150,000)
移用以前年度歲計賸餘預算數	180,390
	$1,838,335

貸方科目	貸方餘額
應收保管款	$　56,400
暫收款	2,400
應付歲出款	69,600
代收款	9,000
歲出預算數	322,335
歲出分配數	3,545,625
（減）經費支出數	(2,481,930)
歲出保留數	(345,000)
債務還本預算數	199,965
歲出保留數準備	345,000
收支調度數	230,925
歲計餘絀	(230,925)
累計餘絀	114,940
	$1,838,335

1. 融資調度相關資料

(1)核定90年12月份債務還本計畫數$199,965。

2. 此一地方政府主計機構，根據所轄單位預算會計之90年12月份會計報告，經分析整理後，得出下列資料：

㈠根據歲入類單位會計平衡表彙總科目變動表及歲入類單位會計現金出納表彙總資料，分析出各科目之月份借貸發生數如下：

(2)「歲入分配數」及「歲入預算數」分別同額增、減$303,090。

(3)「存入保證金」增加$150。

(4)「暫收款」減少$1,200。

(5)「歲入收入數」增加$229,350、「歲入納庫數」增加$225,000。

(6)「應收歲入數」減少$36,300。

(7)「應納庫款」減少$9,150。

(8)「退還以前年度歲入款」增加$300。

(9)「待納庫款」減少$1,200。

㈡根據歲出類單位會計平衡表彙總科目變動表及歲出類單位會計現金出納表彙總資料，分

析出各科目之月份借貸發生數如下：

⑽「歲出分配數」與「歲出預算數」分別同額增、減$316,335。

⑾「應付保管款」減少$34,600。

⑿「應付歲出款」減少$63,150。

⒀「材料」與「經費賸餘─材料部分」同額減少$60。

⒁「暫付款」減少$188,100。

⒂「經費支出」增加$620,460。

⒃「歲出保留數」與「歲出保留數準備」同額增加$165,000。

　3.接公庫報告未據單位預算會計或特別預算會計報告之資料：

⒄收到總會計發行公債收入款$90,000。

⒅支付總會計債務還本支出款$199,965。

　4.其他資料：

⒆「移用以前年度歲計賸餘預算數」為$180,390，本年度共移用$34,890，餘未移用。試作：

㈠根據上述⑴～⒆之資料作90年12月份總會計之統制分錄。

㈡作90年年終結帳分錄。

㈢求計90年12月31日總會計結帳後平衡表下列各科目之餘額。

⑴公庫結存。

⑵各機關結存。

⑶應付保管款。

⑷支出調度數。

⑸歲計餘絀。

⑹累計餘絀。

四、假設某市地方政府總會計90年度初試算表科目如下：

	借	貸
公庫結存	$4,370	
各機關結存	30	
應收歲入款	2,000	
材料	140	
暫付款	60	
短期借款		$ 300
暫收款		200
累計餘絀		6,100
合　計	$6,600	$6,600

當年度會計事項如下：

⑴總預算歲入為\$3,500、歲出為\$4,000，賒借收入預算為\$600、債務還本支出預算為\$200，移用以前年度歲計賸餘預算為\$100。

⑵根據審計機關審定各公營事業機關營業盈餘，列記應得股息及紅利\$150。

⑶接各機關決算報告資料：

　①經查明應補列本年度經費支出中行政支出應收剔除經費款\$50。

　②查明本年度各機關自行收納規費收入\$10，尚未繳庫。

　③經查應列記本年度歲入應收款（財產收入）\$50。

　④補列暫收款\$45，代收款\$90，暫付款\$89。

⑷核定動用歷年度歲計賸餘\$50，作為彌補收入決算之財源。

⑸接公庫收支報告資料如下：

　①稅課收入\$3,000。

　②工程受益費收入\$100。

　③規費收入\$200。

　④財產收入\$50。

　⑤賒借收入\$250。

　⑥行政支出\$700。

　⑦財政支出\$600。

　⑧教科文化支出\$950。

　⑨經濟建設支出\$1,450。

　⑩債務支出\$200。

根據上述資料，試作：

㈠總會計之統制分錄。

㈡調整及結帳分錄。

㈢總會計年度結帳後平衡表。

五、某市政府總會計91年度開始時，平衡表如下：

資　產		負債及餘絀	
公庫結存	\$110,000	歲出應付款	\$115,000
各機關結存	46,500	預收款	3,500
歲入應收數	28,500	累計餘絀	91,500
材料	25,000		
合　計	\$210,000	合　計	\$210,000

⑴本年度總預算成立，計歲入預算數\$1,500,000、歲出預算數\$1,750,000（包括統籌科目

$135,000)，除統籌科目外，歲入歲出全數分配，賒借收入預算數$350,000、移用以前年度歲計賸餘預算數$50,000、債務還本支出預算數$150,000。

(2)接參加集中支付制度單位預算機關歲出類單位會計之會計報告，經審核分析後，悉：

　①經費支出數合共$910,000。

　②簽定材料採購合約合共$125,000。

　③收到上項材料並付價款$98,500。

　④收回上年度歲出款$33,500。

　⑤審計機關審定剔除上年度經費；減列上年度歲出應付款合共$43,000。

　⑥暫付款合共支付$15,000。

　⑦本年度所購材料耗用$61,500。

(3)接未參加集中支付制度單位預算機關歲出類單位會計之會計報告，經審核分析後，悉：

　①向公庫支領經費$320,000。

　②經費支出數$265,000。

　③申請核撥統籌經費$60,000，經核定並由庫領到經費隨亦支付。

　④暫付款合共支付$36,000。

(4)接公庫收支報告，未據單位預算會計之會計報告者：

　①收到歲入款合共$860,000。

　②支付緊急命令撥付款合共$65,000。

　③預收款合共$20,000。

　④直接撥付下級政府補助款$147,500。

(5)接各單位預算機關歲入類單位會計之會計報告，經審核分析後，悉：

　①以有價證券抵繳歲入應收款合共$12,500。

　②自行收到各項歲入款合共$865,000。

　③出售有價證券並繳庫合共$6,750。

　④歲入納庫數另計$818,250。

試根據上述資料，作總會計之：

(一)平時統制分錄。

(二)年終結帳分錄。

(三)結帳後下列各科目餘額：(1)公庫結存；(2)各機關結存；(3)暫付款；(4)歲出應付款；(5)歲計餘絀；(6)累計餘絀。

第八章　縣市政府會計

第一節　縣市總會計

　　我國政府之財政收支系統，分為中央省市與縣市三級，各級政府為處理其財務收支，應各設一總會計，總會計制度之設計，應由各級政府之主計機關為之，臺灣省各縣市政府之總會計為能協調一致，乃有各縣市總會計制度之統一規定。按照會計法規定，總會計應就各單位會計及附屬單位會計之各種靜態與動態報告為綜合之報告。由於單位會計多屬普通基金，而附屬單位會計又為特種基金，兩種性質迥然不同，因是總會計所為綜合之方法亦分兩途處理，對於普通基金包括普通公務會計、公庫會計及徵課會計，係就總預算之成立、分配與執行，以及執行時所發生之收支，或因收支而發生之債權債務，政事費用與歲計餘絀之計算為之統制記錄，對於營業基金包括公有營業、公有事業、作業組織及其他特種基金之會計，則採彙編報表方法，以產生綜合報告，用以表達縣市政府及各機關預算之執行與業務計劃之實施情形，並以之顯示縣市之財務狀況，以利行政之管理，與財政之監督，並公告其報告，以示政府財政之公開，藉以取信於縣民。

　　縣市總會計統制記錄部分之最大特色，乃係將之與縣市公庫會計合併處理，平時按公庫所送之收入總存款收支日報及有關憑證記帳，年度終了時，再根據各公務機關單位會計決算報告作補充及調整記錄。

一、會計報告

　　縣市總會計報告，分日報、月報、季報、年報四種，日報即庫款收支報告，月報有總分類帳彙總表，庫款收支月報表，歲入與歲出累計表，前者顯示其全部財務狀況，後者表達其預算執行情形，另專為縣市長編送財務狀況報告表一種，此外，尚有墊付款、預撥款、暫收款等明細表，季報僅有人事費支出結算表一項，編算國民所得所需要之資料，總會計年報係與其總決算合併編報，其主要表為歲入歲出總表，歲入來源別決算表，歲出政事別決算表，中等學校學費及課業費收入明細表，各機關統籌科目支出明細表，各鄉鎮補助費明細表，以前年度收入決算表，以前年度支出決算表與資產負債表。茲將其庫款收支月報表，歲入歲出累計表，縣市財政

狀況報告表分列於187至190頁。至總會計對縣市營業事業基金，及其他特種基金所彙編之報告，有資產負債表、損益計算表及盈餘分配表，可藉以觀察各基金之財務狀況、營運情形與業務效能。

二、會計科目

　　縣市總會計之統制會計科目，分為資產及資力、負債及負擔、餘絀、收入、支出與財產六類，其中收支科目之設置與分類，悉依預算法案之規定，特設待整理資產負債事項——過渡科目，以為年度終了會計整理期間，先將資產負債科目餘額，暫結轉新年度處理之用。茲將各科目分列如下：

資力及資產科目	負擔及負債科目
公庫結存	短期借款
各機關結存	暫收款
有價證券	代收款
材料	保管款
墊付款	應付歲出款
預撥經費	歲出預算數
押金	預領經費
預付薪金	
預付旅費	**餘絀科目**
預付各項補助費	歲計餘絀
預付定金	累計餘絀
預付費用	
應收歲入款	
應收剔除經費	
歲入預算數	

縣（市）政府總會計
庫款收支月報表

中華民國 年 月 日

科 目	收 項		科 目	付 項	
	本 月收入數	截至本月止累計數		本 月付出數	截至本月止累計數
	金 額	金 額		金 額	金 額
本年度預算內收入			本年度預算內支出		
××××收入			××××支出		
××××收入			××××支出		
××××收入			××××支出		
××××收入			××××支出		
××××收入			××××支出		
××××收入			××××支出		
以前各年度收入			××××支出		
收回以前年度歲出款			以前各年度支出		
暫收款			墊付款		
短期借款			預撥經費		
本月收入			本月支出		
上月結存——上年度結存			本月結存		
合 計			合 計		

說明：1. 本表係表示每月公庫收入總存款收支情形之動態會計報告，根據公庫收支日報表編製之。

2. 本表暫收款，短期借款如退還上年度收入數發生支出多於收入時及墊付款，預撥經費如收回上年度支出數發生收入多於支出時應用紅字表示之。

縣（市）政府總會計
歲入累計表

中華民國　年　月　日起至　年　月　日止

科目		全年度預算數	截至本月底止預算分配數	公庫實收數		未收入之預算數	備考
編號	名稱			本月數	累計數		

說明：1. 本表為表示在一定期間內本年度歲入總預算執行情形經過之勤態會計報告於每月終了時，根據歲入預算明細分類帳編製之。

2. 製表時應按照預算順序將預算科目，全年度預算數，截至本月底止預算分配數，本月實收數及實收累計數分別填入本表各專欄，各科目預算數後實收累計數所得之餘額填入「未收入之預算數」欄內，如發生超收者應改用紅字列示。

縣（市）政府總會計
歲出累計表

中華民國　年　月　日起至　年　月　日止

科目		全年度預算數	截至本月底止預算分配數	公庫實付數		未支出之預算數	備考
編號	名稱			本月數	累計數		

說明：

1. 本表為表示在一定期間內本年度歲出總預算執行情形經過之動態會計報告於每月終了時，根據歲出預算明細分類帳編製之。

2. 製表時，應按照預算順序將預算科目，全年度預算數，截至本月底止預算分配數，本月實付數及實付數累計數分別填入本表各專欄，各科目預算數減實付數累計數後所得之餘額填入本表各專欄，各科目預算數減實付數累計數所得之餘額填入「未支出之預算數」欄內，如提前撥付下月份經費而發生超支應支改用紅字列示。

縣（市）政府總會計

縣（市）財務狀況報告表

中華民國　年　月　日起至　年　月　日止

報告項目	縣（市）庫收支金額		預算執行及權責清理情形		說　明
	本　月　份 收　　　支 結存金額	收支累計 結存金額	本年度預算及 以前年度應收 應付金額	實收實付累計 數佔預算數與 權責數百分比	
一、上期（年）結存					
二、本期收入					
1.本年度預算內各項收入					
稅課收入					
一般收入					
2.補收以前各年度收入					
3.收回以前各年度歲出款					
4.暫收款					
三、本期支出					
1.本年度預算內各項支出					
教育科學文化支出					
經濟交通建設支出					
警察民防支出					
衛生社會支出					
一般支出					
2.補付以前各年度支出					
3.墊付款					
4.預撥經費					
四、本期結存					

說明：本表係縣（市）庫在一定期間以內之收支結存情形及預算執行與權責清理狀況之綜
　　　合動態報告。

三、會計記錄

縣市總會計所用會計簿籍，除以庫款收支日報代替庫款收支日記簿，以轉帳傳票代分錄日記簿外，設總分類帳及各種明細分類帳，另設簽發歲出支付書備查簿，其各種帳式與一般所用者多相雷同。茲僅將縣市總會計對於重要會計事項之處理，一一列示其分錄，兼以說明會計科目之應用。

議會審查通過年度總預算或追加減預算案。

　　歲入部分

　借：歲入預算數

　　　貸：歲計餘絀

　　歲出部分

　借：歲計餘絀　　　　　　　　　並登歲出預算明細分類帳預算數欄。
　　　　　　　　　　　　　　　　　　 入

　　　貸：歲出預算數

縣市政府核定各機關歲入出分配預算數。

　　　（不作分錄）　　　　　　　逕登歲出預算明細分類帳分配預算數
　　　　　　　　　　　　　　　　　　 入
　　　　　　　　　　　　　　　　欄。

據公庫報告收到各項收入及撥付各項支出。

　　收入部分

　借：公庫結存　　　　　　　　　並登歲入預算明細分類帳實收數欄。

　　　貸：稅課收入　　　　　　　並登以前各年度收入明細分類帳實收

　　　　　工程受益費收入　　　　數欄。

　　　　　罰款及賠償收入　　　　並登收回以前各年度歲出明細分戶帳

　　　　　規費收入　　　　　　　貸方金額欄。

　　　　　信託管理收入　　　　　並登歲出預算明細分類帳實付數欄。

　　　　　財產收入

　　　　　營業盈餘及事業收入

　　　　　補助收入

　　　　　捐獻及贈與收入

　　　　　其他收入

　　　　　以前各年度收入

　　　　　收回以前年度支出

　　支出部分

　借：政權行使支出　　　　　　　並登以前各年度支出明細分類帳實付

　　　行政支出　　　　　　　　　數欄。

　　　　　　　民政支出

　　　　　　　財政支出

　　　　　　　教育科學文化支出

　　　　　　　經濟建設支出

　　　　　　　交通支出

　　　　　　　警政支出

　　　　　　　民防支出

　　　　　　　衛生支出

　　　　　　　社會及救濟支出

　　　　　　　公教人員退休及撫卹支出

　　　　　　　協助及補助支出

　　　　　　　縣（市）營事業支出

　　　　　　　區公所其他支出

　　　　　　　以前各年度支出

　　　　　　貸：公庫結存

　　　負債部分

　　　　借：公庫結存

　　　　　　貸：暫收款

　　　　　　　　短期借款

　　　資產部分

　　　　借：墊付款　　　　　　　　　　　並登墊付款及預撥經費明細分戶帳借

　　　　　　預撥經費　　　　　　　　　　方金額欄。

　　　　　　貸：公庫結存

　　公庫所送收支日報表及憑證經核科目及年度歸納有錯誤通知公庫轉正。

　　　　屬於經濟建設支出誤列行政支出

　　　　　借：經濟建設支出

　　　　　　貸：行政支出

　　　　屬於經費賸餘款誤列入其他收入

　　　　　借：其他收入

　　　　　　貸：收回以前各年度歲出

　　　　屬於撥付上年度保留歲出各項補助費誤列入本年度支出

　　　　　借：以前各年度支出

　　　　　　貸：其他支出

　　　　屬於繳納本年度營業盈餘誤列入以前各年度收入

借：以前各年度收入

　　貸：營業盈餘及事業收入

此四分錄分別登入與其有關之歲入預算明細分類帳實收付數以前各年度收入支出明細分類帳實收付數欄及收回以前各年度歲出明細帳貸方金額欄。

預撥各機關經費，追加預算業經成立應由財政單位填繳款書及支付書通知公庫轉帳。

借：××支出　　　　　　　　　　並登歲出預算明細分類帳實付數欄，
　　貸：預撥經費　　　　　　　　及預撥經費明細分戶帳貸方金額欄。

據各機關分配預算以收入抵撥經費應由財政單位填繳款書及支付書通知公庫轉帳。

借：××支出　　　　　　　　　　並登歲入出預算明細分類實收付數欄。
　　貸：××收入

墊付各機關經費繳還公庫。

借：公庫結存　　　　　　　　　　並登墊付款明細分戶帳貸方金額欄。
　　貸：墊付款

公庫暫收之補助款已確定收入來源科目。

借：暫收款　　　　　　　　　　　並登歲入預算明細分類帳實收數欄。
　　貸：補助收入

撥還公庫透支之短期借款。

借：短期借款
　　貸：公庫結存

年度終了將公庫資產負債科目暫結轉入新年度。

資產部分

借：待整理資產負債事項
　　貸：公庫結存
　　　　墊付款
　　　　預撥經費

負債部分

借：短期借款
　　暫收款
　　貸：待整理資產負債事項

據各機關決算報告核對實領經費查明由貸款收入抵撥經費，公庫尚未轉帳，應由財政單位開支付書及填繳款書通知公庫轉帳。

借：經濟建設支出　　　　　　　　並登歲入預算明細分類帳實收付數
　　貸：賒借收入　　　　　　　　　　歲出
　　　　　　　　　　　　　　　　　　欄。

據各機關決算報告核對歲入納庫數及應納庫款繳庫數查明年度誤繳，應通知公庫轉帳。

借：規費收入　　　　　　　　　　並登歲入預算明細分類帳及以前年度
　　貸：以前各年度收入　　　　　　收入明細分類帳實收數欄。

據各機關決算報告查明應補充應收剔除經費款及沖銷已收回繳庫剔除經費款。

尚未收回部分
借：應收剔除經費
　　貸：××支出

本年度收回繳庫部分
借：其他收入
　　貸：××支出

上年度補充而在本年度收回繳庫部分
借：收回以前各年度歲出　　　　　並登歲入出預算明細分類帳實收付數
　　　以前各年度收入　　　　　　欄，以前各年度收入明細分類帳實收
　　貸：應收剔除經費　　　　　　　數欄及收回以前各年度歲出明細分戶
　　　　　　　　　　　　　　　　　帳借方金額欄。

據各機關決算報告查明沖銷其經費賸餘繳庫數。

借：收回以前各年度歲出　　　　　並登收回以前各年度歲出明細分戶帳
　　貸：各機關結存　　　　　　　　借方及各機關結存明細分戶帳貸方金
　　　　　　　　　　　　　　　　　額欄。

據各機關決算報告查明應沖銷上年度補充之自行收納未繳部分在本年度繳庫數。

借：以前各年度收入　　　　　　　並登以前各年度收入明細分類帳實收
　　貸：各機關結存　　　　　　　　數欄，及各機關結存明細分戶帳貸方
　　　　　　　　　　　　　　　　　金額欄。

據各機關決算報告補充本年度自行收納未繳庫數。

借：各機關結存　　　　　　　　　並登歲入預算明細分類帳實收數欄及
　　貸：財產收入　　　　　　　　　各機關結存明細分戶帳借方金額欄。
　　　　規費收入
　　　　其他收入
　　　　××收入

據各機關決算報告補充本年度應收歲入款。

借：應收歲入款　　　　　　　　並登歲入預算明細分類帳應收數欄。

貸：財產收入

規費收入

××收入

據各機關決算報告調整本年度各項預算支出庫撥數大於機關實付數之差額。

借：各機關經費結存　　　　　　並登歲出預算明細分類帳實付數欄及

貸：政權行使支出　　　　　　　各機關結存明細分戶帳借方金額欄。

行政支出　　　　　　　　各項統籌科目應登入支出明細分戶帳

民政支出　　　　　　　　各該科目金額欄。

財政支出

教育科學文化支出

經濟建設支出

交通支出

警政支出

衛生支出

社會及救濟支出

公教人員退休及撫卹支出

其他支出

據各機關決算報告調整以前年度應付歲出款支出庫撥數小於機關實付數之差額。

借：以前各年度支出　　　　　　並登以前各年度支出明細分類帳實付

貸：各機關結存　　　　　　　　數欄及各機關結存明細分戶帳貸方金

額欄。

據各機關決算報告保留本年度各項支出之應付款。

借：政權行使支出　　　　　　　並登歲出預算明細分類帳應付數欄。

行政支出

民政支出

財政支出

教育科學文化支出

經濟建設支出

交通支出

警政支出

衛生支出

　　　　　　　社會及救濟支出

　　　　　　　公教人員退休及撫卹支出

　　　　　　　其他支出

　　　　　　　××支出

　　　　　　　貸：應付歲出款

根據各機關決算報告補充各負債科目。

　　　　　借：各機關結存　　　　　　　並登各機關結存明細分戶帳借方金額

　　　　　貸：暫收款　　　　　　　　　欄。

　　　　　　　代收款

　　　　　　　保管款

　　　　　　　借入款

　　　　　　　預領經費

根據各機關決算報告補充各資產科目。

　　　　　借：有價證券　　　　　　　　並登各機關結存明細分戶帳貸方金額

　　　　　　　材料　　　　　　　　　　欄。

　　　　　　　押金

　　　　　　　預付薪金

　　　　　　　預付旅費

　　　　　　　預付定金

　　　　　　　預付費用

　　　　　　　預付各項補助費

　　　　　貸：各機關結存

　　各機關預領經費屬於總會計內部往來科目，應查明公庫撥付之對方科目預撥經

費或墊付款予以沖銷。

　　　　　借：預領經費

　　　　　貸：預撥經費

　　　　　　　墊付款

保留以前年度收入支出應收付之未結清數。

　　　　　借：應收歲入款　　　　　　　並登以前各年度收入支出明細分類帳

　　　　　　　貸：以前各年度收入　　　應收付數欄。

　　　　　借：以前各年度支出

　　　　　　　貸：應付歲出款

　　各統籌科目經與財政單位協調後核定保留其應收及應付款。

　　　　收入部分

借：應收歲入款
　　貸：稅課收入
　　　　工程受益費收入
　　　　罰款及賠償收入
　　　　信託管理收入
　　　　財產收入
　　　　補助收入
　　　　捐獻及贈與收入
　　　　××收入

並歲入預算明細分類帳應收付數欄。
出

支出部分

借：協助及補助支出
　　市營事業基金支出
　　××支出
　　貸：應付歲出款

核定動用歷年度歲計剩餘款作為彌補收入決算之財源。

借：累計餘絀　　　　　　並登歲入預算明細分類帳實收數欄。
　　貸：其他收入

根據審計機關審定各公營事業機關營業盈餘，保留應得股息及紅利。

借：應收歲入款　　　　　並登歲入預算明細分類帳應收數欄。
　　貸：營業盈餘及事業收入

將本年度暫轉入累計餘絀之各機關結存沖回。該項結存實係各機關之應付歲出款之對方科目，及經費剩餘與應補繳之自行收納款。

借：各機關結存
　　貸：累計餘絀

將暫轉入新年度之公庫結存、墊付款、預撥經費、短期借款、暫收款沖回。

借：公庫結存
　　墊付款
　　預撥經費
　　貸：短期借款
　　　　暫收款
　　　　待整理資產負債事項

將整理後之各項收入決算數結轉歲入預算數。

借：稅課收入
　　工程受益費收入

　　　　　罰款及賠償收入

　　　　　規費收入

　　　　　信託管理收入

　　　　　財產收入

　　　　　營業盈餘及事業收入

　　　　　補助收入

　　　　　捐獻及贈與收入

　　　　　其他收入

　　　　貸：歲入預算數

將整理後之各項支出決算數結轉歲出預算數。

　　　借：歲出預算數

　　　　貸：政權行使支出

　　　　　行政支出

　　　　　民政支出

　　　　　財政支出

　　　　　教育科學文化支出

　　　　　經濟建設支出

　　　　　交通支出

　　　　　警政支出

　　　　　民防支出

　　　　　衛生支出

　　　　　社會及救濟支出

　　　　　公教人員退休及撫卹支出

　　　　　協助及補助支出

　　　　　市事業基金支出

　　　　　其他支出

　　　　　區公所支出

將歲入（出）預算數餘額結轉歲計餘絀。

　　　借：歲出預算數

　　　　貸：歲計餘絀

　　　借：歲計餘絀

　　　　貸：歲入預算數

將以前各年度收入支出及收回以前各年度歲出結轉累計餘絀。

借：以前各年度收入

　　收回以前各年度歲出

貸：以前各年度支出

　　累計餘絀

結束本年度總分類帳將資產負債科目結轉下年度。

借：短期借款

　　暫收款

　　代收款

　　借入款

　　應付歲出款

　　歲計餘絀

　　累計餘絀

貸：公庫結存

　　　各機關結存

　　　有價證券

　　　材料

　　　墊付款

　　　押金

　　　預付薪金

　　　預付旅費

　　　預付各項補助費

　　　預付定金

　　　預付費用

　　　應收歲入款

　　　應收剔除經費

第二節　縣市公務單位會計

縣市政府普通公務單位會計制度，原應由各該機關之會計機構設計，但各縣市政府及所屬各機關，無論其組織系統，業務性質，以及計畫實施程序等均相類似，若其會計制度任由各自設計，必致會計科目與報告，發生歧異，影響綜合彙編與分析比較。主計處為求各縣市政府及其所屬各機關單位會計之處理，趨於一致起見，乃為訂定臺灣省縣市政府普通公務單位會計制度一種，以為各縣市政府本身，及其

所屬各普通公務機關，處理其單位會計之依據。該項制度規定，縣市普通公務單位會計，分為歲入歲出兩類，各設置科目、報表、簿籍、憑證，分別處理歲入歲出會計事項，並以權責發生制為記帳基礎，惟如無歲入預算而有少數收入者，亦可將歲入歲出合併處理。為使單位會計事務處理，能與單位預算之執行相配合，因是該制度對於普通會計事務之處理，材料會計事務之處理，工程會計事務之處理，現金收支之處理，以及財產物品之處理，均予分別詳細規定。在普通會計事務方面，其會計工作主要在對各項計畫之實施，詳細計算已用了多少錢，做了多少事，凡有工作衡量單位之工作計畫，要計算完成了多少工作量，並採用成本會計方法，計算每一工作之單位成本，按季編造報告，以表達工作之進度，工作之數量，工作之成本，以便於工作之考核比較與評價。另規定所編報表，加強其財務分析，必要時為文字說明，陳請機關首長親自核閱，俾獲充分瞭解。

會計之主要任務，在能提供可被利用之財務報告，縣市單位會計所應具之報告，分為日報、月報、季報、年報四種。日報為現金結存表，根據現金出納備查簿編製，報告現金及公庫存款之結存情形。月報有總分類帳科目餘額表，根據總分類帳編製，以顯示月底之日，各帳戶之餘額；歲入歲出現金出納表，根據總分類帳戶有關現金之收支事項編製之，內分收項與付項，其下分上期結存，本期收入，本期支出，本期結存，惟收入與支出，均須依收支科目編列，歲入與經費累計表，表示該月份預算執行之經過情形，根據歲入歲出預算明細分類帳編製；此外尚有應收歲入款、應付歲出款餘額表，及其他明細表。

縣市單位會計之季報，以年度歲出重要計畫及預算實施進度報告為主，在表達其工作績效，亦稱績效報告。至縣市單位會計之年報，亦係與其決算合併編報，其主要表除平衡表外，即為歲入歲出決算表，以表示本年度歲入歲出預算之執行情形，根據歲入歲出預算明細帳編製；此外，尚有以前年度應收歲入款、應付歲出款決算表，歲出工作計畫實施狀況表，及其他明細表。上述工作計畫實施狀況表之表式列示於201頁。

第三節　縣市單位會計記錄

縣市公務機關單位會計，分歲入、歲出兩類，採權責發生基礎，惟於年度終了時，方查明到期未收未付事項，以應收歲入款及應付歲出款科目調整入帳，至每月月終已為預算簽證尚未支付之事項，則用歲出保留數及應付歲出保留款科目，為之備忘記錄。另為便利預算之控制，設置歲入預算數、歲入分配數、預計納庫數、歲

機關名稱

歲出工作計畫實施狀況年度報告表

中華民國　　年度

計畫名稱	工作單位	預計數			實際數			轉入下年度數			終止數			實際單位成本與預計單位成本比較		說明
		工作數量	單位成本（預算數）	金額（預算數）	工作數量	單位成本（實付數）	金額（實付數）	工作數量	單位成本	金額（保留數）	工作數量	單位成本	金額（餘數）	金額	百分比	

說明：
1. 本表為表示本機關本年度歲出預算各工作計畫執行狀況之績效報告，根據歲出預算明細分類帳編製之。
2. 計畫名稱及預計工作量，應按照法定預算填列，如計畫有變更者，即按變更後之工作項目及工作量填列。
3. 計畫名稱欄應以業務計畫為綱，各工作計畫為目，各工作計畫僅計列預算數及餘數，保留數及餘數，免列入本表。
4. 各機關一般行政（經常支出）及統籌科目（退休金、撫卹金，各項補助費……）等支出，免列入本表。
5. 本表各工作計畫預算數欄應包括原預算及追加減預算，又各金額欄之列數，應與歲出決算表相符。
6. 各工作計畫已具衡量單位者，應列明工作量，如因情形特殊，無法以絕對數字表達或原計畫未計量者，得以百分比或文字表明之。
7. 「實際工作量」欄應列已完成數量，「轉入下年度工作量」欄列權責發生轉入下年度繼續完成之數量，至「終止數」欄係列工作計畫全部或一部分尚未完成，即年度結束，工作不再移轉下年度繼續辦者。
8. 工作量與金額相除，即單位成本，計列至分位，以下四捨五入。
9. 實際單位成本（不包括權責發生數部分），小於預算單位成本，其差額單位成本，另計算前項差額占預算單位成本之比率，列入「比較金額」欄，並在前面附註「一」符號（如實際單位成本大於預算計畫單位成本，則改用「十」符號表示），列入「百分比」欄。另計算前項差額占預算單位成本之比率，列入「百分比」欄。
10. 實際工作量與單位成本較預計工作量與單位成本相差在百分之十以上者，除應於「總說明」中詳加說明外，其相差在百分之十以下者，應於本表「說明」欄摘要說明其原因。

出預算數、歲出分配數、預計使用數等資力負擔科目，及歲入實收數、歲入納庫數、歲出保留數、歲出實付數等科目。又為實施集中支付，增設可支庫款保留庫款科目。茲將其歲入類、歲出類會計科目分列如下：

一、歲入類會計科目

資產及資力科目

歲入結存──現金

歲入結存──存款

應收歲入款

應收剔除經費

歲入預算數

歲入分配數

歲入納庫數

預納庫款

以前年度歲入退還數

負債及負擔科目

保管款

暫收款

預收款

應納庫款

預計納庫數

歲入實收數──××收入

歲入實收數──其他收入

以前年度納庫收回數

二、歲出類會計科目

資產及資力科目

經費結存──現金

經費結存──存款

可支庫款

保留庫款

零用金

有價證券

材料

預付費用

預付定金

預付薪津

預付旅費

預付各項補助費

未完工程

負債及負擔科目

代收款

借入款

代辦經費

應付歲出款

應付料款

預領經費

歲出預算數

歲出分配數

應付歲出保留款

防護及災害搶修準備

餘絀科目

經費賸餘──待納庫部分

委辦工程	經費賸餘——押金部分
押金	經費賸餘——材料部分
歲出保留數	
預計支用數	
歲出實付數——××支出	

縣市普通公務單位會計之記帳憑證有收入、支出、轉帳傳票，及付款憑單、轉帳憑單等五種，至於其所用之帳簿，亦係按歲入歲出兩類分別設置，其序時簿乃以總分類帳科目日記表代現金日記簿，以轉帳傳票代分錄日記簿；其分類帳除兩類各設置總分類帳外，分別設置各種明細帳，主要明細帳有歲入預算明細分類帳、以前年度應收歲入款明細分類帳、預算外收入明細分類帳、歲出預算明細分類帳、以前年度應付歲出款明細分類帳、代辦經費明細帳，此外，還設備查簿，以預算支用簽證簿最重要。茲僅將歲入歲出預算分類帳式，及預算支用簽證簿式列示於204至206頁。

為期進一步明悉其會計科目之應用與帳簿之記錄，特選擇縣市普通公務機關所發生之重要會計事項，分別列舉其入帳分錄如下。其有關現金之轉帳事項，亦係用收入與支出傳票，分別登記。

三、歲入類會計事項之分錄

年度開始根據核定歲入預算數入帳。

| 借：歲入預算數 | 並記歲入預算明細分類帳相當帳戶預 |
| 　貸：預計納庫數 | 算數欄。 |

核定本年度各月份或各期預算分配數。

| 借：歲入分配數 | 並記歲入預算明細分類帳相當帳戶分 |
| 　貸：歲入預算數 | 配數欄。 |

收到本年度歲入款並繳庫。

借：歲入結存——存款	並記歲入預算明細分類帳相當帳戶實
貸：歲入實收數——	收數欄。
××收入	
借：歲入納庫數	並記歲入預算明細分類帳各相當帳戶
貸：歲入結存——存款	納庫數欄。

收到以前年度應收歲入款並繳庫。

| 借：歲入結存——存款 | 並記應收歲入款明細分類帳各相當帳 |
| 　貸：應收歲入款 | 戶實收數欄。 |

機關名稱
歲入預算明細分類帳
中華民國　　年度

符號＿＿＿＿
科目＿＿＿＿
子目＿＿＿＿

年 月 日	傳票 字 號	摘要	原始憑證 種類	號數	預算數	分配數	收入數 實收數	應收數	未收入之 分配數	納庫數

說明：本帳依照歲入預算明細科目分別開立帳戶，根據傳票及原始憑證登記之。

機關名稱

歲出預算明細分類帳

中華民國　年度

歲出預算科目＿＿＿＿＿
工　作　項　目＿＿＿＿＿
工　作　子　目＿＿＿＿＿
承　辦　單　位＿＿＿＿＿

區別	工作數量		工作單位	金額
	預計	實際		
原預算數				
追加減數				
合計				

年		付款憑單		摘要	原始憑證		分配數	支付數（實付數）用途別科目				應付數	保留數	分配數
月	日	字	號		字	號	金額	×××費	×××費	×××費	合計金額			餘額

說明：本帳按歲出預算科目及工作項目分別立戶以用途別設置專欄專欄根據付款憑單及原始憑證登記之。

機關名稱

預算支用簽證簿

中華民國　　年度

工作計畫項目：

用途別科目：旅運費

原 預 算 數	
追加（減）	
勤支預備金	
合　　計	

日 期		摘　要	預算分配數 金　額	本月份簽證數或以前月份結轉數			預算分配數餘額 金　額	實際支付數		簽證數與實支數差額
月	日			法字號	案號	金　額		付款憑單號數	金　額	

說明：

1. 各單位為業務需要，擬支用經費之請購單或法案書據，送經主（會）計單位審核，並簽證審核，時以簽證之科目填入「本月份簽證數」各欄，並將此項請購單或法案書據，按順序編號，將其編號數與金額填入「本月份簽證數」欄，並結計預算分配數餘額填入「預算分配數餘額」欄。

2. 根據每月或按期之分配預算數額，填入「預算分配數」欄，月份開始先將上月份已登記而尚未支付之事項，逐筆轉記入「本月份簽證數或以前月份結轉數」欄。

3. 根據法案編製之付款憑單第三聯，逐筆對並將實付數填入「實際支付數」欄，同時將實付數與當初簽證數之差額，填入「簽證數與實支數差額」欄。

4. 「簽證數與實際支付數之差額」欄月終結計後之餘額，如屬於增加登記數者，則將該餘額數轉填入「本月份簽證數或以前月份結轉數」欄，並減少預算分配數額，如屬於預算分配數者，則以紅字轉填入「本月份簽證數或以前月份結轉數」欄之本月份簽證保留數，並增加預算分配餘額。

5. 「本月份登記數或以前月份結轉數」欄之預算支用簽證保留數減「實際支付數」欄之本月合計數所得餘額，即為本用途別科目本月份預算支用簽證保留數，並於會計報表上表達之，次月月份開始即以沖回。可據以編製轉帳傳票以借：「歲出保留數」貸：「應付歲出保留款」，直接過入總分類實付歲出保留數，作為簽證保留數。

6. 工作用途別科目，應以登記數減實耗材料科料後之數額，作為簽證保留數。

借：應納庫款　　　　　　　　　並記應收歲入款明細分類帳相當帳戶
　　貸：歲入結存——存款　　　　納庫數欄。

接代理公庫報告收到暫收款、保管款。

借：歲入結存——存款　　　　　並記暫收款、保管款明細分類帳貸方。
　　貸：暫收款
　　　　保管款

將上項暫收款轉帳為本年度歲入款並予繳庫。

借：暫收款　　　　　　　　　　並記暫收款明細分類帳借方。
　　貸：歲入結存——存款
借：歲入結存——存款　　　　　並記歲入預算明細分類帳各相當帳戶
　　貸：歲入實收數——　　　　實收數欄。
　　　　××收入
借：歲入納庫數　　　　　　　　並記歲入預算明細分類帳各相當帳戶
　　貸：歲入結存——存款　　　　納庫數欄。

將前項暫收款轉帳為以前年度應收歲入款並予繳庫。

借：暫收款　　　　　　　　　　並記暫收款明細分類帳借方。
　　貸：歲入結存——存款
借：歲入結存——存款　　　　　並記應收歲入明細分類帳各相當帳戶
　　貸：應收歲入款　　　　　　實收數欄。
借：應納庫款　　　　　　　　　並記應收歲入款明細分類帳各相當帳
　　貸：歲入結存——存款　　　　戶納庫數欄。

收回以前年度歲出款並予繳庫。

借：歲入結存——存款　　　　　並記預算外收入明細分類帳相當帳戶
　　貸：歲入實收數——　　　　實收數欄。
　　　　××收入
借：歲入納庫數　　　　　　　　並記預算外收入明細分類帳相當帳戶
　　貸：歲入結存——存款　　　　納庫數欄。

零星收入本年度歲入款。

借：歲入結存——現金　　　　　並記歲入預算明細分類帳相當帳戶實
　　貸：歲入實收數——　　　　收數欄。
　　　　××收入

零星收入以前年度應收歲入款。

借：歲入結存——現金　　　　　並記以前年度應收歲入款明細分類帳
　　貸：應收歲入款　　　　　　相當帳戶實收數欄。

零星收入以前年度歲入而不屬於所保留之應收歲入款之內者。

　　　借：歲入結存——現金　　　　　並記預算外收入明細分類帳相當帳戶
　　　　　貸：歲入實收數——　　　　　實收數欄。
　　　　　　　雜項收入

將各項零星收入繳庫。

　　　借：歲入納庫數　　　　　　　　並記歲入預算明細分類帳各相當帳戶
　　　　　貸：歲入結存——現金　　　　納庫數欄。

將零星收入以前年度應收款繳入公庫。

　　　借：應納庫款　　　　　　　　　　並記以前年度應收歲入款明細分類帳
　　　　　貸：歲入結存——現金　　　　相當帳戶納庫數欄。

註銷以前年度應收歲入款。

　　　借：應納庫款　　　　　　　　　　並以紅字記以前年度應收歲入款明細
　　　　　貸：應收歲入款　　　　　　　分類帳戶以前年度結轉應收數欄。

年度終了整理分錄根據本年度收入合計數沖轉。

　　　借：預計納庫數
　　　　　貸：歲入分配數

退還以前年度歲入繳庫數。

　　　借：歲入結存——存款
　　　　　貸：以前年度納庫收回數

同時退還與原繳納人。

　　　借：以前年度歲入退還數
　　　　　貸：歲入結存——存款

接到審計機關通知核定本年度剔除經費，並已收到及繳庫。

　　　借：應收剔除經費　　　　　　　　並記入預算外收入明細帳相當帳戶。
　　　　　貸：歲入實收數——
　　　　　　　本年度剔除經費
　　　借：歲入結存——存款
　　　　　貸：應收剔除經費
　　　借：歲入納庫數　　　　　　　　　並記預算外收入明細分類帳。
　　　　　貸：歲入結存——存款

各學校收到超收自籌經費。

　　　借：歲入結存——存款　　　　　　並記暫收款明細分類帳貸方。
　　　　　貸：暫收款

將超收之自籌經費解繳縣（市）庫時。

  借：預納庫款

    貸：歲入結存——存款

前款於次年度預算完成法定程序及分配預算核定時。

  借：暫收款   並記暫收款明細分類帳借方。

    貸：歲入結存——存款

  借：歲入結存——存款   並記歲入預算明細帳各相當帳戶實收

    貸：歲入實收數——   數欄。

      ××收入

  借：歲入納庫數   並記歲入預算明細分類帳各相當帳戶

    貸：歲入結存——存款 納庫數欄。

  借：歲入結存——存款

    貸：預納庫款

會計年度結束後接到審計機關通知核定以前年度剔除經費，並已收到及繳庫。

  借：應收剔除經費   並記預算外收入明細帳相當帳戶。

    貸：歲入實收數——

      雜項收入

  借：歲入結存——存款

    貸：應收剔除經費

  借：歲入納庫數

    貸：歲入結存——存款

年度終了查明應收歲入款。

  借：應收歲入款   並記歲入預算明細分類帳相當帳戶應

    貸：歲入實收數—— 收數欄。

      ××收入

同時沖轉歲入分配數。

  借：預計納庫數

    貸：歲入分配數

年度結束收支科目時將歲入實收數與歲入納庫數對沖並將其差額轉入應納庫款科目。

  借：歲入實收數——××收入

    貸：應納庫款

      歲入納庫數

年度終了將以前年度歲入退還數與以前年度納庫收回數沖銷。

借：以前年度納庫收回數

貸：以前年度歲入退還數

四、歲出類會計事項之分錄

年度開始根據核定歲出預算數入帳。

借：預計支用數　　　　　　　　並記歲出預算明細分類帳各工作計畫

貸：歲出預算數　　　　　　　　帳戶預算數欄。

核定本年度各月份或各期分配數。

借：歲出預算數　　　　　　　　並記歲出預算明細分類帳各工作計畫

貸：歲出分配數　　　　　　　　帳戶分配數欄及預算支用簽證簿分配

借：可支庫款　　　　　　　　　數欄。

貸：預計支用數

預算尚未成立奉准由公庫先行預撥經費並預付款項。

借：可支庫款　　　　　　　　　並記預領經費明細分類帳相當帳戶貸

貸：預領經費　　　　　　　　　方。

借：預付費用　　　　　　　　　並記預付費用、預付旅費明細分類帳

　　預付旅費　　　　　　　　　帳戶借方。

貸：可支庫款

接到支付課（股）轉正支付通知書辦理預領經費歸墊並將預付沖轉作正開支。

借：預領經費　　　　　　　　　並記預領經費明細分類帳相當帳戶借

貸：可支庫款　　　　　　　　　方。

借：可支庫款　　　　　　　　　並記預付費用、預付旅費明細分類帳

貸：預付費用　　　　　　　　　有關帳戶貸方。

　　預付旅費

借：歲出實付數──××支出　　　並記歲出預算明細分類帳有關帳戶實

貸：可支庫款　　　　　　　　　付欄。

簽發付款憑單提領額定零用金。

借：零用金　　　　　　　　　　並記零用金備查簿有關欄內。

貸：可支庫款

支付本年度歲出政事費──經常支出。

借：歲出實付數──××支出　　　並記預算支用簽證簿實付數欄及歲出

貸：可支庫款　　　　　　　　　預算明細分類帳有關帳戶實付數欄。

支付本年度歲出政事費──資本支出。

　　借：歲出實付數──××支出　　　並記預算支用簽證簿實付數欄及歲出
　　　　貸：可支庫款　　　　　　　　預算明細分類帳有關帳戶實付數欄。

前兩項支出內如有財產之增加者可於月終根據「財產增加單」另行彙記財產帳。

　　借：××財產　　　　　　　　　並記財產統制帳及其明細帳有關欄。
　　　　貸：現存財產權利總值

由零用金項下支付本年度歲出政事費並開付款憑單請撥還零用金。

　　借：歲出實付數──××支出　　　並記預算支用簽證簿及歲出預算明細
　　　　貸：可支庫款　　　　　　　　分類帳有關帳戶實付數欄暨零用金備
　　　　　　　　　　　　　　　　　　查簿內。

簽發付款憑單支付押金。

　　借：押金
　　　　貸：可支庫款

預付員工借支薪津及旅費。

　　借：預付薪津　　　　　　　　　並記預算支用簽證簿有關欄及預付薪
　　　　預付旅費　　　　　　　　　津、預付旅費明細分類帳各有關帳戶
　　　　貸：可支庫款　　　　　　　　借方。

本年度歲出政事費內預付定金及預付費用。

　　借：預付定金　　　　　　　　　並記預算支用簽證簿有關欄及預付定
　　　　預付費用　　　　　　　　　金、預付費用明細分類帳各帳戶借方。
　　　　貸：可支庫款

由以前年度應付歲出款內預付定金及預付費用。

　　借：預付定金　　　　　　　　　並記預付定金、預付費用明細分類帳
　　　　預付費用　　　　　　　　　各帳戶借方。
　　　　貸：保留庫款

　凡擬動支經費前經主（會）計單位預算簽證後，月終尚未支付者依據有關簿籍
所記之餘額為歲出保留之記錄。

　　借：歲出保留數
　　　　貸：應付歲出保留款

收回以前年度付出之押金。

　　借：經費結存──現金
　　　　　　　　　存款
　　　　貸：押金

　　借：經費賸餘——押金部分
　　　貸：經費賸餘——待納庫部分
將經費賸餘繳庫。
　　借：經費賸餘——待納庫部分
　　　貸：經費結存——現金
　　　　　　　　　存款
向銀行或有關機關借入款項時。

借：經費結存——存款	並記借入款明細分類帳有關帳戶貸
貸：借入款	方。

現購材料。

借：材料	並記材料明細分類帳有關帳戶借方。
貸：可支庫款	

所購材料經驗收而料款未付，發生應付料款。

借：材料	並記入材料明細分類帳及應付料款明
貸：應付料款	細分類帳各有關帳戶。

支付應付料款。

借：應付料款	並記入應付料款明細分類帳有關帳
貸：可支庫款	戶。

領用材料。

借：可支庫款	並記入預算支用簽證簿及歲出預算明
貸：材料	細分類帳該計畫材料費實付數欄暨材
借：歲出實付數——××支出	料明細分類帳有關帳戶貸方。
貸：可支庫款	

本年度動用上年度賸餘材料。

借：歲出實付數——××支出	並記歲出預算明細分類帳該計畫材料
貸：材料	費實付數欄及材料明細分類帳有關帳
借：經費賸餘——材料部分	戶。
貸：經費賸餘——待納庫款	
借：經費賸餘——待納庫部分	
貸：可支庫款	

支付以前年度應付歲出款。

借：應付歲出款	並記入以前年度應付歲出款明細分類
貸：保留庫款	帳有關帳戶借方。

收到代收款項及代辦經費。

借：經費結存——現金
　　　　　　　存款
　　貸：代收款
　　　　代辦經費

並記代收款，代辦經費明細帳有關帳戶貸方。

支付代收款項。

借：代收款
　　貸：經費結存——現金
　　　　　　　　存款

並記入代收款明細分類帳有關帳戶借方。

凡工程機關年度預算編列之配合款撥與其他機關一併辦理時，應填具支出證明單作正列支。

借：歲出實付數——××支出
　　貸：可支庫款

並記入歲出預算明細分類帳及預算支用簽證簿有關帳戶實付數欄。

代辦機關收到上款應專戶存用。

借：經費結存——存款
　　貸：代辦經費

並記代辦經費明細分類帳有關帳戶貸方。

以代辦經費支付某項委辦工程款時。

借：委辦工程
　　貸：經費結存——存款

並記入委辦工程明細分類帳有關帳戶借方。

某項委辦工程決算後將該項委辦工程款與該項代辦經費對沖。

借：經費結存——存款
　　貸：委辦工程
借：代辦經費
　　貸：經費結存——存款

並記入委辦工程明細分類帳有關帳戶貸方，及代辦經費明細分類帳有關帳戶借方。

核定退休金、撫卹金或各補助費。

借：預計支用數
　　貸：歲出預算數
借：歲出預算數
　　貸：歲出分配數
借：可支庫款
　　貸：預計支用數

並記入歲出預算明細分類帳各該科目預算數欄。

並記入歲出預算明細分類帳該科目分配數欄。

支付各項自辦發包工程款。

借：未完工程
　　貸：可支庫款

並記入未完工程明細分類帳有關帳戶借方。

未完工程辦理決算時沖轉原列支科目並作正開支。

　　借：可支庫款　　　　　　　　並記入未完工程明細分類帳有關帳戶
　　　　貸：未完工程　　　　　　貸方。
　　借：歲出實付數——××支出　並記入預算支用簽證簿及歲出預算明
　　　　貸：可支庫款　　　　　　細分類帳有關帳戶實付數欄。

註銷以前年度歲出應付款（無預付款項者）。

　　借：應付歲出款　　　　　　　並以紅字記入以前年度應付歲出款明
　　　　貸：保留庫款　　　　　　細分類帳有關帳戶內以前年度結轉應
　　　　　　　　　　　　　　　　付數欄。

註銷以前年度應付歲出款，已預付款項並予收回繳庫。

　　借：應付歲出款　　　　　　　並以紅字記入以前年度應付歲出款明
　　　　貸：經費賸餘——　　　　細分類帳有關帳戶內以前年度結轉應
　　　　　　待納庫部分　　　　　付數欄。
　　借：經費結存——現金　　　　並記預付費用明細分類帳有關帳戶貸
　　　　　　　　　　存款　　　　方。
　　　　貸：預付費用
　　借：經費賸餘——待納庫部分
　　　　貸：經費結存——現金
　　　　　　　　　　　　存款

年度終了，零用金悉數收回。

　　借：可支庫款　　　　　　　　並記入零用金備查簿有關欄內。
　　　　貸：零用金

年度終了查明應付歲出款及沖銷無須支用之預算支用簽證數。

　　借：歲出實付數——××支出　並記入歲出預算明細分類帳各有關帳
　　　　貸：應付歲出款　　　　　戶應付數欄。
　　借：應付歲出保留款
　　　　貸：歲出保留數

由當年度預算以課業費編列之「防護及災害搶修費」，將其賸餘數提列為準備。

　　借：歲出實付數——××支出　並記入歲出預算明細分類帳有關帳戶
　　　　貸：可支庫款　　　　　　實付欄。
　　借：可支庫款　　　　　　　　並記入防護及災害搶修準備明細分類
　　　　貸：防護及災害搶修準備　帳貸方。

年度結帳時就已提列之防護及災害搶修費賸餘數保留庫款。

借：保留庫款

　　貸：可支庫款

次年度動用上項提列之防護及災害搶修費。

　　借：防護及災害搶修準備　　　　　　並記防護及災害搶修準備明細分類帳

　　　　貸：保留庫款　　　　　　　　　有關帳戶借方。

年度終了結束歲出實付數科目。

　　借：歲出分配數

　　　　貸：歲出實付數——××支出

年度終了將本年度內押金增加之數及無須再領用之材料沖減歲出分配數。

　　借：歲出分配數

　　　　貸：經費賸餘——押金部分

　　　　　　經費賸餘——材料部分

年度終了如尚存零用金或尚未作正開支之預付款項，就其數沖歲出分配數轉為
經費賸餘。

　　借：歲出分配數

　　　　貸：經費賸餘——待納庫部分

年度終了將尚未支用之預領經費與可支庫款對沖。

　　借：預領經費　　　　　　　　　　並記預領經費明細分類帳有關帳戶借

　　　　貸：可支庫款　　　　　　　　方。

結束歲出分配數及可支庫款等帳戶。

　　借：歲出分配數

　　　　保留庫款

　　　　貸：可支庫款

法定預算中如有專案經費既未核定分配亦不再支用時。

　　借：歲出預算數

　　　　貸：預計支用數

第四節　鄉鎮公務會計

　　鄉鎮會計原應按總會計與單位會計劃分處理，但由於鄉鎮財政未盡充裕，乃將
鄉鎮財政包括於縣財政之內，並規定鄉鎮之財務收支，應分編單位預算，列入縣總
預算，遂之，乃將其總會計與單位會計合併處理。鄉鎮會計採權責發生制為記帳基
礎，惟平時可就收付實現事項登帳，至年度終了時，再就權責發生事項查明登記。

鄉鎮對庫款之簽撥，採集中支付制，一律以公庫支票為之，鄉鎮經管之公款，除得提撥一定數額之零用金外，應悉數繳存公庫，鄉鎮公所之各種收入款項，均須依法解繳公庫，公庫對帳單如與帳面金額發生差異，應隨即核對查明，並編製公庫存款差額解釋表。鄉鎮會計制度，對普通會計事務，材料會計事務，工程會計事務，均詳訂處理程序，並對現金收支，財產與物品之處理，亦訂有注意要點，以使從事鄉鎮會計及其有關人員，對各種有關會計事務之處理，有所依循。

　　鄉鎮會計應編之報告，分日報、月報、季報、年報四種，日報為現金結存表，月報有現金出納表，總分類帳科目彙總表，歲入與經費累計表，公庫存款差額解釋表，人事費支出月結表等項。鄉鎮會計須對各計畫之經費預算及預定工作量之實施情形為詳確之記錄，凡有工作衡量單位之工作計畫，應採用成本會計方法，以計算每一工作之單位成本，故須按季編具歲出重要工作計畫及實施進度報告表，以表達工作之進度、工作數量、工作成本，以便於工作之考核比較及工作評價。鄉鎮會計之年報，係與其決算合併編製，除以文字說明預算執行概況、施政計畫實施狀況、資產負債概況外，所需編之主要表，為歲入來源別決算表、歲出政事別決算表、以前年度歲入及歲出轉入數決算表、與資產負債平衡表。上項現金出納表、總帳科目彙總表、歲入與經費累計表，其格式分列於218至222頁，用供參考。

第五節　鄉鎮會計記錄

　　鄉鎮會計科目之設置，為求簡化起見，不採分配預算科目，但仍應辦理分配預算，惟於分配預算時並不分錄入帳，僅將其預算分配數分別填入各有關明細帳相當欄，以供編製與預算比較之會計報告。鄉鎮公所之日常會計事務，甚少有應收應付事項，雖偶有權責發生，但數額不多，為時短暫，為免記載沖轉手續之繁，故於平時可不用應收歲入款及應付歲出款兩科目，俟年度終了時，再查明到期之未收未付事項，而為整理入帳，俾可確計歲入，及經費賸餘。鄉鎮歲出會計亦不設歲出保留數及應付歲出保留款兩科目，但為因應業務特殊需要，而須為預算支用之控制，以免實付超出預算之情事發生時，可設預算控制備查簿，用以登記已發生之契約責任數，預為預算之保留。

　　鄉鎮會計之簿記工作，亦儘可能予以簡化，故不設序時簿，而以總分類帳科目日計表代替現金日記簿，以轉帳傳票代替分錄日記簿。總分類帳科目日計表，乃根據已執行之收入與支出傳票，將所有現金收付事項，按總帳科目分別彙總產生，不僅顯示當日之現金收付情形，更且便利以當日總額過帳，誠一舉兩得也。鄉鎮會計

所設置之分類帳，除總分類帳外，要以歲出預算明細分類帳為最重要，該帳係按歲出預算之明細工作計畫科目，分別立戶，並按用途別科目分設專欄，此外，尚有歲入預算明細帳，以前年度應收歲入款及應付歲出款明細帳及其他明細帳。鄉鎮公所為加強內部財務之監督，嚴密控制預算之執行，有經常採用事前預算支用簽證記錄之必要，因而設預算支用簿，為備查簿之一種，由各業務主管部門登記控制。並設現金出納備查簿，由出納人員登記。用供編製現金結存日報表及現金出納月報表所需資料。另設財產統制帳及其明細帳，以登記其財產。茲將歲出預算明細帳，預算支出簽證簿，現金出納備查簿三種帳式列於223至225頁，以供參考。

鄉鎮會計科目，分資產及資力科目、負債及負擔科目、餘絀科目、收入科目、支出科目、財產統制科目共六種，其收入與支出科目，均與其歲入與歲出預算科目雷同，財產會計將另章專論，茲僅將前三類科目，分列如下：

一、資產及資力科目

⑴鄉（鎮、市）庫結存——存款：凡鄉（鎮、市）庫收支移轉之款項皆屬之。

⑵鄉（鎮、市）庫結存——現金：凡鄉（鎮、市）自行保管之零星歲入款項及提領之零用金皆屬之。

⑶各機關結存——存款：凡各機關歲入及經費收支款項皆屬之。

⑷各機關結存——現金：凡各機關自行保管之零星歲入款及提領額定零用金皆屬之。

⑸專戶存款：凡由鄉（鎮、市）庫專戶存儲之代收款、保管款及上級機關指定用途之專款等之一切收支皆屬之。

⑹暫收稅款專戶存款：凡由鄉（鎮、市）庫專戶存儲之來源尚未確定之稅款皆屬之。

⑺代徵稅款專戶存款：凡由鄉（鎮、市）庫專戶存儲之代徵稅款皆屬之。

⑻零用金：凡由額定零用金內支付事務上零星支用之現金屬之。

⑼有價證券：凡持存之公債、公司債、股票等可以變現之債券皆屬之。

⑽應收歲入款：凡應收未收之歲入款皆屬之。

⑾預撥經費：凡預撥各機關預算內之經費皆屬之。

⑿墊付款：凡代他級政府機關及團體或其他基金墊付之款皆屬之。

⒀應收剔除經費：凡經審計機關審定剔除應追繳之經費皆屬之。

⒁材料：凡由本機關購入供工程或修繕用之物料、燃料、配件暨損壞而尚有價值之廢料皆屬之。

××鄉（鎮、市）公所

歲入
　出款現金出納表

中華民國　　年　　月　　日起至　　年　　月　　日止

科目及摘要	金　額		
	小　計	合　計	總　計
收　項			
1.上期結存			××××
(1)鄉（鎮、市）庫結存 現金		××××	
存款		××××	
(2)各機關結存 現金		××××	
存款		××××	
(3)專戶存款		××××	
(4)暫收稅款專戶存款		××××	
(5)代徵稅款專戶存款		××××	
(6)零用金		××××	
2.本期收入			××××
歲入實收數		××××	
本年度部分（依歲入預算科目款別列報）	××××		
其他收入（依其性質分別列報）	××××		
本年度剔除經費	××××		
以前年度剔除經費	××××		
應收歲入款		××××	
以前年度部分（依年度歲入預算科目款別列報）	××××		
暫收款		××××	
收入數	××××		
減沖轉或發還數	××××		
保管款		××××	
收入數	××××		
減沖轉或發還數	××××		
代收款		××××	
收入數	××××		

減沖轉或發還數	××××		
暫收稅款		××××	
收入數	××××		
減沖轉或發還數	××××		
代徵稅款		××××	
收入數	××××		
減沖轉或發還數	××××		
收項總計			××××
付　　項			
1. 本期支出			××××
以前年度歲入退還數（註明收入退還書號數）		××××	
歲出實付數（依歲出預算科目款別列報）		××××	
預付款項		××××	
預付數	××××		
減沖轉或收回數（用赤數字列報）	××××		
押金		××××	
支付數	××××		
減收回數（用赤數字列報）	××××		
材料		××××	
支付數	××××		
減沖轉數（用赤數字列報）	××××		
2. 本期結存			××××
⑴鄉（鎮、市）庫結存　現金		××××	
存款		××××	
⑵各機關結存　現金		××××	
存款		××××	
⑶專戶存款		××××	
⑷暫收稅款專戶存款		××××	
⑸代徵稅款專戶存款		××××	

說明：本表為表示公所在一定期間內現金收支之動態會計報告，於每月終了時，根據總分類帳戶記載之現金收支事項編製之。（在月終尚未將代替分錄日記簿之轉帳傳票記入總分類帳以前，先就「代替現金日記簿之日計表」所記入數字編製。）

××鄉（鎮、市）公所

總分類帳科目彙總表

中華民國 年 月 日起至 年 月 日止

	借　方			科　目	貸　方		
	上月底餘額	本月份總額	本月底餘額		本月底餘額	本月份總額	上月底餘額
				總　計			

說明：本表為表示鄉（鎮、市）在一定期間內財政狀況增減變化之動態會計報告，於月終根據總分類帳編製之。

××鄉（鎮、市）公所
歲入累計表

中華民國　年　月　日起至　年　月　日止

符　號	科目名稱	全年度預算數	截至本月底止預算分配數	收入數				未收入之分配數	備　考
				實收數			應收數		
				收入憑證	本月實收數	截至本月止累計數			
	××收入								
	×××								
	×××								
	小　計								
	××收入								
	××××								
	××××								
	××××								
	小　計								
	總　計								

說明：本表為表示本所在一定期間內，本年度歲入預算執行經過之動態會計報告，於每月終了時，根據歲入預算明細分類帳編製之。

×× 鄉（鎮、市）公所

經費累計表

中華民國　年　月　日起至　年　月　日止

工作計畫項目		全年度預算數	截至本月止分配數	實支數				未支用分配預算數
編號	名稱			支出憑證		本月份	累計數	
				字	號			

說明：本表為表示在一定期間內本年度歲出預算執行狀況之動態報告，月終時根據歲出預算明細分類帳編製之。

製表時應將歲出預算科目填入「工作計畫項目」欄內，至每一工作項目，則根據明細帳戶所記載之工作項目，名稱分別填入各該歸屬之歲出預算科目下端，關於各該工作項目所發生之費用，則按歲出預算明細分類帳之總數，填入本月份之實支數欄內。

全年度預算數，根據核定預算數編列，追加減數就原預算內增減之，不另設專欄。

××鄉（鎮、市）公所

歲出預算明細分類帳

中華民國　年度

歲出預算科目＿＿＿＿
工　作　計　畫＿＿＿＿
業務承辦單位＿＿＿＿

區　分	金　額
原預算數	
追加減預算數	
合　計	

年		摘要	傳票		原始憑證		分配數		實付數					應付數未支出之分配數
月	日		種類	號數	字	號	數量	金額	用途別項目					
									事務費	××費	××費	××費	合計金額	

說明：本帳按歲出預算科目之工作計畫分別開帳立戶，以用途別設置專欄，根據傳票及原始憑證登記之。

××鄉（鎮、市）公所
預算支用簽證簿
中華民國　　年度

工作計畫項目：
用途別科目：

原預算數	
追加（減）數	
合　計	

日期		摘要	預算分配數	本月份簽證數或以前月份結轉數		預算分配數餘額	實際支付數		簽證數與實支數差額
月	日			法字案號	金額		付款憑單號數	金額	

說明：

1. 各單位為業務需要，擬支用經費之請購或法案書據，遂經主計單位審核，並簽證預算審查時以簽證之日填入本帳之「日期」欄，並將此項請購或法案書據，按順序編號後，將其號數與金額填入「本月份簽證數」各欄，並結計預算分配數餘額填入「預算分配數餘額」欄。

2. 根據每月或期之分配預算額，填入「預算分配數」欄，月份開始先將上月份已登記而尚未支付之款項，逐筆轉記入「本月份簽證數或以前月份結轉數」欄。

3. 根據法案編製之付款憑單第三聯，逐筆查對並將實付數填入「實際支付數」欄，同時將實付數與當初之簽證數之差額，填入「簽證數與實支數差額」欄。

4. 「登記數與實際支付數之差額」欄月終結計之餘額，如屬於增加登記者，則將該餘數轉填入「本月份簽證數以前月份結轉數」欄，並減少預算分配數額，如屬於減少登記者，則以紅字轉填入「本月份簽證數或以前月份結轉數」欄，並增加預算分配數餘額。

5. 「本月份登記數或以前月份簽證用支付數」欄之本月合計數減「實際支付數」欄之本月合計數所得餘額，即為本用途別科目，貸：「歲出保留款」，借：「應付歲出保留款」，直接過入總分類帳，並於會計報表上表達之，次月份開始即予冲回。

6. 材料用途別科目，應以登記數記載實際支付數減實耗材料科後之數額，作為簽證保留數額。

××鄉（鎮、市）公所
現金出納備查簿

中華民國　　年度

年傳日票		會計科目	摘要	收入						支出						支票號碼	支票領用人
				現金	鄉（鎮、市）庫存款	專戶存款	暫收稅款專戶存款	代徵稅款專戶存款		現金	鄉（鎮、市）庫存款	專戶存款	暫收稅款專戶存款	代徵稅款專戶存款			
月	種類	號數																
			本日合計															
			昨日結存															
			本日結存															
			合計															

說明：1. 凡與現金收支有關之會計事項，逐日由出納人員根據收支傳票登記之。

　　　2. 根據實收、付訖月日及傳票之種類、號數分別填入月日及傳票種類號數欄內，科目及簡單之事由分別填入「會計科目」及「摘要」欄。

　　　3. 「收入」欄根據收入傳票按現金、鄉（鎮、市）庫存款、專戶存款、暫收稅款專戶存款及代徵稅款專戶存款分別填入，「支出」欄根據支出傳票按現金、鄉（鎮、市）庫存款、專戶存款、暫收稅款專戶存款及代徵稅款專戶存款，分別填入各該欄。

⒂押金：凡存出之押金皆屬之。

⒃預付款項：凡預付薪津、旅費、定金、費用，各項補助費等款皆屬之。

⒄歲入預算數：凡經核定之鄉（鎮、市）本年度歲入總預算數皆屬之，本科目餘額應於年度終了結帳轉入歲計餘絀科目。

⒅代徵稅款解繳數：凡繳納代徵國省縣稅稅款皆屬之。年終與代徵稅款實收數沖銷。

二、負債及負擔科目

⑴短期借款：凡經核准借入或據各機關報告借入之款項皆屬之。

⑵暫收款：凡收到或據各機關報告收到來源尚未確定之歲入款屬之。

⑶暫收稅款：凡收到來源尚未確定之稅款皆屬之。

⑷代收款：凡受其他機關或團體委託代收代辦之款項（如代扣所得稅及代辦工程等）皆屬之。

⑸保管款：凡代為保管之款項皆屬之。

⑹應付歲出款：凡應付未付之歲出款皆屬之。

⑺歲出預算數：凡經核定之鄉（鎮、市）本年度歲出總預算（含預備金）皆屬之，年結本年度各項支出之借方餘額，及年度終了查明本年度之應付歲出款，記入本科目借方。本科目餘額應於年度終了結帳後轉入歲計餘絀科目。

⑻代徵稅款實收數：凡代徵國、省、縣稅稅款實收之數皆屬之，年終本科目餘額與代徵稅款解繳數對沖。

三、餘絀科目

⑴歲計餘絀：凡計算本年度餘絀各數皆屬之。核准歲入預算數及追加數，歲出預算數之追減數，預算外收入年結貸方餘額，及歲出預算數年結貸方餘額，與歲入預算數年結貸方餘額，均記入本科目之貸方；核准歲出預算數及追加數，歲入預算數之追減數及歲入預算數之年結借方餘額，均記入本科目之借方，本科目年結貸方餘額表示本年度賸餘總數，年結借方餘額表示本年度短絀總數，本科目於次年度開始時，即結轉累計餘絀科目。

⑵累計餘絀：凡歷年度歲計餘絀之累計餘絀數，及以前年度收入、以前年度支出在本年度發生，及本年度動用以前年度結餘者皆屬之。上年度歲計餘絀之年結貸方餘額，以前年度收入及收回以前年度歲出之年結貸方餘額，均記入本科目之貸方；上年度歲計餘絀之年結借方餘額，以前年度支出及退還以前年度歲入之年結借方餘

額，與本年度動用以前年度結餘，均記入本科目之借方，其貸方餘額表示以前各年度累計賸餘總額，其借方餘額表示以前各年度累計短絀總額。

為期深入瞭解鄉鎮會計事務之處理，以及所設會計科目之應用，茲就其重要會計事項分別列示其分錄如下。並注意其現金轉帳事項，係以收入與支出傳票分別記錄。

核定本年度歲入預算。

借：歲入預算數　　　　　　　　　　並記入歲入預算明細分類帳預算數
　　貸：歲計餘絀　　　　　　　　　欄。

核定本年度歲出預算。

借：歲計餘絀　　　　　　　　　　　並記入歲出預算明細分類帳預算數
　　貸：歲出預算數（含預備金）　　欄。

核定本年度各月、期歲入分配預算。

（不作分錄）　　　　　　　　　　　逕記歲入預算明細分類帳分配數欄。

核定本年度各月、期歲出分配預算。

（不作分錄）　　　　　　　　　　　逕記歲出預算明細分類帳分配數欄。

接公庫報告收到本年度歲入款。

借：鄉（鎮、市）庫結存——　　　並記歲入預算明細分類帳各相當帳戶
　　存款　　　　　　　　　　　　　實收數欄。
　　貸：××收入

接公庫報告收到以前年度應收歲入款。

借：鄉（鎮、市）庫結存——　　　並記入應收歲入款明細帳各相當帳戶
　　存款　　　　　　　　　　　　　實收數欄。
　　貸：以前年度收入

接公庫報告收到暫收款。

借：鄉（鎮、市）庫結存——　　　並記入暫收款明細帳其明細戶貸方。
　　存款
　　貸：暫收款

將上項暫收款轉帳為本年度歲入款。

借：鄉（鎮、市）庫結存——　　　並記入歲入預算明細帳各相當帳戶實
　　存款　　　　　　　　　　　　　收數欄及暫收款明細帳其明細戶借
　　貸：××收入　　　　　　　　　方。
借：暫收款
　　貸：鄉（鎮、市）庫結存——
　　　　存款

將上項暫收款轉帳為以前年度歲入款。

借：鄉（鎮、市）庫結存——
　　存款　　　　　　　　　　　　並記入應收歲入款明細帳實收數欄及
　　貸：以前年度收入　　　　　　暫收款明細帳其明細戶借方。
借：暫收款
　　貸：鄉（鎮、市）庫結存——
　　　　存款

接公庫報告收到暫收稅款。

借：暫收稅款專戶存款　　　　　　並記入暫收稅款明細分類帳其明細戶
　　貸：暫收稅款　　　　　　　　貸方。

將前項暫收稅款轉帳為本年度歲入款。

借：鄉（鎮、市）庫結存——　　並記入歲入預算明細分類帳相當帳戶
　　存款　　　　　　　　　　　　實收數欄及暫收稅款明細帳其明細戶
　　貸：××收入　　　　　　　　借方。
借：暫收稅款
　　貸：暫收稅款專戶存款

將暫收稅款轉帳為以前年度歲入款。

借：鄉（鎮、市）庫結存——　　並記入應收歲入款明細帳相當帳戶實
　　存款　　　　　　　　　　　　收數欄及暫收稅款明細帳其明細戶借
　　貸：以前年度收入　　　　　　方。
借：暫收稅款
　　貸：暫收稅款專戶存款

暫收稅款部分係國縣稅轉繳國縣庫。

借：暫收稅款　　　　　　　　　　並記入暫收稅款明細帳其明細戶借方
　　貸：暫收稅款專戶存款　　　　及代徵稅款徵解明細分類帳相當稅別
借：代徵稅款專戶存款　　　　　　帳戶之實收數與解繳數欄。
　　貸：代徵稅款實收數
借：代徵稅款解繳數
　　貸：代徵稅款專戶存款

接公庫報告收到代徵國縣稅款。

借：代徵稅款專戶存款　　　　　　並記入代徵稅款明細分類帳該稅實收
　　貸：代徵稅款實收數　　　　　數欄。

解繳國縣稅款。

　　　借：代徵稅款解繳數　　　　　　並記入代徵稅款明細分類帳該稅解繳
　　　　　貸：代徵稅款專戶存款　　　　數欄。

公庫報告收回以前年度歲出款。

　　　借：鄉（鎮、市）庫結存──存款
　　　　　貸：收回以前年度歲出

自收暫收之零星收入。

　　　借：鄉（鎮、市）庫結存──　　並記入暫收款明細帳其明細戶貸方。
　　　　　現金
　　　　　貸：暫收款

將前項零星收入轉為本年度歲入款。

　　　借：暫收款　　　　　　　　　　並記入暫收款明細帳其明細戶借方及
　　　　　貸：鄉（鎮、市）庫結存　　歲入預算明細分類帳相當帳戶實收數
　　　　　　　──現金　　　　　　　　欄。
　　　借：鄉（鎮、市）庫結存──
　　　　　存款
　　　　　貸：××收入

將零星收入轉帳為以前年度歲入款。

　　　借：暫收款　　　　　　　　　　並記入暫收款明細帳其明細戶借方及
　　　　　貸：鄉（鎮、市）庫結存　　應收歲入款明細帳相當帳戶實收數
　　　　　　　──現金　　　　　　　　欄。
　　　借：鄉（鎮、市）庫結存──
　　　　　存款
　　　　　貸：以前年度收入

公庫報告收到短期借款。

　　　借：鄉（鎮、市）庫結存──　　並記入應付短期借款明細分類帳相當
　　　　　存款　　　　　　　　　　　戶貸方。
　　　　　貸：短期借款

公庫報告收到代收款、保管款。

　　　借：專戶存款　　　　　　　　　並記入代收款、保管款明細分類帳相
　　　　　貸：代收款　　　　　　　　當戶貸方。
　　　　　　　保管款

收到員工薪給報酬所得稅或各項繳存保證金之現金。

借：鄉（鎮、市）庫結存──　　　　　並記入代收款、保管款明細分類帳相

現金　　　　　　　　　　　　　　當戶貸方。

貸：代收款

保管款

支付代保管之員工薪給報酬所得稅或各項繳存保證金之現金。

借：代收款　　　　　　　　　　　並記入代收款、保管款明細分類帳相

保管款　　　　　　　　　　　　當戶之借方。

貸：鄉（鎮、市）庫結存

──現金

接到審計機關核定剔除本年度經費文件。

借：應收剔除經費

貸：其他收入

公庫報告收到本年度剔除經費。

借：鄉（鎮、市）庫結存──存款

貸：應收剔除經費

公庫報告收回各機關以前年度經費賸餘。

借：鄉（鎮、市）庫結存──存款

貸：收回以前年度歲出

奉准註銷應收歲入款。

借：累計餘絀

貸：應收歲入款

奉准註銷應付歲出款。

借：應付歲出款

貸：累計餘絀

支付本年度歲出款（含動支預備金）。

借：××支出　　　　　　　　　　　並記入歲出預算明細分類帳相當帳戶

貸：鄉（鎮、市）庫結存　　　　實付數欄。

──存款

購入有價證券。

借：有價證券　　　　　　　　　　　並記入有價證券備查簿。

貸：鄉（鎮、市）庫結存

──存款

支付以前年度應付歲出款。

借：以前年度支出　　　　　並記入以前年度歲出明細帳各相當帳
　　貸：鄉（鎮、市）庫結存　戶實付數欄。
　　　　──存款

支付墊付款或預撥經費。

借：預撥經費
　　墊付款
　　貸：鄉（鎮、市）庫結存──存款

支付預付款項。

借：預付款項　　　　　　　並記入其明細帳各相當帳戶借方。
　　貸：鄉（鎮、市）庫結存
　　　　──存款

前項預付款項沖轉為歲出款。

借：××支出　　　　　　　並記入歲出預算明細分類帳相當帳戶
　　貸：鄉（鎮、市）　　　實付數欄及預付款明細帳相當帳戶貸
　　　　庫結存──存款　　方。
借：鄉（鎮、市）庫結存──
　　存款
　　貸：預付款項

支付押金。

借：押金　　　　　　　　　並記入其明細帳相當帳戶借方。
　　貸：鄉（鎮、市）庫結存
　　　　──存款

由專戶存款支付代收款及保管款。

借：代收款　　　　　　　　並記入其明細帳各相當帳戶借方。
　　保管款
　　貸：專戶存款

依法提領額定零用金。

借：鄉（鎮、市）庫結存──現金
　　貸：鄉（鎮、市）庫結存──存款

撥付事務零用金。

借：零用金
　　貸：鄉（鎮、市）庫結存──現金

收回本年度經費支出。

借：鄉（鎮、市）庫結存── 　　　並記入歲出預算明細分類帳相當帳戶
　　存款 　　　之實付數欄以紅字記入。
　　貸：××支出

購買材料。

借：材料 　　　並記入材料明細分類帳。
　　貸：鄉（鎮、市）庫結存
　　　　──存款

領用材料。

借：鄉（鎮、市）庫結存── 　　　並記入材料明細分類帳及歲出預算明
　　存款 　　　細分類帳相當帳戶之實付數欄。
　　貸：材料
借：××支出
　　貸：鄉（鎮、市）庫結存
　　　　──存款

年終將已於本年度收入之剔除經費移作支出減項處理。

借：××收入 　　　並記入歲入、出預算明細分類帳相當
　　貸：××支出 　　　帳戶之實收（付）數欄以紅字記入。

補充記錄各機關本年度自行收納未繳庫之本年度歲入款。

借：各機關結存──現金 　　　並記入歲入預算明細分類帳相當戶實
　　　　　結存──存款 　　　收數欄。
　　貸：××收入

補充記錄各機關本年度應收歲入款。

借：應收歲入款 　　　並記入歲入預算明細分類帳相當帳戶
　　貸：××收入 　　　應收數欄。

補充記錄各機關本年度賸餘經費。

借：各機關結存──存款 　　　並記入歲出預算明細分類帳相當戶實
　　貸：××支出 　　　付數欄以紅字記入。

　　　　　　　　　　　　　　　　　註：如代表會、清潔隊平時根據分配
　　　　　　　　　　　　　　　　　預算簽撥，此時各機關報告所列實付
　　　　　　　　　　　　　　　　　數如少於庫支數時應為上列分錄，如
　　　　　　　　　　　　　　　　　多於庫撥數為相反之分錄。

補充記錄各機關本年度應付未付之歲出款。

借：××支出 　　　並記入歲出預算明細分類帳相當戶應
　　貸：應付歲出款 　　　付數欄。

補充記錄各機關本年度自行收納未繳庫之以前年度歲入款。

　　借：各機關結存——現金　　　　並記入以前年度應收歲入款明細分類

　　　　貸：以前年度收入　　　　　　帳。

年終將上年度結轉之應收歲入款及應付歲出款已實現數轉入累計餘絀。

　　借：累計餘絀

　　　　貸：應收歲入款

　　借：應付歲出款

　　　　貸：累計餘絀

年終將本年度各項收入科目年結餘額結轉歲入預算數科目。

　　借：××收入

　　　　貸：歲入預算數

年終將本年度各項支出科目年結餘額結轉歲出預算數科目。

　　借：歲出預算數

　　　　貸：××支出

年終將以前年度各項收入、收回以前年度歲出科目年結餘額結轉歲計餘絀科目。

　　借：以前年度收入

　　　　收回以前年度歲出

　　　　貸：累計餘絀

年終將以前年度支出、退還以前年度歲入科目年結餘額結轉累計餘絀科目。

　　借：累計餘絀

　　　　貸：以前年度支出

　　　　　　退還以前年度歲入

年終將歲入預算數科目餘額結轉歲計餘絀。

　　借：歲計餘絀

　　　　貸：歲入預算數

年終將歲出預算數科目餘額結轉歲計餘絀。

　　借：歲出預算數

　　　　貸：歲計餘絀

年終將代徵稅款實收徵解科目結銷。

　　借：代徵稅款實收數

　　　　貸：代徵稅款解繳數

年終根據各機關財產目錄各財產科目金額登記財產統制帳。

　　借：××財產

　　　　貸：現存財產總值

問　題

一、試述縣市經費類單位會計對其分會計報告跨年度整理結帳辦法。

二、試述鄉鎮會計之記帳基礎。

三、試述縣市歲入、歲出之年度劃分標準。

四、試述縣市總會計統制記錄之特色。

五、試述縣市總會計年報與單位會計年報之主要報表。

習　題

一、下列是某縣某機關××年度所發生之會計事項。

　(1)預算尚未成立，奉准由公庫先行預撥經費$140,000，並預付印刷費$80,000。

　(2)核定全年度歲出預算$600,000。

　(3)將預撥經費歸墊，並沖轉預付款項。

　(4)收回以前年度押金$3,000。

　(5)支領定額零用金$40,000。

　(6)預付實物價款$28,000。

　(7)支付購買設備款$80,000。

　(8)收到保管款$30,000。

　(9)沖轉實物價款$28,000。

　(10)收到代收款$7,000，代辦經費款$9,000。

　(11)現購材料$145,000，搭配公債$3,000。

　(12)支付建築工程款$240,000，其他機關撥來配合款1/3，本機關配合款2/3。

　(13)領用本年度材料$85,000，及上年度膳餘材料$32,000。

　(14)註銷以前年度應付歲出款$8,000（預付$3,000）並繳庫。

　要求：(1)試作應有之分錄及年度結帳分錄。

　　　　(2)編製現金出納表及平衡表。

二、臺北某鎮公所91年度部分會計事項如下，試作成應有之分錄。

　(1)鎮民代表大會通過鎮公所年度歲入、歲出預算各為$800,000。

　(2)接鎮庫報告收到以前年度應收歲入款$400,000。

　(3)接鎮庫報告收到本年度剔除經費$28,000。

　(4)支付本年度歲出款$200,000。

　(5)現購材料$60,000。

三、某縣市政府會計上年度結轉累計餘絀帳戶借方餘額 $946,000，下列是本年度發生有關該帳戶的資料：

(1)註銷以前年度應付歲出款　　　$3,560,000

(2)註銷以前年度應收歲入款　　　3,320,000

(3)註銷以前年度應付歲出保留款　4,284,000

(4)上年度歲計餘絀貸方餘額結轉　452,000

試計算累計餘絀帳戶餘額，先列出該帳戶的期初餘額，再將各有關金額逐一加減，然後結出該帳戶的最後餘額，並註明是賸餘，還是虧絀。

四、某縣政府90年度總會計相關之會計事項如下：

(1)議會審議通過年度歲入總預算 $150,000，歲出總預算 $150,000。

(2)縣政府核定各機關各月份歲入、歲出分配預算。

(3)公庫報告收到稅課收入 $88,000，規費收入 $12,500。

(4)公庫報告收到財產收入 $12,000。

(5)公庫報告撥付行政支出 $96,000，交通支出 $7,500。

(6)公庫報告收到暫收款 $25,000及短期借款 $40,000。

(7)公庫報告撥付墊付款 $35,000。

(8)公庫報告收到營業盈餘及事業收入 $50,000。

(9)公庫報告撥付教育科學文化支出 $32,500。

(10)公庫暫收之補助款已確定收入來源科目。

(11)墊付經費繳還公庫 $10,000。

(12)屬於以前年度收入 $5,000誤列為營業盈餘及事業收入。

(13)撥還公庫透支之短期借款 $30,000。

(14)另各機關決算報告補充資料如下：

　①本年度自行收納其他收入未繳還庫數 $3,500。

　②本年度應收歲入款 $3,000，其中含財產收入 $1,750，規費收入 $1,250。

　③應補充各資產負債科目金額如下：

材料	$ 5,000	預付費用	$ 6,000
預付薪資	12,500	暫收款	21,000
預付旅費	1,500	代收款	4,500

試作：

1.總會計之統制記錄。

2.年終應有之調整分錄及結帳分錄。

3.編製總會計年度之平衡表及年度收支餘絀表。

第九章　稅賦徵課會計

第一節　徵課會計之範圍

政府施政計畫之推行，有賴經費以支應，因而必須為歲出謀求財源，所以在歲出預算外，又有歲入預算。政府機關之歲入會計，於上章已有專節論述，惟其僅適用於普通公務機關，且係對一般瑣細收入之會計處理，尚未涉及稅課之會計，要知稅課收入為政府收入之主體，在收入總額中占最大比重，隨之其會計事務亦較繁，為期使讀者能對徵課會計有深切之體認，進而能在徵課實務上發揮實際之應用，故特設此專章再為詳細討論，並藉此與第十七章所述美國政府之收入會計相互對比，當更能加深讀者之瞭解。

政府稅務機關以辦理稅賦之課徵為職責，屬於特種公務機關，其於稅賦徵課之會計，依會計法規定為特種公務之會計事務，故徵課會計為政府之特種公務會計。政府之稅課收入，依財政收支劃分法，分為國稅、省市稅與縣市稅。國稅中以關稅收入為大宗，由海關負責徵收，其他國稅之徵課在直轄市專設國稅局辦理，在地方分設區國稅局辦理，至直轄市稅與縣市稅均由直轄市與各縣市之稅捐稽徵處徵收。關稅係國境稅，與內地稅性質不同，關稅雖亦屬國稅，但因與其他國稅之徵課程序大不相同，故仍維持海關自用之徵課會計。至地方稅之徵課會計，已另訂定其徵課會計制度。

第二節　徵課會計之特質

徵課會計乃以徵收機關關於稅賦捐費等收入之徵課、查定、與所用之票照等憑證，及徵課物之處理等會計事務為對象，屬於特種公務會計，其與普通公務之會計事務有別，茲就徵課會計之特質，擇其要者列述如次：

(1)平時採收入實現基礎：政府會計基礎，除公庫出納會計外，應採用權責發生制，以利預算之控制。惟因政府收入之數必須確實，俾支應政府之實際開支，故徵課會計平時因應事實需要，得以現金基礎處理，但於會計年度終了，仍應依法將權責發生數列入決算。

(2)重視對內報告：徵課會計報告分對內對外兩種，對內報告供機關長官及業務單位隨時明瞭稅收實況以利督導考核；對外報告供財政及有關機關監督決策參考。稽徵機關負責執行其稅收預算，須隨時查考徵收實績，故非常重視對內之會計報告，其對內報告以稅款徵解報表為最重要。

(3)不設預算科目：徵課會計不設預算科目，惟為便於分析比較，乃將每一稅目之預計徵收預算數，於稅捐徵解明細分類帳內註明，另設收入類科目，按稅款之歸屬分為國稅、省市稅、縣市稅及鄉鎮稅；支出類科目，按納庫之歸屬，亦分為繳納國庫數、省市庫數、縣市庫數、及鄉鎮庫數。

(4)不設日記帳簿：徵課會計為求簡化作業程序，以稅款收支日報表代替現金日記簿，以轉帳傳票代替普通日記簿，以收入清單代替稅捐收入明細分類帳。

(5)劃分會計處理責任：徵課會計為加強會計功能，輔助稅捐稽徵業務，乃將非屬徵課會計事務但與徵課會計業務有關之事項，一併納入會計制度處理。為期區分處理責任，復將主計人員辦理事項，機關首長辦理事項，出納人員應辦事項，管理單位應辦事項，予以明確劃分。

第三節　關稅徵課會計

海關隸屬於財政部，現稱關稅總局，其下設各地關稅局，為執行徵收單位。海關徵課會計制度，以處理關稅收入為唯一對象，並以關稅總局及其所屬各局為實施範圍，總局為單位會計，各局為分會計。茲將關稅之徵解程序及徵收記錄分述如下：

一、徵解程序

我國海關專對進口貨物徵稅，故所稱關稅實即進口稅。進口貨物先由進口業務部門之驗估單位查驗貨物，據驗貨報告，估定完稅價格及核定應用稅率，送計稅檔核計應納稅款，填製稅款繳納證，再送稅款登記檔登記報單號碼及應稅金額，然後在繳納證上加蓋關防交納稅人，持向代庫銀行駐海關收稅處繳納稅款。收稅處收訖稅款後，在繳納證各聯上加蓋收訖戳印，將第一聯送還海關進口組計稅檔，第二聯交納稅人作收據，第三聯送海關會計部門。收稅處每日編製稅款專戶存款核帳單二份，分送海關業務部門及會計部門。業務部門之計稅檔接到收稅處送來之繳納證第一聯後，應檢同原進口報單送稅款登記檔與其記錄核對無誤後，逐筆記入稅款收入備查簿，並套寫日報表一份，於每日終了結總，與收稅處核帳單核對相符後，送會計部門。規費及雜項收入，由主辦業務單位填製國庫專戶存款收款書，並登記其號

碼金額後，交繳款人持向收稅處繳納。收稅處收到款項，在收款書各聯加蓋收訖章後，以第一聯交繳款人作收據，另兩聯分別送海關會計部門及主辦業務單位。主辦業務單位與其記錄核對後，逐筆分別登入規費或雜項收入備查簿，並套寫日報表一份，於每日終了結總，與收稅處核帳單核對相符後，送會計部門。會計部門根據業務單位送來之稅款收入日報表，規費收入及雜項收入日報表，與收稅處送來之繳納證或國庫專戶存款收款書及當日核帳單核對，然後編製收入傳票，經主辦出納人員登記簽章後，由會計部門入帳。已收應繳解之稅款，由會計部門查明數額，編製付款憑單，詳列明細科目，經機關長官核章後，送主辦出納人員執行繳解。主辦出納人員接到會計部門上項付款憑單，先查明存款餘額，分別填具繳款書，向國庫辦理繳解手續，主辦出納人員執行支付繳解後，在付款憑單代傳票上簽章，然後檢同繳款書第一聯送會計部門登帳。

二、會計科目

海關徵課會計科目，分為資力及資產、負擔及負債兩類，前者有歲入結存，歲入應收款，歲入預算數，歲入分配數，歲入納庫數等；後者有保管款，暫收款，應納庫款，待納庫款，預計納庫數，歲入實收數等。此外，海關辦理稅款記帳之案甚多，其記帳性質不一，有分期繳納者，有須候辦理預算抵繳者，因係不肯定之收入，遂不能作為當期之歲入應收款，惟於單位會計及分會計則應有適當之記錄，為應此項需要，乃增置「核定記帳稅款」及「未沖轉記帳稅款」兩相對科目以處理之。又為簡化分會計工作起見，分會計不設置預算科目，對全年預算數，及各期分配數，均不正式分錄入帳，僅須將其核定數額，分別記入各有關明細帳相當欄內，以便編製與預算比較之會計報告。再者，各關分會計之歲入實收數與歲入納庫數兩帳戶，平時均不予結轉，俾能顯示各關之徵課及繳庫之稅收實績，於年度終了時，方將兩科目餘額對轉結平。

三、徵課記錄

關稅之徵收由各地關稅局及其分支所執行，故其徵課會計之重心置於分會計，單位會計不過據各關之徵收報告予以彙總編報而已，而各關稅局實際從事徵課者又在各個業務單位，尤以進口組稽徵之進口稅為最重要。業務單位計收之稅款收入，規費收入或雜項收入，均隨時登入備查簿，並套寫一份代日報表送會計室，據以正式列帳，各關稅局徵課會計所設置之帳簿，主要有現金出納登記簿，記帳稅款登記簿，總分類帳，歲入結存明細帳，歲入預算明細帳，以前年度應收歲入款明細帳，

及保管款、暫收款明細帳。現金出納登記簿與記帳稅款登記簿為序時簿,均採多欄式,以利過帳,前者根據收支傳票登帳,後者則憑各業務單位之記帳稅款報告表記帳。歲入預算明細帳及以前年度應收歲入款明細帳,亦分設專欄,大致與上章歲入類會計所舉帳式相似,除上述正式帳簿之外,尚有稅款收入,規費收入,服務費收入,保管款,暫收款等項各設備查簿,專供業務單位應用,惟雖名為備查簿,但其重要性不亞於正式帳,以其收入均由業務單位計徵,故該項資料須先由業務單位登記,每日彙總報會計單位登帳,由是可知該項備查簿為海關各項收入之真正原始序時記錄,就關稅業務而言,收入備查簿之地位非常重要,茲以稅款收入備查簿與日報表為例,列其格式與登記說明於下頁。

為期對關稅之徵課會計,能深切瞭解,茲再就關稅收入會計事項,擇取重要者,列其分錄如下:

按本年度預算,收到貨物進口稅,規費等項收入。

　　　借:歲入結存　　　　　　　並記入歲入預算明細帳,相當帳戶之
　　　　貸:歲入實收數　　　　　收入數欄。

前項收入解庫時。

　　　借:歲入納庫數　　　　　　並記入歲入預算明細帳,相當帳戶之
　　　　貸:歲入結存　　　　　　納庫數欄。

收到代收稅款時。

　　　借:歲入結存　　　　　　　並記入暫收款明細帳,相當帳戶之收
　　　　貸:暫收款　　　　　　　入數欄。
　　　　　　　　　　　　　　　　暫收款解繳時,為相反之分錄,並記
　　　　　　　　　　　　　　　　其明細帳之繳納數欄。

如有核定退稅時。

　　　借:歲入實收數　　　　　　並記入歲入預算明細帳及暫收款明細
　　　　　暫收款　　　　　　　　帳各該戶之退還數欄。
　　　　貸:歲入結存

核定記帳稅款。

　　　借:核定記帳稅款　　　　　登記記帳稅款登記簿。
　　　　貸:未沖轉記帳稅款　　　記帳稅款沖轉時,將上項分錄對轉。

至於月終與年終關於預算科目與收納科目之結帳,一如前舉歲入類之會計方法,不再重述。

○○○關　備查簿
稅款收入日報表

中華民國　　年　　月　　日

第　　號
全　　頁
第　　頁

進口報單號數	經徵部分		代徵部分		合　計	附　註
	貨物進口稅	××費	貨物稅	××費		

主辦業務人員　　　　　　　　　　經辦人員

登記說明：1. 本簿按實際徵收科目設欄，由業務單位稅款登記股 (duty sheet desk) 按每日稅款收入之有關進口報單逐筆記入。

2. 本簿採用活頁，複寫二份，於每日終了結算，與代庫銀行核對無訛後，以第一份為備查簿，存主辦單位；第二份為稅款收入日報表，送會計室。

3. 備查簿於每月最後一日應加結本月合計數及截至當月底止之累計數字。

4. 備查簿應於每月終了月裝訂成冊，外加封面，及書明年月以便查考。

四、稅收報告

關稅徵課會計報告，分日報、月報與年報三種。各關由業務單位據其備查簿所產生之日報，有稅款收入日報，規費收入日報，雜項收入日報等，均係供其內部參考，及送會計單位據以記入正規簿籍之用。會計單位每日將各項收入資料集中入帳後，再編製稅款收解日報，送關稅總局。該總局彙集各關局收解日報，另編關稅收入日報，列明各關局收入數、收入累積數，按日送財政部及國庫署。關稅總局每月所編之歲入累計表及以前年度應收歲入款餘額表，即係其稅收月報。此外，尚編有記帳稅款月報，保管款、暫收款等項月報表。

第四節　國稅徵課會計

國稅之徵課會計，除關稅部分已於上節敘述，縣市稽徵機關代徵部分將留待下節併同地方稅會計討論外，本節所論者僅限於由直轄市國稅局及省各區局經徵之部分，茲將其徵課會計事務主要內容分述如下：

一、徵解程序

國稅局經徵之國稅，先由其業務單位根據徵收底冊，依法查定應徵稅額，並編造賦稅查定報告，分送總務管理單位及會計單位。稅款查定額經核定後，即發送稅單，交納稅義務人向稅款經收處繳納稅款。稅款經收處須依約按期將所收稅款解入國庫。會計單位據稅款經收處所送繳款書副聯及其所編經收國稅日報，與國庫編送之經收國稅款總日報表核對相符後登帳。至於所經收之共分稅款，先記暫收稅款，候管理單位劃分清楚後再分別繳解，並予轉帳。

二、會計科目

國稅徵課會計科目，分資力及資產與負擔及負債兩類，除按歲入類一致規定之科目，及財政部主管歲入統制記錄所規定之科目設置外，為應國稅稽徵業務需要，另增加一些科目：如稅款保證金——有價證券科目，乃對申請複查及違章案件控告，接受提供擔保之公債、銀行存款單及股票等有價證券而設；於歲入結存下分設專戶存款及待繳存稅款科目，以應稅款經收處經收之國稅款及國市共分稅款之需；設抵繳稅款——土地房屋，及抵繳稅款——有價證券兩科目，以備記載抵繳稅款之實物；設應劃解市庫款科目，以記載依財政收支劃分法規定應劃解市庫之稅款；設置核定

記帳稅款與未沖轉記帳稅款兩相對科目，以處理外銷品原料及軍用貨物之記帳稅款，因前者待製成品出口即予沖銷，後者俟其歲出預算完成立法即可抵繳。此外，因有共分稅關係，復將一致規定之歲入應收款與應納庫款兩科目，再分國庫部分與市庫部分兩項；又因有實物抵繳款，故將一致規定之待納庫款科目，再分現金與實物抵繳兩部分。

三、徵課記錄

國稅徵課會計之單位會計與分會計，設置之序時簿有現金出納登記簿、分錄日記簿及記帳稅款登記簿；分類帳有總分類帳及明細分類帳。又為明瞭各項稅捐查徵績效，另設稅捐查徵明細登記簿，按各項稅捐細目分別登記其查定數及未徵數，以資瞭解其稽徵情況，作為考核之依據，此外，尚設保證金備查簿，未分配財務罰鍰備查簿，應付提成獎金備查簿，外銷品記帳稅款備查簿等，茲再將徵課會計事項之重要分錄摘列如下：

按稅款經收處報告經收國市共分稅款尚未繳存稅局專戶存款戶。

　　借：歲入結存——待繳存稅款
　　　　貸：暫收款

接到存入暫收稅款專戶之國庫存款收款書。

　　借：歲入結存——專戶存款
　　　　貸：歲入結存——待繳存稅款

各稅款經收處所收貨物稅解繳國庫收入總存款戶。

　　借：歲入納庫數　　　　　　　並記歲入預算明細分類帳相當帳戶之
　　　　貸：歲入實收款　　　　　收入數及納庫數欄。

原列暫收款之國市共分稅，接到稅捐劃解清單，經予劃分計算，及稅收清單。

　　借：暫收款　　　　　　　　　並記歲入預算明細分類帳，應劃解市
　　　　貸：歲入實收數　　　　　庫款明細分類帳。
　　　　　　應劃解市庫款——
　　　　　　現金部分

上項劃分稅款經已分別繳納。

　　借：歲入納庫數　　　　　　　並記歲入預算明細分類帳，應劃解市
　　　　　應劃解市庫款——　　　庫款明細分類帳各相當帳戶之納庫數
　　　　　現金部分　　　　　　　欄。
　　　　　貸：歲入結存——
　　　　　　　專戶存款

收到納稅義務人財務罰鍰保證金或抗告保證金，存入專戶。

　　　借：歲入結存——專戶存款　　　　並記保管款明細分類帳。
　　　　　貸：保管款

收到申請複查或抗告保證之各種公債、優利存款單。

　　　借：稅款保證金——有價證券　　　並記稅款保證金——有價證券明細分
　　　　　貸：保管品　　　　　　　　　類帳。

納稅人以各種公債或股票抵繳稅款。

　　　借：抵繳稅款——有價證券　　　　並記抵繳稅款——有價證券明細分類
　　　　　貸：歲入實收數　　　　　　　帳，歲入預算明細分類帳，應劃解市
　　　　　　　應劃解市庫款——　　　　庫款明細分類帳。
　　　　　　　實物抵繳部分

前項公債到期兌現或股票變賣，並將價款存入專戶。

　　　借：歲入結存——專戶存款　　　　並記抵繳稅款——有價證券明細分類
　　　　　貸：抵繳稅款——　　　　　　帳兌現變賣數欄。
　　　　　　　有價證券

將前項證券兌現款由專戶提出分別解庫。

　　　借：歲入納庫數　　　　　　　　　並記歲入預算明細分類帳納庫數欄，
　　　　　　應劃解市庫款——　　　　　應劃解市庫款明細分類帳解繳數欄。
　　　　　　實物抵繳部分
　　　　　貸：歲入結存——
　　　　　　　專戶存款

納稅人以土地、房屋抵繳稅款。

　　　借：抵繳稅款——土地房屋　　　　並記抵繳稅款——土地房屋明細分類
　　　　　貸：歲入實收數　　　　　　　帳，歲入預算明細分類帳及應劃解市
　　　　　　　應劃解市庫款——　　　　庫款明細分類帳收入數欄。
　　　　　　　實物抵繳部分

前項土地、房屋變賣並將價款存入專戶。

　　　借：歲入結存——專戶存款　　　　並記抵繳稅款——土地房屋明細分類
　　　　　貸：抵繳稅款——　　　　　　帳變賣數欄。
　　　　　　　土地房屋

將前項變賣價款由專戶提出分別解庫。

借：歲入納庫數　　　　　　並記歲入預算明細分類帳納庫數欄及
　　應劃解市庫款——　　　　應劃解市庫款明細分類帳解繳數欄。
　　實物抵繳部分
貸：歲入結存——
　　專戶存款

至月終與年終歲入預算與收納各科目之結帳方法，一如歲入類會計之一致規定，於此不再贅述。

四、稅收報告

國稅徵課會計報告有日報、月報與年報，年報與決算報告合併編報，就編報對象言，又將之分為對內報告與對外報告兩類。對內報告有經收國稅款總日報表，經收國市共分稅款總日報表，稅款結存日報表，各項國稅實徵數與預算數比較表，三年來各項國稅實徵數增減比較表，前二表由國庫編報，後二項按月編報，茲擇國稅實徵數與預算數比較表，列其表式如下頁。至其對外之報告計有現金出納表、平衡表、歲入累計表、以前年度應收歲入款餘額表、記帳稅款月報表、其他明細表等。

第五節　地方稅徵課會計

各縣市之稅捐稽徵機關除負責徵收縣市地方稅外，並代徵國稅，其徵課會計制度，原應由各稽徵機關主辦會計人員擬定，惟以稅捐稽徵機關眾多，而其任務皆相同，主計處為期各稅捐機關徵課會計之處理趨於一致，俾便對其報告綜合分析比較起見，乃有特種公務徵課會計制度之訂定，作為各稽徵機關處理會計事務之依據，以求劃一處理，迅速產生報告，進而對稅捐之徵解能為詳確之統計分析，提供適當之改進意見，充分發揮徵課會計在稅務行政上之功能。茲將上項徵課會計制度之內容，擇要列述如次。

一、徵解程序

關於稅捐查定事務之處理，凡經核定查定之稅捐，各業務單位應編造徵收底冊，以一份連同稅單送鄉鎮市公所或稅捐分處將稅單轉發納稅義務人繳納，並應隨時編造「賦稅查定報告表」三份，一份存本單位，一份送管理單位，一份送主計單位。稅捐經複查為之減免、錯誤註銷或更正時，業務單位應填造賦稅更正（增減註銷）通報書（個人別）及賦稅查定減免報告表（即個人別之彙總表）按本年度（按稅捐

各項國稅實徵數與預算數比較表

中華民國　年起　月起　年　月止（　會計年度）

單位：新臺幣千元

税別	本年度預計收入數		本年度截至本月底止實徵累計數			截至本月底止以前年度歲入款退還數 (4)	截至本月底止實徵淨累計數額 (3)−(4)=(5)	實徵累計占全年預算(%)		(3) 實徵累計占 (2) 分配預算累計(%)
	全年預算數 (1)	分配預算累計數 (2)	合計 (3)	本年度	以前年度			$\frac{(3)}{(1)}\times100$	$\frac{(5)}{(1)}\times100$	
總　計										
所得稅										
營利事業所得稅										
公營										
民營										
綜合所得稅										
遺產稅及贈與稅										
貨物稅										
礦區稅										
證券交易稅										

開徵期別彙總填製）及以前年度別填製三份，一份存查，一份送管理單位更正查定數，一份送主計單位。各公庫及代收稅款處隨時接受各納稅義務人繳納稅款，並應將收據聯交其存執。對逾期繳納者，應即加算滯納金，補記金額後，接受繳納。如有漏記或短繳應負追繳、賠繳之責。債權憑證案件，稅務管理單位，應在徵收底冊及移案書註記，並設「債權憑證登記簿」登記，至月底結帳後，分別編製債權憑證發給數明細表及債權憑證再徵起數明細表，以一份送主計單位登帳。平時之稅捐查定、更正、減免及註銷，應隨時處理，但不予分錄，俟年度結帳時，依據未徵起數予以補充分錄。關於稅捐劃解事務之處理，有關代收國稅部分，各代收稅款處及各鄉鎮市公庫，應於收納後填具代收國縣稅日報表四份，一份存查，一份送縣市公庫，二份連同稅單報核聯及銷號聯送稅捐處管理單位，其稅款應於每星期一將上星期所收數額，填具稅款送款憑單向縣（市）公庫彙解一次。有關代收鄉鎮共分稅部分，各代收稅款處及各鄉鎮市公庫收納後，應編製自行納庫日報表二份，一份存查，一份連同稅單報核聯及銷號聯於次日上午十時前送各該鄉鎮（市）公所，並於每星期一將上星期所收稅款存入該鄉鎮（市）公庫（暫收稅款）專戶。有關代收外埠稅款部分，為達到代收外埠稅款（包括代收他縣市各項稅款及本縣他鄉鎮市共分稅）迅速歸庫，避免逾時銷號而重複催徵，應依照所訂之臺灣各級公庫暨稽徵機關辦理外埠各項稅款轉解處理程序切實辦理。凡稅捐不報或逾期申報之違章案件，應加徵短報金、滯報金、怠報金、利息等。逾期繳納應加計滯納金併本稅課徵之。納稅人違章繳存保證金時，業務單位應填具「保證金送款書」，由繳納人向代庫送存，於退還時應由原繳款人持核准退還通知單及其收據聯送請辦理退款。稅捐由於經辦人員之錯誤過失致重繳、溢繳或誤繳時，稅捐處應主動通知原繳納人辦理退還，如係由於納稅義務人之錯誤致重繳、溢繳、誤繳時，應由納稅義務人檢附原納稅收據及有關證件向稅捐處申請退還之。

二、會計科目

　　徵課會計制度所訂之科目，包括代徵國稅，分資產、負債、收入及支出四類，其資產科目為稅款結存，在途稅款，有價證券，應收稅款，未分解稅款，未分解統籌分配款，墊付提成獎金，應收記帳稅款，抵繳稅款財物，墊付退稅週轉金，核定退稅週轉金；其負債科目，為暫收稅款，待納庫稅款，代收款，保管款，應付提成獎金，應納庫稅款，應退還稅款，代收外埠稅款，應納庫記帳稅款，借入退稅週轉金；其收入科目，為國稅收入，縣（市）稅收入及收回以前年度納庫數；其支出科目，為繳納國庫數，繳納縣（市）庫數，及退還以前年度收入數。

三、徵課記錄

徵課會計制度，為期簡化作業，乃以稅款收支日報表代替現金日記簿，以分錄轉帳傳票代普通日記簿，並以收入清單代替稅捐收入明細帳，每屆月終逐以收入清單合計數編製月報表。其他明細分類帳，有稅捐徵解明細帳，應收稅款明細帳，抵繳稅款明細帳，記帳稅款明細帳，及其他明細帳等，茲將代替稅捐收入明細帳之收入清單，及稅捐徵解明細帳兩者內容格式列示於下兩頁。

縣市稽徵機關對徵課會計事項之處理，比較重要者列舉其記帳分錄如下：

根據賦稅查定報告表查定本月份（本年度及以前年度）各項稅捐應徵稅額。

借：應收稅款　　　　　　　　　　並記稅捐徵解明細分類帳。

貸：應納庫稅款

接到代理公庫或代收稅款處匯解經收之稅款。在未劃解之前，記暫收稅款。

借：稅款結存

貸：暫收稅款

接到代庫、代收稅款處匯到代收外埠稅款。

借：稅款結存

貸：代收外埠稅款

本縣（市）代收外埠稅款轉匯他縣（市）或鄉鎮（市）。

借：代收外埠稅款

貸：稅款結存

他縣市匯來代收稅款暫列暫收稅款。

借：稅款結存

貸：暫收稅款

依照財政收支劃分成數劃解各項稅款，或劃撥外埠之稅款。

借：暫收稅款　　　　　　　　　　並記稅捐徵解明細分類帳。

　　代收外埠稅款

貸：稅款結存

借：繳納國庫數

　　繳納縣市庫數

貸：國稅收入

　　縣市稅收入

機關名稱
收入清單

稅款徵起日期自中華民國　年　月　日起至　年　月　日止
填單日期中華民國　年　月　日
年度　　　　　　　　　　　　　　　　　　　　繳款書第　　　號

稅　目	本期徵收		截至本期徵收	
	件數	金額	件數	金額
營利事業所得稅				
暫繳自繳				
暫繳核定				
結算自繳				
結算核定				
綜合所得稅				
暫繳自繳				

稅　目	本期徵收		截至本期徵收	
	件數	金額	件數	金額
營業稅				
國稅罰鍰				
省稅罰鍰				
合　計				

說明：
1. 本清單按本年度及以前年度分別編造之。
2. 本清單與應繳款書號書互為勾稽，其日期及金額合計等應為一致。
3. 本清單代替稅捐稽徵收入明細帳故應按帳號編裝月裝訂，並於每月底加編全月份清單作為編製稅捐收入明細表之依據。
4. 本清單稅目依照收入明細表之順序排列之。
5. 本清單之本期徵收欄係指本單稅期內徵收之數，截至本期徵收欄指本會計年度內徵起之累計。

機關名稱

稅捐徵解明細分類帳

第　　　頁

預算數　　　　

稅款名稱　　　　

| 年 | | 憑證號數 | 摘要 | 查定數 | 實徵數 | 未徵數 | 納庫數 | | | | 未納庫數 |
月	日						國　庫	縣市庫	鄉鎮庫	合計	

說明：1. 本帳按稅目別根據綜合繳款書及賦稅查定報告表登記之。

　　　2. 本帳每月結總一次，實徵數欄根據收入清單月計數填列之。

　　　3. 每月分別結出「本月合計」及「截至本月底止累計」並以單紅線及雙紅線表示之。

　　　4. 徵解數以藍字登記，但註銷或減免退還之稅款應以紅字登載之，月終應以藍、紅互減後之餘額列之。

業務單位通知確定應收記帳稅款。

借：應收記帳稅款　　　　　　　　並記應收記帳稅款明細帳。

貸：應納庫記帳稅款

接到代理公庫或代收稅款處經收之記帳稅款。

借：稅款結存　　　　　　　　　　並記應收記帳稅款明細帳。

貸：應收記帳稅款

管理單位劃解記帳稅款。

借：應納庫記帳稅款　　　　　　　並記稅捐徵解明細分類帳與應收記帳

貸：稅款結存　　　　　　　　　稅款明細帳。

借：繳納國庫數

繳納縣市庫數

貸：國稅收入

縣市稅收入

納稅義務人重繳或溢繳之稅款經申請退還核發收入退還書，後接到公庫之通知已予退還。

借：國稅收入　　　　　　　　　　並記稅捐徵解明細分類帳。

縣市稅收入

貸：繳納國庫數

繳納縣市庫數

取得有價證券抵繳稅款時。

借：有價證券　　　　　　　　　　並記稅捐徵解明細分類帳。

貸：國稅收入

縣市稅收入

有價證券變現時。

借：稅款結存

貸：暫收稅款

保管款（超過抵繳稅款之部分）

管理單位辦理劃解有價證券變現款。

借：暫收稅款　　　　　　　　　　並記稅捐徵解明細分類帳。

貸：稅款結存

借：繳納國庫數

繳納縣市庫數

貸：有價證券

退還有價證券變現後超過抵繳稅款之部分。

　　借：保管款
　　　貸：稅款結存

接到納稅義務人以土地或房屋抵繳稅款時。

　　借：抵繳稅款財物　　　　　　　　並記稅捐徵解明細分類帳。
　　　貸：國稅收入
　　　　　縣市稅收入

抵繳稅款之財物經變賣。

　　借：稅款結存
　　　貸：暫收稅款

管理單位辦理劃解抵繳稅款之財物變價。

　　借：暫收稅款　　　　　　　　　　並記稅捐徵解明細分類帳。
　　　貸：稅款結存
　　借：繳納國庫數
　　　　繳納縣市庫數
　　　貸：抵繳稅款財物

接到公庫通知收到貨物稅款，並繳入國庫。

　　借：繳納國庫數　　　　　　　　　並記稅捐徵解明細分類帳。
　　　貸：國稅收入

四、稅收報告

　　地方稅徵課會計報告，有日報、月報、年報三種。又分對內報告與對外報告兩類。對內報告乃供機關長官及業務單位隨時明瞭稅收實況，以利其督導與考核；對外報告則供財政及有關機關監督查核之需。日報有稅款收支日報表及稅款結存日報表。前者表示每日稅款之收支情形；後者表示每日稅款之結存情形。月報表中比較重要者有稅款收支月報表，稅捐徵解月報表，稅捐收入明細表，貨物稅收入明細表，代徵國稅收入月報表，各項稅徵起數簡報表，各項稅捐實徵淨額與預算及上年同期比較表等。稅捐徵解月報表乃表示本月份稅捐之查定、徵收、納庫情形；稅捐收入明細表為稅捐徵解月報表之附表，以表示各項稅捐之查定、實徵與未徵情形；貨物稅收入明細表亦為稅捐徵解月報之附表，用以表示本年度本機關直徵或由海關代徵之各類貨物稅數額；代徵國稅收入月報係表示財政部委託代徵各項國稅之徵收納庫情形，各項稅捐徵解數簡報表係各項稅捐及代徵國稅徵解數在徵課會計報告未產生前之初步統計簡報數額；各項稅捐實徵淨額比較表為各項稅捐徵績之分析比較。稅

款收支日報，稅捐徵解月報，代徵國稅月報，稅捐實徵比較表之列報內容，請參閱下列各表。

機關名稱

稅款收支日（年、月）報表

中華民國　　年　　月　　日　　　　　年度第　　號

科　目	收　項			科　目	付　項		
	收入數	總（貸）頁	截至本（　）止累計數		付出數	總（借）頁	截至本（　）止累計數
本年度				本年度			
國稅收入				繳納國庫數			
縣（市）稅收入				繳納縣（市）庫數			
鄉鎮（市）稅收入				繳納鄉鎮（市）庫數			
以前年度				以前年度			
國稅收入				繳納國庫數			
縣（市）稅收入				繳納縣（市）庫數			
鄉鎮（市）稅收入				繳納鄉鎮（市）庫數			
收回以前年度納庫數				退還以前年度收入數			
				待納庫數			
代收款							
減：付出數							
暫收稅款							
減：劃解數							
保管款				應收記帳各項稅款			
減：付出數				減：轉解數			
應退還稅款				有價證券			
減：付出數				減：轉解數			
				在途稅款			
應付提成獎金				減：劃解數			
減：付出數							
應補繳財務罰鍰				應收回提成獎金			
減：分解數				減：分解數			
×××				×××			
減：×××				減：×××			
本（　）收入				本（　）支出			
昨（上）（　）結存				本（上）（　）結存			
合　計				合　計			

機關名稱

本年度稅捐徵解月（年）報表

中華民國　　年　　月份　　第　　號

稅別	查定數		實徵數		未徵數	本月（年）解庫數				納庫累計數	未納庫數
	本月數	累計數	本月數	累計數		國庫	縣市庫	鄉鎮（市）庫	合計		
一、稅捐收入											
營利事業所得稅											
綜合所得稅											
遺產與贈與稅											
贈與稅											
貨物稅											
印花稅											
證券交易稅											
田賦											
地價稅											
土地增值稅											
營業稅											
使用牌照稅											
房屋稅											
娛樂稅											
契稅											
二、罰鍰收入											
本稅罰鍰											
合　計											

說明：　1.本表所列稅目係舉例性質，可隨稅法規定增刪。

　　　　2.本表所列機會稅無查定數，權以各該機會稅之實徵數列為查定數。

　　　　3.編製年報表時有關數字列入累計數欄。

機關名稱

代徵國稅收入月報表

中華民國　年　月份（　年度）　　第　號　　第　頁

科目	本年度收入					以前年度收入					退還以前年度歲入		以前年度待繳庫數	
	本月實徵數	實徵累計數	本月繳庫數	納庫累計數	未納庫數	本月實徵數	實徵累計數	本月繳庫數	納庫累計數	未納庫數	本月退還數	退還累計數	本月納庫數	納庫累計數
一、所得稅														
1.營利事業所得稅														
2.綜合所得稅														
二、遺產及贈與稅														
三、貨物稅														

機關名稱

各項稅捐實徵淨額與預算數及上年同期比較表

中華民國　年七月至　年　月止（　　會計年度）

稅　別	本年度截至本月止實徵毛額累計數			截至本月止退還以前年度歲入款累計數 (2)	截至本月止實徵淨額累計 (1)-(2)	實徵淨額與全年預算數比較		實徵淨額與同期分配預算數比較		實徵淨額與上年同期比較	
	合計(1)	本年度	補收以前年度			全年預算數	%	同期分配預算數	%	上年同期實徵淨額	增減%
1. 所得稅											
(1)營利事業所得稅											
(2)綜合所得稅											
2. 遺產及贈與稅											
(1)遺產稅											
(2)贈與稅											
3. 貨物稅											
4. 印花稅											
5. 證券交易稅											
6. 田賦											
7. 地價稅											
8. 土地增值稅											
9. 營業稅											
10. 使用牌照稅											
11. 房屋稅											
12. 娛樂稅											
13. 契稅											

（省稽徵後，財政收支劃分法必將修正，表列稅目當依財政收支劃分法之規定劃分歸屬。）

問　題

一、試述現行我國徵課會計制度之範圍。

二、試述徵課會計之特質。

三、簡述國稅徵解程序。

四、簡述徵課會計報告之種類及其目的。

習　題

一、試作下列有關關稅徵課記錄。

　1.按本年度預算收到貨物進口稅、規費等項收入。

　2.收到代收稅款。

　3.將前二項收入分別解庫。

　4.核定記帳稅款。

　5.前項記帳稅款沖銷。

二、試作下列有關國稅徵課記錄。

　1.接到稅款經收處報告，經收國市共分稅款，尚未繳存。

　2.接到稅捐劃解清單，稅捐收入清單，保管款收入清單。

　3.收到以各種公債或股票抵繳稅款。

　4.前項公債到期兌現或股票變賣。

　5.前項兌現款解庫。

第十章 公庫出納會計

第一節 公庫制度

公庫(governmental treasury)一詞，顧名思義乃公家之金庫也，亦即存放政府錢財之所。依我國公庫法規定：公庫為政府經管現金、票據、證券、及其他財物之機關。中央政府之公庫稱國庫，以財政部為主管機關；省政府之公庫稱省庫，市政府之公庫稱市庫，縣政府之公庫稱縣庫。

公庫制度有統一制與分散制之別。凡國家一切收支，皆由同一金庫掌理，不許各機關各自為政者為統一制。我國之國庫為統一制，總庫設於首都，分支庫遍布全國各地，構成一完整組織系統。凡任由各機關各自設立其金庫，或依行政類別分別設立其金庫者為分散制。分散制使庫款分散，出納分歧，有者存款呆滯，有者存款不足，調濟困難，影響融通，監督欠週，易生流弊，缺點甚多，故少採用。統一制則使庫款集中，統一收支，調度便易，不僅監督管理方便，尚可用以調濟金融，安定經濟，以統一制優點較多，故現代國家多樂於採用。惟統一公庫制之實施，尚可分為三種：(a)為獨立公庫制，乃由政府自設機構，自管其收支，而不假手於銀行者。(b)為委託保管制，乃政府之公款委託銀行代管，不另設機關經管收支，但政府公款之存儲，必須與銀行之一般存款嚴格劃分，以確保公款之安全。(c)為銀行存款制，乃政府於銀行開立存款帳戶，將公款存放銀行專戶，所有政府的收支，均透過銀行辦理，銀行對政府的存款，如同普通存戶相對待。上述三種制度，以銀行存款制為優，蓋以獨立公庫制，須政府自設機構，增加政府負擔，且致公款不能與社會資金相互流通；委託保管制，雖不必政府自設機構，但對資金之流通，仍受限制。而今銀行制度日趨健全，存款安全亦有保障辦法，故並世各國對政府公款之管理，多採銀行存款制。

公庫制度的由來，各國以國情不一，未盡相同。英國在1866年以前，各機關收入，各自分存於銀行，1866年國庫審計法(exchequer and audit act)公布後，依該法規定，國家的收入，都集中於國庫，總基金(exchequer consolidated fund)存於英格蘭銀行，而實施銀行存款制。美國的公庫制度，在開國之初，國家收入，分存於各銀行，1837年經濟大恐慌後，銀行倒閉者很多，庫款頗受損失，其後乃採用獨立統一的金

庫制度，至1913年，聯邦準備銀行逐漸代理公庫業務，採行銀行存款制。我國自清末以來，即由銀行代辦公庫業務，民初以地方割據，軍閥截留稅收，政府無完整的公庫體制，政府奠都南京，民國23年著手籌訂公庫法，民國27年完成立法，公布實施，28年復訂定「公庫法施行細則」，公庫制度的法制基礎，始漸臻完備。

公庫制度，為公共財務行政制度的一部分，因為公庫的主要業務，是為政府機關經管現金、票據、證券、及其他財物，政府實施公庫制度的作用，在使執行預算的用錢機關，不必兼管政府現金財物的出納保管事務，故我國政府之財務聯綜組織將公庫列為四大系統之一。我國政府之財務行政聯綜組織，係由主計、財政、審計及公庫等機構而構成，國庫的主管機關為財政部，下設國庫署，掌理國庫行政及收支命令等事務。國庫業務採銀行存款制，委託中央銀行代理，由其設置的國庫局連同分支機構及轉委之其他行局，經管中央政府現金、票據、證券的出納保管移轉及財產的契據等保管業務，使國庫行政與國庫出納業務明確劃分，各負專責。

第二節　集中支付制度

各機關之經費支出，以往係由各機關自行辦理。就中央機關之經費而言，財政部依據核定之分配預算，按期簽發支付書，通知代理國庫機關，由收入總存款戶，撥入各機關經費存款戶，各機關發生支付責任時，自行簽發國庫經費存款專戶支票，逕行付與債權人即可。吾人須知政府機關經費支出之重要原則，一是其支出必須符合法定預算的用途與條件，二是必須付給合法的債權人。這種分散制的支付辦法，因其支出由各機關自行掌握，如控制疏漏，可能違及上述原則，且易造成下列缺憾：(a)國庫無法對此龐大之公共支出作靈活統籌之調度。(b)各機關有此存款在手，不免有浪費甚或發生流弊情事。(c)公款各自保管，分散呆存，累積起來，為數甚鉅，而不能加以利用，使國家一面有鉅額活款分散呆存，可能一面又須因應急需發行公債，負擔債息。在理財觀點來看，實為財政上的不經濟，是為西方民主國家，多採集中支付制之原因。

所謂集中支付制度，就是將各機關的經費支出，集中由國庫主管機關直接辦理支付。也就是由國庫直接對各政府機關的債權人從事公款的支出，依法清償政府各機關所負的債務。茲再就其涵義析述如下：

(1)集中支付是將庫款集中處理。政府各機關經費集中辦理支付，相對地即不再對各政府機關撥款，也就是庫款不再分散於各機關帳戶，換句話說，庫款的集中處理，方能供應財政上的統籌調度。當然也有若干例外情形，譬如美國集中支付制度

對若干小機關及軍事機關等，均未列入集中支付。我國的國庫集中制度，目前對若干特殊單位，亦暫未列入，雖然有以上的若干例外，但是由於多數機關的實施集中支付，使大部分的庫款集中，對資金的調度，裨益至大。

⑵集中支付是責由一個機關辦理支付。集中支付是將支付作業，集中於一個特定機構負責辦理，此特定機構，一般稱之為「支付機關」(disbursing Office)，此特定機關亦可按地區劃分設置。至於支用預算的政府機關，一般稱之為「支用機關」，支用機關按照法定預算簽發付款憑單，通知支付機關轉經審計機關審核簽證後，簽發國庫支票交債權人，政府的所有一切支出，統由此一支付機關來完成整體的付款作業，對於作業資料並利用機器處理，以發揮高度的工作效率，是財務行政上的一項重大改革。

⑶集中支付為國庫直接對債權人付款。集中支付作業的重點，在直接付款交債權人，此亦為制度精神的所在。因為直接付款交債權人，對政府的支用機關來說，只有用錢的權力，而不管付錢的責任，可以不必擔心經管現金的各種顧慮，以及意外的煩擾。對債權人來說可以消除領款的周轉與障礙，不必擔心時間上的延誤。對付款機關來說，僅有管錢的責任，並無用錢的權力，與用錢機關權責分明，具有制衡作用。

支付機關辦理集中支付，須依據法定預算，故各機關之歲出預算及歲出分配預算經核定後，應由核准機關通知財政部（國庫署）轉行地區支付處並副知審計機關派駐支付處之審計人員，作為辦理支付之依據。各機關支用經費時應依照分配預算，簽具付款憑單由機關長官或其授權代簽人，及主辦會計人員負責為合法支用之簽證，然後送支付機關辦理支付。

第三節　國庫收支之處理

國庫收支事務之處理範圍，包括國庫署主管之國庫收支事務，國庫代理機關經收各項庫款收入，兌付國庫支票，經管國庫存款及各機關專戶存款，以及票據、證券、重要契約、憑據及其他財物之保管，暨地區支付處簽發國庫支票，辦理各機關費款支付等事務。國庫現金收入，以經國庫代理機關收納為實現基礎，其支出以經地區支付處簽發國庫支票為實現基礎。年度終了時，凡支庫業經收納，由其承轉行局彙解分庫而尚未辦妥列帳手續之當年度收入，暨納稅義務人已將應納稅款繳存稅款專戶而尚未辦妥分解手續之中央、地方共分稅款，及各機關規定自行收納而未及繳庫之當年度收入，以及各支用機關已在零用金內支付而尚未轉正之當年度支出等，

均應列為當年度之收支，在國庫收支結束整理期限內，分別整理之。會計年度開始前，國庫署應依當年度中央政府總預算，編印國庫收支應用科目及其代號表，分發國庫代理機關及地區支付處依照執行。

　　支庫經收庫款（包括支出收回款），應按日以「國庫收入」科目列帳，並按繳款機關別及收入科目別編報。兌付庫款，應按日以「國庫兌付」科目列帳，並按兌付之國庫支票編報。分庫應按日根據各支庫表列之收入金額，以「國庫收入」科目列帳，並按收入科目別編報。根據各支庫表列之兌付金額，以「國庫兌付」科目列帳，按各支庫編報之兌付金額編報，並按月產生「期間一致」基礎之庫款收入月報表，與各支庫月報數核對，同時編具庫款收入對帳單，送各機關對帳。地區支付處應按日根據簽發國庫支票金額及轉帳金額，支出收回金額及註銷國庫支票金額，以「支付費款」科目列帳，按支用機關別登記，並按支付科目別編報（期間一致基礎）。另按月編具庫款支付對帳單送各支用機關對帳。國庫署應按日根據分庫列報之收入及兌付金額，暨地區支付處列報之簽發國庫支票金額及轉帳金額，支出收回及註銷國庫支票金額，按收付科目別列帳編報（報告到達基礎）。國庫署對國庫存款戶之收付，應根據分庫表報當日之收付金額登記，並與分庫電報同日之收付金額核對（期間一致基礎），然後產生以「期間一致」為基礎之國庫收入月報表及國庫支付月報表，與分庫及地區支付處之月報數核對。

　　行政院核定撥付之緊急支出款項，應以「緊急支出」科目列帳，俟法定預算成立後，再轉列核定之歲出科目。年度結束時如未轉清者，國庫署應結轉新年度繼續處理。特別預算之收支，應比照年度預算歲入歲出作業方式專案處理，國庫署、國庫代理機關及地區支付處，對其帳表之登編，應與年度預算歲入歲出劃分，並應納入國庫存款戶集中調度。追加（減）預算之收支，屬於當年度者，併入原預算歲入歲出處理，屬於以前年度者，另專案處理。特種基金及保管款暨國庫券標售款之收存與撥付，均納入國庫存款戶集中調度。收入之退還，屬於當年度者，在當年度原收入科目內退還之，屬於以前年度者，在「以前年度收入」科目內退還之，無原科目收入者，則以負數列收，年度結束時，國庫署再將全部「以前年度收入」科目內退還之數，轉以支付科目「退還以前年度歲入」列支。支出之收回，屬於當年度者，應填具支出收回書，在原支出科目內收回之。屬於以前年度者，應填具繳款書，區分原支出性質，分別以「收回以前年度歲出」或「收回以前年度經費賸餘」科目繳還國庫。

　　國庫代理機關為辦理國庫收支，規定支庫經收經付庫款，應依規定編報時間，報經其各該承轉行局，彙轉該管分庫，辦理結算。分庫應在各支庫之承轉行局開立

「庫款專戶」，以處理各該支庫經收經付之庫款。支庫經收、經付庫款，應由各該承轉行局分別開具收款清單及付款清單，送分庫核對轉帳，同時抄送國庫署備查。支庫報分庫之經收經付庫款，以「分庫撥帳」科目處理，分庫彙報總庫之收付款項，以「總庫撥帳」科目處理。各支庫與其承轉行局，以及各該承轉行局與分庫辦理劃撥之往來帳項，應依各該行局規定之科目處理之。支庫經管各機關依法律、條約、協定、設定基金之命令、契約、遺囑所定之專戶存款，及中央政府各機關歲入以外依法令所定應專戶存管之其他公款及保管款，暨未實施集中支付之經費款項，應另行設帳登記，並按期編報其主管分庫轉報總庫及國庫署。支庫以下設有收支處或稅款經收處，及支庫派員於各機關駐收款項者，應將每日經收、經付款項，逐日報繳支庫，由支庫集中記帳及編報。支庫依法保管各機關票據、證券、重要契約、憑據及其他財物，應設置備查簿，作詳明之登記，並按期編報其主管分庫轉報總庫及國庫署。

　　為期對國庫收支事務之處理，獲致更清晰之概念，特將其處理流程，以圖表示於下頁。

第四節　國庫會計之結構

　　國庫為辦理中央政府收支，經管中央政府現金、票據、證券及其他財物之機關。國庫會計即以處理上項國庫出納事務為對象。復以我國國庫係委託中央銀行代理，同時對各機關經費之支出，財政部專設支付處辦理集中支付，故就整體國庫會計而言，應包括國庫統制會計，國庫支付會計，及國庫代庫會計三部分。國庫統制會計，乃綜合國庫總分庫及地區支付處之會計報告而為之統制記錄與編報，由財政部國庫署辦理。國庫支付會計，為財政部地區支付處辦理各機關費款支付之會計。國庫代庫會計，為國庫代理機關經收各項庫款收入，兌付各項庫款支出，經管國庫存款戶，暨辦理票據、證券及其他財物之出納、保管、移轉之會計。復分為總庫、分庫與支庫三級。總庫會計，為彙總各分庫報告而為之會計，辦理庫款收支彙總之記載，及國庫存款戶收付餘額之結算，由中央銀行國庫局辦理。分庫會計，為彙總並轉呈轄區內各支庫收付帳目之會計，由中央銀行代理國庫分庫之各分行處辦理。支庫會計，為直接辦理庫款收付之基層會計，由中央銀行代理國庫支庫之各行處，及由該行轉委代理國庫支庫業務之其他銀行、合作金庫或郵政機關辦理。

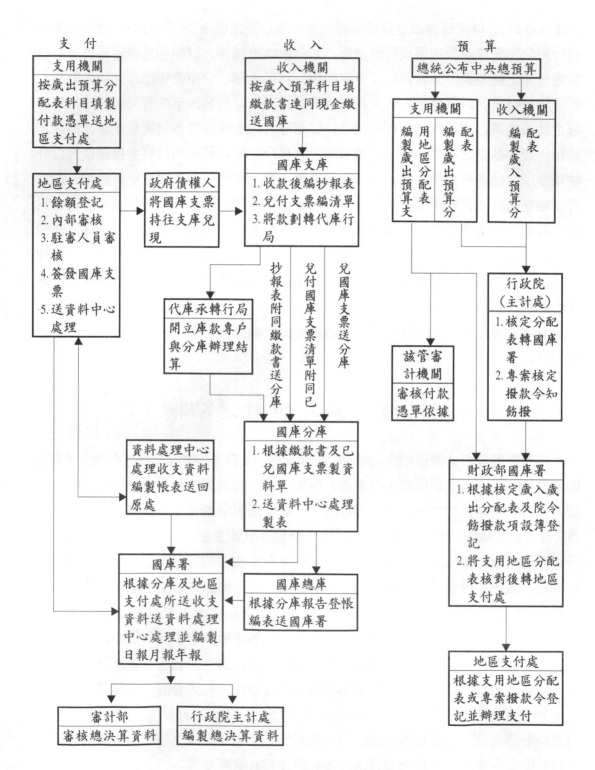

國庫收支事務處理流程圖

國庫出納會計之會計基礎，採收付實現制，即國庫收入，以經國庫代理機關收納為實現基礎，國庫支出，以經地區支付處簽發國庫支票為實現基礎。但因辦理收付及整理收支所發生之債權、債務關係，仍應為適當之記錄。年度終了時，凡支庫業經收納，由其承轉行局彙解分庫而尚未辦妥列帳手續之當年度收入，暨納稅義務人已將應納稅款繳存稅款專戶而尚未辦妥分解手續之當年度稅款，及依規定自行收納而未及繳庫之當年度收入，以及各支用機關已在零用金內支付而尚未由庫撥補之當年度支出等，均應列為當年度之收支，在規定之國庫帳目整理期限內，分別整理之。由於國庫出納會計，係採收付實現制，故款項繳庫之日，即為當日之收入，國庫支票簽發之日即為當日之支出，均應記入該日之簿籍，編入該日之報表。實際執行庫款收支之國庫基層組織，固應如此辦理，即國庫上級機關，亦應根據實際收支日期登編帳表，然後帳表序時之起點，始能趨於一致，其收支事實之記載，始能確切無訛。但由於實際執行庫款收支之基層組織，分散全國各地，收支報告送達各該上級機關之日期，先後各有不同，如彙齊各基層單位之收支報表，始行登編帳表，勢將無法適應規定之編報期限，因之其平時帳表之登編，因事實之需要，乃兼採「報告到達」與「期間一致」兩種基礎。依其規定國庫支庫經收各項收入，及兌付各項庫款，其帳表之登編，採「期間一致」基礎。財政部地區支付處簽發國庫支票，辦理各機關費款支付，其帳表之登編，採「期間一致」基礎。國庫總庫彙總各分庫之庫款收付，其帳表之登編，採「期間一致」基礎。國庫分庫彙總所屬各支庫之收付，其帳表之登編，採「報告到達」基礎。另規定按月利用每日製成之收入資料單，產生以「期間一致」為基礎之庫款收入月報表，以表達所屬各支庫當月份之實際收入情形。財政部國庫署彙總各分庫報告之庫款收入及兌付，暨地區支付處報告之庫款支付，其帳表之登編，採「報告到達」基礎。並規定按月利用每日製成之收支資料單，產生以「期間一致」為基礎之收支月報表及收支差額調節表，以表達國庫每月實際收支之真實狀況，俾使國庫收支，雖因帳表之序時起點不同，但對國庫收支之實際情況，仍可按月表達，藉作考核執行收支計畫之參考。

由於國庫出納會計對帳表之登編，係採「期間一致」及「報告到達」兩種基礎，因而庫帳之序時起點各異，以致國庫基層單位與國庫上級機關之帳目逐月均有未達帳項，從而庫帳收支，與各收支機關間之收支帳目，亦不能相符，為使庫款收支帳表正確無誤，勢須實施按月核對調節，因而規定國庫基層單位經收經付之庫款，均須與各收支機關或其上級機關，隨時核對，期使各基層機關之收支帳目，不致發生錯誤。其對帳辦法如次：(a)關於國庫收入者。各支庫經收之各項收入，應於完成收納後，按日將繳款書據第四聯，退回各該填發繳款書據機關核對。(b)關於國庫支出

者。地區支付處辦理之支付，應於完成支付後，按日將付款憑單第二聯，退還各支用機關核對。(c)關於兌付國庫支票者。各支庫兌付之國庫支票，應按日報由其主管分庫彙轉簽發國庫支票之地區支付處辦理核對及調節，並列表報送國庫署核對「未兌支票」帳戶之餘額。

　　至於按「報告到達」基礎登編帳表之機關，亦應按月利用每日製成之收支資料單，產生以「期間一致」為基礎之收支報表，與各收支機關或其他國庫機關核對調節，其辦法為：(a)關於國庫收入方面。分庫採按「報告到達」基礎列收之收入，應按月利用收入資料檔，編製按「期間一致」為基礎之庫款收入月報表，與各支庫月報數核對相符後，附同收入差額調節表送財政部國庫署，以與國庫署所編「期間一致」基礎之國庫收入月報表核對。並另依收入機關別及收入科目別，按各支庫「期間一致」基礎列收之收入，編製庫款收入對帳單，送各收入機關對帳，另以一份送國庫署與各收入機關會計月報內所列收入繳庫數核對。國庫收入，經過上述程序核對相符後，始可證實國庫代理機關經收之收入，與各收入機關列報之收入繳庫數完全無誤。(b)關於國庫支出方面。地區支付處辦理支付，應按月利用支付資料檔，編具按支付科目別之庫款支付月報表報告國庫署，以與國庫署所編之「期間一致」基礎國庫支付月報表相核對。並另依支用機關別及支付科目別，編具庫款支付對帳單，送各支用機關對帳，另以一份送國庫署與各支用機關會計月報內所列支付實現數相核對。國庫支出，經過上述程序核對相符後，始可證實地區支付處辦理之支付，與各支用機關列報之支付實現數，完全無誤。此外，總分庫每日經收經付庫款，及地區支付處簽發國庫支票及轉帳金額，應依簡明收支科目，逐日以電話或電報報告國庫署，藉以統計全國每日現金收支，用以編製國庫收支狀況日報表，俾作國庫財務調度之依據。每屆月終，仍應將當月份實際收付金額電報國庫署，用以編製歲入歲出簡明月報表，藉以比較預算收支之執行情形，俾作考核執行收支計畫之參考，其每日電報之收付金額，應與各該機構每日編報之同日收付數核對相符，其每月電報之國庫收支金額，應與國庫署所編當月份「期間一致」基礎國庫收支月報表所列收支總額相符。國庫收支經過上述程序層層核對後，不但達到防錯防弊之目的，且使國庫收支之帳表列數達於絕對正確。為使對國庫現金收支之對帳，更能清晰瞭解起見，特將其對帳關係以圖表示於267頁。

　　國庫出納會計之主要任務，在處理庫款之出納事務，即以出納為經，會計為緯，構成一完整之國庫出納會計作業網，參閱268頁其結構圖，當能一目了然。

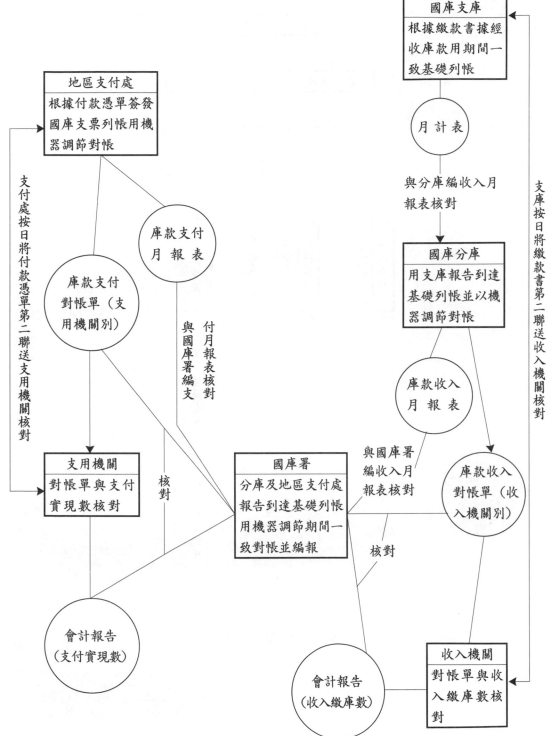

國庫現金收支對帳關係圖

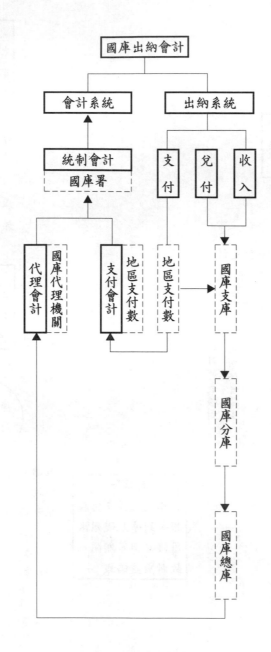

國庫出納會計結構圖

第五節　國庫出納會計

國庫出納會計分統制會計，支付會計與代庫會計三部分，茲就各部分之記錄方法，與其所產生之主要報告分述如次：

一、國庫統制會計

國庫統制會計之科目，分收支類與資產負債類。收入科目有：本年度收入，以前年度收入，收回以前年度歲出，收回以前年度經費賸餘，收回剔除經費；支出科目有：本年度支出，以前年度支出，退還以前年度歲入，緊急支出；資產科目有：國庫結存，地區應收回庫款；負債科目有：未兌國庫支票，待證實國庫存款，特種基金及保管款，發行國庫券，國庫餘絀，累計國庫餘絀。國庫署當收到分庫報告收到本年度各種收入、以前年度收入、收回以前年度歲出、剔除經費時，一律借國庫存款，貸各該收入科目。發行國庫券之標售款，及各機關存放之特種基金與保管款，亦借國庫存款，而貸該負債科目。分庫報告收入各機關基年度支出之收回，借國庫存款，並先暫貸待證實國庫存款，候地區支付處報告確定該項支出收回應歸屬之科目後，再借待證實國庫存款，貸本年度某項支出。地區支付處報告支出各機關當年度歲出或以前年度支出，借本年度該支出科目或以前年度支出科目，一律貸未兌國庫支票。支付處支付各機關特種基金及保管款時，借特種基金及保管款，貸未兌國庫支票。其後接分庫報告兌付國庫支票時，則借未兌國庫支票，貸國庫存款。年度終了，將收入科目與支出科目結轉國庫餘絀科目。國庫統制會計，於平時按日並按月產生國庫收入與支出報告，年度終了編國庫收支總表及收入與支出明細表，除列報其實收實付數外，並與各科目之預算數加以比較。

二、國庫支付會計

財政部為實施國庫集中支付，乃設置地區支付處主辦其事，惟該處僅負簽發國庫支票之責，實際兌付者仍在代庫銀行，故支付處所為之支付會計，實係國庫會計之一支，居於國庫會計與代庫之中間。支付處辦理各機關費款支付事項單純，故其支付會計亦為簡化，從而不設支付科目或歲出預算科目，僅設資產負債科目，其資產科目為：應收回庫款，乃應收回關於國庫支票溢付重付或誤付之款，其下又分溢付重付款與待追查支付責任款兩子目；此外尚有支付費款，用以記錄支付處支付各機關之一切費款；存入國庫款，乃收回溢付重付誤付及冒領之款，或各機關當年度

支出之收回，經繳存國庫存款戶者屬之。列為負債者，有簽發國庫支票，前期未了支付責任，及本期未了支付責任三科目。當各機關簽具付款憑單送支付處，該處憑以簽發國庫支票支付各機關之費款時，一概借支付費款，貸簽發國庫支票；各機關通知支付處繳存當年度之支出收回款時，借存入國庫款，貸支付費款；已簽國庫支票予以註銷時，借簽發國庫支票，貸支付費款；發現簽發之國庫支票有溢付重付情形，應予收回者，借應收回庫款——溢付重付款，貸支付費款，上項溢付重付款經收回存入國庫時，則借存入國庫款，貸應收回庫款——溢付重付款；國庫支票誤付受款人或被人冒領者，則借應收回庫款——待追查支付責任款，貸支付費款，同時要另簽國庫支票交付合法受款人，應再借支付費款，貸簽發國庫支票。年度終了，將簽發國庫支票科目餘額，轉入本期未了支付責任戶之貸方，另將支付費款及存入國庫款兩科目餘額，轉入本期未了支付責任戶之借方，亦即用本期未了支付責任戶，以結平列為資產之支付費款及存入國庫款帳戶與列為負債之簽發國庫支票帳戶。支付會計所產生之主要報告，為庫款支付日報與月報。

三、國庫代庫會計

　　國庫代庫會計分總庫、分庫、支庫三個層次，總庫僅設資產負債科目，分庫僅設收支科目，支庫則兩者兼有。其收支科目有四，為國庫收入，國庫支付，分庫撥帳，及總庫撥帳。國庫收入科目為分支庫經收庫款之應用，其所收歲入納庫款，支出收回數，及各機關存入國庫存款戶辦理集中支付之特種基金及保管款項，均記本科目貸方，年度終了，其貸方餘額，在支庫應與分庫撥帳科目沖平，在分庫應與總庫撥帳科目沖平。國庫支付科目，於分支庫經付庫款時記其借方，年終其餘額，在支庫應與分庫撥帳，在分庫應與總庫撥帳科目沖平，分庫撥帳科目，乃支庫專用為將經收經付庫款撥轉分庫列帳，經收庫款撥帳之數，記借方，兌付庫款撥帳之數，記貸方，其餘額如為借方，表示支庫經收庫款大於兌付庫款撥轉分庫劃收之差額，如為貸方餘額，則表示支庫兌付庫款大於經收庫款撥轉分庫劃付之差額，年度終了，本科目餘額應與國庫收入國庫支付兩科目互為沖平。總庫撥帳乃分庫之專用科目，分庫根據支庫經收經付庫款彙總撥轉總庫列帳之款項屬之，彙撥經收庫款之數記借方，彙撥兌付庫款之數記貸方，年度終了，本科目餘額應與國庫收入國庫支付兩科目互為沖平。茲將分支庫平時收付，及年終結帳分錄列示如下：

　　支庫經收庫款：

　　　　借：分庫撥帳

　　　　貸：國庫收入

分庫經收庫款，則借總庫撥帳。

支庫兌付庫款：

　　借：國庫兌付

　　　　貸：分庫撥帳

分庫兌付庫款，則貸總庫撥帳。

年度終了，支庫之分庫撥帳戶，如為借差，則：

　　借：國庫收入

　　　　貸：國庫兌付

　　　　　　分庫撥帳

分庫之總庫撥帳戶，如為借差，則：

　　借：國庫收入

　　　　貸：國庫兌付

　　　　　　總庫撥帳

反之，如支庫之分庫撥帳戶如為貸差，則：

　　借：國庫收入

　　　　分庫撥帳

　　　　貸：國庫兌付

分庫之總庫撥帳戶如為貸差，則：

　　借：國庫收入

　　　　總庫撥帳

　　　　貸：國庫兌付

至於代庫會計之資產負債，僅設三個帳戶，茲舉應用分錄如下：

當支庫收存各機關專戶存款時，根據機關專戶存款收款書：

　　借：存放代庫銀行

　　　　貸：機關專戶存款

如支庫支付各機關專戶存款時，根據機關專戶存款支票為相反之分錄。

當總庫收存國庫存款時，根據分庫電報數：

　　借：存放代庫銀行

　　　　貸：經理國庫存款

總庫根據庫款兌付日報，支付國庫存款時，為相反之分錄。

問　題

一、試釋集中支付制度，並從政府的庫款調度、財務改革及權責制衡三方面論述之。

二、試說明國庫收支事務之處理範圍。

三、試論國庫出納會計制度所定帳表之登編基礎。

四、試說明國庫會計之組織系統。

五、試述我國政府現行公庫組織。

六、試述國庫存款戶之收入，現行之處理程序。

七、我國國庫法允許各機關得自行保管，依法支用的支出有那些？

八、試述代收彙解的程序。

九、試述緊急支出之程序。

十、試述庫款退還收回之處理程序。

十一、各機關的經費賸餘應如何處理？

習　題

一、下列為某年度國庫統制會計之事項：

1.分庫報告收到當年度貨物稅收入$500,000，以前年度所得稅收入$200,000。

2.分庫報告收回以前年度歲出$20,000。

3.分庫報告收到某機關解繳被審計機關剔除之經費$4,000。

4.分庫報告收到各機關當年度支出之收回$100,000。

5.地區支付處報告收回各機關當年度之支出$100,000。

6.地區支付處報告支付各機關當年度各項歲出$4,000,000。

7.分庫報告收到各機關繳存之特種基金及保管款$3,000,000。

8.地區支付處報告支付各機關以前年度應付歲出款$750,000。

9.地區支付處報告支付各機關特種基金及保管款$150,000。

10.分庫報告兌付國庫支票$2,500,000。

11.會計年度結束時，收支科目辦理結帳。

試依據上列各項資料，作成應有之分錄。

二、下面資料是某年度國庫統制會計發生之事項，試就所示資料編製簡明國庫收支總表。

1.國庫分庫報告收到當年度課稅收入$70,000,000,000，以前年度收入$5,000,000,000。

2.國庫分庫報告收回以前年度歲出$1,500,000，收到剔除經費$250,000。

3.國庫分庫報告收到各機關當年度支出之收回$390,000。

4.地區支付處報告收回各機關當年度各項支出 $390,000。

5.地區支付處報告支付各機關當年度各項歲出 $45,000,000,000，以前年度應付歲出款 $720,000,000。

6.年度終了時，結束收支科目。

三、下列國庫支付會計事項，試為之分錄。

1.地區支付處收到各機關簽發之付款憑單 $2,000,000，並憑以簽發國庫支票支付各機關費款。

2.各機關通知地區支付處繳存當年度之支出收回 $400,000。

3.國庫支票 $200,000 不須支付，辦理註銷。

4.發現已簽發之國庫支票 $150,000 有溢付重付情形，應予收回。

5.國庫支票在未經合法受款人簽收前被冒領，經另簽同額國庫支票 $60,000 交付合法受款人。

6.收到繳款書證明聯，上項溢付重付款已經收回存入國庫。

7.年度終了時，辦理結帳。

四、下列為國庫代庫會計事項，試為之分錄。

1.支庫經收庫款 $50,000,000。

2.支庫兌付庫款 $15,000,000。

3.支庫收存各機關之專戶存款 $23,000,000。

4.總庫收存國庫存款 $50,000,000。

5.總庫支付國庫存款 $15,000,000。

6.支庫支付各機關專戶存款 $3,000,000。

7.年度終了時辦理結帳。

五、下列為國庫統制會計發生事項：

1.分庫報告退還以前年度歲入 $60,000，以前年度收入 $18,000。

2.分庫報告退還以前年度歲入 $6,000，收回以前年度歲出 $3,000，收到剔除經費 $1,200。

3.分庫報告收到各機關當年度支出之收回 $900。

4.地區支付處報告收回各機關當年度支出 $900。

5.地區支付處報告簽開之國庫支票誤付受款人，另簽支票支付 $600。

6.分庫報告收回地區支付處誤付款 $600。

7.地區支付處報告收回誤付款 $600。

8.地區支付處報告支付各機關當年度歲出 $48,000，以前年度支出 $1,500。

9.分庫報告兌付國庫支票 $45,000。

10.年度結帳，結束收支科目。

作成應有分錄，並編製國庫出納報告及總分類帳各科目餘額表。

第十一章　長期性資產會計

第一節　長期性資產之特質

　　政府機關所取得或掌有之一般長期性資產，除公營事業基金、政府內部服務基金或信託基金之長期性資產外，均彙記於專設之長期性資產帳。例如由普通基金購入之長期性資產，該基金僅以經費支出列帳，並不將所獲得之資產記入帳戶列入報表，而將之歸入另一組自相平衡之帳戶處理，稱之為財產類會計。所謂長期性資產，必須具有下列三大特性：(a)有實質，(b)壽命超越一財政年度，(c)價值貴重。關於價值貴重一點甚為重要，蓋因政府機關支出之結果，獲得相當之有形資產，且至年終猶有留存者，不勝枚舉，但若屬購入之小件器具用品，例如刀尺字籃等類，如一一悉行記入長期性資產帳戶，按期計算此類小件之折舊，則未免有不切於實用，而犯膠柱鼓瑟之弊，故為簡便計，凡屬小額之購置器物支出，不論其性質如何，概不予資本化，以節會計處理之煩。至其數額標準之訂定，可由各該政府就其財務實況與資產之類別斟酌決定。凡超過此項限額標準者，列為資本支出，凡低於此項金額者，則一概不列入長期性資產類帳戶。

　　政府獲取長期性資產所需資金之財源不外：(a)發售普通公債，(b)發行期票或短期貸借，(c)自普通或特種收入基金之歲入撥用，(d)特賦，(e)其他政府補助讓與，(f)私人或私人團體饋贈。長期性資產之價值，其自饋贈而得者，當按獲取時之公平市價為準，其他資產則按成本入帳，且其估價，除資產最終處分外，於帳冊維持不變，亦不計折舊。固然一般長期性資產，因歲月之侵蝕，自然之消耗，使用之磨損，或性能之陳舊，致其價值逐漸折減，毋庸諱言，惟政府長期性資產若以折舊正式登列基金帳戶，並無補實益，私營企業所以需要計算折舊之原因，於政府機關咸不存在，前於探討政府會計之特徵時業已討論。企業以折舊列入年度之費用成本，期與收入直接相配合，實則就政府之業務而論，收支之間殆無因果之關係可言，如以折舊入帳，反易招致曲解，非可取也。惟如欲決定單位成本，計算折舊而另以備忘方式登錄，則未嘗不可。

第二節　長期性資產之記錄

　　長期性資產之會計，根據美國政府會計準則會以前之主張另立一組自相平衡之帳戶登記之。共分下列五類：(a)土地，(b)房屋，(c)房屋外之改良，(d)設備，(e)在建工程。最後一項乃為建築中長期性資產暫時累積之成本，該項工程一旦完竣，即須轉出而歸入前四類適當資產項目。

　　政府公務機關，如就基金言，除公營事業基金、政府內部服務基金與信託基金外之其他基金，所取得之長期性資產，均應歸於長期性資產帳。長期性資產獲取之分錄，當按成本（如由餽贈而得，按獲取時之公平市價）依資產之類別，借入上列五大科目之一，並按其財源貸入下列某一投資帳戶，以為對抵。

　　長期性資產投資——資本計畫基金——普通公債

　　長期性資產投資——資本計畫基金——××政府資助

　　長期性資產投資——普通基金歲入

　　長期性資產投資——特別收入基金歲入

　　長期性資產投資——特賦

　　長期性資產投資——私人餽贈

　　惟自新近政府會計準則會發布第三十四號公報後，對長期性資產之會計處理發生重大改變，不再延用舊制另立一組帳戶，而係將之直接記入政府機關個體之會計，列入其淨資產表。

　　例如：凡由資本計畫基金而得之資產，其於該基金會計係借工程支出，而同時於政府個體會計，則借在建工程，工程如已完竣，則當借入土地、房屋等帳戶。凡資本計畫基金或特賦基金已予資本化之成本支出，均應記入政府個體會計之長期性資產帳戶。

　　至由普通基金與特種收入基金獲取之固定資產，可於前項基金記錄支出時即行逐筆記入政府個體會計之長期性資產帳戶。假定一項設備係由普通基金購置，於該基金之記錄，借歲出實付數，貸應付憑單，同時再以同額列入政府個體會計之長期性資產帳戶之設備：

　　當長期性資產處分時，應自政府個體會計之資產帳戶沖銷其原成本與累計折舊。

第三節　長期性資產之報告

美國政府會計準則原先規定，地方政府基金取得之長期性資產，另立一組帳戶，應據以另編長期性資產表(statement of general fixed assets)，為長期性資產帳之主要報表，猶如一試算表，列示資產之類別，如土地、房屋等，並以獲取該資產基金財源之投資戶與之對列。今因新公報規定不再另立一組帳戶，而應記入政府個體會計，並納入政府淨資產表，隨之長期性資產不再另編單獨報告。

第四節　公務機關財產會計

政府各公務機關購置財產，須依其歲出法定預算辦理，當購入之時，先於歲出類會計，借經費支出，然後再將所購財產成本，另行登入財產會計帳冊，形成平行之重複記錄。

各公務機關關於財產之購置，應事先填具財物請購單送會計部門，財產採購或建造之招標、比價、議價及其決標之程序，應依照有關規定辦理。購置財產或建造完工，以及撥入捐贈等財產，於取得時，應由總務部門會同指定驗收人員及監驗人員，根據契約發票、合約、圖說、規格、樣品及其他有關文件，負責按照規定切實驗收，其涉及專門技術性者，應指定專門技術人員或委託專業性機構負責驗收，如屬專用者應由使用單位會同核驗。財產驗收後，由總務部門填具財產增加單連同原始憑證，及有關文件送會計部門辦理結算。凡財產由其他機關撥入及接收、捐贈而取得時，應填明財產之價格，如原價無法查考或根本無原價者，得由總務部門會同有關部門予以估計列帳。財產驗收時，如其數量、規格、結構與樣品、契約、圖樣、說明不符或有損壞及其他瑕疵，應即通知承購、承運、承攬或承包人履行契約規定或依法辦理。行使上項各種權利時，總務部門應於發票或其他單據簽證後，送會計部門審核。

財產取得後，應由總務部門妥慎保管，並按照分類編號粘釘標籤。所有財產應妥善配置充分利用，使用部門應指定專人經管並善盡保管之責，由總務部門會同會計部門隨時查核實際使用及保管情形。房地產取得時，總務部門應於法定期間內向地政機關申請辦理產權登記，所有產權憑證，應設置登記簿登記，並慎重保存。各部門財產經管人員，如因職務變更或其他事故卸任，應將經管之財產點交接任人員，由總務部門派員監交，並核對帳目相符後，方得解除原經管之責任。總務部門對於

各項財產，應隨時派員抽查，年度終了會同會計部門，實施盤點一次。

財產之減少，有出售、報廢、撥出、交換、捐贈等方式，財產減少時，應經規定程序，由總務部門填具財產減損單，送會計部門為財產減損之登記。

政府公務機關對於財產之增減管理，歸屬財產類會計事項，財產會計之借方統制科目有六：

⑴土地：表示各機關購房屋基地及其他土地價值之總額。

⑵房屋建築及設備：表示各機關房屋與其他建築及其附著物、水電設備等財產價值之總額。

⑶機械及設備：表示各機關各項機械、工程工具、測試儀器、醫療器械及設備等財產價值之總額。

⑷交通及運輸設備：表示各機關電信、電視、廣播設備及陸運、水運、空運、氣象設備等財產價值之總額。

⑸其他設備：表示各機關事務、防護設備及不屬於以上各科目之設備等財產價值之總額。

⑹權利：表示各機關所取得之專利權、著作權、商標權及其他財產權利價值之總額。

另設一貸方科目，名現存財產權利總額，用以表示各類財產之總額，以構成自相平衡之一組帳戶。

財產會計關於財產之記錄，設有財產明細帳卡及財產統制帳兩種，前者由總務部門根據財產增加單及財產減損單等有關憑證逐筆登記；後者由會計部門設置，按月根據財產增減單將各種財產分類彙總編製傳票登帳，以統制總務部門所設之財產明細帳卡。財產統制帳，平時應與總務部門所送之財產增減表相符，年終應與財產目錄相符。茲將上兩帳式列舉於279及280頁。

財產報告以財產增減表及財產目錄為主要。每月終了總務部門應編製財產增減表，送會計部門複核後附入會計報告，年度終了，各機關應編製財產目錄，附入決算報告。各級政府之總會計，應對各公務機關之財產目錄加以彙總，編製財產總目錄，附入總決算報告。中央公務機關所編財產報告，尚應另送國有財產局，據以納入國有財產管理會計，年度終了編成國有財產總目錄，納入中央總決算，茲將各機關應編之財產目錄，及總會計所編之財產總目錄格式內容列示於283頁。

中央總會計年報附入總決算之各種目錄，屬於資產方面者，除財產目錄外，尚有政府投資目錄及政府貸出款目錄，政府之投資及貸款，自亦屬政府之長期性資產，似應與財產目錄為同等看待，惟若深究其所列內容，則與財產目錄實大有差別。政

機關名稱

財產明細分類帳

中華民國　　　年度

種類＿＿＿
名稱＿＿＿
單位＿＿＿

付款憑單式傳票		摘要	增加					減少					餘額	
月	日 號數		財產編號 字	號	數量	單價 金額	金額總額	財產編號 字	號	數量	單價 金額	金額總額	數量	金額

說明：
1. 本帳係財產統制帳之輔助記錄，按財產明細科目分戶，由事務人員根據原始憑證登記之。
2. 本帳應將財產種類、名稱、單位分別填明，財產發生增減事項時，根據原始憑證填入各該專欄，增減事由記入摘要欄，財產增減後之餘額應分別填明，本帳應每月結總一次。

機關名稱

財產統制帳

符　號：_____

科　目：_____

中華民國　年度

年度		轉帳傳票字號	摘　要	金　額		借或貸	餘　額
月	日			借　方	貸　方		
				〰	〰	〰	

說明：本帳按照財產統制科目為主，每一科目設立一戶，每一戶編一符號，依照科目編號順序編列，如有發生財產增減變動情形，根據轉帳傳票分別過入本帳各該帳戶內。

機關名稱
財產目錄
中華民國　年　月　日

分類編號	名稱	特徵及說明	購置年月	使用年限	單位	數量	單價（元）	總價（元）

總會計
財產總目錄
中華民國　年　月　日

項目／機關名稱	土地	房屋建築及設備	機械及設備	交通及運輸設備	雜項設備	權利	其他	總值

府投資目錄分投資國營事業，投資作業基金，及投資國內外企業等，前兩部分均為特別基金。政府貸出款目錄，列有貸款基金，與對基金之貸款，該項貸出款目錄所列多屬作業基金，而作業基金，已列入投資目錄，營業等特種基金又列入各基金綜合平衡表，一再重複列表，有無另列目錄必要，頗有研究餘地。

第五節　國有財產管理會計

　　依我國國有財產法規定，國家依據法律規定，或基於權力行使，或由於預算支出，或由於接受捐贈所取得之財產，均為國有財產，其範圍包括不動產、動產、有價證券與權利四大項，並按財產性質及使用狀況，區分為公用財產及非公用財產兩大類。國有公用財產依其使用機關又可分為普通公務機關使用者，及國營事業機關使用者，兩者對該項財產之會計處理方式大不相同，普通公務機關之財產會計，係依照普通公務單位會計制度之一致規定辦理，設置財產統制帳及財產明細帳，按月編製財產增減表，年終編製財產目錄；國營事業之財產，則係依照其各自會計制度所規定程序處理。國有公用財產以外，可供收益或處分之其他國有財產為國有非公用財產，由財政部設國有財產局負責管理，並由該局掌理該項財產之會計，國有非公用財產會計所用之科目，借方科目為：土地、房屋建築及設備、機械及設備、交通及運輸設備、什項設備、權利、有價證券、其他共八項，較公務機關財產類科目多出有價證券與其他兩項，有價證券內含股票及債券，其他科目則為上列各科目無適當歸屬者屬之，貸方設國有非公用財產總額一科目以示平衡。其所用之簿籍除總分類帳，要以明細分類帳為最重要，分別按租用、借用、佔用、閒置、保留、合作經營、委託經營、委託管理、待清查等不同情形，設置明細帳戶登記之。國產局關於非公用財產會計所編之報告，有國有非公用財產增減表，國有非公用財產明細表，國有非公用財產總目錄等。

　　國產局對於國有財產之會計，除非公用財產會計外，尚另有一套國有財產管理會計，設置國有財產總帳，以便編具國有財產總目錄，俾納入中央政府年度總決算，國有財產管理會計之作法，乃據各機關所編報之國有公用財產會計報告，及其自身所編之國有非公用財產會計報告，加以分類綜合，以產生國有財產總目錄，以利對全體國有財產之管制與考核。惟以國營事業之公用財產，已各自納入其資產負債表，國產管理會計若再加分類登錄，顯然重複，尤其為公司組織者，其股份不盡然為政府掌握，如將該公司財產硬性合併，顯欠合理，如若將之納入國產管理會計，僅只能以政府所有股份為限。再者，國營事業屬特種基金之一，其財產已列入各該基金

平衡表，然後再產生各基金之綜合平衡表，今復將國營事業之財產，又列入國有財產管理會計所產生之平衡表，顯屬重複列表，國產局宜否將國營事業財產亦予合併處理，頗值得深長考量。國產管理會計之借方科目與前述非公用財產會計科目相同，其貸方科目為國有財產總額，依據國有財產管理會計之記錄，可編製國有財產增減彙總表，及國有財產總目錄，以顯示全部國有財產之狀況。

問　題

一、一個相當大的政府單位沒有固定資產方面有組織化的記錄，現擬建立。

　　1.現有的固定資產應如何開始建立其記錄？

　　2.要對現有的固定資產建立適當的內部控制，除了它的位置及狀況外，還需要那些資訊？

二、如果一個政府受捐贈而獲得資產，將此一資產以現有評價入帳，因評價所發生的費用不能資本化，但是重新改裝及修理的費用卻能資本化，試解釋其差異。

三、一個反對記錄普通固定資產折舊的主要理由是折舊費用不能列入預算，因為沒有現金或其他資產的支出。那麼，計算固定資產折舊的原因為何？

四、下列是關於某政府單位固定資產的一些交易，那些需要借記普通固定資產帳戶呢？現今美國地方政府會計又係如何處理？

　　1.土地的契約價格。

　　2.新房屋的契約價格。

　　3.將舊房屋拆毀及移走（為了建新屋）的成本。

　　4.土地所有權登記成本。

　　5.為了購買新屋所借的錢6個月之利息。

　　6.為土地除草及其他維護活動。

　　7.購買設備的運費。

　　8.裝配及試驗一組複雜機械的成本。

　　9.為毗連的財產取得地役權的成本。

　　10.一組房屋計畫的成本，這些計畫後來建築房屋時沒有遵照。

　　11.買進舊房屋，在提供服務以前重新修理、改裝的成本。

　　12.土地排水之支出$75。

　　13.毗鄰財產一條新街道的特賦分攤額。

　　14.監工薪資的分攤額，視其實際監督新建廠房的時間來分攤。

　　15.承擔新取得財產（從私人處）的未付稅款。

　　16.辦公室的定期重新裝飾。

五、如果政府的某一物品交換另一同類的物品，另收到舊資產的一部分作價。下列那種方法應
　　該被採用？

　　1.將兩資產的差異借記或貸記資產科目。

　　2.除去舊資產的所有成本，加上新資產的所有成本。

　　因為兩種方法所產生的資產餘額都相同，試說明你選擇 1. 或 2.之原因。

六、如果處分資產收到現金，要補償供給此一資產的基金或餘額的困難是什麼？試說明之。

習　題

除了下列固定資產報表以外，關於克市普通固定資產的資訊，在20××年5月31日結束的會計年
度財務報告中只有兩項在合併平衡表的「普通固定資產」欄中：(a)金額$3,156,328　（在資產及
其他借項部分），寫上「固定資產（淨額）」(b)金額$3,156,328（在負債部分），寫上「普通固定
資產——成本」。

試問：

　1.克市的年度報告如果要滿足下列兩種人，需要那些資訊？(a)市議會的新議員(b)對市政府
　　資產財務管理有興趣、關心的市民。

　2.如果你是該市的查帳會計師，你會對該財務報表簽發無保留意見嗎？如果否定，則你的
　　客戶應該如何改變它的財務報表，使得你簽發無保留意見？20××年5月31日的報表能夠
　　改變以至於符合你的要求嗎？

普通固定資產報表

20××年5月31日

固定資產（淨額）		
土地	$ 143,330	
房屋及建築物	838,693	
房屋改良物	1,734,363	
交通運輸設備	231,535	
辦公設備	19,144	
一般設備	189,263	$3,156,328
投資於普通固定資產		
普通固定資產——成本		$3,156,328

第十二章　長期負債會計

第一節　長期負債之特質

　　一般而言，凡負債之償還期限在一年以外者，均屬長期負債。政府的普通基金，其歲入歲出乃按年度結計，不能預留資產以為將來到期負債之償付，故將長期負債另立一套帳戶以處理。同理，政府的歲入基金，資本計畫基金，債務基金，內部服務基金，以及代理基金，只列短期負債，因其將用該基金資產以償付。至營業基金與特賦基金，除列短期負債外，尚列長期負債，以其均需用各該基金資產去償還；信託基金因其業務而發生短期負債，同時亦因獲致基金資產而有長期負債。

　　凡用普通公債與其他長期債務，以支援一般歲入者，應為整個政府單位之負債，非屬於任一個別之基金，且由此項債務所購建之設備，可為多種基金所運用，職是之故，舉凡未到期之長期負債，其需政府全面信用作為後盾者，無不另設一組獨自平衡之長期負債類帳戶以處理。所謂政府之全面信用者，乃指政府依其課徵賦稅之權力，以保證本息之支付。長期負債類帳，係單獨一類會計，而與任何其他基金無涉，惟有下列二項為例外：(a)普通公債若專為公營事業而發行者，根據已定財政政策，其清償應由公營事業之收益負擔。(b)特賦公債，除向受益財產所有主徵收之特賦作為擔保外，更由政府之一般信用加強其保證。

　　於上二情況下，該公債當列作公營事業或特賦基金之直接負債，惟須於長期負債表加註揭示該或有負債即可。

第二節　長期負債之記錄

　　負債帳戶自是貸方餘額，為使另立一組長期負債帳戶，能以獨立自求平衡，即須為該組會計設立其借方餘額帳戶，這種借方帳戶並不代表資產，只是用以與長期負債相對立，其作用有二：(a)為償付長期負債須由債務基金累積之金額，(b)為償付長期負債將來須提供之金額。以上兩類借方餘額之和，必須等於未償全部長期負債之合計金額。

　　長期負債帳戶，多用以記錄普通公債之發行。茲將普通公債之發行記錄，以及

提供償付定期公債資金之積聚，與到期債務之償還諸記錄，特分別闡釋如下：

一、公債之發行

如所發公債係分期攤還公債，其分錄如下：

借：償付分期攤還公債應備款額 $×××

貸：應付分期攤還公債 $×××

如發行定期公債，其分錄如下：

借：償付定期公債應備款額 $×××

貸：應付定期公債 $×××

注意：公債售得之款項，並不記入普通長期負債帳，而係登錄於實際收獲現金之基金帳，如資本計畫基金等。

二、積聚資金以備公債之償付

普通公債之債務一旦建立後，長期負債類帳戶之記錄，當與債務基金之記錄亦步亦趨。定期公債債務基金應按年積聚資金，增加基金餘額，則於長期負債類帳戶作下列之分錄：

借：債務基金已備償付定期公債款額 $×××

貸：償付定期公債應備款額 $×××

至分期攤還公債，固亦可按債務基金之增加而作類似之分錄，惟因此項基金之歲入，大致趨近該年之債務成本，包括分期應攤還本金額，即有增加，其數無足輕重，故上項分錄儘可省略。

三、到期負債之清償

分期攤還公債按年由債務基金償還，於長期負債類帳戶，當作下列之分錄：

借：應付分期攤還公債 $×××

貸：償付分期攤還公債應備款額 $×××

至定期公債，非待整批公債到期，不必作如上之分錄，於負債到期時，則作下列之分錄：

借：應付定期公債 $×××

貸：債務基金已備償付定期公債款額 $×××

定期公債債務基金如係根據年金法計算，設有償債基金，則債務基金已備償付定期公債款額戶之餘額，當與應付定期公債戶之本金額完全相符。

公債到期，因係由債務基金實際以現金支付，自亦當於債務基金作記錄，以記載此項交易。

就美國地方政府會計言，自新公報發表後，上述會計方法已有巨大改變，不再另立一組帳戶，而後將長期負債直接登入政府個體會計，亦不必另編報表。

第三節　中央長期負債帳戶

中央政府發行公債，原列為歲入，自預算法修正後，則視為歲入歲出差短之撥補，但仍列入總預算，在總會計則以收支調度數處理。最後再結入歲計餘絀。當公債發售後，按國庫收入報告，借國庫結存，貸公債收入，期末再借公債收入，貸公債收入預算數，以結平公債收入帳戶，而未記應付公債之負債帳戶，由是，該項政府的長期負債，即需另立一組自相平衡之帳戶以登記。

中央總會計對政府公債及其他長期負債所設定之帳戶,計有如下幾個貸方帳戶:

⑴應付債款：凡為彌補預算差短或為鉅額本支出所舉借之內外債數額屬之。

⑵應付借款：凡為彌補預算差短所舉借之款數額屬之。

⑶應付利息：凡內外債之應付利息數額屬之。

⑷保付國內借款：凡政府擔保公私企業向國內銀行借款之保證數額屬之。

⑸保付國外借款：凡政府擔保國內銀行、公私企業向國外銀行、公私企業借款之保證數額屬之。

另設四個借方帳戶以求自相平衡，其名稱如下：

⑴待籌償債數：凡欠付內外債尚未籌得償債資金數額屬之。

⑵待籌付息數：凡內外債應付利息尚未籌得資金數額屬之。

⑶可用償債數：凡欠付內外債已籌得償債資金數額屬之。

⑷保證數：凡政府擔保國內銀行、公私企業向國內外銀行、公私企業保證借款之數屬之。

中央總會計制度規定，對應付債款及保付借款均設置明細帳，以為編製該項報表之依據，惟事實上並未設置該帳，而係以財政部之公債會計報告，及其所編政府保付款目錄替代。財政部公債會計之年報，名公債實況彙總表，即中央總會計編報之依據。

第四節　中央長期負債報表

中央總會計之年報，係與總決算合併，其中屬於長期負債性質者，有應付債款及應付借款總表及其明細表；又有一種報表，其性質屬或有負債，為政府之保付款，用以顯示由政府擔保各機關或公私企業向國內外借款之保證情形。前者根據公債會計報告編製，茲將應付債款、應付借款明細表式列於下頁。

中央政府總決算

應付債款明細表

中華民國　年　月　日

單位：新臺幣元

借款名稱	期限		幣別	發行額	賣售額	本金		期限屆滿騰餘繳庫數	結欠利息	結欠本金利息合計
	發行日期	清償日期				償還額	結欠額			
已賣現部分										
中央政府建設×年度×類第×期債票	××	××	××	××	××	××	××		××	××
小計				××	××	××	××		××	××
保留部分										
×公債×年度保留公債收入			××	××	××		××			
×公債×年度保留債務還本支出			××	××	××	××	××			
小計				××	××	××	××			
合計				××	××	××	××		××	××

中央政府總決算
應付借款明細表
中華民國　年　月　日

單位：新臺幣元

借款名稱	承貸單位	期限		幣別	訂借總額	本金		利息償付總額	結欠本金	備註
		發行日期	清償日期			動支淨額	償還額			
已實現部分										
×年度中央政府經建借款	××		××	××	××		××	××	××	
小計	××		××	××	××		××	××	××	
保留部分										
×借款×年度保留借款收入				××	××				××	
×借款×年度保留借款還本支出				××			××		××	
小計				××	××		××		××	
合計				××	××		××	××	××	

問 題

一、從政府財政官員的立場來看，決定發行固定資產建設公債是特賦債券或普通負債債券的主要因素為何？

二、1.當長期債務是以溢價或折價（有些政府禁止折價發行）發行時，對於債務報表的影響為何，即對需準備的金額和負債有何影響？

2.如果債券是以溢價發行，則準備償付本金的錢及付利息的錢和平價發行是否一樣？

三、報告未來年度應付利息的原因為何？為何這個項目不包含於普通長期負債報表？

四、債務基金和普通長期債務的關係為何？資本計畫基金和普通長期債務的關係為何？

習 題

一、下列是一些不相關聯的交易，分別間接影響普通長期債務科目。試作各交易的分錄，不必說明。

1.一個$50,000的特別稅課供給分期償付債券的償還（已發行多年），已記錄在債務基金，同時壞稅（估計）$1,000也已記錄。

2.一個$500,000分期償付債券售得$512,500，溢價移轉於債務基金（由本基金付本金）。

3.債務基金的彙總顯示有額外的$120,300可供償還分期債務的負債，$18,990可供付息，這個增加的影響尚未記載於普通長期負債。

4.有面值$250,000 的普通負債分期償付債券發行以償付面值$300,000一次到期債券的一部分。差額由債務基金以前年度累積的金額償還$42,500，剩下的由普通基金尚未劃分之現金支付。

二、在奧克蘭市轄制下的財產分別位於五個不同的政府單位，每個單位都可發生長期債務，在20××年4月30日，這一天，五個單位的淨長期負債如下：

平原郡	$ 496,200
藍溪鎮	62,800
市──公所	5,988,700
市──學校	3,009,500
市──醫院	299,100

各單位財產的價值（4/30同一天）如下：郡$280,400,000，鎮$154,220,000，市$98,140,000。

試作：

1.奧市直接和重疊的負債報表。

2.計算奧市總負債對總資產的比率。

第十三章　政府決算

第一節　決算之意義

決算乃針對預算而言，亦即於年度終了對預算實施情形之終結計算，因而可知，政府的決算也就是政府預算執行之結果。政府的預算分歲入歲出兩類，故其決算在歲入方面即是預計收入與實際收入之比較，在歲出方面即是預計支出與實際支出之比較，預計收入稱歲入預算數，實際收入稱歲入決算數，預計支出稱歲出預算數，實際支出稱歲出決算數，將其預算數與決算數列表比較，即謂之決算表。歐美國家政府預算執行之結果，無辦理決算專用名詞，乃將我們所謂之決算者統稱年度報告，而今，我國政府亦將決算與會計年報合為一體，故所謂決算實即年度報告。歲出預算為議會應政府施政需要同意給予撥款之額度，隨之，歲入預算即為政府施政所需人民須預提供之財源，政府經費支出之目的既在為人民辦事之需要，因而，其支用之結果，即應向人民為公開之報告。淺顯的說，政府為人民辦了些什麼事，用掉了多少錢，故決算必須經過嚴密的審核，向代表人民的議會提出報告，並且要再公告給社會大眾普遍知道。

我國政府之決算，每一會計年度辦理一次。政府每一會計年度終了應編報其歲入、歲出決算；債務之舉借，以前年度歲計賸餘之移用，以及債務之償還，均應編入其決算；至當年度發生未來承諾之授權金額，應於決算內表達。歲入、歲出決算之科目及其門類，應依照其年度之預算科目門類；如其所入為該年度預算所未列者，應按收入性質另定科目，依其門類列入其決算。

決算既係預算收支之終結，故決算之種類與結構，亦同於預算，分為總決算，單位決算，單位決算之分決算，附屬單位決算，與附屬單位決算之分決算五種。決算所用之機關單位及基金，及其記載金額之貨幣單位，均依法定預算所列為準。決算所列應收歲入款、應付歲出款，與保留數準備，於其年度終了屆滿五年，而仍未能實現者，可免予編列，但依其他法律規定必須繼續收付而實現者，其收入可於各該實現年度內列為歲入，屬於支出者，則在該實現年度原預算內列支。

第二節　單位決算及附屬單位決算

一、單位決算

　　機關別之單位決算，由各該單位機關編造之。編造時，應按其事實備具執行預算之各表，並附有關執行預算之其他會計報告，執行預算經過之說明，執行施政計畫、事業計畫績效之說明及有關之重要統計分析。特種基金之單位決算，由各該基金之主管機關依上項規定辦理之。至執行預算各表應記載之內容，由中央主計機關會同財政與審計機關定之。各機關或基金在年度內有變更者自改組後或承接之機關或其主管機關編造決算，機關或基金在年度終了前結束者，由其主管機關辦理決算。

　　各機關凡接受其他機關其他來源補助之計畫，應就國庫撥款及接受補助部分，編製接受補助計畫收支報告表附入單位決算。

　　各機關對私人團體補助，應加編補助私人團體經費報告表附入單位決算。其屬於全年度經常性質或為其專案支出之全部者，應由領受之私人團體就其受補助計畫收支執行情形，編列工作報告，一併附入單位決算。各機關於單位決算編成後，應將所列歲入歲出繳領各款之科目及數額，分別與各地代理國庫機關或地區支付處按月所送之對帳單彙總後之科目及金額，詳予核對，如有差異，應即查明原因校正，務使雙方列數完全符合。

　　各機關編造單位決算應具備之書表，及其主要表式列舉如下：

總說明

⑴施政（業務及工作）計畫實施狀況及績效。

⑵預算執行概況。

⑶財務實況。

⑷其他要點。

主要表

⑴歲出計畫實施狀況年度報告表。

⑵$\frac{歲入來源}{歲出機關}$別決算表（表式見297與298頁）。

⑶以前年度歲出計畫實施狀況年度報告表。

⑷以前年度$\frac{歲入}{歲出}$轉入數決算表（表式見299及300頁）。

(5)繼續經費決算表（表式見301頁）。

(6)$\frac{歲入}{經費}$類平衡表。

附屬表

（略）

二、附屬單位決算

附屬單位決算中關於營業基金決算，應就執行業務計畫之實況，根據會計記錄編造之，並附具說明，連同業務報告及有關之重要統計，分送有關機關。各國營事業所屬各部門，其資金獨立，自行計算盈虧，或轉投資其他事業，其股權超過百分之五十者，應附送各該部門或事業之分決算。附屬單位決算中關於營業基金決算之主要內容如下：

(1)損益之計算。

(2)現金流量之情形。

(3)資產負債之狀況。

(4)盈虧撥補之擬議。

關於營業收支之決算，應各依其業務情形與預算訂定之計算標準加以比較；其適用成本計算者，並應附具其成本之計算方式、單位成本、耗用之人工及材料數量與有關資料，並將變動成本與固定成本分析之。關於固定資產、長期債務、資金轉投資各科目之增減，應將其詳細內容與預算數額分別比較。附屬單位決算中營業基金以外其他特種基金，得比照營業基金之決算辦理。至附屬單位決算之分決算之編製，依照有關附屬單位決算編製之規定辦理。

各機關編造附屬單位決算營業部分應具備之書表如下：

業務報告

(1)營業政策執行情形。

　①關於經營管理者。

　②關於供需配合者。

(2)業務計畫執行實況。

　①銷售（營運）計畫。

　②生產計畫。

　③固定資產建設改良擴充與其資金來源計畫及成本效益分析。

　④長期債務舉借及償還計畫。

　　⑤研究發展及管理革新計畫。

　　⑥其他重要計畫。

(3)營業損益之經過。

(4)盈虧撥補之擬議。

(5)資金運用之情形。

(6)資產負債之狀況。

(7)經營實績分析檢討。

　　①營業成長。

　　②經營效能。

　　③投資報酬。

　　④資產週轉。

決算主要表

　　①損益表。

　　②盈虧撥補表。

　　③現金流量表。

　　④資產負債表。

明細表

　　(略)

各機關編造附屬單位決算非營業部分應具備之書表及主要表式如下：

總說明

(1)事業或作業計畫實施績效。

(2)事業或作業收支餘絀情形。

(3)餘絀撥補實況。

(4)現金流量情形。

(5)資產負債實況。

(6)其他要點。

主要表

(1)作業收支決算表（表式見302頁）。

(2)餘絀撥補決算表（表式見303頁）。

(3)現金流量表。

(4)平衡表。

附屬表

　　(略)

機關名稱
歲入來源別決算表
中華民國　　年度

經資門併計

單位：新臺幣元

科　目			預算數			決算數				預決算比	決算數占預算之比率
款　項　目　節			原預算數	預算增減數	合　計 (1)	實現數	應收數	保留數	合　計 (2)	較增減數 (2)-(1)	(2)/(1)
款	項	目	節 名　稱及編號								

註：決算數之「實現數」係指現金收入實現數，「應收數」係指已發生尚未收得數，「保留數」係指經核准保留於以後年度支繼續收得數。

機關名稱

歲出政事（機關）別決算表

中華民國　　　年度

單位：新臺幣元

經資門併計

科　目			預算數					決算數				預決算比較增減數	決算數占預算數之比率 (2)/(1)
				預算增減數									
項	目	節	原預算數	預算追加(減)數	動支第一預備金數	動支第二預備金數	經費流用數	小計	合計 (1)	實現數	應收數	保留數	合計 (2)	
款														

名稱及編號

註：決算數之「實現數」係指現金支出實現數，「應收數」係指已發生尚未支付數，「保留數」係指因發生契約責任及經核准保留於以後年度繼續支付數。

機關名稱

以前年度歲入來源別轉入數決算表

中華民國　　年度

單位：新臺幣元

年度別	科目			名稱及代號	以前年度轉入數		本年度減免(註銷)數		本年度實現數		本年度調整數		本年度結清數	
	款	項	目	節		應收數	保留數	應收數	保留數	應收數	保留數	應收數	保留數	應收數	保留數

經資門合計

機關名稱

以前年度歲出政事（機關）別轉入數決算表

中華民國　　年度

經資門併計

單位：新臺幣元

年度別	科目			以前年度轉入數		本年度減免（註銷）數		本年度實現數		本年度調整數		本年度未結清數	
款項目節	名稱及代號			應付數	保留數	應付數	保留數	應付數	保留數	應付數	保留數	應付數	保留數

機關名稱

繼續經費決算表

中華民國　　年度

單位：新臺幣元

經資門併計 科 目			全部計畫經費預算數	分配累計數	決算數					分配數餘額	全部經費餘絀數	說　明
款	項	目	節	名稱及代號			實現累計數	權責發生數	支出保留數	合　計			

基金名稱

作業收支決算表

中華民國　年　月　日起至　年　月　日止

項　目	本年度				上年度		本年度與上年度決算數比較	
	預算數	%	決算數	%	比較增（＋）減（一）	%	決算數	%	增（＋）減（一）數	%

項目：
一、作業收入
二、作業支出
三、作業賸餘
四、作業外收入
五、作業外支出
六、作業外賸餘
七、本年度賸餘

說明：1. 表列各項目之明細科目應依照年度中央政府總預算附屬單位預算及綜計表（非營業部分）內所列科目填列。
　　　2. 表列百分比（%）應列至百分比之小數點後兩位數。

基金名稱
餘絀撥補決算表
中華民國　年　月　日起至　年　月　日止

科　目	預算數	%	本年度 決算數	%	比較增（＋） 減（－）	%	上年度 決算數	%
一、賸餘之部								
1.本年度賸餘								
2.以前年度未分配賸餘								
二、分配之部								
1.填補累積短絀								
2.特別公積								
3.解繳國庫撥充基金數								
4.解繳國庫淨額								
三、未分配賸餘								
四、短絀之部								
1.本年度短絀								
2.以前年度待填補之短絀								
五、填補之部								
1.撥用賸餘								
2.撥用公積金								
3.扣減基金								
4.國庫撥款								
六、待填補之短絀								

說明：1.餘絀撥補數額如與法定預算不符者，應附註說明原因及依據。
　　　2.表列百分比（％）應列至百分比之小數點後兩位數。

第三節　主管決算與政府總決算

一、主管決算

各機關單位之主管機關編造決算各表，關於本機關之部分，應就截至年度結束時之實況編造之；關於所屬機關之部分，應就所送該年度決算彙編之。各機關之決算，經機關長官及主辦會計人員簽名或蓋章後，即送該管上級機關。各主管機關接到所屬各機關決算，應即查核彙編，如發現其中有不當或錯誤，應予修正後彙編之，連同其單位決算轉送中央主計機關，以供其彙編總決算。

各主管機關對於所管附屬單位決算（非營業部分），應詳加審核，並應就事業或作業計畫實施績效，作業收支餘絀情形，餘絀撥補實況，現金流量情形，資產負債實況等項，編具審核意見書，附入各機關主管決算，財政部主管歲入決算，亦應如期送達行政院主計處。並依照國有財產法規定編具財產目錄。

各機關編造主管決算應具備之書表如次。其決算表式見305頁所列。

總說明

⑴施政（業務及工作）計畫實施狀況及績效。

⑵預算執行概況。

⑶財務實況。

⑷其他要點。

主要表

⑴本機關及所屬機關工作績效檢核報告。

⑵歲入來源別決算表。

⑶歲出$\frac{\text{政事}}{\text{機關}}$別決算表。

⑷以前年度$\frac{\text{歲入}}{\text{歲出}}$轉入數決算表。

⑸繼續經費決算表。

⑹$\frac{\text{歲入}}{\text{經費}}$類平衡表。

附屬表

　（略）

××××主管

歲入來源
歲出政事別決算表
出機關

中華民國　年　月　日起至　年　月　日止　　全　頁第　頁

科目			預算數				合計	決算數			本年度餘絀數	說明
款 項 節	名稱及代號	本年度預算數	本年度預算增減數					本年度收付實現數	決算時責權發生數	合計		
			預算追加（減）數	本年度第一動支預備金數	第二經費預備金數流用數	小計						

說明：
1. 本表由主管機關依照本機關及所屬機關單位決算核編之。
2. 本表科目欄歲入編至來源別細目（編至節）為止，歲出機關別編至工作計畫科目（編至節）為止。另依該管全部歲出按總預算及追加（減）預算所列政事別科目編列，政事別決算表編至業務計畫科目（編至目）為止，並將各項統籌科目一併列入。
3. 各主管機關所編歲出政事別決算表調整待遇科目應依照中央政府總預算所定各政事別科目分別編列。
4. 本表中「本年度預算增減數」欄如有預算增加數或預算減少數，應分別於各該欄內之增，減數字之前，註明「十」號或「一」號。

二、中央總決算

中央主計機關應就各機關編送之單位決算、附屬單位決算、主管決算及國庫年度出納終結報告查核彙編中央政府總決算、暨附屬單位決算綜計表。於查核彙編前項總決算及綜計表，如發現各機關編造之歲入歲出決算仍有錯誤，應即予修正，並將修正事項分別通知審計部及原編造機關。中央主計機關對於各國營事業主管機關決算所列各事業繳庫盈餘數額，經依規定審核後，如有增減逕行調整列入總決算。中央主計機關編成之中央政府總決算與附屬單位決算綜計表提報行政院會議通過後，於年度結束四個月連同各機關主管決算，單位決算及附屬單位決算送監察院交審計長審核。

行政院編造中央政府總決算應具備之書表如次。其決算表式見308頁。

總說明

⑴政府施政計畫實施概況。

⑵總預算執行概況。

　①當年度決算與預算之比較。

　②以前年度權責發生轉入數之執行概況。

⑶國庫收支實況。

⑷政府資產負債概況。

⑸其他要點。

主要表

⑴歲入歲出決算總表。

　①收支性質及餘絀簡明分析表。

　②歲入歲出簡明對照表。

　③歲入來源別決算總表。

　④歲出政事別決算總表。

　⑤歲出機關別決算總表。

　⑥歲入決算來源別機關別綜計表。

　⑦歲出決算政事別機關別綜計表

　⑧以前年度歲入來源別權責發生轉入數決算總表。

　⑨以前年度歲出$\frac{政事}{機關}$別權責發生轉入數決算總表。

⑵歲入來源別決算表。

⑶歲出政事別決算表。

⑷歲出機關別決算表。

⑸以前年度歲入來源別權責發生轉入數決算表。

⑹以前年度歲出政事機關別權責發生轉入數決算表。

⑺平衡表。

⑻普通基金及各特種基金綜合平衡表。

附屬表

財產目錄。

第四節　決算之審核

決算法修正增訂一條：審計長應於會計年度中將政府之半年結算報告，於政府提出後一個月內完成其查核，並提出查核報告於立法院。

依憲法規定，監察院設審計長，審計長應於行政院提出決算後三個月內，依法完成其審核，並提出審核報告於立法院。監察院為執行其審計權設立審計部，一般稱謂審計機關，審計機關審核各機關或各基金決算，依決算法規定，應注意下列各點：

⑴違法失職或不當情事之有無；

⑵預算數之超過或賸餘；

⑶施政計畫、事業計畫或營業計畫已成與未成之程度；

⑷經濟與不經濟之程度；

⑸施政效能或營業效能之程度，及與同類機關或基金之比較；

⑹其他有關決算事項。

審計機關審核決算時，如有修正之主張，應即通知原編造決算之機關限期答辯；逾期不答辯者，視為同意修正。決算經審定後，應通知原編造決算之機關，並以副本分送中央主計機關及該管上級機關。

審計長於中央政府總決算送達後三個月內完成其審核，編造最終審定數額表，並提出審核報告於立法院。立法院對審核報告中有關預算之執行、政策之實施及特別事件之審核、救濟等事項，予以審議。立法院審議時，審計長應答覆質詢，並提供資料。對原編造決算之機關，於必要時亦得通知其列席備詢，或提供資料。總決算最終審定數額表，由監察院咨請總統公告；其中應守秘密之部分，不予公告。監

中央政府總決算
入來源
歲出政事別決算總表
出機關

中華民國　年　月　日起至　年　月　日止

科目			名稱	預算數			決算數				本年度餘絀數	說明
款	項	目		本年度預算數	本年度預算增減數	合計	本年度收付實現數	決算時發生權責數	合計			
			合計									

察院對總決算及附屬單位決算綜計表審核報告所列應行處分之事項為下列之處理：

⑴應賠償之收支尚未執行者，移送國庫主管機關或附屬單位決算之主管機關執行之。

⑵應懲處之事件，依法移送該機關懲處之。

⑶未盡職責或效能過低應予告誡者，通知其上級機關之長官。

總決算之審核，為審計機關最重要之工作，亦即審計機關每一會計年度平時工作之總成。審計機關審核總決算時應行注意之事如下。

⑴歲入、歲出是否與預算相符，如不相符，其不符之原因。

⑵歲入、歲出是否平衡，如不平衡，其不平衡之原因。

⑶歲入、歲出是否與國民經濟能力及其發展相適應。

⑷歲入、歲出是否與國家施政方針相適應。

⑸各方所擬關於歲入、歲出應行改善之意見。

⑹各機關單位決算各科目各欄所列數字，與總決算所列各科目各欄數字，是否均相符合。

⑺各機關單位決算有無應予剔除、修正、或更正事項。

⑻各機關單位決算之平衡表所列各科目數字，是否與總決算所列有關科目列數相符。

⑼立法院決議通過之總預算所列舉應行辦理事項，及其他附帶決議事項中，關於審計機關所應注意監督執行之事項，是否均已辦理。

審計機關根據審核各機關單位決算報告內所列決算審定數，據以編造最終審定數額表，並根據審核各機關單位決算報告之審核意見，撰擬總決算審核報告書之審定意見，其內容除應敘述決算審核數額外，並應列述各該機關年度施政工作計畫實施概況，及其績效之考核。審核報告書內所提建議改善意見，必須列舉事實，及具體可行之處理辦法。審核總決算依限提出報告於立法院，為憲法賦與審計機關之職責，故審計機關對總決算之審核報告，為最重要之審計文件。茲將目前審計機關所編製之總決算審核報告書之內容，擇其主要項目附列於次，以資參考。

總　述

⑴歲入歲出預算執行之概述。

　①歲入歲出決算審定數與預算數之比較。

　②歲入歲出與收支之平衡。

⑵歲入歲出與國家施政方針。

⑶歲入歲出與國民經濟能力。

⑷各方建議改善意見。

⑸其他要點。

最終審定數額表及說明

⑴最終審定數額表。

　①歲入歲出決算審定數額總表。

　②歲入歲出決算審定數及原列決算數比較總表。

　③歲入來源別決算審定數額表。

　④歲出政事別機關別決算審定表。

　⑤以前年度歲入權責發生轉入數決算審定表。

　⑥以前年度歲出權責發生轉入數決算審定表。

⑵歲入歲出各款之審定。

　①歲入各款之審定及說明。

　②歲出各款之審定及說明。

國庫年度出納終結報告之查核

資產負債之查核

⑴平衡表之查核。

⑵財產總目錄之查核。

⑶國內外債款目錄之查核。

特別預算以前年度歲入歲出轉入數決算表之審核

調查事項

附　錄

　①本年度監督預算執行概況。

　②各機關以前年度剔除款處理情形表。

　③以前年度應收歲入款減免數明細表。

　④以前年度應付歲出款減免數明細表。

第五節　年度結束國庫出納之整理

　　依決算法規定，政府之決算，每一會計年度辦理一次，年度終了後二個月，為該會計年度之結束期間，有關國庫出納事務應在此期間內予以整理。

　　各機關由原預算簽撥之經費及動支預備金各款，或實施集中支付機關之可支庫款，在年度終了前尚未發生債務或契約責任者，應即停止支用。其已發生之債務或

契約責任，經主辦會計人員詳加審核後，除國防部所管軍費支出得延期截止支付外，其餘各機關應於年度終了十五日內截止支付，如屆期仍未能償付，須轉入下年度繼續處理者，應填具應付歲出款保留申請表，檢同有關證件，報由主管機關核轉行政院核定。

　　未實施集中支付各機關本年度與以前年度應清償之債務或契約責任各款，經核定轉入下年度繼續處理後，其存款國庫應予專戶保管，並分別註明某某年度某某機關移轉經費保管款戶字樣，已實施集中支付各機關之應付歲出款，應由財政部地區支付處依照行政院核定之案款數額，為可支庫款之保留。各機關經費專戶存款餘額，應於國庫支付截止之日以前，與當地存款國庫詳細核對，其已經簽發之國庫支票，持票人未能在國庫支付截止之日前兌取者，原簽發國庫支票之各機關應將受款人及用途金額等，通知原存款國庫予以保留，以備隨時支付。各機關自行保管支用之當年度經費餘額，應於國庫支付截止之日以前，填具支出收回書，以原撥款科目繳還國庫收帳。各機關經收之歲入各款，均應年度終了以前繳庫，其已收因故未於上項規定期限內解庫者，應洽經財政部同意後始得延長繳庫日期，於核定延期日期以前解繳，仍列作當年度之收入。總預算內以收入支應歲出各款，各機關應於限期前填具繳款書及付款憑單（未實施集中支付機關則由財政部填開「撥款憑單」），逕送財政部辦理轉帳手續，財政部並應完成轉帳手續。前項收入如有超收，各機關並應依照規定如數繳庫。各機關於年度終了時尚未完成預算法案之各項緊急命令撥款，均應轉入次年度處理。國庫主管機關應遵照行政院所編「第二預備金動支數額表」各科目轉正庫帳科目。國庫主管機關應於截止支付期限屆滿後，將各歲出主管機關核定其所屬機關動支之第一預備金，悉數轉列為實際支用之歲出科目。國庫之年度出納終結報告，由國庫主管機關就年度結束日止該年度內國庫實有出納之全部編報之。國庫主管機關應編之國庫年度出納終結報告，應於限期前分別送達審計部、行政院主計處。

　　國庫主管機關編造國庫年度出納終結報告應具備之書表如下：

總說明

主要表

⑴國庫收支總表。

⑵國庫資產負債平衡表。

附屬表

⑴國庫收入明細表。

⑵國庫支出明細表。

問　題

一、試述決算之意義與性質。

二、單位決算之年度決算與上年度轉入數決算之表達有何不同?

三、試舉附屬單位決算之營業基金決算之主要內容。

四、試述中央總決算之編送程序。

五、審計機關審核機關決算或基金決算與總決算，應注意那些事項?

六、年度結束期間對權責發生契約責任應如何處理?

第十四章　政府審計

第一節　政府審計之職責

政府各種基金之處理是否適當，是否與現行法律規定相符合，政府的各項施政與業務計畫之執行是否經濟有效，乃為政府官員及立法議員與一般公民所關心而急於知道，關於這種資料之提供，至少對上述結果之確認，不宜憑信於該項業務之主持者，而須依賴獨立與客觀的審計。因為今日政府審計的領域已較前寬闊，它不僅侷限於原初的財務審計，進而更追求其施政計畫是否達到預期目標，基金之運用是否達於經濟有效程度，且完全符合法律規定之要求。也可以說，今日政府審計的目的，已超越了財務報表公正表達之範疇，尚包括被審機關業務之執行，是否有效率，是否有成績，是否是經濟之決定，這種審計擴張的觀念，是基於對審計一詞之新認識，審計應不僅限於財務報表之審核，而且要檢查(a)其與有關法規之相合，(b)工作之經濟且有效，(c)獲致預期之成果。審計為財務責任確定之要環，因為它是居於獨立公正之評判，同時更可以幫助政府決策者，以增進施政之績效。

我國審計制度，創始於民國14年，政府設置監察院，賦以稽核政府財政收支之職權，民國16年公布審計法成立審計院，直隸國民政府，民國20年改稱審計部改隸監察院，至今已有六十餘年歷史。根據憲法規定，審計權為監察權之一項，監察院設審計長由總統提名經立法院同意任命之，審計長應於行政院提出決算後三個月內依法完成其審核，並提出審核報告於立法院。審計法規定審計機關對政府財務實施審計的職權計有七項：

　　(1)監督預算之執行。

　　(2)核定收支命令。

　　(3)審核財務收支，審定決算。

　　(4)稽察財物及財政上之不法或不忠於職務之行為。

　　(5)考核財務效能。

　　(6)核定財務責任。

　　(7)其他依法律應行辦理之審計事項。

其中監督預算之執行，核定收支命令，稽察財物及財政上之不法或不忠於職務之行

為等三項，乃在政府預算執行之中從事監督；另四項為審核財務收支、審定決算、考核財務效能、核定財務責任，是在預算執行之後加以審核。審計機關以超然監督地位，對於政府各機關財務收支，以及因處理收支所產生的會計帳表憑證，根據預算及有關法令，為全部或一部的審核，以審定其收支，考核其效能，確定其責任，並指正其謬誤或揭發其弊端，暨提供有關財務上增進效能與減少不經濟支出意見。所以審計業務，也可以說是從監督預算的執行開始，終於決算審核報告的提出為止，包括施政計畫或營業計畫及其分配預算的查核，各機關所編送會計報告的審核，各機關決算與政府年度總決算的審定，以及稽察財物及財政上之不法或不忠於職務之行為等事項。

政府審計主要職責，在於監督國家財用。近代政府審計的發展，與預算制度的建立，有其重大的關係。時至今日，監督預算之執行，乃為政府審計最主要之職責。我國審計機關對於監督預算之執行，係於預算開始執行之時，即加以監督，以防止各機關的違法徵收，與不法或不當之支用。次為審核財務收支，是在預算執行以後，審核其會計報表憑證，以判明其收支是否皆與預算及有關法令相符。再為審定決算，在全部預算執行終了，根據決算報告，綜合考核其施政效能、營業效能、或事業效能與審核預算執行結果之超過或膡餘，及經濟不經濟的程度，以判定其財務責任。至於稽察財物及財政上之不法或不忠於職務之行為，乃係對於各機關人員經辦財物購置變賣或營繕工程，在財政上有無不法或不忠於職務之行為，加以隨時考查監督。

審計法規定之審計職權有考核財務效能一項，乃以審計機關監督政府預算之執行，不僅注意其收支內容之合法性，更須注意預算執行之結果，其在財務效能上成就如何，亦要加以考核。因此關於各機關年度施政計畫之實施，應注意其已完成與未完成的程度，以及其成本增減變化的原因，其於各機關組織權責劃分，內部控制、業務、財務、會計、事務之處理，有無未盡職責或效能過低者，並應通知各有關機關妥為處理，其因制度規章缺失，或設施不良者，則提建議改善意見於各該機關，以期增進其財務效能。

審計法規定審計機關有核定財務責任之職權，意在對於各機關財物損失，應確定有關人員之責任，政府財物遭到損失，必須查明各級有關主管人員及經辦人員有無未盡善良管理人應有的注意，有無故意或重大過失，分別確定其應否負責賠償；同時確定各機關負責簽證、出納、會計人員的財務責任，以期加強內部審核，如經審計機關決定剔除、繳還或賠償的案件，未依限期繳回者，應移送法院強制執行。

第二節 公務財務審計

政府審計業務可概分為三大類,一為公務財務審計,二為公有營業及公有事業審計,三為財物稽察審計。所謂公務財務審計,乃對公務機關業務財務之審計。由於公務機關所辦業務有為一般性、有屬特殊性者,因之公務審計又有普通公務審計與特種公務審計之劃分。

普通公務審計之範圍,甚為廣泛,凡各級政府總預算歲出機關別所列各主管機關及其所屬機關,均屬普通公務審計之範圍。普通公務審計之目的,主要為監督各普通公務機關歲入歲出預算之執行。其應辦理之審計事項,列舉於次:

⑴各機關分配預算之查核。

⑵各機關動支第二預備金及核撥統籌科目支出法案之審核。

⑶各機關普通公務會計報告及憑證之審核。

⑷各機關績效報告之考核。

⑸各機關財務效能之考核,財務責任之核定,財務上不法或不忠於職務之行為之專案調查。

⑹各機關決算之審定。

普通公務審計工作之重點,在審核其財務收支之合法性與效能性,以協助政府達於廉能之治為目標。合法性審計之目的,在於揭發或防止弊端或錯誤之發生。審計機關依法監督預算之執行,自查核分配預算開始,終於決算之審定,其間對於各機關施政計畫、分配預算、收支法案、撥款憑單、會計簿籍、財務報表、各項收支、以及財務管理等,均應依照規定,評核其是否符合預算或有關法令,如有錯誤或弊端情事,即時依法處理。並對各機關各項業務、財務、會計、事務處理及內部審核,是否切實依照所訂制度規章程序規定辦理,嚴加查核,進而追究其辦理不善之責,以期防微杜漸,消弭弊端。

效能性審計之目的,在於考核各機關是否有效運用預算上所定之人力、財力、物力,去達成工作目標,得到最大效益。審計機關對於普通公務機關預算之執行,以往重在注意其收支程序與內容之合法性,目前除審核其合法性之外,對於預算執行結果,注意其年度施政工作計畫實施已成未成之程度,各項公務成本增減變化之原因,其於機關組織劃分、內部控制、業務、財務、會計及事務之處理,有無未盡職責或效能過低等情事,如有因制度規章缺失,設施不良或經費支用未盡適當,除通知其上級機關外,並報告監察院,或提供建議改善意見於各機關,以期增進財務效

能，減少不經濟之支出。

　　普通公務審計程序，可分為初審、覆審、覆議、再審查、及覆核，分別說明於次：

(一)初審程序

　　(1)各機關所送施政計畫及其實施計畫，已核定分配預算及收支法案之查核，初核結果如有與法定預算或有關法令不符者，函知各該機關予以糾正。

　　(2)各機關月份會計報告及收支憑證之審核，審核結果如有未合者，各該機關可於法定期限內聲復。

　　(3)各機關績效報告之考核，考核結果其計畫實施進度與預算不相配合，如差異較大者，函詢或派員就地調查。

　　(4)各機關財務收支之抽查，依照抽查計畫派員前往各機關抽查其財務收支。

　　(5)年度決算之審核，對於決算數有修正之必要者，依決算法之規定，通知原編造決算之機關限期答辯，決算經審定後，並以之分送中央主計機關，及該主管上級機關。

(二)覆審程序

　　各機關接到審計機關初審結果所發給之審核通知，除決算之審核依決算法規定外，應於接到通知之日起三十日內聲復，其逾期者，審計機關得逕行決定。如因特別事故未能依照規定期限辦理時，得於限期內聲敘事實，請予展期。審計機關接到各機關之聲復案件，應詳予覆核依法處理。主管單位對於各機關會計報告，有關剔除、繳還、賠償、處分事項之聲復，應詳為覆核，簽註意見送請覆審單位覆核。

(三)覆議程序

　　各機關對於審計機關覆審之決定不服時，除決算之審定依決算法之規定辦理外，得自接到通知之日起三十日內，聲請覆議，其逾期者審計機關不予覆議。如因特別事故未能依照規定期限辦理者，得於限期內請予展期。

(四)再審查程序

　　審計機關對於審查完竣案件，自決定之日起二年內發現其中有錯誤、遺漏、重複等情事，或十年內發現詐偽之證據，依審計法得為再審查。又審計法規定，審計機關對於各機關剔除、繳還或賠償之款項或不當事項，如經查明有非由於故意、重大過失或舞弊之情事屬實，或支出之結果確實獲得相當價值之財物，或顯然可計算之利益者，得審酌其情形，經覆議或再審查之程序後，免除各該負責人員一部或全部之損害賠償責任，或予以糾正之處置。

(五)覆核程序

審計機關對於聲請覆議案件所為之駁覆，及再審查案件所為之決定，各機關仍堅持異議者，原核定之審計機關，應附具意見，檢同關係文件，呈送上級審計機關覆核，原核定之審計機關為審計部時，不予覆核。

普通公務審計之方法，依照現行有關法令規定有下列數種：

(一)就地審計

係指審計機關派員在被審機關所在辦公處所辦理審計事務之謂。其未就地辦理者，得通知其送審，並得派員抽查之。

(二)送請審計

各機關應將已核定之分配預算，施政計畫及其實施計畫，依限送審計機關查核。按月應依照會計法及會計制度之規定，編製會計報告，連同原始憑證送審。普通公務機關財務收支比較簡單，目前大多數機關均採送請審計方式。

(三)抽查審計

通知送審之機關，審計機關得派員抽查。按送請審計係就各機關編送之報表及所附憑證與有關文件作書面上之審核，對於各機關經費之運用是否與計畫相互配合，施政計畫執行已成與未成之程度及其績效，資產負債之內容及其變動，會計處理程序與財物管理運用，以及內部審核實施之有效程度等實非書面審核所能及，因之審計機關對於送審機關擇要派員前往辦理抽查審計。

(四)隨時稽察

審計機關對於各機關一切收支及財物，得隨時稽察之。其用意在於以突擊檢查之方式，有效行使審計法規定稽察財物及財政上不法或不忠於職務行為之審計職權。其範圍包括一切收支之稽核，現金、票據、證券出納保管之檢查，不動產、物品及其他財產使用保管之盤查，以及平時審核上發現可疑之處，或有關財務收支之檢舉書信，或監察院及有關機關送交應行稽察等事項。

(五)委託審計

審計機關為辦理審計事務之便利，得委託其他審計機關、其他機關、團體或專門技術人員，辦理有關事務或特定事項。審計機關對於審計上涉及特殊技術及監視鑑定等事項，得諮詢其他機關或專門人員或委託辦理，其結果仍由原委託之審計機關決定之，皆為審計機關委託審計之依據。

特種公務審計，係辦理各機關經管之特種基金、賦稅捐費、公庫出納、政府債款、公有財物之審計。茲分述如下：

⑴各級政府總預算附屬單位預算及綜計表所列各基金之審計。

①分期實施計畫及收支估計表之查核。

②會計報告及憑證之審核。

③財務收支之就地抽查。

④財務狀況之考核分析。

⑤決算之就地查核及審定。

⑥財務效能之考核、財務責任之核定、財政上不法或不忠於職務之行為之調查。

⑵賦稅捐費之審計。

①稅課收入已核定分配預算之查核。

②徵課會計報告之審核。

③稅課收入之查定、徵收、劃解及納庫之就地抽查。

④稅課收入決算之審定。

⑤各徵收機關徵課效能之考核、財務責任之核定、財政上不法或不忠於職務之行為之調查。

⑶公庫出納之審計。

①撥付款憑單及專戶存款支票之查核。

②庫款收支及財物保管情形之抽查。

③庫款收支報表、公庫會計報告及憑證之審核。

④公庫出納終結報告之審核。

⑤公庫支票管理情形之查核。

⑷政府債款之審計。

①公債、國庫券之發行、國內外債款之舉借，與還本付息分配預算之查核。

②國庫承借或保證公私企業向國外借款之查核。

③公債會計報告及憑證之審核。

④公債、國庫券之債票、息票處理之抽查。

⑤公債實況彙總表、債款目錄、保付款目錄之審核。

⑥公債收入、債務支出決算之審定。

⑸公有財物之審計。

①公有財物管理、經營及異動計畫之查核。

②公有財物會計報告之審核。

③公有非公用財產取得、保管、使用、收益、處分及珍貴動產、不動產管理

狀況之就地抽查。

④公務用、公共用、事業用財產之查核及公有財產目錄之審核。

⑤公有非公用財產售價、孳息收入決算之審定。

⑥公有財物經理機關財務效能之考核、財務責任之核定、財政上不法或不忠於職務之行為之調查。

第三節　公營事業審計

公營事業審計，乃對公營事業及公有事業機關之審計，其對象包括：(a)政府獨資經營者，(b)政府與人民合資經營，政府資本超過百分之五十者，(c)由前二項公營事業機關轉投資於其他事業，其轉投資之資本超過該事業資本百分之五十者。公營事業由中央政府經營者，稱為國營事業，其審計事務依審計法規定，由該組織範圍內之審計機關辦理，並得視需要或便利，指定或委託其他審計機關辦理。

公營事業審計原採就地駐審或巡迴審計方式，嗣鑒於駐審制度耗費人力財力過大，遂一律採用巡迴審計，其後又將巡迴審計變更。現行公營事業審計事務，平時係先就所送會計報表加以書面審核，於期中及年度終了後，或依事實需要，派員赴各事業就地辦理抽查。

公營事業審計之要點如次：

⑴查核有無違背預算或有關法令之不當支出。

⑵審定各事業決算之盈虧。

⑶審核會計報告與實地抽查時，應注意：(a)業務、財務、會計事務之處理程序是否符合其有關法令，(b)各項計畫實施進度，收支預算執行經過及其績效，(c)財產運用有效程度並為現金財物之盤點，(d)應收應付帳款及其他資產之查證核對，(e)資產負債及損益計算之翔實，(f)資金之來源及運用，(g)重大建設事業之興建效能，(h)各項成本、費用及營業收支增減之原因，(i)營業盛衰之趨勢，(j)財務狀況及經營效能。

⑷審核決算時，應注意：(a)違法失職或不當情事之有無，(b)預算數之超過或賸餘，(c)事業計畫或營業計畫已成與未成之程度，(d)經濟與不經濟之程度，(e)事業效能或營業效能之程度與同類事業之比較。

對公營事業之審核程序如次：

⑴各機關所送營業計畫、事業計畫，分期實施計畫及收支估計表，應與法定預算相互核對，如有錯誤情事，應通知更正或發還重編。

⑵各機關所送會計月報及半年報，應參照預算分期實施計畫及收支估計表，就

書面審核，如有疑義應予查詢，如有錯誤或不當情事，應依法處理。

⑶查核各機關年度決算，或抽查各事業之分支機構財務收支時，應依照審計作業規定及抽查計畫辦理，並作成抽查記錄，據以提出抽查報告。

⑷有關剔除、繳還、賠償、處分事項之聲復或聲請覆議案件，應簽註意見，送請覆審單位覆核後辦理。所有審核結果，應與原編決算數及附屬單位決算綜計表（營業部分）核定數，分別查對整理，計算審定盈虧（或餘絀）數額，並於最終審定後，據以編製審定數額表，及盈虧（或餘絀）之審定及說明。

⑸審核決算，如有修正之必要者，應依決算法之規定，通知原編造決算之機關答辯，決算經審定後，以副本分送中央主計機關及該管上級機關。

公營事業之審計技術，就一般常用者，擇要說明如下：

㈠**從會計資料審查**

⑴**憑證審核**。查核憑證之是否合法，金額計算有無錯誤，日期、科目、摘要是否無誤，應為簽章人員是否簽章，通常以記帳憑證與原始憑證核對，再由原始憑證印證有關文件，判明其確實。

⑵**帳簿審核**。分為過帳之審核及相關帳項之審核。

　①過帳之審核可由憑證至會計報表，採用順查或逆查，判明其無誤。

　②相關帳帳項之審核，係以相關帳項互為勾稽，以證明其無誤。

⑶**數字覆核**。對各種憑證、帳簿及報表，各行各列數字之相加、相減或乘除之計算，加以複核，以判明正確無誤。

⑷**帳戶分析**。就帳戶借貸方依其增減變化之情形，予以分析，歸類，以闡明帳戶記錄之是否正確、妥善、合理。

⑸**比較觀察**。自二種以上之數值比較，以明其間之差別，而發現其不規則之情形。

⑹**比率測驗**。應用財務分析之比率法，以判斷帳戶記錄，是否正確妥當。

⑺**調節數值**。自二種以上之來源，獲得同一帳戶之不同數值，蒐集有關資料，以調節其差異。

⑻**過目審核**。瀏覽各種會計記錄，以發現特殊項目或例外事實，查出問題之所在。

㈡**從會計資料印證外界實況審查**

⑴**實地盤點**。審計人員親自監視實物盤點，以判明實存數量或數值，與觀察保管之狀況，並作成記錄。

(2)**通函詢證**。審計機關出函向帳項記載之關係人詢問，並求回復，以證明交易事項或債權、債務，是否正確。

(3)**口頭查詢**。查核時發現之問題或疑義，向被查機關經辦或主管人員或其他關係人，口頭詢問，獲得答覆或作成筆錄。

(4)**書面查詢**。查核時發現之問題疑義，或需參證之資料，請被查機關或相關人員書面答覆或提供。

第四節　財物稽察審計

審計機關執行財物稽察工作之基本依據為「審計法」，其中第五十九條原有規定，各機關營繕工程及財物採購，在規定金額以上者，其開標、比價、議價、決標、驗收，應通知審計機關派員稽察。現因民國88年5月政府採購法公布實施，審計法第五十九條配合修正如下：「審計機關對於各機關採購之規劃、設計、投標、履約、驗收及其他相關作業，得隨時稽察之；發現有不合法定程序，或與契約、章則不符，或有不當者，應通知有關機關處理。各機關對於審計機關之稽察，應提供有關資料。」同時將「機關營繕工程及購置定製變賣財務稽查條例」，簡稱「稽查條例」予以廢止，並修正審計法施行細則有關財物稽察之規定如下：

審計機關依本法第五十九條第一項規定，對於各機關採購之規劃、設計、招標、履約、驗收及其他相關作業之隨時稽察，得就採購全案或各該階段作業之全部或一部稽察之。

審計機關辦理隨時稽察時，應注意下列事項：

(1)採購是否依照預算程序辦理。

(2)採購有無依照法定程序及契約、章則規定辦理。

(3)採購之執行績效。

(4)採購制度、法令及相關內部審核規章之建立情形。

(5)內部控制實施之有效程度。

(6)政府採購主管機關及相關機關之監督考核情形。

(7)其他與採購有關事項。

審計機關對於各機關採購之執行情形及各相關機關之監督考核情形，得通知其提供有關資料；遇有疑問，各該機關並應為詳實之答復。

各機關向政府採購主管機關提報巨額採購之使用情形及其效益分析與該主管機關派員查核及對已完成之重大採購事件所作效益評估等資料，應送該管審計機關。

　　我國政府自民國22年建立事前稽察制度，對於各機關營繕工程及採購財物，由審計機關作事前監督，以期防止或揭發財務上不法或不忠於職務之行為。實施多年來，已發揮相當之防弊功能。目前，因我國要建立健全之政府採購制度，並已制定政府採購法，審計部配合政府採購法之制定，乃將審計法第五十九條條文修正，亦即將政府之採購稽察制度，由事前稽察轉變為隨時稽察，轉入一個新的審計里程。

　　審計部對財物審計稽察制度轉型之後，其工作重點概述如下：

　　⑴**個案稽察**。稽察對象為對某一特定個案，其稽察範圍包括自規劃設計至驗收運用止之全程或其中一部分之隨時稽察，執行方式為依蒐集之資料，擬訂稽察計畫，選派人員於妥適時機辦理就地稽察。

　　⑵**通案稽察**。稽察對象涵蓋各機關經辦所有採購案，其稽察範圍包括自規劃設計至驗收運用止之全程或其中一部分予以稽察，執行方式為依蒐集之資料，或設計調查表格，函請有關機關查報後，依據計畫執行稽察。

　　⑶**配合稽察**。配合財務審計單位期中或期末財務抽查作業需要，選派稽察人員，與財務審計單位人員混合編組，稽察被審機關所經辦之採購案。

　　辦理上開稽察工作時，對於施工中之工程，得一併抽查之。

　　為順利圓滿執行轉型後之隨時稽察重點工作，妥適蒐集購案資料，備為選案辦理稽察之必要作業。

　　審計機關執行稽查工作之目的，在使辦理審計稽查人員，得洞明各機關事實之真相，不受捏造報銷之矇蔽，防止其有不忠不法行為。並期各機關公帑支出所獲得之財物或工程，不僅是適價且是適質。

第五節　我國審計制度之特點

　　我國之政府審計制度與其他國家不盡相同，茲舉其特點分述之。

　　⑴**政府審計為政府財務聯綜組織之一環**。政府財務聯綜組織包括行政、主計、公庫與審計四個系統，而審計為其中之一，與其他系統各不相屬，充分發揮制衡作用。

　　⑵**審計權屬監察權之一**。各國政府財務監督之方式，有立法監督、司法監督、行政監督。我國為五權憲法，除立法、司法、行政三權外，尚有監察、考試兩權，依憲法規定，審計權為監察權中之一權。

　　⑶**審計長依憲法任命**。我國憲法規定監察院設審計長，由總統提名，經立法院同意任命之。由審計長產生之程序，可見其地位之重要。

　　⑷**審計長之任務載於憲法**。依憲法規定，審計長應於行政院提出決算後三個月

內，依法完成其審核，並提審核報告於立法院。乃表示決算之審核應向立法院負責，因之審計長在政府中更具樞紐之地位。

　　(5)**審計職權貫徹地方**。依監察院組織法規定監察院設審計部，審計長綜理審計部事務。又依審計法規定，中央政府機關之財務審計，由審計部辦理。審計部在省市縣市設審計處室，辦理各該級政府之財務審計。即審計組織系統由中央一直貫串至地方，審計權之行使與其他監察權之行使一致，從中央以至於地方。

　　(6)**財物稽察審計為我國特有之審計制度**。各機關辦理營繕工程及購置定製變賣財物，審計機關依法得事前監視，亦可於事中抽查，事後檢驗。此項制度對防杜弊端，節省公帑頗有貢獻。

　　(7)**審計程序周延**。審計機關實施書面審核或派員抽查，謂之初審，被審機關如對審核通知不服，可以聲復，然後由審計機關覆核決定。如仍不服，可聲請覆議一次，程序上盡力便利被審核機關及有關人員，使其有充分之時間來辯護，此外，尚有其他補救之方法，如再審查，向上級申請覆核。

　　(8)**審計結果處置嚴屬**。審計機關審計結果，如發現有關人員涉及財務上不法或不忠於職務之行為者，通知該管機關長官處分，並報監察院依法處理，如其涉及刑事責任者，移送法院辦理。對違背預算或有關法令之不當支出，得事前拒簽或事後剔除追繳之。各機關經管之現金、票據、證券、財物或其他資產，如有遺失毀損或其他意外損失，經審計機關查明未盡善良管理人應有之注意者，該機關長官及主管人員應負損害賠償之責。

第六節　績效審計與綜合審計

　　政府機關所編之財務報表是否符合一般公認之會計原則而為公正之表達，須經政府之獨立審計機關審核。審計機關對政府各機關所為之傳統審計方式，過去僅以決定其財務記錄之忠實(fidelity)、合法(legality)與正確(accuracy)。惟近年以來，諸先進國家對政府非企業機構之審計，已從消極性之傳統審計，轉而致力於減低成本，增進績效，進而對其施政及業務計畫實施結果所獲之成果為積極之追查，用以確定其政事責任。也可以說，當前之政府審計職責，已由財務審計(financial auditing)進入到績效審計(performance auditing)之範圍，也就是把政府的審計領域，加以擴張，綜括而言，它把政府的審計範圍，大概歸納為下列三種型態。

　　(1)**財務與遵從(financial and compliance)的審計**。

　　乃決定(a)被審個體之財務報表是否符合公認之會計原則，而公正表達了其財務

狀況與財務處理應獲之成果。(b)被審個體之財務行為是否遵從法律規章之所定，對其財務報表有無發生重大影響。

(2)經濟與效能(economy and efficiency)的審計。

乃決定(a)被審個體對其資源（如人力、財物、房地面積）之經管與應用是否達於經濟與有效程度。(b)並查出其實際運用無效率或不經濟之原因。(c)這個個體有關經濟與效用之事項是否遵從了有關法律與規章之規定。

(3)計畫實施成果(program results)的審計。

乃決定(a)經立法機關或主管機關所設定之預期成果或利益，是否完全達成。(b)本機關已否考慮過各種不同的方法何者可以以較低成本產生所預期之成果。

雖然績效審計之標準在公共財務方面已經有軌跡可循，惟仍不以之為滿足，一些非企業組織仍在積極發展該項審計之中，以期再充實現行之審計制度。在美國很多州政府與地方政府，都已經接受績效審計的原則，認為是計畫預算結構之合理發展，蓋以政府實施的績效審計，可以與其計畫評價，及立法意見相連接，這兩種觀念已經為政府各階層所接受並予以密切之注意，尤其是關於立法意旨一點，有些州政府均以績效審計方法，定期檢查各機關及其業務之是否達成是項任務；至於業務計畫之評估，乃是檢查計畫執行之具體事實，亦即以成本與績效觀點去衡量，於此即可說明績效審計之特質。

像非企業性質之組織一樣,政府機關多已接受以計畫為基礎而構成其計畫預算，因之績效審計便被無異議地用來評估其計畫之實施成效，以決定該組織個體之業務執行與任務實施之具體績效與經濟程度。

綜合審計為加拿大等國政府近年倡導甚力之政府審計制度，若究綜合審計之真諦，嘗以Three "e"s為代表，即是說此種審計制度乃在追求政府施政之經濟(economy)、績效(efficiency)與成果(effectiveness)，前者重視用錢之價值，以成本衡量其經濟程度，後者在考核其工作之成績，以完成工作量，說明其工作之效率，亦即衡量其人力之貢獻，各機關施政之結果，是否有具體效果，是否與原訂計畫相符合，是否達到預期之目標，便是綜合審計最後之評核重點，亦即其實施綜合審計之終極目的，由執行綜合審計之要求重點以觀，即知其與上述之績效審計在基本精神上可謂不謀而合。

也有將綜合審計分為兩大支系，其結構為圖示。

第七節 機關內部審核

政府審計不能完全依賴審計機關去執行，而需政府各機關的財務與會計人員亦能參與實施其內部審核，如果各機關建立了內部審核制度，能以自動徹底實施嚴密的內部審核，不僅可以防止財務弊端發生於未然，更可促進各機關施政之經濟與有效。審計機關對政府各機關執行審計之程度，端視各該機關實施內部審核之良窳，如果該機關之內部審核已認真徹底的執行，足資獨立審計機關之信賴，則其審計之目的即屬已經達成，而大可節省審計機關之人力，故內部審核可謂為政府審計之一環，以其目的與超然審計機關之審計相一致也。

政府機關關於財務收支之內部審核，由各機關會計人員執行，其方式分二種，惟如涉及技術性事項，需具專業知識部分，非會計人員所能鑑定者，由主辦部門負責辦理，並繕具書面報告。

⑴事前審核。謂事項入帳前之審核，著重計畫預算收支之控制。

⑵事後複核。謂事項入帳後之審核，著重憑證、帳表之複核與工作績效之查核。

內部審核之範圍如下：

⑴會計審核。憑證、報表、簿籍及有關會計事務處理程序之審核。

⑵現金審核。現金、票據、證券等處理手續及保管情形之審核。

⑶財物審核。購置、定製、營繕及變賣財物處理程序之審核。

⑷財務審核。有關各項財務收支數字之勾稽與查核。

⑸工作審核。關於工作負荷或工作成果及每單位所費成本之審核。

⑹預算審核。關於業務計畫、工作計畫預算之執行與控制之審核。

內部審核之實施，兼採書面審核與定期或不定期實地抽查方式，並按下列原則分層負責，劃分辦理之範圍：

⑴內部單位憑證帳表之覆核及現金與其他財物查核，由會計部門或指定會計人員負責。

⑵本機關之報表、憑證及簿籍，由會計部門指定審核人員負責初核，並接受上級主管機關派員覆核。

⑶所屬機關經管現金、票據、證券及其他財物之查核，由本機關會計部門負責。

會計人員為行使內部審核職權，向內部單位查閱簿籍、憑證及其他文件或檢查現金、財物時，各負責人不得隱匿或拒絕，遇有疑問，並應為詳細之答覆。會計人員行使前項職權，遇必要時，得報經機關長官之核准，封鎖各有關簿籍、憑證或其他文件，並得提取其一部或全部。會計人員執行內部審核事項，應依照有關法令辦理，非因違法失職或重大過失，不負損害賠償責任。執行內部審核人員，對於執行任務有關之法令、規章、制度、程序及其他資料應事先詳細研讀，具有充分正確之瞭解。會計部門應建立下列項目之「資料卡」備供內部審核之參考：⒜組織與職掌。⒝人力配備。⒞計畫目標。⒟程序與方法。⒠其他重要記事。執行內部審核人員對於完成審核程序之帳表、憑證，均應加蓋日期戳記並簽章證明。檢查現金、票據、證券，應將檢查日期、檢查項目、檢查結果及負責檢查人員姓名等項逐項登記，並簽章證明。執行內部審核人員，如發現特殊情況或提出重要改進建議，均應以書面報告行之，送經主辦會計人員報請機關首長核閱後，送有關單位參考，並留備上級機關及審計機關執行審核之參考。

一、關於會計事務之審核

主辦會計人員，對於不合法之會計程序或會計文書，應使之更正，不更正者應拒絕之，並報告該機關長官。

前項不合法之行為，由於機關長官之命令者，應以書面聲明異議；如不接受時，應報告本機關之主管上級機關長官與其主辦會計人員或主計機關。不為前二項之異議及報告時，關於不合法行為之責任，主辦會計人員應連帶負責。會計憑證關係現金、票據、證券之出納者，非經主辦會計人員或授權人之簽名或蓋章，不得為出納之執行。對外之收款收據，非經主辦會計人員或其授權人之簽名或蓋章者，不生效

力。但有特殊情形另定處理辦法報經該管主計機關核准有案者，不在此限。會計人員審核原始憑證，發現有下列情形之一者，應拒絕簽署：

⑴未註明用途或案據者。

⑵依照法律或習慣應有主要書據缺少或形式不具備者。

⑶應經招標、比價或議價程序始得舉辦之事項，而未經執行內部審核人員簽名或蓋章者。

⑷應經機關長官或事項之主管或主辦人員之簽名或蓋章，而未經其簽名或蓋章者。

⑸應經經手人、品質驗收人、數量驗收人及保管人簽名或蓋章，而未經其簽名或蓋章者；或應附送品質或數量驗收之證明文件而未附送者。

⑹關係財物增減、保管、移轉之事項時，應經主辦經理事務人員簽名或蓋章，而未經其簽名或蓋章者。

⑺書據之數字或文字有塗改痕跡，而塗改處未經負責人員簽名或蓋章證明者。

⑻書據上表示金額或數量之文字、號碼不符者。

⑼第三款及第五款所舉辦之事項，未經依照法定程序辦理者。

⑽其他與法令不符者。

前項第四款規定之人員，按照各機構組織規模授權辦法及零星費用限額，分別由機關長官或其他授權人依訂定之分層負責辦法辦理。

會計人員審核傳票，應注意下列各項：

⑴是否根據合法之原始憑證編製。

⑵是否於規定付款期內填製，逾期者應查明其原因。

⑶會計科目、子目之運用，是否正確，有無誤列。

⑷摘要欄記載事由，是否簡明扼要，並與相關原始之記載相符。

⑸金額是否與相關原始憑證所載金額相符。

⑹有關原始憑證種類、張數及其號數、日期有否載明。

⑺傳票及附件上依法應簽名或蓋章之人員有否簽名或蓋章齊全（機關長官及事項主管已於原始憑證上簽名或蓋章者，傳票上得不簽名蓋章），領款人抬頭是否相符。

⑻不以本位幣計數者，有否記明貨幣之種類、數目及折合率。

⑼有否編列傳票號數，有無重號或缺號情形。

⑽傳票是否按時裝訂，並由經辦人及主辦會計人員於裝訂處加蓋騎縫印章。

⑾傳票之調閱及拆訂有否按照規定手續辦理。

⑿原始憑證不附入傳票保管者，是否標明傳票號碼另行妥善保管。

⒀傳票及原始憑證之保存年限是否符合規定，憑證之銷毀，有否依照規定程序辦理。

會計人員審核帳簿，應注意下列各項：

⑴各類帳簿之設置，是否與所訂會計制度及有關法令之規定相符。

⑵各種帳簿之記載是否與傳票相符，各項帳目是否依規定按期記載完畢。

⑶現金出納登記簿，每日收付總額及結餘，是否與總分類帳及明細分類帳現金科目當日收付及結餘金額相符，並按月與出納單位現金出納備查簿核對是否符合。

⑷現金出納登記簿是否每日記載及結總，其內容是否與相關原始憑證相符。

⑸各種明細帳是否均能按時登記，並按月與總分類帳有關統馭科目核對，是否相符。

⑹各種帳簿之首頁，有否標明機關名稱、帳簿名稱、冊次、頁數、啟用日期，有否經機關長官及主辦會計人員簽名或蓋章。

⑺各種帳簿之末頁，有否列明經管人員一覽表，填明主辦會計人員及記帳、覆核等關係人員之姓名、職務與經管日期，有否由各本人簽名或蓋章。

⑻各種帳表之帳頁，有否順序編號，有無重號或缺號情形。

⑼帳簿之過頁、結轉、劃線、註銷、錯誤更正及更換新帳簿等是否依照規定辦理。

⑽帳簿裝訂、保管及存放地點是否安全妥善。

⑾帳簿之保存年限是否符合規定。帳簿之銷毀，有否依照規定程序辦理。

會計人員審核會計報告，應注意下列各項：

⑴會計報告之種類及格式，是否與所訂會計制度及有關法令之規定相符。

⑵各種會計報告，是否根據會計記錄編造，是否便於核對。

⑶會計報告之編送期限，是否符合規定。

⑷會計報告所列數字之計算是否正確。

⑸會計報告所列數字或文字之更正，是否依照規定手續辦理。

⑹使用完畢之會計報告，有否分年編號收藏，有否編製目錄備查。

⑺各項對外會計報告，有否由機關長官及主辦會計人員簽名或蓋章；其有關主辦之事務人員者，有否由該事務之主管或主辦人員會同簽名或蓋章。

⑻編製之日報及月報有否順序編號，其號數是否每年度重編一次。

⑼報告之保存年限是否符合規定。報告之銷毀，有否依照規定程序辦理。

⑽各種會計報告內容，如因會計方法、會計科目，或其他原因而引起之重大變更，有否將變更情形及其對財務分析之影響，作適當之說明。

會計人員審核期終結帳整理，應注意下列各項：

⑴預收及暫付款項有否按期結轉，預收及預付款項有無列帳案據。

⑵應收及應付款項有否根據相關憑證計算列帳，有無漏列情形。

⑶其他各科目帳項，已否作適當整理，所列金額是否正確。相關憑證是否齊全。

⑷各種收入及費用帳目，至期終結帳時應行調整者，有否調整，金額是否正確。

⑸各種帳項之沖銷，處理是否適當，金額是否正確。

⑹懸宕日久之帳款有否積極稽催處理。

二、關於現金出納之審核

會計人員審核現金、票據及證券之處理手續及保管情形，應注意下列各項：

⑴現金、票據及證券之出納，是否依照規定程序處理。

⑵現金、票據及證券之出納，是否根據傳票隨時登記，現金出納登記科目是否正確完備。

⑶實際庫存現金有否超過核定庫存現金限額。

⑷實際結存現金（包括庫存現金、銀行存款及暫付所轄各單位週轉金），有否超過各該核定最高限額。

⑸原訂週轉金最高限額及庫存現金最高限額是否適當，有無資金長期滯存或不敷週轉之現象。

⑹暫付各單位之週轉金，是否依照規定手續辦理。每日終了有無編造現金及票券日報連同應解繳之現金送交出納單位簽收入帳。

⑺辦公時間外收付款項，處理手續是否周密完備，保管是否完全。

⑻備付零星費用之週轉金，其撥付及報銷程序是否符合規定，保管是否妥善，備查簿有否隨時登記，暫付週轉金之實際結存與未報銷單據金額之總和，是否與暫付週轉金定額相符。

⑼現金、票據及證券實際結存金額，是否與帳面結存相符。銀行存款結存是否與帳面結存符合，如不相符，有否編製調節表存案備查。

⑽各單位預領之週轉金，是否按規定派員作不定期之檢查，每次檢查結果，有否列入記錄。

⑾出納部門保管之現金、票據、證券，保管是否良好，會計部門有否按規定作不定期之檢查，有無檢查記錄，檢查程序是否嚴密。

⑿庫房設備是否堅固完善，鑰匙及密碼暗鎖是否由指定負保管責任人員實際掌管，庫房之容量是否適合實際需要，庫房之消防及安全設施是否妥善。

三、關於財物購辦之審核

會計人員對於財物之訂購或款項之預付，經查核與預算所定用途及計畫進度相合者，應予登記並為預算之保留。關係費用負擔或收入一切契約，及大宗動產、不動產之買賣契約，非經主計人員事前審核簽名或蓋章，不生效力。會計人員審核財物購置、定製、變賣及營繕工程時，應注意下列事項：

⑴財物之購置、定製及營繕工程，有無預算及是否與所定用途符合，金額是否在預算範圍內，有否事前依照規定程序辦妥聲請核准手續。

⑵日常應用之材料與用品，是否由主管單位視耗用情形統籌申請採購，核實配發使用。採購量與存量控制制度是否妥當。

⑶財物之購置、定製及營繕工程，是否依照機關有關購置、定製財物及營繕工程之規章辦理。

⑷主管採購或營繕單位，是否根據陳經核准之聲請辦理採購營繕手續。在辦理公告招標、比價或議價前，有否將有關文件，先送會計部門審核會簽。

⑸會計部門會簽上述文件時有否注意下列各事項：

　①契約所載條款與一般習慣上應有之規定是否符合。

　②雙方權利義務有否詳細列明。

　③付款條件與工程進度或交貨數量是否相稱。

　④交貨或完工期限有否訂定。

　⑤逾期罰款之條款有否訂定。

　⑥對方違約或不履行契約時，是否另有保證，如為人保，保證人是否有放棄
　　先訴抗辯權等規定。

⑹財物或營繕工程之驗收，有否依照各機關規章辦理，財物購置、定製、營繕工程涉及專門性者，有否按規定由有關單位會辦驗收手續：

　①指定驗收單位人員有否負責辦理財物數量之點驗。

　②技術單位人員有否負責品質檢驗及技術性之檢驗簽證。

　③會計部門有否派員監視驗收其程序是否符合規定。

⑺營繕工程是否由主辦工程單位按日備具施工記錄，記載每日耗用人工與材料數量及工程進度，會計人員於監辦營繕工程之驗收或付款時，得抽查施工記錄，對其內容如有疑問時，應由有關部門負責說明。

⑻各種財物之登記與管理是否依照有關規定辦理，保管是否妥善。是否按期盤點，盤點之數量是否與帳冊相符。

⑼購置之財物有否充分有效之使用，有無閒置及呆廢情形。

⑽財物報廢之處理程序是否符合規定，廢品是否及時處理。

⑾變賣財物是否事先辦妥呈准手續，並依機關有關規章辦理，經辦變賣財物人員不得主持驗交工作。

四、關於財務事項之審核

會計人員審核業務部門各項業務收支，應注意下列事項：

⑴業務部門每日收支款項是否於每日終了時填製現金及票券日報連同收入款項繳送出納單位，簽收入帳。

⑵業務部門編製各項業務之收支日報表所列收支數字，是否與當天現金及日報所列相符。

⑶業務部門編製各項業務月報表有否經會計部門審核會章，所列收支數字是否與現金有關之會計月報收支數字相互符合，如有差額有否通知調節。

五、關於工作績效之審核

業務之收支，為計算個別業務之成果，以供經營管理參考，應由會計部門應用成本會計技術及統計抽樣方式，測定各類業務之個別收入、成本以決定其成果。會計人員審核各類業務之成果，應注意下列各項：

⑴為抽樣測定各類業務收入及成本之分配狀況，所選收入及成本調查代表單位是否足以代表全體各不同類型之收入及成本之分配狀況。

⑵為抽樣測定各類業務收入及成本之分配狀況，所選抽樣調查日期是否足以代表全年各月份收入及成本分配之正常狀況。

⑶為分攤各項聯合收入及聯合成本，所採分攤基礎是否適當合理。

⑷各項聯合收入及聯合成本之分攤，計算是否正確。

⑸根據收入及成本計算結果所求得各類業務之成果概況，有否作適當之表達並提供必要之分析與說明。

⑹業務部門主管於計算結果有否重視，有否及時採取必要之行動。

六、關於預算控制之審核

會計人員審核施政（工作）計畫、業務計畫及預算之執行與控制，應注意下列各點：

⑴施政（工作）計畫、業務計畫及歲出、歲入預算之擬編程序是否符合規定。

計畫及預算內容是否切合實際，所定預算目標是否富有激勵功能。

　　⑵施政（工作）計畫、業務計畫之實施進度，與費用之動支，是否保持適當之配合。

　　⑶各項收入及支出，有否按季與預算收支相比較，其差異在百分之十以上者，有否分析其原因並採取適當行動。

　　⑷資本支出實際進度與預算是否經常注意按下列各項分別比較：

　　　①採購與施工進度是否與預定計畫及預定之進度相符。

　　　②款項之支付是否與採購或營建契約所訂相符。

　　　③計畫之已完成部分其實際效益是否與預期效益相符，如有不合，有否分析
　　　　檢討其原因，並謀改進辦法。

　　　④資本支出預算之保留及流用，是否依照規定程序辦理。

問　題

一、試列述審計法所規定之審計職權。

二、試述現代審計擴張之觀念。

三、試述審計對預算執行之監督。

四、試述對普通公務機關財務所為之審計事項。

五、略述普通公務審計之程序。

六、列舉公務審計之方式。

七、試述特種公務審計之對象。

八、略述公營事業審計之要點。

九、略述對公營事業審計之程序。

十、試述對營繕工程及購置定製財物之稽察方式。

十一、試述招標比價或議價應經之程序。

十二、略述我國政府審計制度之特點。

十三、略述內部審核制度實施方式與範圍。

十四、審計機關決定剔除繳還或賠償之案件，應如何處理？

第十五章　政府基金會計

第一節　基金之意義與設定

政府對公共財政之處理，一項最顯著的特點，就是各種不同基金之應用，其目的在使政府機關的一些業務，嚴限由特定的收入以支應。使由稅課徵收或發行公債所得之款，僅只能供應特定目的之使用，上級政府的補助，或來自人民之捐贈，亦只能用之於特定目的或指定之用途。各項基金之所以分別設置，在確使限定用途之收入，能以在符合限制規定下予以處理與使用，這種處理方式，自然影響及於政府會計與財務報告之編製。

基金(fund)一詞，就政府會計而言，具有其特殊的意義。依美國政府會計委員會的說法，所謂基金者，乃是政府為執行特定業務或為達特定目的，依據法令規定，將一定數額之款項或其他財源，予以單獨設置，或予以劃分限制，而構成一獨立財務和會計個體。根據美國政府會計名詞的解釋，也是說基金是一個獨立的財務與會計個體，有其自相平衡的一組帳戶，用以記錄現金和其他財源，以及有關之負債、準備與權益，主要目的，在符合特別的規定與限制，俾達成特定的任務，或獲致一定目標。於此可見基金有其雙重意義，它是一個會計個體，同時也是依法而建立的財務個體。我們也要注意，基金不僅僅是指現金，它可以包括為特定目的經指定使用之財源，像應收稅款或有價證券等資產，或資產以外經指定而尚未徵收之預期稅捐收入。作為基金的財源，嘗限定為特定目的而使用，有為應特定任務，或為應機關或事業必需之支出，如公園、學校或醫院。也有用以投資賺錢，再將其盈利用於特定目的，其受益者也許為一般大眾，或許為某些個人，像養老基金、獎金者是。有的基金的全部財源在規定時日都可以為基金設置的目的而使用，有的基金僅許以其部分去支用，因此，它的財源超過應付責任的淨額，就代表基金的剩餘，上項應付責任，包括實際負債，如必須由基金支付的應付帳款，還包括已發生尚未實現之契約責任，以及須予保留之應撥付款。基金之設置，乃基於法律規章決議，或行政命令之規定，由於設置依據之不同，影響到基金運用之自由程度，假如它是根據法律而建立，則基金運用即須完全依照法律之規定，設若是依照行政命令而設置，則其運用尚可有略加變動之餘地。

　　我國會計法對於政府的基金，未予明確之定義，僅規定政府及其所屬機關對其會計事務，應依機關別與基金別為詳確之會計，另於特種公務之會計事務內，列有特種基金之會計事務一種，同時說明，列入特種公務之特種基金，乃指除營業基金及另為事業會計之作業基金外，各種信託基金、留本基金等，不屬於普通基金之各種基金。然而在我國預算法中，則有基金之分類及其範限之規定，其中規定所稱基金，乃指已定用途而已收入或尚未收入之現金，或其他財產。由是可知，我國政府預算的基金，是指已指定用途之收入，該項財源既經決定其用途，除此之外，即不能再供其他目的而使用。當然，由該項財源而來之現金或其他財產，自應歸入該基金。

　　基金之建立，首應確定其任務，進而指定其財源，當然應經法定之程序。

　　基金財源之獲取，就美國政府基金之建立而言，多數是經過立法程序，即須經國會或州或市議會的通過，聯邦或州立法機關決定撥給政府的款項，政府遂即為之建立不同的基金，議會指定政府應辦之事項，亦即要政府依不同之收入之建立個別之基金。有時基金的建立也許是依據行政的命令，但須經預算的程序，事實上，同一政府基於不同之目的所為之稅課，因而建立之一些特種基金，假若獲得立法機關之授權，也可以將之合併為一個基金，惟須有預算而加以控制，基金建立之方式常見者有如下各情：(a)由一定之歲收來源用於特定之目的，像特種稅課收入特種規費收入，而僅能用於指定目的者即是，但須經議會之立法。(b)以發行公債收入用於指定之目的，但須經議會投票決定後方能生效。(c)以特賦收入以供某項改良或服務成本之所需，此種賦課主要是對獲益財產或公民而徵收，惟其所依之法令，無論是立法機關或行政機關所訂定，通常須經司法機關之確認。(d)由一個政府對另一政府之撥贈。這種撥贈款，有的可以為其業務目的而支用，有的必須為長久的留本。(e)私人團體的捐贈。此種捐贈之基金，有者可以動用，有者不能動本而僅可支用其收益；如為可以動用者，有對其使用不加限制，有者限用於規定之目的。(f)由某一基金移轉予他項基金，例如由普通基金移轉入運轉資本基金者是。上述各項收入，不一定一一構成新的基金，只有在該項收入經指定為特定目的而用者方可成立為基金，假如該項收入並無用途之限制，即將之歸入普通基金，併同其他收入任由政府支配使用，另外有些收入像政府機關所收的保證金，出售財產收入，為他級政府代收之稅款，其他代收款等，雖其款經由基金處理，但不能視為其基金，亦不宜為之分別建立基金。

　　政府基金之建立，有賴於預算之設定，查我國預算法規定，政府徵收賦稅規費及因管制所發生之收入，或其他有強制性之收入，應先經預算法所規定之預算程序。

政府不得於預算所定外，動用公款，處分公有財物或為投資之行為。由是可知，政府基金財源之所得，及其對基金之支配運用，均須依據預算法所定預算程序為之。預算法又有規定，政府每一會計年度，各就其歲入、歲出全部所編之預算為總預算。總預算應以各單位預算之歲入、歲出之總額，及附屬單位預算歲入、歲出之應編入部分彙總編成之。總預算，單位預算中，除屬於特種基金之預算外，均為普通基金之預算。基於上述規定，可知我國政府總預算主要是由單位預算彙總而成，至附屬單位預算應編入之部分，因已先編入單位預算，故可由單位預算代表，又因預算法將政府基金分為普通基金與特種基金兩大類，故於上述規定之總預算單位預算中，除屬於特種基金之預算外，均為普通基金預算。依預算法對附屬單位預算之定義，即可確定附屬單位預算為特種基金預算，而單位預算就基金之觀點言，不是普通基金預算，即為特種基金預算，不過屬於特種基金者較少，而是以普通基金為主體。至於中央政府總預算之附屬單位預算，又以營業基金為主體。中央政府之營業基金預算，即為各國營事業機關之預算。

第二節　基金之類別與性質

政府基金之設置，須依法規之所定，或應業務之需要，惟不宜過於繁雜，以免失其運用彈性及財務效能。綜觀各國政府目前所用之基金，可概分為三類：

一、政務基金(governmental funds)

此類基金具有三項特質：(a)它不以營利為目的，(b)它不具永久性資本，(c)它的所有收入均可以支用。政府辦理一般業務所需之經費，或為特定目的而使用指定之財源，以及為建造巨大資產需用之款項，均屬此類基金之範圍。此類基金之會計任務，主要在處理其資源之收取與支用，惟對取得房屋或設備之支出，亦均視為費用支出以處理，並不將之列為基金之固定資產。究其性質可謂為政府資源之流動基金(resource flow funds)，屬於非營利基金(not-for-profit funds)，可支用基金(expendable funds)，可供服務與支配基金(service and disposition funds)，非企業基金(nonbusiness funds)應歸入此類之基金，常見者有如下五種：

(1)普通基金(general funds)。此種基金乃政府支應一般業務所應用，政府所有的財源除劃給其他基金者外，均屬於本基金，任一政府除為特定任務，設置特別基金外，均必須具有普通基金，並依普通預算之授權而支用。

(2)特別收入基金(special revenue funds)。此種基金乃政府依法限定稅捐及其他收

入，以供特定目的之應用。對於此種基金之會計處理，亦如普通基金者，兩者之主要區別，在此種基金只能用於規定之用途，其所以要與普通基金劃分者，即為對其收入之控制，必使用於特定之目的。

(3)資本計畫基金(capital project funds)。由公債、贈與及他基金移轉以獲得之收入，將之用於購置或建設資本性之財產者。

(4)債務基金(debt service funds)。其收入乃獲自他基金之移轉，用以支應一般長期負債之利息支出與到期還本。

(5)特賦基金(special assessment funds)。用以供應特定地區設施之改進，或對一部市民提供服務，因而應對受惠之財產及人士課徵特賦。惟目前美國對此種基金之設置已日趨式微。

二、業權基金(proprietary funds)

此類基金乃用以對一般大眾提供服務並收取補償者。例如公用事業之經營。其性質有近於營利基金(profit funds)，不動用基金(nonexpendable funds)，營業基金(business funds)，盈餘基金(income funds)，商業基金(commercial funds)，政府服務基金(intergovernmental service funds)，本益均衡基金(break-even funds)。屬於此類之基金，常見者有二。

(1)事業基金(enterprise funds)。它是一個營利個體，其收入主要來自該組織之外界，用以支應其營利之活動。

(2)內部服務基金(interservice funds)。乃求損益均衡之個體，其收入主要來自其他基金，用以支應其一切服務事項。

三、信任基金(fiduciary funds)

此類基金之資產或屬於政府機關，或屬其他基金，或屬民間組織，或屬個別私人，委託代為經管者，亦即所謂之信託基金、代理基金。

(1)信託基金(trust funds)。受別者之託，代掌理其資產，由其資產之收益，或逕自所託之資產，用為提供他所指定之服務。

(2)代理基金(agency funds)。受他人所託代掌理其資產，用以對他提供服務，這項資產仍要還給其人者。

上述三類基金，就其性質嚴格而論，只有屬於政務基金之五種基金，可以稱之謂政府基金。由此類基金所獲之固定資產，即作為當期之支出，並不將其資本化列入該基金之固定資產，它是屬於政府整體之長期資源，故須將政務基金購建之固定

資產，另行設置一組固定資產帳戶以記錄之。同理，政府所發生之一般長期負債，乃基於政府之信用，將由政府之一般收入以償還，故須將之另行記入一組長期負債帳戶，而不作為所發生時該基金之債務，但業權基金，特賦基金，信託基金除外。茲將該兩類帳再說明如後。

(1)一般固定資產帳類(general fixed assets account group)。

用以登記政府機關經由政務基金(governmental funds)所獲得之固定資產及長期性資產。

(2)長期負債帳類(long-term debt account group)。

用以登記政府機關之一般長期債務，包括政務基金(governmental funds)應負責之部分，但特賦基金所涉者除外。

上兩帳類自美國政府會計準則會1999年6月發布第三十四號公報，已不再設置。

我國政府基金之分類，依我國預算法規定，分為兩類，一為普通基金，是指歲入之供一般用途者，二為特種基金，是指歲入之供特殊用途者，復將之分為：(a)供營業循環運用者，為營業基金。(b)依法或約定之條件，供償還公債本息之用者，為債務基金。(c)為國內外機關、團體或私人之利益，依所定條件管理或為處分者，為信託基金。(d)凡經付出仍可收回，而非用於營業者，為作業基金。(e)有特定收入來源而供特殊用途者，為特別收入基金。(f)處理政府機關重大公共工程建設計畫者，為資本計畫基金。

美國政府所設之基金，根據美國政府機關之合併平衡表顯示，內列基金計有八種，茲為說明各基金所涵蓋之範圍。

(1)普通基金(general fund)。乃以所獲財源用以支應政府機關對公民一般服務之所需。所謂一般服務工作，包括普通行政，對人民生命財產之保障，以及衛生等有關服務事項。普通基金有時亦指政府的財務事項不能適當歸屬於其他基金者，因而泛稱謂普通基金。像政府設立之圖書館，設非其地位相當重要而有其特別資金支持者，亦將之列為普通基金之業務與責任。

(2)特別收入基金(special revenue fund)。乃指依法律限定用於特定目的之收入。本基金之設立，主要為達成特定目的或支應特殊業務，其性質略與普通基金相近，政府辦理之服務事項，如教育、圖書館、道路橋樑、社會福利等，常賴此種基金去辦理。

(3)資本計畫基金(capital projects fund)。將其收入之款，用以取得資本設備或用於建築工程者，但特賦基金與營業基金除外。本基金收入之款項，多來自公債之發行，政府機關之援助，其他基金之移轉，或人民之捐贈，本基金與普通基金與特殊

收入基金主要不同之處，在後者以年度為限，而本基金則以其資本計畫為存續期間。

　　⑷債務基金(debt service fund)。將其財源用於政府長期負債之還本付息者，但應由特賦基金支付或屬於政府事業機構之負債除外。由本基金還本付息之政府長期負債，多為供應政府建築工程及取得資本設備支出而發生，隨之須用以後年度收入以償還。

　　⑸信託與代理基金(trust and agency fund)。凡政府機關以受託人或代理者掌有其資產而加以運用者屬之。此類基金之資產雖為政府機關掌理，但政府機關對該資產，多未具有主權，而產權所有者，僅對該項基金之使用，加諸特別之限制而已。這類基金之資產，基於信託或代理約定，也許用之於某些私人、團體或政府本身。政府機關運用此基金時，只要是合法而會計手續完備，即可解除其對未具主權財產之責任，但必須使用於其特定之目的。代理基金是委由政府機關以代理人之地位去完成其特定任務。由是可知，政府機關不過是該項資產保管者而已。信託基金與代理基金不盡相同，信託基金常較代理基金之存續時間較長，且應使之產生較多的利息，因是，它的管理與財務問題也比較複雜。

　　⑹政府內部服務基金(intergovernmental service fund)。此種基金是由政府機關所建立，以之對其他基金或政府機關提供集中服務，以期增進財源之管理，達於經濟有效之目的，統一採購即為一例。

　　⑺特賦基金(special assessment fund)。此種基金也稱為地方改進基金，乃用之於建築或購置或對道路、下水道之改進與維護，但其財源是來自對受益者之特別徵課，因為其對該項公共設施之改進所獲致之利益遠超過一般納稅者。

　　⑻事業基金(enterprise fund)。此種基金其資本多數來自政府的一般或特別收入，而由政府機關運用與經營，並且是對一般大眾提供其服務，對使用者收回費用，期能以收支獨自維持，像水電、瓦斯之供應，或公車、機場、醫院是，有稱之為公用事業，政府以此種基金經營之事業，除其所有權屬政府外，它與私人投資擁有之事業極相類似。

　　政府基金的分類辦法，有係根據其所有權劃分，有視其可否支用而劃分，有按其收入來源或設置目的而劃分。如就基金之所有權人而言，有者是屬於政府所有的，有者政府僅居於受託人或保管人地位，由此觀點，又可將基金分為公有基金與信託基金兩類，前者是指為了公眾利益而可支用之基金，如普通基金，特別歲入基金，公債基金是；後者是指其來源無論為公款或私款，均為某些個人或某些團體之利益而支用，但須受一定之限制，如養老基金，限制使用之捐助款，限定用途之贈與款等，但特賦基金及償債基金並不屬於此類。另有一種名為代理基金，乃政府機關以

代理者地位所掌理之存款，在會計上亦視同信託基金處理。次就基金之可否花費而言，有者它的全部收入均可為費用支出或為其業務用掉；有者它的本金必須保留而不能減損，只有產生收益時，方可以之支付費用。前者可動本的基金，其來源有自一般收入，有自公債發行，有自特別賦課，有自補助捐贈，總之，這些款項一經收到，都可用以支付費用，像償債基金即是。至不可以動本的基金，又可分為兩類，一為運轉資本或循環基金，乃用以提供公營事業或業務所需之資本，像定額週轉金、生產基金、貸款基金等是，另一類為留本基金，其本金不可傷損，僅由其投資所獲之收益可以使用，此種基金多數來自捐贈，且大多用於大學或醫院等機構。再就收入的來源或目的而言，有為一般目的使用之歲入基金，政府的業務活動多由此基金以支應，但須受預算之控制，此中又有普通基金與特別收入基金之分，前者供政府一般業務所需，後者則限於特別用途，除此歲入基金之外，尚有營業運轉基金、公用事業基金、特賦基金、信託代理基金、公債基金、償債基金等。每個政府都有普通基金，多數尚有特別收入基金。運轉資本基金主要為大規模企業組織所運用，公用事業基金在省縣市政府都已普遍應用，公債基金須由法律授權為特定目的而發生，償債基金隨債務到期而需要，信託基金任何政府可能都存有，捐贈的留本基金則常見之於辦理社會事業的機構，如學校與醫院。

第三節　基金之會計個體

政府為對其資源為適當分配，乃設置各種基金，以便於財政之控制與管理，由是，政府之預算結構與會計個體，亦皆以基金為基礎。為此，美國全國政府會計協會曾經特別申明：政府會計制度之組織，及其會計事務之處理，必須以基金為基礎。至於基金之定義，該會並為如下之詮釋：

(1)它是一個財務與會計個體。
(2)具有一套自相平衡之帳戶。
(3)包括有關之負債和賸餘權益或餘額。
(4)各以達成特定任務或一定目標而劃分。
(5)必須符合特別規定之範圍與限制。

所謂財務個體，乃指每一基金有其單獨預算，亦即具有可支用之財源；如就會計目的而言，便將此獨立之財務單位，視為一個會計個體。因此，即屬一個小城市，也很可能有幾個會計個體，究應有多少會計個體，完全取決於其所用之基金數目，至基金設置之數目，一般係依據政府法規之所定。每一基金既為一個單獨會計個體，

即須具一套自相平衡的帳戶，即是某一基金之資產合計必須等於其負債與基金餘額之合計，這些項目之變化，又必須隨時反映於會計之記錄，也可以說，某一基金之會計，乃用以處理其資產負債與基金餘額，並使之與其他基金有所區分。

復按前述基金之定義，已知每項基金各為一個單獨之財務與會計個體。就基金之會計言，當基金一經成立，屬於本基金財源之收入與應用，即須為完整之記錄，而且要與他基金明確劃分，每一基金要有一組自相平衡之帳戶，內中包括所有資力負擔及資產負債帳戶，以及需要表現基金收入與支出之一切帳戶，所有借方餘額超逾貸方餘額之數，即係基金之賸餘，反之，即為基金之虧絀。交易事項須按基金區分，記入各該基金帳戶。因為帳戶是按基金劃分，而且每一基金帳戶自相平衡，所以每基金有其一系列之交易事項，與一套完整之帳戶，且其餘額能維持自相平衡，每基金各有其收入與支出的報表，與各基金的平衡表，平時不需編各基金的合併報表，於是基金間對立帳目之銷除，也就沒有必要。屬於各基金之資產，在使用時沒有必要予以實際隔離，惟需要於各基金會計上予以正確表現，例如屬於各基金之現金，雖然不一定於銀行分立存戶，但各基金之現金帳戶仍須隨時顯示其銀行餘額，假如各基金之現金於銀行合併存放，則銀行存戶的餘額必須隨時與各基金銀行帳戶餘額之和相等。有時也可將幾項基金的款為合併投資使用，然而，各基金的帳戶仍應顯示屬於其基金所應攤得之投資部分。

每一基金是一個獨立之會計個體，所以必須有其自己的帳戶，以充分表現其業務與財務狀況，隨之在政府會計中不可能僅有一個現金帳戶，而是每個基金都有它的現金帳戶，資產負債帳戶亦復如此，自然收入支出餘絀帳戶也是按不同基金而分別設置。此外有的基金尚須設置預算帳戶，例如歲入基金即是，該項預算帳戶分載預計收入數，撥用數及保留數，基金的資產和預算資力超過其負債和預算負擔者，即代表尚有未撥用之賸餘，或尚有可資撥用之預計數。財務年度終了，所有預算帳戶，以及收入與支出帳戶均須結帳，此時所結計之結果，即屬真正之賸餘或虧絀。不同基金之賸餘項目不宜於合併，其固定資產之權益，也不能與代表可供費用資產之賸餘相合併，基金之賸餘隨其收入而增加，但未增加負債或應保留之負擔，其賸餘之減少，自然是由於支出之結果，凡交易事項涉及兩個以上基金者，應於每項基金為完整之記錄，絕不可於一基金只記借項，而將貸項記入他基金。

政府各種基金有關收支會計所依之會計基礎，因各該基金性質與類屬之不同以致有別，大體而論，屬政務基金類之普通基金、特別收入基金、債務基金、資本計畫基金與特賦基金，以其均屬可以支用之基金，故其會計亦均採用修正權責制，至屬於業權基金類之營業基金、內部服務基金，以其均須保持其資本，故均用完全權

責發生制，而屬於信任基金類之可支用信託基金及代理基金用修正權責基礎，不可支用之信託基金則用完全權責基礎。於非營利基金會計所用之修正權責制其要點如下：

⑴非營利基金之收入，及其他非企業基金之財源，均須於收到現金之時方予入帳，除非：

　①是項收入很容易據權責基礎認定且可事先衡量者。

　②大宗收入和其他非企業基金之財源不能按正常收取時間收到者。

⑵非營利基金之支出應依權責基礎處理，除了：

　①購入具有存貨型態之付款。該存貨項目可考慮在購入當時列作支出，亦有仿企業會計於使用之時列為支出者。

　②預付費用。通常在付款之時即列作支出。

　③撥付長期負債未到期之本金與利息支出。惟正常作法係於到期之時方列支出。

非企業會計內之非營利基金，僅含有流動資產與流動負債，屬於這類型態之基金，係用支出一詞以替代費用之名，以支出即係該基金淨運轉資本之減少，在修正權責基礎之下，其權責發生事項，僅涉及若干流動資產與流動負債，而不及於固定資產或長期負債。總之，政務基金對修正權責基礎之應用，關於支出之列帳，不考慮預付費用，而對存貨項目及長期負債未到期之本息僅為部分之考慮。修正權責制在收入會計方面，主要係採現金基礎，除非某項收入極易按權責基礎決定者，如應收稅款，此外，大宗收入不能於正規時間收到，亦可按權責基礎處理。

綜括而論，業權基金之費用須與其收益相配合，故將固定資產列入其基金，俾便計提折舊。而在政務基金係將固定資產之取得列作支出，隨之該項固定資產即須另行記入政府個體會計；政務基金對於長期負債之處理，係於其發生時記作收入形式之帳戶，同時將此負債登入另行設立之政府個體會計，長期負債帳戶，但特賦基金之長期負債除外。我國政府會計則仍依舊規另設帳類，尚未有所改革。

政府會計以基金為會計個體，基金會計與私營企業會計同樣應用複式簿記原理，惟因基金之來源究與業主投資不同，故其基本會計等式亦略有差異。

基金之設置須有一定之財源，其財源經指定並完成法定程序，即為其歲收預算，亦可謂為基金之資力，故其初步等式應為：

$$資力＝基金$$

歲入預算實收之後便使資力變成為資產，但該項資產之運用，嚴受基金設置目的之約束，故其等式如下：

$$資產＝資產之約束$$

其於基金之運用，亦須經立法程序，即為其歲出預算，亦即基金之負擔，由是其等式，便成為：

$$資力－負擔＝基金餘額$$

或

$$資力＝負擔＋基金餘額$$

然後由於收入支出預算之執行，而有資產與負債以及為支付責任而須為預算保留之準備，因是，其等式又可如下列：

$$資力＋資產＝負擔＋負債＋基金餘額$$

或簡化為：

$$資產＝負債＋準備＋基金餘額$$

基金餘額相當於私營企業會計之業主權益或資本淨值，惟如其交易事項與二個以上之基金有關，但各個基金仍須保持上列之等式。換言之，各有關基金之記錄必須借貸雙方自相平衡。

基金餘額於特定年度內，因歲入而增加，又因歲出而減少，歲入歲出數額每分別記錄於個別之帳戶，以供統計編報之應用，然後於財政年度終了時結入基金餘額戶，一如私營企業會計之損益帳戶，上列等式隨歲入歲出之納入可予變通修正如下：

$$資產＝負債＋基金餘額＋歲入－歲出$$

或

$$資產＋歲出＝負債＋歲入＋基金餘額$$

等式左方之項目增加應借，減少應貸；等式右方之項目增加應貸，減少應借。至前項等式之資力負擔屬預算帳戶，資力指歲入預算，負擔指歲出預算，為實際歲入或歲出之相對帳戶，故歲入預算數(estimated revenue)之增加為借，減少為貸，歲出預算數(appropriation)之增加為貸，減少為借。歲入預算數乃財政年度之估計收入額，為虛擬資產(pseudo asset)，謂之資力，而歲出預算數乃估計之支付額，為虛擬負債(pseudo liability)，謂之負擔。其借貸應遵循實際資產負債之借貸法則。

第四節　基金本位說

普通私營企業，即使從事多種不同業務，而對外之財務報告仍以單一之經濟個體為主體。政府機關之活動則須依從法令之規定與限制，自特定之資源獲取收入，按特定之目的支用經費，故輒個別設置基金(fund)，以為其會計個體。政府會計即係

按個別基金處理，每一基金之財源，各據不同法令，指充特定之用途，故其帳務記錄，必須完全分立，按各個基金設置分套帳戶，列示其資產、負債、基金餘額，以及收入、支出情形，各構成一完整會計單位，藉以編製其單獨之財務報表，以揭示其資產獲致之來源與運用之去途。政府會計每亦被稱為基金會計，職是之故也。

基金會計之重心，在於對經管財源之交代，而非為損益之決定，故可施用於非營利事業，如學校、醫院等。美國學者范特(William J. Vatter)於一九四七年曾發表過〈基金之會計理論與其於財務報表之涵義論〉(The Fund Theory of Accounting and Its Implication for Financial Reports)，倡導基金本位說理論，更擬推廣其應用範疇至營利事業會計。范特認為今日會計理論上最通行者有兩說：一為業主權益說，一為營業個體說，前者以自然人為主體，後者以法人為對象，無不脫胎於擬人說(personification theory)。凡會計處理，依此兩說，在在均以人之利益為前提，而有失於客觀之認識，唯有擺脫人之因素，以事物為主，始可避免偏差，故主張引用政府會計之處理辦法，以基金為會計之個體，用以分疆劃界，使其範疇明確，內容清晰，且不牽涉至人之利害關係，乃最合理想之辦法。基金本位說之重點，乃以特定之營運範圍為利害中心，脫離自然人或法人而超然獨立，並強調以統計之觀點處理會計問題，其基本等式如下：

$$資產(assets)＝資產之約束(restriction\ to\ assets)$$

基金財務狀況表之一方，列示可供基金經管人員利用之經濟潛力（資產），他方則表達由於基金性質與營運原旨，而須加於資產之限制與約束。基金經管人員利用各方所提供之資源而營運，某些財源且須受特定用途之限制，此種約束乃對基金財務所負責任之基礎，諸如債務到期必須清償，投入資本必須保持不變，以及其他條件之限制，凡此均可列作特種權益(specific equities)。此外，尚有提供之財源，專用於該基金設定目的，僅受此一般之約束，並無特殊之限制，此種約束則可列作賸餘權益(residual equities)。

基金本位說之要點，在不落於收益概念之窠臼，政府機關與慈善團體設置之目的，不在牟利，其於所獲資源之營運，雖不為盈利之計算，但其會計制度仍照樣完備無缺。基金資源之獲取，除必須應用於基金之本旨外，別無特定約束，此項資源之流入即屬其收入，而為達成基金之目的，故有其支出。基金運用表(fund operating report)之借貸必須平衡，收入（資金之來源）與支出（資金之運用）之差異，非予分配即予保留。基金會計之報表，當以基金財務狀況表與基金運用表為主體，而將收益計算表淪落於次要地位，僅用以補充說明基金因運用結果而發生之增減變動而已。

基金本位說雖經范特登高一呼，竭力倡導，惟迄今於營利事業會計猶未見普遍

採用，但政府機關均以基金為其會計個體則始終不渝。惟政府機關單位，綜合各基金而編製合併報表，其內容仍有欠缺，即將一政府單位諸基金所存之現金相加列表，猶未能達充分揭露之原則，蓋各基金各有其設置之目的與限制，即有盈餘，亦不能充作他用，設若一基金所存資金，不敷其原定目標之用，即必須另覓財源，絕不容任意撥用其他資金之剩餘現金以資彌補。

第五節　基金會計事項之處理

　　基金是一個獨立的財務與會計個體，它擁有一套自相平衡的帳戶，用以記錄其資力、資產、負債、準備與權益，依據法規之限制或協定，去執行所賦予之特定任務，以達成其一定目標。美國政府會計準則會建議州或地方政府機關，可以應用之基金有八類，即普通基金，特別收入基金，資本計畫基金，債務基金，長時基金，信託與代理基金，政府內部服務基金與公營事業基金。原需要再設兩組帳戶，即一般固定資產帳戶，與一般長期負債帳戶，依1999年之新公報不再設置，納入政府個體會計記帳。

　　政府基金之中，以普通基金應用之範圍最為廣泛，它是將其所有資力資產，用以支應政府機關之一般行政，並為其居民提供傳統上應為之服務事項，因之，亦有稱之為業務基金或流動基金。有的政府機關其任務比較特殊，乃經立法指定某些收入，以支應其業務所需，俾達成其特定目的，這種收入的使用，必須符合法律的規定，因之稱為特別收入基金。普通基金與特別收入基金其會計本質並無甚大差異，遂之亦可統名為收入基金。因為收入基金之收支均須依據法定預算，故須為之分別設置預計收入數及經費預算數兩預算帳戶，預計收入數為預算期間該基金一切可能收入之統制帳戶，將所有預計可能收入數記入該戶之借方；經費預算數為法定預算指定之一切支出，將其預計支出數記入該戶之貸方，然後將預計收入數與經費預算數之差額借或貸入基金餘額戶，此戶類似營利事業之資本帳戶。除了上述之預算帳戶之外，收入基金之會計與私營企業仍有許多不同之處，茲擇兩項主要差別，分述如次：(a)收入基金之支出，乃依經費預算核定之目的，不似營利事業之支出，在期產生收益，由是可知，淨利之決定為營利事業之會計重心，但收入基金會計則與淨利之計算全然無關。(b)收入基金之收入來源與數額，與特定期間之預算有關，通常以一個年度為準，所以收入基金是以一年為其存續期間，而營利事業之存續期間則不肯定，由是可知，繼續經營觀念是營利事業之會計基本準則，然而，它對收入基金會計則全然不能適用。

　　政府的每一基金，各為一個財務個體、會計個體和法定個體，而原有之每一組帳戶，它只是一個會計個體，既非財務個體，更非法定個體。政府機關有些會計事項，可能涉及不只一個基金，也可能涉及其他一組帳戶，換言之，其影響所及不僅一個會計個體，似此會計事項可歸納為如下七類：

㈠基金間之借款與墊款

　　由於每一基金為一單獨法定個體，因之，由基金間墊借款項所發生之應收應付帳項，即須於合併平衡表予以顯示，而不能予以銷除，關於基金間借墊款之會計處理，前面已經論列，為加深印象，茲再以例釋之。設某市用品基金從該市自來水公用事業基金供給長期墊款$100,000，則該兩基金會計應為如下處理。

用品基金

借：現金	$100,000	
貸：應付公用事業基金墊款		$100,000

公用事業基金

借：對用品基金長期墊款	$100,000	
貸：現金		$100,000

設上項墊款於期末部分償還，則於

用品基金

借：應付公用事業基金墊款	$5,000	
貸：現金		$5,000

公用事業基金

借：現金	$5,000	
貸：對用品基金長期墊款		$5,000

㈡基金間之收入與支出

　　例如市消防用水計$30,000，在市普通基金為支出，而自來水公用事業基金則為收入，所涉兩基金之記錄如下：

普通基金

借：經費支出	$30,000	
貸：應付自來水公用事業基金		$30,000

自來水公用事業基金

借：應收普通基金款	$30,000	
貸：自來水供水收入		$30,000

　　倘若自來水事業基金，曾接受普通基金之服務，該項服務費計$25,000，其記錄如下：

普通基金

借：應收自來水公用事業基金款　　　$25,000

　　貸：歲入收入數　　　　　　　　　　　　　　　$25,000

自來水公用事業基金

借：稅課捐贈　　　　　　　　　　　$25,000

　　貸：應付普通基金款　　　　　　　　　　　　　$25,000

㈢支出回收性質之移轉

設普通基金部門之工程單位，為街道基金提供服務，該項工程費為$2,600。

普通基金

借：現金　　　　　　　　　　　　　$2,600

　　貸：經費支出　　　　　　　　　　　　　　　　$2,600

街道基金

借：經費支出　　　　　　　　　　　$2,600

　　貸：現金　　　　　　　　　　　　　　　　　　$2,600

㈣資力之定期轉移

為用於債務之收入，先由普通基金收起$81,000，而後再轉給債務基金。

普通基金

借：移轉入債務基金　　　　　　　　$81,000

　　貸：現金　　　　　　　　　　　　　　　　　　$81,000

債務基金

借：現金　　　　　　　　　　　　　$81,000

　　貸：收入數　　　　　　　　　　　　　　　　　$81,000

上項轉移償債款，同時亦須於另一組長期負債帳上登記，但僅限還本之部分。

借：債務基金償還公債可用款　　　　$50,000

　　貸：應提供償還公債數　　　　　　　　　　　　$50,000

㈤基於特別規定之移轉

例如以普通基金所存用品$12,300，另加現金$25,000，轉給用品基金，作為其營運資本。

普通基金

借：基金餘額　　　　　　　　　　　$25,000

　　用品盤存準備　　　　　　　　　12,300

　　貸：現金　　　　　　　　　　　　　　　　　　$25,000

　　　　用品盤存　　　　　　　　　　　　　　　　12,300

用品基金

借：現金　　　　　　　　　　$25,000

　　用品存貨　　　　　　　　12,300

　　貸：普通基金捐贈　　　　　　　　　　$37,300

㈥一般固定資產之取得

設普通基金購入一般固定資產$450。

普通基金

借：經費支出　　　　　　　　$450

　　貸：應付憑單　　　　　　　　　　　　$450

政府個體會計

借：設備　　　　　　　　　　$450

　　貸：應付憑單　　　　　　　　　　　　$450

㈦一般長期負債與償還

設政府發行一般公債$2,000,000，而按票面出售，並以售得之款用為購置資本性之設備，其記錄不僅限於資本計畫基金，尚及於政府個體會計。

資本計畫基金

借：現金　　　　　　　　　　$2,000,000

　　貸：收入數　　　　　　　　　　　　　$2,000,000

政府個體會計

借：現金　　　　　　　　　　$2,000,000

　　貸：應付分期公債　　　　　　　　　　$2,000,000

當第一期公債到期，由分期公債債務基金償付。

分期公債債務基金

借：支出　　　　　　　　　　$200,000

　　貸：現金　　　　　　　　　　　　　　$200,000

政府個體會計

借：應付分期公債　　　　　　$200,000

　　貸：現金　　　　　　　　　　　　　　$200,000

第六節　基金之財務報表

政府機構不僅有一普通基金，而其他基金亦不止一種同時並存時，每一基金固均當分別編製其財務報表，惟同類之基金亦可編成聯合報表，進而再編製所有基金

之聯合報表，惟須注意者，基金之聯合報表並不可取代各基金之個別報表，因而於聯合報表內除報導諸基金之總額外，必須設置專欄分列各基金之個別資料。

一、聯合財務狀況表

政府基金各為獨立個體，於會計上不容互相混淆，惟如各基金均分別編製個別財務狀況表，或僅綜合同類諸基金而編聯合財務狀況表，勢將連篇累牘，卷帙浩繁，難以一目了然，為節省篇幅，刪繁就簡，莫如編製所有基金之聯合財務狀況表。

上例乃假定該政府機關並無公營事業基金，否則當亦為之設一專欄列示。惟須注意者，上項聯合財務狀況表並無「總額」欄，此蓋因各項基金性質迥異，各具有其不同之法律限制與需要，如以其餘額相加，不僅無甚作用，反易招致曲解。例如以包括信託與代理基金之諸基金，將其現金餘額相加而列入「總額」欄，言外之意，該政府機關擁有此宗款項，可供自行運用，實則其中屬於代理基金之部分，僅係託管財產，萬不得與政府公產等量齊觀，可以任意移東補西，如其列入「總額」欄，豈非混淆視聽。

美國政府會計委員會竭力反對合併財務狀況表僅列示合併數字，而不揭露個別會計個體之資料。於私營企業，附屬公司唯母公司馬首是瞻，一切政策仰承母公司之意志而取決，會計上為表示整個經濟集團之資負實況，乃有合併財務狀況表之產生。政府機關諸基金各為一獨立個體，且因受法令之限，往往未能得心應手通權達變而運用，況各基金因財務性質與法令限制各殊，合併財務狀況表列數因綜合之故，致有截長補短之情事，非僅難以窺察各基金之個別實況，反而易使讀者誤入歧途，例如長期性資產超逾長期負債，每致使普通基金或某特種收入基金之具有巨額虧絀隱匿不宣，實則前項超逾並不可用以彌補後項赤字。每一基金各為一獨立之會計個體，各項基金間之應收應付項目，雖有存在，於編製聯合財務狀況表時，亦不得互相對銷，必須按原數照列無誤。惟依新公報政府個體會計則予銷除。

財務狀況表所列項目，如嫌簡略，可加編附表以示其明細。不同基金但屬同一性質之項目，儘可編製聯合附表，惟於聯合附表必須將各基金之詳細資料同時揭示。美國政府會計委員會建議政府機關之年報，至少應就下列各項目發布聯合附表。

　(1)應收已過期稅款。

　(2)應付公債。

　(3)投資。

某政府
基金聯合財務狀況表
20××年12月31日

	普通基金	特別收入基金	債務基金	資本計畫基金	信託基金	內部服務基金	特賦基金
資產與其他借項							
現金	$48,000	$14,000	$182,000	$180,000	$12,000	$18,000	$36,000
應收已過期稅款（淨額）	8,000	4,000					50,000
應收特賦款項							10,000
應收其他基金款項	16,000					16,000	
存貨	8,000						
投資			230,000		90,000		
	$80,000	$18,000	$412,000	$180,000	$102,000	$34,000	$96,000
負債							
應付憑單	$16,000	$8,000		$10,000		$24,000	
應付其他基金款項	30,000	6,000					
應付公債							90,000
	$46,000	$14,000		$10,000		$24,000	$90,000
準備與基金餘額／保留盈餘							
應付歲出保留款	4,000	2,000					
物料盤存準備	8,000					6,000	
普通基金餘額	22,000	2,000	412,000	160,000			6,000
基金餘額				10,000		4,000	
保留盈餘					102,000		
	$80,000	$18,000	$412,000	$180,000	$102,000	$34,000	$96,000

二、 基金收入支出表

美國政府會計委員會認為，所有基金之聯合財務狀況表固可編製，惟所有基金之收入支出表，則非可取也，此乃因各基金之財務目的與會計性質各殊，而無聯合比較之必要。例如特賦基金之收入均於一年徵收，而支出則每隨工程之進展分布多年。公營事業基金為求淨收益之正確衡量，乃須收入與費用互相配合。普通基金或特種收入基金則以收入與支出（不但包括費用，且包括債務之償還，資本支出等）相配合。另有若干基金，如資本計畫基金之收入，就整個政府機關而論，則並非收入。美國政府會計委員會認為編製所有基金之聯合收入支出表，殆不可能，惟普通基金與特種收入基金之歲入歲出，設其性質類似，如予編製聯合比較歲入表與聯合比較歲出表，以實際數與預算數對照，則並無不可。其格式一如前舉普通基金比較歲入表與比較歲出表之例，惟加上特種收入基金之資料即可。今以聯合比較歲入表為例列舉於353頁，至聯合比較歲出表則從略，讀者可比照仿編。

各基金之收入與支出，為之編製聯合收入支出表，固屬不宜，惟將所有基金之現金收支加以聯合報告，則尚可行。編製所有基金聯合現金收支報告表(combined statement of cash receipts and disbursements—all funds)，其目的乃在表達本年度內現金收支之變動，惟須將各基金之現金餘額與交易分別列示，以免引起曲解。又現金存儲之銀行，亦當以增註資料予以揭露。茲列其表式於351頁。

三、我國政府基金之綜合表

我國政府會計之年報，係與年度決算表合併，中央政府所編之年度決算，除總決算外，尚有附屬單位決算，乃係將營業基金及其他特種基金之主要表加以綜計，而編成綜計平衡表、綜計損益表、綜計資金表。至總決算書內所列之決算表與平衡表，其所包含之範圍，除極少數特種基金外，乃以普通基金為其主要重心，為期顯示政府全部財務狀況，復就普通基金、營業基金、作業基金及其他基金各平衡表加以聯合，編成普通基金及各特種基金綜合平衡表，附入總決算書，列為參考表，表式見352頁。

為期明瞭政府各基金會計之異同，以及其應編之報表，特列成簡明核對表(check list)於353頁，藉以助讀者複習之參考。

某政府
聯合比較歲入表
20××年度

來　源（基金）	預算歲入	實際歲入	差　異
賦　稅：			
（普通基金）	$×××	$×××	$×××
（特別收入基金）	×××	×××	×××
賦稅總額	$×××	$×××	$×××
執照費與特許費：			
（普通基金）	$×××	$×××	$×××
其他收入：			
（普通基金）	$×××	$×××	$×××
（特別收入基金）	×××	×××	×××
其他收入總額	$×××	$×××	$×××
歲入總額	$×××	$×××	$×××

某政府
聯合現金收支表
20××年度

基　金	年初餘額	收　入	支　出	年終餘額
普通基金	$×××	$×××	$×××	$×××
特別收入基金：				
公　園	×××	×××	×××	×××
汽油稅	×××	×××	×××	×××
⋮				
總　額	$×××	$×××	$×××	$×××
存款銀行：				
零用金				$×××
甲銀行				×××
乙銀行				×××
丙銀行				×××
餘額，12/31/××				$×××

中央政府總決算
普通基金及各特種基金綜合平衡表
中華民國　年6月30日

科　目	普通基金		特種基金								合　計	
			營業基金		作業基金		其他基金					
	本年度	上年度	本年度	上年度	本年度	上年度	本年度	上年度	本年度	上年度

	普通基金	特別收入基金	債務基金	資本計畫基金	營業基金	信託代理基金	內部服務基金	特賦基金
會計異同：								
記錄經常或資本預算	×	×	×	×				×
採用權責發生制					×	×	×	×
採用修正權責制	×	×	×	×				
記錄應收稅款或特賦帳款	×	×	×	×				×
應用支出保留數帳戶	×	×		×				×
記錄財產設備					×	×	×	
記錄折舊					×	×	×	×
記錄公債售得款項			×(1)	×	×			×
記錄公債之債務			×		×			×
記錄公債之償付			×		×			
財務報表：								
財務狀況表	×	×	×	×	×	×	×	×
收入支出表	×	×	×(2)	×		×		×
營業計算表（收益表）					×		×	
現金收支表					×			
基金餘額變動表	×	×	×(2)	×		×		×
保留盈餘變動表					×			×
財務狀況變動表					×		×	

附註：(1)僅限於到期之公債。
　　　(2)收入支出表與基金餘額變動表合而為一。

問　題

一、試就我國會計法與美國政府會計委員會之觀點說明基金之意義。

二、試就我國預算法及美國政府的基金分類加以比較說明。

三、試述基金之類別及其分類方法。

四、試述基金之建立與經理須經之必要步驟。

五、試述基金之建立與預算關係。

六、試述我國預算法規定關於基金預算之編列。

七、試述基金之會計基礎與處理原則。

八、基金與經費有何區別？

九、試述基金的等式與其借貸法則。

十、試述濫設基金的流弊。

十一、我國預算法關於基金的分類及其定義為何？會計法所定特種基金的範圍與預算法所定者有何不同？

十二、試列述特種基金設置過多之流弊。

十三、試述范特之基金本位說。

習　題

一、安恆市委聘閣下審查下列簿記員編造之財務狀況表：

安恆市
財務狀況表
20×B年6月30日
資　產

現金	$ 159,000
應收本年度稅款	32,000
物料盤存	9,000
有價證券	250,000
土地	1,000,000
長期性資產	7,000,000
	$8,450,000

負債、準備與基金餘額

應付憑單	$ 42,000
物料盤存準備	8,000
應付公債	3,000,000
基金餘額	5,400,000
	$8,450,000

閣下審核結果，發現下列資料：

㈠基金餘額之分析：

餘額，20×A年6月30日		$2,100,000
加：捐贈土地	$ 800,000	
中央政府補助	2,200,000	
建立留本基金	250,000	
實際稅收超逾預算額	24,000	
預算歲出超過歲出與		
歲出保留數額	20,000	
留本基金淨收益	10,000	3,304,000
		$5,404,000
減：文化中心經費超逾收入額		4,000
餘額，20×B年6月30日		$5,400,000

㈡於20×A年7月，市府受贈土地，估定公平市價$800,000，充作建造文化中心，該中心於20×B年4月15日落成。建築工程經費出自中央政府補助之$2,200,000與20×A年7月1日按面值發售十年到期3%之普通公債$3,000,000，支息日為12月31日與6月30日。土地之公平市價與建築成本，各包括於土地與長期性資產帳戶。

㈢省政府或市政府並不津貼文化中心之經常開支。文化中心留本基金乃由有價證券之捐贈而設立，該項有價證券於受贈時之公平市價為$250,000。留本基金之本金不予動用，收益則用以彌補文化中心之虧絀。

㈣其他資料：

1.20×A～×B年度課徵賦稅，預計短收數為$7,000。

2.20×B年6月30日之物料盤存為$12,500。

3.20×B年6月30日普通基金尚未交貨之購貨訂單合計$5,000。

4.於20×A年7月1日，購置房地產$2,000,000，其中購價$200,000歸諸土地。

此項購置曾於終止於20×B年6月30日之預算核定。

試編製工作底稿，列示調整分錄，並分配於適當基金或特類帳戶。工作底稿之內容，可設置下列諸欄：

　　　　a.帳面餘額。

　　　　b.調整——借。

　　　　c.調整——貸。

　　　　d.普通基金。

　　　　e.文化中心留本基金：

　　　　　　本金

　　　　　　收益

二、樂和市委聘閣下審查20××年度之財務報表，該市20××年之預算經由市議會通過，並登錄入帳，一切交易均採收付實現制，普通基金之試算表與其他資料如下所示：

　　㈠檢查歲出分類帳，獲得下列資料：

	預算數	實際數
人事服務	$ 45,000	$38,500
物料	19,000	11,000
設備	38,000	23,000
合　計	$102,000	$72,500

　　㈡物料$4,000，設備$10,000業經收到，惟於12月31日尚未支付。

　　㈢於12月31日，已簽發而尚未交貨之購貨訂單有物料$1,200，設備$3,800。

　　㈣12月31日實地盤存結果，得知物料存貨量$1,700，應予入帳。

　　㈤檢查歲入分類帳，獲知下列資料：

	預算數	實際數
財產稅	$102,600	$ 96,000
執照費	7,400	7,900
罰款	4,100	4,500
合　計	$114,100	$108,400

　　財產稅估計有5%無法收取，是故其課徵總額當使實收額可獲預算之數$102,600。

　　㈥於20××年11月1日，樂和市以溢價$3,000發售面值$200,000之定期普通公債，十四年到期，支息日為每年5月1日與11月1日。市議會決議通過債券溢價所獲之現金款項應暫留存，以備最終清償公債之本金。此項公債之發行乃為籌建市政廳之用，惟於12月31日尚未簽訂工程合約。

　1.試完成下列工作底稿，列示調整分錄，並分配於適當之基金或帳類帳戶：

樂和市
修正試算表工作底稿
20××年12月31日

	普通基金試算表	調整借	整貸	普通基金	債務基金	資本計畫基金	政府個體會計
__借　項__							
現金	$238,900						
歲出實付數	72,500						
歲入預算數	114,100						
設備							
歲出保留數							
物料盤存							
應收本年度稅款							
	$425,500						
__貸　項__							
歲出預算數	$102,000						
歲入實收數	108,400						
應付公債	200,000						
債券溢價	3,000						
基金餘額	12,100						
應付憑單							
歲出保留數準備							
物料盤存準備							
估計短收本年度稅款							
	$425,500						

2.試列舉普通基金應予編製之財務報表（並不需要實際編製）。

3.試作普通基金之結帳分錄。

三、歌樂市市議會通過自20×3年財政年度（終止於9月30日）現金預算應按基金別編列，惟該市財務主任曾編製預計現金收支表如下，但無法按基金區分。

現金收入：

賦稅

　財產稅 　　　　　　　　　　　　$ 685,000

　教育稅 　　　　　　　　　　　　　421,000

　特權稅 　　　　　　　　　　　　　223,000

　　　　　　　　　　　　　　　$1,329,000

執照費與特許費

　營業執照 　　　　　　　　　　$ 41,000

　車輛檢查特許證 　　　　　　　　 24,000

　建築特許證 　　　　　　　　　　 18,000

　　　　　　　　　　　　　　　$ 83,000

政府間收入

　銷售稅 　　　　　　　　　　　$1,012,000

　中央政府補助 　　　　　　　　　 128,000

　省政府車輛稅 　　　　　　　　　　83,500

　省政府汽油稅 　　　　　　　　　　52,000

　省政府賣酒執照 　　　　　　　　　16,000

　　　　　　　　　　　　　　　$1,291,500

服務取費

　清潔衛生 　　　　　　　　　　$ 121,000

　排污通溝 　　　　　　　　　　　 71,000

　圖書館收入 　　　　　　　　　　 13,000

　公園收入 　　　　　　　　　　　　2,500

　　　　　　　　　　　　　　　$ 207,500

發售公債

　市中心 　　　　　　　　　　　$ 347,000

　普通公債 　　　　　　　　　　　200,000

　排污廠 　　　　　　　　　　　　153,000

　圖書館 　　　　　　　　　　　　120,000

　　　　　　　　　　　　　　　$ 820,000

其他

　出售投資所得款項 　　　　　　$ 312,000

　排污工程特賦 　　　　　　　　　 50,000

　租金收入 　　　　　　　　　　　 48,000

　利息收入 　　　　　　　　　　　 15,000

　　　　　　　　　　　　　　　$ 425,000

		$4,156,000
現金支出:		
總務	$ 671,000	
公安	516,000	
學校	458,000	
衛生	131,000	
圖書館	28,000	
租賃財產	17,500	
公園	17,000	
	$1,838,500	
債務		
普通公債	$ 618,000	
修路公債	327,000	
教育公債	119,000	
排污工程公債	37,200	
	$1,101,200	
投資	$ 358,000	
省政府應得銷售稅	$ 860,200	
資本支出		
排污工程（特賦區）	$ 114,100	
市中心	73,000	
圖書館建築	36,000	
	$ 223,100	
	$4,381,000	

其他資料:

1. 為建造市中心，於20×2年核發公債，債務由市中心未來之收入與財產稅償付。

2. 為擴充圖書館，於20×2年核發公債，債務由財產稅償付。

3. 普通公債由普通基金徵收之財產稅償付。

4. 每年教育稅之10%，用以償付籌建學校所募教育公債之用。

5. 於20×0年，有一富商捐贈租賃財產予市政府，財產之淨收益充作補助圖書館經費之用，於每年9月30日以現款轉撥圖書館。

6. 市政府徵收所有銷售稅，其85%歸省政府，於每月月終匯交。

7. 修路公債乃由前向財產所有主徵收之特賦償付，特賦款項曾作投資，本金$312,000，預計於下年度可獲利息$15,000。

8. 於20×2年，為排污工程，曾向若干財產所有主徵收特賦$203,000。於20×3年度，預計此項特賦可收得$50,000。其餘排污工程之成本，乃以20×3年度發售之公債$153,000支付。

　　未來徵收之特賦，則用以償付公債本息。

　9.所有排污通溝與清潔衛生服務，專設公營事業基金分別處理。

　10.中央政府補助係充20×3年度學校經費之用。

　11.年終市中心公債與圖書館公債售得之款項均予投資。

　　試編製20×3年度按基金別之現金收支預算，包括所有基金間之轉撥。

四、閣下審核臺馬市20×3年6月30日之財務，發現下列各項：

　1.於20×2年12月31日，該市自普通基金劃撥$115,000，設立一中央修車廠，其中$67,500係廠房，估計有用期限25年，$14,500係土地，$33,000係機器設備，估計有用期限為15年。同日修車廠更獲普通基金資助現金$12,200。

　2.修車廠並未設記錄，惟檢閱存款單收據與作廢支票之結果，發現下列諸項：

收到經費出自普通基金之各部門服務取費	$30,000
職員薪金	6,000
水電	700
技工工資	11,000
物料	9,000

　3.修車廠於20×3年6月30日有應收帳款$2,000，應付物料帳款$500，物料存貨$1,500。

　4.於20×3年6月30日，臺馬市按面值發行特賦公債$200,000，以籌募街道改良工程，該工程之估計成本為$225,000，市政府應攤$15,000，當於20×3～×4財政年度支付，$210,000則歸財產所有主分攤，自20×3年10月1日起分五年等額支付。此項特賦於6月30日課徵，工程則於20×3年7月2日訂立$215,000之合約，惟尚未開始動工。

　5.於20×1年7月1日，臺馬市以面值發行30年到期6%之定期普通公債，以籌建公共衛生中心。工程業經完成，承攬商業經於20×2～×3年度以$397,500之數全部付清。

　6.為衛生中心公債，臺馬市自普通基金歲入提撥足額，以支付利息（每年7月1日與1月1日支付），並於每一財政年度終了，劃撥$5,060，以作償付公債本金之用，並於下一年度開始以之投資生息。閣下調查結果，發現於20×2～×3年度，投資生利$304一如預算之數。此$304係以現金收到，將於下年度之始投資。

　　上列由閣下審核而得之資料，均僅記載於普通基金，試作20×3年6月30日之調整分錄，列入其他適當之基金。

五、閣下於審核華福市帳務時，發現簿記員並未按基金分別登帳，於20×9年12月31日之普通基金試算表如下：

華福市普通基金
試算表
20×9年12月31日

會計科目	借	貸
現金	$207,500	$
應收本年度稅款	148,500	
估計短收本年度稅款		6,000
歲出實付數	760,000	
歲入實收數		992,500
捐贈土地	190,000	
河橋公債——核定未發	100,000	
在建工程——河橋	130,000	
應付河橋公債		200,000
應付承攬工程帳款——河橋		30,000
應付憑單		7,500
盈餘		300,000
	$1,536,000	$1,536,000

其他資料：

1.20×9年度之預算並未入帳，歲入預算為$815,000，歲出預算為$775,000。

2.於20×9年12月31日，有關經常開支之購貨訂單，有$2,500並未入帳。

3.歲入實收數帳戶包括——貸項$190,000，乃省政府捐贈之土地，以為建造河橋之用。

4.河橋公債係按面值$200,000發售。

5.檢閱歲出分類帳明細戶，發現包括下列諸項目：

經常費	$472,000
擴充建築與改良	210,000
購置設備	10,000
償付普通公債	50,000
償付普通公債利息	18,000

試編製工作底稿，設置下列諸欄，列示普通基金試算表，調整分錄，並分配於適當之基金。

普通基金試算表——借
普通基金試算表——貸
調整——借
調整——貸
普通基金——借
普通基金——貸

資本計畫基金
政府個體會計

六、閣下被聘審查荷馬市20×9年度（終止於6月30日）之財務報表，發現簿記員將一切交易均
記入普通基金。普通基金之試算表如下：

荷馬市普通基金
試算表
20×9年6月30日

借 項

現金	$ 125,180
工程用現金	174,000
應收本年度稅款	8,000
應收特賦款項─遞延	300,000
物料盤存	38,000
改良工程核定額	15,000
歲入預算數	4,135,000
利息費用	18,000
歲出保留數	360,000
歲出實付數	4,310,000
借項總額	$9,483,180

貸 項

估計短收本年度稅款	$ 7,000
應付憑單	62,090
應付利息	18,000
街道改良工程負債	10,000
應付公債	300,000
債券溢價	3,000
存貨準備	36,000
歲出保留準備	360,000
歲出預算數	4,450,000
利息收入	21,000
基金餘額	106,090
歲入實收數	4,110,000
貸項總額	$9,483,180

其他資料：

1. 市議會於早年通過以存貨入帳，採用永續盤存制。於20×9年6月30日實地盤存結果，留
存物料成本額$37,750。

2.本年度稅款均經過期，估計有$5,500勢將短收。

3.財產稅給予折扣$32,000，此項折扣並未列入預算核定經費，惟於發出稅單課徵時並未酌減，於實收時則借入歲出戶。

4.於20×9年6月25日省政府稅務處公函通知荷馬市應得省政府稅收之分額為$75,000。

5.警察局添購新設備成本$90,000，已於普通基金作正確記錄。

6.於年內，有人捐贈該市土地100畝，價值$250,000，備作公園之用。並未入帳。

7.市議會通過修鋪拓寬若干街道，估計成本$365,000，包括估計設計與工程成本$5,000，由普通基金轉撥支付。其餘$360,000之經費來源，$10,000由市政府資助，$350,000向財產所有主課徵特賦，分七年以等額付款。公家應攤之分額$15,000為預算核定經費之一，而總數$365,000亦經以歲出預算記錄。至街道改良工程，尚有下列之有關資料：

　a.財產所有主已付當年應付特賦款項，附加利息$21,000。

　b.特賦公債$300,000，已按溢價$3,000發售，應付利息負債$18,000亦經記錄無誤，市府並不攤銷債券之溢價或折價。

　c.市府應攤之$15,000係於本年度以歲出入帳，設計與工程成本$5,000業經支付。工程於20×8年7月5日動工，承攬商之全部包工成本為$360,000，已付$200,000，此$360,000即歲出保留數準備之餘額。

　d.工程用現金乃用以記錄一切有關工程之收支，包括發售公債得款，應收特賦款項與利息，減去支付承攬商之款項。

試編製工作底稿，調整20×9年6月30日之帳戶餘額，並將其分配於適當之基金。工作底稿應以普通基金試算表之項目為序，並設下列諸欄：

1.帳面餘額。

2.調整——借。

3.調整——貸。

4.普通基金。

5.特賦基金。

6.政府個體會計。

第十六章　普通基金會計

第一節　普通基金之性質

　　政府的普通基金是以該政府之資產資源用以支應政府的一般行政及為人民提供一般服務之所需，也可稱之為政府之業務基金或通用基金，而於政府會計中自成為一個會計個體。然而現今政府所從事的工作，其財源有者非來自普通基金，因是，凡經立法機關決定某項稅收或財源只能用於特定目的者，政府即應為之設立特別收入基金，以便為該項特定目的應用，例如市政府所分得之燃料稅，僅限用於街道、公路、橋樑之建築與維護。特別收入基金之會計處理，依美國政府會計委員會之意見，與普通基金會計無分軒輊，因之，為了減少會計處理繁複，可將之歸入普通基金會計一併處理，事實上，有的政府並未將兩者劃分，更有的將普通基金與特別收入基金泛稱為歲入基金者。

　　普通基金之最大特色乃為其所具之活動性，因之亦有稱之為活動基金。政府的財務年度多為一年，美國有的州也有兩年一期者，隨之普通基金會計便置重心於流動資產與負債之處理，也就是其會計僅以可供經費支用之流動資產，及必須以此清償之流動負債為範圍，所以它的資產只包括現金及可以變易現金之其他資產，至於為基金業務使用的土地房屋與設備，而不列入本基金資產，因為它不能於短期變為現金。基金資產之合計數與其流動負債之差，謂之基金餘額，但人民對此超過流動負債之流動資產，並不具有法定主張權，因為基金餘額與投資者之資本帳戶迥異，這項超餘的流動資產，亦可稱之為基金贏餘，可以之供將來業務之使用，而減少未來的收入，反之，如流動負債超過流動資產，即需於來期增加收入以抵補。

第二節　收支基礎與帳戶

　　普通基金除資產負債及基金餘額帳戶之外，尚須設置收入與支出帳戶，政府會計所用收入一詞，與營利事業會計的收入意義相似，所謂收入者乃資產之增加，而未同時減少基金資產或增加基金負債之謂也，簡言之，收入即基金餘額之增加。普通基金或特別收入基金對收入的認定基礎，美國政府會計委員會及會計師公會都主

張應採用修正的權責基礎，在此基礎之下，應當的收入，可在收到之前先予記帳，像財產稅即可按權責基礎認列，其他不能事先確定之收入則用現金基礎處理，因為該項收入數額幾與收取現金之同時而告確定。政府會計所稱之支出，於營利事業則謂之費用與成本，支出之結果即基金餘額之減少，支出之入帳，採權責基礎，亦即當須以基金資產抵付之負債發生時，即須為支出之認定，惟就法律觀點言，該項支出項目與隨同而產生之負債金額，必須先有其法定經費及可資支用之餘額，發生負債時先考慮是否有其可用之經費預算，這一點非常重要，不論該負債是為薪津費用、用品購置、或長期性的資本支出而發生，惟須注意，資本性資產之獲得，雖是以收入基金支應，但須將該項固定資產記入另外設立之一組固定財產帳戶，而不宜記作本基金之資產。

收入帳戶為總分類帳之統制帳戶，此帳戶與另一統制帳戶名預計收入數帳戶相關，這項統制戶其所統馭之明細帳戶，或稱其輔助帳戶，可一一見之於歲入預算，在年度進行中，歲入預計數與其實際收入數，可隨時加以比較，在正常情形下，收入預算的合計數是在預計收入數帳戶以借方餘額來表示，且是超過了記入收入帳戶之貸方餘額，預計收入數超於實際收入之數，表示政府法定歲入預算之財源，在年度終了之前，仍將實現而成為基金之資產，關於收入之會計事項，將於下章再為例釋之。同樣地，支出也是總分類帳的統制戶，它與另一統馭戶名經費預算者相關，其明細帳戶詳見於其法定經費預算，在年度進行期間，亦可將經費支出數與經費預算數加以比較，此將於下一章再詳為例釋。在期中的財務報表上，支出戶的借方餘額，將由經費預算的貸方餘額項下列減，用以表示在編表之日，尚可用以支用之經費預算額，然而，到那天止未支用之經費預算，也許針對該項經費而發生了訂購物品或勞務之契約責任，而須予以保留者。所以要為經費之保留，乃由於購物訂單之簽發，或其他支出契約之簽訂，因而形成為或有負債，於將來物品或勞務收到之後，必然變為確實的負債，為使該項支出有經費可依據，而不得不於該項支付責任發生之初，即將該經費預算預為保留也。談到預算保留之會計處理，即涉及到權責基礎之修正，該項修正權責基礎，有名之為契約責任制。實施此制之主要作用，在使契約責任發生之後，於約定貨品勞務驗收之時，有確定足夠之經費，可資償付該項債務也。因此，為此項未了之契約責任於帳表有適當之表現，即須為此保留數設置統馭帳戶，於契約責任發生時以借入之，而同時設置其相對帳戶，國內會計稱保留數準備以貸入之，當訂購物品收到或契約已經實現，即應作如下兩分錄：

⑴借保留數準備，貸歲出保留數。

⑵借經費支出，貸負債帳戶。

第三節　會計記錄例釋

　　為使對普通基金會計有明確之認識，茲再舉實例說明其會計事項之記錄。因為本年度之會計事項與上年度未清帳項可能有關，特將上年度終了某市普通基金之帳戶餘額抄列於下。

	借	貸
現金	$ 90,000	
應收欠稅款	230,000	
備抵欠稅壞帳		$ 11,500
應收欠稅利息與罰金	4,469	
備抵利息與罰金壞帳		1,327
應付憑單		160,000
應繳聯邦款		13,623
保留數準備——上年度		27,450
基金餘額		110,569
	$324,469	$324,469

　　年度開始後某市普通基金所發生之會計事項及應為之記錄，再為分別例釋如次：

一、年度預算之入帳

　　設其全年收入預算數為$2,628,000，經費預算數為$2,700,000，上項預算應為如下之記錄。

借：收入預算數	$2,628,000	
基金餘額	72,000	
貸：經費預算數		$2,700,000

此外尚應於收入分類帳將各項收入預算數借入下列帳戶。

財產稅	$1,300,000
欠稅利息與罰金	2,500
銷售稅	480,000
證照與許可收入	220,000
罰款及沒入收入	308,000
政府機關間收入	280,000
服務收入	35,000
其他收入	2,500

另於經費支出分類帳將各項經費預算數貸入下列各帳戶。

一般行政	$ 330,000
公共安全	1,040,000
公共工程	610,000
衛生與社會福利	460,000
公園與休閒活動	115,000
捐助支出	135,000
其他支出	10,000

如採用分配預算制度,則應於上項分錄之後,再據當期分配數,借:經費預算數,貸:歲出分配數。

二、憑預期租稅券借款

期初試算表所列之應付憑單及應繳聯邦款共計$173,623,於年度開始三十天內即須付清,而所存現金僅$90,000,顯然不敷應用,此外,市出納所面對之另一問題,為經費之須按月支付,但其主要收入又集中於年中之一兩個月,依出納預測在主要收入收到之前,約有全年經費預算之四分之一即$675,000,需要支付,加上前述需要年初償付之負債,粗略估計需要現金$850,000,根據經驗在此期間可望收起之欠稅及利息與罰金約$200,000,本年度收入預算至少可收到$60,000,加上上年結轉之現金$90,000,共計可用之現金有$350,000,而估計需要付出之現金為$850,000,因之,現金短少約$500,000,急需舉債以應敷支付。市政府有收稅之權,此即可資為其短期借款之保證,洽請當地地方銀行即憑市府之預期收稅單,撥給市府$500,000運轉資金,亦即市府向銀行之短期借款,該款借入款應為如下分錄。

借:現金	$500,000	
貸:應付預期租稅券借款		$500,000

三、依契約責任為經費之保留

市政府發出訂購單購買材料與用品總數$306,000,應分配於各項業務經費分別負擔之金額為:

一般行政	$ 28,000
公共安全	72,000
公共工程	160,000
公園與休閒活動	36,000
衛生與社會福利	10,000

由於上項訂購單之簽發，須即同時為預算之保留，其分錄如下：

借：經費保留數　　　　　　　$306,000

　貸：保留數準備　　　　　　　　　　　　$306,000

同時應於經費支出分類帳借入下列各帳戶。

一般行政	$ 28,000
公共安全	72,000
公共工程	160,000
公園與休閒活動	36,000
衛生與社會福利	10,000

四、償付各項負債

市府簽發支票償付上年結轉之應付憑單及應繳聯邦款分錄如下：

借：應付憑單　　　　　　　$160,000

　　應繳聯邦款　　　　　　　13,623

　貸：現金　　　　　　　　　　　　　$173,623

　　由上項分錄可能聯想到該項負債原初因何發生,應歸何項經費負擔而發生疑問,此乃多餘之顧慮，蓋以此項負債是上年度基於權責發生制而應為之記錄，其時應歸入何項經費項下列支，當亦已經考慮並登入其帳戶矣。

五、薪津支出與代扣款項

　　市府普通基金應付員工薪津$420,000，但未經預算保留程序，其中須代扣聯邦保險稅$24,570，聯邦稅$50,400，州稅$6,240，該項稅款其後應分別匯繳聯邦政府及州政府，除代扣稅款外，其餘以應付憑單列帳，其分錄如下：

借：經費支出數　　　　　　$420,000

　貸：應付憑單　　　　　　　　　　$338,790

　　　應繳聯邦款　　　　　　　　　74,970

　　　應繳州政府款　　　　　　　　6,240

上述薪津支出，應按其分配預算項目，借入經費支出分類帳各該帳戶。

一般行政	$ 58,800
公共安全	260,400
公共工程	67,200
衛生與社會福利	12,600
公園與休閒活動	21,000

其後上項應付憑單所應支付之薪津淨額付清時，再為如下記錄：

借：應付憑單　　　　　　　　　　　　$338,790

　　貸：現金　　　　　　　　　　　　　　　　　$338,790

依規定市政府尚須為其員工分擔一部分聯邦保險稅及州政府所設之退休金，依上述付薪期間計算，前者為$24,570，後者為$12,250，此為市政府之負債，自須即時記錄，惟該項支付責任，業已編入經費預算，科目名攤繳退休金，再列其記錄如下：

借：經費支出數　　　　　　　　　　　$36,820

　　貸：應繳聯邦款　　　　　　　　　　　　　$24,570

　　　　應繳州政府款　　　　　　　　　　　　　12,250

同時應借入經費支出分類帳該項經費預算帳戶。

攤繳退休金　　　　　　　　　　　　　$36,820

六、上年度經費支出

期初試算表列有保留數——上年度一項，乃上年度發出之訂購契約，至期末尚未收到貨品或勞務，該項貨品或勞務雖可於下年度收到，惟仍屬上年度經費預算之執行，而不能列由下年度之經費負擔，但上年度之經費預算帳戶於年度終了均已結帳，僅有預算保留數準備帳戶未予結束，而將之轉入下年度改稱為保留數準備——上年度，俾使此項繼續債務能於普通基金平衡表為適當之表現，當上述貨品或勞務於下年度收到之後，即應建立經費支出——上年度帳戶以記入之，假定上年度訂購之貨品本年收到，經核實其發票應付$27,555，應即為如下之分錄：

借：經費支出數——上年度　　　　　　$27,555

　　貸：應付憑單　　　　　　　　　　　　　　$27,555

當上年度之訂購契約完全實現，而不再有上年度之經費支出時，即可將上年度經費保留數準備與上年度經費支出數兩帳戶為之對結，當然亦可於年度終了時，一併辦理結帳，事實上該兩戶餘額未必完全相同，其差額可予結入基金餘額帳戶。上例為實支數大於保留數，即須借基金餘額，其分錄如下：

借：保留數準備——上年度　　　　　　$27,450

　　基金餘額　　　　　　　　　　　　　105

　　貸：經費支出數——上年度　　　　　　　　$27,555

七、保留經費之支付

前於第三例曾舉因訂購材料與用品而予預算之保留記錄，今該項訂購案所購貨品均經驗收，發票總額$269,000，亦經審核無訛，因此，即須開具付款憑單以確定其負債，而原初所為之預算保留$306,000，今已按其實際負債數，列為經費實支數，當然已無再為保留之必要，遂應將該項保留數予以沖銷，茲列其合併分錄如下：

借：保留數準備　　　　　　　　　　$306,000
　　經費支出數　　　　　　　　　　 269,000
　　貸：經費保留數　　　　　　　　　　　　　$306,000
　　　　應付憑單　　　　　　　　　　　　　　 269,000

此外，尚應記入經費支出分類帳各該帳戶之借項支出欄與貸項保留欄。

經費支出分類帳	支出數	保留數
	借	貸
一般行政	$ 12,300	$ 28,000
公共安全	72,000	72,000
公共工程	150,600	160,000
公園與休閒活動	30,000	36,000
衛生與社會福利	4,100	10,000

第四節　收入會計與期中報告

為便於讀者對普通基金會計有整體之認識，今仍以前例繼續說明關於收入之會計事項，並列示其期中財務報表。

一、財產稅之課徵

本年度財產稅的預算數是$1,300,000，請參閱上節所舉關於預算之分錄。估計可能有5%難以收起，如然財產稅之應收毛額為$1,368,421，即$1,300,000÷0.95，於是財產稅之繳稅單即按此數發出，基於修正權責基礎，應為如下分錄：

借：應收稅款──本年度　　　　　$1,368,421
　　貸：備抵本年度稅收壞帳　　　　　　　$　 68,421
　　　　歲入收入數　　　　　　　　　　　 1,300,000

同時記入收入分類帳財產稅帳戶之貸方。

財產稅　　　　　　　　　　　　　　　　　$1,300,000

上項分錄之貸方科目歲入收入數為普通基金總分類帳之統制帳戶，它的輔助明細帳稱收入分類帳，將於下章再為例釋。同分錄之借方應收稅款亦為統制戶，恰如企業會計之應收帳款，其明細分類帳以各納稅人分戶，顯示其欠稅額，一如企業會計之應收帳款分戶帳，於此不再列舉。惟此帳須與財產之分類相一致，因政府對未付稅之財產有留置權，故稅收不受其所有權移轉之影響。

二、依現金基礎認定之收入

像證照收入、許可收入、罰金收入、沒入物收入等項，不能按權責發生制經應收程序者，均依現金基礎按收入實現數記帳。茲將本年度經已實收之項目與金額分錄如下：

借：現金 $27,400
　　貸：歲入收入數 $27,400
同時記收入分類帳各項收入帳戶之貸方。

證照與許可 $13,200
罰金與沒入物 10,800
服務費收入 3,000
其他收入 400

三、收到欠稅

欠稅未繳除催收之外，還要計收利息與罰金，罰金是在稅款到期未繳變成欠稅之時即予入帳，而欠稅利息則是按期計算依權責基礎登記，直至稅款繳清之日為止。設納稅人已將所欠稅款$150,000，以及截至上年度終了之欠稅利息與罰金$1,500清繳，又自本年度起至稅款繳清日止之利息$300亦已收到。又假定出納員收受之現金均登記於現金收入簿，而該簿只設有應收本年度稅款、應收欠稅、及應收欠稅利息與罰金等貸方專欄，或者利用電腦處理之資料亦同上述者，則除登入現金收入簿外，須將屬於本年度之利息$300，分錄沖轉入本年度收入帳戶。

上項所收到之各項現金，茲以分錄表示應記入之帳戶與金額如下：

借：現金 $151,800
　　貸：應收欠稅 $150,000
　　　　應收欠稅利息與罰金 1,800
借：應收欠稅利息與罰金 $300
　　貸：歲入收入數 $300

同時記收入分類帳欠稅利息與罰金收入帳戶之貸方。

　　　　欠稅利息與罰金收入　　　　　　　　　　　　　　　$300

四、稅額錯計之更正

　　本期稅收若均能照所發稅單收現，則記帳極其簡單，借現金貸應收本年度稅款即可。事實上即如稽徵制度之設計與執行均甚完善，仍難免有稅額錯計而必須加以更正之情事，例如某類財產之應稅價值顯然合法的減低，而已發出之稅單乃依較高價值計算，於是，當有此事實發現之時，即須將該項稅收之錯計立即更正，假如更正後之稅單較先前發出之稅單少了$364，應為更正之分錄如下：

　　　借：歲入收入數　　　　　　　　　$364
　　　　貸：應收稅款——本年度　　　　　　　　　　　$364

同時應記入收入分類帳財產稅帳戶之借方。

　　　　財產稅　　　　　　　　　　　　　　$364

　　此外，備抵本期稅款壞帳之貸方金額，也許略有高估現象，惟其為數甚微，也就不必更正。

　　又經費支出方面亦有可能發生錯誤，例如事後審計查出本年度支出或者上年度經費支出多列，屬於本年度之支出，則應即將其錯貸入經費支出之總分類帳戶，並記入經費支出分類帳各該明細帳戶之貸項而更正之。設若其錯屬上年度之支出，因上年度支出已經結帳，而該項錯數已結入基金餘額帳戶，理論上自應更正基金餘額帳戶，惟因政府行動嚴受立法之限制，致企業會計對收益計算之觀念，在政府會計實務上未必同樣接受，於是對上年支出錯誤處理之方法便生分歧。例如市政府上年度溢付購買用品之款，本年度予以追回，該項支出收回數，並不能加入本年度經費預算，而須將該項上年度支出收回數，作為其他收入之預算，而貸入歲入收入數帳戶。

五、期中財務報告

　　在年度進行中，分期編製財務報告，以提供財務資料給行政官員及立法機關，自屬理想作法，茲根據以上所舉實例，為某市政府編製本年度期中平衡表如下：

某市政府
普通基金
平衡表
20××年×月×日
資產與資力

現金		$ 256,787
應收稅款──本年度	$1,368,057	
減：備抵本年度稅收壞帳	68,421	1,299,636
應收欠稅款	$ 80,000	
減：備抵欠稅壞帳	11,500	68,500
應收欠稅利息與罰金	$ 2,969	
減：備抵利息罰金壞帳	1,327	1,642
收入預算數	$2,628,000	
減：歲入收入數	1,327,336	1,300,664
資產與資力合計		$2,927,229

負債、經費、保留與基金餘額

應付憑單			$ 296,555
應繳聯邦款			99,540
應繳州政府款			18,490
應付預期租稅券借款			500,000
負債合計			$ 914,585
經費預算數		$2,700,000	
減：經費支出數	$725,820		
經費保留數	36,675	762,495	
可用經費預算數			1,937,505
保留數準備			36,675
基金餘額			38,464
負債、經費、保留及基金餘額合計			$2,927,229

　　上項平衡表列有財務與預算兩種帳戶餘額，而將企業平衡表熟用之資產類名改稱為資產與資力，因為超出收入數之收入預算數，在列表之日並非真正資產，但是當法定歲入預算依修正權責制認定為收入之後，它就變成為資產了。同樣地企業會計所用之標題為權益、負債與資本，或其他熟用之分類名稱，在政府之普通基金會計便代之以「負債、經費、保留與基金餘額」。上項平衡表中負債一段之列表與企業會計尚稱一致，另外三段實係納稅人權益之再分類，三項中之首項表示經費預算減已用部分及已保留部分之在本年度賸餘期間尚可支用或尚可為契約保留之數額，保留數準備是資產之對立帳戶，以顯示資產與資力之部分淨額因有此或有負債之存在

而不能使用，至最後一項之基金餘額則係顯示納稅人權益之一部分尚可予以支配與應用。基金餘額也可說是實際資產與預算資源，超過實際負債、可用經費及保留資產之數，它具備了財務與預算雙重特性。惟近來對平衡表內容之分類又有改變，分資產資源與負債及基金權益四大類，而基金權益內又分經費預算、保留準備及基金餘額三項。

為應行政管理與立法部門參考之需要，尚可編製其他期中報表及平衡表各科目明細表。重要的明細表為各項收入預算數與收入數之比較表，將於十七章列示，又如各項經費預算數與經費支用數及保留數之比較表，將於十八章列舉。

第五節　其他會計事項

以上兩節所列舉之市政府會計事項，為收入之核定與徵收，經費之保留與支用，無論市政規模之大小，均屬屢屢常見之事務，因之，在上舉期中報告之後，類此事項，以其會計方法相似，不再重複列舉，茲僅就市普通基金可能發生之事項，上兩節未曾述及者，再為舉例說明。

一、預算之修正

年度進行一半期間之後，無論就收入來源別的預算數與實收數比較，或就經費的機關別或計畫別預算數與其實支數及保留數比較，不難發現一些事實情況，為原初審定預算之時始料所不及者，以致預算與實際發生差距，如有差距過大者，即需依法提出修正，以利預算之執行與業務推展。設該市基於事實需要，經法定程序修正預算，增加衛生與社會福利支出$40,000，同時增加服務費收入$10,000，其他雜項收入$25,000，不足之數$5,000，由公共工程預算移補。上述預算之修正，應為分錄如下：

```
借：收入預算數                    $35,000
　貸：經費預算數                              $35,000
```

同時應記入收入分類帳各該收入預算帳戶之借方。

```
服務費收入                        $10,000
其他收入                          25,000
```

再記經費支出分類帳涉及預算調整之帳戶。

	借	貸
公共工程	$5,000	
衛生與社會福利		$40,000

二、本年度稅課之收起

　　本年度第一季應課徵之財產稅計$820,834，已於起徵之時，發出稅單，隨即依權責基礎按應收認定入帳，於上節所舉會計事項一業已述及，該項應收稅款於今部分收起，可為分錄如下：

借：現金　　　　　　　　　　　　　　$820,834
　　貸：應收稅款——本年度　　　　　　　　　　　　$820,834

三、借款之償還

　　年度開始因稅收不裕，乃以預期租稅券為憑，向銀行融資借款，前曾敘及。而今收入開始超出支出，已有能力歸還上述借款，惟須注意者，當該款借入之時，為負債之發生，而不可認為是基金之收入，今償清所借之款，應是負債之償還，絕不可認為是經費之支出，但於借款利息之處理則不同，利息之支付應認為是經費之支用，因其支出結果，必使基金淨資產為之減少。設因借款須付利息$6,250，此項支出應歸入經費支出之其他支出預算項下負擔，茲列還本付息之分錄如下：

借：應付預期租稅券借款　　　　　　　$500,000
　　經費支出數　　　　　　　　　　　　6,250
　　貸：現金　　　　　　　　　　　　　　　　　$506,250

同時應將該項利息支出記入經費支出分類帳其他支出之借方

其他支出　　　　　　　　　　　　　$6,250

　　有時也有將借款利息於借款之時，由其他支出預算項下先為保留，於借款到期支付本息時，先記應付憑單，此種處理程序，其結果與上列分錄並無二致。

四、基金間之交易事項

　　市自來水公司供應消防用水，當然也要收費，該公司雖為市屬單位，但因其為另一財務個體，稱營業基金，因而須向用戶收費以維其成本。防火為消防部門之職責，其用水費用自然會列入預算，惟屬於普通基金，因此兩基金間即有交易事項發生。假設水公司開單向消防單位收取水費，因消防單位屬普通基金，消防費用列入公共安全預算，於是普通基金即須對應付消防水費為如下記錄：

借：經費支出數　　　　　　　　　　　$30,000
　　貸：應付水公司款　　　　　　　　　　　　$30,000

同時復於經費支出分類帳借入該項經費預算帳戶。

公共安全 　　　　　　　　　　　　　　　$30,000

　　市政府對市屬公用事業機關之財產,雖不課徵財產稅,但是公用事業事實上也獲市警之保護、火災之防護及其他市政之服務,因之,也應該對市普通基金有所貢獻。假定市水公司願意提供$25,000予該市普通基金,以代替繳稅,則普通基金即應為如下分錄:

借:應收水公司款　　　　　　　　　　$25,000

　　貸:歲入收入數　　　　　　　　　　　　　　　　$25,000

同時應記入收入分類帳,其他收入帳戶之貸方。

其他收入　　　　　　　　　　　　　　　　　　$25,000

第六節　調整結帳與編報

一、期末調整事項

　　⑴用品盤存。假若市的組織相當龐大,內部單位很多,需要儲存大量用品,以資隨時供應各單位及各基金之需用,最好採集中採購制度,並另成立一內部服務基金,單獨處理該項採購供應事宜。如若該市未設上項基金,即須歸入普通基金處理,但無論歸入何者,為了能發生控制作用,對於材料用品之控制管理,宜採用永續盤存制度。今舉某市之例,以其規模較小,故於材料用品之處理,非僅歸屬普通基金,抑且採用定期盤存制。當材料用品購入之時,係以費用支出列帳,如若期末所剩極其有限,即可不予調整,今設期末經過實際盤存,尚有屬於公共工程部門之材料值$10,000,屬於公共安全部門者值$2,300,於是對該項存貨應為調整分錄如下:

借:用品盤存　　　　　　　　　　　　$12,300

貸:經費支出數　　　　　　　　　　　　　　　　$12,300

同時應記經費支出分類帳下列帳戶之貸方。

公共安全　　　　　　　　　　　　　　$ 2,300

公共工程　　　　　　　　　　　　　　　10,000

　　由於這種存貨在正常情形下不再變為現金,所以不能認為是普通基金的流動資產,因之其成本便不宜反映於基金餘額,然而,此項存貨確屬一項資產,它仍可為基金之未來業務而使用,將來不必再為購買是項用品而支出,由是,該項存貨成本可由基金餘額轉出,另以「用品盤存準備」科目列表,如同保留數準備之列表方式

者然。其調整分錄如下:

借: 基金餘額 $12,300

    貸: 用品盤存準備 $12,300

期末盤存會計除上列耗用法外,亦可採購入法,即就盤點數逕借用品盤存而貸盤存準備,不必先貸支出帳戶。

(2)欠稅壞帳之銷除。營利事業對其應收帳款常按期檢查,視其欠帳時間,以決定為一適當之壞帳準備,如經審核已收回無望者,即授權會計,將該項帳款予以銷除。同樣地,市政府的主管人員亦應檢視其應收稅款和其他應收款,分析拖欠時間之久暫,並決定壞帳之可能。對財產稅之課徵,在未收起之前,雖對該項財產有留置權,但欠稅累積結果,可能超過該項財產之價值,尤其是動產,或有已移出市的管區者,類似此種久稅,可視為已構成壞帳,連同該項欠稅之利息與罰金,均須予以註銷。茲假定市財務官員查報欠稅中有$4,630,連同利息、罰金$480,已無法收起,經奉核准可予銷帳,即應為分錄如下:

借: 備抵欠稅壞帳 $4,630

    備抵欠稅利息與罰金   480

    貸: 應收欠稅款 $4,630

       應收欠稅利息與罰金   480

雖然欠稅已予註銷,但該項應繳稅單仍須保留,如果情況改變將來或許還可收起,屆時即可將已註銷之欠稅轉回,應繳稅單並仍可歸由總分類帳戶所統制。

(3)未能收起本年度應收稅款之調整。市財產稅原則上均應於年度終了前收清,如若於年度終了時,尚有應收稅款未能收起,即形成需要催收之欠稅,為使帳表對該項欠稅有明確之表現,應即將未能收到之本年度應收稅款,改列為應收欠稅,與其有關之備抵應收稅款壞帳,亦應隨同轉列入備抵欠稅壞帳,茲就該應收與備抵帳戶之期末餘額,列示其轉帳分錄如下:

借: 應收欠稅款 $273,000

    備抵本年度稅款壞帳   68,421

    貸: 應收稅款──本年度 $273,000

       備抵欠稅壞帳   68,421

(4)欠稅利息與罰金之應計。凡屬欠稅均應同時計收利息並予罰金,前曾述及。假定市政府普通基金根據年終欠稅,計算應收利息及罰金共計$3,030,而估計其中僅有$2,300可望收起,根據此項估計,應予調整分錄如下:

借：應收欠稅利息與罰金　　　　　　　　　$3,030
　　貸：備抵欠稅利息與罰金壞帳　　　　　　　$ 730
　　　　歲入收入數　　　　　　　　　　　　2,300

同時應記收入分類帳該項收入帳戶之貸方。

　　　　欠稅利息與罰金收入　　　　　　　　$2,300

⑸經費保留數之調整。年度終了，經費不可能再有因契約責任而須予保留者，因此帳列之保留數準備，於年度結束之後，自應結轉為上年度之保留準備。設該戶之期末餘額為$72,540，應為轉帳分錄如下：

借：保留數準備　　　　　　　　　　　　　$72,540
　　貸：保留數準備──上年度　　　　　　　　　　$72,540

二、結帳前之試算

　　設某市政府本年度之一切交易事項均經登記入帳，並已過入適當帳戶，則於年度終了結帳之前，應先將總分類帳之帳戶餘額加以試算，依據上舉各例編製市普通基金結帳前試算表如下：

結帳前試算表

	借	貸
現金	$ 60,664	
應收欠稅款	303,000	
備抵欠稅壞帳		$ 75,291
應收欠稅利息與罰金	5,519	
備抵利息與罰金壞帳		1,577
應收水公司款	25,000	
用品盤存	12,300	
收入預算數	2,663,000	
歲入收入數		2,667,000
應付憑單		88,444
應繳聯邦款		74,263
應繳州政府款		19,605
應付水公司款		30,000
經費預算數		2,735,000
經費支出數	2,660,161	
經費保留數	72,540	
保留數準備──上年度		72,540
用品盤存準備		12,300
基金餘額		26,164
	$5,802,184	$5,802,184

三、結帳分錄

市普通基金之結帳程序，乃將財務帳戶中之虛帳戶餘額，以及預算帳戶餘額，一一結轉入基金餘額帳戶，但亦可予以合併為一筆結帳分錄，如下所示：

借：歲入收入數	$2,667,000	
經費預算數	2,735,000	
貸：收入預算數		$2,663,000
經費支出數		2,660,161
經費保留數		72,540
基金餘額		6,299

上列結帳分錄雖涉及普通基金總分類帳的五個統制帳戶，但是其輔助分類帳戶，則不需為之結帳，因該項輔助分類帳僅只為該預算年度而使用，下年度當另立新輔助分類帳。上列結帳分錄吾人應予注意者，乃將期初所為之預算入帳分錄，以及期中所為之修正預算分錄為之反轉，以致在結帳之後，使基金餘額帳戶完全成為一個純財務性帳戶，而不再為一混合性帳戶，由是這個帳戶之期末餘額，便可代表基金流動資產之淨額，可資為基金目的而使用。

四、財務狀況表

某市普通基金在本年度終了之財務狀況，具見於其期末平衡表。基金總分類帳經結帳之後，所賸下來的帳戶餘額，盡屬財務性之帳戶，因之，表中之分類標題，可改為「資產」與「負債、保留與基金餘額」，而不再使用期中平衡表內之科目分類名稱，表中所列之應付水公司款乃係將應收水公司款抵銷後之淨負債額。

某　市

普通基金平衡表

20××年12月31日

資　產

現金		$ 60,664
應收欠稅款	$303,000	
減：備抵欠稅壞帳	75,291	227,709
應收欠稅利息與罰金	$ 5,519	
減：備抵利息與罰金壞帳	1,577	3,942
用品盤存		12,300
資產合計		$304,615

負債、保留與基金餘額

應付憑單	$ 88,444
應繳聯邦款	74,263
應繳州政府款	19,605
應付水公司款	5,000
負債合計	$187,312
保留數準備——上年度	72,540
用品盤存準備	12,300
基金餘額	32,463
負債、保留與基金餘額合計	$304,615

五、基金餘額變動表

　　期末所編之第二個重要報表，為基金餘額變動分析表，此表對普通基金之管理甚具價值，可與公司企業所編之保留盈餘變動表媲美。類如此種報表，其內容可詳亦可簡，簡明表式為政府會計委員會所推許，他們認為基金餘額之變動淨額，乃由於一個至四個財務情況改變的原因，當然也可以將各項內含細目一一列入表內。至於詳細表式，有些會計人員認為它包含之資料較多，可以將預算與財務兩方面的變動情形，加以綜合比較。兩種表式之主要區分，乃在預算帳戶之應否列表，因預算記錄僅僅能暫時性的影響於基金餘額，故簡表不予列入。簡明式之基金餘額表內，常見列入之四種主要變動項目為：

　　⑴本期實際收入數與實際支出數之差額。

　　⑵本期已提保留數尚未變為確實負債數，須借基金餘額使成為基金餘額之保留數。

　　⑶上年度及以前年度各項準備之增加或減少數。

　　⑷因帳目更正或前期交易對基金餘額之直接借項與貸項。

　　茲就本例資料編具該表如下：

某　市

普通基金基金餘額變動分析表

20××年至12月31日止全年度

基金餘額本年1月1日		$110,569
加：收入超出支出額		
歲入收入數	$2,667,000	
經費支出數	(2,660,161)	6,839
合　計		$117,408
減：保留數準備本年12月31日	$　72,540	
用品盤存準備	12,300	
上年支出超過其上年12月31日保留準備	105	84,945
基金餘額本年12月31日		$　32,463

　　此外，尚應擇取平衡表之重要科目，另為編製明細表，如現金、短期投資、應收稅款等項明細表是，用以顯示市基金之銀行帳戶、投資之性質，以及應收帳之時間。另外還需要將收入之來源與支出之目的，附入基金餘額變動分析表，以使讀表者能獲充分之瞭解。

問　題

一、市政府那些業務活動通常是歸普通基金會計處理？

二、營利事業，將其平衡表上之資產與負債區分為流動或長期，是相當重要的。試問此種區分對於政府普通基金之平衡表，是否也同樣適當？請說明。

三、試簡述會計上所謂之「修正的權責基礎」？

四、區分說明下列名詞二者之間之差別：

　1.經費支出數和經費保留數。

　2.歲入收入數和收入預算數。

　3.保留數準備和經費保留數。

　4.保留數準備和基金餘額。

　5.經費預算數和經費支出數。

五、收入基金在其期中平衡表上的分類標題「資力」，其意義為何？又為什麼在期末平衡表上，則不須用此名詞？

六、試比較說明基金餘額在會計年度期間與在期末平衡表上的不同意義。

習　題

一、就普通基金帳戶餘額變動分析顯示:

本年度收入實際數較預算數	短少$4,000
本年度支出實際數較預算數	短少$10,000
本年度保留數準備	$6,000
本年度用品盤存準備	$3,000

　　設本年度期初基金餘額$4,000，試計算期末基金餘額。

二、某政府單位通常維持其物料與用品的存貨餘額於$20,000，假若至20×A年12月31日，該單位的存貨仍將保持不變，而於20×B年欲使用的物料與用品，估計需要$139,000，則該單位在20×B年的預算中，應列多少物料與用品，購置經費方為適當? 請予說明。

三、下列為會計期間終了時，普通基金的某些帳戶餘額:

經費預算數，$526,000; 收入預算數，$523,000;

經費支出數，$514,000; 歲入收入數，$521,000。

上項經費預算數中有$8,400必須到下年度才能支出，而且至今還未對該項未來支出開出購貨訂單。參照上述資料，請作一個或數個你認為適當的結帳分錄。

四、下列為某市於本年9月30日，普通基金分類帳戶之餘額表:

　1.在不編製平衡表的情況下，請計算該日之基金餘額，並將計算過程列出。

　2.按一定格式編製該基金之期中平衡表。

應付帳款	$ 10,700
經費預算數	551,600
現金	111,400
應付其他基金款	5,900
經費保留數	12,000
收入預算數	556,200
備抵本年度稅收壞帳	22,000
經費支出數	129,000
零用金	500
保留數準備	12,000
歲入收入數	457,300
應付繳稅單借款	120,000
應收稅款——本年度	383,000
基金餘額	?

五、某市普通基金之基金餘額帳戶在200A年9月30日結帳後，有貸項餘額$31,000。並且為記錄200B會計年度的法定預算而於200A年10月1日作了如下之分錄：

借：收入預算數	$789,400	
貸：經費預算數		$771,600
基金餘額		17,800

200B會計年度間，該市沒有調整法定預算。至200B年9月30日，因年度終了所作之結帳分錄如下：

借：歲入收入數	$791,900	
經費預算數	771,600	
基金餘額	13,500	
貸：經費支出數		$769,500
收入預算數		789,400
經費保留數		18,100

該基金曾於200B年度中，收到上年度支出之退還計$45，並隨即記入「基金餘額」之貸項。

1. 參照上述資料，編製該市普通基金於200B會計年度之詳細基金餘額變動分析表。

2. 假如將用品存貨成本$8,000從「基金餘額」中轉出並另成立用品盤存準備」科目，則「基金餘額變動分析表」會有何不同？此$8,000應顯示於表中之何部分？「基金餘額」帳戶的數額為多少？

六、某市某年初之帳戶餘額如下：

	借	貸
現金與銀行存款	$ 6,230	
應收學校社團款	1,980	
應收稅款	31,756	
備抵稅收壞帳		$12,607
欠稅利息與罰金	1,884	
備抵欠稅利息與罰金壞帳		739
應付水基金款		108
應付憑單		3,615
應計費用		433
基金餘額		24,348
	$41,850	$41,850

該年間有下列各項交易發生：

1. 市議會和州稅局認可本年度預算案，計有收入預算$713,000，經費預算$716,000。

2. 收入預算中有$100,500屬其他收入，其餘數則全由財產稅供應，並且估計有2%可能難以收起。財產稅已照需要數徵收。

3.除了人事費，商品和勞務的經費保留數共計$652,300。

4.本年度應計之欠稅利息與罰金共$3,864，估計其中約1/3難以收起。

5.本年付人事費$59,040。

6.本年移轉至學校社團之用品成本計$1,419。

7.本年收到下列各款：

稅收	$618,100
欠稅利息與罰金	2,017
應收學校社團款	2,320
其他收入（非應計）	101,200

8.註銷應收稅款壞帳$13,600及欠稅利息與罰金壞帳$811。

9.簽開付款憑單支付本年所收到的發票，淨額共計$641,100；此款尚包括年初之應計費用與應付水基金款。此外，與上項發票淨額有關之財貨勞務，曾於以前契約簽訂時，已作了預算保留數計$639,070。

10.總數$643,840之應付憑單已付現。

11.本年度終了之應計費用有$516，但尚未記帳。

要求：

1.設立T帳戶，並將該年初各帳戶餘額記錄於其中。

2.將該年所發生之交易，直接記入T帳戶。

3.將結帳分錄直接記入T帳戶。

4.編製該年末之平衡表。

5.編製詳細之基金餘額變動分析表。

七、某市通用基金於200C年4月30日即年度終了時之結帳後試算表如下：

	借	貸
現金		$ 1,860
應收欠稅款	$57,400	
備抵欠稅壞帳		18,300
欠稅利息與罰金	2,469	
備抵欠稅利息與罰金壞帳		1,327
用品盤存	15,480	
應付憑單		3,440
應繳聯邦款		5,887
用品盤存準備		15,480
基金餘額		29,055
	$75,349	$75,349

截至200C年10月31日六個月之內，該市在200D上半年度共有下列各交易事項發生：

1. 登錄200D會計年度之法定預算，其中收入預算來自財產稅者計$182,000，來自其他來源者計$97,000，而經費預算計$270,000。

2. 市政局核准以期限120天的應付票據作為融通工具，獲得短期貸款$30,000；而該項貸款之貼現率為年息6%（折扣借記經費支出）。

3. 記錄200D年度財產稅的課徵。已知該年可供課徵的財產淨值為$3,800,000，稅率為5.1%，且估計約有4%的稅金無法收起。此項課徵應視為本年度之應收稅款。

4. 簽開訂購單與訂立契約之總額達$93,150。

5. 收到下列各款：本年稅款$93,700，欠稅款$24,100，欠稅利息與罰金$1,016。另由於第一期稅金繳納期限已過，應加計欠稅罰金$1,413。

6. 上半年度薪津總額共計$46,209，其中應代扣員工聯邦保險稅$2,703，聯邦所得稅$6,331，州政府稅$1,942，餘數以現金支付。

7. 該市須負擔的聯邦保險稅$2,703，也已列帳。

8. 收到非稅金收入之其他收入計$31,050。

9. 簽開付款憑單付清前年度所餘之應繳聯邦款，及本年度上半年度之聯邦保險稅、州政府與聯邦稅。

10. 開具付款憑單$86,491，用以支付已實現之訂單與契約淨值。而該訂單與契約曾於先前簽訂時，已作預算保留數$86,070。

11. 以現金$97,146支付應付憑單且因而獲得現金折扣$803（現金折扣貸記經費支出）。

12. 在市議會的指示下，該市的經辦存款者將先前的短期貸款記在該市在銀行的存款帳戶內。

要求：

1. 將截至10月31日為止之上半年度各交易事項，記入日記帳。而不須再記入輔助分類帳。

2. 編製200C年10月31日之期中平衡表。

八、續依上題接作本題，200D下半年度中，影響該市普通基金的各項交易如下：

1. 由於新修訂之州法自7月1日起生效，使得該市實際收入比當初估計之預算收入少了$10,000。而在不減少經費預算下，請作一個適當之分錄以改正收入預算數。

2. 下半年度簽開之訂購單及其他承諾書共計$95,404。

3. 收到財產欠稅$530及欠稅利息與罰金$109；此二款已於前年度被視為無法收回之壞帳而予註銷。另外還同時收到自註銷後應計之利息$21。

4. 除市府應負擔之聯邦保險稅外，下半年度之人事費共計$31,817，其中仍須代扣員工聯邦保險及聯邦稅$5,090，與州稅$1,273，餘數以現金付清。

5. 將市府應負擔之聯邦保險稅$1,862，以負債科目列帳。

6. 市府發現在城市邊界上尚有$51,000之財產未予課徵稅賦，於是以該財產價值之2%的稅率來課徵。

7. 收到本年度稅款$71,310，欠稅款$9,201，欠稅利息與罰金$1,032和其他收入$54,212。上項各款均未牽涉其他交易事項。

8. 應計的欠稅利息與罰金共$2,100，並估計其中有30%難以收起。

9. 過了11月的第一個星期一後，所有本年度未收起之應收稅款，即應轉至應收欠稅款帳戶。

10. 開具付款憑單沖銷應繳聯邦款及應繳州政府款。

11. 收到財貨勞務之發票與帳單共$95,413，同時並開具付款憑單以支付。而有關之財貨勞務曾於先前簽訂契約時，已列記經費保留數$96,218。

12. 因追蹤不到財產所有者，故將欠稅$3,994及欠稅利息罰金$418註銷。

13. 200D年4月30日年度終了時，經實際盤點的結果，發現材料及用品的存貨計有$17,321。

14. 下半年度付現之應付憑單共計$99,842。

要求：

1. 將200D下半年度各交易事項記入日記簿。

2. 作結帳分錄。

3. 編製200D年4月30日之平衡表。

4. 編製200D年4月30日之基金餘額變動表。

九、下列係20××年7月1日××省政府普通基金之試算表。

××省政府普通基金

試算表

20××年7月1日

會計科目	借	貸
現金	$36,000	
應收已過期稅款	7,000	
估計短收已過期稅款		$ 2,000
應收特種收入基金款項	8,000	
應付帳款		6,000
歲出保留數準備		4,000
基金餘額		39,000
	$51,000	$51,000

截至20××年6月30日之財政年度發生下列之交易：

1. 本年度成立預算，估計歲入$110,000，核定經費$90,000。

2. 本年度應徵稅收$105,000，估計其中有$2,500無法收取。

3. 本年度歲出保留數計$128,000。

4. 雜項收入$21,000。

5. 提撥償債基金$26,000。

6. 財產拍賣收入$1,400。

7. 執照費收入$4,300。

8. 核撥應付帳款$80,000,超過訂購時原保留之數$1,000,又應付帳款內$3,000係上年度保留數。

9. 收到稅款本年度$90,000,已過期$1,000。

10. 應付帳款總計已付$78,000。

試作分錄記載本年度之交易,並編製20××年6月30日普通基金之試算表。

十、試根據下列有關某市政府可用收入基金截至20××年6月30日止財政年度之資料:

1. 作20××年6月30日基金帳冊之平時分錄及結帳分錄。

2. 編製20××年6月30日之基金財務狀況表。

3. 編製截至20××年6月30日止財政年度之基金餘額變動分析表。

㈠20××年7月31日之基金餘額,全部係現金$1,200。

㈡歲入預算$290,000。

㈢歲出預算$270,000。

㈣課徵賦稅$85,000。

㈤短期借款$7,000。

㈥收到稅款$82,000,外加罰金$120。

㈦核支費用之應付憑單$53,000。

㈧特種基金借墊$5,000。

㈨核支本年度到期公債$3,000,公債利息$600。

㈩收到其他收入$58,000。

㈠退還本年度誤收稅款$500。

㈡20××年6月30日歲出保留數猶未清償$1,200。

㈢償付公用事業售價現金$1,500及結欠$5,000。

㈣簽發支票$49,000,償付應付憑單。

㈤償還短期借款$4,000,並支付利息$100。

㈥劃列循環基金準備$16,000。

十一、下示係20×A年7月1日安樂市政府普通基金之試算表:

安樂市政府普通基金
試算表
20×A年7月1日

會計科目	借	貸
現金	$ 86,000	
應收已過期稅款	9,000	

估計短收已過期稅款		$ 4,000
應收特種收入基金款項	10,000	
應付憑單		12,000
歲出保留數準備		6,000
基金餘額		83,000
	$105,000	$105,000

截至20×B年6月30日之財政年度發生下列之交易:

1. 本年度成立之預算，估計歲入$147,000，核定經費$140,000。

2. 本年度應徵稅收$118,000，估計其中有$5,000無法收取。

3. 執照費與規費收入合計$22,000。

4. 其他收入總計$6,300。

5. 本年度歲出保留數共計$128,500。

6. 核發應付憑單$97,000，超過訂購時原保留之數$3,000。又應付憑單之一$6,000，乃係上年度所保留者。

7. 應付憑單總計已付$95,000。

8. 收到稅款如下: 本年度$112,000，已過期$2,000。

根據上項資料:

1. 試作分錄記載本年度之交易。

2. 試編製 20×B 年6月30日普通基金之試算表。

十二、某市政府 20×5 年帳冊列示普通基金之資料如下:

年初基金餘額	$332,011
課徵賦稅	184,400
收到其他收入	56,841
應付憑單核支費用	227,642
年終基金餘額	345,610

經調查結果，發現下列各項:

1. 基金資產包括物料$23,812，乃經常維持之存貨數量，市議會曾批准此項存貨額不得超過$25,000。

2. 基金資產包括長期性資產,其帳面價值於1月1日合計$269,362,於12月31日合計$286,962，其差異乃本年度之資本支出，直接借入長期性資產戶。

3. 於12月31日，未付訂單與合約款項估計約有$4,350，應自20×5年度之核定經費支付。

4. 本年度稅收於5月1日到期，惟於12月31日僅收得82%，估計可再收取之數不致超過8%。

5. 普通基金本年度應付債務基金款項合計$9,212，其中$6,000已支付，並列作費用。

6. 公家應攤特賦基金地方改良有裨公益部分之分期帳款$3,178 於 20×6年1月2日到期。

20×5年1月2日亦有同額分期帳款到期，業經於20×5年支付，並列作該年度之支出。

7.列作本年度之支出，包括下列各項，當由特種基金負擔：圖書館$1,687，公園$2,143。

要求：

1.帳冊所示年初與年終之基金餘額是否正確表達各該日可供支用之數額？如非，試編製工作底稿，作適當調整，以示正確數額。

2.試編製基金餘額變動分析表。

十三、試根據下列有關一市政府可用收入基金截至20×8年4月30日止財政年度之資料：

1.作20×8年4月30日基金帳冊之結帳分錄。

2.編製20×8年4月30日之基金財務狀況表。

3.編製截至20×8年4月30日止財政年度之基金餘額變動分析表。

㈠20×7年5月1日之基金餘額，全部係現金 $2,350。

㈡預算歲入 $185,000。

㈢預算歲出 $178,600。

㈣課徵賦稅 $115,620，估計其中將有 $4,000 短收。

㈤收到稅款 $112,246，外加罰金 $310。

㈥短期貸款 $20,000，均於本年內清償，並支付利息 $300。

㈦20×8年4月30日歲出保留數猶未清金額$3,250。

㈧核支費用之應付憑單$146,421。

㈨核准資本支出之應付憑單$21,000。

㈩核支本年度到期公債 $5,000 與公債利息 $2,000。

㈪收到其他收入 $74,319。

㈫退回本年度誤收稅款 $240。

㈬簽發支票 $169,400。

㈭應付憑單有誤多付，退得現款 $116。

十四、試根據下列一市政府之普通基金，編製：

1.20××年終之基金財務狀況表。

2.20××年度之基金餘額變動分析表。

㈠20××年初基金之帳戶包括：

現金	$ 1,300
應收稅款	3,500
應付帳款	800
歲出保留數準備	1,100

㈡20××年度之現金收入為：

往年度稅收	$ 3,200
本年度稅收	76,000
其他收入	16,000
出售陳舊設備	600
短期貸款	20,000

㈢20××年度之支出如下：

上年度應付帳款	$　800
本年度費用與利息：	
年初未付訂單與合約	1,200
本年度發生項目	80,000
償付本年度到期公債	10,000
購置長期性資產	4,000
設置永久性零用金	500
本年度購置物料	4,000
償付短期貸款	15,000

㈣於本年度購置物料，$1,600 業經各部門領用。年終所存物料，乃市府物料處必須維持之最低限度存貨數量。

㈤於20××年終，唯一可望收取之稅款，係本年度之 $7,000，尚未支付之訂單與合約則有 $900。

十五、多發市普通基金帳戶於新財政年度開始時，20××年1月1日之試算表如下：

會計科目	借	貸
現金	$37,452	
應收已過期稅款	3,729	
雜項應收帳款	1,868	
應收留置稅款	2,046	
應付憑單		$20,370
歲出保留數準備		8,010
基金餘額		16,715
	$45,095	$45,095

20××年之交易可彙總如下：

　1.20××年度成立之預算如下：

歲　出

省政府賦稅	$ 10,370
加撥債務基金款項	20,000
總務	28,200
公安	30,000
衛生	21,000
工務	40,000
教育	120,000
	$269,570

歲　入

執照費與特許費	$ 6,250
罰款	6,715
其他	11,580
賦稅	245,025
	$269,570

2.20××年1月1日之歲出保留數準備包括：

總務	$ 110
公安	2,450
衛生	750
工務	2,500
教育	2,200
	$8,010

3.應收已過期稅款 $3,427 業經收到，其餘滯納稅款均取得留置權。

4.所有年初稅款留置之財產均經變賣，所有雜項應收帳款亦全照收。

5.20××年課徵賦稅 $245,025，其中 $236,421 已收到現金。

6.訂立合約與簽具購貨訂單合計 $126,382 如下：

總務	$ 10,824
公安	15,933
衛生	8,422
工務	25,727
教育	65,476
	$126,382

7.現金收到執照費與特許費總額$5,276，罰款總額$6,956。至其他收入合計$11,475，其中 $9,375業經收訖。

8.合約與訂單業經完工或交貨，並送呈帳單者，合計 $125,955 如下：

總務	$ 10,853
公安	13,877
衛生	8,887
工務	28,951
教育	63,387
	$125,955

所送帳單，除一有關工務者超過原估數$1,000外，其餘均與原估數相符。

9.核准支發薪工總額 $116,450 如下，未設歲出保留數。

總務	$ 16,621
公安	17,500
衛生	11,850
工務	13,479
教育	57,000
	$116,450

10.核簽應付憑單撥款債務基金$20,000，並支付省政府賦稅$10,370。

11.以現金支付已核准應付憑單總額$270,653，包括20××年1月1日所欠之數。

試根據上項資料，編製：

1.20××年基金餘額變動分析表。

2.20××年12月31日之財務狀況表。

3.歲入比較表。

4.歲出比較表。

5.結帳分錄。

第十七章　普通基金歲入

第一節　歲入之意義

　　歲入乃指列入年度預算之收入，亦即政府普通基金或收入基金所稱之收入。因之，收入之意義在政府會計而言，即係基金餘額之增加。美國政府會計委員會主張，普通基金之重要收入，應採權責基礎，非大宗之零星收入可用現金基礎。普通基金之收入會計，上章曾經述及，惟嫌過於簡略，特於本章再詳為論述。

　　普通基金歲入會計之主要任務：(a)確定所有應有之歲入是否已經收起。(b)提供編製財務報表之資料。(c)供給擬訂收入計畫編製歲入預算之必要資料。欲期增進收入資料之使用價值，政府會計對收入之處理，自須與收入實務與標準相一致，尤以符合收入之分類更為重要。常有各機關為自身之便利而任意選用或合併收入科目，以致科目分歧，減損收入資料之應用價值，政府會計人員自應互相交換意見，改進分類方法，用以發揮收入資料之功用。

第二節　收入之分類

　　政府收入之基本分類應按基金別與來源劃分，在基本分類之下再依需要而為有意義之次級分類，如其第一級分類為政府間收入，則第二級可再分為聯邦補助與州政府補助，每項收入之下，尚可再加分類，政府收入分類方法，採用美國政府會計委員會之意見者較多，其所建議之主要分類如下：

稅課收入	服務費收入
證照與許可收入	罰款與沒入物收入
政府間收入	其他收入

　　上舉六大分類，仍可就州或市規模之大小酌予增減，但必須與其法律規定相符合。此種收入類目於公用事業或營業基金，自不能適用，該項基金所用之分類方法，應與私人投資事業相一致。上列六項分類乃對普通基金或收入基金而言，而不盡可適用於政府各機關，以有些收入事項僅能謂為基金的收入，而不宜說是某機關的收入。例如資本計畫基金雖以出售公債為財源，但公債到期此基金並不負償還之責，

因此，出售公債收入可以說是資本計畫基金的收入，而不能說它是政府機關的收入，因為該項收入為政府的負債將由另外的基金去償還。收入按來源分類或再分類固極重要，但為符合法律規定，或應機關之需要，亦可另為其他方式之分類。即以後者而言，有將普通基金之收入，按徵收機關劃分者，如市道路處、市司法廳、市工程部等，收入按組織單位劃分有利於會計控制，因由是可確定各單位之責任，尤便於審核之實施，如按組織單位分類即須在收入分類帳載明各該收入負責徵收之單位，這種分類法僅只是來源分類制外另增加之一種分類法。無論以何種方式分類，吾人須切記前面已述之基金意義：每項基金乃是依法設置之財務個體，同時也是一個單獨的會計個體。政府的機關，絕非一個基金個體，只能說是與該財務和會計個體有關的機關，這一觀點吾人研讀政府會計必須理解。

第三節　稅課收入

稅課收入是政府的一項非常重要的收入，因為它在任何一級政府都占居其收入的最大部分，而且它是人民對政府支出的義務貢獻，不管個別納稅人是否同意都必須繳納。其中財產稅乃屬地方政府的主要財源，聯邦或多數州政府均略去此項財務計畫。財產稅是一種從價稅，乃以財產之價值為課徵基礎，但也有例外，如對某類財務團體是按其特定日期之存款為徵收之對象。除財產稅之外，尚有銷售稅、淨所得稅、毛收入稅、死亡贈與稅、欠稅利息與罰金等。從價稅的徵課會計應採權責基礎，因為課稅標的其價值與應課之稅率，必須在徵收之前早已決定，亦即納稅人之稅款負債在徵課期間開始即告確定。關於基於權責基礎而產生之應計稅款前章業已論及。

雖然政府對應稅之財產有留置權，但是事實上在一定期間應徵之稅額仍難免有短收之現象，如果政府的支付義務是以預期徵收數而非以實際收入數為基礎，其結果將使稅課徵收單位可能陷於財務緊迫狀態，因此，有些州政府允許其所屬市政府對其一切收入採用現金基礎，包括稅課收入在內。假如政府收入會計嚴限於現金基礎，則對發出稅單之應收稅款，即不能按資產入帳，惟依會計準則仍應即時予以登記，為期對於應收稅款，仍能予以會計控制，即須對收入之認定，予以變通處理，即將該收入遲延到實際收起時再加以認定。茲以財產稅之課徵為例，說明其記帳方法。上章曾舉發出財產稅單$1,000,000，估計有百分之二可能收不到一例，並列其記帳方法，今若改依現金基礎記帳，其分錄可改變如下：

借：應收稅款——本年度　　　　　　　　$1,000,000
　　貸：備抵本年度稅收壞帳　　　　　　　　　　　$ 20,000
　　　　未收稅課收入準備　　　　　　　　　　　　　980,000

上列分錄之借項與第一個貸項，與上章權責基礎之記法相同，只第二個貸項將原記歲入收入代之以未收稅課收入準備，所以要為如此改變者，乃為配合現金基礎之需要，此一帳戶之餘額將在平衡表應收稅款淨額之下列為減項，以使非現金項目不能加入資產之合計數內。但當該項稅課收入部分收起之時，即應同時作兩筆分錄：

借：現金　　　　　　　　　　　　　　　$365,000
　　貸：應收稅款——本年度　　　　　　　　　　$365,000
借：未收稅課收入準備　　　　　　　　　$365,000
　　貸：歲入收入數　　　　　　　　　　　　　　$365,000

　　另記收入分類帳財產稅帳戶之貸方

　　　　財產稅收入　　　　　　　　　　　　　　$365,000

　　上兩分錄之前一分錄，乃根據收到現金之文件記錄，以前曾經例釋，當已熟知；至後一分錄，乃為有關稅收帳戶之調整，一則用以反映未收到之稅收，再則表現在現金基礎下確認之收入。

　　現在再談稅課折扣問題。有些政府機關採用現金折扣制度以鼓勵稅款之儘早繳納，給予稅課折扣雖使稅收小有損失，但可以使短期借款因而減少，同時由前期結轉而來的現金達於最大之可用狀態，因此，除非為法律所禁，稅課折扣應由稅課收入項下減除。設稅課徵收總額為$200,000，估計折扣給與數約$1,800，壞稅損失$3,100。稅收折扣可由稅收額內減除，一如估計稅收壞帳損失之處理方法，以期便於顯示估計收入之淨額。其記錄方法如下：

借：應收稅款——本年度　　　　　　　　$200,000
　　貸：備抵本年度稅收壞帳　　　　　　　　　　$ 3,100
　　　　備抵稅課折扣　　　　　　　　　　　　　　1,800
　　　　歲入收入數　　　　　　　　　　　　　　195,100

　　另於收入分類帳，記財產稅收入帳戶之貸方

　　　　財產稅收入　　　　　　　　　　　　　　$195,100

　　如果該項稅款在折扣期內繳納，即應給予折扣，借備抵稅收折扣帳戶。其分錄如下：

借：現金 　　　　　　　　　　　　　　　$197

　　備抵稅課折扣　　　　　　　　　　　　 3

　　貸：應收稅款——本年度　　　　　　　　　　　$200

　　設若折扣給與數超過已提列之備抵折扣數，應借歲入收入數——財產稅收入；如備抵稅收折扣戶於會計期間終了時仍有餘額，應將之結入歲入收入數——財產稅收入帳戶，即借備抵稅收折扣，貸歲入收入數——財產稅收入。另外尚有一種方法，為了對折扣給予嚴密控制，可將所需要之折扣數，以經費撥付方式處理，如用這種方法，關於折扣之補償，即不能隨其稅課徵收同時記帳。茲舉一個月的稅課實收$24,000為例，列其分錄如下：

借：現金 　　　　　　　　　　　　　　　$23,640

　　經費支出數——稅收折扣　　　　　　　 360

　　貸：應收稅款——本年度　　　　　　　　　　 $24,000

　　其他稅課收入多數不用權責基礎，有者名之為自動課徵稅，其意謂稅課負債之決定與申報，應由納稅人負其主要責任，政府機關沒有辦法能於事前決定其稅額，如企業機構之營收，商品或勞務之售出，以及應稅所得之淨額，均無法事先為之決定從而予以課徵。財產稅以外之稅課，即如其適用之稅率在徵課期前可以知道，進而亦可為稅收之估計，但對各該稅收權責基礎之應用，其可行性並不太大。至於財產稅以外之其他稅收之預算與會計，前章已曾論述，於此不再贅述。

第四節　稅課外收入

　　政府歲入以稅課收入為大宗，稅課以外之收入，項目雖多但所占歲入比重不大，茲擇其要者，分別說明之。

一、證照與許可收入

　　證照與許可收入是因政府給予私人或工商團體各種權利或優惠而為之征徵課。有些執照或許可證之簽發，主要是基於法令之規定，而於收入之考量者較少，不像他種收入不僅為法律所要求，同時亦在獲得鉅額之收入，另有些收入項目幾乎完全是為了收入之目的。工商團體需要取得執照或許可之事項很多，如允許工商機構在規定期間營業，又如准許去做可能影響公眾福利之特定事項，或者答應其使用一定公共財產之權等等。交通工具和含酒飲料的執照在各州至為普遍，這種執照含有法

令與收入雙重任務。此外，各州或市為了控制目的廣泛徵收專門職業稅，或盡量利用證照和許可方式以控制市民之活動，同時也由此獲得了鉅額的收入。市政府所發證照與許可常見者有：建築許可、車輛執照、娛樂執照、營業執照、專門職業執照、動物執照等。停車收入一項原屬此類，近年美國政府會計委員會宣布改歸服務費收入。

不論何級政府為何目的而發的證照許可，其收入必須按現金基礎入帳。這項收入的費率也許在事前已經訂定，需要發出證照的數量亦或也有可靠資料，但是由於實發數量的變化很大，所以不宜採用權責基礎。欲期對證照收入發揮有效之控制，應將本期收入與以前年度記錄比較，對應領照之人民或企業加以調查和檢查，並使用預先編號之證照標準格式。採用諸此控制方式，乃在減少徵收與會計之錯誤於最低程度。由證照與許可所獲之一切收入，必須以完整之資料用標準的格式詳細列報，用供會計依此記入現金收入簿之根據，並便於隨時可以為適當之審核。

二、政府間之收入

政府間的收入不論在聯邦、州或地方政府，都是一項主要分類，其下可再分為三類，即補助贈予，收入分成，與代稅給付。補助贈予是撥贈者所給予之現金收入，而與撥贈者之任何收入無關，福利補助即屬一例。收入分成固為他政府撥給之現金收入，但與撥付者之特定收入有關。代稅給付也是由他政府所獲之現金收入，乃他政府因享受免稅而自願給予之款，故收受者不宜視之為稅收。他政府所以有此給付，乃由於免稅之結果，如非政府機關即應與私人或企業一樣繳稅。例如某市在他市有財產，遂有應繳而免繳之財產稅，因而願為另外之給付。關於政府間之收入會計，有者可用權責基礎，有者不能適用，如聯邦或州政府給予地方政府之補助，通常其補助數額事先即已宣布，因而即可以收入記帳，借應收州政府款，或其他適當科目，如係指定由某機關撥款者，亦可借應收該機關款。至於收入之分成數額，亦常有在實際支付之前宣布者，因之，亦可依權責基礎記帳。對於政府間之補助贈予款，究應按何種基礎入帳，美國會計師公會意見，應該審察該項補助款之條件，以判定該項收入之入帳，究以權責基礎，抑或現金基礎何者認定相宜。

三、服務費收入

服務費收入乃是政府機關為人們提供各項服務因而所收取之費用，但公用事業、飛機場、國民住宅和類似商業機構的業務收入則不能包括在內。屬於這一類的收入項目有：司法費用、特別警察服務費用、收集垃圾費用、街道修理費用、計時停車費用、使用圖書館費用、學費等。政府服務收費種類，與普通基金支出按政事別分

類有關連，例如政事分類有一般行政、公共安全等等，政府機關為供應政府一般服務所需，乃有司法費、法律文書登記費、分區規劃費等，由此可知政府服務費的收取也可按政事別予以劃分，在每一政事項目之下，尚可再將其收入分為不同種類。依據美國政府會計委員會的建議，可將公路及街道服務費再為如下之劃分：

公路與街道服務收入：

　　街道、人行道與路肩之修理費收入

　　計時停車費收入

　　路燈費收入

　　橋樑隧道通過費收入

　　其他服務收入

　　吾人應知公路與街道原是支出主要分類之一項，上舉對公路街道服務收入之分類，即在使收入與服務兩者相關連，所以有此服務收入，乃針對提供該項服務所花之成本而言。在會計處理上，服務收入採用權責基礎者甚少。

四、罰款與沒入物收入

　　罰款多因背棄任務，違反法令或懈怠職責而發生，沒入則係損失或霉變之擔保，或為其他保證目的而存於政府機關之款，未能達成任務而被沒收。此處所稱之罰款，不包括欠稅之徵收，但圖書館之罰金則包括在內。罰款與沒入這一項收入，在會計上可分為兩個帳戶，抑或於其下再為適當之分類。這一類收入的會計，一般人多採用現金基礎，此與財產稅收入之會計基礎正好相反；因這類收入的費率、徵收基礎與數量，均不能事前為合理正確之決定，由於它的徵收因素多不肯定，犯法者能否全數付清亦不能決定，於是該項收入按權責基礎入帳自亦有其困難，因而採用現金基礎以所收現金作為收入記帳。

五、其他雜項收入

　　雖然雜項一詞意義含混，但於收入分類仍不得不用，因為有的收入為數甚少或有的非屬常見，且無適當類目可資歸屬，不得不歸入此類。又有些收入不宜強制按來源分類，或者其性質並不能明顯屬於任何來源分類者，乃將之歸入此類，以減少分類之困擾，由此可知，此一分類乃具綜合作用，由於此項分類之存在，可使其他來源分類之意義與內容更加明確。這一分類所含之項目相當混雜，例如利息收入（欠稅利息除外）、租金收入、使用費收入、固定資產出售收入、公營事業捐獻收入、私人捐贈收入、已廢除之基金之餘額等。這些項目的收入中，除投資利息收入，可按

權責基礎入帳外，其他項目之收入會計，多數採用現金基礎。

第五節　收入分類帳

收入統制帳戶及收入預算統制戶上章已予論述,並曾言及其輔助分類帳之作用,惟所言簡略，特於此再將收入輔助分類帳之應用，詳為說明。收入輔助分類帳又稱歲入明細分戶帳亦可簡稱收入分類帳，為總分類帳歲入收入數及收入預算數兩帳戶分別統制。收入分類帳戶並無一定標準格式,總以其能收集產生所需要之資料為主。目前政府會計應用電子設備為資料處理者至為廣泛，由是市會計亦多利用電子設備產生明細之輔助記錄，當然規模較小的市，仍有使用會計機具或人工從事記帳工作者，然而，無論是採用何種資料處理制度，總以能顯示所需資料為當，因此，收入輔助分類帳帳戶之格式，即須按其所需提供之資料規劃，但至低限度應以能供應下列各項資料為準。

⑴帳戶名稱與帳號。

⑵記錄日期。

⑶摘要說明。

⑷過帳參考。

⑸所涉及之收入預算統制戶。

⑹所涉及之歲入收入統制戶。

⑺餘額或收入預算尚未實現數。

基於上列所需顯示之基本資料，擬其簡單帳式如下：

某某市政府
普通基金收入分類帳

分類: 證照與許可　　　　　　　　　　　帳號:

再分類:　　　　　　　　　　　　　　　戶名:

日　期	摘　要	參　考	收入預算數	歲入收入數	餘　額
20××年1月1日	預　算	普　79	$220,000		$220,000
31日		現收 32		$13,200	206,800

上項收入輔助分類帳所記證照與許可收入之預算數與實收數乃假設者，請參閱上章舉例，至於有關收入之其他明細帳戶自應於此分類帳一一設戶，帳首項目於實

際應用時越詳細越有用，金額亦應隨各項收入來源分別登記，因之，上舉證照與許可一項，即應按每種證照或許可之明細項目，一一分別立戶登記，如餐館酒吧雜貨店戲院之營業執照，房屋建築許可證，營業汽車登記證，結婚登記證，埋葬許可證，動物登記證等等。因為這本明細帳分別受總分類帳收入預算數及歲入收入數兩統制帳戶所統制，所以登記此帳時即須特別注意，所有涉及收入預算之增減，必須一一登入此帳有關帳戶之預算數欄，同理，所有涉及收入認定之事項，亦須一一登入此帳有關帳戶之收入數欄。因為原初是將收入預算借入收入預算數統制戶，故收入明細帳之預算數欄亦為借方金額，設若收入預算減少時，即應貸收入預算統制戶，而於其明細戶即須以負數記入其預算數欄，如此，方期與其統制戶餘額相符。當收入認定之時，應貸歲入收入統制戶，同時記入其明細帳有關帳戶之收入數欄，因之，此欄之金額在正常情況下應為貸方，假如有必需沖減收入之情事發生，除借歲入收入統制戶外，即須於收入明細帳有關帳戶之收入數欄以負數記入，以期各戶此欄之列數能為其統制帳戶所統制。

第六節　預算實收表

　　財務報表對管理者而言，希望至少達到兩項要求：一為報表列數能以發揮比較作用，次為由報表資料能興起一些問題。一般而言，由報表所引發的問題，要者有下列數端：

　　(1)何以致此狀況或有此變化？

　　(2)這種狀況或變化是有利或不利？

　　(3)假如是有利的，應該如何去保持或加速？

　　(4)假如是不利的，應該用什麼方法去改進？

　　財務報表所包含之資料最具使用價值者莫若比較表。政府普通基金收入會計之主要報表，當然為收入預算數與其實收數之比較表，茲以收入預算與實收之期中比較與期末比較，分別舉例說明如下：

政府機關名稱

普通基金收入預算實收表

20××年9月份及至9月底9個月之累計

收入來源	全　年預算數	9月份數			至9月底累計數			
		預算數	實收數	比　較	預算數	實收數	比　較	未收起數
稅課收入								
一般財產稅──本年度	$ 880,000	$ —	$ —	$ —	$ 860,000	$ 865,000	$ 5,000	$ 15,000
欠稅利息與罰金	2,500	—	—	—	2,200	2,100	$ (100)	400
稅課合計	$ 882,500	$ —	$ —	$ —	$ 862,200	$ 867,100	$ 4,900	$ 15,400
證照與許可收入								
營業證照與許可	$ 105,500	$ 9,000	$ 8,600	$(400)	$ 89,500	$ 72,500	$(17,000)	$ 33,000
非營業證照與許可	20,000	1,800	1,900	100	17,000	18,000	1,000	2,000
證照與許可合計	$ 125,500	$10,800	$10,500	$(300)	$ 106,500	$ 90,500	$(16,000)	$ 35,000
政府間收入								
聯邦補助	$ 55,000	$ —	$ —	$ —	$ 55,000	$ 55,000	$ —	$ —
州政府補助	145,000	45,000	45,000	—	130,000	130,000		15,000
政府間收入合計	$ 200,000	$45,000	$45,000	$ —	$ 185,000	$ 185,000	$ —	$ 15,000
服務費收入								
一般服務	$ 40,000	$ 3,200	$ 3,100	$(100)	$ 28,000	$ 27,000	$ (1,000)	$ 13,000
公共安全	10,000	900	800	(100)	8,200	8,100	(100)	1,900
公路與街道	8,000	700	750	50	6,200	6,275	75	1,725
衛生	12,000	1,000	1,100	100	9,000	9,200	200	2,800
文化與休閒	20,000	1,650	1,400	(250)	14,100	11,900	(2,200)	8,100
服務費合計	$ 90,000	$ 7,450	$ 7,150	$(300)	$ 65,500	$ 62,475	$ (3,025)	$ 27,525
罰款與沒入								
罰款	$ 27,500	$ 2,065	$ 2,110	$ 45	$ 22,100	$ 22,050	$ (50)	$ 5,450
沒入	5,000	420	480	60	3,800	3,850	50	1,150
罰款與沒入合計	$ 32,500	$ 2,485	$ 2,590	$ 105	$ 25,900	$ 25,900	$ —	$ 6,600
其他收入								
利息收入	$ 1,500	$ 100	$ 90	$ (10)	$ 1,000	$ 980	$ (20)	$ 520
租金與使用費	18,000	1,600	1,650	50	13,500	14,000	500	4,000
其他收入合計	$ 19,500	$ 1,700	$ 1,740	$ 40	$ 14,500	$ 14,980	$ 480	$ 4,520
收入共計	$1,350,000	$67,435	$66,980	$(455)	$1,259,600	$1,245,955	$(13,645)	$104,045

一、收入預算與實收之期中比較

政府普通基金的收入預算是按收入來源與分類詳細估列，每一年度之收入預算經立法機關通過後，方得付諸執行，其執行情形，可由預算數與實收數比較表窺知，收入採權責基礎者，實收數自須包括應計數。茲將美國政府會計委員會新近出版品所建議之比較表式摘錄於下。

表內預算列數，假定是按月分配，使可以提供最有意義之管理資料。如果預算官員尚未編製每月分配預算，只好編製期中報表，其中預算數列其全年預算，而已實現之收入數，則為截至編表日之累計數，惟如此所產生之比較，則比下舉表式顯然失色，蓋依下舉之表可以決定預算之是否實在，收入之發單與徵收程序是否與計畫符合。收入預算數與實收數之比較，對普通基金之財務管理有兩大貢獻：其一使基金管理獲得預計收入與實際收入之綜合詳明比較資料，促其注意實收數與預計數之比較結果，並重視重大短收之現象。所以形成短收之原因，綜括而言，不出下列之一或一者以上情況：

⑴由於徵收條件之改變。如在預算設定之後，實際徵起之前，稅法及其他有關收入之法令規章有所修訂或變更。

⑵由於不當或非法行為，以致根本無法查證，或者發單之後無法收起。

⑶為了配合經費支出有意高估收入，以致預計收入數超逾可望收起數。

其二是對未來計畫幫助其訂定。訂定未來收入計畫，收入表是不可缺少的參考資料，以其顯示了以往收入之來源，及每項收入所獲得之數額，就正常情況來講，以往的收入資料大體均屬可靠，未來期間的收入雖然不免有所變動，但仍可參照過去資料酌加增減調整。此外，將普通基金收入表與另一普通基金之同樣表加以比較，可能發現有些潛在收入，以往尚未開發利用。

二、收入預算與實收之期末比較

基金收入預算與實收之年終比較，較其月報或期中報告尤為重要，這項期末報表常須列入市政府之對外報告，針對每項收入來源預算數與實收數之比較差額，應提出檢討意見，隨附於主表與明細表，以期充分表達。茲以上章及本章所舉有關收入之資料，列示某市於期末所編普通基金收入預算數與實際數比較表於下：

某某市政府
普通基金
收入預算實收表

20××年全年至12月31日止

收入來源	預算數	實收數	實收數大於（或少於）預算數	
			金　額	百分比
稅課收入				
財產稅	$1,300,000	$1,299,636	$　(364)	(0.03)
欠稅利息與罰金	2,500	2,600	100	4.00
銷售稅	480,000	485,000	5,000	1.04
稅課收入合計	$1,782,500	$1,787,236	$ 4,736	0.27
證照與許可收入	$ 220,000	$ 213,200	$(6,800)	(3.09)
政府間收入	280,000	284,100	4,100	1.46
服務費收入	45,000	43,264	(1,736)	(3.86)
罰款與沒入	308,000	310,800	2,800	0.91
其他收入	27,500	28,400	900	3.27
普通基金收入合計	$2,663,000	$2,667,000	$ 4,000	0.15

　　上表所列科目金額因受實例限制，略嫌簡略，如按市收實務情況編表，其科目金額當會較此表更加詳盡，或者除編製擇要表之外，再就其中主要收入類目各編明細表以補助之，想對立法者、債權人、納稅人或其有關機關團體更有參考價值。

問　題

一、對於收入之認定，一般所採的完全權責基礎和美國政府會計委員會所建議的修正權責基礎，二者間的差異為何？

二、就普通基金或特殊收入基金而言，其歲入類會計之主要任務為何？

三、下列所舉各收入名稱係摘自各種不同的政府會計報告。請按照美國政府會計委員會所提供的六大收入來源別，分別將以下各收入項目分類。

　1. 工程服務費

　2. 政府單位所課徵的銷售稅

　3. 鄉鎮繳納的圖書館服務費

　4. 來自已廢止基金的移轉款

　5. 畜犬牌照稅

　　6. 違反交通規則罰金

　　7. 沒入因欠稅充公的財產

　　8. 市屬油井使用費

　　9. 廢物收集與處理費

　　10. 慈善人士的捐贈

　　11. 鉛工執照稅

　　12. 州之共分稅市分得之部分

　　13. 地下室汲水費

　　14. 供機場改善的聯邦補助金

　　15. 出售未使用土地的所得

　　16. 攤販牌照稅

　　17. 不動產稅——本年度

　　18. 向民宅或其他人士收取的停車場租金

四、某小城市的收入報表包括以下五種收入：州與聯邦補助、司法稅、市稅、證照稅、市政府營運收入。請依據六大收入來源別劃分的標準，指出該市的五種收入，各分別相當於那一種收入來源？

五、關於期中收入預算實收比較表與期末收入預算實收比較表的編製，請比較二者之目的各何在？並請於上述二比較表中，指出你認為應該列出的資料，並說明理由。

習　題

一、請於普通日記帳上作下列各交易事項的分錄；如係不須作分錄者，則請解釋理由。（輔助分類帳戶亦應列明）

　　1. 某市預算經市長認可如下：稅課收入$2,900,000；證照與許可收入$250,000；罰款與沒入物收入$50,000；政府間收入$460,000。

　　2. 稅金計$2,890,000已列入帳冊，而估計約有1%難以收起。

　　3. 年度中，為反映州政府給予該市燃料稅配額的變動，該市收入預算因而依法減少$100,000。

　　4. 年度中發現有某財產的買賣雙方均被課以財產稅$485，故而取消該財產賣方的稅課。

　　5. 該年實際收起的收入計有：稅課收入$2,800,000；證照與許可收入$275,000；罰款與沒入物收入$44,000；政府間收入$357,000。

二、下列為某市某年度（20××年，9月30日止）普通基金之各收入預算和實收數。請按六大收入來源別，將各收入項目分類後，編製收入預算與實收比較表，並且在表內的「實收數大（小）於預算數」欄內，顯示變動的金額與百分比。百分比的數字可求到小數點後一位。

收入項目	預算數	實收數
車輛罰款收入	$ 250,000	$ 252,215
裝貨許可收入	500	630
財產稅	4,242,508	4,265,752
油井使用費	132,000	123,037
短期投資利息	3,500	4,212
鄉鎮負擔的社會福利攤額	346,219	328,012
欠稅罰金與利息	12,000	11,872
法庭費——手續費和稅金	48,000	58,996
營業執照稅	280,000	344,888
州政府收取的摩托車牌照稅	481,510	524,620
沒收違約保證金	10,000	8,700
髒亂罰金	1,000	1,350
對無依孤兒的聯邦補助金	12,000	12,279
娛樂稅	22,000	20,147
特別治安服務收入	15,000	17,300

三、下列各帳戶係來自某市普通基金的收入分類帳：

財產稅

	參　考	收入預算數	歲入收入數	餘　額
1/1/9C	普通日記帳 1	$2,400,000		$2,400,000
2/28/9C	普通日記帳 6	(200,000)	$2,200,000	0

證照與許可收入

	參　考	收入預算數	歲入收入數	餘　額
1/1/9C	普通日記帳 1	$400,000		$400,000
1/31/9C	現金收入簿 4		$160,000	240,000
2/28/9C	現金收入簿 7		50,000	190,000

政府間收入

	參　考	收入預算數	歲入收入數	餘　額
1/1/9C	普通日記帳 1	$600,000		$600,000

服務費收入

參　考		收入預算數	歲入收入數	餘　額
1/1/9C	普通日記帳1	$150,000		$150,000
2/28/9C	現金收入簿7		$45,000	105,000

假設以上各帳戶均無誤，且該普通基金無其他之收入類別。請回答下列各問題並列出必要的計算過程。

1. 收入預算數統制帳戶的餘額有多少？

2. 最初認可的200C年收入預算是多少？

3. (1)200C年收入預算在該年當中，是否曾經調整過？

　(2)如「是」，則何時調整的？

　(3)如「是」，則調整數額為何？

　(4)如「是」，則收入預算數是增加抑或減少？

4. 歲入收入數統制帳戶餘額為多少？

5. 請計算200C年頭二個月內所收到的現金收入。

假如無法算出上述數額，請解釋此係因缺少了何項資料。

四、下表係供市政府高級會計人員審核所用的報表之一。在審核過程中，審計人員亦同時獲得下述諸補充資料，及做了如下諸決定：

1. 特許權稅乃私人企業因占用市政府財產而支付的租金總額。

2. 工程費實際上並非證照收入而是由於市民接受了市公共設施的工程服務後，予以酌收的費用。

3. 欠稅利息與罰金應歸於普通財產稅別內。

4. 購買折扣應視為成本的減項。

5. 州燃料稅分配數應直接由市街道基金收取，及記入其帳戶內。

6. 該市普通基金依慣例，由「特種償債基金」收到供作償還公債用的現款，並且隨即貸入「應付到期公債款」。該市至今為止，尚未建立確實的「債務支出基金」，故仍利用普通基金償還公債。

7. 市音樂廳由普通基金管理但游泳池卻由特殊收入基金經營且係屬營運收入。

要求：

1. 審核人員收到的該份收入報表不僅未按照通用的收入來源別分類，而且還錯誤地列出實際上並非屬於普通基金的收入。請按照六大收入來源別將各收入科目分類後編製該普通基金的收入報表。

2. 你認為在該市報表中所列出的預算收入與實際收入間，是否有任何顯著的差異？假如

「是」，請列舉合理的理由。

3.關於該普通基金收入預算數內，有包含$12,000之火災損失費，請問你是贊成抑或反對，試加以評論。

某　市

普通基金財務報表

200D年4月30日

	預算數	實收數
稅課收入：		
普通財產稅：		
本年度稅收	$ 699,840	$ 701,310
上年度稅收	66,900	64,200
普通財產稅合計	$ 766,740	$ 765,510
其他稅課收入：		
特許權稅	$ 1,500	$ 1,500
娛樂稅	21,000	19,600
州政府雜稅分配數	11,000	12,400
其他稅課收入合計	$ 33,500	$ 33,500
稅課收入合計	$ 800,240	$ 799,010
證照與許可收入：		
計時停車費收入	$ 37,600	$ 29,400
工程費	17,040	21,660
葬許可收入	1,300	970
建築許可收入	21,630	19,407
證照與許可收入合計	$ 77,570	$ 71,437
罰款與沒入物收入及罰金：		
市政府法院罰款	$ 6,000	$ 6,840
沒收保證金	2,000	2,140
欠稅罰金	1,800	1,630
罰款與沒入物收入及罰金合計	$ 9,800	$ 10,610
租金和使用費：		
石油使用費	$ 150,000	$ 201,600
音樂廳租金	12,000	12,800
購買折扣	440	420
欠稅利息	660	710
游泳池收入	11,000	13,600
租金和使用費收入合計	$ 174,100	$ 229,130

來自其他機關和其他人的收入：

州燃料稅分配數	$	91,440	$	89,660
火災損失保險收入		12,000		15,770
漏稅追償金——逃避納稅		500		690
由償債基金而來的款		30,000		30,000
供機場擴張用的地方補助		9,000		9,000
來自其他機關和其他人的收入合計	$	142,940	$	145,120
服務費收入：				
地下室汲水費	$	200	$	520
空地除草費用		1,000		1,100
財產銷售收入		2,000		12,650
廢物收集與處理費用		12,000		13,380
服務費收入合計	$	15,200	$	27,650
總　計		$1,219,850		$1,282,957

五、某市原本對收入的認定採權責基礎，但在多年前，曾因實際財產稅收入低於帳列稅課收入
甚多，而遭致一次嚴重的財務困難。故從那次以後，該市即禁止按權責基礎入帳，但仍然
認可，須對財產所有人應課的稅記錄起來。某年6月30日即年度終了時，該市普通基金分類
帳顯示了以下有關財產稅的各帳戶名稱及金額：

備抵稅收壞帳——本年度	$ 29,000
備抵稅收壞帳——上年度	78,000
收入預算數——本年度	835,000
收入預算數——上年度	58,000
未收稅課收入準備——本年度	56,000
未收稅課收入準備——上年度	31,000
歲入收入數——本年度	811,000
歲入收入數——上年度	65,000
應收稅款——本年度	66,000
應收稅款——上年度	107,000

該普通基金通常均於每月底，才將當月所收的現金稅收從「未收稅課收入準備」轉至「歲
入收入數」。此外，由於本年及上年度之「未收稅課收入準備」及「備抵稅收壞帳」的總額
大於「應收稅款」總額，可見得本年六月底應作的結轉分錄，還未登錄。

下年度初，按照市議會決定的稅率計算，則約可獲得$830,000之稅課收入，其中估計有4%
難以收起。

要求：

1.作6月30日應作的所有分錄。可以利用「基金餘額」作為「收入預算數」及「歲入收入數」

　　兩帳戶的調整餘額帳戶。本年度的應收稅款帳戶結轉為上年度的應收稅款帳戶。

　2. 請記錄新會計年度的稅課。

六、下面是某市政府某會計年度有關應收賦稅的事項：

　1. 上年度結轉未收賦稅$880,000。

　2. 本年度查定應徵稅課$41,600,000。

　3. 收到當期賦稅$41,050,000，過期賦稅$447,000。

　4. 未收當期賦稅餘額，結轉過期賦稅。

　5. 註銷過期賦稅$85,000。

　試根據上述資料，結出期末餘額，並分欄列明當期賦稅，過期賦稅及合計，編製應收賦稅變動表。

第十八章　普通基金經費

第一節　經費之意義

　　經費之意義，依我國預算法規定，謂依法定用途與條件得支用之金額。經費按其得支用之期間，復分為歲定經費、繼續經費與恆久經費。歲定經費是指以一會計年度為限之經費，其預算稱之為歲出。歲出之定義，依預算法規定，謂每一會計年度之一切費用。由是可知，歲出與歲定經費兩者實係一體兩詞，而繼續經費仍須分年列入預算，年終未用部分並須依法辦理保留，故與歲定經費差別亦甚有限，至於恆久經費須依法律設定，迄今尚未見有此種經費，因此，一般所謂經費即係歲定經費，又因其與歲出意義相同，故將兩者互為應用者屢見不鮮，由是，本章所稱普通基金之經費，亦可謂為政府機關之歲出。

　　經費支出預算法有時也稱之為費用，就普通基金而言，支出之結果將使基金餘額減少，凡勞務費用、用品購置、甚至資本支出，以及還債的款項，都可以說是經費支出，要知此處所稱償還的債，並非本基金經費帳之負債。經費支出會計須以經費之分類為基礎，經費分類乃在幫助對各項交易之充分瞭解，如對交易之類屬不能確定，即不可能予以適當之會計控制。

第二節　支出之分類

　　政府支出之基本分類即是各種基金，然後在基金之下再將各項支出為適當之分類。普通基金的經費預算按施政計畫分類和按組織單位劃分，前於預算章內曾經略予談及，除此之外亦可為其他方式之分類，如按支出性質分類，按政府職能分類，按工作計畫分類，按支出用途分類等等，這些分類也許對施政計畫之訂定，預算執行之控制，尚有諸多幫助與便利，茲為扼要說明如後。

一、按支出性質分類

　　支出按其性質分類乃以支用年度之經費為對象，依美國政府會計委員會意見，應將該項歲出按其支出性質劃分為三大類：

經常支出

資本支出

債務支出

我國預算法規定：歲入歲出預算，按其收支性質分為經常門、資本門。歲出除減少債務與增置或擴充、改良資產及增加投資為資本支出，應屬資本門外，均為經常支出應列經常門。於此可見，我國政府之歲出按支出性質之分類，與上列美國政府會計委員會建議之分類略有出入。所謂債務支出包括公債之還本付息，以及撥入債務基金之款。經常支出是指業務處理、行政管理、一般維護每日所支付之費用，該項支出之效用，多數僅及於當年度。資本支出就其名稱足以說明其性質，乃取得土地、建築和改良，其價值之存在恆超越一年以上者。支出性質分類與其他方式之分類，仍存有連帶或綜合關係，惟此種分類嘗凌駕其他分類之上。支出性質分類對納稅人和其他公民而言實具有深遠意義，因為它是評斷政府支出之最有價值之資料，譬如償還債務支出，自然與以前行政之施為有關；資本支出雖是本期的支出，但可提供利益於未來，如依傳統的會計原則，則此類支出沒有一項成本可俟獲得該項利益之時期方始入帳。經常支出對一般大眾的心理多有影響，隨之亦加重了政府官員之責任。

二、按支出用途別分類

較小的政府機關，其支出之用途，依美國政府會計委員會的建議，可包括下列主要類別：

人事費　　　　　　　　　　　其他服務費

用品費　　　　　　　　　　　資本支出

實務應用上當不止於上列各類目，除此之外尚可以基於需要增加其他科目，如期更加詳細，亦可於上列類目之下再為次級分類，例如人事費之下以正式人員為代表，尚可再分正常薪津、加班費、特別費等，也可按人員工作之受益單位詳細區分，總之，依其需要可儘量的再予詳細分類。其他服務費，為了預算與控制資料之需要，當然可以再為分類，如專門職業之勞務費用，交通旅運費用，廣告印刷裝訂費用，保險費用，水電費用，修理維護費用，租金費用，補助其他政府，其他雜項費用等等，都可用為其再分類之科目。資本支出在支出性質分類與支出用途分類兩邊都列有此類目，為了便於提供固定資產類會計資料之需要，自可再為詳明之分類，像土地，建築物，其他建築改良物，機器與設備等等，都可以作為資本支出之分類科目。

三、按政府職能及其業務活動分類

政府職能也可以說是其主要任務，或者說是政府的重大施政。按職能分類之支出，亦即其為施政廣泛目的之支出，就一個市的支出而言，其職能分類可如下列：

一般政務	天然資源之保護與開發
公共安全	債務支出
公共工程	政府間支出
衛生與社會福利	其他支出
文化與娛樂活動	

在政府的一般政務職能項下，其所包括的業務項目有：

立法	選務
司法	財務管理
行政	其他

各項業務分類之下可再為進一步之分類，此項支出分類如能與政府之組織結構相協合，必能發揮其更大功用。就立法這項業務分類為例，尚可再分類為：市議會或代表會，立法委員會和特別會議，法律條例與會議記錄、議會職員等。在公共安全職能項下之警察業務，同樣還可以再分為：警察行政，犯罪控制與調查，交通控制，警察訓練，警務支援，特殊任務，及警察崗站與建築。在上列第三層分類之下，還可以再為進一步之細分，這樣方可使其成本能夠按其責任中心彙集，亦惟有如此，方可使各小分類之有關成本，在計畫預算與會計制度中，再聚合而成為計畫構成之份子。

第三節　經費支出分類帳

關於歲出預算之執行，與總分類帳之經費預算數，經費支出數與經費保留數三個統制帳戶有關，而經費支出分類帳為一輔助分類帳，亦即歲出預算之明細分類帳，它受上述三個統制帳戶所統制。市經費之保留與支出程序，必須符合法律規定，及該基金會計與報告之要求，且須便於資料之機器處理，故經費支出分類帳，最低限度應能提供下列資料：

(1)帳戶及其類屬，其分類如下所列：

①基金

②組織單位

　　③職能

　　④業務項目

　　⑤用途科目

　　⑥性質

　　這些資料不但要一一登入帳冊，而且要有編號。

　⑵為這個帳戶代表其支出目的之經費預算額。

　⑶這項經費之支出數額。

　⑷基於訂單契約或其他承諾文件而尚未達於確定負債情況之預算保留數。

　　除了上述②③④為帳式之必具項目外，尚可為計畫與控制目的將帳式擴大使能包括其他必需之資料，現將經費支出分類帳最簡單之帳戶格式列示於下。

某某市

經費支出分類帳

帳戶編號 No：

基　　金：普通

職　　責：一般政務

機關單位：

業務項目：

用途科目：

年度：20××　　　　　　　　　　　　　　　　　性　　質：

月　日　　參考摘要	保留數			支出數		預算數	
	借	貸	餘	借　方	合　計	貸　方	可用餘額
1月2日　預算						$330,000	$330,000
發出訂購單	$28,000		$28,000				302,000
薪津				$58,800	$ 58,800		243,200
發票核定支付		$12,250	15,750	12,300	71,100		243,150
12月31日　合　計	$66,410	$56,960	$ 9,450		$320,251		$　　299

　　所舉帳式內列資料，乃來自第六章之舉例有關政府一般行政之經費。惟實務上應該按各項業務項目分別立戶登記，而不宜按職能分類設戶，以其過於粗略也。此明細帳之設置，重在實用，故其帳戶應儘可能採用細目，並須代表其預算法案，以期達成管理需要之目的。至於帳戶之金額欄，可歸屬為保留數、支出數及預算數三

大項，保留數項下設借貸餘三欄，而受總分類帳經費保留數帳戶所統制，當訂單文件簽發，記借方欄，而於貨品勞務收到時，記其貸方，餘額表示尚未銷去之保留數，亦即仍在外之訂單或未了之契約責任，並備供列入期中報表。經費支出統制戶，於支出事項發生時，恆記其借方，只有支出收回者方記貸方，故於此明細帳內僅設借項一欄，偶遇支出收回或錯誤更正，則以負數記入此欄，合計欄亦係支出累計數，以供編製期中報告所需。該項經費之原預算數，記入此帳預算數貸方欄及可用餘額欄，其後預算如經依法核定增加或減少，隨時於上兩欄加入或減少其數，登記經費保留時，或支出超過保留數，均減其可用餘額，假如支出數少於保留數而將保留數註銷時，則應增加可用餘額。為便事後審核，應將訂購單編號、契約編號、憑單編號、預算法案或其他原始憑證，均隨同每筆過帳登入帳戶之參考欄。

第四節　實支與預算之期中比較

　　為使行政當局瞭解每筆經費預算之實際支用情形，自應定期提供各項經費預算與實支之比較表，該項報表於機關之財務管理尤具價值，政府行政主管依據此表可以窺知支出是否超出預算，或在預算許可之外發生債務，如有此種現象，即應依法處罰。茲以美國政府會計委員會所建議之表式，編製某機關經費實支與預算之期中比較表於下頁。

　　表內所列之職能分類科目，實務上非如此簡略，每一職能科目之下，仍須按其業務與用途為詳細之劃分。表列經費預算數乃原初之法定預算及其後依法核定之修正。表列月計數乃以其預算係按月分配逐月撥款為前提，每月分配數不一定限於全年預算之十二分之一，如無每月分配預算數者，則祇好以全年預算數及截至編表時之實支數列表，無論以何方式表達，總期能以達成所以要編此表之目的。本表之主要目的在表達預算與實支在期中時之比較情形，據以瞭解基金之運用是否在預算之許可範圍，該項預算將來有無縮減必要，抑或需要增加或移轉；其次要目的是資以幫助來年預算之編製，因為來年預算在其年度開始之前幾個月即須著手籌編，在決定新年度支出所需財源之前，須先知道現年度預算究有多少賸餘可能轉入下年度，這項數額如基於現年度預算執行報告所顯示之資料，自具高度正確性。

政府機關名稱
普通基金
經費預算實支數
20××年9月份及至9月底止之累計數

職能/業務/用途	全年預算	9月份 預算數	9月份 實支數	9月份 實支少(多)於預算	1至9月份 預算數	1至9月份 實支數	1至9月份 實支少(多)於預算	未支用之預算餘額	保留數	未保留之預算餘額
一般政務										
立法										
人事費	$ 15,000	$ 1,000	$ 1,000	$ —	$ 12,000	$ 12,000	$ —	$ 3,000	$ —	$ 3,000
用品費	1,000	800	700	100	800	775	25	225	25	200
其他服務費	3,000	300	350	(50)	2,200	1,725	475	1,275	475	800
資本支出	1,000	—	—	—	—	—	—	1,000	—	1,000
立法費用合計	$ 20,000	$ 2,100	$ 2,050	$ 50	$ 15,000	$ 14,500	$ 500	$ 5,500	$ 500	$ 5,000
司法 (按用途科目分列)	$ 17,000	$ 1,200	$ 1,075	$ 125	$ 10,800	$ 10,575	$ 225	$ 6,425	$ 225	$ 6,200
行政 (按業務及用途類別科目分列)	92,000	6,975	6,575	400	66,000	64,175	1,825	27,825	1,550	26,275
一般政務合計	$ 129,000	$ 10,275	$ 9,700	$ 575	$ 91,800	$ 89,250	$ 2,550	$ 39,750	$ 2,275	$ 37,475
公共安全	$ 277,300	$ 22,140	$ 22,465	$ (325)	$ 205,000	$ 204,800	$ 200	$ 72,500	$ 500	$ 72,000
公路與街道	94,500	7,800	7,700	100	69,000	68,000	1,000	26,500	800	25,700
衛生	50,000	4,175	4,025	150	37,400	37,100	300	12,900	250	12,650
健康設備	47,750	3,730	3,455	275	31,850	31,350	500	16,400	475	15,925
社會福利	51,000	4,600	4,575	25	40,800	39,590	1,210	11,410	800	10,610
文化與娛樂	59,000	4,350	4,250	100	48,900	47,575	1,325	11,425	1,025	10,400
教育	591,450	49,300	48,200	1,100	449,600	443,150	6,450	148,300	1,500	146,800
合計	$1,300,000	$106,370	$104,370	$2,000	$974,350	$960,815	$13,535	$339,185	$7,625	$331,560

第五節 實支與預算之期末比較

由經費實支數與預算數之期末比較，可以獲致三項主要目的：

⑴顯示政府機關之施政細節是否與立法機關所給與之預算撥款完全符合。

⑵供以判定各機關使用稅款從事各種政事與業務是否適當且有效。

⑶提供編製來年預算不可缺少之資料。

經費支出之期終報告格式不一，要以符合法律之規定，和政府行政主管所希望表達之內容為主。茲以前章所舉之例，列具期末經費支出與預算之比較表如下：

某某市

普通基金經費實支與預算比較表

20××年全年度至12月31日止

職　能	預算數	實支數	保留數	未保留之餘額
一般政務	$ 330,000	$ 320,251	$ 9,450	$ 299
公共安全	1,040,000	1,024,531	15,365	104
公共工程	605,000	575,034	29,400	566
衛生與福利	500,000	491,035	8,325	640
公園與娛樂	115,000	104,640	10,000	360
補助捐贈	135,000	134,820		180
其他支出	10,000	9,850		150
合　計	$2,735,000	$2,660,161	$72,540	$2,299

上表科目僅列至職能分類，如係正式公布之年報，依其實際需要當按各項業務預算科目列表，甚至將用途科目亦列入比較。上年經費之保留數，於該年度終了應予結帳，而僅將保留數準備——上年度科目，結轉下年度繼續處理，因上年度經費保留數之實支，與本年度預算之執行須劃分處理，故未將之列入此表，而須以另表列示，至上年保留與實支之差額，則列入基金餘額分析表。

第六節　年終未了保留數之處理

　　年度終了如尚有經費保留數未清者，其會計處理方法於前章業已論及，惟因有的州法規定，上年度未清結之經費保留數，可加入為下年度之預算數，遂須以另外一種方法加以處理，在這種規定之下，年度終了時之經費保留數，及其保留數準備兩帳戶均須結束，其須保留之數，則列為下年度預算，而重予撥款，並非視為基金之餘額，而將之結轉下年度，隨之，在下年度開帳之初，即須據上年度未了之購貨訂單、契約或其他債務責任文件，以借經費保留數，貸保留數準備科目入帳。在這種情形之下，對上年度保留數與本年度所發生之保留數，其會計之處理方式並無差別。假如對上年度終了時未了之契約責任保留數，不再於下年度另行撥款，則上年度之保留數準備帳戶餘額，即須轉入下年度帳內繼續處理，一如前章所舉之例。至該項保留數於下年度實際支付時之記錄，又有兩種不同方法，一者將其實支數直接借入保留數準備帳戶，有者將之另借經費支出數──上年度，亦有用其他名稱之借方帳戶者，如借保留準備實支數，或以前年度經費支出數，上年度保留數與其實支數比較之差額，仍須借入或貸入基金餘額，以結平該項帳戶。

附錄　特別收入基金會計

　　特別收入基金是指獲自某項財源之收入，必須用於特定之目的。惟該項收入來源，不包括特賦，可支用之信託款，或指由主要資本計畫所用者。特別收入基金之會計處理，與普通基金相類同，兩者之主要差別，乃在各自所涉業務幅度之寬窄而已。

　　特別收入基金之設置，只限於法律、規章或承諾之所定，至所以將此基金之業務與普通基金劃分者，其主要目的在使其能對這些特定財源的收入，為有效之控制。一般特別收入基金多是來自立法指定之稅收，如依法指定汽油捐特別限用於公路之維修，即屬一例。由於這樣設定，方使政府機關得以將所收到之汽油捐用於維修公路之支出，假若這種基金之收支與其他收支相混合，便使原期其收入必用於其特定支出之企圖落空，因而增加其實施之困難。此外，像美國用於職業訓練之聯邦與州政府補助款，用於社區發展之聯邦贈款，均屬此類型之基金。

　　一個政府可設不止一個特種收入基金，法律既限制此項基金之用途，隨之要求對各個基金之業務應分別設置其會計記錄，也就是說每個特別收入基金在會計上各自構成一個單獨之會計個體。屬於這類基金的資產，常見者有現金、投資、應收稅

款、及由其他基金之撥款等，其負債通常包括所欠不同供應商之款及應付他基金款。由於特別收入基金之會計與普通基金大體相一致，故在普通基金所論及之基金餘額，本基金亦同樣作如斯之處理，茲舉一種特別收入基金之平衡表為例。

某某市

特別收入基金（聯邦分攤款收入基金）

平衡表

×年×月×日

資　產		
現金與相當於現金	$×× ×	
應由聯邦撥助款	×× ×	
其他應收帳款，淨額	××	
合　計		$××××
負債與基金權益		
負　債		
應付帳款與其他應付款	$×××	
應歸普通基金款	×××	
遞延收入	××	
負債合計		$　×××
基金權益		
基金餘額為支出保留準備	$×××	
基金餘額未保留部分：指定為以後年度支出	××	
基金權益合計		×××
負債與基金權益合計		$　×××

　　特別收入基金之收入財源，一般為稅收、租金、使用費，與政府之贈款、分攤款等；其支出項目多屬勞務費用、用品費用，以及法定特定用項。如屬上級政府指定用途之捐贈或補助，則應先借應收捐贈補助款而貸遞延收入，於確定支用之後，再將遞延收入轉為收入。本基金收支所採之基礎為修正權責制，其收入支出與基金餘額變動表舉例於下。

某某市

特別收入基金（聯邦分攤款收入基金）

收入支出與基金餘額變動表

某年度至×月×日×年止

收　入	
聯邦捐贈款	$×××

其他收入	××
收入合計	$×××
支　出	
一般行政	$×××
公共安全與規範	×××
健康保護	×××
公共圖書館	×××
衛生與廢物處理	×××
休閒與文化	×××
支出合計	×××
剩餘（虧絀）收入超過支出	$　××
基金餘額，期初	×××
基金餘額，期末	$×××

問　題

一、關於政府單位的支出，除非其能依據法定用途與條件，並且有足夠的預算，否則該支出即屬非法。

　1.此項支出合法性規定，能否確保政府各單位財務管理的健全？說明「能」或「不能」的理由。

　2.為使支出合法性規定能被遵守，請說明在現行程序下，應採取什麼形式的經費支出輔助分類帳戶最有用？

二、市政府是否有必要把預算上的經費支出分類也同樣應用在普通基金會計上？說明「有必要」或「無必要」的理由？

三、某政府單位以現金基礎編製的支出報表，其所顯示的人事費為$580,650，但另以權責基礎編製的支出報表，則顯示的人事費為$591,110，請解釋導致二者發生差異的可能原因為何？

習　題

一、請作下列各交易事項的分錄。輔助分類帳戶與總分類帳戶亦要註明。假若有某交易事項不須作分錄，則請解釋其理由。

　1.某鄉鎮的經費預算案業經合法採納。包括有：一般政務$180,000；高速公路$200,000；社會福利$95,000；公共安全$500,000。

　2.發出去的訂單計有：道路平地機$40,000；社會福利部門所需的兩張桌子$400；還有州長

代理人使用的三輛汽車$7,800。

3. 收到有關三輛汽車的發票，金額共$7,875（汽車的訂購已於 2. 中述及）。同時，此發票已被認可支付。

4. 該鄉鎮曾於30年前為了籌措高速公路建設資金，而發行了$600,000的公債，如今已到期；而且持有者亦要求償還本金。

5. 由於道路平地機必須到8月份才能出貨（訂購已於 2. 中述及），故該製造廠商遂將此事通知購買代理人。然而該鄉鎮的會計年度係於7月31日結束，請作結清有關帳戶的結帳分錄。

二、某市以採購、會計、財務三部門來共同負責財貨勞務購買之交易事宜。下述即係過去，為完成某交易而發生之事項；其中有的須作會計分錄，有的則否。請將應作分錄者以日記帳形式為之。至於分錄中，摘要部分可以省略，但交易事項之日期與號碼仍應保留。

1. 街道基金所需部分設備，於200E年1月12日以招標方式採購。此項設備的購買，先前已經確定，有足夠的經費預算可供支應。

2. 經過慎重考慮後，決定接受製造公司的標價$4,315。然後於1月27日將備好的訂單交予會計部門。會計部門再度確定經費預算無缺後，於2月1日認可該訂單，並將其再送回採購部。採購部即於次日將該訂單正式發出。

3. 2月12日收到出貨通知；2月18日收到貨物。

4. 會計部門於2月17日收到發票副本；2月20日收到驗收報告。基於驗收時應注意的各項細節均能符合標準，故會計部於2月24日認可付款，且於同日將發票送往財務部。

5. 採購部於2月27日由財務部處收到蓋上「付訖」章的該發票副本。

三、某市採用按季分配經費預算制以幫助控制普通基金的支出。已知普通基金所屬某部門於某年的經費預算核定數為$380,000，而第一季，該部門應分配的經費預算額為$86,000，實際支出額為$81,000（可以省略保留數與應付憑單的分錄）。至年底發現需要申請追加預算，於是經立法通過的追加預算計$3,000。此外，另三季之分配預算共$297,000，實際支出共$302,000，請依下列問題，作成分錄。

1. 記錄立法機關的預算計畫。

2. 記錄第一季之預算配額。

3. 記錄第一季之經費支出。

4. 記錄追加預算。

5. 記錄後三季之預算配額。

6. 記錄後三季之經費支出。

7. 作結帳分錄以結清上述 1. 到 6. 的預算類帳戶與虛帳戶。

四、下列資料係於會計年度終了（20×B年6月30日止）時，摘自某市結帳後的各帳戶：

	餘　額 6/30/×A	20×B年變動額		餘　額 6/30/×B
		借　方	貸　方	
現金	$180,000	$　955,000	$　880,000	$255,000
應收稅課收入	20,000	809,000	781,000	48,000
	$200,000			$303,000
備抵稅收壞帳	$　4,000	$　6,000	$　9,000	$　7,000
應付憑單	44,000	880,000	889,000	53,000
應繳政府內部服務基金款	2,000	7,000	10,000	5,000
應繳債務支出基金款	10,000	60,000	100,000	50,000
保留數準備	40,000	40,000	47,000	47,000
基金餘額	100,000	20,000	61,000	141,000
	$200,000	$2,777,000	$2,777,000	$303,000

此外還有若干補充資料如下：

1.該年度收入預算為$1,000,000，經費預算為$965,000。

2.除去以「保留數準備」支應的支出外，該年度實際支出共計$895,000。

3.由「保留數準備」支應的實際支出計有$37,000。

要求：

試編製工作底稿以比較收入預算、歲入收入、保留數、實支數、經費預算數和其他核定之經費。工作底稿應具備下列各欄標題：

欄　位	標　題
5	平衡表，6/30/×A
6 & 7	20×B年的交易（借方與貸方）
8	收入預算數
9	歲入收入數
10	保留數與支出數
11	經費預算與其他核定之經費
12	平衡表，6/30/×B

不須作正式分錄。

五、某市普通基金之各財務類帳戶於某年度初之餘額分別如下列：

	借	貸
現金	$ 30,000	
應收欠稅款	160,000	
備抵欠稅壞帳		$ 18,000

用品盤存	14,000	
應付憑單		90,000
預先收起稅課收入		1,770
應付其他基金款		10,530
用品盤存準備		14,000
保留數準備——上年度		13,300
基金餘額		56,400
	$204,000	$204,000

1. 按照來源別分類的收入預算與按照職能別分類的經費預算各分別如下：

收入預算：		
稅課收入	$876,000	
證照與許可收入	72,000	
政府間收入	190,000	
其他來源	83,000	
合　計		$1,221,000
經費預算：		
一般政務	$120,000	
公共安全	440,000	
公共工程	250,000	
衛生與社會福利	230,000	
其他職能	70,000	
合　計		1,110,000
		$　111,000

2. 本年度中各不同職能別的經費預算項下，各有如下之保留數：

一般政務	$ 12,000
公共安全	80,000
公共工程	160,000
衛生與社會福利	65,000
其他職能	59,000
合　計	$376,000

3. 本年稅課共計$895,000，其中約有$20,000難以收起。

4. 實際收得的稅款包括有上年度的稅課$120,000及本年度的稅課$644,000。

5. 本年人事費共計$718,500；未曾列記保留數，而貸入「應付憑單」科目。其於各職能經費項下各占的數額如下：

一般政務	$104,000
公共安全	351,000
公共工程	90,000
衛生與社會福利	163,300
其他職能	9,900

6. 上年度的各項保留款於今年始收到發票且同意支付，金額共計$13,100（請記入「經費支出——上年度」帳戶中。並請將該帳戶與「保留數準備——上年度」的餘額結轉「基金餘額」）。

7. 關於本題第2.項交易所述及之各種保留款，該基金已收到發票且認可支付貨款。至於各項經費預算數所受之影響如下：

	實際支出數	保留款消除數
一般政務	$ 11,200	$ 11,400
公共安全	77,500	77,300
公共工程	150,350	150,100
衛生與社會福利	64,750	65,000
其他職能	59,500	59,000
	$363,300	$362,800

8. 本年所收起之非稅課收入包括有$71,000證照與許可收入；$185,000機關間收入；$66,000其他來源之收入。

9. 消除上年度的稅收壞帳$10,500，同時為了改正錯誤而撤銷本年度稅課收入$2,200。（後者並未歸入備抵壞帳帳戶內）

10. 應付憑單已支付數共$1,088,600。

11. 年度末了經過實地盤點後之原料與用品的存貨共計$27,400，隨後並作調整分錄，將「用品盤存」與「用品盤存準備」分別轉出。至於上述之存貨全係供公共工程部門所使用。

12. 將上年度預收之稅課收入調整為本年度稅課收入。同時，又收到預付明年度的稅款$1,700（二者係獨立之交易事項）。

要求：

1. 將該市普通基金總分類帳之期初餘額過入T帳戶。

2. 將1.到12.之交易事項作成分錄，並註明其輔助分類帳戶與總分類帳戶。

3. 設立收入分類帳與經費支出分類帳，並將各分錄分別過入相關之總分類帳與輔助分類帳。

4. 編製總分類帳試算表。並請證明輔助分類帳上之收入預算、歲入收入、經費預算、經費支出與經費保留各餘額必與相對之總分類帳戶之餘額相一致。

5. 作結帳分錄以結清總分類帳之預算帳戶與虛帳戶，同時將本年度稅課收入與相關之稅收

壞帳轉入欠稅款科目；「保留數準備」轉入「保留數準備──上年度」。

6.依據所給之資料，編製期末平衡表，基金餘額變動分析表、收入預算與實收表、經費預算與實支表。

六、某市政府普通基金上年度結帳後，「歲計餘絀」帳戶的貸方餘額為$18,000，本年度核定歲入預算數$800,000，歲出預算數$750,000，年度進行中並無追加減預算，本年度終了，核計歲入實收$765,000，經費支出$683,000，收回以前年度支出$800，未了契約責任$16,000。

1.試根據上列資料，編製基金餘額變動分析表，表中應包括預算數與實際數。

2.若從基金餘額中畫出$3,500，設置「存貨準備帳戶」，則如何顯示其期末基金餘額?

七、下列所示係某市20×8年財政年度（終止於6月30日）之資料。

1.20×8年度成立之預算如下：估計歲入$800,000，核定經費$780,000。

2.課徵賦稅總額$650,000，估計短收$13,000。

3.訂購物料總額$100,000。

4.收到其他收入總額$140,000。

5.訂購稅務處設備$15,000。

6.本年度稅款$600,000與往年度業經銷除之稅款$2,000，均經收到。

7.本年度應收稅款與估計短收稅款之餘額，當轉入已過期帳戶。

8.上列第三項所訂物料交貨，發票總額$98,000。核准付款。

9.薪金總額$600,000，核准分發。

10.支付應付憑單$698,000。

11.上列第五項所訂設備收到，實際成本為$18,000。

12.訂購物料$20,000。

13.支付利息$5,000。

14.分期攤還公債$20,000到期，核准撥款債務基金清償。

15.上列第十四項核轉債務基金款項，以現金支付。

16.以利息罰款$500，減除估計短收數5%入帳。

17.各部門應收款項合計$10,000，估計短收數$1,000。

18.普通基金共欠政府內部服務基金帳款$10,000。

19.賦稅有$2,000係屬預收。

試根據上列資料：

1.作分錄記載上列交易。

2.編製20×8年6月30日結帳前之財務狀況表。

3.作結帳分錄。

4.編製20×8年6月30日結帳之財務狀況表。

5.編製基金餘額變動分析表。

6.假定第十二項訂購之物料於20×8年7月收到，其成本為：

㈠$19,500。

㈡$20,300。

試作分錄。

八、下列所示係柏維市於20××年12月31日會計記錄所示之資料：

柏維市普通基金

部分總分類帳調整前試算表

20××年12月31日

會計科目	借	貸
物料盤存（12/31/××實地盤存）	$10,000	$
歲入預算數——雜項	20,000	
歲入預算數——賦稅	95,000	
歲出預算數		112,000
歲入實收數——雜項		19,900
歲入實收數——賦稅		95,500
歲出保留數	20,000	
歲出實付數	80,000	
往年度設置保留數之歲出	7,100	
歲出保留數準備（1/1/××餘額$7,000）		27,000
物料盤存準備（1/1/××餘額）		12,000
基金餘額		3,300
額外收入		1,700

普通基金於20××年12月31日尚未交貨之購貨訂單合計$20,000。

1.試作普通基金20××年12月31日之調整分錄。

2.試作普通基金20××年12月31日之結帳分錄。

3.試編製基金餘額變動分析表，設立下列諸欄：

㈠預算數。

㈡實際數。

㈢差異。

九、閣下被聘審查高豐市之普通基金帳戶，發現下列各項：

1.年終普通基金之帳戶餘額如下：

借　項

現金	$　600,000
應收本年度稅款	500,000
歲出實付數	9,300,000
	$10,400,000

貸　項

歲入實收數	$ 9,900,000
遞延稅收	500,000
	$10,400,000

2.於年度開始時，市議會正式通過本年度預算，如下列第三項所示。

3.現金收支，連同預算資料，如下所示：

	預算收入	實際收入
賦稅：		
本年度	$9,700,000	$9,500,000
預收	—	20,000
執照費與特許費	200,000	250,000
罰款與沒收金	70,000	78,000
賃用財產租金	30,000	32,000
其他：		
其他基金退回取費：		
公營事業基金	—	6,000
政府內部服務基金	—	4,000
資本計畫基金多餘現金轉撥	—	10,000
	$10,000,000	$9,900,000

	預算支出	實際支出
各部門費用*	$7,100,000	$6,894,000
轉撥退休基金	150,000	140,000
設立零用金		5,000
公家應攤特賦成本	150,000	150,000
設立政府內部服務基金	50,000	50,000
總務處設備	420,000	421,000
土地	500,000	500,000
轉撥定期公債債務基金	1,000,000	1,000,000
到期分期攤還公債	100,000	100,000
公債利息		
定期公債	20,000	20,000
定期攤還公債	10,000	10,000
暫墊政府內部服務基金		10,000
	$9,500,000	$9,300,000

*包括下列項目:

公營事業基金帳單	$ 70,000	$ 80,000
政府內部服務基金帳單	$ —	$ 39,000

4.應收賦稅，根據稅單，合計$10,000,000。

5.所有未付賦稅，於課徵年度終了均經過期。

6.年終未記錄之項目有:

應付薪金	$60,000	
已收物料未付帳款	19,000	$79,000
尚未交貨之購貨訂單		30,000

7.政府內部服務基金開具帳單，未記入普通基金帳冊之總額為$1,000。

8.普通基金於年終之物料存貨為$35,000，應予入帳。

試編製普通基金工作底稿，設立下列諸欄: 帳面餘額，調整，與調整後餘額。

十、海明市經費之主要來源為財產稅，供水收入，法院課徵之罰款及儲蓄存戶利息。該市僅設
一普通基金，其20×6年度之會計事項經審查探悉下列各項:

1.普通基金20×6年1月1日的餘額為:

銀行儲蓄戶存款	$ 62,030
銀行往來戶存款	38,450
庫存現金(未存行供水收入)	160
水廠物料	3,640
應收自來水用戶帳款	3,670
基金餘額	107,950

2.20×6年度市議會通過之預算及該年度有關預算之交易如下: (所有帳單均於20×6年12月
31日付清。)

	預算數	實際數
財產稅	$26,750	$26,750
水廠成本	66,500	64,360*
警察局與法院費用	10,000	9,550
供水收入	30,000	32,060**
法院罰款	12,500	11,025
市議員薪金費用	6,000	5,470
儲蓄存戶利息	2,000	2,240
雜項費用	1,200	2,610

*現金支出。

**帳單額。

3. 市議會曾轉撥足額普通基金餘額，平衡預算收支，其差異乃由預期水道主管之修理而致。於20×6年必須自儲蓄存戶轉入往來存戶$15,000，以支付此項修理成本。

4. 檢點20×6年12月31日之現金，探知手頭有$250，直至20×7年1月2日始行存入銀行。

5. 於20×6年所有用水帳單，除於12月最後一週寄交用戶之$2,230外，均已收訖。

6. 所有水廠物料，於本年度修理水道主管時，均經耗盡。

試編製海明市20×6年度之工作底稿，設立下列諸欄：

1. 試算表。

2. 本年度交易。

3. 預算差異。

4. 20×6年12月31日之財務狀況表。

十一、立達市之財政年度終止於6月30日，其20×B年度結帳後之帳戶餘額如下所示：

| | 6/30/×A | 20×B年變異 | | 6/30/×B |
	餘　額	借	貸	餘　額
現金	$180,000	$ 955,000	$ 880,000	$255,000
應收稅款	20,000	809,000	781,000	48,000
	$200,000			$303,000
估計短收稅款	$ 4,000	6,000	9,000	$ 7,000
應付憑單	44,000	880,000	889,000	53,000
應付政府內部服務基金款項	2,000	7,000	10,000	5,000
應付債務基金款項	10,000	60,000	100,000	50,000
歲出保留數準備	40,000	40,000	47,000	47,000
基金餘額	100,000	20,000	61,000	141,000
	$200,000	$2,777,000	$2,777,000	$303,000

其他資料：

1. 本年度預算：估計歲入$1,000,000，核定經費$965,000。

2. 歲出總額$895,000，此外有支出於往年度設有歲出保留數準備。

3. 實際支出於往年度設有歲出保留數準備之金額為$37,000。

試編製工作底稿，設立下列諸欄，以便預算與實際數之比較：

1–4	會計科目
5	6/30/×A財務狀況表
6–7	20×B年交易（借貸）
8	預算歲入
9	歲入實收數
10	歲出實付數與歲出保留數
11	歲出預算與歲出保留數準備
12	6/30/×B財務狀況表

第十九章　資本計畫基金會計

第一節　資本計畫基金之特質

　　資本計畫基金是以其特定收入之款，支應資本計畫之營建，或資本性設施之獲得，其收入主要來自公債之發行，亦有由其他政府或其他基金之轉撥，或人民之捐獻。就資本計畫基金之設置理由而言，其與特別收入基金之設置目的，幾乎相同，因之，多有將兩者混為一談，然而，兩者畢竟有所區別，其區分究在何處，請參閱上章附錄特別收入基金會計即可瞭解。

　　特別收入基金雖與普通基金極相類似，惟前者僅有一定之存續期間，或其用途有一定之限度。凡經立法機關指明某項收入，專供撥充某特定目的用途者，即須設置特別收入基金以處理。最習見之特別收入基金，如為建造學校、圖書館、公路、公園、博物館、醫院而設定者，其收入有與普通基金出自同一財源者，如財產稅、執照費、規費等，亦有為專事另徵之特別稅課，如以汽油稅供作修建市街公路之用是。惟特別收入基金主要之特徵，乃在其收入之來源，並非直接出自基金之受益者。設基金之主要收入，係對服務使用者之取償，則當屬公營事業基金，並非特別收入基金。

　　特別收入基金一如普通基金，採用修正權責發生制，其資產負債在會計上之處置，亦與普通基金類似。由特別收入基金購置之長期性資產，亦係另行登載於政府個體會計各長期性資產帳戶，而資產之折舊則不予記錄，其發生之長期負債，亦係另列入政府個體會計各長期負債帳戶。特別收入基金與普通基金同樣採用預算帳戶，所需編製之財務報表更大同小異，自毋庸再舉例闡釋，讀者諒可舉一反三，惟有一點必須於此重複強調者，即若干特別收入基金之聯合報表，絕不能取代各基金之個別報表，如欲編製聯合報表，必先據各基金之資料編製其個別基金報表。

　　資本計畫基金實質上亦可謂為一種特別收入基金，其與後者之主要區別則在：
　　(1)本基金之收入乃用以購置資本設備，而非作為當年之經費。
　　(2)本基金所從事之資本計畫為期較長，往往超過一財政年度。
　　(3)本基金之收入主要來自公債，故其會計重心，乃在遵循債契合約條款或其他訂定之約束。

　　資本計畫基金通常係按各計畫或各公債而分立，一旦計畫告成，基金即告結束，如計畫經費係由舉債或捐款而得，則資本計畫基金會計，即須揭示所獲款項，僅係用於原設之目的，而未支用餘額或虧絀之處置，亦完全符合所訂契約或合同之規定。如遇下列情況，僅設單一基金，即已足敷需要：

　　⑴若干計畫之經費，係由同一公債之發行而募集。

　　⑵一連串計畫密切相關，如三個不同裝置路燈之計畫，其經費係由普通基金或特別收入基金，或二者共同轉撥而來。

　　有若干情形，普通基金或特別收入基金之預算，列有長期性之改良項目，直接動用該基金本身之歲入款項，而並非由發行長期公債，募集所需之款項，則其收支記錄儘可歸諸普通基金或特別收入基金。於此可知，並非一切政府機構之資本支出，均須為之設置資本計畫基金。資本計畫乃特賦基金與公營事業基金外之資本支出，工程比較浩大，用以建造有持久性之重要設施。至如購置機器或辦公器具之類，以其使用期限較短，所需購置款項，可由普通基金或特別收入基金支應，或由短期貸借而來，毋需舉募長期債務，即非資本計畫基金範疇。

第二節　資本計畫基金之會計方法

　　資本計畫預算之記錄，雖亦可採用歲入預算數與歲出預算數等科目，但並無絕對需要。資本計畫基金並無徵稅之特權，其所需款項由發行普通公債而得，或自普通基金與特別收入基金之稅收轉撥。且其資本預算與普通基金之預算並不相同，其資本預算乃為一種資本支出計畫及其所需經費籌募方式之提案，包括期間雖有僅限於一財政年度者，但通常每綿延至四年或五年六載之久，且尚可修正延期。

　　政府機關之資本計畫，需要先以資本預算提出通過，然後按年以相關部分列入普通預算，以為舉債或支款之根據，整個計畫毋須逐年再經過立法核定之程序，故其基金餘額即可視為歲出預算數。

　　資本計畫基金會計，肇端於計畫之正式批准，可以備忘方式記錄。資本計畫之經費，如全部或一部非由發行公債募集而得，則其開始分錄為借應收普通基金款項，或應收省政府款項，或應收中央政府款項，或現金等流動資產，貸收入或基金餘額帳戶。如其經費係由發行公債而來，其開始分錄則以籌得債款借入現金戶，以公債面額貸入收入或基金餘額帳戶。其所以貸入收入帳戶之故，乃因發行債券所得款項，增加基金之資產，而未隨之增加基金之負債，於到期前，負債記載於政府個體會計之長期負債帳戶，到期時，則由債務基金償付。

公債設非按面值發行，則更當以其差異借入或貸入債券折價或債券溢價帳戶。債券溢價原猶利率之調整，而利息將由債務基金負責支付，故溢價金額應予轉入相關之債務基金，此項移轉，可以下列分錄為之：

借：債券溢價 $×××
    貸：現金 $×××
    將債券溢價轉入債務基金。

債券折價亦由於利率調整而發生，按理當以其數自債務基金轉入資本計畫基金，惟因法律上之限制，或為事實所礙，至少於公債發行之首數年度，債務基金除支付本息之需要外，未必可以調出額外資金，是故折價每須予以沖銷，即借收入戶，貸債券折價戶，核定經費因而隨之減低。如用以募集資本計畫資金之公債分批發行，有以溢價出售，有以折價出售者，則溢價折價當暫時留於資本計畫基金，一旦債券全部發行，溢價與折價互抵，然後以淨額按照上列辦法處置。

資本計畫基金之會計記錄，每因建築合同與購貨訂單而須為經費預算之保留。支付工程承攬商、建築師、材料商與員工之費用，其記錄與普通基金會計無異。此外，基金如有游資閒散無用，可以投資於短期證券孳息。於此情況，投資必須列作資本計畫資金之資產，投資利息收入則可轉入資本計畫基金之原始資源，如債務基金與普通基金等，亦可留存資本計畫基金，增加核定經費，全視立法或既有政策而定。關於各項建築之支出，除記載於資本計畫基金外，同時尚須於政府個體會計借入在建工程(construction work in progress)。

資本計畫未完成前，於每一財政年度終了，資本計畫基金之收入、支出，與支出保留數帳戶，均當結入基金餘額戶。於計畫全部完成時，則全部基金均當結清，如有未動用之餘額，當轉歸其原始之來源，如債務基金或普通基金等。基金如有小額虧絀，可自普通基金撥款彌補，貸入資本計畫基金之收入戶，如屬巨額赤字，則須另募新債補充。

第三節　資本計畫基金之記錄釋例

為期對資本計畫資金會計，能深入理解起見，今再舉例以闡釋資本計畫基金之會計分錄。設有乙政府擬大興土木建造一座橋樑，核定全部成本總額$800,000，其中$600,000由普通基金撥款，另$200,000則發行公債募集，其債券係以$2,000折價出售。政府與某建築公司簽訂合約，由其承攬部分工程，估計成本$600,000，另一部分工作，則由政府本身員工負責完成，此資本計畫基金，應作分錄如下所示：

記錄應自普通基金轉撥資源。

借：	應收普通基金款項	$600,000	
貸：	收入		$600,000

記錄收到普通基金撥款。

借：	現金	$600,000	
貸：	應收普通基金款項		$600,000

記錄公債以折價發行。

借：	現金	$198,000	
	債券折價	2,000	
貸：	收入		$200,000

記錄因債券折價減低核定經費。

借：	收入	$2,000	
貸：	債券折價		$2,000

記錄訂購材料。

借：	支出保留數	$10,000	
貸：	支出保留數準備		$10,000

記錄與承攬商訂立建築合同。

借：	支出保留數	$600,000	
貸：	支出保留數準備		$600,000

記錄支付員工月薪$32,000。

借：	支出	$32,000	
貸：	現金		$32,000

記錄收到承攬商所開部分工程帳單$240,000。

借：	支出保留數準備	$240,000	
貸：	支出保留數		$240,000
借：	支出	$240,000	
貸：	應付承攬工程帳款		$240,000

記錄收到訂購材料，發票價格為$9,600。

借：	支出保留數準備	$10,000	
貸：	支出保留數		$10,000
借：	支出	$9,600	
貸：	應付憑單		$9,600

記錄支付承攬商帳款$240,000。

借：應付承攬工程帳款	$240,000
貸：現金	$240,000

記錄訂購材料$24,000。

借：支出保留數	$24,000
貸：支出保留數準備	$24,000

年終結清收入帳戶。

借：收入	$798,000
貸：基金餘額	$798,000

年終結清支出與支出保留數帳戶。

借：基金餘額	$665,600
貸：支出	$281,600
支出保留數	384,000

第四節　資本計畫基金之財務報表

於整個計畫完成之前，每屆財政年度結束，資本計畫基金當編製下列三種財務報表：

一、財務狀況表（資產負債表）

茲以上述乙政府之資本計畫基金為例，編製20××年12月31日之財務狀況表如下：

乙政府
資本計畫基金財務狀況表
20××年12月31日

資　產		負債，準備與基金餘額	
現金	$526,000	應付憑單	$ 9,600
		支出保留數準備	384,000
		基金餘額	132,400
	$526,000		$526,000

資本計畫基金財務狀況表之主要資產為現金，此外因計畫完成所需其他資金之來源，尚可包括其他資產，如應收其他政府單位款項，應收同一政府單位其他基金款項等。本表之主要負債項目，有因購料發生之應付憑單，因承攬工程而引起之應付承攬工程帳款，因借用物料或借用服務而造成之應付其他基金款項，及因機關員工工作而產生之短期應付款項等。可能支付之訂單或合約，於報表編製日，實際負債如尚未確定，則應將其金額以支出保留數準備科目，列於負債與基金餘額之間。

有一點須再特別申述者，即由資本計畫基金建造而成之資產，並不見諸該基金之財務狀況表，而列於政府個體會計之該長期性資產帳戶。此外，任何用以籌集資本計畫基金經費之普通公債，亦非該基金之負債，而係載於政府個體會計於公債到期之時，由債務基金償付。

二、基金餘額變動分析表

基金餘額變動分析表，列示本年度期初基金餘額，加上本年度實際收入，減除本年度之支出與支出保留數。仍以上述乙政府為例，編表如下：

乙政府
資本計劃基金基金餘額變動分析表
20××年度

計劃原核定經費額		$800,000
減：債券折價		2,000
調整計劃核定經費額		$798,000
基金餘額1/1/×1		$　—
加：收入		798,000
合計		$798,000
減：支出	$281,600	
支出保留數	384,000	665,600
基金餘額12/31/×1		$132,400

三、收入比較表

資本計畫基金，可據基金餘額變動分析表所示收入金額，另編製收入比較表，以示其明細收入情形。收入比較表之格式，一如普通基金之歲入比較表。至資本計畫基金之一切支出，因均屬資本支出，尚無另編製支出比較表之必要，可於基金餘

額變動分析表毋酌需要分別列示即可，如將其支出按已完成建築工程合約支出，與其他計畫支出分別列示，即為一例。

第五節　資本計畫基金會計擇要

資本計畫基金會計，應予記錄之事項，為期增進深刻印象，再為擇要分類列述如下：

⑴對資本計畫之核定為正式或非正式之記錄，如指定興建之工程，或購置特殊資本性之資產，以及為實施此項計畫特定財源撥贈之承諾。

⑵如初期需要資金，由短期借款所獲之融資。

⑶為開始工作所需材料之訂購，與勞務之約定及工程契約之訂定。

⑷材料與勞務支出之記錄，以及在建工程契約完成之程度。

⑸材料與人工成本，或契約負債之償付，或臨時性之借款。

⑹賸餘資產之處分，或為彌補虧絀所獲之資金，基於法律規定，而可適應於所遇情況者。

⑺結束所有帳戶，但對上述有關業務之記錄不能認為已獲結果終結。

問　題

一、何謂資本計畫基金？

二、資本計畫基金中之溢價、折價與補息，其涵義為何？在會計上應如何處理？

三、資本計畫基金結束前，其基金餘絀應如何處理？

四、一個資本計畫基金可否支持多個計畫？如果可以，會計上應如何表達？

五、政府持有多個資本計畫基金，可否合併？

習　題

一、下列是某市建設局有關資本計畫基金事項，試作成分錄，並編製平衡表。

　1.核准發行體育館建設債券$800,000。

　2.上項債券的全數以2%的溢價出售。

　3.支付債券印刷費用$15,000。

　4.工程係部分發包，部分自行僱工，該工程某部分已與大華公司訂立合約，估計成本約

$600,000。

5. 訂購材料$100,000。

6. 支付薪資$56,000。

7. 接到大華公司帳單$600,000。

8. 前述訂購材料業已收到，發票金額$99,500。

9. 支付大華公司$600,000。

10. 支付材料帳單$99,500。

11. 將債券溢價移轉於償債基金。

12. 年底計畫全部完成。

二、甲市為新闢街道，發行債券支應工程建設經費，決定設資本計畫基金處理，下面為該基金事項，試作應有分錄並編製平衡表。

1. 核准發行市街建設債券$200,000。

2. 債券全數售出，溢價$1,000。

3. 建設工程交由中華公司承包，約定總價$190,000。

4. 依約以現金支付第一期工程款，為20%。

5. 支付監工費用$1,200。

6. 將債券溢價移轉於債務基金。

7. 年終結算。

三、永利市資本計畫基金××年度發生事項如下，試依序作成分錄。

1. 市議會同意市政府所提建築一消防站計畫，核定支出以不超過$1,500,000為度。

2. 下列資金來源，均已收到：

普通基金移轉	$100,000
省政府補助	500,000
銀行貸款	900,000

3. 支付下列各項費用：

工程價款	$1,400,000
設計監工費	60,000

4. 完工結帳。

5. 餘款移轉普通基金。

四、某市市議會決定興建一座娛樂中心；至於該項經費的籌措則計畫部分取自公債收入，部分來自聯邦政府的補助。然而，由於聯邦所能補助的確實金額未定，以致所需發行的公債總額亦無法預估，故市政府決定等到有進一步的資料後再將公債出售。目前預計該娛樂中心的建築與設備成本共需$2,500,000。

1. 施工前的計畫與設計費用共計$11,500，但是並沒有充裕的現金可立即支付該費用（貸記應付憑單）。

2. 發出訂單訂購$7,050之物料以供支援該計畫的市府工作人員所用。

3. 該計畫中的某一主要部分是以競爭性的投標方式承包出去，已經簽約計$2,170,000。

4. 將出售娛樂中心預定地上的舊建築物所獲得之現金$3,100作為娛樂中心基金的經費；至於該娛樂中心預定地乃由某慈善家捐贈而來。

5. 關於2.中所訂購的物料已全部收到，不過淨成本為$6,090。

6. 由於街道基金為該計畫所作的貢獻，故同意支付其所開的帳單，共計$2,080（先前未經保留）。

7. 收到包商因完成合約所訂之部分工程而開出之帳單，計$200,000。

8. 由於發行的公債尚未準備好上市，故市府決定先利用其向銀行借款$250,000，以作為短期融通。此外，到期前之貼現率為2%。

9. 將包商之帳單，保留5%後，其餘部分再以付款憑單支付。

10. 應付憑單中，除了引起爭議的$970之外，均已付現。

11. 作會計年度終了之結帳分錄。

要求：

1. 將上述各資料作成分錄。

2. 編製20××年12月31日之基金平衡表。

3. 截至20××年12月31日為止，請編製此段期間之估計和實際的支出與保留數表。

五、20××年，某市開始其擴張下水道系統的工作，至於經費則靠發行公債收入與聯邦補助。估計此項計畫的總成本計$1,600,000；其中$800,000來自公債發行，$600,000來自聯邦補助，其餘部分則來自州政府補助。該市並且為此項資本計畫成立下水道系統擴張基金以處理其財務收支。以下交易事項乃發生於20××年：

1. 普通基金提供$25,000之貸款。

2. 將其他政府單位（州以及聯邦）所提供的資金視作應收款而記錄（分別帳戶記錄其款額）。

3. 某公司以$1,450,000之標價承包下該計畫的主要部分工程，並與簽約。

4. 收到市儲備與服務基金因供給物料而開出之帳單，計$20,000。

5. 由於地下道系統計畫迫使電話公司必須移開該地區之某些地下資產，故簽開付款憑單補償其所花之成本計$1,680。

6. 收到建築包商按計畫的工程進度而開出之帳單計$480,000。

7. 支付事前的計畫與設計成本共$19,500予某工程公司，至於此項成本並未曾經過保留。

8. 20××年間所收到的各款項如下：

來自聯邦政府	$300,000
來自州政府	100,000
來自按票面價值出售的公債收入	800,000

9. 支付普通基金之貸款與包商所開之帳單，後者尚保留5%。

10. 以$675,000之成本購入短期投資，但是其中之$1,500，乃是購入之應計利息。（借記「應計利息收入」）

11. 作20××年12月31日之結帳分錄。

要求：

1. 將上述各資料作成分錄。

2. 編製20××年12月31日之平衡表。

3. 編製該期間之基金餘額變動分析表；假設基金之設定日期為20××年7月1日。

第二十章　債務基金會計

第一節　債務基金之會計處理

　　政府機關長期負債本息之支付，每賴債務基金以為之處理，惟特賦與事業基金之債券為例外。特賦債券之清償，全部或大部分將歸由受惠之財產所有主負擔，事業債券之償付，則由公營事業自行負責，當於特賦基金或公營事業基金直接處理。如有普通公債係憑政府信用而發行，但其清償所依之財源，若來自公營事業者，亦當列作該公營事業基金之負債。

　　就公債之發行目的而言，應列入債務基金處理之政府公債約有三種：

　　⑴定期公債(term bonds)。或償債基金公債(sinking fund bonds)。其本金定期於償債基金一次支付。

　　⑵分批攤還公債(serial bonds)。其本金於債券之存續期限內，按年分批攤還。

　　⑶期票(notes)。其期間雖有在一年以上者，惟較之公債之期限為短，且多係用於小額之資本計畫或以之應付急需。

　　債務基金會計之任務，在處理公債還本付息諸事項，惟為謀取收入財源而發之債券，非至到期，不得記錄於債務基金，債券到期之前，該項負債乃記錄政府會計之長期負債帳戶。債務基金多係來自稅收或其他指定收入，如由普通基金撥款而來，則此項撥款，當已列入普通基金之歲出預算。每種公債基於各別之舉債契約，每因所訂條件之互異，而須分設債務基金以處理其本息之支付。惟基金為數過多，不免會計上之累贅，故於不違立法規定之原則下，仍以儘量少設為宜。

　　為定期公債之還本付息，政府多設有償債基金，每年度提撥資金儲存，並投資孳息，以為按期付息與到期還本之用。定期公債債務基金於每一財務年度之始，根據預定計畫，依一定利率，按年金法決定其需要增加額與收益數，並計算當年利息及其他費用，作成預算，分錄入帳。假定甲政府於20×A年1月1日發行市政公債，作為建造市政廳之用，利率5.5%，20年到期，一次償還，於20×B年起每年年終由普通基金劃撥款項歸入償債基金，俾於二十年後可得$2,000,000，以供還本，至每年需要增加之金額，可由普通年金法以決定。年金$1按6%計息，二十年後之終值為$36.7855912，今欲於二十年積聚$2,000,000，則每年須提供予基金者為$2,000,000÷

36.7855912，即$54,369。債券於存續期間內所須積聚之金額，可如下償債基金累積表所列。

上例市府公債發行後之第一年度（20×A年）終了，償債基金應為撥入第一期款，故其時債務基金之基金餘額與專戶存款兩帳戶，均為$54,369。假定第二年度（20×B年）預計須支付利息費用$110,000與代理銀行手續費$800合計$110,800，則基金預算之需要額，除當年應撥入償債基金之$54,369外，應再加上該年度之預計費用支出$110,800，共計$165,169，於是第二年度基金之預算分錄，當如下所示：

借：預計需增額	$165,169	
預計收益額	3,262	
貸：預計支出額		$110,800
基金餘額		57,631

償債基金累積表
（假定按年收益率6%）

年　次	按年撥入額	每年收益額	基金增加額	基金累積額
1	$　54,369		$　54,369	$　54,369
2	54,369	$　3,262	57,631	112,000
3	54,369	6,720	61,089	173,089
4	54,369	10,385	64,754	237,843
5	54,369	14,271	68,640	306,483
6	54,369	18,389	72,758	379,241
7	54,369	22,754	77,123	456,364
8	54,369	27,382	81,751	538,115
9	54,369	32,287	86,656	624,771
10	54,369	37,486	91,855	716,626
11	54,369	42,998	97,367	813,993
12	54,369	48,840	103,209	917,202
13	54,369	55,032	109,401	1,026,603
14	54,369	61,596	115,965	1,142,568
15	54,369	68,554	122,923	1,265,491
16	54,369	75,929	130,298	1,395,789
17	54,369	83,747	138,116	1,533,905
18	54,369	92,034	146,403	1,680,308
19	54,369	100,818	155,187	1,835,495
20	54,375*	110,130	164,505	2,000,000
合　計	$1,087,386	$912,614	$2,000,000	

*因往年小數捨去之故，最後一年撥入數必須增加為 $54,375。

關於分批攤還公債，每年需要支付之本息，其於債務基金應為之預算分錄，一如普通基金之預算分錄，亦用歲入預算數與歲出預算數等科目。

債務基金會計亦用修正權責發生制，由是，任何劃歸定期或分批攤還公債基金之財產稅，皆可於稅單發出時計列入帳，一如普通基金對該項會計之處理方法。

債務基金於公債本息到期支付時，應借歲出實付數，貸應付公債或應付利息，同時，由長期負債類帳戶，將償還額轉出。債務基金於財政年度結束時，應付而毋須支付之利息，因未設有預算，故不當計列入帳。又債務基金並不開具購貨訂單或簽訂合約，故於會計上並無須為歲出保留之必要。

定期公債需要設置償債基金，則其債務基金會計，更包括現金之投資與利息之收取記錄。根據修正權責發生制，每一財政年度終了，如有應收利息，應予登錄入帳。

茲特再就定期與分批攤還公債，舉例闡釋債務基金之會計分錄於後。至已經發行之期票有於定期一次償付，亦有分批攤還，其會計記錄一如定期公債或分批攤還公債，儘可比照處理，故予從略。

第二節　定期公債基金會計分錄

今仍以上述甲政府之市府公債為例，列舉其債務基金於20×B年度之會計分錄於次：

20×B年之預算成立。

借：預計需增額	$165,169		
預計收益額	3,262		
貸：預計支出額		$110,800	
基金餘額		57,631	

投資證券之購買並發生溢價、折價與應收利息。

借：投資	$52,000		
未攤銷投資溢價	540		
應收投資利息	1,040		
貸：未攤銷投資折價		$　160	
現金		53,420	

記錄普通基金應予劃撥之款項。

借：應收普通基金款項	$165,169	
貸：歲入實收數		$165,169

收到普通基金劃撥之款項。

借：現金	$165,169	
貸：應收普通基金款項		$165,169

記錄應收投資利息。

借：應收投資利息	$3,300	
貸：利息收入		$3,300

收到應收利息。

借：現金	$3,500	
貸：應收投資利息		$3,500

攤銷投資溢價與折價，並調整利息收入。

借：未攤銷投資折價	$40	
利息收入	20	
貸：未攤銷投資溢價		$60

應付公債利息與代理銀行手續費。

借：歲出實付數	$110,800	
貸：應付利息		$110,000
應付憑單		800

調撥現金以支付公債利息。

借：代理銀行存款	$110,000	
貸：現金		$110,000

簽具應付憑單以支付利息。

借：應付利息	$110,000	
貸：應付憑單		$110,000

銀行代發利息。

借：應付憑單	$110,000	
貸：代理銀行存款		$110,000

支付代理銀行之手續費。

借：應付憑單	$800	
貸：現金		$800

結清歲入實收數與預計需增額戶。

借：歲入實收數	$165,169	
貸：預計需增額		$165,169

結清收入與預計收益額戶，並以其差異結轉基金餘額戶。

借：利息收入	$3,280	
貸：預計收益額		$3,262
基金餘額		18

結清歲出實付數與預計支出額。

借：預計支出額	$110,800	
貸：歲出實付數		$110,800

第三節　分期攤還公債基金會計分錄

假定甲政府於20×B年1月1日發行5%教育公債$2,000,000，以為建設學校之用，公債按年支息一次，並攤還本金$200,000，所需款項由特徵之財產稅供給，下示乃教育公債基金第一年度之分錄：

本年度之預算成立。

借：歲入預算數	$310,000	
貸：歲出預算數		$300,000
基金餘額		10,000

記錄本年度之稅收。

借：應收本年度稅款	$312,000	
貸：估計短收本年度稅款		$ 2,000
歲入實收數		310,000

收到本年度稅款。

借：現金	$302,000	
貸：應收本年度稅款		$302,000

第一年度到期應攤還之本金額。

借：歲出實付數	$200,000	
貸：應付公債		$200,000

年終應付利息。

借：歲出實付數	$100,000	
貸：應付利息		$100,000

應償付本年度公債之本息。

借：應付公債　　　　　　　　　　　　　$200,000

　　應付利息　　　　　　　　　　　　　100,000

　　貸：現金　　　　　　　　　　　　　　　　　　　$300,000

將過期滯納稅款與相關估計短收稅款戶轉入已過期帳戶。

借：應收已過期稅款　　　　　　　　　　$10,000

　　估計短收本年度稅款　　　　　　　　2,000

　　貸：應收本年度稅款　　　　　　　　　　　　　$10,000

　　　　估計短收已過期稅款　　　　　　　　　　　2,000

結清歲入帳戶。

借：歲入實收數　　　　　　　　　　　　$310,000

　　貸：歲入預算數　　　　　　　　　　　　　　　$310,000

結清歲出帳戶。

借：歲出預算數　　　　　　　　　　　　$300,000

　　貸：歲出實付數　　　　　　　　　　　　　　　$300,000

第四節　債務基金之財務報表

為揭示債務基金之財務狀況與經營結果，需編之財務報表有二：

⑴財務狀況表（資產負債表）。

⑵基金收支餘額表(statement of revenues, expenditures and fund balances)。

　　債務基金其基金餘額之變異，無不起於歲入超逾歲出，故並無特別加以分析之必要，僅須附之於基金收入餘額表，即可以一目了然。且債務基金之歲入來源與歲出項目，均為數有限，故以實際數與預算數相比較，亦大可不必，於定期公債基金，僅以腳註揭示年金法計算所需金額即可。今試以甲政府為例，編製其債務基金之財務報表如下：

一、財務狀況表

　　每一債務基金，可各自編造一財務狀況表，惟通例於若干債務基金並存時，亦可聯合編製。聯合財務狀況表，除示所有基金之總額外，必須將各別基金之數字亦予明白揭露如下：

	甲政府		
	債務基金財務狀況表		
	20×B 年 12 月 31 日		
	合 計	教育公債	市府公債
資 產			
現金	$ 60,818	$ 2,000	$ 58,818
應收已過期稅款減估計短收淨額	8,000	8,000	
投資	52,360		52,360
應收投資利息	840		840
	$122,018	$10,000	$112,018
負債與基金餘額			
基金餘額	$122,018	$10,000	$112,018*

*按年金法計算之需要額為 $112,000。

　　分期攤還公債債務基金之財務狀況表，通例資產僅有現金與應收款項，其貸方科目則為基金餘額。此外，如有公債或公債息票到期持票人尚未提請償付，則財務狀況表當列有應付公債或應付利息。定期公債債務基金之財務狀況表，原較複雜，如充分揭露，自必繁瑣，其資產除現金與應收款項外，尚擁有大額投資，並有應收投資利息與未攤銷投資溢價與折價。惟投資可僅以成本淨額表達，如上列所示，亦可將未攤銷投資溢價與折價列諸財務狀況表。

　　根據修正權責發生制，除非全部公債均經到期，財務狀況表所示之負債項目，應包括應付利息與基金餘額。定期公債之債務基金財務狀況表，其主要特徵，在用腳註方式揭示按年金法計算之需要額。

二、基金收支餘額表

　　此表乃示期初與期末基金餘額及其增減變化，除表達收入支出及盈虧數額外，更揭示了基金之來源與用途。至定期公債之債務基金，更當於此表以腳註說明當年度按年金法計算之基金需增額，以期與實增額相比較。茲以甲政府債券基金為例，編製其債務基金收支帳餘額表如下：

	合　計	教育公債基金	市府公債基金
甲政府			
債務基金基金收支餘額表			
20×B 年度			
收入：			
財產稅	$310,000	$310,000	
普通基金撥款	165,169		$165,169
投資利息	3,280		3,280
收入總額	$478,449	$310,000	$168,449
支出：			
贖回分批攤還公債	$200,000	$200,000	
公債利息	210,000	100,000	$110,000
代理銀行手續費	800		800
支出總額	$410,800	$300,000	$110,800
盈　虧	$ 67,649	$ 10,000	$ 57,649*
基金餘額，1/1/×B	54,369		54,369
基金餘額，12/31/×B	$122,018	$ 10,000	$112,018

*20×B 年度年金法計算基金需增額為$57,631。

第五節　一般償債基金會計

　　定期公債亦稱償債基金公債，故亦有稱債務基金為償債基金。為加深對債務基金之認識，茲再就一般償債基金之會計，為簡要說明之。

　　⑴一般償債基金之總分類帳戶，可分為資力，負擔、準備及賸餘兩類：

屬於資力類者	屬於負擔、準備及賸餘者
現金	應付帳款
應收稅款	折價
減：估計呆稅	公債收回準備
投資	償付預計數
應收其他基金款	投資收益
溢價	賸餘
基金需用數	

　　⑵一般償債基金之會計事項，擇要列其分錄如下：

　　　①基金全年需用數經予決定。

　　　　借：基金需用數

　　　　　　貸：公債收回準備

②收到普通基金撥款。

借：現金

貸：基金需用數

③為償債基金指用之稅收。

借：應收稅款

貸：基金需用數

估計呆稅

④稅款收到。

借：現金

貸：應收稅款

⑤由他項公債基金餘額移作償還債款之用。

借：現金

貸：基金需用數

（同時公債基金應有相當之記錄。）

⑥投資。

借：投資

（應收利息）

（溢價）

貸：現金

（折價）

⑦投資獲得收益。

借：現金

貸：收入

（應收利息）

⑧投資出售。

借：現金

貸：投資

收入

⑨將累積收入與基金需用數對沖。

借：收入

貸：基金需用數

⑩公債到期收回。

借：公債收回準備

　　　貸：償付預計數

借：償付預計數

　　　貸：現金

（同時應於長期負債帳類，亦予處理。）

⑪攤分折價。

　借：折價

　　　貸：收入

⑫攤分溢價。

　借：收入

　　　貸：溢價

(3)一般償債基金所編之平衡表，其內容要項如下：

現金	償付預計數
投資	公債收回準備
溢價	賸餘
應收稅款	
減：呆稅 _____ _____	_____

至其所應編製之償債基金收支表，可參考前例，不再列舉。

問　題

一、試述應列入債務基金處理之政府公債種類。

二、試述債務基金於公債本息到期時之會計處理。

三、試述定期公債基金於預算成立時及年終結帳時之記錄方法。

四、試述分期攤還公債基金之還本付息記錄方法。

五、試述債務基金所需編之主要報表。

六、簡述償債基金的來源。

七、試述債券基金與償債基金的不同性質。

八、為平均償債的支出，應如何計算逐年分擔一相同的金額？

九、償債基金積聚表，通常不計及利息，何故？如利息亦從償債基金中支付，會計上將如何處理？

十、單一基金償付數種債券時，和只償付一種債券，會計的處理有何不同之處？

十一、分期償付和一次償付的償債基金會計，那一種較為簡單？

十二、以特別稅課支應之償債基金，如債券到期，現金不敷支付，將如何處理？基金如有餘絀
　　　應如何處理？

習　題

一、甲市發行債券$500,000，期限五年，積聚償債基金以備到期一次償還，在發行存續的每一年
　　度終了時，收自普通基金五次相同之分擔額，而每次的分擔額，除最後一次外，從撥入日起
　　到債券到期日止，獲有年利 8%之收益，從一元年金終值表中查知終值因子為$5.866601。

　　1.請計算每年應提分擔額。

　　2.編製償債基金積聚表，分年列明應提分擔額，應提收益，及年終合計。

二、下列為某償債基金，結帳前試算表，試作成結帳分錄，並編製結帳後平衡表。

現金	$ 35,100	
應收投資利息	350	
投資	33,000	
應提分期收取分擔額	33,500	
應提收益	1,350	
分擔所入		$ 33,500
收益		1,400
償債基金債券償還準備		68,400
	$103,300	$103,300

三、某市20X9年12月31日，分期償付債務基金之平衡表如下：

某市

分期償付債務基金平衡表

20X9年12月31日

資　產		負債及基金餘額	
現金——代理商處	$ 800	應付利息	$ 800
投資	1,000,000	基金餘額	1,025,000
應收利息——投資	25,000		
總資產	$1,025,800		$1,025,800

試問：

　1.作成下列事項應有之分錄。

㈠本債務基金20Y0年的預計所入為普通基金移轉$160,000，投資收益$52,250，核定經費是

1月1日及7月1日，代理商須付的利息支出各$40,000。

㈡記錄對普通基金的應收款項。

㈢收到普通基金應分攤額的半數。

㈣記錄20Y0年1月1日的應付利息。

㈤移轉現金給代理商，以便償付1月1日到期之利息。

㈥20X9年12月31日的應收利息已收到並加以投資，從普通基金所收到而賸下來的錢也加以投資。

㈦代理商報告付了利息$39,200。

㈧賸下的普通基金分攤額亦已收到。

㈨記錄7月1日的應付利息。

㈩移轉現金給代理商，以便償付7月1日到期之利息。

㈠收到投資利息$25,625並加以投資，從普通基金所收到而賸下的錢也加以投資。

㈡代理商通知付了利息$39,400。

㈢年底的應收利息為$26,750。

㈣結預算及名義帳戶。

2.編20Y0年12月31日某市分期償付債務基金平衡表。

3.編20Y0年本基金之收入、支出及基金餘額表。

四、北市有4.5%流通在外債券，$600,000於20×5年7月1日到期，在20×5年的初期，只累積$100,000來償還此一債務，因此擬發行5%分期償付債券，每年到期$25,000，從20×6年7月1日開始。有足夠的債券持有人同意此一提案，並決定於20×6年6月30日結束的這一會計年度之預算為償付所有7月1日到期之利息及$100,000給債券持有人。這$100,000的基金餘額是屬於現金科目。

試問：

1.下列事項是關於一次到期債務基金在20×6年6月30日結束這一會計年度所發生的交易，試作成分錄。

㈠記錄此一會計年度的預算。

㈡普通基金提供足夠的現金以償付利息。

㈢記錄$100,000債券之負債。

㈣本年的利息及債券負債都已償付。（沒有使用代理商制度。）

㈤結清所有的帳戶。

2.新的分期償付債務基金成立，在20×6年6月30日結束的會計年度，它所發生的交易如下，試作成分錄。

㈠記錄本年度的預算。預計所入的來源為租稅，其金額為本年度的利息支出及第一年的到期債券。核定經費則只有本年度的利息費用。

㈡租稅徵課，應收賦稅是以產生預計所入的金額，預計有2%的壞稅。

㈢收到90%的賦稅，賸餘的已過期。

㈣記錄20×6年1月1日之利息負債。

㈤20×6年1月1日的現金，除移轉利息支出的數額於代理商外，其餘都加以投資。

㈥代理商報告所有1月1日到期之利息都已償還。

㈦投資利息如下：當年度收到$780，年底應收$170。應收滯納利息與罰款$255，其中的$55為壞帳。

㈧結束本年度的預算及名義帳戶。

3.編製20×6年6月30日分期償付債務基金平衡表。

4.編製20×6年6月30日結束這一年度，分期償付債務基金之收入、支出及基金餘額表。

第二十一章　特賦基金會計

第一節　特賦基金會計對象

　　政府對若干公共改良，如修鋪住宅區道路、拓寬人行道、疏通溝渠等，因其利益並不普及，其受惠者僅限於某區財產所有主，故其經費之全部或一部乃向受惠者徵收，非自一般歲入或由發行普通公債而募集。每一特賦計畫，就法律觀點而論，各自獨立，且於財務上當履行其各別規定之義務，與特賦計畫相關之公債或期票之償付，亦唯有出自向其受益財產所有主徵收之特賦，故必須分別設置基金以為處理，若有一部分計畫實施之結果，其恩澤及於公共利益者，該項成本當由普通基金撥款分擔，或由政府信用擔保，發行公債。特賦基金會計乃以特賦計畫之實施，所涉財務收支事項之處理為對象。

　　特賦基金，一如資本計畫基金，當有其資本預算。申言之，任何計畫必須由立法機關核准，方可著手。特賦於其計畫核准後即可徵收，惟通例每等待至大功告成，全部成本探悉後，始行徵收，以免日後多退少補之麻煩。地方改良計畫之成本，普通係按比例攤派於受益財產之所有主，而地方政府由於下列原因，亦每分擔一部分之成本，或貼補其短絀。

　　⑴政府於改良地區擁有公產。
　　⑵改良計畫之一部分亦有裨於公益。

第二節　特賦基金會計記錄

　　為期瞭解特賦基金之會計方法，茲舉一例以闡釋之。設有修補道路計畫核定經費$400,000，因有裨公益，其中$20,000由普通基金於動工前一筆轉撥，另$380,000則向鄰接財產所有主攤派，其中$30,000於本年度即行徵收特賦，另$350,000則由發行特賦公債募集，按其所經步驟，分別列示其會計記錄於後：

一、計畫之正式核准

計畫一經正式核准，其資本預算，包括特賦之徵收與政府應攤分額，可以下列

備忘分錄記載：

借：應收特賦款項──本年度	$ 30,000	
應收特賦款項──遞延	350,000	
應收普通基金款項	20,000	
貸：基金餘額		$400,000

　　特賦基金建立後，每一財務年度開始，應收特賦款項本年度到期部分，即當自遞延應收戶轉至本年度應收戶。

　　注意上列分錄並未提列備抵壞帳，特賦固如任何賦稅，亦有無法徵收之可能，惟其因為法律所限，未能預期短收而擅自增加全部徵收金額，基金如因特賦短收而有虧欠，每須另由政府津貼。

二、公債之發售

　　特賦因數額龐大，納稅人往往准予分期付款，綿延多年，同時工程進展所需經費支出必須另闢財徑，每由發行公債而募集。上述修補道路基金之特賦公債如係按面值發行，則其分錄如下：

借：現金	$350,000	
貸：應付公債		$350,000

公債如係溢價或折價發行，則其分錄如下：

公債溢價發行	公債折價發行
借：現金（全部售得款項） 　貸：公債溢價 　　　應付公債（面值）	借：現金（全部售得款項） 　　　公債折價 　貸：應付公債（面值）

　　有一點須特別注意者，舉凡地方改良公債之本息，概由各該特賦基金之財源清償，是故該項公債應列作特賦基金之負債。

三、改良工程之支出

　　改良工程支出之會計記錄，一如普通基金之支出，亦採用權責發生制，並於定貨或訂約時，即須以支出保留數入帳。設基金自建部分工程訂購材料，價值$50,000。

借：支出保留數	$50,000	
貸：支出保留數準備		$50,000

收到部分訂購材料$10,200，註銷原保留數$10,000。

借：支出　　　　　　　　　　　　　$10,200
　　貸：應付憑單　　　　　　　　　　　　　　　　$10,200
借：支出保留數準備　　　　　　　　$10,000
　　貸：支出保留數　　　　　　　　　　　　　　　$10,000

與某承攬商訂約包工建造工程之一部分，價值$300,000。

借：支出保留數　　　　　　　　　　$300,000
　　貸：支出保留數準備　　　　　　　　　　　　　$300,000

某承攬商合約已完工部分之成本$190,000，並轉回原保留數。

借：支出　　　　　　　　　　　　　$190,000
　　貸：應付承攬工程帳款　　　　　　　　　　　　$190,000
借：支出保留數準備　　　　　　　　$190,000
　　貸：支出保留數　　　　　　　　　　　　　　　$190,000

員工自造部分工程，應支付$34,000。

借：支出　　　　　　　　　　　　　$34,000
　　貸：應付憑單　　　　　　　　　　　　　　　　$34,000

負債以現金支付。

借：應付憑單　　　　　　　　　　　$ 38,000
　　應付承攬工程帳款　　　　　　　180,000
　　貸：現金　　　　　　　　　　　　　　　　　　$218,000

四、特賦與利息之徵收

應收分期特賦本年度特賦及政府應攤分額全部，均收到現金。

借：現金　　　　　　　　　　　　　$49,000
　　貸：應收普通基金款項　　　　　　　　　　　　$20,000
　　　　應收特賦款項──本年度　　　　　　　　　29,000

應收分期特賦本年度過期滯納特賦。

借：應收特賦款項──過期　　　　　$1,000
　　貸：應收特賦款項──本年度　　　　　　　　　$1,000

受益財產所有主因允分期繳納特賦，因而必須發行公債募集資金，其自當分擔利息成本，計其未付特賦款之利息$7,240。

借：應收利息　　　　　　　　　　　$7,240
　　貸：利息收入　　　　　　　　　　　　　　　　$7,240

收到應收利息。

借：現金 $7,190

貸：應收利息 $7,190

五、負債本息到期之支付。

公債利息到期應付$7,000。

借：利息費用 $7,000

貸：應付利息 $7,000

設所發公債有溢價或折價情形，該項溢價或折價不齊利率之調整，當於公債之存續期間攤銷。

公債溢價之攤銷		公債折價之攤銷	
借：公債溢價 $×××		借：利息費用 $×××	
利息費用 　×××		貸：公債折價 $×××	
貸：應付利息 $×××		應付利息 　×××	

公債本金與利息以現金償付時。

借：應付利息 $×××

　　應付公債 　×××

貸：現金（或應付憑單） $×××

六、結　帳

每屆財政年度結束，利息收入與利息費用當予結清，本例為利息收入超逾利息費用，其差額應結入基金餘額。

借：利息收入 $7,240

貸：利息費用 $7,000

　　基金餘額 240

反之，設利息費用超逾利息收入，其分錄應為：

借：利息收入 $×××

　　基金餘額 ×××

貸：利息費用 $×××

特賦基金之核定經費，並不因財政年度結束而失效，故未至工程完竣前，支出與支出保留數並無結入基金餘額戶之必要，惟為下列原因，亦可以按年結帳。

⑴欲探知各基金以後年度猶可支用之餘額。

⑵藉以決定其工程金額，俾於政府個體會計之長期性資產帳戶記錄：

如於年終結清支出與支出保留數戶時。

借：基金餘額	$384,200	
貸：支出		$234,200
支出保留數		150,000

一旦建築工程大功告成，則於政府個體會計將在建工程轉為長期性資產。

特賦公債既屬特賦基金之負債，於公債全部清償前，特賦基金必須繼續存在。待工程告成，基金會計尚包括應收款項之徵收與對外債務之處理。工程完竣或債務清償後，如基金猶留有餘額，當依法予以處分，或歸入普通基金，以結束基金餘額。

第三節　特賦基金之財務報表

特賦基金之主要報表有三：

一、財務狀況表（資產負債表）

上列修鋪道路特賦基金之例，如所有有關分錄均經過帳，可編製財務狀況表如下：

某政府

特賦基金財務狀況表

20××年12月31日

資　產		負債、準備與基金餘額	
現金	$188,190	應付憑單	$　6,200
應收特賦款項：		應付承攬工程帳款	10,000
本年度	－	應付利息	7,000
過期	1,000	應付公債	350,000
遞延	350,000	負債總額	$373,200
應收利息	50	支出保留數準備	150,000
		基金餘額	16,040
	$539,240		$539,240

上列財務狀況表，有二點雖前曾一再申述，猶值得再行提出：

⑴地方改良之經費雖係賴特賦之攤派而來，但其完成之建築工程，則應視作政府公產，而歸入政府個體會計之長期性資產帳戶，並不列入特賦基金。

⑵特賦公債，因其清償須全部出自特賦基金之財源，應歸屬基金之負債。

二、現金收支報告表

於特賦基金之存續期間，每一會計年度終了，當編製現金收支報告表，按現金收入之來源與支出之用途分類列示。如工程係由政府員工與承攬包工兼造，則其資本支出可予分別列示：

某政府 特賦基金現金收支報告表 20××年度		
現金餘額，1/1/××		$　　—
收入：		
本年特賦	$ 29,000	
過期特賦	—	
政府攤派分額	20,000	
公債售得款項	350,000	
特賦利息	7,190	406,190
可用現金額		$406,190
支出：		
建築工程資本支出	$218,000	
償還公債		
公債利息		218,000
現金餘額，12/31/××		$188,190

三、基金餘額變動分析表

特賦基金之基金餘額，於完工前，係可供完成計畫之核定數額，工程一旦完工，該戶便為與實際建築成本比較而現之盈虧，並為特賦公債利息費用與應收特賦款項利息收入之差異。基金餘額變動分析表，在顯示整個計畫之核定金額，期初餘額，本年度增加額，支出與支出保留數，與期末餘額。

如有數項工程計畫同時並存時，則可編製聯合報表，惟須於表首應揭示工程係已往年度完成，本年度完成，抑猶在進行中。設工程早於往年度完成，其基金餘額唯一增減之原因，乃為特賦利息收入與公債利息費用之差異。

茲特就上舉某政府為修鋪道路而設之特賦基金資料，編製基金餘額變動分析表如下：

某政府
特賦基金基金餘額變動分析表
20××年度

核定經費		$400,000
基金餘額，1/1/××		$　 —
加：核定特賦	$380,000	
利息收入超逾利息費用	240	
普通基金撥款	20,000	400,240
減：支出		$400,240
支出保留數	$234,200	
	150,000	384,200
基金餘額，12/31/××		$　16,040

特賦基金之收入，僅包括遞延應收特賦款項之利息一項，非如資本計畫基金，因而，並無編製收入比較表之必要。

問　題

一、試述特賦基金之一般會計處理方式。

二、試述特賦基金發行公債之原因，及會計處理方法。

三、試述特賦基金之利息收入之來源及利息支出之原因。

四、試述特賦基金在建工程之支出如何列帳，完成工程如何列帳。

五、試舉特賦基金應編製之財務報表。

六、何謂特賦基金？其與資本計畫基金有何不同？

七、何以特賦基金不設備抵短收特賦帳戶？如屬發行普通特賦債券，則因特賦短收所發生之虧絀，將如何填補？

八、特賦工程之興辦，在特賦分期收取的情況下，如何籌集資金？

九、政府為何要分擔特賦工程成本？此項分擔款從何基金撥付？

十、過期特賦應如何處理？

十一、特賦的利率和特賦的債息，何者為高，理由為何？

十二、特賦基金的來源，大部分出自對受益財產所有權人攤派的工程受益費，一部分出自政府分擔的改良工程成本。政府究應資本化其計畫的全部成本，或僅及於部分成本？

習　題

一、下列為某市特賦基金所發生之會計事項，試為之作分錄、結帳分錄及基金平衡表。

1. 某特賦計畫已奉核准，總額$675,000，分十年繳納。

2. 照面值發行特賦基金債券$675,000。

3. 收到第一期特賦徵課$67,500。

4. 工程計畫業已簽約總價$635,000。

5. 核准支付包商帳款$200,000。

6. 收到特賦利息$18,225。

7. 支付債券持有人利息$12,150。

8. 應計債券利息$6,000。

9. 應計特賦利息$2,700。

二、某縣為建築防洪堤，決定置一特賦基金，下列為該基金發生之事項，試分別年度作成應有之分錄與結帳分錄，並編製第二年結帳後平衡表。

1. 防洪堤全部工程計畫預算為四十萬元，發行特賦建設公債支應。

2. 特賦建設公債於第一年全數售出，溢價二千元。

3. 政府應分擔成本三萬元，民間受益財產第一年應分擔特賦三萬元，第二年分擔特賦六萬元，其餘遞延以後年度收取。

4. 政府分擔成本於第一年一次收足。第一年收到當期特賦二萬元。第二年收到當期特賦三萬元，過期特賦一萬元。

5. 第一年經費支出三十五萬元，第二年經費支出四萬元。全部工程業已完成，驗收合格，工款付訖。

6. 第二年償付債券五萬元，支付利息二千元。

三、在特賦債券發行以前得先發行短期庫券支應特賦工程款項，試就下列事項作成分錄，並說明先發庫券之優點。

1. 出售特賦工程建設庫券$340,000。

2. 出售債券$350,000。

3. 償付庫券本金$340,000，利息$10,000。

四、多樂市20×B年度（終止於6月30日）普通基金之一部分帳戶如下：

特種現金

日　期	備　考	借	貸	餘　額
8/1/×A	現收58	$301,000		$301,000
9/1/×A	現收60	80,000		381,000
12/1/×A	現支41		$185,000	196,000
2/1/×B	現支45		4,500	191,500
6/1/×B	現收64	50,500		242,000
6/30/×B	現支65		167,000	75,000

應付公債

日　期	備　考	借	貸	餘　額
8/1/×A	現收58		$300,000	$300,000
6/1/×B	現收64		50,000	350,000

在建工程——大街溝渠

日　期	備　考	借	貸	餘　額
12/1/×A	現支41	$185,000		$185,000
6/30/×B	現支65	167,000		352,000

利息費用

日　期	備　考	借	貸	餘　額
2/1/×B	現支45	$4,500		$4,500
6/1/×B	現收64		$500	4,000

特賦收入

日　期	備　考	借	貸	餘　額
9/1/×A	現收60		$80,000	$80,000

債券溢價

日　期	備　考	借	貸	餘　額
8/1/×A	現收58		$1,000	$1,000

上列帳戶乃因下述之工程計畫而產生：

市議會通過興建大街溝渠工程，並核發公債$350,000，以便特賦得以遞延支付。根據通過方案，建築工程估計成本之80%，以特賦向財產所有主課徵，分五年付款，餘額則於20×A年10月由市府提供。第一年特賦於20×A年9月1日收得，遞延特賦帳款，則自20×A年9月1日起按5.625%之利率加息徵收。工程預期於20×B年10月31日完成。

1. 試編製特賦基金工作底稿，記載大街溝渠工程交易，列示20×B年6月30日之結帳分錄，與該日之帳戶餘額。

2. 試作特賦基金外其他基金對於大街溝渠工程諸交易應為之分錄。

五、某縣為興建道路，全部工程費及利息開支約計$500,000，與銀行訂立透支合約，成立特賦基金，借款本息，俟道路完工後，收費歸還，預計五年內還清，即停止收費。下面是該特賦基金發生之事項。

　1.第一年

㈠工程計畫及借款利息$500,000已奉核定，並與銀行訂立透支合約。

㈡經與建設公司訂約，計價$420,000，第一期工程款$100,000，簽發銀行透支戶支票。

㈢第二期工程款$80,000。

㈣部分道路業已完工，開始徵收通行費，本年內收到通行費收入$16,000，送存本基金透支戶。

㈤接銀行通知第一年利息$8,000，已入本基金透支戶。

　2.第二年

㈠支付第三期工程款$220,000。

㈡本年上期通行費收入$28,000。

㈢全部工程已完工，末期工程款$100,000，亦已付訖。

㈣接銀行通知第二年利息$13,000，已入本基金透支戶。

㈤本年下期通行費收入$21,000。

要求：

1.試根據上列資料作應有之分錄及年終結帳分錄。

2.編製第一、第二年平衡表。

六、某縣為建築體育場，決定設置一特賦基金處理，下列為該基金發生之事項，試分別年度作成應有之分錄與結帳分錄，並編製結帳後平衡表。

1.建築體育場全部工程計畫預算為$800,000，發行特賦建設公債支出。

2.特賦建設公債於第一年全數售出，折價$30,000。

3.政府應分擔成本$500,000，民間受益第一年應分攤特賦$100,000，第二年分攤特賦$80,000，其餘遞延至以後年度收取。

4.政府分擔成本於第一年一次收足，第一年收到當期特賦$50,000，第二年收到當期特賦$60,000，過期特賦$50,000。

5.第一年經費支出$570,000，第二年經費支出$200,000，全部工程已完工，驗收後付訖。

6.第二年償付債券$120,000，並支付利息$12,000。

第二十二章　政府內部服務基金會計

第一節　政府內部服務基金會計之特點

政府內部服務基金亦稱運用資本基金(working capital fund)，本基金之建立，乃在供應同一政府各部門所需物料用品及各項服務，例如修車廠、交通車、印刷廠、採購處、物料處等。此種內部服務與公營事業有別，後者主要係對公眾服務，並收取費用以為酬報，通例咸設公營事業基金以為處理。政府內部服務基金之設置，其經費來源有三：

⑴由其他基金撥款資助。

⑵發售普通公債。

⑶由其他基金先行墊借，待來日自週轉基金(revolving fund)所獲之收益逐期償還。

基金一旦由上列來源獲得資本後，即斥資購置物料零件等，然後以原物或再加工製造成品，分發各部門應用，除收回物料零件成本外，再加收人工與費用。政府內部服務基金實係一種週轉基金，其建立目的，在供應其他部門貨品或勞務，同時收回其所花成本與費用，其財務上之長期目標，在求自給自足，無盈無虧。

政府內部服務基金會計與私營企業會計並無不同，亦採用權責發生制，對其他部門提供勞務時即行取費，支出於發生時即行列帳，但毋需記錄預算帳戶，惟須登載長期性資產與折舊，藉以計算成本，決定應收取之價款，而求收支之達於平衡。支出保留數之正式入帳，並無絕對必要，惟於訂貨之控制，不無裨益。

第二節　政府內部服務基金之會計記錄

政府內部服務基金建立時之記錄，當隨其資本之來源而異。如係自普通基金轉撥而來，則借現金，貸普通基金撥款(contribution from general fund)；如係由發售普通公債而來，則於自資本計畫基金收到現金時，借現金，貸普通公債撥款(contribution from general obligation bonds);如其資本係由同一機關其他基金墊借而來,則借現金,貸普通或其他基金墊款。最後一項分錄之貸項科目,不用應付普通或其他基金款項帳戶,所以示其負債非短期性質也。

　　政府內部服務基金應設成本記錄,俾便能按照成本收取費用,惟於開具發票之時,往往間接費用之正確數額尚不得而知,即使可以探知,為欲使全年取費均勻起見,其於發票開價除收回直接人工與直接原料成本外,多按預定分攤比率計算間接費用附加於直接成本合計收取。於開具發票分送受益部門時,其應為之記錄,為借應收某某基金款項,貸來自其他單位收入(billings to departments)。於財務年度結束時,再將實際間接費用與估計數比較,如有高下,差異大者轉回各該費用部門,如為數無足輕重,則不妨結入保留盈餘帳戶。

　　於每一財政年度終了,政府內部服務基金之收入費用必須結清,藉以決定當年之淨收益,其分錄為借來自其他單位收入,貸各項費用。設收入超逾費用,將其差額貸入來自各其他單位收入超逾成本(excess of net billings to departments over costs),設費用超逾收入,則當借入成本超逾來自各其他單位收入(excess of costs over net billings to departments),然後再將上項超逾帳戶,結轉保留盈餘帳戶。

第三節　政府內部服務基金之財務報表

　　政府內部服務基金應編之報表有三:

㈠財務狀況表（資產負債表）

　　政府內部服務基金之財務狀況表,其中所列之資產隨其活動之性質而異,多數週轉基金之流動資產,均列有現金、應收其他基金款項、物料存貨等項,長期性資產之置存價值,則按期由折舊而減低,至基金之短期負債,主要為應付票據、應付帳款、應付其他基金款項等,長期負債則為其他基金墊款。政府內部服務基金之財務狀況表,無業主權益,惟有普通或其他基金撥款,代表普通或其他基金之投資。

㈡保留盈餘變動分析表

　　保留盈餘變動分析表,列示基金保留盈餘之金額與其增減之原因。基金之保留盈餘固宜保持適當餘額,以備吸收未來小額損失之用,若有巨額之保留盈餘,表示向受益部門取費過高,應予降低,若為虧絀,則顯示取費不敷成本,當予調整,否則即須由普通基金撥款彌補。

㈢營業計算表(statement of operations)

　　營業計算表列示對各部門提供貨品或勞務之收入及其成本。政府內部服務基金之設置動機非在牟利，故此表計算而得之結果，名之為「向各部門收入超逾成本額」，較之「淨收益」更為合適。

　　政府內部服務基金如不只一個基金，可將各基金之平衡表加以綜合，編製聯合財務狀況表，並設專欄將各基金資料分別列示，固無不可，但欲為政府內部服務基金編製聯合營業計算表，殆不可能，蓋因各基金之費用科目名稱隨其業務活動之性質而大相懸殊也。

第四節　政府用品基金會計釋例

　　政府用品供應基金之財務目的，不僅要由其業務收入中收回其全部業務成本，而且還要有相當淨利，以使其在物價上漲期間能以重置存貨，且能以增加存貨數量，以應使用本基金部門業務擴展之需要，同時，用品基金亦可以其多餘的淨利去購置所需用的固定資產，然而，關於基金擴展業務所需設備之財源，必須經由其他基金之捐助，當然，該項捐助須經撥款預算之授權。於是，內部服務基金之經理人員必須先擬訂其業務計畫，並編製其預算，該項預算須送立法機關審議，並向大眾公布，惟其預算並不正式登入基金帳戶，同樣地，其經理人員需要知道，已簽發之購貨訂單與契約，但不需要以支出保留數登入帳戶。內部服務基金之用品基金，其會計事務當然涉及用品之購入、儲存與發出等事項，茲舉例以說明。

　　設某市政府經議會通過設置用品基金，以執行集中採購、儲存及供應各機關用品之任務。先由普通基金提供用品存貨$12,300，另給予現金$25,000作為運轉資本，又由公用事業基金撥借$100,000，以便基金用以購置房屋與設備，此項借款將由基金分二十年平均償還，則用品基金應為如下記錄。

借：現金	$125,000	
用品存貨	12,300	
貸：普通基金捐助款		$ 37,300
公用事業基金貸款		100,000

　　用品基金以$70,000購入倉庫一座，其中土地價值$10,000又以$20,000購入倉儲機具設備，以$10,000購入運貨設備，其分錄如下：

借：土地　　　　　　　　　　　　　$10,000
　　房屋　　　　　　　　　　　　　60,000
　　倉儲機具設備　　　　　　　　　20,000
　　運貨設備　　　　　　　　　　　10,000
　　貸：現金　　　　　　　　　　　　　　　$100,000

　　基金需要增購用品，以維持一定數量之存貨，以應各部門之需要，惟當發出訂購單之時，訂購貨品之金額，暫不記帳，一俟所訂購之用品收到，有關發票經審核確定付款時方始入帳，設所購貨品總值$169,800，應記錄之資產與負債帳戶如下。

借：用品存貨　　　　　　　　　　$169,800
　　貸：應付憑單　　　　　　　　　　　　　$169,800

　　該市普通基金原對其用品存貨之會計方法，係採實際盤存制，惟自設置用品基金接管該項業務後，則採永續盤存制，因為存貨資料對於用品之管理非常需要。於是用品基金將用品發出之時，即按其成本貸入用品存貨帳戶。由於購用此項用品之基金，係按售價列帳，故用品基金應按售價記入其應收帳戶與收益帳戶，至超逾成本價格之決定，係以其預算所列之費用，及其他需要靠淨利以資助之項目為基礎。假設該市用品基金預算，已註明需要按成本提高30%定為售價，則發售予普通基金部門成本$162,000之用品，即應以下列兩項分錄記帳。

借：發售用品成本　　　　　　　　$162,000
　　貸：用品存貨　　　　　　　　　　　　　$162,000
借：應收普通基金款　　　　　　　$210,600
　　貸：發售各單位貨品收入　　　　　　　　$210,600

　　上列分錄所用發售各單位貨價帳戶之名稱(the account title billings to departments)乃依美國政府會計委員會之建議。

　　假設用品基金全年之購貨費用$18,000，倉儲費用$11,000，運貨費用$12,000，均係在付款前先開應付憑單者，其分錄如下：

借：購貨費用　　　　　　　　　　$18,000
　　倉儲費用　　　　　　　　　　11,000
　　運貨費用　　　　　　　　　　12,000
　　貸：應付憑單　　　　　　　　　　　　　$41,000

　　假定全年由普通基金收到之貨款共計$203,000，其分錄為：

借：現金　　　　　　　　　　　　$203,000
　　貸：應收普通基金款　　　　　　　　　　$203,000

假定全年應付憑單已付現者共計$198,000，其分錄為:

借: 應付憑單	$198,000	
貸: 現金		$198,000

前借公用事業基金之款，須分20年平均歸還，本年底應還第一期款$5,000，其記錄如下:

借: 公用事業基金貸款	$5,000	
貸: 現金		$5,000

假定所購作為倉庫之房屋，在購入之時估計可用二十年，倉儲機具設備，估計可用十年，運輸設備可用五年；又假定購貨部門的辦公室佔用倉庫房屋的面積約十分之一，因而，倉庫房屋折舊的10%計$300，即應歸為購貨費用，所剩$2,700屬於倉儲費用，另外機器設備折舊中之$2,000，亦應歸入倉儲費用，運輸設備之折舊$2,000，應屬運貨費用，茲列各項折舊之分錄如下。

借: 購貨費用	$ 300	
倉儲費用	4,700	
運貨費用	2,000	
貸: 備抵折舊——房屋		$3,000
備抵折舊——倉儲機具設備		2,000
備抵折舊——運貨設備		2,000

假定本基金在200C年的所有收益與費用均已適當入帳，則於年底應將各該虛帳戶予以結帳，其分錄如下:

借: 發售各單位貨品收入	$210,600	
貸: 發售用品成本		$162,000
購貨費用		18,300
倉儲費用		15,700
運貨費用		14,000
發售各單位貨價超逾成本淨額		600

上項分錄所用發售各單位貨價超逾成本淨額帳戶名稱(excess of net billings to departments over costs)乃係依據美國政府會計委員會所公布之帳戶名稱,用以代替營利事業所用之本期損益或收益彙總或本期收益帳戶，然而，無論用任何帳戶名稱，在彙總本期之營業結果，該項帳戶在年度終了時仍須予以結束，而將其餘額轉入保留盈餘帳戶，此帳戶恰與營利事業所用者相似。其結轉分錄如下:

借：發售各單位貨價超逾成本淨額　　　　　$600
　　貸：保留盈餘　　　　　　　　　　　　　　　　　$600

根據結帳後之帳戶餘額，為之編製平衡表如下：

某某市政府
用品基金平衡表
200C年至12月31日止
資　產

流動資產			
現金			$ 25,000
應收普通基金款			7,600
用品存貨（平均成本）			20,100
流動資產合計			$ 52,700
固定資產			
土地		$10,000	
房屋	$60,000		
減：備抵折舊	3,000	57,000	
機具設備	$20,000		
減：備抵折舊	2,000	18,000	
運貨設備	$10,000		
減：備抵折舊	2,000	8,000	
固定資產合計			93,000
資產合計			$145,700

負債、捐助與保留盈餘

流動負債		
應付憑單		$ 12,800
流動負債合計		$ 12,800
長期債務		
公用事業貸款		95,000
負債合計		$107,800
普通基金捐助		37,300
保留盈餘		600
負債、捐助與保留盈餘合計		$145,700

　　政府內部服務基金對其營業之結果，應定期提出報告，所編該項報告名為營業
報告表，類似營利事業之收益表，茲將用品基金200C年之營業報告表列示如下：

某某市
用品基金營業報告表
200C年至12月31日止

發售各機關貨價		$210,600
減：發售用品成本		162,000
毛利		$ 48,600
減：購貨費用	$18,300	
倉儲費用	15,700	
運貨費用	14,000	
業務費用合計		48,000
發售各機關貨價超逾成本淨額		$　600

　　為充分顯示基金全年交易之結果，及其對保留盈餘之影響，需要加編保留盈餘變動分析表，隨同平衡表及營業表一併提出，茲將該表列示如下：

某某市
用品基金保留盈餘變動分析表
200C年至12月31日止

保留盈餘200C年1月1日之餘額	$　0
加：200C年發售各機關貨價超逾成本額	600
保留盈餘200C年12月31日之餘額	$600

　　因為用品基金資金的來源，不盡是出自基金本期之收益，且其資金的用向，有者為償還負債，有者為獲得其他資產，有者為支付業務費用，因而，尚需再為編製其財務狀況變動表，或者現金收支表，以表明資金之運用情形。茲編製其200C年之現金收支表如下：

某某市
用品基金現金收支表
200C年至12月31日止

現金餘額200C年1月1日		$　　0
現金收入：		
普通基金捐助	$ 25,000	
公用事業基金貸款	100,000	
普通基金欠帳收現	203,000	
現金收入合計		328,000
全年可用現金合計		$328,000
現金支出：		
分期償還長期借款	$ 5,000	

購入土地		10,000
購入倉庫房屋		60,000
購入倉儲設備		20,000
購入運貨設備		10,000
購入用品成本	$169,000	
購貨費用	18,000	
倉儲費用	11,000	
運貨費用	12,000	
成本與費用合計	$210,000	
減：應付憑單	12,000	
成本與費用支出		198,000
現金支出合計		303,000
現金餘額，200C年12月31日		$ 25,000

問 題

一、試舉政府內部服務基金之經費來源與會計方法。

二、試比較說明政府內部服務基金會計與私營企業會計之異同。

三、試述政府內部服務基金於年度終了之結帳方法。

四、試述政府內部服務基金所應編之財務報表。

五、試述政府用品基金供應用品予各機關時之會計處理方法。

六、何謂政府內部服務基金？其與營業基金有何區別？

七、試述政府內部服務基金之種類及其應用範圍。

八、政府內部服務基金的定價方法有幾種？試述之，並比較其優劣。

九、政府內部服務基金，如依經驗百分法定價，其產生的盈虧，將如何處理？

十、為籌措政府內部服務基金出售債券之債務，應否列入內部服務基金平衡表？

習 題

一、下列是林內區物材基金發生之事項，試作應有之分錄，並編製平衡表。

　　1.收到普通基金墊款$1,000成立物材基金。

　　2.核定採購物材付款憑單$800。

　　3.照成本發出物材供普通基金使用。

　　4.物材付款憑單業已付訖。

　　5.收到普通基金償還材料價款$100。

　　6.材料實地盤盈$25，增加物材帳戶。

二、試就政府內部服務基金（循環基金）及其修護工廠所發生會計事項加以分錄，並編製基金

平衡表。

1.向市立銀行舉借款$40,000成立基金。

2.奉准發行公債$2,000,000作為業務基金，並以溢價$10,000全部售出。

3.發出訂單購物料$1,080,000，立即收到物料半數，並支付貨款。

4.修護工廠單獨設帳並接到普通基金支應機關甲乙兩訂單，估計修理費$600,000。

5.償還市立銀行貸款$40,000，並支付利息$2,000。

6.點收訂購材料$400,000並簽辦付款憑單手續。

7.修護工廠發生直接人工費$280,000，間接人工$20,000。

8.向基金領用物料$200,000，間接物料$40,000。

9.由基金支付工廠全部人工費後，又支付工廠購置直接材料$40,000，間接材料$20,000。

10.分配間接費用四分之三記入修理訂單。

11.工廠完成甲項訂單，計成本$400,000。

12.由基金另加服務費3%作為基金資本累積，送請普通基金機關驗收並請付款。

三、於20××年1月1日，中和市自普通基金轉撥$100,000，設立一政府內部服務基金，以專司交通事項。基金一經設立，即購置下列卡車：

種　類	數　量	每輛成本
4噸通用車	4	$3,500
3噸福特車	4	2,500
3噸邁克車	4	2,200
1噸道奇車	5	1,500

每3、4噸卡車需僱用司機與助手各一，其工資每小時各為$2.00與$1.50，1噸卡車則毋需助手。

所有卡車均按直線法於五年內折舊，殘料價值為5%。

卡車租賃於普通基金按時計費，下列所示乃20××年度之使用報告與汽油成本：

種　類	每小時租費	使用時數	應用汽油成本
4噸通用車	$5.50	6,000	$2,400
3噸福特車	5.00	8,000	2,400
3噸邁克車	5.00	8,000	2,800
1噸道奇車	3.00	15,000	3,000

駕用上列車輛，更發生下列之成本：

1.司機與助手所付工資之時數，與卡車使用之時數完全相符，於年終並無未付工資。

2.於20××年12月31日，尚未支付之汽車帳單總計$1,500。

3.其他間接成本如下：

管理	$15,000
修理	10,000
購置輪胎	1,600

4.於20××年12月31日，上列項目之帳單均經付清，惟尚留存新胎成本為$500。

5.於年內普通基金利用交通車輛曾支付$95,000。

要求：

1.試作分錄，設立政府內部服務基金，記載20××年之交易，並作年終基金之結帳分錄。

2.試編製基金於20××年12月31日之財務狀況表。

四、檢查德來市20×B年6月30日的帳戶，發現下列事實：

1.在20×A年12月31日，德市從普通基金收入中付出$115,000來取得一座停車庫。在$115,000中，房屋的成本是$67,500，耐用年限為25年，土地的成本為$14,500，機器和設備的成本為$33,000，而使用年限為15年。在同一天，停車庫收到普通基金出資$12,200。

2.停車庫本身沒有記錄，從存款單和已付支票的覆核，發現如下：

收到普通基金欠付	$30,000
辦公人員薪給	6,000
熱光電力費	700
技術人員薪給	11,000
材料用品	9,000

3.停車庫尚有未收到現金的其他基金欠付$2,000，材料用品的應付帳款$500，在20×B年6月30日材料用品盤存為$1,500。

要求：

1.做出建立德市政府內部服務基金及此一期間各事項的分錄。

2.做出20×B年6月30日可能的調整及結帳分錄。

五、在200C年12月31日，愛曲市的中央購買基金之試算表如下：

	借　方	貸　方
現金	$ 3,080	
用品盤存	41,300	
其他基金欠付	13,650	
設備	6,940	
備抵折舊——設備		$ 2,130
應付憑單		7,010
普通基金出資		47,040
負擔準備		8,600
保留盈餘		190
	$64,970	$64,970

在200D年發生下列交易事項：

1. 負擔準備的帳戶結到保留盈餘。

2. 在200D年，本基金共發出用品訂單$591,000。

3. 在發出的訂單中有$588,000已收到用品，發票的價格為$589,600，已做成應付憑單。

4. 購買費用的應付憑單為$15,875，倉儲費用的應付憑單為$12,000。

5. 有$579,300的用品已發出，其價格為成本再加5%。

6. 收到其他基金欠付$619,230。

7. 償還應付憑單$616,800。

8. 發現一位職員盜用存貨，經盤點發現庫存較帳上記載少$900，保險公司負責賠償這$900的差異。

9. 成本$580的用品在本基金正常的營運中消耗（借記倉儲費用）。本基金所用掉的用品沒有再加5%的加價。

10. 設備的折舊為成本的10%（借記倉儲費用）。

11. 200D年12月31日的期末盤點，用品盤存為$49,950，用品盤存科目的帳上金額也調整為此數（借記倉儲費用）。

12. 虛帳戶結到「成本超過帳單數」"excess of cost over net billing"科目，負擔帳戶結到保留盈餘。

試問：

1. 做成200D年交易事項的分錄，或直接過到T字帳（如果採用後法，應先寫200C年12月31日的餘額）。

2. 編製本基金200D年12月31日的平衡表。

3. 做本年度保留盈餘的變動分析。

4. 做200D年本基金的營運報表。

六、從利和市以下的資料，試作：

1. 編本市修理服務基金的營運報表。

2. 本基金的平衡表。

期初普通基金的科目如下：

現金	$1,000
應收賦稅——過期	8,000
應付帳款	7,000
負擔準備	1,500
保留盈餘	500

本年度的交易如下：

1. 本年度預算由以下來源供給：賦稅$275,000，特別徵課$100,000，公費收入$15,000，牌照

稅收入$10,000。其中$290,000提供給普通基金運用，$100,000建立修理服務基金。

2.所有賦稅和特別徵課已屆徵課期。

3.普通基金的現金收入包括如下：

賦稅──當期	$260,000
特別徵課	100,000
會費	16,000
牌照稅	9,500
賦稅──過期（加利息$500）	5,500

其他過期的賦稅已取得財產留置權。

4.普通基金的契約金額$75,000。

5.修理服務基金對其他部門的服務如下：普通基金$40,000，熱光電力基金$20,000，其中$5,000在年底尚未收到現金。

6.普通基金的現金支付如下：

修理服務基金	$100,000
去年的應付帳款	7,000
年初的訂單都已收到物品應付款	2,000
本年度費用	145,000
為本年度建立的倉庫買進的庫存	5,000
本年度契約	30,000
對零用金基金的永久性借款	1,000
修理服務基金的服務	35,000
本年的薪給	30,000

7.修理服務基金的現金支付如下：

購買設備（耐用年限10年）	$60,000
購買材料和用品，年底還剩1/5	40,000
薪給和工資：	
直接人工	9,000
辦公人員薪給	2,000
監工薪給	4,000
熱光電力	2,000
辦公費用	500

8.所有未付的賦稅都已過期。

9.普通基金年底的庫存為$2,000。

第二十三章　公營事業基金會計

第一節　公營事業之特質

我國之公營事業，種類不一，且多具相當規模，及悠久歷史。早在民國21年，即有資源委員會負責全國民生經濟建設之規劃，全力發展國營生產事業，次第設立工礦電等事業機構。臺灣光復及政府搬遷來臺後，陸續接收糖、電、油、肥等廠，急速擴充關鍵性工業，以之帶動民營工業之發展。現階段國營事業之經營固有盛有衰，然其在我國近代經濟建設發展之成就上不可否認的曾扮演了非常重要之角色。

我國公營事業之特質，可由其資本之來源，成立之目的，業務之性質，組織與人事等方面以窺悉。

(一)資本之來源

公營事業之資本，主要來自公庫，其資本之增減均須透過預算程序，此與民營事業之透過股東大會有別。但公營事業並非全部由政府獨資經營，亦有為政府與人民合資經營，而政府資本超過百分之五十者。

(二)成立之目的

公營事業之設立，乃以發展國家資本，促進經濟建設，便利人民生活為目的，基此大前提下，以企業方式經營，以事業養事業，以事業發展事業，並力求有盈無虧，增加公庫收入。

(三)業務之性質

公營事業所營業務不一，有工、礦、電、製造、營造、金融、保險、交通，甚至當舖等業，多屬關係國計民生，或有獨占性質，或為人民不宜辦理或人民不願辦理之事業。

(四)組織與人事

公營事業之組織，非僅由其主管機關核定，且須經議會審查通過。公營事業之公股董監事，係由政府遴選派任，而非由股東選舉。

第二節　公營事業基金之意義

政府為公眾服務而成立事業機構，以從事經營商業性質之業務活動，如水電、鐵道、郵政、機場、公共娛樂場等，並向使用者直接取費為酬者，此類公營事業通例於會計上皆須各別分設基金以處理。公營事業之會計原則，與私營企業會計大同小異，例如權責發生制之施用，預付費用、折舊與壞帳之入帳，兩者均相一致。公營事業基金之帳目，包括其所持有之長期性資產，如廠房設備等，與長期負債，如收入公債或由公營事業償付之普通公債等，其處理方法亦與私營企業類似。至於支出保留數與預算帳戶，於公營事業基金會計，則並不多見。公營事業基金之保留盈餘，復可以現金轉撥普通基金，一如普通工商企業股利之分發。總而言之，公營事業基金會計，儘可遵循私營企業會計原則比照辦理。

我國預算法稱公營事業之基金為營業基金，係專供營業循環運用者，屬特種基金之一種，其與普通基金最主要之不同有二：(a)產生營業行為；(b)藉其營業獲得收入，用以支應其營業支出。固然營業基金源自政府編列預算之投入，然一般而言，各營業基金單位維持營運所需之資金，仍端賴各基金自營業行為中獲得。依預算法規定，營業基金之編入總預算者為：(a)盈餘之應解公庫款額，(b)資本之由公庫收回數額，(c)虧損之由公庫撥補數額，(d)資本之由公庫增撥數額。前兩項為普通基金之所入，後兩項則為普通基金之所出。公營事業由於其業務性質不同，故對其會計處理，難以為統一規定，只能勉強按各業別各為訂定其會計統一處理方式，如財政部對其所屬金融機構之會計制度有統一規定，經濟部對其所屬事業機構有總體經營制度之規定，可以用為各該事業處理會計事務之依循。

第三節　公營事業會計科目

會計科目依各種會計報告應列入之事項及會計事項所必須單獨表達者設置，並兼顧下列各項：(a)事業之特性，(b)上級及有關機關之規定，(c)表達事業財務狀況及經營結果，(d)便與國內外同業之比較，(e)提供內部管理所需各項資料。現行公營事業之會計科目，係採五級分類制。

(1)第一級分類，為平衡表之資產、負債、業主權益，與損益表之收入、支出。

(2)第二級為第一級分類之再分類，如流動資產、流動負債、營業收入、營業支出等。

⑶第三級為第二級類目之次一級科目，如現金、短期債務、預收款項、銷貨收入、銷貨成本等。

⑷第四級為總分類帳科目，亦即第三級類目之次一級科目，如庫存現金、應收帳款、土地、應付帳款、長期借款、銷貨收入、業務費用、推銷費用、管理費用等。

⑸第五級為子目，亦稱明細分類帳科目，係總分類帳統馭科目之子目。

至於成本會計與管理會計所需應用之科目，與一般私營企業所用科目相似，茲以生產事業為例，分別按資產、負債、業主權益、收入及支出，列示至第三級會計科目及其編號如次：

㈠資產類目

1.資　產

11～12	流動資產
110	現金
113	短期投資
114～117	應收款項
120～123	存貨
124	短期墊款
125～126	預付款項

14	基金長期投資及應收款
140～142	基金
144～145	長期投資
146	長期應收款

15	固定資產
150	土地
151	礦源
152	房屋及建築
153	機械設備
154	交通及運輸設備
155	其他設備
156	非營業固定資產
157	未完工程及訂購機件
158	核能燃料

16　　　遞延借項

160～161　遞延費用

162　　　未攤銷損失

17　　　其他資產

170　　　無形資產

172～175　信託代理與保證資產

176　　　待整理資產

177～179　雜項資產

19　　　往來

190　　　內部往來

(二)負債類目

2.負　債

21～22　流動負債

210　　　短期債務

214～217　應付款項

225～226　預收款項

25　　　長期負債

250　　　長期債務

26　　　遞延貸項

260～261　遞延收入

27　　　其他負債

272～275　信託代理與保證負債

276　　　待整理負債

277～279　雜項負債

28　　　營業及負債準備

280～281　營業準備

282　　　負債準備

29　　　往來

290　　　內部往來

(三)業主權益類目

3.業主權益

31		資本
	310	資本
	311	預收資本
32		公積及盈虧
	320	資本公積
	321	營業公積
	322	累積盈餘
	323	前期損益
	324	本期損益
	325	盈虧撥補

(四)收入類目

4.收　入

41～		營業收入
	410～419	銷貨收入
	420	勞務收入
	430～431	電費收入
	440～441	運輸收入
	460	其他營業收入
	470	內部損益
49		營業外收入
	490	財務收入
	491	整理收入
	492	其他營業外收入

(五)支出類目

5.支　出

51～		營業支出
	510～511	銷貨成本
	512	間接生產費用
	520	勞務費用
	530	發電及供電費用
	540	輸儲費用

560	其他營業費用
570	內部損益
580	推銷費用
582	管理費用

59	營業外支出	
	590	財務支出
	591	整理支出
	592	其他營業外支出

第四節　公營事業會計簿籍

公營事業會計簿籍之設計應把握下列原則：(a)各種會計簿籍之格式得視事實之需要及業務之繁簡自行擬訂，並得採用多欄式，但應以簡明實用，記帳簡便為原則。(b)總分類帳及明細分類帳，彼此間應有統制隸屬之關係，各有關帳戶應互相勾稽。(c)序時帳簿與總分類帳簿，不得同時採用活頁。(d)為簡化記帳程序，得視實際需要，以傳票或可資應用表單之裝訂本代替各種序時帳簿。(e)會計事項如利用電子計算機處理時，其處理部分，如不設置帳簿，得改以電子計算機產生之工作底稿裝訂成冊，代替帳簿。

會計簿籍之記錄，旨在供給編造會計報告事實所需資料，或為控制管理備查所必需者。公營事業所用帳簿，與一般企業相同，可概分為序時簿、分類帳及備查簿三類：

(一)序時簿

以交易事項發生之時序為主而為記錄之帳簿，又可分為普通序時簿及特種序時簿，前者係針對一切會計事項為序時登記；後者則對於特殊會計事項為序時登記。

(二)分類帳

以事項歸屬之會計科目為主而為記錄之帳簿，亦可分為總分類帳及明細分類帳二類，前者對於一切會計事項為總括之分類登記，以編造會計報告總表為主要目的而設；後者對於特殊會計事項為明細之分類登記，以編造會計報告明細表為主要目的而設。惟設有明細分類帳簿者，總分類帳簿內應設置統制帳戶登記各項明細分類帳之總數。

(三)備查簿

此類帳簿雖不為編造會計報告所必需，但為便於管理，及處理事務查考控制所需要，屬於備忘登記性質，記錄總分類帳及明細分類帳所未能詳載之事項。

邇來，公營事業為處理日益膨脹之會計資料，多已利用電子計算機代替人工編製傳票，記帳，乃至編製報表，茲就以人工處理及電算機處理之簿記組織系統列圖比較如下：

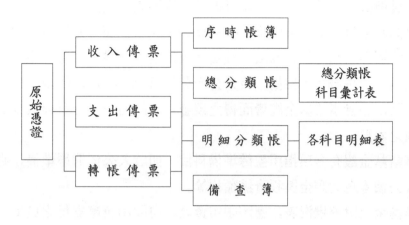

人工處理之簿記組織系統圖

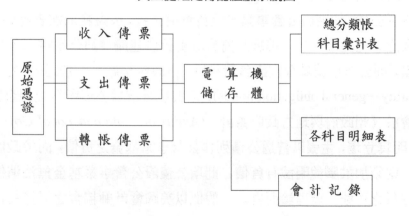

電算機處理之簿記組織系統圖

第五節　公營事業財務報表

公營事業基金之財務報表，亦一如私營企業所編製者，主要者為財務狀況表（資產負債表），營業計算書（收益表），保留盈餘變動分析表，與財務狀況變動表。於

公營事業基金會計，其預算雖不必正式列入帳冊，但其營業計算書亦可以實際金額與預算金額對照比較。

公營事業與私營事業財務狀況表所列示之科目，未必盡同，今特擇其重大不同之點列舉於次：

(1)公營事業基金之盈餘，可能撥入普通基金。

(2)公營事業基金財務狀況表之股本項目，可按提供資金(contributions)者列示，如普通基金、其他政府單位、用戶、或其他私人資助之金額。

(3)公營事業基金具有多項限用資產(restricted assets)，僅可充作指定之用途。如水電等公用事業用戶所繳之押金款項，或由所收押金投資購入之有息證券，不得任意挪用，必須與用戶押金負債相抵。收入公債發售所得之款項，僅限於建廠房，不得移作他用。又由公營事業基金經營而得之現金，必須將一部分留存或投資，專備償還收入公債之本息。

(4)公營事業基金設有多項指用盈餘準備科目，如收入公債償還準備，必須與限用於償還收入公債本息之現金與投資總額相等。

公營事業基金之財務狀況表，應將限用資產，自限用資產支付之負債，以及指用盈餘準備，均須完全分立，並一一予以特別標明。

政府之普通公債，如將由公營事業基金負責償付者，於財務狀況表應如何表達，會計權威方面之意見並不一致。美國政府會計委員會建議普通公債當列入長期負債類帳戶之負債，而公營事業基金宜設負債科目「市政府墊款──普通公債」(advance from municipality—general obligation bonds)，以與發行普通公債所得之現金對銷。美國會計師協會於《州政府與地方政府審計》(*Audits of State and Local Governmental Units*)一書申明其立場，主張以普通公債列作公營事業基金之負債，而於政府單位之長期負債表，則須加註腳說明或有負債，此項公債設公營事業基金無法清償，政府單位有負責支付之可能。就理論而言，二說似以美國會計師協會之見見長，為著者所贊同。

公營事業之財務報告除為表達其經營成績、財務狀況、資金運用及盈虧撥補等事項外，各事業經營管理階層為衡量經營績效，亦有依其實際需要，自行訂定編製經營報告，內容包括事業之生產、銷售、營運、管理、財務、工程……等一切經營活動，供作內部管理之用。鑑於財務報告與經營報告相互關連而密不可分，特將其編報目的及功能綜合臚述如後：

(一)編報目的

(1)供內部管理與決策之用。

(2)供董事、監察人審查。

(3)供主管及有關機關審核。

(4)據以繳納稅捐。

(5)依貸款合約之規定，申請貸款之用。

(二)報表功能

(1)表達事業之經營狀況、經營成果及發展趨勢。

(2)表達預算執行及成本控制之狀況。

(3)明瞭缺失，及時採取注意、追查、改進或補救之措施。

(4)據以分析、檢討，並為核計經營績效之工具。

(5)作為統計應用之資料。

(三)編製原則

(1)配合使用者之需要。

(2)確實、迅速與及時。

(3)與會計及其他有關記錄相符。

(4)表達方式應簡明扼要，重要事項應加重點說明。

(5)內容之繁簡應配合運作層次加以區分。

(6)配合主管機關彙編。

公營事業所編之報告，有日報、月報、半年報、年報及不定期報告等五類：

(1)日報。有日計表，用以顯示該日終了時之財務收支狀況，依總分類帳科目之餘額編製；庫存現金表，用以顯示該日終了時庫存現金之狀況，根據現金帳編製之。

(2)月報。按月編製之重要報告如下。

　①月計表：顯示該月份之財務與營業狀況，依總分類帳科目餘額編製。

　②資產負債表：顯示該月終了日之資產負債及業主權益之靜態狀況，按總分類帳各該類科目之餘額編製。

　③損益表：顯示該月份營業預算執行情形，分為收入、支出、盈虧三部分。

　④費用月報表：顯示該月份業務、推銷、管理等費用預算執行情形，按各費用科目月計數額編製。

　⑤其他業務明細表：顯示各該月份或截至各月底止各項業務統計之明細情形。

(3)半年報。除就半年來預算執行情形與經營成果，及資產負債業主權益實況及

其他業務要點列述外，餘與月報種類相同。

⑷年報。乃就年度預算執行情形、業務進度、盈虧撥補及資金運用情況編製之。年報種類除財務摘要、業務報告外，主要有損益表、盈虧撥補表、資金運用表、資產負債表及其他各項收支明細表、參考表。

⑸不定期報告。除上述四項定期報告外，各事業尚有按各種不同需要及目的隨時編製之不定期報告，如季報、旬報、週報、三日報等。

依決算法之規定，會計年度終了，各營業基金應就執行業務計畫之實況，根據會計記錄，編造年度決算報告，並附具說明，連同業務報告及有關重要統計資料，分送有關機關，並由主計機關及審計機關辦理決算審核。營業基金決算之查核，以審計機關審定數為準。其內容主要為：⒜營業損益之經過。⒝資金運用之情形。⒞資產負債之狀況。⒟盈虧撥補之擬議。

問　題

一、何謂營業基金？其與政府內部服務基金有何不同？

二、營業基金與總預算之關係？

三、公營事業之特質？

四、營業基金中的償債基金債券償還準備，與普通償債基金中的相同科目，性質有何不同？

五、營業基金中之償債基金增加時，為何須就保留盈餘中劃出同額的償債基金準備？

六、設計營業會計科目時，應注意之原則為何？

七、試說明營業會計科目之分類方式？

八、說明營業會計簿籍之種類及意義。

九、試述一般營業會計簿籍設計時應把握之原則。

十、試比較採用人工及電算機處理會計簿籍最主要之不同點。

十一、試比較營業會計報告與經營報告之異同。

十二、簡答編製營業報告之目的與功能。

十三、試說明營業會計報告之種類及其意義。

習　題

一、設某公營事業某固定資產投資計畫，係以優先股為資金來源，試就下列資料，計算優先股資金成本率：

　　1.發行股數1,000股。

2.每股價格100元。

3.票面利率13.2%。

4.發行費用5,000元。

二、下列為某公營事業本年度發生事項，試作成應有分錄。

　　1.本年度所開出的所入帳單計為$400,000。

　　2.支付薪資總額$150,000。

　　3.購買設備$60,000。

　　4.購買材料$55,000。

　　5.預付保險費$1,200。

　　6.償付債券$50,000。

　　7.收到應收帳款$350,000。

　　8.支付應付憑單$80,000。

　　9.應調整項目如下：

　　　①應計薪資$5,000。

　　　②預付保險費$600。

　　　③期末盤存$25,000。

　　　④壞帳$2,500。

　　　⑤折舊——設備$2,000。

第二十四章　作業基金會計

第一節　作業基金之意義

我國預算法關於基金之分類，於特種基金內原列有非營業循環基金(nonprofit cyclic fund)一種，係指歲入供特殊用途，經付出仍可收回，而非用於營業者。由於非營業循環基金與各機關主管業務之相互關係極為密切，因而將基金之各項作業附屬於各級政府機關，故有稱之為該機關之作業組織。民國87年10月修正預算法，將非營業循環基金之名取消，改稱為作業基金。

政府所屬機關專為供給財物、勞務或其他利益，而不以營利為目的者，稱為公有事業機構。公務機關附帶為事業或營業之行為，而別有一部分之組織者，其組織稱為作業組織；公有事業或公有營業機構於其本業外，附帶為他種事業或營業之行為，而別有一部分之組織者，其組織亦得視為作業組織。類似此類作業組織，現今一體改為作業基金。

作業基金係各級政府機關為配合各項政策之需要而設置，其營運管理大多由普通公務機關兼辦。

第二節　作業基金之性質

⑴就預算編列方式而言，作業基金係屬特種基金之範疇，依預算法規定，其應編入總預算者為應繳庫額或由庫撥補額，屬於附屬單位預算。

⑵就基金運用方式而言，作業基金係運用基金及孳息執行各項任務之留本基金。

⑶就基金業務性質而言，作業基金之業務性質類似公有事業，但不以獲取盈餘為目的，基金之財務收支與經營管理，大多由普通公務機關兼辦，因此，基金各項業務所應遵循之法令規章，亦多用普通基金之有關規定。

⑷就基金設置目的而言，作業基金之設置，雖各有不同目的，但依其性質可歸納為：

　　①為配合推動經濟發展而設置者，如行政院開發基金、科學工業園區作業基金等。

②為配合教學實驗而設置者，如國立臺灣大學附設醫院作業基金、國立中興大學附設農林作業基金等。

③為改善軍公教人員生活而設置者，如公務人員購置住宅貸款基金、國軍官兵購置住宅貸款基金等。

④為發揚中華文化而設置者，如故宮文物圖錄印製作業基金。

⑤為增進國民健康而設置者，如醫療藥品基金、環境衛生基金等。

⑥為增進社會福利而設置者，如興建國民住宅基金、社會福利基金等。

⑦為發展農業而設置者，如農業發展基金、糧食平準基金等。

⑧為辦理公共工程而設置者，如水利工程建設基金、公共工程事業基金等。

⑨為發展觀光事業而設置者，如各縣市風景特定區管理所觀光事業基金等。

⑩為發展交通事業而設置者，如車船管理處作業基金、公路建設基金等。

⑪為協助政令推行而設置者，如公報發行基金、印刷所作業基金等。

⑫為其他特定用途而設置者，如各監所作業基金、退除役官兵安置基金等。

第三節　作業基金之預算與決算

作業基金預算之編製，應就以往年度實際運用情形及未來年度業務計畫等資料，編製基金業務計畫、收支概算表、餘絀撥補概算表、資金運用概算表及收支明細表等，報由主管機關加具審核意見轉送各該級政府最高主管機關。依據往年度總預算編審辦法，其應備之書表：

業務計畫及概（預）算說明

主要表

(1)收支預計表。

(2)餘絀撥補表。

(3)資金運用表。

明細表

(1)各項收入明細表。

(2)各項成本（費用）明細表。

(3)財務支出明細表。

(4)固定資產建設改良擴充明細表。

(5)基金轉投資及其盈虧明細表。

(6)長期債務舉借及償還明細表。

(7)固定資產折舊明細表。

附　表

(1)成本彙總表。

(2)直接材料估計表。

(3)直接人工估計表。

(4)間接製造費用估計表。

(5)間接製造費用分攤估計表。

參考表

(1)預計平衡表。

(2)業務計畫及主要產品或勞務成本分析表。

(3)各項費用彙計表。

(4)員工人數及給與計算表。

(5)財產異動計畫表。

主管機關審核意見書

作業基金預算完成法定程序後，應根據預算法規定，依其業務情形編造分期實施計畫及收支估計表，由各該主管機關核定執行。

作業基金管理機關應就上年度業務計畫及預算之執行情形，編造年度決算，其內容包括：

總說明

(1)業務計畫實施績效。

(2)作業收支餘絀情形。

(3)餘絀撥補實況。

(4)資金運用結果。

(5)資產負債實況。

(6)其他要點。

主要表

(1)作業收支決算表。

(2)餘絀撥補決算表。

(3)資金運用決算表。

(4)平衡表。

附屬表

(1)收入明細表。

⑵費用明細表。

⑶固定資產折舊提列明細表。

⑷固定資產變賣明細表。

⑸平衡表各科目明細表。

⑹貸出款明細表。

⑺國庫撥補款明細表。

⑻固定資產建設改良擴充明細表（附資本支出計畫預算與實際進度比較表）。

⑼長期債務舉借及償還明細表。

⑽業務計畫執行績效摘要表。

⑾收支賸餘解繳國庫款明細表。

⑿基金數額表。

⒀財產目錄。

⒁長期投資明細表。

⒂人事費明細表。

⒃員工人數明細表。

⒄新購車輛明細表。

⒅立法院審議總預算案所提附帶決議及注意事項辦理情形報告表。

第四節　作業基金之會計事務

作業基金之會計事務，應依照其會計制度之規定處理。凡性質相同或類似之基金，其會計制度得由中央主計機關為一致之規定。各基金之會計制度不得與其管理機關單位會計之會計制度或預算、會計、決算、審計、國庫（公庫）、統計等法規牴觸。會計制度之主要內容如次：

⑴基金會計制度制訂之依據及實施範圍。

⑵基金管理機關之組織與業務。

⑶簿記組織系統圖。

⑷會計報告之種類及其書表格式。

⑸會計科目之分類及其編號。

⑹會計簿籍之種類及其格式。

⑺會計憑證之種類及其格式。

⑻會計事務之處理程序。

(9)內部審核之處理程序。

(10)其他應行規定之事項。

作業基金之會計事務，依據會計法規定，得按其性質分別準用公有營業或公有事業之規定辦理。各基金均為獨立計算債權、債務、餘絀之會計單位，其財物及固定負債為基金本身之一部分時，應列入其平衡表。

我國各級政府作業基金之會計事務，大多由其管理機關之單位會計部門兼辦，因此，基金之作業會計事務難免與普通公務會計之處理方式雷同，非但影響基金之獨立性，抑且有礙健全內部控制制度之實施，難以發揮設置基金之應有功能，此乃我國作業基金會計事務亟待檢討改進之要務。

第五節　作業基金之會計報告

作業基金之會計報告分為月報、半年報、年報及不定期報告等四種，茲分述如次：

㈠月　報

係就各該月份基金收支預算執行情形編製而成，應充分表達當月份及當年度累計之各項收支實際數與預算數，並比較其增減金額及百分比，如差異較大者，應分析說明其原因。月報之主要表為收支餘絀計算表、平衡表，並酌附科目明細表。

㈡半年報

於每半年終了時，就業務計畫執行進度、收支情形及成本計算等編製績效報告。

㈢年　報

會計年度終了時，就全年度業務計畫及收支預算執行情形、餘絀撥補及資金運用情況等編製之，亦即其年度決算。

㈣不定期報告

係因應特殊需要所編製之會計報告，其報表種類及內容應能提供充分之資料，以符合其特殊需要者所期望獲得之資訊。

問　題

一、試述作業基金之意義。

二、試比較作業基金與營業基金之異同。

三、何謂作業組織?

四、試列舉作業基金預算之主要表與明細表名稱。

五、作業基金決算之總說明應具備那些內容?

六、試列舉作業基金決算之主要表名稱。

七、作業基金會計制度之主要內容有那些?

八、試評述我國作業基金會計事務之缺失。

九、作業基金應編入總預算之項目有那些?

十、設置作業基金之目的何在?

第二十五章 信託與代理基金會計

第一節 信託與代理基金之會計方法

政府處於信託人、保管人或代理人之地位而經管公私錢財者，當設信託與代理基金以處理之。惟公營事業之託管資產，如水電用戶押金等，則為例外，該項資產屬諸公營事業基金之一部分，不必另設信託與代理基金。就會計之觀點而論，信託基金與代理基金實難明確分野，僅其程度深淺之不同耳。信託基金通例存續時間較久長，管理上與財務上之問題較多，如基金資產之投資等，均屬比較複雜之問題。代理基金則係暫時性質，政府單位代人收取之錢財，轉手即當歸還應屬之原主。惟不論信託基金抑或代理基金，政府單位對於錢財咸負受託經管之責任，錢財之所有權屬於他人，不能以之據為己有，是故此二項基金可以相提並論。

信託基金會計之主旨，乃在確保基金資源之經營，合乎信託契約之規定，普通信託基金可分二類:

(1)可用信託基金(expendable trust funds)。顧名思義，此基金可以動用其本息，此種基金最習見於政府機關之退休金，養老金等。

(2)不可用信託基金(non-expendable trust funds)。本基金之本金必須存留不動，如貸放基金(loan fund)，其款項貸放後，仍可以收回恢復原數。

尚有信託基金兼具上列二類基金之特質者，如留本基金(endowment)，其收益可以支用，而本金保持不動。此外，又有公用與私用之分，公用信託基金，其本金或收益必須用於公眾;而私用信託基金，則係用於私人或團體。

信託與代理基金會計，毋須將預算正式入帳，惟間或亦有例外，如公務人員退休金，除支付退休福利外，尚負擔其本身之經常費用，故必須利用預算以控制，猶如普通基金與特種收入基金，出於同一動機。又有基金之部分經費係由普通稅收所支持者，例如有私人團體捐助圖書館，建築成本歸該捐贈團體負責，經常開支一部分亦由同一團體資助，而餘額須由政府稅收預算劃撥，則此項基金亦當採用預算制度與預算帳戶。

除退休基金與留本基金外，多數信託與代理基金之會計實甚簡單，且多為現金收付，當基金收入時，借現金，貸基金餘額，支出時則為相反記錄。如有招標押金

之類事項，必須設補助分類帳以登記之。多數代理基金，如自公務人員薪津代為扣繳之醫藥保險費等，僅為暫時經手性質，一手收入，另手支出，年度終了往往並無結餘可言。

信託基金中之留本基金，其會計則比較複雜，因留本基金須將本金與收益劃分為兩項基金處理也。政府機關對於信託基金，因純係處於託管人之地位，故於信託基金之會計必須遵循各該基金建立所據之信託契約規定履行。契約如訂明預算必須入帳，折舊必須登錄，基金會計對該項契約規定即不容忽視。

第二節　公務員退休基金會計

公務員退休基金與可動用信託基金雖多相似，但如深究仍略有不同，多數退休基金是以保險計算為基礎，隨之，應捐助予基金之數額，便決定於退休之授益政策，於是，退休信託基金資訊制度之主要任務，即在使基金資產及財源，與基金負債及準備相配合，其負債及準備包括基於保險計算決定，預期給予退休利益之需求，於此情況下，基金餘額將顯示捐助予基金之累積額，基金之營利收入與其應收款項，是否足夠應敷對基金之預期需求，或者要發生保險虧絀，因而需要增加將來的捐助額。假若發生了虧絀，將反映於保險虧絀帳戶，此帳戶亦可用基金餘額之借方餘額以抵代。

退休基金有者將之視為一個獨立單位加以管理，因而即需有其獨立的業務預算，有者係由普通基金的財務部門人員兼辦，於是退休基金的管理成本，就由普通基金負擔，而不需列入退休基金了。假如退休基金有其行政預算，那就得仿照收入基金會計亦設置預算帳戶以登記之。對退休基金之捐助款，除政府機關外，尚有來自受益者，亦有僅由雇用者負擔，如屬前者，需要對每一被雇人員設置明細帳戶，如屬後者，亦應有其補助分類帳。至於退休基金之準備帳戶，常見者有六：

⑴被雇者捐助準備，表示公務員捐助之累積額及該款之利息收入。

⑵雇用者捐助準備，表示政府機關為雇用該項人員，所支付捐助退休基金之累積額及該款之利息收入。

⑶雇用者捐助部分之保險虧絀準備，表示政府機關以雇用者身份所捐助款額之保險虧絀之準備。

⑷參加人員養老金準備，表示為支付退休人員養老金，所應提撥之數額。當參加退休基金之公務員退休時，即將其退休金由公務員捐助準備及雇用者捐助準備兩帳戶轉入此帳戶。

⑸保險給與變動準備，表示由於死亡率利息等因素變動對退休利益準備其應調整之數額。

⑹未分配利息收入準備，表示尚未分配到公務員捐助準備及雇用者捐助準備之利息收入。

　　為期進一步瞭解退休基金之會計處理，再舉實例詳為說明如次。設某市之退休基金為數不大，因之，交由普通基金人員兼代管理，也就是說退休基金不負擔行政管理費用。雇用者及被雇者兩方對基金之捐助，均係基於保險方式計算，於是，隨其定期檢查基金之結果，而常需要變更應捐助之數額。茲將該市退休基金20×5年12月31日之平衡表列示如下：

某某市

公務員退休基金平衡表

20×5年12月31日

資　產		
現金		$　　18,360
普通基金應繳款		8,744
應收投資利息		40,256
投資（按票面）	$3,100,000	
加：未攤銷溢價	3,922	3,103,922
資產合計		$3,171,282
負債、準備與基金餘額		
應付養老金		$　　12,000
準備		
被雇者捐助		1,154,694
雇用者捐助		971,828
雇用者捐助部分之保險虧絀		292,120
參加人養老金		1,020,000
保險給與之變動		10,200
未分配利息收入		2,560
基金餘額		(292,120)
負債、準備與基金餘額合計		$3,171,282

　　被雇者之捐助款，是由雇用者在普通基金被雇者之薪津內扣繳，普通基金會將一份發薪名冊，送給退休基金告知被雇人之捐助款額，至雇主應捐助之款額，係根據員工薪餉之百分比計算，假定已經計算出應捐助款額，而普通基金尚未將款匯繳

退休基金者，則退休基金應列為應收款，其分錄如下：

借：普通基金應繳款	$481,824	
貸：被雇者捐助收入		$237,045
雇用者捐助收入		244,779

　　普通基金將所代扣之員工捐助款，及依約計算雇主應捐助款，共計$480,360全數依期匯繳退休基金，則應為如下分錄：

借：現金	$480,360	
貸：普通基金應繳款		$480,360

　　退休基金所收現金，除了為應急需存留少數外，應將之投資以增加基金收入。假定其以現金$340,000投資於信用優良之長期公債，該公債面額$330,000，溢價$6,000，購入應計利息$4,000，其投資分錄如下：

借：投資	$330,000	
未攤銷投資溢價	6,000	
應收投資利息	4,000	
貸：現金		$340,000

　　當被雇人員退休時，捐助準備帳戶之一部分，即代表應付給退休者之預期利益，便須由此帳戶轉入參加者養老金準備帳戶，假定該市之公務員於20×6年退休者，應給予之養老金為$42,558，其轉帳分錄如下：

借：被雇者捐助準備	$21,279	
雇用者捐助準備	21,279	
貸：參加人養老金準備		$42,558

　　如被雇者於退休前辭職或亡故，他們的捐助款及該款之收益，自應退還給其人或其繼承人，由於申請退還需時處理，通常先將應退數列為負債，其後再簽發支票償清負債，茲列兩分錄如下：

借：被雇者捐助準備	$77,235	
貸：應付亡故被雇者繼承人		$16,485
應付辭職被雇者		60,750
借：應付亡故被雇者繼承人	$16,485	
應付辭職被雇者	60,750	
貸：現金		$77,235

　　給予領受養老金者之款，應為退休基金資產之支出，假定20×6年給付之養老金共計$63,000，即須為如下分錄：

借：支出 　　　　　　　　　　　　　　$63,000

　　貸：應付養老金 　　　　　　　　　　　　　　　　$63,000

假定20×6年簽發支票支付之養老金為 $66,000，其分錄如下：

借：應付養老金 　　　　　　　　　　$66,000

　　貸：現金 　　　　　　　　　　　　　　　　　　　$66,000

假定本年收到投資利息共計 $153,000，包括上年底調整之應收利息及投資時之購入利息，則應為如下記錄：

借：現金 　　　　　　　　　　　　　$153,000

　　貸：應收投資利息 　　　　　　　　　　　　　　　$ 44,256

　　　　利息收入 　　　　　　　　　　　　　　　　　 108,744

設又購入投資面值 $150,000，其分錄如下：

借：投資 　　　　　　　　　　　　　$150,000

　　貸：現金 　　　　　　　　　　　　　　　　　　　$150,000

投資溢價基於公認之會計原則，必須攤銷，假定20×6年應攤額為$496，其攤分記錄如下：

借：利息收入 　　　　　　　　　　　$496

　　貸：未攤銷投資溢價 　　　　　　　　　　　　　　$496

由於退休基金會計採用權責基礎，於是20×6年底即須計畫應計利息收入，設其數額為$68,800，則其調整分錄如下：

借：應收投資利息 　　　　　　　　　$68,800

　　貸：利息收入 　　　　　　　　　　　　　　　　　$68,800

所有捐助收入帳戶，屬於虛帳戶，因之，年終須將之結入有關準備帳戶，其分錄如下：

借：被雇者捐助收入 　　　　　　　　$237,045

　　雇用者捐助收入 　　　　　　　　 244,779

　　貸：被雇者捐助準備 　　　　　　　　　　　　　　$237,045

　　　　雇用者捐助準備 　　　　　　　　　　　　　　 244,779

基金的支出亦屬虛帳戶，故亦須於年終將之結入參加人養老金準備帳戶，其分錄如下：

借：參加人養老金準備 　　　　　　　$63,000

　　貸：支出 　　　　　　　　　　　　　　　　　　　$63,000

依照法律規定，基金之利息收入，須以 $178,000分配予被雇者捐助準備，雇用

者捐助準備及參加人養老金準備，其分配數額及分錄如下：

借：利息收入		$178,000	
貸：被雇者捐助準備			$79,000
雇用者捐助準備			66,000
參加人養老金準備			33,000

年終利息收入帳戶有借方餘額，應結入未分配利息收入準備帳戶，其分錄如下：

借：未分配利息收入準備	$952	
貸：利息收入		$952

根據保險計算顧問建議保險給與變動帳戶必須調整，使達到20×6年底應存之現值。其分錄如下：

借：參加人養老金準備	$1,048	
貸：保險給與變動準備		$1,048

年度終了依保險計算之虧絀業已決定，需要減少 $34,750，其分錄如下：

借：雇用者捐助部分之保險虧絀	$34,750	
貸：基金餘額		$34,750

上列各項記錄過帳後，退休基金20×6年底之平衡表便將如下所示。

某某市
公務員退休基金平衡表
20×6年12月31日

資　產		
現金		$ 18,485
普通基金應繳款		10,208
應收投資利息		68,800
投資（按票面計）	$3,580,000	
加：未攤銷投資溢價	9,426	3,589,426
資產合計		$3,686,919
負債、準備與基金餘額		
應付養老金		$ 9,000
準備		
被雇者捐助		1,372,225
雇用者捐助		1,261,328
雇用者捐助部分之保險虧絀		257,370
參加人養老金		1,031,510
保險給與變更		11,248

未分配利息收入		1,608
基金餘額		(257,370)
負債、準備與基金餘額合計		$3,686,919

再將基金餘額及各項準備之變動編列分析表如下頁。

除了上列報表與下頁分析表外，最好再為退休基金編——現金收支表。

某某市

公務員退休基金現金收支表

20×6年全年到12月31日止

現金餘額，20×6年1月1日		$　18,360
收入：		
被雇者捐助	$237,045	
雇用者捐助	243,315	
利息	153,000	
收入合計		633,360
可用現金合計		$651,720
支出：		
按票面購入投資	$480,000	
購入投資	6,000	
購入投資應計利息	4,000	
退還——辭職者	60,750	
退還——死亡者	16,485	
付出養老金	66,000	
支出合計		633,235
現金餘額，20×6年12月31日		$　18,485

某某市

公務員退休基金各項準備及基金餘額變動分析表

20×6年全年至12月31日止

	被雇者捐助	雇用者捐助	各項準備 保險術給	參加人養老金	保險給與變更	未分配利息收入	基金餘額
餘額20×6年1月1日	$1,154,694	$ 971,828	$292,120	$1,020,000	$10,200	$2,560	$(292,120)
加：被雇者捐助	237,045						
雇用者捐助		244,779					
利息收入	79,000	66,000		33,000		(952)	
合　計	$1,470,739	$1,282,607	$292,120	$1,053,000	$10,200	$1,608	$(292,120)
移　轉							
養老金給予	(21,279)	(21,279)		42,558			
保險調整							
現有養老金				(1,048)	1,048		
將來養老金			(34,750)				34,750
移轉後養老餘額	$1,449,460	$1,261,328	$257,370	$1,094,510	$11,248	$1,608	$(257,370)
減：支出——養老金				63,000			
退還——亡故	16,485						
退還——辭職	60,750						
餘額，20×6年12月31日	$1,372,225	$1,261,328	$257,370	$1,031,510	$11,248	$1,608	$(257,370)

第三節　留本基金會計記錄釋例

　　為期對留本基金會計更能深入明瞭，今特舉一例，以闡釋其會計記錄。設有私人捐款設置獎學金，獎勵丙政府公務人員深造，與政府約定捐款本金原額應予保留不動，用以投資有價證券，投資所獲收益，則可供作分發獎學金之用。於年度開始時，留本本金基金與留本收益基金之試算表如下：

<table>
<tr><td colspan="5" align="center">丙政府
留本基金試算表
20××年1月1日</td></tr>
<tr><td rowspan="2">會計科目</td><td colspan="2" align="center">本金基金</td><td colspan="2" align="center">收益基金</td></tr>
<tr><td>借</td><td>貸</td><td>借</td><td>貸</td></tr>
<tr><td>現金</td><td>$ 6,280</td><td></td><td>$1,800</td><td></td></tr>
<tr><td>投資</td><td>178,000</td><td></td><td></td><td></td></tr>
<tr><td>未攤銷溢價</td><td>6,200</td><td></td><td></td><td></td></tr>
<tr><td>未攤銷折價</td><td></td><td>$ 3,000</td><td></td><td></td></tr>
<tr><td>應收利息</td><td>1,760</td><td></td><td></td><td></td></tr>
<tr><td>應收留本本金基金款項</td><td></td><td></td><td>1,240</td><td></td></tr>
<tr><td>應付留本收益基金款項</td><td></td><td>1,240</td><td></td><td></td></tr>
<tr><td>留本本金基金餘額</td><td></td><td>188,000</td><td></td><td></td></tr>
<tr><td>留本收益基金餘額</td><td></td><td></td><td></td><td>$3,040</td></tr>
<tr><td></td><td>$192,240</td><td>$192,240</td><td>$3,040</td><td>$3,040</td></tr>
</table>

　　茲將20××年度留本基金之會計事項及其應為之分錄分別列舉於下。

一、屬於留本基金本金之會計事項

新收到捐款，為基金之本金。
　　借：現金　　　　　　　　　　　　　$80,000
　　　　貸：留本本金基金餘額　　　　　　　　　$80,000
投資購買證券，有按溢價購入，有按折價購入，並記載應計利息。

借: 投資　　　　　　　　　　　$80,000

　　未攤銷溢價　　　　　　　　　1,600

　　購入證券應計利息　　　　　　　800

　　貸: 未攤銷折價　　　　　　　　　　　　$　400

　　　　現金　　　　　　　　　　　　　　82,000

證券發生利息收入。

借: 應收利息　　　　　　　　　$5,160

　　貸: 利息收入　　　　　　　　　　　　　$5,160

收到應收利息。

借: 現金　　　　　　　　　　　$4,920

　　貸: 應收利息　　　　　　　　　　　　　$4,920

溢價與折價之攤銷。

借: 利息收入　　　　　　　　　　$100

　　未攤銷折價　　　　　　　　　　500

　　貸: 未攤銷溢價　　　　　　　　　　　　　$600

利息收入歸入應付留本收益基金。

借: 利息收入　　　　　　　　　$5,060

　　貸: 應付留本收益基金款項　　　　　　　$5,060

支付應付留本收益基金款項。

借: 應付留本收益基金款項　　　$4,300

　　貸: 現金　　　　　　　　　　　　　　$4,300

二、關於留本基金收益之會計事項

應自留本本金基金轉來之利息收入。

借: 應收留本本金基金款項　　　$5,060

　　貸: 收入　　　　　　　　　　　　　　$5,060

收到應收留本本金基金所付一部分之款項。

借: 現金　　　　　　　　　　　$4,300

　　貸: 應收留本本金基金款項　　　　　　　$4,300

支付行政費用。

借: 行政支出　　　　　　　　　　$740

　　貸: 現金　　　　　　　　　　　　　　　$740

獎學金之支付。

| 借：獎學金支出 | $4,000 | |
| 貸：現金 | | $4,000 |

結清收入支出戶，並以收入超逾支出額結入留本收益基金餘額戶。

借：收入	$5,060	
貸：行政支出		$ 740
獎學金支出		4,000
留本收益基金餘額		320

第四節　信託與代理基金之財務報表

所有信託與代理基金均需編製下列三種財務報表：

(1)財務狀況表（資產負債表）。

(2)現金收支報告表(statement of cash receipts and disbursements)。

(3)基金餘額變動分析表。

基金餘額變動分析表與現金收支報告表之所以須分別編製，蓋因基金資產之增減，未必由於現金之收支而致，現金之收支亦未必一定影響基金之餘額，其投資如按成本出售，或到期以面額贖回，即其例也。

基金餘額之增減，固係由收入與支出而致，自無可疑，惟編製基金餘額變動分析表時，必須明白標列收支之性質，例如餽贈或利息收入，貸放款項或付出獎金等。

茲再以上述兩政府留本基金之例，編製財務報表如下：

丙政府 留本基金財務狀況表 20××年12月31日		
	留本本金基金	留本收益基金
資　　　產		
現金	$ 4,900	$1,360
應收留本本金基金款項		2,000
投資	258,000	
未攤銷溢價	7,200	
未攤銷折價	(2,900)	
購入證券應計利息	800	
應收利息	2,000	

		$270,000	$3,360

負債、準備與基金餘額			
應付留本收益基金款項		$ 2,000	
基金餘額		268,000	$3,360
		$270,000	$3,360

丙政府
留本基金現金收支報告表
20××年度

	留本本金基金	留本收益基金
現金餘額1/1/××	$ 6,280	$1,800
收入:		
利息	$ 4,920	
餽贈	80,000	
留本本金基金轉撥		$4,300
收入總額	$84,920	$4,300
可用現金額	$91,200	$6,100
支出:		
購入投資面值	$80,000	
投資溢價	1,600	
合　計	$81,600	
減: 投資折價	400	
投資總額	$81,200	
購入投資應計利息	800	
獎學金與行政支出		$4,740
轉撥留本收益基金	4,300	
支出總額	$86,300	$4,740
現金餘額12/31/××	$ 4,900	$1,360

丙政府 留本基金基金餘額變動分析表 20××年度		
	留本本金基金	留本收益基金
基金餘額1/1/××	$188,000	$3,040
加：利息收入	$　5,160	
餽贈	80,000	
留本本金基金轉撥		$5,060
	$　85,160	$5,060
合　計	$273,160	$8,100
減：轉撥留本收益基金	$　5,060	
獎學金與行政支出		$4,740
溢價淨額攤銷	100	
	$　5,160	$4,740
基金餘額，12/31/××	$268,000	$3,360

問　題

一、何謂信託基金？何謂代理基金？

二、試述信託基金的分類方法。

三、何謂留本基金？受贈之留本基金如為固定資產，則經理財產所發生之收益與費用，如何入帳？折舊應否列作費用開支？指定用途之支出如何記錄？試分述之。

四、試述我國主要信託基金及其各種不同的會計處理方式。

五、試述信託基金之一般會計方法。

六、試述退休基金之會計處理方式。

七、試述退休基金常見之準備帳戶。

八、試述退休基金應編之財務報表。

九、試述留本基金之會計處理方法。

十、試述信託與代理基金應編之報告。

習　題

一、某市政府接受李大明先生存儲信託設置獎學金。下列會計事項，試為之分錄並編平衡表。

1. 收到現金 $840,000，設置基金，其收益用於核發獎學金。

2. 以溢價 $12,000 購入面值 $800,000 之證券，加付補息 $1,600。

3. 收到支票 $12,000 係兌付六個月的利息。

4. 溢價 $500 已予攤銷。

5. 面值 $4,000 的證券，未攤銷溢價應分配 $56，已售得 $4,020，另加收應計利息 $4。

6. 面值 $8,000 的證券，未攤銷溢價應分配 $112，已售得 $8,200，另加收應計利息 $100。

7. 記載應收利息 $10,400。

8. 溢價 $480 已予攤銷。

9. 截至現在止收益總額記作留本本金基金對留本所入基金之負債。

10. 留本本金基金付給留本所入基金 $10,000。

11. 留本所入基金贈與獎學金 $8,000。

二、下列是某市政府之貸款基金收支事項，試作分錄並編平衡表。

1. 收到為設置貸款基金目的之現金捐贈 $200,000。

2. 放出貸款 $60,000。

3. 收回貸款 $1,000 與利息 $40。

4. 結束收益帳戶。

三、在20×8年12月31日，某市的警察及消防人員退休基金的試算表如下：

現金	$ 124,533	
普通基金欠款	1,550	
投資（面值）	9,693,020	
未攤銷投資溢價	129,847	
應付養老金		$ 11,185
職員分擔額準備		3,947,760
政府分擔額準備		3,654,321
職員養老金準備		2,306,509
基金餘額		29,175
	$9,948,950	$9,948,950

20×9年的交易如下：

1. 普通基金欠款共 $2,346,944，其中的 $1,133,462 是職員的薪資扣款，另 $1,213,482 為政府的補助。

2. 普通基金支付欠款$2,330,904，其中的$1,133,462是職員的薪資扣款，另$1,197,442為政府的補助。

3. 投資政府國庫券$1,387,740，及本市的債券，面值$962,000，溢價$5,505，另加付補息$9,363。

4. 職員養老金準備本年增加$127,674，半數由職員分擔額準備而來，半數由政府分擔準備額而來。

5. 本年應付養老金共$189,000。

6. 面值$200,000的投資，（其溢價都已攤完）被收回。

7. 經予支付應付養老金$191,085（$191,085中包括去年的年底餘額）。

8. 退還職員分擔額$61,119給辭職的職員。

9. 未兌現的支票$1,058重新存入，貸記應付年金。

10. 投資的現金收入共$260,082，其中包括應收補息。20×9年的應收收益為$62,077。

11. 20×9年的溢價攤銷為$6,185。

試問：

1. 做20×9年交易的分錄，科目名稱要與試算表所列者相同。

2. 做20×9年12月31日的結帳分錄，利息收益分別結到職員分擔額準備$122,947，政府分擔額準備$109,850，職員年金準備$73,814。

3. 編20×9年12月31日的試算表。

4. 編20×9年的現金收支表。

5. 編各準備科目及基金餘額的變動分析表。

四、甲市有職員退休基金已許多年了，基金分擔額全部由本市的普通基金提供，職員不必分擔，本基金由普通基金的職員管理，因此不必負擔任何管理費用。本基金的年初平衡表如下：

甲市
職員退休基金平衡表
20××年7月1日

資　產			負債、準備及基金餘額	
現金		$ 6,360	應付養老金	$ 6,000
應收投資利息		15,000	政府分擔額準備	550,000
投資（面值）	$750,000		職員養老金準備	204,600
未攤銷投資溢價	840	750,840	精算假設差異準備	3,600
			未分配利息收益準備	2,200
			基金餘額	5,800
		$772,200		$772,200

1. 試為以下事項做成分錄。

(一)年初的應收投資利息已收取。

(二)應付養老金增加$75,000。

(三)收到普通基金分擔額$49,980。

(四)收到利息收益$30,000，另有應計利息收益$16,000期初的未攤銷溢價攤銷十二分之一。

(五)支付應付養老金$78,000。

(六)收到普通基金分擔額$54,500。

(七)將分擔額收入轉入適當的準備科目。

(八)接受精算師建議，將政府分擔額準備$81,000轉入職員養老金準備。

(九)利息收入有$12,800轉入職員養老金準備，$35,200轉入政府分擔額準備，餘額轉入未分配利息收益準備。

(十)以面值購進投資$70,000。

(土)做結帳分錄。

2.編職員退休基金年底的平衡表。

3.編本年度的現金收支表。

4.編本年度各準備科目及基金餘額的變動分析表。

第二十六章　美國地方政府會計

第一節　政府會計原則

　　美國州市地方政府之會計處理與財務報表之編報，美國政府會計準則會，原已建立有十二項原則，新近該會發布第三十四號公報，對原有原則略有修正，並將長期負債納入，現今共有十三項原則，茲擇要分述如次：

(一)會計與報告功能

　　政府會計制度必須能以：(1)公平且充分表達各種基金與各項業務之處理與公認之會計原則相符合。(2)決定且表現出來是遵從財務有關之法規與契約之所定。

(二)基金會計制度

　　政府會計制度之建構與運作，係以基金為基礎，每一基金即係一個財務與會計個體，有其自相平衡的一套帳戶，用以記錄現金及其他財務資源，有關的負債、賸餘權益或餘額及其變動，這項權益或餘額可能依特定目的或限制而予以劃分。

(三)基金類別

　　地方政府的基金，依其型態分為三類：(1)政務基金，又分普通基金、特別收入基金、資本計畫基金、債務基金與長時基金。(2)業權基金，又分營業基金、內部服務基金。(3)信託基金，又分代理基金、退休養老或員工福利基金、投資基金和私用信託基金。

(四)基金數目

　　政府機關應依法和有效之財務管理設置基金，其數目應符合法律所定及業務之需求，然而，如果設置些非必要之基金，徒使財務管理趨於繁複而失去彈性與效率。

(五)資本性資產

　　一般性資本資產與業權基金、信託基金的資本資產應為明確劃分，業權基金的資本資產既須列基金報表又須列入政府個體之報表，而信託基金的資本資產則僅列該基金之報表。此外，政府機關所擁有之資本資產均屬一般性的資本資產，並不列入政務基金之報表，但須列入政府個體之淨資產表。

㈥資本資產價值

資本資產依其歷史成本列報，其成本尚包括利息資本化及必要之安裝費用，受贈資產應依公平價值估列。

㈦計提折舊

資本資產應按估計可用年限提列折舊，但屬非耗資產及公共建設除外，如土地與土地改良物非耗資產可不計折舊，折舊費用須於政府個體報表、業權基金報表及信託基金報表列報。

㈧長期負債

將於業權基金償付之長期負債，除列入該基金之報表外，尚須列入政府個體之報表，直接屬於信託基金償還之長期負債，則列入該基金之報表，至政府機關所有未到期之長期負債，則須列入政府個體之報表，而不列入政務基金之報表。

㈨衡量焦點與會計基礎

1.政府個體之財務報表

政府個體之淨資產表與業務運作表之編製，以經濟資源為衡量焦點，並採用權責發生制的會計基礎。

2.基金的財務報表

⑴政務基金的財務報表，須以流動性財務資源為衡量焦點，並用修正權責制的會計基礎，收入之認列，須以當期可應用與可衡量者為限，支出之認列，須係當期基金負債之發生，但長期負債之未支付利息除外，此項支出須待到期支付時認列。

⑵業權基金財務報表之列報，以經濟資源為衡量焦點，並用權責發生制的會計基礎。

⑶信託基金之財務報表，亦用經濟資源為衡量焦點，並用權責發生制的會計基礎，但對退休養老健保之福利計畫某些負債之認列除外。

⑷基金間之移轉收支，應列報於其應收應付之期間。

㈩預算控制與編報

1.每一政府機關都應有其年度預算。

2.會計制度應具適當的預算控制基礎。

3.普通基金、特別收入基金，凡具有法定年度預算者，須編製預算比較表，此表為財務報表所必要之補充資訊。

㈠移轉、收入、支出與費用帳戶之分類

1.移轉收支於基金報表上應與收入、支出、費用分開。

2.長期負債之收入，於政務基金報表上應單獨列報，不可與收入支出相混。

3.政務基金的收入應依基金與來源分類；其支出應依基金、政事、業務、組織單位、工作活動、支出性質與主要用途分類。

4.業權基金的收入依主要來源分類，其費用之分類如同企業組織。

5.業務運作表之列報，如同政務基金之收入支出與基金餘額變動表之所列，至少應列政事別科目，政府亦須將其企業型態之業務分欄列報。

㈡通用名詞與科目分類

通用名詞與科目分類應與預算、帳戶、每一基金的財務報表相一致。

㈢年度財務報表

1.綜合的年度報表。包括：總說明、管理檢討與分析、基本的財務報表、必要之補充資訊、合併的與個別的基金報表、明細表、解釋、統計資料。

2.基金的財務報告。包括：

⑴政府個體財務報告。

⑵基金財務報表。

⑶報表之註釋。

⑷必要的補充資訊。

第二節　財務報表新模式

美國政府會計準則會對美國州及地方政府之財務報告，指明其主要用途有四，即：法定預算與實際結果之比較，財務狀況與業務成果之評估，財務法規遵從之審核，工作績效與成果之評定。惟該會對州、地方政府之財務報表最近又有新的觀念發表，載之於1999年6月之第三十四號公報，題名為：「州及地方政府的基本財務報表及管理當局評論分析」，要求美國的州及地方政府在未來除了編製修正權責基礎之基金別財務報表之外，尚須編製真正權責基礎的合併財務報表，其模式如下頁圖：

此圖以「管理當局評論分析」為首，乃第三十四號公報最突出之點，亦即與目前之報導模式重大不同之處。

由於政府的財務人員對於政府財務報導中的交易與事件，以及影響政府運作的財政政策有相當的瞭解，所以要求財務經理人士應提供有關政府整體財務狀況及政務營運結果，並針對重大變動加以說明。為了提供給使用者最攸關的財務資訊，在管理當局評論分析中還應包括：⑴基本財務報表的簡短評論。⑵前後年度的財務比

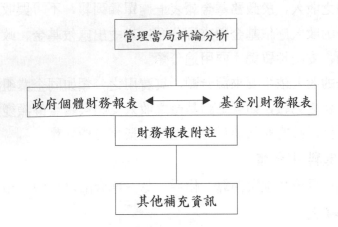

較。⑶整體財務狀況及營運結果的分析。⑷個別基金餘額及重要交易的分析。⑸預算與實際的比較。⑹資本資產及長期負債的描述。⑺基礎建設的討論。⑻已知及預期之重大事項其決策狀況的敘述。

　　第三十四號公報復將政府應編之財務報表分為兩類：一為政府個體之財務報表，另一為基金別之財務報表，此與目前美國政府原只提供基金別財務報表之模式大不相同，可謂政府財務報導之巨大變革。其所規定之政府個體財務報表應具兩大主表：淨資產表與業務運作表，乃以經濟資源的流量為衡量焦點，並採權責制的會計基礎，用以報導政府整體的財務資訊，企望對政府的淨資產及其財務運作結果提供超然完整地表達。淨資產表中的資本性資產係按歷史成本衡量，並且要列減累積折舊，但非耗財產及公共建設除外，資產減負債的差額為淨資產，再分為三類：⑴投資於資本性資產的淨資產。⑵受限制的淨資產。⑶未受限制的淨資產。業務運作表係用以報導政府每一年度提供服務的所有收入及成本，著重表達每一施政職能或業務計畫的淨成本或淨收入，亦即費用減除計畫收入後的淨額。

　　政府會計準則會要求政府繼續提供基金別的財務報表，並說明政府的基金分：政務基金、業權基金及信託基金三類，政務基金包括：普通基金、特別收入基金、資本計畫基金、債務基金及長時基金。政務基金的財務報表有：平衡表、收入支出及基金餘額變動表，以當期財務資源的流量為衡量焦點，採修正權責制為會計基礎。業權基金包括：營業基金及內部服務基金，其財務報表有：平衡表、收入支出及基金餘額變動表、現金流量表，採經濟資源的流量為衡量焦點，以權責發生制為會計基礎。信託基金包括：退休信託基金、投資信託基金、私有目的信託基金及代理基金。信託基金的財務報表有：信託淨資產表及信託淨資產變動表，以經濟資源的流量為衡量焦點，亦以權責發生制為會計基礎。由於採用的會計基礎及衡量焦點不同，

以及因為基金之間合併沖銷的關係，所以列示於基金別財務報表中的基金餘額或基金餘額淨變動數，與列示於合併財務報表之淨資產金額或淨資產變動數會有所差異。為了讓使用者清楚地瞭解此差異的原因，政府應編製彙總調節表。此外，還要求政府應揭露額外補充資訊，如預算比較資訊，亦即是要求政府應繼續編製預算比較表，惟僅針對普通基金及每一個主要的特別收入基金來編製預算比較表；並將預算比較表的地位從基本財務報表移至要求的補充資訊中。

政府個體會計所產生之財務報表，其主表有二：一名淨資產表，金額分列行政、事業等欄，所列科目屬資產者有：現金、投資、應收帳款（淨）、盤存、資本性資產（淨）等；屬負債者有：應付帳款、遞延收入、非流動負債等；屬淨資產者有：資本性資產投資，其餘又分限制部分與非限制部分。第二主表名業務運作表，科目分行政部分與營業部分，前者為：一般行政、公共安全、公共事務、工程服務、保健衛生、文化休閒、社區發展、學區教育、長期負債利息；後者為：自來水、下水道、停車設施等。其金額欄先列費用，再列各項收入，最後列收入（費用）淨額與對淨資產之變更。

基金會計部分之財務報表，其屬政務基金之主表名平衡表，所列資產負債均屬流動性者，無固定資產與長期負債，資產與負債之差名基金餘額，又分限制與無限制兩部分。第二主表名收入支出與基金餘額變動表，其支出除各項業務支出外，尚列有債務還本付息支出與資本支出。

第三節　政府會計雙軌制

上節曾述美國政府會計準則會最新公報指定政府應編兩類財務報表，一為政府個體之報表，另一為基金別之報表，前者之淨資產表所列報之財務狀況要用經濟資源作衡量焦點，並要用權責制的會計基礎，簡言之，其所應用之會計原則類似企業機構之會計，而與之相反者，乃政府政務基金之平衡表，其所報告之財務狀況係以流動性之財務資源為衡量焦點，並且是使用修正權責制的會計基礎，由是而知兩者報表之最大區別在淨資產表列有資本性資產，即俗稱之固定資產，與長期負債，而政務基金平衡表則僅列示其流動性之財務資源，亦即流動資產與需由流動資產償付之流動負債，然而，一個機關的日常交易與業務事項，常會影響到上述之兩種報表，因此，便須建立雙重的會計制度，也就是某些交易，既要記入政府個體的會計，同時也要記入基金的會計，惟如此，方可由各自之會計記錄產生各自的財務報表，為適應新公報所定之報表準則而不得不然也。在此新規定之前，依原有準則規定，政

府會計應以基金為基礎，即所謂基金會計，且行之有年。因政務基金之重心，置之於流動資源，故亦稱之為流動基金，因是，便將非流動性項目排外，也就是政務基金平衡表不包括固定資產與長期負債，在此情況之下，政府會計準則會乃規定，由政務基金支出而取得之資本性資產，與為政務基金謀求財源而產生之長期負債，應各自設立一組自相平衡之帳戶以處理之，形成單獨之會計個體。而今，由於新公報規定，除基金別財務報表外，應編政府個體之財務報表，且後者是以全體經濟資源為衡量焦點，除將平衡表改稱淨資產表外，其內含不只限於政務基金，尚包括政府之營業型態之基金，但不包括信託基金，又因其會計採用完全之權責基礎，所以將以前政務基金所排除之資本性資產與長期負債一併納入其淨資產表中，自斯不再另設長期性資產與長期負債之分組帳戶，此與舊制顯然不同，可謂政府會計之重大改革。

美國地方政府為迎合政府會計準則會之新規定，除了採用雙軌制之會計處理方法，以編製政府個體與基金別兩種財務報表外，尚有少數政府機構，捨棄雙重會計記錄，而以調整分錄與工作底表的方式，將依其基金別財務報表改編為政府個體或稱整體之財務報表，其處理重點如下：

1.將資本支出改記資本性資產，並計折舊。

2.將公債收入改記為應付公債，將債務之還本支出改為負債之減少，並調整應計利息。

3.將收入之認列，改按權責基礎。

4.將各項費用改按權責基礎調整。

5.將出售土地超值改為土地出售利益。

6.將內部服務基金納入政府業務表內。

7.將基金間業務與餘額之移轉予以銷除。

第四節　基金會計特質

美國政府會計準則會新近發表之第三十四號公報，雖然對政府之財務報告與會計制度有重大變革，但對政府之基金會計與報告，其重視程度一如往昔，毫無減色。就政府的全部事務言，依其性質可分為：一般行政、公有事業、信託代理三類，隨之將基金亦分為三類，即政務基金、業權基金、信託基金。屬於政務基金者，有普通基金、特別收入基金、資本計畫基金、債務基金與長時基金，此類基金之會計特質，乃以財務的會計責任為重心，以流動性（可支用的）財務資源為衡量焦點，以

修正權責制為會計基礎，以收入與支出為會計對象，不須記資本性資產與長期負債，亦不計提折舊，設預算帳戶以利法定預算之控制。屬於業權基金者，有公營事業基金與內部服務基金，此類基金之會計特質，乃以業務的會計責任為重心，以經濟性資源為衡量焦點，一如企業會計之作用，以完全權責制為會計基礎，以收入與費用為會計對象，須登記資本性資產與長期負債，並計提折舊，不設預算帳戶，但須利用預算作規劃與控制。屬於信託基金者，有代理基金、私有信託基金、投資基金與養老基金，此類基金之會計特質，採用與業權基金相同之會計原則，政府會計準則對負債認定之規定，可適用於退休養老基金。代理基金僅有資產與負債帳戶而無淨資產。

　　雖然上述政務基金之會計特質，仍係以流動性之資源為焦點，並採用修正的權責基礎，惟依政府會計準則會新近發布之第三十四號公報，政府的主要政事財務亦須綜合列報於政府個體之財務報表，並以經濟資源為衡量焦點，採用權責發生制的會計基礎，並將內部服務基金視為政府業務之一部分，列入政府個體之財務報表，因此，在普通基金或特別收入基金內，由年度預算之資本支出所獲得之資本性資產，以及資本計畫基金用公債收入、稅賦收入款所購置或建造之資本性資產或受捐贈之資本性資產，均應另行記入政府個體會計之總分類帳，同樣地，因取得資本性資產而發生之長期債務包括政府公債，將需由稅收償還者，亦須記入政府個體會計之總分類帳。在政府個體會計對資本性資產之入帳，係以成本為基礎並計列折舊，而在普通基金、特別收入基金及資本計畫基金，對於資本性資產則係以支出列帳，惟有公營事業基金例外，以該基金會計已含有資本性資產，及由其償還之長期負債在內。

第五節　普通基金帳戶

　　在政務基金中範圍最廣，應用最普遍者厥為普通基金，長久以來普通基金即為州地方政府最主要之會計個體，它是以流動性財務資源之取得與耗費為會計核心，政府機關用它來對人民提供應有之服務，所以也把它稱之為業務基金或流動基金，政府各機關從事各種業務活動，多是依賴普通基金提供之財源，假如稅課或其他收入經立法機關授權徵收，同時特別指定僅可以用於特定目的者，則稱其為特別收入基金。除此二者外，尚有資本計畫基金、債務基金及長時基金三種均歸屬於政務基金，這些基金之共同特點，都是以財務資源，如現金、應收、有價證券、存貨、預付款為其會計重心，至於經濟資源，如土地、房屋、設備等，雖是供其業務上所使用，但不屬於這些基金之會計範圍，因為在正常情況下，它不能轉變為現金，以資

這些基金來使用；同樣情況，這些基金會計所處理的負債，亦僅限於為這些基金業務處理所發生且須用這些基金的資產去償還者。然而，這類一般性的資本資產與一般性的長期負債，在會計上究應如何處理，在以前是各自另立一組自相平衡的帳戶，但自最新第三十四號公報發布之後，則歸入政府個體的會計記錄，並於政府之淨資產表內列報。

政務基金的財務資源總額與其負債之差額，則稱謂基金權益，亦即其流動資產超逾流動負債之數額，但無人對此淨額有法定主張權，因為基金權益並不像業主投資企業之資本帳戶，在普通基金與特別收入基金之基金權益內尚包括一些保留帳戶，以顯示有一部分權益不能隨意去支用，除此之外，基金權益可資使用部分，可另立帳戶，名之謂基金餘額，亦即未保留之基金餘額。

除了上述的平衡表帳戶，再就普通基金包括特別收入基金之年度業務運作表帳戶說明之。業務運作表之內容，實際上就是該機關因業務活動而在年度內所發生之收入與支出，如若稱謂收支計算表則更切合實際，這些帳戶當然是屬於臨時性的帳戶，首先將之劃分為收入、其他財務來源、支出與其他財務用項四大類。所謂收入者，乃指除了其他財務來源如基金間之移轉收入、發生債務之收入，凡能使基金資源增加者均屬之。於此可知，移轉收入與債務收入是屬於其他財務來源類內。依照政府會計準則，所有屬於政務基金之收入，須採修正權責基礎去認定，因為政務基金的業務收支，須依詳明之法定限制，所以政務基金之收入，必須認列於其可以支應支出之年度，正因為這項理由，以致有些地方政府規定稅課之實收，要在可供支出年度之前，在這樣的情況下，於是當稅款實收時，即須先貸入遞延收入帳戶，等到次年再為轉正，而借遞延收入，貸收入。

普通基金的支出，即係營利事業會計所稱的成本與費用，支出可定義為基金財務資源之減少，但不含基金間之移轉支出，因此將移轉支出歸類為其他財務用項。我們已知各種政務基金主要是普通基金，其會計基礎是採修正權責制，所以支出之認列，須於負債發生又須由基金資產償還之時，在此同時，應該特別注意一點，即在負債發生額度之內，經費預算或稱經費撥款是可以使用的，不論這項負債之發生，是為了支付薪資（費用）或為了購買用品（如流動資產）、甚或購置土地、房屋、設備（資本資產），但在政府機關個體的會計，類如薪津、水電等均記為費用，而非支出，用品購入時如記入費用，至年底未耗用部分則應調整並以資產列報，至於資本資產在獲得時，當即記為資產，年終應提列折舊費用。

政府機關的普通基金常有將部分收入移轉出去的情事發生，最常見的事例是將已認列收入之部分稅收移轉給債務基金，然後由債務基金用以支付一般負債之利息

與本金之償還，該基金無論是還本與付息，均以支出科目列帳，類此交易事項，在普通基金以基金間之移轉支出列帳，在債務基金則以基金間之移轉收入列帳，之所以用移轉科目之原因，在期達到如下之目的：徵課稅收之基金須將之認列為其收入，而使用該項收入之基金則可以認列為其支出，其他財務來源與其他財務用項，其年終結帳方式，一如同收入與支出之結帳，均應結入該基金之基金餘額帳戶，但在收支與基金餘額變動表上，則應予單獨顯示。

因為行政機關的施政支出，須以法定預算為依憑，亦即將兩者結合為一體，故在普通基金或特別收入基金以及其他基金，凡屬州法規定須接受預算者，均須設置預算帳戶。況且政府會計準則會新近公布的第三十四號公報，明文指定普通基金與主要特別收入基金，凡具法定預算者，即須編製預算與實際數之比較表，並將此表置於財務報表之後，或者於其收支與基金餘額變動表內列入預算與實際數之資訊，於是變為主要財務報表之一部分，為因應編製預算與實際數比較表的關係，表內所列之實際數即須採用政府的預算基礎，例如有些機關的收入預算係以現金為基礎，而其實際數亦必用與預算相同之基礎，預算基礎當然非屬公認之會計原則，所以要在報表上特別註明，因為預算實務會計與公認會計原則有些差別，所以政府會計準則要求列於比較表之實際數必須與其實務上所產生之金額相符合，同時又要求列於此表之實際數，必須與根據公認原則所編之收入支出與基金餘額變動表列數加以調節。

基於編製預算比較表之需求，所以具有法定預算之基金會計，除了平衡表與業務收支表帳戶之外，必須設置預算帳戶，至少設置三個統制戶，即預計收入數、經費預算數與預算保留數，至其明細帳戶則依法定所需明細資訊或為有效財務管理而設定，此外如有基金間之移轉，與債務收入之預算者，則須另設其他財務來源預算數與其他財務用項預算數兩個統制戶，這些預算帳戶均屬於基金餘額之臨時性帳戶，一如業務運作表之帳戶，於年度終了時一起結入基金餘額，基金之平衡表帳戶與業務運作表帳戶及預算帳戶間之關係，如下圖所列：

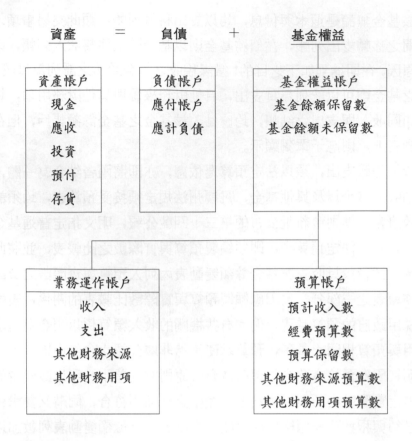

第六節　基金預算會計

　　普通基金之預算經過法定程序完成立法之後，政府各機關即可據以執行，並應將執行情形編具財務報告，因之有賴會計制度記錄預算之成立分配與執行，收集預算資料以供報表之編報，則是預算會計為其會計制度非常重要之一環，有關預算帳戶上節已為列述，為求明瞭預算帳戶之應用，現再設例以分錄方式說明之。

　　設某政府機關之普通基金某年度預算，經議會通過成為法定預算，該機關於年度開始即應正式記帳，預算收入之總額，以其統制科目，記入總分類帳，每項收入之來源細目，則應記入預計收入明細帳。

　　借：預計收入數　　　　　　　　　　　　　$×××
　　　　貸：基金餘額　　　　　　　　　　　　　　　$×××

　　設該機關該年度之經費預算與其他財務用項亦經依法通過，則應於年度開始將經費總額以統制帳戶記入總分類帳，每項政事之預算項目，則記入經費預算明細帳。

借：基金餘額　　　　　　　　　　　　　$×××
　　貸：經費預算數　　　　　　　　　　　　　　$×××
　　　　其他財務用項預計數　　　　　　　　　　　×××

　　上兩分錄也可以合併為一項複式分錄，倘若預計收入大於經費預算，其差應貸基金餘額，反之，若經費預算大於預計收入，則其差應借基金餘額。若其預算須經分配程序時，則對收入之分配，借：收入分配數，貸：預計收入數；另對經費預算之分配，則借：經費預算數，貸：經費分配數。

　　年度開始有實際收入時，在政務基金其總分類帳戶都是貸收入數科目，其借方科目如採現金基礎，則借現金，如係權責基礎則先借應收，同時按實際收入之明細科目，分別記入收入明細帳之各該明細戶之貸方。設該機關於1月某日收到現金，屬證照許可之收入，即應：

借：現金　　　　　　　　　　　　　　$×××
　　貸：收入數　　　　　　　　　　　　　　　　$×××

　　過入總分類帳收入統制戶之貸方，同時過入收入明細帳該證照許可收入戶之貸方，以便機關管理階層明瞭收入預算執行之實際狀況；以及提供編製預算實收比較表之資料。

　　其次再述經費預算之入帳與控制。當經費預算完成立法，行政機關即獲得支用經費之授權，可按照法定預算項目及額度，對外發生負債，亦即是該項預算可以為償還該項負債而支用，但是更要知道，若執行預算逾越授權，依法必受嚴厲之懲罰，即凡對外發生負債超過法定預算金額，或者發生債務目的非屬預算所定，或是對外債務所依憑之預算已失效用，都要接受法律之處罰，為了謹慎起見，所以在訂購或契約簽發之前，必須先確定有足夠且有效之預算存在，使貨品或勞務收到之後，可以針對該項預算列支，為期達到此項目的，即需要會計與之配合發生控制作用，所以在購單或契約簽訂之時，最重要者要將此項未來要支付之契約責任數，正式記帳以為預算之保留，預算保留數與費用支出之意義有別，因為契約責任保留數為將來收到訂貨或契約實現所發生負債之事先估計數，未來實際負債數可能與原先保留數不一定完全相同，其最大目的在事先控制預算支出，以防貨到付款時無預算可用，或是超出預算之授權，這項預算保留方式，也是因為機關於對外訂購或簽約，同時也是對外發生債務之起點，所以要予正式入帳，以幫助行政人員避免預算之超支，待收到貨品勞務所發生之債務，可以如數償付，所以契約責任一經發生，即須立即為預算之保留，其分錄如下：

借：經費保留數　　　　　　　　　　　　　　$×××

　　貸：保留數準備　　　　　　　　　　　　　　　　$×××

　　上列經費保留數乃一統制帳戶，與經費預算統制戶相關，又與經費支出統制戶有關，三者同時統制一本明細帳之明細戶。契約責任保留數之對方科目為保留數準備，列表於基金權益項下之保留部分。

　　當訂購貨品收到，該貨發票經核無誤，需要付款時，須先沖原先所記之保留數，再記經費支出數，分錄如下：

借：保留數準備　　　　　　　　　　　　　　$×××

　　貸：經費保留數　　　　　　　　　　　　　　　　$×××

借：經費支出　　　　　　　　　　　　　　　$×××

　　貸：應付憑單　　　　　　　　　　　　　　　　　$×××

　　如其實支數與原先保留數相同，則經過帳之後，其可用之預算餘額不變。

　　以上所列舉之會計事項，意在強調對支出預算之控制，其中有的事項不無可能涉及到政府個體之會計，亦即是該項交易影響及於兩個會計個體，既需於普通基金會計記錄，亦需同時於政府機關會計記錄，此即所謂雙重會計也。

第七節　業務收支之認列

　　因政府業務活動所發生之財務收支，既屬於政府個體之會計對象，同時也是其普通基金或特別收入基金之會計事項，兩者均須正式記帳進而據以產生財務報表，這種會計方法可稱之為雙軌會計制度，惟兩者所用之會計基礎與報表之衡量焦點並不相同，政府個體會計採權責基礎，對財務狀況之衡量以經濟資源為焦點，簡言之，與營利事業之會計相同，而普通基金會計是採修正權責基礎，對財務狀況之衡量，乃以流動性之財務資源為焦點，兩者之顯著差別，可於財務報表內容窺得，政府機關之淨資產表，以前稱平衡表，列有資本資產或稱長期性資產，與長期負債，而普通基金平衡表所列者，僅有流動性財務資源，亦即現金、應收等流動資產，與須用流動資源償付之流動負債。

　　由於兩會計個體之基礎不同，當然影響兩者有關收支事項之認列標準。依政府會計準則會第三十四號公報，政府個體財務報表所列之收入與費用採取權責基礎，而普通基金及其他政務基金財務報表所列之收入與支出則採修正權責基礎。進而再按政府之交易事項，分別就交換性與非交換性，確定其收支之認列標準。所謂交換性之交易，其交換雙方所收獲或付出之價值必相等，出售貨品或勞務之一方，當交

易形成,即認列為收入,反之,購入貨品或勞務之一方,當交易發生即認列為費用,貨品未耗用者,可暫列資產,但就政務基金言,當其提供貨品或勞務予他方或他基金時,可列為收入,惟因而獲得之資產須為可衡量並可資應用者,而他方或他基金因獲得貨品或勞務,以致其基金發生負債者,須列為支出而非費用。所謂非交換性交易,乃指其所收受或給予之對方,並未直接獲致對等之價值,此類交易可概分為:由於賦稅、由於課罰、由於規定、由於自動捐獻四種,如所得稅收入認列於所得賺得之期間,銷售稅收入認列於銷售發生之期間,財產稅收入認列於該稅徵收之期間,且為當期可供使用者,至於後兩項收入之認定,首須符合適當之條件,或者是當收到現金之時,惟其所收得之現金在允許使用之前,或在符合適當條件之前,應先列為遞延收入,俟限制消除後再轉為收入。

政府之業務費用須按政事別或業務計畫劃分,並與其收入配合列報,除特殊費用外,一般費用應分別為直接費用與間接費用,直接費用須與其相關之政事或業務相結合,而間接費用則與政事或業務並不發生直接關係,長期負債之利息費用即為一例,此種費用應予單項列報,而不一定要按政事或業務攤分,但要注意,折舊費用是屬於直接費用,因資本資產會很清晰地與政事或業務相結合,所以折舊費用就應按使用該資產之政事或業務分攤,有的政府為了達到充分成本要求,會把一些中央行政管理的成本,也攤計入政事或業務成本之內,但有些政府機關則列為一般政事之成本,總括而言,各項折舊費用與其他費用,原則上是應該攤入特定之政事或業務計畫。至於收入科目方面,依新規定首要劃分業務收入與一般收入,業務收入在業務運作表上列報於政事和業務項下,減去每一政事或業務之費用,隨即產生該政事或業務之淨收入,一般收入則不與任一特定政事或業務相關連,而將之單獨列於報表之下端。業務收入又分為三類,即服務費收入、業務捐獻、資本捐獻,除服務收入當為明確歸屬外,業務捐獻如其限定用於某項業務者,自應歸入該項業務收入,而不可用於資本目的,如係綜合捐獻,不易歸入某項業務者,則可列為一般收入。

第八節　政府整體會計例釋

美國州市城鎮等地方政府之會計,依政府會計準則會新近發布之公報,均係採用雙軌制之會計制度,一則為基金會計,一則為機關個體會計,然而,一個機關的日常交易與業務事項,常會涉及兩個會計,兩者如何配合實施,乃實務處理之關鍵所在,為期對雙重會計方法有更深切之理解,擬就普通基金、資本計畫基金以及債務基金,其與政府個體會計兩者同時兼顧之會計方法,依次分別舉例以分錄方式說明。

㈠普通基金與政府個體之相關會計

1.預算成立。

普通基金會計   政府個體會計

借：財務資源   （無此記錄）

    基金餘額

  貸：經費預算

2.票據融資。

普通基金會計   政府個體會計

借：現金   （同樣記錄）

  貸：應付票據

3.預算保留。

普通基金會計   政府個體會計

借：保留數   （無此記錄）

  貸：保留準備

4.償還債務。

普通基金會計   政府個體會計

借：應付憑單   （同樣記錄）

    應付帳款

  貸：現金

5.支付薪津並代扣稅款。

普通基金會計   政府個體會計

借：經費支出   借：一般行政費

  貸：應付憑單   公共安全費

      應付代扣稅款   公共工作費

                               健保福利費

                               公園休閒費

                         貸：應付憑單

                               應付代扣稅款

6.應付憑單付現。

普通基金會計   政府個體會計

借：應付憑單   （同樣記錄）

  貸：現金

7.課徵財產稅。

普通基金會計 政府個體會計

借：應收稅款　　　　　　　　　借：應收稅款
　　貸：備抵壞稅　　　　　　　　　　貸：備抵壞稅
　　　　收入數　　　　　　　　　　　　財產稅收入

8. 用品盤存。

普通基金會計 政府個體會計

借：用品盤存　　　　　　　　　借：用品盤存
　　基金餘額　　　　　　　　　　　貸：公共工作費
　　貸：經費支出
　　　　用品盤存準備

9. 註銷壞稅。

普通基金會計 政府個體會計

借：備抵壞稅　　　　　　　　　（同樣記錄）
　　貸：應收欠稅

10. 應計利息。

普通基金會計 政府個體會計

借：應收利息　　　　　　　　　借：應收利息
　　貸：備抵壞帳　　　　　　　　　　貸：備抵壞帳
　　　　收入數　　　　　　　　　　　　利息收入

11. 購置設備。

普通基金會計 政府個體會計

借：經費支出　　　　　　　　　借：設備
　　貸：應付憑單　　　　　　　　　　貸：應付憑單

12. 房屋損毀拆除。

普通基金會計 政府個體會計

借：經費支出（拆除費）　　　　借：房屋拆除損失（帳面價值與拆除費用）
　　貸：應付憑單　　　　　　　　　　累計折舊──房屋
　　　　　　　　　　　　　　　　　貸：房屋（原成本）
　　　　　　　　　　　　　　　　　　　應付憑單（拆除費）

㈡資本計畫基金與政府個體之相關會計

1.短期票據借款。

　　　　資本計畫基金會計　　　　　政府個體會計
　　借：現金　　　　　　　　　　（同樣記錄）
　　　　貸：應付票據

2.政府機關捐贈。

　　　　資本計畫基金會計　　　　　政府個體會計
　　借：應收他機關捐款　　　　借：應收他機關捐款
　　　　貸：收入數　　　　　　　　貸：業務計畫收入——資本性捐贈

3.發出訂購單或工程簽約。

　　　　資本計畫基金會計　　　　　政府個體會計
　　借：保留數　　　　　　　　（無此記錄）
　　　　貸：保留準備

4.未事先簽約之小工程付款。

　　　　資本計畫基金會計　　　　　政府個體會計
　　借：工程支出　　　　　　　借：在建工程
　　　　貸：現金　　　　　　　　貸：現金

5.經簽約之工程完工。

　　　　資本計畫基金會計　　　　　政府個體會計
　　a.借：保留準備　　　　　　借：在建工程
　　　　貸：保留數　　　　　　　貸：應付建商款
　　b.借：工程支出
　　　　貸：應付建商款

6.收到他機關捐款。

　　　　資本計畫基金會計　　　　　政府個體會計
　　借：現金　　　　　　　　　（同樣記錄）
　　　　貸：應收他機關捐款

7.銀行票據借款償清並支付利息。

　　　　資本計畫基金會計　　　　　政府個體會計
　　借：工程支出（利息）　　　借：在建工程（利息）
　　　　應付票據　　　　　　　　應付票據
　　　　貸：現金　　　　　　　　貸：現金

8.發行公債籌款。

資本計畫基金會計	政府個體會計
借：現金	借：現金
貸：公債收入	貸：應付公債

9.工程計畫完成，基金結帳。

資本計畫基金會計	政府個體會計
借：收入數	借：業務計畫收入——資本性捐贈
公債收入	（專指左列收入數）
貸：工程支出	貸：淨資產——資本性資產投資
基金餘額	

10.基金餘額移轉債務基金。

資本計畫基金會計	政府個體會計
a.借：移轉支出	（無此記錄）
貸：現金	
b.借：基金餘額	
貸：移轉支出	

11.工程完成改列為建物。

資本計畫基金會計	政府個體會計
（無此記錄）	借：房屋
	貸：在建工程

㈢債務基金與政府個體之相關會計

1.假定為資本計畫所發行之公債，半年付息一次，先將全年預算入帳。

債務基金會計	政府個體會計
借：收入預算數	（無此記錄）
貸：經費預算數	

2.假定由多種財源收到現金。

債務基金會計	政府個體會計
借：現金	借：現金
貸：收入數	貸：雜項收入——限用於債務

3.資本計畫賸餘移交債務基金。

債務基金會計	政府個體會計
借：現金	（無此記錄）（不受影響）
貸：基金間移轉收入	

4.屆利息支付期。

債務基金會計	政府個體會計
借：公債利息支出	借：利息費用──長期負債
貸：應付利息	貸：應付利息

5.實付利息。

債務基金會計	政府個體會計
借：應付利息	（同樣記錄）
貸：現金	

6.年終應付未付利息調整入帳。

債務基金會計	政府個體會計
（無此記錄）	（應依權責基礎作調整記錄）
（利息到支付期方入帳而不作權責	借：利息費用──長期負債
之調整）	貸：應付利息

7.基金年終結帳。

債務基金會計	政府個體會計
借：收入數	（無此記錄）
基金間移轉收入	
經費預算數	
貸：收入預算數	
公債利息支出	

8.又如遞延公債之債務基金還本付息。

債務基金會計	政府個體會計
借：公債本金支出	借：應付公債到期部分
公債利息支出	應付未付公債利息
貸：現金	（上年底已作借公債利息費用之
	調整）
	貸：現金

9.設部分稅收用作債務基金。

債務基金會計	政府個體會計
借：應收稅款	借：應收稅款
貸：備抵壞稅	貸：備抵壞稅
收入數	財產稅收入──限用於債務

10.基金投資。

債務基金會計	政府個體會計
借：投資	（同樣記錄）
貸：現金	

11.支付公債利息。

債務基金會計	政府個體會計
借：公債利息支出	借：利息費用——長期負債
貸：現金	貸：現金

12.收到稅款及投資利息。

債務基金會計	政府個體會計
借：現金	借：現金
貸：應收稅款	貸：應收稅款
收入數（利息）	投資收益——限用於債務

13.投資出售。

債務基金會計	政府個體會計
借：現金	（同樣記錄）
貸：投資	

14.年終政府個體會計對年底到期之還本付息應作調整記錄。

債務基金會計	政府個體會計
（年底未作權責調整）	借：應付公債
（以其歸屬下年之經費預算應負	利息費用——長期負債
擔者）	貸：長期負債本年到期部分
	應付未付利息

15.投資之應計利息年底應予調整。

債務基金會計	政府個體會計
借：應收投資利息	借：應收投資利息
貸：收入數	貸：投資收益——限用於債務

16.年終結帳。

債務基金會計	政府個體會計
借：收入數	借：財產稅收入——限用於債務
經費預算數	投資收益——限用於債務
貸：收入預算數	貸：利息費用
公債還本支出	淨資產——限用於債務
公債利息支出	
基金餘額	

　　美國地方政府為迎合政府會計準則會之新規定，除了採用雙軌制之會計處理方法，以編製政府個體與基金別兩種財務報表外，尚有少數政府機構，捨棄雙重會計記錄，而以調整分錄與工作底表的方式，將依其基金別財務報表改編為政府個體或稱整體之財務報表，其處理重點如下：

　　1.將資本支出改記為資本性資產，並計折舊。

　　2.將公債收入改記為應付公債，將債務之還本支出改為負債之減少，並調整應計利息。

　　3.將收入之認定，改按權責基礎。

　　4.將各項費用改按權責基礎調整。

　　5.將出售土地超值改為土地出售利益。

　　6.將內部服務基金納入政府業務表內。

　　7.將基金間業務與餘額之移轉予以銷除。

　　8.將信託基金予以排外。

　　依上述各點，再分別列其調整事項於後：

　　1.資本支出改為資本資產。

　　年度開始應將普通基金、特別收入基金、資本計畫基金所獲之固定資產，依其項目與成本資料及應計折舊補列政府個體會計。

　　　　　　借：土地
　　　　　　　　房屋
　　　　　　　　土地改良
　　　　　　　　設備
　　　　　　　　貸：累計折舊──房屋
　　　　　　　　　　累計折舊──土地改良
　　　　　　　　　　累計折舊──房屋
　　　　　　　　　　淨資產

　　2.資本計畫基金工程支出所完工之房屋。

　　　　　　借：房屋
　　　　　　　　貸：資本支出

　　3.計提固定資產之折舊。

　　　　　　借：折舊費用
　　　　　　　　貸：累計折舊──房屋
　　　　　　　　　　累計折舊──土地改良
　　　　　　　　　　累計折舊──設備

4.公債收入及其溢價改列負債。

　　借：公債收入

　　　　公債溢價收入

　　　　貸：應付公債

　　　　　　應付公債溢價

5.債務基金對公債之還本支出改為債務之減少。

　　借：應付公債

　　　　貸：公債還本支出

6.公債利息支出與溢價之攤分。

　　借：利息費用

　　　　公債溢價收入

　　　　貸：利息支出

7.按權責基礎調整財產稅收入。

　　借：遞延收入——財產稅

　　　　貸：財產稅收入

8.根據資料顯示尚有休假津貼未付，於年初補列入帳。

　　借：淨資產

　　　　貸：應付休假津貼

9.調整屬於本年之休假津貼。

　　借：休假費用

　　　　貸：應付休假津貼

10.出售土地獲益，於基金記為其他財源之售地收入，調整改列科目。

　　借：售地收入（其他財源）

　　　　貸：土地

　　　　　　售地特殊收益

11.根據資料將內部服務基金各項資產負債補行登帳。

　　借：現金

　　　　投資

　　　　應收他基金款

　　　　物料用品盤存

　　　　土地

　　　　房屋

　　　　設備

　　　　　　貸：累計折舊──資本資產

　　　　　　　　應付帳款

　　　　　　　　預收供水基金款

　　　　　　　　淨資產

12.業權基金投資獲利。

　　　　借：淨資產

　　　　　　貸：投資收益

13.普通基金對內部服務基金支出之銷除。

　　　　借：淨資產

　　　　　　貸：一般行政支出

14.基金間移轉收支之銷除。

　　　　借：移轉收入

　　　　　　貸：移轉支出

15.基金間應收應付之銷除。

　　　　借：應付他基金款

　　　　　　貸：應收他基金款

　　以上各事項也可用工作底表方式將原有政務基金的報表改變為政府個體之報表，隨之即可產生政府個體之淨資產表與業務運作表，以符合政府會計準則會第三十四號公報之要求。

第九節　主要財務報表實例

　　政府個體會計所產生之財務報表，其主表有二：一名淨資產表，金額分列行政、事業等欄，所列科目屬資產者有：現金、投資、應收帳款（淨）、盤存、資本性資產（淨）等；屬負債者有：應付帳款、遞延收入、非流動負債等；屬淨資產者有：資本性資產投資、其餘又分限制部分與非限制部分。第二主表名業務運作表，科目分行政部分與營業部分，前者為：一般行政、公共安全、公共事務、工程服務、保健衛生、文化休閒、社區發展、學區教育、長期負債利息；後者為：自來水、下水道、停車設施等。其金額欄先列費用，再列各項收入，最後列收入（費用）淨額與對淨資產之變更。

　　基金會計部分之財務報表，其屬政務基金之主表名平衡表，所列資產負債均流動性者，無固定資產與長期負債，資產與負債之差名基金餘額，又分限制與無限制

兩部分。第二主表名收入支出與基金數額變動表，其支出除各項業務支出外，尚列有債務還本付息支出與資本支出。

　　茲摘錄美國某市之財務報表實例，照錄於後，以作參考。

表A　某市的合併淨資產表

某市

合併淨資產表

2002年12月31日

	政務活動	企業型態	合　計	有關單位
資　產				
現金及約當現金	$ 13,597,899	$ 10,516,820	$ 24,114,719	$　　303,935
投資	27,365,221	64,575	27,429,796	7,428,952
淨應收款	12,833,132	3,609,615	16,442,747	4,042,290
內部餘額	313,768	(313,768)		
存貨	322,149	126,674	448,823	83,697
資本資產：				
土地、改良物及在建工程	28,435,025	6,408,150	34,843,175	751,239
其他資本資產，扣除累積				
折舊後餘額	141,587,735	144,980,601	286,568,336	36,993,547
總資本資產	$170,022,760	$151,388,751	$321,411,511	$37,744,786
總資產	$224,454,929	$165,392,667	$389,847,596	$49,603,660
負　債				
應付帳款及應計費用	$　7,538,543	$　　786,842	$　8,325,385	$　1,803,332
遞延收入	1,435,599		1,435,599	38,911
長期負債：				
一年內到期部分	9,236,000	4,426,286	13,662,286	1,426,639
到期日超過一年部分	83,302,378	74,482,273	157,784,651	27,106,151
總負債	$101,512,520	$ 79,695,401	$181,207,921	$30,375,033
淨資產				
投資於資本資產的淨資產	$103,711,386	$ 73,088,574	$176,799,960	$15,906,392
受限部分：				
資本計畫	11,290,079		11,290,079	492,445
債務	3,076,829	1,451,996	4,528,825	
社區發展計畫	6,886,663		6,886,663	
其他目的	3,874,736		3,874,736	
未受限部分	(5,897,284)	11,156,696	5,259,412	2,829,790
淨資產總額	$122,942,409	$ 85,697,266	$208,639,675	$19,228,627

表B　某市的合併營運表

某市

合併營運表

2002年度

職能／計劃	費用	計劃收入 服務收入	營運轉讓 或捐贈	資本轉讓 或捐贈	淨收入（淨費用）及淨資產變動數 政府主體 政務活動	企業型態	合　計	有關單位
主要政府：								
政務型態活動：								
普通政務	$ 9,709,509	$ 3,333,265	$ 843,617	$　　–	$(5,532,627)		$(5,532,627)	
公共安全	34,782,144	1,198,855	1,307,693	62,300	(32,213,296)		(32,213,296)	
公共事務	10,131,928	850,000		2,252,615	(7,029,313)		(7,029,313)	
工程服務	1,299,645	704,793			(594,852)		(594,852)	
健康及衛生	6,705,675	5,612,267	575,000		(518,408)		(518,408)	
公墓	735,866	212,496	72,689		(450,681)		(450,681)	
文化及休閒	11,534,045	3,995,199	2,450,000		(5,088,846)		(5,088,846)	
社區發展	2,994,389			2,580,000	(414,389)		(414,389)	
教育	21,893,273				(21,893,273)		(21,893,273)	
長期負債利息	6,242,893				(6,242,893)		(6,242,893)	
政務型態活動總額	$106,029,367	$15,906,875	$5,248,999	$4,894,915	$(79,978,578)		$(79,978,578)	
企業型態活動：								
飲水	$ 3,643,315	$ 4,159,350		$1,159,909		$1,675,944	$ 1,675,944	
下水道	4,909,885	7,170,533		486,010		2,746,658	2,746,658	
停車場	2,824,368	1,449,012				(1,375,356)	(1,375,356)	
企業型態活動總額								
主要政府總額	$ 11,377,568	$12,778,895		$1,645,919		$3,047,246	$ 3,047,246	
	$117,406,935	$28,685,770	$5,248,999	$6,540,834	$(79,978,578)	$3,047,246	$(76,931,332)	
有關單位：								
垃圾處理場	$ 3,382,157	$ 3,857,858	$　–	$ 11,397				$ 487,098
公立學區	31,186,498	705,765	3,937,083					(26,543,650)
有關單位總額	$ 34,568,655	$ 4,563,623	$3,937,083	$ 11,397				(26,056,552)
普通收入：								
稅收：								
財產稅，供普通目的使用					$51,693,573		$ 51,693,573	
財產稅，供償債使用					4,726,244		4,726,244	
特許稅					4,055,505		4,055,505	
公共服務稅					8,969,887		8,969,887	
來自A市的支付								$21,893,273
未受限於特定計畫的補助及捐助					1,457,820		1,457,820	6,461,708
未受限的投資盈餘					2,505,442	$ 619,987	2,505,442	884,277
雜項收入					884,907		884,907	19,950
特別項目——出售公園用地利得					2,653,488		2,653,488	
移轉					501,409	(501,409)		
普通收入、特別項目及移轉總額					$ 76,828,288	$ 118,578	$76,946,866	$29,259,208
淨資產變動數					$ (3,150,290)	$3,165,824	$ 15,534	$ 3,202,656
淨資產期初餘額					126,092,699	82,531,442	208,624,141	16,025,970
淨資產期末餘額					$122,942,409	$85,697,266	$208,639,675	$19,228,627

表C　某市政務基金的平衡表

某市

政務基金平衡表

2002年12月31日

	普　通	住宅及都市發展計劃	社區再造	第7路線建設	其他政務基金	政務基金總額
資產						
現金及約當現金	$3,418,485	$1,236,523	$　–	$　–	$5,606,792	$10,261,800
投資			13,262,695	10,467,037	3,485,252	27,214,984
淨應收款	3,807,308	2,953,438	353,340	11,000	10,221	7,135,307
其他基金應收款	1,370,757					1,370,757
他級政府應收款	629,179	119,059			1,596,038	2,344,276
抵押應收帳款		3,195,745				3,195,745
存貨	182,821					182,821
資產總額	$9,408,550	$7,504,765	$13,616,035	$10,478,037	$10,698,303	$51,705,690
負債及基金餘額						
負債:						
應付帳款	$3,408,680	$ 129,975	$ 190,548	$ 1,104,632	$ 1,074,831	$ 5,908,666
其他基金應付款		25,369				25,369
他級政府應付款	94,074					94,074
遞延收入	4,250,430	6,273,045	250,000	11,000		10,784,475
負債總額	$7,753,184	$6,428,389	$ 440,548	$ 1,115,632	$ 1,074,831	$16,812,584
基金餘額:						
保留:						
存貨	$ 182,821					$ 182,821
長期應收款	791,926					791,926
保留數	40,292	$ 41,034	$ 119,314	$ 5,792,587	$ 1,814,122	7,807,349
債務					3,832,062	3,832,062
其他目的					1,405,300	1,405,300
未保留	640,327	1,035,342	13,056,173	3,569,818		18,301,660
非主要基金的未保留部分:						
特別收入基金					1,330,718	1,330,718
資本計劃基金						1,241,270
基金總額總額	$1,655,366	$1,076,376	$13,175,487	$ 9,362,405	$ 9,623,472	$34,893,106
負債及基金餘額總額	$9,408,550	$7,504,765	$13,616,035	$10,478,037	$10,698,303	

與合併淨資產表之政務活動金額不同的原因如下：

使用於政務活動的資本資產並非財務資源因此不列示於基金中無法用來支付本年度支出的其他長期資產，基金報表將其遞延認列內部服務基金被管理者利用來向個別基金收取某些特定活動（例如：保險及通訊活動）的成本，這些特定內部服務基金的資產及負債被報導在合併淨資產表的政務型態活動中

包括應付債券在內的某些負債在本年度內尚未到期，因此並未列示在基金中政務活動的淨資產

161,082,708

9,348,876

3,133,459

(85,515,740)

$122,942,409

表D 某市政務基金的收入、支出及基金餘額變動表

某市

政務基金收入、支出及基金餘額變動表

2002年12月31日

	普通	住宅及都市發展計劃	社區再造	第7路線建設	其他政務基金	政務基金總額
收入						
財產稅	$51,173,436	$ –	$ –	$ –	$ 4,680,192	$ 55,853,628
特許稅	4,055,505					4,055,505
公共服務稅	8,969,887					8,969,887
罰金	606,946					606,946
證照核可費	2,287,794					2,287,794
政府間收入	6,119,938	2,578,191			2,830,916	11,529,045
服務索費	11,374,460				30,708	11,405,168
投資盈餘	552,325	87,106	549,489	270,161	364,330	1,823,411
雜項收入	881,874	66,176		2,939	94	951,083
收入總額	$86,022,165	$2,731,473	$ 549,489	$ 273,100	$ 7,906,240	$ 97,482,467
支出						
當期:						
普通政務	$ 8,630,835		$ 417,814	$ 16,700	$ 121,052	$ 9,186,401
公共安全	33,729,623					33,729,623
公共事務	4,975,775				3,721,542	8,697,317
工程服務	1,299,645					1,299,645
健康及衛生	6,070,032					6,070,032
公墓	706,305					706,305
文化及休閒	11,411,685					11,411,685
社區發展		2,954,389				2,954,389
教育——支付給公立學區						21,893,273
	21,893,273					
債務:						
本金					3,450,000	3,450,000
利息及其他費用			470,440		5,215,151	5,685,591
資本支出			2,246,671	11,281,769	3,190,209	16,718,649
支出總額	$88,717,173	$2,954,389	$ 3,134,925	$ 11,298,469	$15,697,954	$121,802,910
收入大於支出之賸餘（虧絀）	$ (2,695,008)	$ (222,916)	$ (2,585,436)	$(11,025,369)	$ (7,791,714)	$ (24,320,443)
其他融資來源及用途						
發行再融資債券					$38,045,000	$ 38,045,000
發行與資本支出有關的債券			$18,000,000		1,300,000	19,300,000
支付給債券代理商					(37,284,144)	(37,284,144)
轉入	$ 129,323				5,551,187	5,680,510
轉出	(2,163,759)	$ (348,046)	(2,273,187)		(219,076)	(5,004,068)
其他融資來源及用途合計	$(2,034,436)	$ (348,046)	$15,276,813		$ 7,392,967	$ 20,737,298
特別項目						
出售公園用地收入	$ 3,476,488					$ 3,476,488
基金餘額淨變動數	$(1,252,956)	$ (570,962)	$13,141,377	$(11,025,369)	$ (398,747)	$ (106,657)
期初基金額	2,908,322	1,647,338	34,110	20,387,774	10,022,219	34,999,763
期末基金餘額	$ 1,655,366	$1,076,376	$13,175,487	$ 9,362,405	$ 9,623,472	$ 34,893,106

問　題

一、試述美國政府會計準則會新近公報，對政府財務報表所訂定之模式。

二、試述政府個體財務報表與政務基金財務報表之衡量焦點有何不同。

三、政府個體會計與政務基金會計兩者所用之會計基礎是否相同？

四、何謂淨資產表？係由何類會計產生？

五、何謂政府會計雙軌制？為什麼要雙重會計？

六、試列舉普通基金之平衡表帳戶，其基金權益部分又如何劃分？

七、試說明平衡表帳戶與業務運作表帳戶，及預算帳戶間之關係。

八、何謂契約責任保留數？為何要將保留數正式入帳？

習　題

一、某市2002年普通基金預算如下：

預計收入

賦稅	$6,000,000
證照與許可	1,200,000
罰款與沒入	400,000
政府間收入	2,000,000
合　計	$9,600,000

經費預算

一般行政	$1,700,000
警務	2,000,000
消防	2,300,000
保健與社福	1,800,000
公共工務	1,900,000
合　計	$9,700,000

　　於年度開始將上項法定預算正式入帳，記日記簿其應過入之總分類帳戶及其明細帳戶。

二、下列為某市普通基金與其他基金間之交易事項，希就其所涉及之基金分別作普通日記之分錄，務必先標明基金名稱，如其涉及市個體之會計，可不作該會計個體之分錄，但須註明是否影響到政府總體之財務報表（非指基金之財務報表）。

　(1)消防局（屬政府業務）向自來水廠（屬企業組織）購水共計$100,000。

　(2)普通基金為長期貸款$50,000予內部服務基金。

　(3)市高爾夫俱樂部（屬營業基金）歸還普通基金$1,000由於普通基金代為購買辦公用品。

　(4)普通基金提供$100,000予債務基金，用以支付普通公債之還本與利息。

(5)資本計畫基金所建市府新大廈完工，將其所餘$4,000移歸普通基金。

三、下列各題，每題有四個可能選擇，希就其中選取最恰當之答案。

(1)某政府機關接受一宗資本性資產之捐贈應該如何記帳。

　　(a)按授受時之估計公平價值。

　　(b)按低於捐贈者之實存金額或其估計之公平價值。

　　(c)只按捐贈帳載之實存價值。

　　(d)僅作備忘記錄而已。

(2)一般性的資本資產應如何記帳。

　　(a)按其成本。

　　(b)如其成本不能實際決定時，可按估計成本。

　　(c)如此項資本資產是捐贈的，可按公平市價。

　　(d)無論按(a)或(b)或(c)，認為適當即可。

(3)州與地方政府所使用之資本性資產，在其會計與財務報告上有一項特點是：

　　(a)對其所使用之資本資產並不計提折舊。

　　(b)並不期望其對產生收益有所貢獻。

　　(c)只是期望其對產生收益能有直接貢獻時才去購置。

　　(d)不應保持像企業之相同水準，如此，方可使其財務資源可以用於政府之其他服務事項。

(4)在資本租賃條件下，所獲得之一般資本性資產：

　　(a)應予資本化，就像業權基金以營業租賃所取得之資本資產一樣處理方式。

　　(b)應予資本化，當出租人接受租賃物之現值，或最低之租賃付款或是租賃財產之公平價值。

　　(c)絕對不可予以資本化。

　　(d)應予資本化，採成本或市價之較低價。

(5)一個市的資本計畫基金，是屬於何種型態的基金？

　　(a)信託代理基金。

　　(b)政務基金。

　　(c)內部服務基金。

　　(d)業權基金。

四、下列為某縣有關長期負債之交易，其間並不相關連，惟其中有的涉及到政府業務之個體會計，但是尚未予以記錄。

(1)普通基金徵收之稅款中包括$650,000應移轉予債務基金，這筆款項中已指定$400,000用為在外分期公債到期之償還，其餘用於利息費用之支出。

(2)擬發行$5,000,000分期公債，用供資本計畫之財源，其售價為102，外加應計利息$50,000，上項應計利息在債務基金已登記為收入，溢價並已登記為其他財務來源，已售公債之應計利息必須用供利息支出，公債溢價依法須供公債還本之應用。

⑶據債務基金年度業務收支表顯示有投資利息收入$180,000，這項收入將用為長期負債之利息支出。

⑷分期公債$2,800,000按面額現金發售，並允許全數用供定期公債之償還，該定期公債共$3,500,000是按面額發行，除上項現金可用外，尚差$700,000，惟債務基金在以前年度已為累積。

試作：⑴政府個體會計之必要分錄。

　　　⑵適當基金會計之普通分錄。

　　　上項分錄必須註明基金名稱與帳戶名稱，摘要說明則可以省略。

第二十七章　美國聯邦政府會計

第一節　會計控制與責任

　　美國聯邦政府之會計，隨其政府業務之日趨複雜而不斷地演進，且與各市政府之會計觀念略有所不同，惟均須依據會計總處所公布之會計準則辦理，並強調會計控制及會計制度之建立與維持，仍應由行政機關首長們負其責任。

　　聯邦各部門與各機關財務管理之責任，包括有基金之監管，財產之善用，以及經核定之業務計畫，必須經濟有效地達成目標，凡此在在與會計有關，也可以說是會計之管理責任，於是聯邦政府會計制度之設計，即須著重於下列三項有關管理方面應負之責任。

　　⑴財務責任：乃指財務處理應廉正與公開，且符合有關法律規章之規定。

　　⑵管理責任：乃指人力與資源，應作經濟有效之運用。

　　⑶計畫責任：乃指應就全部支出與成本之觀點，以評估其業務計畫是否達成預期目標，且屬最佳之選定。

　　會計總處所訂定之會計處理手冊，非常強調會計在機關管理所居角色之重要，因為各機關需要其執行業務所耗用成本等適當資料，更其需要利用會計制度去促使上下悉依從法令規定去辦事。

第二節　聯邦基金與會計

　　聯邦政府會計包括各種基金，基金會計就其廣義而言，乃是要求聯邦政府各機關均須依法辦事，一切業務處理尤須符合現有立法之要求。法令中最重要之一項規定，即為排斥預算之不敷，這項規定之主要目的，在防止各機關發生契約責任或為費用支出，而致其經費預算和基金之短缺，如一個機關發生超預算之契約責任或經費支出，須確定誰應負其責任，主要在使各機關均須嚴守基金會計之觀念，進而幫助其對經費與基金能以最有效率且甚經濟地運用。

　　聯邦政府會計內常見之基金，可概分為兩大類別。一類基金之會計，以政府之財源來自一般稅收、公權收入或公營事業收入為對象；另一類基金之會計，係政府

以保管人或信託人而掌有或經管之財源為對象。

　　⑴屬於第一類之基金，又含有如下數種：

　　　①普通基金

　　　②特別基金

　　　③循環基金

　　　④管理基金

　　⑵屬於第二類之基金，又可分為：

　　　①信託基金

　　　②存款基金

普通基金會計用以記錄法律未指定用途之一切收入，及政府經費預算所定之一切支出，及清償普通借款之支出。坦白而言，在聯邦政府之內，只有一個普通基金。聯邦現金實施集中收支，由財政部會計局負責聯邦現金之收支會計，及聯邦經費預算之控制會計；至於聯邦各機關之經費預算，將之視為其個別基金，以一組自相平衡之帳戶處理，由是可知，各機關之基金也可以說是聯邦政府普通基金之分基金。

　　特別基金會計所設之收支帳戶，乃用以登記依法律限定僅作特定目的支用之收入。

　　循環基金實即原先之公營事業基金，與政府內部基金之循環基金，前者其收入主要獲自外界，而用之支持繼續循環性之企業經費，政府實即該項企業之業主。後者之收入來自其他機關，用之經營政府內部之業務，雖然該項業務屬於企業性質，惟限於政府以內之業務，因此，也有稱之謂政府內部服務基金。

　　管理基金是將兩種以上之經費撥款相併合而加以綜合運用，故嘗謂之綜合運轉基金，此基金可為一般目的而用，也為實施某項計畫而用，但絕非一種營業循環性質。

　　信託基金之收入全為信託之款項，而必須用於合乎約定之目的或契約規定之計畫。

　　存款基金其收入均係暫時性質之存款，其後即予退還或付給其他基金者。有如政府似同銀行，或以代理人身分，替他人暫行掌管其收入，然後按所有人之指示而付，實質上與代理基金之性質非常近似。

第三節　聯邦會計之結構

　　聯邦政府會計之結構，於聯邦各種基金均可適用，其所有帳戶計分下列四種：

⑴資產類帳戶。

⑵負債類帳戶。

⑶政府權益帳戶（現稱淨財務狀況）。

⑷收入與成本帳戶。

上列前三種帳戶屬於平衡表帳戶，第四種帳戶為虛帳戶。聯邦政府各機關之基本會計結構及其特性，可於下述實例說明之。

為期易於明瞭聯邦政府非營業性質各機關之會計處理，特列出其年度開始第一日之平衡表如下：

聯邦機關

財務狀況表

10月1日，20××年

資　產			負債與政府權益		
流動資產			流動負債		
國庫基金餘額──上年度		$ 675,000	應付帳款		$ 275,000
存貨		610,000			
流動資產合計		$1,285,000	流動負債合計		$ 275,000
固定資產			政府權益		
設備	$3,000,000		未支用預算數──上年度		
減：累計折舊	600,000		未了清契約責任數		
固定資產合計		2,400,000	──上年度		$ 400,000
			業務成果累積數		510,000
			政府投入資本		2,500,000
			政府權益合計		$3,410,000
資產合計		$3,685,000	負債與權益合計		$3,685,000

由上列平衡表之內容，一眼看出其與市政府普通基金之平衡表科目有所不同。

第一點主要差別是：聯邦機關雖非營業型態，但於平衡表內列有固定資產，不只包括固定資產，且有折舊計算，由於聯邦會計長的堅持，聯邦政府的機關即非企業性質，其會計亦應比照企業機構採用權責基礎，而折舊是權責會計之基本觀念。聯邦各機關之所以對資本性資產採用折舊程序或成本之攤提，聯邦會計長之說詞是為了分期決定各機關提供服務所耗用一切資源之成本，尤其是當你需要如下資料時：

⑴業務執行結果，多與收入有關，須將其工作成本於財務報表充分表達者。

⑵依照法令規定或管理政策，提供服務之代價，需要如數收回，而須決定斯項工作之全部成本者。

⑶因實際工作需用固定資產投資，即須收集其全部成本，用以幫助管理階層及其他官員作成本比較、工作評價及未來計畫之擬訂者。

⑷某機關自行建造之財產，需要決定應予資本化之金額者。

第二點主要差別是在平衡表之權益一段，市政府普通基金平衡表列有基金餘額，它代表可用為經費支出之淨流動資產，但聯邦機關之平衡表則列政府投資，它代表由以前撥款所獲得之淨資產，此項淨資產固可為各機關所使用，但不一定全是流動性資產。

第三點主要差別是在市政府普通基金平衡表之權益帳戶，聯邦機關平衡表列有盤存，為數約占其全部資產之六分之一，但在市政府普通基金，像如斯多之存貨通常是以單獨基金處理，最低限度，亦應於其對方以同樣數字建立基金餘額，然在聯邦機關平衡表，就沒有把政府投資帳戶分開以表示其存貨，因為聯邦政府會計制度之目的，是顯示其權責基礎，而不是要表示其流動性質。

第四點主要差別非僅屬科目名稱的不同，而是對類同名稱之帳戶事實上之應用也不同，聯邦機關之流動資產列有名「庫存基金餘額」一戶，以之代替常常習用之「現金」，聯邦機關並不像各市政府或私人企業擁有銀行帳戶，只是對國庫所存之基金餘額有主張支用之權而已，至於各機關帳戶與國庫帳戶之間之關係，繼續審閱下述舉例，即可領略。

第四節　會計事項之處理

⑴設上節所列平衡表之機關經國會通過撥給一年經費$2,500,000，當此撥款法案經總統簽署後，財政部會計局即以正式通知給予該機關，遂即為如下記錄。

機關會計

預算會計

預算財源——本年度	$2,500,000	
未劃撥預算——本年度		$2,500,000

財權會計

庫存基金餘額——本年度	$2,500,000	
未支用經費——本年度		$2,500,000

會計局

| 庫存基金餘額——現年度（某機關） | $2,500,000 | |
| 未支付經費撥款與基金（某機關） | | $2,500,000 |

國　庫

不需記錄

⑵當預算管理局核定按季分配數後，即通知各機關。如上例，預算局核定該機關每季分配$600,000，另保留數$100,000，該機關即將分配數登帳。

機關會計——預算會計

| 未劃撥預算——現年度 | $2,400,000 | |
| 未分配預算——現年度 | | $2,400,000 |

⑶假設機關已獲分配預算通知，該機關首長決定將第一季分配數全部分配使用，該機關會計即須作如下記錄。

機關會計——預算會計

| 未分配預算——現年度 | $600,000 | |
| 未發生契約責任分配數——現年度 | | $600,000 |

⑷該機關獲准分配預算，即有權支用其第一季之分配數，設若該機關於第一季內因業務需要，發生如下諸事項，即須一一為之會計記錄。

①訂購貨品計值$82,000,7月份水電及其他固定費用估計為$10,000,薪津與員工福利7月份為$108,000,如上契約責任及承諾,該機關會計即須加以記錄。

機關會計——預算會計

| 未發生契約責任分配數——現年度 | $200,000 | |
| 未支付契約責任數——現年度 | | $200,000 |

②機關於10月1日簽發國庫支票，償付上年度發生之應付帳款。凡簽發支票必須報告會計局，該局據以借支出貸在外支票，至國庫於支票兌付時方記帳，並報告會計局支票已兌，該局隨之借在外支票，貸庫存現金，下列會計局之記錄，乃屬影響帳戶之淨額。

機關會計——財權會計

| 應付帳款 | $275,000 | |
| 庫存基金餘額——上年度 | | $275,000 |

會計局

| 支出數——普通與特別基金——上年度 | $275,000 | |
| 國庫現金 | | $275,000 |

國　庫

已付支票	$275,000	
銀行存款		$275,000

③上年度訂購之貨品與設備，在平衡表列為上年度未清結之契約責任數，現年度該項訂貨及設備全已收到，雖尚未付款，亦須記入負債，所以在機關之會計須為三筆記錄：一記契約責任之了結，而同時為上年經費之支用；假定上述契約責任為$400,000；另一分錄須記獲得之資產與負債之發生，第三分錄應將用預算購資產之數貸投資，茲分別列分錄如下：

機關會計

預算會計

未了契約責任數──上年度	$400,000	
預算支用數──上年度		$400,000

財權會計

a.存貨	$150,000	
設備	250,000	
應付帳款		$400,000
b.未支用經費數──上年度	$400,000	
投入資本		$400,000

④當月前四週之薪津已開付款憑單須支付$99,000，水電等固定費用也簽付款憑單$10,000。如該機關為管理目的，需要知道內部各單位之業務成本者，則上項費用亦可按內部單位劃分，如是，則須借各單位業務成本帳戶，惟該機關首須將各單位所執行之業務加以釐清，然後方可於各單位確實成本發生後，分別予以彙集。

機關會計

預算會計

未支付契約責任數──現年度	$109,000	
預算支用數──現年度		109,000

財權會計

a.薪津費用	$99,000	
水電費用	10,000	
應付帳款		109,000
b.未支用經費數──現年度	$109,000	
經費已用數		$109,000

注意④ b.之分錄與③ b.之分錄，其貸方科目之不同，因在此項交易中並無資產之獲得也。

⑤各單位因執行業務耗用之材料共計$205,000，如欲計算各單位業務成本，即須將各自用料金額借入各單位帳戶。

機關會計

財權會計

a.材料費用	$205,000	
存貨		$205,000
b.投入資本	$205,000	
經費已用數		$205,000

⑥應付帳款$460,000已經支付，其中$400,000屬上年度訂購於本年度收到(參閱事項③)，即須支用上年度之庫存基金餘額，其餘$60,000是支付本月前兩週之薪津$50,000，及水電固定費用$10,000。

機關會計

財權會計

應付帳款	$460,000	
庫存基金餘額——上年度		$400,000
庫存基金餘額——現年度		60,000

會計局

支出數——普通與特別基金——上年度	$400,000	
支出數——普通與特別基金——現年度	60,000	
庫存現金		$460,000

國庫 (見到支票時)

已付支票	$460,000	
銀行存款		$460,000

⑦為了編製權責基礎之財務月報，下列費用須調整入帳：(a)本月最後三天之薪津費用$9,000；(b)購貨已驗收，發票亦收到，但尚未簽付款憑單，此項購貨共值$35,000，其中各單位領用$12,000，其餘$23,000仍存倉庫。因上項支用金額十分確定，雖未付款仍必須於平衡表以負債表達，而不能列為未清結之契約責任，即如尚未編製付款憑單。且習慣上此時即記已清契約責任及預算已經支用。

機關會計

預算會計

未清結契約責任數——現年度	$44,000	
預算支用數——現年度		$44,000

財權會計

a. 材料費用	$12,000	
薪津費用	9,000	
存貨	23,000	
應付帳款		$44,000
b. 未支用經費數——現年度	$44,000	
投入資本		$23,000
經費支用數		21,000

此外，當月使用之設備，應計算其折舊$25,000，因折舊不能視同可抵減經費預算之費用項目，以其雖為費用，事實上對有關預算各帳戶毫無影響，乃仿照企業會計作法，借費用，累計折舊帳戶，而由後者來抵減設備之成本價值；同時投入資本也隨之減少，相對貸記財務資源，此帳戶為一虛帳戶，僅在業務報告表上顯現。

機關會計

財權會計

a. 折舊費用	$25,000	
累計折舊		$25,000
b. 投入資本	$25,000	
財務資源（折舊）		$25,000

⑧作過調整分錄，接著即須作結帳分錄，以便編製權責基礎之財務月報，如僅為便於編製月報，下列分錄亦可以工作底表方式列入。

機關會計

預算會計

預算支用數——上年度	$400,000	
預算支用數——現年度	153,000	
預算財源——現年度		$153,000
預算財源——上年度		400,000

財權會計

a.業務成果累積數	$360,000	
薪津費用		$108,000
材料費用		217,000
水電費用		10,000
折舊費用		25,000
b.經費已用數	$335,000	
財務資源（折舊）	25,000	
業務成果累積數		$360,000

　　數年以前美國聯邦政府各機關為強調績效管理，乃於內部各單位分別登記其工作成本。當然，至月終其工作成本帳戶亦須結帳，先將經費使用數結入政府投資，再將各工作成本與政府投資帳戶對結。茲列舉其結帳方式於下，以供參考。

(1)經費已用數——上年度	$×××	
經費已用數——本年度	×××	
政府投資		$×××
(2)政府投資	$×××	
甲單位工作成本		$×××
乙單位工作成本		×××

第五節　聯邦之財務月報

　　聯邦機關於十月份內經過上述各項分錄之後，隨即便可於月底編出其十月底之日該機關之平衡表。

聯邦機關
財務狀況表
10月31日，20××年
資　產

流動資產：		
庫存基金餘額——現年度	$2,440,000	
存貨	578,000	
流動資產合計		$3,018,000
固定資產：		
設備	$3,250,000	

減：累計折舊	625,000	
固定資產合計		2,625,000
資產合計		$5,643,000

負債與權益

流動負債：		
應付帳款	$　93,000	
流動負債合計		$　93,000
政府權益：		
投入資本	$2,693,000	
業務成果累積數	510,000	
未支用預算數——本年度		
未撥用預算數	$　100,000	
未分配撥用數	1,800,000	
未約定分配數	400,000	
未了清約定數	47,000	
未支用預算合計	2,347,000	
政府權益合計		5,550,000
負債與權益合計		$5,643,000

　　上列之月終平衡表，乃假定上年度之經費預算，均已分配，且均已發生支付責任，以使內容簡化，俾讀者能注意到聯邦與市政會計之主要不同，事實上也是如此，因為當年的經費預算，該機關只能用到年終為止，也就是在年度終了後，不能再對該年預算簽發支付契約。對上年度經費預算所衍生之庫存基金餘額，雖仍可用以支付針對上年度預算所發生之負債和契約責任數，但是受一定期間之限制，至不再需用之經費餘額，須即歸還普通基金而立即被其控制，不必等到限期之終了。

聯邦機關
財務狀況變動表
10月份，20××年

庫存基金餘額（9月30日）		$　675,000
基金之提供：		
經費撥款		2,500,000
存貨之減少		32,000
提供資金合計		$2,532,000
基金之用向：		
業務成本	$360,000	
減：非現金成本——折舊	25,000	335,000

應付帳款之減少	182,000
固定資產之購入	250,000
用向資金合計	$　767,000
基金淨增（10月份）	$1,765,000
庫存基金餘額（10月31日）	$2,440,000

數年以前聯邦政府會計為了表達政府投資在本期之變化，通常尚加編如下一表。

聯邦機關
政府投資變動表
10月份，20××年

政府投資10/1/20××年		$3,010,000
加：經費支用數——上年度	$400,000	
經費支用數——本年度	153,000	553,000
合　計		$3,563,000
減：10月份業務活動成本		360,000
政府投資10/31/20××年		$3,203,000

聯邦機關
業務成果表（財源費用表）
10月份，20××年

財務資源：		
業務經費可用數	$335,000	
折舊費用移轉權益	25,000	
財務資源合計		$360,000
業務費用：		
薪津費用	$108,000	
材料費用	217,000	
水電費用	10,000	
折舊費用	25,000	
業務費用合計		360,000
業務淨成果		$　　　0

　　聯邦機關各單位所從事之業務是否經濟有效，業務管理當局當然很想知道，因是，在十多年前聯邦要求各機關編製其工作成本表，用以說明在此期間該機關執行業務所耗用之物品與勞務，也可藉之將此結果與其預計數相比較，作為考核之依據。當然在費用發生時即須按內部單位分攤入帳，方能產生此表。

聯邦機關
工作成本表
10月份，20××年

甲單位		
員工薪津	$ 64,000	
耗用物料	126,000	
水電及其他費用	4,000	
折舊費用	16,000	
甲單位本月份成本合計		$210,000
乙單位		
員工薪津	$44,000	
耗用物料	91,000	
水電及其他費用	6,000	
折舊費用	9,000	
乙單位本月份成本合計		150,000
本年10月份本機關工作成本合計		$360,000

　　上表所列報之成本，全係權責基礎，代表該機關在此期間執行業務所耗用之貨品與勞務，機關的財務管理當局同樣關心機關所編預算之執行情形，因而須將其業務成果與其計畫成果相比較，假若機關預算是按契約基礎編製，關於預算執行之報告即須顯示核定預算數，已發生之契約責任數，其中再分實際支出數與未清責任數，最後為每項核定數之未簽契約數餘額，上項支出數必須是權責數，也就是該項支出之認定是貨品收到或勞務已經提供之時，而不論現金之是否支付，所以支出之權責數與經費支用數應該相同。例如該聯邦機關10月份已訂購貨品及勞務數為$200,000，在10月份之前已發出訂單但貨品尚未收到數$400,000；其全部契約責任價共$600,000，至10月底仍有$47,000未了清契約責任，所以10月份收到貨品與勞務共值$553,000，亦即權責支出數，至該機關10月份內所從事業務之成本與該月份權責發生支出數間之關係，列表顯示如下：

本月權責支出數	$553,000
減：設備支出數	250,000
薪津用品與其他費用之支出	$303,000
加：月初存貨	610,000
可用貨品與勞務	$913,000
減：月終存貨	578,000

本月耗用貨品與勞務（不包括折舊）　　　　　　　$335,000

加：非由經費預算負擔之成本——折舊費用　　　　25,000

執行業務之工作成本（參閱上表）　　　　　　　　$360,000

惟近年聯邦會計則規定編製對預算報告之調節表，茲依舉例資料編表如下：

聯邦機關

預算報告調節表

10月份，20××年

業務執行表列總成本		$360,000
減：折舊費用		25,000
經費支用數		$335,000
加：固定資產之購入		250,000
		$585,000
減：存貨之耗用	$ 32,000	
上期基金本期支用數	400,000	432,000
契約責任數淨額		$153,000

　　聯邦各機關為嚴密管制其契約責任之發生，以免超逾預算，故多就每項經費預算設置契約責任控制帳，當簽約之前先看有無足夠預算分配數，此帳不僅隨時可顯示可用之分配預算餘額，亦可作為原始記錄。定期根據所登契約責任合計數，借預算分配數，貸未清責任數，如再將已清契約責任數沖減之後，則必與契約責任數帳戶之餘額相一致，是則此帳亦可謂為契約責任之補助分類帳。

　　美政府國庫即是聯邦政府之銀行，按期編報國庫帳戶之貨幣資產與負債，及其存入與取出之數額。財政部會計局負責聯邦之總會計，只是將有關現金業務之資產與負債加以綜合而已，其帳表所顯示之支出與經費餘額，完全以簽發支票為基礎，該資料獲自支付後之月報或支付機關之報告，會計局帳列之收入，是根據執行收入機關之月報，即以實收或存入為基礎，經該局綜合後之會計資料，由該局提出月報或年報，名為美國政府收入支出餘額合併表。

問　題

一、試說明聯邦會計之責任。

二、試列舉聯邦之基金種類。

三、試述聯邦之會計結構。

四、試列示聯邦各機關對年度預算之會計處理。

五、試分述各機關對本年度與上年度契約責任之會計處理。

六、試列舉聯邦平衡表所列政府權益各帳戶。

第二十八章　非營利機構會計

第一節　非營利機構之業務與財源

　　而今社會非營利機構日益增多，就其業務性質而言，分屬教育、文化、醫療、宗教、慈善等方面，所涉層面甚廣；究其資金來源，名義上係向社會大眾募集，但不少為政府機關補助，或由公私企業捐助，其所積之資金，有者為數頗鉅，因而所營業務規模亦甚廣泛，其經濟行為所占整體經濟比重逐年增加，隨之，該項機構之財務管理，愈益顯現其重要。會計為事業管理財務控制不可或缺之手段，惜乎我國對非營利機構之會計，目前尚乏一套規範可循，遂致各非營利機構之會計處理，各行其是，相當分歧。美國的非營利機構很多，種類不一，有慈善團體、民間會社、勞動公會、圖書館、博物館、文化社、藝術社、私立學校、職業會社、社區俱樂部、研究單位、科技組織、宗教會社、政治團體等等，雖各個社團所事之業務各不相同，但其宗旨均非為直接謀取經濟利益，則無二致，尤其對非營利機構之會計管理相當縝密，為期對我國非營利機構之會計有所助益，特將美國非營利機構之會計處理擇要介紹，俾資借鏡。

第二節　非營利機構之會計準則

　　美國非營利機構之會計處理，在1978年以前尚乏權威性之準則可循，直至是年AICPA對於非營利組織之會計實務方有公報發表，1980年FASB也發布了非營利機構財務報告之目的，1987年又規範了非營利組織折舊之認列，1993年曾發布兩次公報，分別規定非營利組織捐贈會計之處理，以及財務報表所涵蓋之內容。為便於對美國非營利機構會計深切瞭解，先擇要概述其會計與報告準則，繼再以實例為較詳細之說明。

一、會計準則要點

　　(1)基金會計可以採用，惟其資產及基金餘額，如有重大限制者，就必須加以區分表達。

⑵報表格式可因組織型態及其業務性質而為不同之設定。

⑶財務報表有三種表為必要者，即⒜平衡表⒝業務收支表⒞財務狀況變動表（FASB之95號報告準則要求企業組織改編此表為現金流量表）。

⑷會計基礎採完全權責制，固定資產依成本記帳，並計提折舊，除非這些資產之價值正常地在增加，像珍藏品、稀少書籍、原稿等類似品。

⑸捐贈物品須按贈予當時之公平市價入帳。

⑹會員之年費、不須退還之入會費、永久會員費，均必須認列為收入，於可以收獲期間入帳。

⑺投資可按成本與市價孰低法列報，即如其市價遠高於成本。

⑻勞務貢獻如符合一定條件者，亦須入帳。

⑼具抵押之應收款，按權責基礎入帳，並應提合理的壞帳準備。

⑽限制用途之捐款，當其限制使用條件符合時，即應按收入列帳，捐贈款如限制於未來期間使用者，當於其可以使用之期間認列為收入。

依據上列會計準則要點，進而再為逐一補充解釋。首先應知非營利機構之會計係採完全權責基礎，惟有些機構也許平時用現金基礎，但到會計期間終了時，即須加以調整，進而產生權責基礎之報表。另有一點亦須強調者，乃捐贈資產之會計處理，若捐贈者對其所捐資財之支用有所限制時，即須將有限制的資財與無限制的資財，加以區分，並於報表上予以充分揭露。許多非營利機構為達成上述揭露目的，平時在會計處理上，便將有限制之資產與無限制之資產分別列入不同之基金，同時將長期性之資產，劃歸為財產基金。非營利機構規模較小者，也有將其所有資產會計歸由一個單一基金處理者，既然如此，這些機構仍須把現存有限制之資產，為之另立其基金餘額帳戶，亦即將基金餘額分為有限制與無限制兩個帳戶。

二、收入之認定

會員所繳之年費須列為相當期間之收入，至於入會費則應列為應收期間之收入，所繳會費及其他來源之收入，可望能以涵蓋未來年度之業務成本，惟如其所收之財源，經指定為未來期間使用者，則應將之列為遞延收入，此乃一負債帳戶；同樣地，若所收財源限用於指定用項者，即須等待符合限定用項時，方得認列為收入；然而，當該機構為其職務、計畫或目的而支付費用，或為捐贈文件明文規定之支出，即可認為已符合基金之限制，隨之，便可將上述所收到之資財列為本期之收入；又假如未限制用途之資財，在本期為特定目的而支用，即如是該項支出，係預期以限定之收入以支應，在此情形下，其已收得但屬於未來期間使用之資財，仍可認列為本期

之收入。

三、支出之列帳

本機構如有為其他非營利機構提供之服務，若其屬於本機構之正當工作，在本機構控制範圍之內，且具有清楚地衡量基礎，能以金額入帳者，即應認列為本機構之支出；若其所提供之服務，非以其會員利益為主要企圖者，則該項服務費便不可以正式列支，諸如對宗教團體、職業會社、勞動聯盟、政治團體、友誼組織、鄉邨俱樂部等機構之服務事項。

投資應按成本與市價孰低原則列報，亦有逕以市價列報者。假如本機構選擇對有價證券以市價列報，即須於當期認列其未實現之增值與減值，一如已實現之收益或損失。處分捐贈基金投資所發生之損益，若捐贈合約沒有特別指明時，即列為基金餘額之增加或減少。對捐贈收入之限制，僅限於捐贈契約有特別規定者，若契約未為限制之規定，該項收入即可自由運用，不受支出之限制。

多數非營利機構對其據有之固定資產，按期提列折舊，假如另設有財產基金者，是項折舊即須於該基金會計列帳，但博物館、圖書館與同性質之非營利組織，對其所有之藝術品或歷史寶藏均不認列折舊。

四、財務報表

本機構如其控制有具相同目的之其他機構時，即需編製合併財務報表，然而，對與其關係甚鬆懈之機構，合併報表可不必編製，例如一個國內或國際組織，設有地方機構，但如該地方機構係自行控制其業務活動，且其財務又是獨立處理時，該組織即無必要為報表之合併。

一個非營利組織個體，倘若收到為數可觀之捐助款項，為示對捐助者清楚表達捐款之用途，即須將各項費用開支，按其所司任務分項列報，如業務計畫、協助服務等，計畫項目之設定，當以各該機構之性質為依歸，例如從事藝術活動之機構，其業務計畫可能為經常展示、各地演出、學校活動等，屬於協助服務之費用，則為總務費用、管理費用，以及與業務有關之年報發行支出等。設其業務活動不只一項目標者，則須將業務計畫、行政管理與基金募集等成本，再為適當之劃分。

第三節　非營利機構會計例釋

非營利機構之會計，多數採用基金會計，現以從事藝術活動之示範藝術工作社

為例說明其會計處理。該機構雖採基金會計，惟各個基金之資訊，僅於平衡表之權
益項下，分別按基金列報。設該機構各帳戶之期初餘額如下：

	借　方	貸　方
現金	$169,466	
有價證券	50,967	
應收帳款	26,685	
應收贈款	6,100	
其他流動資產	13,441	
投資與捐贈基金現金	256,648	
財產與設備（成本）	75,331	
累計折舊──財產與設備		$　35,105
租押與其他存款	9,130	
應付帳款與應計費用		166,351
遞延收入──訂金		193,042
遞延收入──贈款		－
長期債務轉為流動部分		50,000
長期負債		69,740
個體資本：		
財產基金		38,594
捐贈基金		256,648
無限制基金	201,712	
合　計	$809,480	$809,480

一、無限制基金部分之會計事項

設本年度共收現金$1,986,652，應收帳款增加$43,366，係演出活動等所產生之
收入，其中$1,925,630登入本年度之收入，$104,388為預收訂金之增加。

1.現金	$1,986,652	
應收帳款	43,366	
演出收入		$1,557,567
投資收入		5,000
利息收入		16,555
學費收入		242,926
支援收入		103,582
遞延收入──訂金		104,388

由於利率之巨變，原持有價證券$50,967，竟售得$105,667，即將這筆錢，另再

湊出$160,663，一起拿來再投資。

2a.現金	$105,667	
有價證券		$50,967
出售證券收益		54,700
2b.有價證券	$266,330	
現金		$266,330

由於募集基金活動而收到現金$901,409，惟屬限制用途者，上項款額中$6,100前已登記為應收，另$42,562根據捐贈代理人之指示，作為未來期間之贈款。

3.現金	$901,409	
應收贈款		$ 6,100
捐助收入		150,379
贈款收入		702,368
遞延收入——贈款		42,562

其他流動資產（如預付款項等）本年增加$25,937。

4.其他流動資產	$25,937	
現金		$25,937

本年內支付本年度費用及上年度費用共計$2,596,745，此外，租押與其他存款中之$5,291應認列為費用。

5.應付帳款與應計費用	$ 55,201	
員工薪津與福利	1,654,616	
專門職業費	26,273	
用品費	62,307	
電話費	11,936	
郵遞與船運費	18,255	
占用期間費	389,927	
設備租用維護費	66,435	
印刷出版費	10,381	
旅運費	5,824	
會議費	2,783	
會員會費	756	
布置費	190,222	
服裝費	107,120	
租押與其他存款		$ 5,291
現金		2,596,745

　　為能表達其職司業務，乃將各項費用再按業務別分類，實務上，各項費用亦可逕按業務別與用途別登記。

6.演出成本	$475,882	
業務費用	796,494	
芭蕾學校	473,058	
關連作品	378,154	
總務管理費	387,987	
募集基金費	35,260	
員工薪津與福利		$1,654,616
專門職業費		26,273
用品費		62,307
電話費		11,936
郵遞與船運費		18,255
占用期間費		389,927
設備租用維護費		66,435
印刷出版費		10,381
旅運費		5,824
會議費		2,783
會員會費		756
布置費		190,222
服裝費		107,120

無限制基金之結帳分錄。

7.演出收入	$1,557,567	
紅利收入	5,000	
利息收入	16,555	
學費收入	242,926	
支援收入	103,582	
出售證券收益	54,700	
捐助收入	150,379	
贈款收入	702,368	
演出成本		$475,882
業務費用		796,494
芭蕾學校		473,058
關連作品		378,154

總務管理費	387,987
募集基金費	35,260
個體資本——無限制基金	286,242

二、捐助基金部分之會計事項

年度內，本基金收到捐款共計$11,221，此款可用以投資或永續保留。

8.現金——捐助基金	$11,221	
資本增加額		$11,221
9.投資	$11,221	
現金——捐助基金		$11,221

上述「資本增加額」乃一單獨帳戶，在其業務收支表上，列在「本期活動膡餘」標題之後，資本增加額包括不能以之支付費用之捐助款，及捐贈之遺產，無論其限制是永久的或僅屬一定期間的。資本增加額也包括基金投資所獲收益之法定限制。

捐助基金之結帳分錄：

10.資本增加額	$11,221	
個體資本——捐助基金		$11,221

三、財產基金部分之會計事項

年度內購入設備成本$20,368，除付給現金$8,108，餘$12,260開給長期債票。

11.財產與設備	$20,368	
現金		$ 8,108
長期債務		12,260

此外，長期債票經已償還$50,000。

12.長期債務	$50,000	
現金		$50,000

計提折舊$5,533，然後將折舊費用按其業務分類為適當之分攤。

13.折舊與攤提	$5,533	
累計折舊——財產與設備		$5,533
14.演出成本	$1,100	
業務費用	550	
芭蕾學校	600	
關連作品	300	
總務管理費	2,500	

募集基金費	483	
折舊與攤提	5,533	

年終結帳分錄：

15.個體資本──財產基金	$5,533	
演出成本		$1,100
業務費用		550
芭蕾學校		600
關連作品		300
總務管理費		2,500
募集基金費		483

四、財務報表

非營利機構財務報表之編製，具有極大之彈性，但至低限度應編製平衡表，業務收支表，與財務狀況變動表三種，除此之外，如其接受由社會大眾提供之巨額捐助，最好再加編一份按業務分類之費用表。現將其所編各表，分列於後：

示範藝術工作社
平衡表
6月30日，20×B與20×A

	20×B	20×A
資　產		
流動資產		
現金	$216,074	$169,466
有價證券	266,330	50,967
應收帳款（減備抵壞帳後淨額）	70,051	26,685
應收贈款	—	6,100
其他	39,738	13,441
流動資產合計	$591,833	$266,659
非流動資產		
投資與捐助基金現金	267,869	256,648
財產與設備（成本減累計折舊後淨額）	55,061	40,226
租押與其他存款	3,839	9,130
	$918,602	$572,663
負債與資本		
流動負債		
應付帳款與應計費用	$111,150	$166,351

遞延收入——訂金	297,430	193,042
遞延收入——贈款	42,562	—
長期債務到期部分	50,000	50,000
流動負債合計	$501,142	$409,393
長期債務	32,000	69,740
個體資本		
財產基金	33,061	38,594
捐助基金	267,869	256,648
未限制基金	84,530	(201,712)
	$918,602	$572,663

　　本平衡表非按基金構成，但在個體資本項下，則將不同型態之基金分列。內中資產與負債又劃分為流動與非流動兩類。又遞延收入——贈款帳戶，乃用以表達有限制之資財，尚未為指定目的而支用者，亦即可為未來期間限定目的支用之財源，限制性之基金餘額及遞延收入均須於財務報表加註說明。

示範藝術工作社

業務收支表

至6月30日止之20×B與20×A年度

	20×B	20×A
業務收入與支援收入		
演出收入	$1,557,567	$1,287,564
紅利與利息收入	21,555	2,430
出售財產已實現之收益	54,700	18,300
學費收入	242,926	130,723
支援協助收入	103,582	68,754
	$1,980,330	$1,507,771
演出成本	$ 476,982	$ 427,754
業務費用	797,044	685,522
芭蕾學校	473,658	301,722
關連作品	378,454	81,326
總務管理費用	390,487	469,891
	$2,516,625	$1,966,215
業務餘絀	$ (536,295)	$ (458,444)
捐助勞務材料與用品	$ —	$ 8,000
贈與收入	150,379	78,469
捐款收入	702,368	678,322

募集基金費	(35,743)	(50,454)
	$ 817,004	$ 714,337
現年活動賸餘	$ 280,709	$ 255,893
資本增加額	11,211	18,250
資本合計增加數	$ 291,920	$ 274,143

　　非營利機構業務收支表之名稱不一，有者名收入、費用、援助，增資與基金餘額變動表，有者僅名收入費用表；表式也有不同，其目的都在對該非營利機構之性質規模為最適當之表達；例如圖書館即是將每一基金為分欄編報，又如鄉邨俱樂部只是於收入之後，即列費用為最簡單之表式。上列藝工社之業務收支表，乃先列其業務餘絀，繼列各項捐贈及公眾支援，以使閱讀此表者，一眼看出，其業務收入與支援收入遠不及其所發生之業務費用。

　　無論以何種方式列表，資本之增加額都應該在本期賸餘之後單獨列示，其中包括捐贈之財物，遺產予捐助基金，且其用途，有以永久或期間之限制者。資本增加額中，也包括為捐贈者限定用途之投資收益，投資所發生之損益均須作為各該基金本金之增減。

示範藝術工作社

財務狀況變動表

至6月30日止之20×B與20×A年度

	20×B	20×A
資金之來源		
本期賸餘	$280,709	$255,893
加：不需資金支出之費用折舊費用	5,533	4,620
其他遞延支出	—	7,500
由本期賸餘提供之資金	$286,242	$268,013
長期債務之增加	12,260	—
其他	5,291	—
資本之增加	11,221	18,250
資金來源合計	$315,014	$286,263
資金之去向		
長期投資之增加	$ 11,221	$ —
財產設備之購入	20,368	4,362
長期債務之減少	50,000	25,280
資金去向合計	$ 81,589	$ 29,642
運轉資金之增加	$233,425	$256,621

運轉資金份子之變動
　流動資產之增減

現金	$　46,608	$220,342
有價證券	215,363	42,312
應收帳款	43,366	21,269
應收贈款	(6,100)	—
其他	25,937	15,412
流動資產之增加	$325,174	$299,335
流動負債之（增）減		
應付帳款與應計費用	$　55,201	$　36,149
遞延收入——訂金	(104,388)	(78,864)
遞延收入——贈款	(42,562)	—
活動負債之（增加）	$(91,749)	$(42,715)
運轉資金之增加	$233,425	$256,620

　　上項報告乃綜括顯示財務狀況之一切變化，包括了資本之增加，遞延收入之變化，以及融資與投資之活動，預見最近之將來，此表將被現金流量表所取代。

第四節　文化博物館會計

　　為期進一步瞭解非營利機構之會計特質，特再舉一例，以說明之。

一、上年底之財務狀況

文化博物館
財務狀況表
20××年12月31日　　　（單位千元）

資　產		
流動資產		
現金		$　120
投資		4,210
應收承諾捐款	$165	
減：備抵呆帳	(15)	
		150
用品盤存		20
預付費用		50
流動資產合計		$4,550

房屋與設備	$2,100
減：累計折舊	540
	$1,560
資產合計	$6,110
負　債	
流動負債	
應付薪資	$　8
應付帳款	250
負債合計	$　258
淨資產	
未限制者	$2,002
暫時限制	850
永久限制	3,000
淨資產合計	$5,852

　　該館之主要任務有二：館藏展出及社會教育，另外，工作則為募集基金與行政管理。

二、年內重要事項

(一)薪資費用

　　全年應付薪資$1,045，至年底除$6須延至下年初支付外，餘均已付訖。(以下各例單位均為千元)

　　據財務準則會所訂非營利機構財務報表之準則，其業務收支表所列之費用，應按職能分類。

薪資費用——館藏展出	$780
薪資費用——社會教育	85
薪資費用——募集基金	50
薪資費用——行政管理	130
現金	$1,039
應付薪資	6

(登入未限制基金)

(二)業務費用與存貨

　　該館發生業務費用$280，其中$200為展出，$30為教育，$10為基金募集，$40為行政管理；該館對用品存貨及預付費用之會計，採耗用基礎，而不採購入法；至期

末該館購存之用品尚有$5未用；又應付帳款減少$3，預付費用減少$7；一共為業務費用支付現金$281。

業務費用——館藏展出	$200	
業務費用——社會教育	30	
業務費用——募集基金	10	
業務費用——行政管理	40	
應付帳款	3	
存貨	5	
現金		$281
預付費用		7

（登入未限制基金）

㈢固定資產與長期負債

該館以長期應付票據取得器具設備$20。類此固定資產及相關之長期負債，雖許多非營利機構列入財產基金處理，但該館則將此事項仍列為業務基金(operating fund)會計，並將固定資產歸入未限制基金以其他未限制財源列報。

財產與設備	$20	
應付票據		$20

（登入未限制基金）

非營利機構對長期應付票據，須依權責基礎計列利息費用。

㈣折舊費用

該館對固定資產計列折舊費用$210，如同固定資產，折舊亦歸業務基金會計。

折舊費用——館藏展出	$160	
折舊費用——社會教育	15	
折舊費用——募集基金	5	
折舊費用——行政管理	30	
備抵折舊		$210

（登入未限制基金）

㈤門票收入與會費收入

此項收入為該館之主要收入，全年共收到$505。

現金	$505	
收入——門票與會費		$505

（登入未限制基金）

(六)利息與股利收入

該館投資賺得利息與股利$280，因這種財源收入未加限制其使用，遂列入業務基金。

現金	$280	
投資收入——利息與股利		$280

（登入未限制基金）

(七)投資之評價

該館投資因市價變動而評估增值 $100。

投資	$100	
投資收入——評價增值		$100

（登入未限制基金）

(八)附屬營業之收益與費用

該館附帶經營贈品商店，全年收入與費用各為$470與$350。

政府機關的附屬營業屬營業基金，採完全權責制，對外報表不宜與政務基金相合併。同樣的，非營利機構一般業務的會計，也是用權責基礎，所以不必將其營業活動與非營業活動分開處理，然而，為了方便起見，對其附屬的營業活動，仍多是分設基金而會計之，惟於對外列報時，可將附屬單位之收入與費用分別綜合列示，或為分類分單位列示。

附屬營業費用	$350	
現金	120	
附屬營業收入		$470

附屬營業收入如同其他財源，屬未限制者。

（登入未限制基金）

(九)無限制與時間限制之承諾捐款

該館從事募集基金活動，至年底一共收到現金$338，此外尚有承諾捐款$180，其中估計可能有$20 收不到。

捐贈收入包括無條件的承諾捐款，均應認列為收入，然而，承諾之款，現時不可能用抵支出（屬於時間的限制），所以必須將之列為有限制的財源。

現金	$338	
捐贈收入——無限制		$338

（登入未限制基金）

應收承諾捐款	$180	
備抵呆帳		$ 20
無限制捐贈收入		160

此項承諾捐款有時間的限制。

（登入暫時限制基金）

上例備抵呆帳之估計，直接沖減捐贈收入，乃屬便宜行事，多數非營利會計，仍是借壞帳費用，而非逕減收入。

設上列之承諾捐款，其後收到$145，另有$10無從收起，應予註銷。

現金	$145	
解除限制之財源		$145

（登入未限制基金）

備抵呆帳	$ 10	
解除限制之財源	145	
應收承諾捐款		$155

（登入暫時限制基金）

㈩有目的限制之捐款

該館收到$90 捐贈款，惟捐助人要求此捐款必須用為收購美術品，嗣後該館用此捐款連同其他有限制之財源$620 以增購收藏品。

現金	$90	
有限制之捐贈收入		$90

（登入暫時限制基金，以其限於增購美術品）

以博物館對其收藏品，不予資本化，故購入新品均作費用出帳；又因非營利機構之費用須由無限制之基金出帳，故增購藏品之財源，必須先由限制基金加以解除，而後歸入無限制之流動基金。

解除限制之財源	$710	
現金		$710

（登入暫時限制基金）

增購藏品費用	$710	
解除限制之財源		$710

（購入藏品，登入未限制基金）

該館為收藏之需，乃出售沒有限制之投資，按其帳載評價（公平市價）出售，沒有出售損益。

現金		$500
投資	$500	

（登入未限制基金）

三、年終報告

(一)業務收支表

文化博物館

業務收支表

20××年至12月31日止

	無限制	暫時限制	捐贈基金	合 計
收入與支援				
門票與會費	$ 505			$ 505
投資股利與利息	280			280
投資評價	100			100
附屬營業收入	470			470
無限制之捐贈	338			
（包括承諾款）		$ 160		498
有限制之捐贈		90		90
收入合計	$1,693	$ 250		$1,943
費 用				
業務				
館藏展出	$1,140			$1,140
社會教育	130			130
服務支助				
募集基金	65			65
行政管理	200			200
藏品收購	710			710
附屬營業費用	350			350
費用合計	$2,595			$2,595
收支餘（絀）	$ (902)	$ 250		$ (652)
解除限制之財源	855	855		
基金餘額（減）	$ (47)	$(605)		(652)
淨資產				
期初	$2,002	$ 850	$3,000	$5,852
期末	$1,955	$ 245	$3,000	$5,200

(二)財務狀況表

文化博物館

財務狀況表

20××年12月31日　　　　　　　　（單位千元）

資　產		
流動資產		
現金		$　68
投資		3,810
應收承諾捐款	$190	
減：備抵呆帳	(25)	
		165
用品盤存		25
預付費用		43
流動資產合計		$4,111
房屋與設備		$2,120
減：累計折舊		750
		$1,370
資產合計		$5,481
負　債		
流動負債		
應付薪資		$　14
應付帳款		247
流動負債合計		$　261
應付票據		$　20
負債合計		$　281
淨資產		
無限制者		$1,955
暫時限制		245
永久限制（捐贈基金）		3,000
基金餘額合計		$5,200

第五節　學生交誼社會計

　　茲再舉一個非營利機構，說明其最簡單之會計處理。例如學校裡的學生交誼社，主要在供給學生之餐飲，所以必須要具有供餐之房舍與設備，為應此項購屋支出又

必須舉借長期借款，至於日常社務活動經費則由所收會費支應，基於基金會計原理及修正權責基礎，該社需要設置三個基金與兩組帳戶：

⑴餐飲基金。其會計對象，為社員所繳餐飲各費，惟此項收入僅限用於餐飲供應及餐飲設備。

⑵債務基金。按月收集款項，另外單獨存儲，專為長期負債之付息與到期還本之用，類似儲蓄存款性質，惟此基金會計，並不包含其長期負債會計。

⑶普通基金。其財源為社員之會費，惟不限定其用途。

⑷固定資產帳組。用以登記其所有之長期資產。

⑸長期負債帳組。用以登記該社舉借之長期負債。

現假定該社成立之後其第一個月發生有如下各財務事項。

⑴購買帶設備之房屋一幢，供餐廳使用，購價$800,000，給予20年期，年息10%抵押票據，該票據分20年分期償還，每年本息須付$93,968。

上項交易應屬餐飲基金之會計事項，惟其未影響該基金財務資源之變動，基於修正權責基礎，只須登入固定資產及長期負債兩帳組。

固定資產帳組記錄

借：房屋	$800,000	
貸：投資固定資產		$800,000

長期負債帳組記錄

借：應備償債數	$800,000	
貸：應付抵押票據		$800,000

⑵收到社員會費 $30,000。

以此項收入，並無法定或約定用途，屬未限定使用之資金，遂之歸入普通基金。

普通基金記錄

借：現金	$30,000	
貸：會費收入		$30,000

⑶以現金支付一般業務費用 $15,000。

普通基金記錄

借：一般業務支出	$15,000	
貸：現金		$15,000

⑷餐飲部門收入現金 $9,000。

餐飲基金記錄

借：現金	$9,000	
貸：餐飲收入		$9,000

(5)以現金購買餐具設備 $6,000。此事項應屬餐飲基金會計。

餐飲基金記錄

借：餐飲支出	$6,000	
貸：現金		$6,000

(6)由普通基金移付$7,831予債務基金，為分年還債之每月分攤數，如此按月累積，以備年底支付分年償還抵押票據數，上數除還本$1,164外，其餘$6,667用為支付利息。

此一事項除記兩個基金外，復因債務基金已具部分還本款，故亦涉及長期負債帳之借方帳戶，應將償債基金已儲還本款，由應備轉為已備償債數。

普通基金記錄

借：移轉支出——債務基金	$7,831	
貸：現金		$7,831

債務基金記錄

借：現金	$7,831	
貸：移轉收入——普通基金		$7,831

長期負債帳組

借：已備償債數（債務基金）	$1,164	
貸：應備償債數		$1,164

根據上述第一月之會計記錄，即可為該交誼社編具該月底之平衡表及該月份之收支與基金餘額變動表。

(1)學生交誼社第一月底之平衡表。

	基　金			帳　組	
	普　通	餐　飲	債　務	固定資產	長期負債
資產與借項					
現金	$7,169	$3,000	$7,831		
房屋				$800,000	
已備償債數					$　1,164
應備償債數					798,836
合　計	$7,169	$3,000	$7,831	$800,000	$800,000

負債、基金餘額與貸項

應付抵押票據					$800,000
投資固定資產				$800,000	
基金餘額	$7,169	$3,000	$7,831		
合　計	$7,169	$3,000	$7,831	$800,000	$800,000

⑵學生交誼社第一月份之收支與基金餘額變動表。

	普通基金	餐飲基金	債務基金
會費與餐飲收入	$30,000	$9,000	
支出	15,000	6,000	
收入超逾支出數	$15,000	$3,000	
移轉收入			$7,831
移轉支出	(7,831)		
基金餘額之增加	$ 7,160	$3,000	$7,831

此一簡單舉例，主要在強調基金之會計個體，以及在修正權責制下，對長期性資產與長期負債之個別會計。

問　題

一、某會會計以現金基礎登帳，年終再加調整，將重大事項之帳戶餘額變成為權責基礎，它所產生之財務報表是否符合公認之會計原則？

二、為何將財務狀況變動表列為非營利機構之主要報表？

三、所有非營利機構對它的業務記錄，必須用基金會計處理，你是否同意這種主張？

四、非營利機構之那些帳項，在業務收支表內應列於資本增額項下？資本增額與支援收入如何區分？

五、私立博物館之財務報表將投資按市價列報，即為市價超逾成本，如果你是會計師，是否對此種作法要求另作處理？

六、在何種條件下，財務有密切關係之機構，其財務報表應予合併？

習　題

一、某市地方人士成立社區活動俱樂部，乃非營利組織，發起會員一百人，每人繳1,000元為資本，此外，每一參加者須付年費200元，供作活動經費，三月底年度終了，已全部收起，其

20×A年4月1日之試算表如下：

	借	貸
現金	$ 9,000	
投資（按市價，等於成本）	58,000	
盤存	5,000	
土地	10,000	
建築物	164,000	
累計折舊——建物		$130,000
設備	54,000	
累計折舊——設備		46,000
應付帳款		12,000
資本（100人每人$1,000）		100,000
累計餘絀		12,000
	$300,000	$300,000

其於20×B年三月底止所發生之財務事項如下：

1. 收參加人會費	$20,000
2. 零食與飲水之出售	28,000
3. 利息與股利收入	6,000
4. 房屋費用憑單	17,000
零食與飲水進貨憑單	26,000
一般管理費用憑單	11,000
5. 憑單欠款總付	55,000
6. 應計資產改良特賦	10,000
7. 收到無限制之遺贈	5,000

調整資料：

1. 投資年終按市價評價	$65,000
（全年無新投資交易發生）	
2. 折舊費用——建物	4,000
——設備	8,000
3. 折舊攤分——房屋費用	9,000
——零食飲水部	2,000
——一般管理	1,000
4. 年底實際盤存（在零食與飲水部）	1,000

要求：

1. 試就上列財務事項與調整事項為之分錄入帳（以職能別分類）。

2.試編該年度之業務收支表。

二、非營利機構會計要以基金為基礎，且多採政府會計準則之修正權責制。下舉平衡表顯不符上述要求，希予改編，分別列示各基金與帳類，假定現金與投資按各基金餘額劃分，又假定債務準備全部為還本不含利息。（單位百萬）

資　產		負債、基金餘額		
現金	$ 600	應付公債		$1,700
投資	1,800	基金餘額		
社建工程	500	資本計畫準備	$ 600	
固定資產	1,200	債務準備	200	
		無限制	1,600	2,400
	$4,100			$4,100

三、某衛生所乃非營利機構，為鄉親市民服務，縣政府將歸還其醫療成本之60%。與醫療有關之成本，自20×A三年內共發生$600,000，亦即縣應歸還之成本，此外，又發生下列兩事項。

1.20×A購置設備$60,000，該所以三年之期將設備提列折舊，縣以60%比率於購入之年償還該所。

2.20×A年損失$10,000，因提早清償債務緣故，為對外列報目的，該所認列全部損失於債務清償之年，縣府歸還（按60%比率）該所按債務所剩之年，即兩年。

試編比較表，顯示每年（共三年）該所應列報之費用與應由縣歸還之部分（可分兩欄：列報數與歸還數）。再列三年內每年由縣歸還數之分錄。

第二十九章　大學院校會計

第一節　校務基金之設置

　　國內公立大學院校之經費，向往完全由政府預算負擔，因其全部收支均列入政府總預算，於是院校之預算，如就預算體系言，便成為政府預算之單位預算，隨之，其會計也就成為政府會計之單位會計，依會計法及其有關規定，單位會計又須分為歲入類會計與經費類會計兩個個體，此外，尚有一組財產帳戶，因歲入經費兩會計個體之收支不相混合，遂致學校之所有收入，均須解繳公庫，其支出所需之經費，則由公庫依其預算所列另行撥款，惟其支用時則須受預算法之嚴格限制，實際支出數絕對不得超逾預算數，即屬預算項目間之流用，除用途別科目外概不許可，年度終了決算之剩餘，亦須繳還公庫，不得自行留用。基於上述預算收支之限制，乃致學校行政當局對收支預算之執行，發生了心態與觀念之偏差，認為收入既須全部繳庫，學校無權使用，於是對收入預算之執行，漫不經心，更缺乏開拓財源爭取收入之意向；相反的，其對歲出預算則非常關心，除於編列預算時竭力膨脹支出外，更於年度進行中盡量支用預算數，尤其是年度終了辦理決算前，必想盡辦法務必將全部預算用至將罄，形成惡性消化，嚴重浪費公帑之現象。蓋以為不將預算用盡，不但剩餘經費須繳還公庫，甚且影響未來預算之不增反減，由於預算有剩餘，本機關缺乏爭取預算增加之理由，由於預算之剩餘，可能使主管機關認為過去預算過於寬濫，今後應趨縮減，此中流弊，當局曷嘗不知，然而若想澈底根除，又是談何容易之事。

　　而今校園民主之風昌盛，公立大學院校尤領風氣之先，高唱教授治校，力主校務自主，逼使教育主管不得插手校務，除教學行政獨立自主之外，漸次擴及財務行政，認為學校收費應由各校享有，學校開支應由校方作主，自以為惟有如此，學校方可達於完全自主之境。適逢年來政府財政日窘，而預算支出日趨擴大，公立大學院校之經費負擔更加沈重，苦思解困無方，趁校長要求財務自主之際，即出設置校務基金之議，以遂金蟬脫殼之計。學校當局對校務基金之憧憬，是想透過基金由學校自行掌握財源，學雜費不再繳庫，全數歸入基金，為使基金充裕，尚可對外募款，基金由學校全權支配使用，政府不得干預，惟若所收不敷支出，仍要政府經費補助。

現時校務基金初創，其收支運用與管理，尚乏成規可循，至其對基金之會計，更是各自為政，處理相當紛歧。

大學會計以前視為公務單位會計，固屬殊多不相適宜，現雖採行校務基金會計，仍有許多漏洞有待填補。

第二節　大學流動基金會計

美國大學會計採行基金會計，學校設有各種基金，每個基金會計，各有其特色，意在與校務需求貼切配合，足資我們借鏡。

美國的大學院校無論是公立或私立，或其財源來自何處，都適用同樣的會計與財務報告準則，該項準則是由會計師公會與大學事務協會合作研發，並得教育主管機關之同意而建立的，依據上述權威機構之建議，大學院校之會計結構應以基金為基礎，院校所具基金之類別，一般可分為：流動基金、貸款基金、捐助基金、信託基金——養老年金與退休基金、財產基金、代理基金，其中又以流動基金為首要。

蓋以流動基金為院校財務之主體，凡其流動資源直接用於有關教育業務者，均屬於本基金之會計範圍，所謂直接有關教育事項，包括宿舍、餐廳、體育活動、學生商店，及其他相關事業，當然包括了教學、研究與學校活動。事實上流動基金至低限度應再分為兩類：即無限制之流動基金與有限制的流動基金；凡其資產可為學校一般目的而用者，屬無限制基金，反之，凡其資產僅能用於外界所加限制之事項者，屬有限制之基金。因此，編製財務報表時，必須將無限制之資產負債與基金餘額與有限制者分開列報，隨之，亦應將收入支出與移轉按有限制與無限制基金劃分，此類基金所應產生之主要報表有三，曰平衡表、收支表與基金餘額變動表。

流動基金收入之入帳，在無限制基金採權責基礎，而有限制基金所收得之資產，不能立即認定為收入，必須等到完全符合約定之條件時始得列為收入，所謂約定條件之符合，乃指費用之發生須與捐獻者之限制意願相一致，因此，當收到有限制之資產時，先於基金餘額表列為增加數，繼於所限定之支出發生期間，再以與支出相等之數額，將上項資產之獲得，認定為當期之收入，由此可見，本基金收入一辭之應用，與院校其他基金不盡相同，學校一切基金其基金餘額之增加數，絕不像此流動基金之可再轉列為收入。

流動基金之支出，較之費用一辭，具有更為廣擴之意義。流動基金對支出之認定採完全權責基礎，支出帳戶可按其職司任務、組織單位及用途別之費用科目分層設定，職司任務類目內包括了教學、研究、公眾服務、學術支援、學生服務、學校

協助、財產運用與維護，與獎學金等，更有將附屬事業、學校醫院及其他獨立業務亦包括在內；流動基金除支出之外，另有移轉帳項，乃指流動基金對校內其他基金之移動，而移轉事項必須與支出事項分開登帳與列表，由於流動基金移出者總比移入者較多之故，所以在業務報表內要將「支出與移轉」列為主要標題。另有一項亦須注意者，乃是在院校財務報告上嘗須將規定移轉與自行移轉兩者區分，而不像政府機關之財務報告將移轉劃分為業務移轉與權益移轉。規定移轉者乃基於法規之硬性規定，像債券契約與捐贈合約之所定，而自行移轉者乃承理事會之意願而提供者。

在上述各職司類目之內，再按組織單位、工作計畫及其他科目，分別設置帳戶，用以提供有用資訊，據以編製對內或對外應用之財務報表，第三層次支出之分析乃按用途別之分類科目，亦即人事費、用品費等，至於資本支出亦將之列為用途別之分類，用途別科目之下，尚可再設更詳細之細目，唯此項資料通常僅供編擬計畫及便利控制之應用，例如於人事費之下可以再分為薪津工資、人事服務、員工福利等，究應如何劃分，完全基於各院校管理人員之需要。

院校流動基金之資產負債帳戶，不拘有限制或無限制基金，均與政府機關之普通基金類同，主要差別之處，乃是院校流動基金之資產包括了預付費用及遞延借項，其負債包括了遞延貸項，一如政府機關之事業基金之作法。另一不同之處，可見之於院校財務報表，即準則允許投資項目可按市價或公平價值列表，而非按成本，所有基金之一切投資都是採取此樣基礎。另有一項與政府事業基金相似之處，乃將基金餘額劃分為已分配與未分配兩類，已分配之基金餘額包含附屬事業之業主權益，支出保留數準備，及經理事會決定之他項準備（如無限制之流動基金）或為應外界機構要求而提列之準備（如有限制之流動基金），為期對流動基金之會計，有更深入之瞭解，再以實例說明之。

設中西大學20×A年7月1日無限制流動基金各帳戶餘額如次：

現金	$ 60,000	
投資	300,000	
應收帳款	148,000	
備抵壞帳		$ 18,000
存貨	80,000	
預付費用與遞延借項	20,000	
應付帳款		100,000
應計負債		15,000
學生存款		35,000
遞延貸項		20,000

基金餘額		420,000
	$608,000	$608,000

該校於20×B年度（6月30日終了）內有下列各項收入已列為應收帳款。

學費與雜費	$2,670,000
聯邦補助	230,000
州政府補助	2,150,000
聯邦贈款	35,000
私人捐助	40,000
捐贈款收益	880,000
附屬事業銷貨與服務	2,300,000
合　計	$8,305,000

另期初試算表內所列之遞延貸項$20,000應轉列為學雜費收入，以該款係上年度學生預繳本年舉辦之暑期班學雜費。

本期收入合計金額$8,325,000應登入收入統制帳戶，至個別項目之收入應登明細戶；如收入項目不繁，亦可逕列為總分類帳戶，又如收入項目過於繁雜，亦可分設幾個統制帳戶。

1.應收帳款	$8,305,000	
遞延貸項	20,000	
收入		$8,325,000

本年內收到應收帳款$8,348,000。

2.現金	$8,348,000	
應收帳款		$8,348,000

無限制流動基金之支出，分為兩個統制帳戶，如需按職司任務、組織單位及用途為較詳分類者，則可於總分類帳或補助分類帳分設帳戶，下示分錄，雖省略其明細科目，但於收支表上仍可見之。

3.支出——教育與總務	$5,100,000	
支出——附屬事業	2,022,000	
應付帳款		$7,122,000

下列4a.分錄為無限制流動基金對其他基金之規定移轉支出；4b.分錄為非規定之移轉支出；4c.分錄為對無限制流動基金之非規定移轉；4d.分錄乃由於移轉而致無限制流動基金之現金流入與流出。

4a.規定移轉支出——本金與利息	$ 360,000	
規定移轉支出——更新與汰換	185,000	
規定移轉支出——貸款基金配合贈款	3,000	
應付債務基金		$ 360,000
應付更新基金		185,000
應付貸款基金		3,000
4b.非規定移轉支出——		
未限制之餽贈分配給他基金	$580,000	
應付貸款基金		$ 40,000
應付捐助基金		510,000
應付財產基金		30,000
4c.應收捐助基金	$ 25,000	
非規定移轉支出——捐款收益之分配		$ 25,000
4d.應付債務基金	$ 360,000	
應付更新基金	185,000	
應付貸款基金	43,000	
應付捐助基金	510,000	
應付財產基金	30,000	
應收捐助基金		$ 25,000
現金		1,103,000

應付帳款與應計負債償還$7,070,000及$15,000，付還學生存款計5,000元。

5.應付帳款	$7,070,000	
應計負債	15,000	
學生存款	5,000	
現金		$7,090,000

　　無限制流動基金由於支出減少，因而使存貨、預計費用與遞延借項增加，其數額見下列分錄。

6.存貨	$15,000	
預計費用與遞延借項	9,000	
支出——教育與總務		$16,000
支出——附屬事業		8,000

　　年內購入證券100,000元，另至六月底有應計投資利息28,000元，亦作投資之增加，惟此項利息收入於報表列為其他收入。

7. 投資　　　　　　　　　　　　　　　　$128,000
　　現金　　　　　　　　　　　　　　　　　　　　$100,000
　　收入　　　　　　　　　　　　　　　　　　　　28,000

至六月底有應計教育與總務支出51,000元及附屬事業支出21,000元。

8. 支出──教育與總務　　　　　　　　$51,000
　支出──附屬事業　　　　　　　　　21,000
　　應付帳款　　　　　　　　　　　　　　　$65,000
　　應計負債　　　　　　　　　　　　　　　7,000

現年度終了時學校預收下期開班之學雜費35,000元，依現時準則，此款應先列為負債，俟下年度再轉為收入。

9. 現金　　　　　　　　　　　　　　　$35,000
　　遞延貸項　　　　　　　　　　　　　　　$35,000

年度終了將收入支出與移轉帳戶結帳。

10. 收入　　　　　　　　　　　　　　$8,353,000
　　非規定移轉──捐款收益之分配　　25,000
　　　支出──教育與總務　　　　　　　　$5,135,000
　　　支出──附屬事業　　　　　　　　　2,035,000
　　　規定移轉支出──本金與利息　　　　360,000
　　　規定移轉支出──更新與汰換　　　　185,000
　　　規定移轉支出──貸款基金配合贈款　3,000
　　　非規定移轉支出──
　　　未限制之餽贈分配給其他基金　　　　580,000
　　　基金餘額　　　　　　　　　　　　　80,000

　　茲再就有限制流動基金之會計處理，以實例說明之：惟須特別辨明者，因有限制流動基金之所收，非至與之相關，經已核定之支出實際發生時，方可認列為收入，當有限制流動基金之資產增加時，應先記入基金餘額之增加，如期基金餘額變動表有較詳明之表達，則須為基金餘額設補助分類帳，按院校所有基金分戶。上述收入之認列會計方法，自不包括無限制流動基金之會計，以該基金對收支之認列係採權責基礎。假設20×A年7月1日有限制流動基金各帳戶餘額如下：

現金	$ 90,000	
投資	250,000	
應收帳款	50,000	
應付帳款		$ 40,000
基金餘額		350,000
	$390,000	$390,000

又設現年度有限制流動基金增加了31,109,000元，其分錄如11.，惟僅列其總分類帳戶，亦即基金之統制帳戶，如若內部管理及財務報表需要各基金增減詳明資料，自須為各基金設置補助分類帳戶。又因其基金有有限制與無限制之分，則其基金餘額即須設兩個統制帳戶，一為基金餘額有限制者，另一為基金餘額無限制者，後頁的基金餘額變動表，即顯示了各個基金之詳細變動情形。

11.現金	$1,034,000	
應收帳款	75,000	
基金餘額		$1,109,000

設本期為設定目的所支出之總額為1,025,000元。

12.支出──教育與總務	$1,025,000	
應付帳款		$ 10,000
現金		1,015,000

當有限制流動基金之支出發生，且是符合捐贈者所指定之目的，一如前述，即須將前已列入基金餘額之所收，以同額轉作為收入之認定。

13.基金餘額	$1,025,000	
收入		$1,025,000

一些捐贈機關包括聯邦政府在內，允許院校將總務費用，含折舊在內，視為與捐贈目的相關之支出，因此，前次（見分錄1.）由聯邦捐贈記為未限制收入內之35,000元，即應允許改為間接成本之回收，因為這筆金額現在可以為未限制目的而使用，於是，在有限制流動基金即須作如下分錄。

14.基金餘額	$35,000	
現金		$35,000

由各方捐助者一共收到現金102,000元，包括上年已經開單之55,000元。

15.現金	$102,000	
應收帳款		$102,000

購入證券投資15,000元。

16.投資	$15,000	
現金		$15,000

將收入與支出結帳。

17.收入	$1,025,000	
支出──教育與總務		$1,025,000

第三節　貸款捐助與退休基金

一、貸款基金會計

院校所設之貸款基金,其目的乃用之貸放給學生與教職員者,至此基金資產之來源,有係直接捐贈,有為贈款基金之收益,或其他基金之移轉,或為貸放目的而借入之款項,惟此基金必須以循環運用為基礎,貸款收回及利息收入仍存本基金,以便對其他合格者之貸放,貸款所賺得之利息及其投資收入,可用以抵充其管理費用之全部或一部分,以及不能收回貸款之損失。

本基金之貸放對象,有者由學校特別加以限定,有者只須符合學校理事會之政策即可,前者為有限制之貸款基金,後者名無限制之貸款基金,所以其帳戶與報表即須完全符合基金捐助者之限制與理事會之政策,隨之,基金餘額帳戶亦須分別顯示出基金之不同來源。貸款之利息收入,應按完全權責基礎貸入適當之基金餘額帳戶,基金之管理費用、投資損失,以及貸款損失,(無論是實際數或估計數)均須於報表列作基金餘額之減項,基金餘額之增加或減少,則列於基金餘額變動表,至其收入與支出之項目則可見之於流動基金之報表。茲再以實例說明本基金之會計處理。

假定中西大學20×A年7月1日貸款基金各帳戶餘額如下所列。本貸款基金之資產包括現金、投資,及因貸放而發生之應收款,本基金餘額之構成,除聯邦政府之撥贈款外,均屬大學之基金,含有限制者與無限制者。

現金	$ 20,000	
投資	98,000	
貸放學生教職員款	460,000	
備抵貸款壞帳		$ 10,000
基金餘額		
大學基金──有限制者		38,000
大學基金──無限制者		325,000
政府撥贈款(可動用者)		205,000
	$578,000	$578,000

本貸款基金之增加,包括由無限制流動基金之移轉數。

18.現金 $208,000

    基金餘額——大學基金——有限制者 $130,000

    基金餘額——大學基金——無限制者 43,000

    基金餘額——政府撥贈款 35,000

有限制之貸款基金應設置其補助帳戶，以便提供基金提供者定期報告，及為適當之遵從審計。

退還原提供者部分基金，致使基金餘額因而減少。

19.基金餘額——大學基金——有限制者 $20,000

    現金 $20,000

本期貸放款項共260,000元，另外貸款收回95,000元，又期末調整增加備抵貸款壞帳2,000元，其分錄如下：

20a.貸放學生教職員款 $260,000

    現金 $260,000

20b.現金 $95,000

    貸放學生教職員款 $95,000

20c.基金餘額——政府撥贈款（可動用者） $2,000

    備抵貸款壞帳 $2,000

二、捐助基金會計

此類基金多因捐助者之限定，只可投資，而不能動用本金，亦即專門用於投資孳生利得之基金，至其所獲利得之使用，也可能受到捐贈者之限制，如然，則其所獲得之收入，即當視為該項有限制基金餘額之增加，反之，若其收入沒有使用之限制，該項利得方可列為無限制流動基金之收入。

假設中西大學有捐助基金與類似之基金，每一種捐助基金自必分別設置其明細帳戶以顯示各種捐款之餘額，茲列其20×A年7月1日各帳戶餘額如下：

現金	$ 60,000	
投資	8,250,000	
基金餘額——捐助		$6,150,000
基金餘額——有條件捐助		1,180,000
基金餘額——類似捐助——有限制		350,000
基金餘額——類似捐助——無限制		630,000
	$8,310,000	$8,310,000

基金餘額之增加及無限制之移轉數綜合如下分錄。

21.現金	$2,150,000	
基金餘額──捐助		$1,090,000
基金餘額──有條件捐助		550,000
基金餘額──類似捐助──無限制		510,000

關於基金餘額之減少事項如下分錄。

22.基金餘額──有條件捐助	$98,000	
基金餘額──類似捐助──無限制	42,000	
現金		$140,000

投資2,000,000元售得2,159,000元，將已實現之投資獲益中以109,000元分配給基金餘額──捐助戶，餘50,000元分配給基金餘額──類似捐助──無限制戶，其中之25,000元再撥給無限制之流動基金使用。此外，又購入投資，其成本為4,200,000元。

23a.現金	$2,159,000	
基金餘額──捐助		$ 109,000
基金餘額──類似捐助──無限制		50,000
投資		2,000,000
23b.基金餘額──類似捐助──無限制	$25,000	
現金		$25,000
23c.投資	$4,200,000	
現金		$4,200,000

最後再提醒注意，許多公立學校也有各種基金之設置，用在接受外界之捐助。若然，其報表即應顯示各個基金，以及該類基金投資之收益與其他收入。

三、養老年金與退休基金會計

此皆信託基金；養老年金乃將其資產交付經管機構與之訂立合約，限定該機構在特定期限之內，或者終其一生，定時以定額給付予提供資產者或其指定之人。至於退休基金乃將其資產交付經營機構，與之訂立合約，約定該機構委其經管之資產，在一定期間所獲致之全部收益，定時給付予提供該項資產者或其指定之人。所謂一定期間，通常為受益者有生之年。兩者主要不同之點，乃後者是由所委資產在一定期間內所得之收益給付予資產提供者，而不像前者是以一定數額給付予提供者，因此，可知後者定期所給付之金額並不完全相同，以基金之收益每期並不一致也。茲以實例說明其會計處理。

設中西大學上述兩種基金於20×A年7月1日各帳戶餘額如下：

養老年金		
現金	$　40,000	
投資	2,600,000	
應付年金		$1,700,000
基金餘額		940,000
退休基金		
現金	30,000	
投資	2,040,000	
應付收益		20,000
基金餘額		2,050,000
	$4,710,000	$4,710,000

　　由上列帳戶可以窺見中西大學養老年金內之應付年金戶有鉅大餘額，此即基於年金合約將來必須支付之現值；反之，在退休基金之負債內，僅有本期尚未付清予提供者之部分收益。

　　茲先將本期養老年金之會計事項為綜合分錄如下：

24.現金——養老年金	$500,000	
應付年金		$300,000
基金餘額——養老年金		200,000
25.基金餘額——養老年金	$98,000	
應付年金		$85,000
現金——養老年金		13,000
26.應付年金	$250,000	
現金——養老年金		$250,000
27.投資	$225,000	
現金——養老年金		$225,000

再將退休基金之會計事項為綜合分錄如下：

28.現金——退休基金	$325,000	
基金餘額——退休基金		$325,000
29.投資	$325,000	
現金——退休基金		$325,000

　　此外，退休基金投資收益之獲得，及該項收益之給付，當亦有其應為之分錄。但是，這類事項並未列入基金餘額變動表，以該項收益為負債，並非基金之資源也。

第四節　財產基金會計

　　大學院校之財產基金，可分為四類：⒜專為學校獲置長期性資產而用者，⒝專為學校現有財產之更新而用者，⒞專為學校償還負債而用者，此者很像政府機關之債務基金，⒟專為學校投資資產而用者，亦即以學校正使用之一切財產設備為對象，自不包括捐助基金，養老年金，退休基金投資之財產。

　　財產基金雖可再分為四類，但上述四類之資產負債則可合併列入一個平衡表，僅須將各個基金餘額於報表顯示即可；另有一種作法，乃是將前三類之資產負債合併，僅將各個基金餘額分開，如此，即須將財產投資一類，單獨列表；第三種作法，也就是每一類都予分別列表。

　　前三類基金即財產獲置基金，財產更新基金，債務償還基金，其資產之一般來源，大體不外下列各點：

　　⑴由外界機構提供之資金。

　　⑵學生繳納之費用，及因債務或由財產而獲得之收入，惟此項收入同時也產生了相等之義務，亦即外來所加予之限制，學校理事會無權為其他目的而自由運用。

　　⑶由其他基金而獲得之法定移轉與自由移轉。

　　⑷為財產目的向外界財團借入之款。

　　⑸向其他基金單位所取得之墊款。

　　⑹因投資所獲得之利潤。

　　外界捐助人士與機構，為了學校財產目的，常對學校所獲之流動資產，包括學生所繳之費用，限定均須直接歸入適當類別之財產基金，不必經過其流動基金會計。至移入財產基金之流動資產，即如已經其理事會指定了使用目的，然仍可視為未予限制之資產，因理事會可能變更所指定之目的，甚或任其所好而移轉該項資產予其他類基金，雖然如此，對有限制與無限制之資產仍須加以區分，在各類財產基金會計內各有其帳戶，惟有如此，對於為達成一定目的收到之資產，若是超過其實際需要，方可據以對該項超收部分為適當之處理。

　　假定財產基金所含四類基金於20×A年7月1日各帳戶餘額如下：

　　　財產獲置基金
　　　　現金　　　　　　　　　　　　　　$　250,000
　　　　投資　　　　　　　　　　　　　　　1,400,000

基金餘額——有限制		$ 1,300,000
基金餘額——無限制		350,000
	$ 1,650,000	$ 1,650,000
財產更新基金		
現金	$ 10,000	
投資	220,000	
信託存款	85,000	
基金餘額——有限制		$ 275,000
基金餘額——無限制		40,000
	$ 315,000	$ 315,000
債務償還基金		
現金	$ 35,000	
信託存款	350,000	
基金餘額——有限制		$ 300,000
基金餘額——無限制		85,000
	$ 385,000	$ 385,000
財產投資基金		
土地	$ 650,000	
土地改良	1,300,000	
房屋	50,000,000	
設備	11,000,000	
圖書	2,000,000	
應付票據		$ 700,000
應付債券		25,000,000
財產新投資		39,250,000
	$64,950,000	$64,950,000

茲再就上列四個基金之會計特質及其會計事項之處理，分別以例說明之。

一、財產獲置基金會計

本基金之目的只在取得固定資產，而不可用以支付費用，所以亦名為不可花費之基金。本基金雖具上述特質，但其資產與負債亦有流動性帳戶，其資產帳戶有現金、投資、應收款與未完工程，其負債可能有應付帳款、應付債券、應付票據、應付押借、應付租賃及其他應付款，這些債務都是為了獲得長期性資產而發生之融資；至其基金餘額帳戶，尚須劃分有限制財源之權益，與無限制財源之權益。

假如在這一類基金內有在建工程,而未在財產投資基金內為此項工程之記錄者,

即須於財務年度終了時將此項未了結之契約責任以保留數列入報表，視為該項基金餘額之抵減，或者於報表予以註明，此外，尚須對每一工程計畫設置明細帳戶，用以累積各該計畫之成本。凡資本支出及其有關之負債與基金餘額，最好於每年度終了時一起移轉於財產投資基金帳，如俟計畫完成再行移轉亦未嘗不可，若計畫支出未能予以資本化者，即須於此類基金內與基金餘額對銷，有關負債則須移轉入固定資產投資帳類。讀者應可憶及，在信託基金與營業基金，負債與其相關資產，均是在同一基金之內處理，而政府的其他基金則非如此也。

　　本基金所掌有之流動資產，均是為了取得固定資產，或建造房屋所用，雖在財產獲置基金與財產投資基金之期初試算表內，並未列有在建工程帳戶，但財務報告準則則允許該帳戶可在該兩基金之任一報表列報。茲先就有關財產獲置基金之重要會計事項，列舉如下。

　　為了建造新的實驗大樓，收到州政府撥款220,000元；又由無限制的流動基金撥來不予限制的贈款30,000元；又發行年息8%五年到期之定期債券500,000元。

30. 現金	$750,000	
基金餘額──有限制		$220,000
基金餘額──無限制		30,000
應付債券		500,000

本基金持有投資以350,000元出售，原成本330,000元，該投資原初是由有限制的現金所購入。

31. 現金	$350,000	
投資		$330,000
基金餘額──有限制		20,000

投資獲利50,000元，應為有限制的基金餘額之增加。

32. 現金	$50,000	
基金餘額──有限制		$50,000

定期捐助款98,000元到期，該款原初指定為獲置財產之用。

33. 現金	$98,000	
基金餘額──有限制		$98,000

本年度內建築實驗大樓支出及其他工程計畫支出共1,200,000元。

34. 在建工程	$1,200,000	
現金		1,200,000

上列分錄之工程計畫於年底完成，於是與其有關之資產負債與基金餘額各帳戶便須結束，以便將此項資產負債之會計責任移轉予財產投資基金帳類。

35.基金餘額——有限制	$500,000	
基金餘額——無限制	200,000	
應付債券	500,000	
在建工程		$1,200,000

二、財產更新基金會計

　　本基金對長期性資產之更新替換，與財產獲置基金對資產之擴增改良，兩者在某些事例誠有所不同，但有些地方若予明確劃分不無困難，例如資產之更新替換，有些部分也許可予以資本化處理，正如同資產之擴增一般，類此事項究宜如何為適當之區分處理，可參閱中等會計，於此不予贅述。關於資產、負債、在建工程、基金餘額，於財產獲置基金之會計處理方式，自亦可適用於本基金之會計。

　　本基金之存在目的，乃在累積財源以為現有設備之修復更替之用，事實上也常見把它用於建造方面，惟主要是為更新財產型式，茲仍以中西大學之事例說明之。

　　由無限制之流動基金移轉本基金款（見分錄4a.）業已收到，另獲投資收益，並將部分現金置於信託存款。

36.現金	$190,000	
信託存款	5,000	
基金餘額——有限制		$195,000

出售投資155,000元，原成本145,000元。

37.現金	$155,000	
投資		$145,000
基金餘額——有限制		10,000

支付修理更替費用300,000元，並無可為資本化者。

| 38.基金餘額——有限制 | $300,000 | |
| 現金 | | $300,000 |

三、債務償還基金會計

　　本基金之資產有現金、投資、存款、應收帳款、應收票據、及應收其他基金款，所有這些資產都是受限制的，均被指定以償還財產基金之負債為唯一目的。本基金之負債包括應計費用、應付帳款，都是針對財務代理費用、債務服務費用而發生者，同樣也有對其他基金之欠款，至本基金之基金餘額帳戶，則須分有限制者與無限制者。由此類基金支出之結果，致使債務本金在減少，也代表了學校投資財產之增加，

及其負債之減少，同時也是財產新投資之增加，或者財產投資基金餘額之增加，均將於財產投資會計為進一步之處理。

　　本基金之會計處理方式，與地方政府之債務基金會計極相類似，所差別之處，乃是將基金資源之流入與流出，作為基金餘額之增加與減少，而非如政府債務基金之視為收入與支出。就中西大學債務基金會計之例以觀，可知該校乃是將此基金存放於信託人。參閱以下分錄，藉悉本基金之處理方式。

　　由州政府撥款及私人餽贈與投資收益共獲現金2,065,000元，又有360,000元是由無限制流動基金之規定移轉。

| 39.現金 | $2,425,000 | |
| 　　基金餘額——有限制 | | $2,425,000 |

　　應付票據與應付債券之還本付息共支出2,400,000元，惟其中50,000元是屬於以前累積之無限制基金，參閱分錄43，即明其對財產投資基金內相關應付債券帳戶之影響。

40.基金餘額——有限制	$2,350,000	
基金餘額——無限制	50,000	
現金		$2,400,000

　　於年度內，存款信託人之存款增加了23,000元。

| 41.信託存款 | $23,000 | |
| 　　現金 | | 23,000 |

四、財產投資基金會計

　　本類基金之會計對象，包括學校所有的財產與設備，但不包括捐助基金，養老年金與退休基金所投資之財產；本基金之財產均屬長期性之資產，乃以成本為基礎，如係由餽贈所獲者，則按當時之公平價值入帳，如缺乏歷史成本可循者，則以其歷史基礎估定其價值，各項價值基礎必須於財務報表列明或加註，至於此項資產之折舊問題，各方主張並不一致，財務會計準則會主張非營利機構要對長期性有形資產提列折舊，但政府會計準則會則告知與政府有關之院校，不可因上項財務準則而改變其會計與報告，而教育協會與會計師之指引並不要求學校財產計算折舊，即如是學校之附屬事業所用之固定資產亦然，然而，卻允許將每年之折舊費用借入財產淨投資帳戶，而貸該項財產投資之備抵折舊帳戶。凡涉及本基金固定資產之所有負債，如應付帳款、應付債券、應付票據、應付押借、應付租賃，以及對其他基金之欠款，假如這些負債是與固定資產之取得、更替而發生者，均為本基金之負債帳戶。固定

資產之滾存價值超逾相關負債之數額，其帳戶名稱，建議用財產淨投資，以代替基金餘額帳戶，此項財產淨投資帳戶當可再劃分設戶，用以顯示該項固定資產之來源，例如：來自政府經費，來自私人餽贈等。茲乃以中西大學之例，說明本基金會計事項之處理。

　　財產投資基金會計，包括所有固定資產帳戶，及與之有關之負債帳戶，與業權帳戶，亦即財產淨投資帳戶。隸屬政府之院校，根據政府會計準則，可以選擇計列或不計列折舊，但財務會計準則會則主張私立院校對其固定資產要計提折舊，因之，多數院校對其投資之固定資產，便計列折舊費用，其分錄如下：

財產淨投資	$××	
備抵折舊		$×××

　　上舉中西大學之例，以其為州立大學，乃選擇不計折舊，茲列示該大學財產投資基金有關會計事項如下：

　　本年度內由各基金獲得之固定資產，均應轉入本基金會計，如前述流動基金所購得之設備、圖書等，參閱無限制流動基金之分錄3.與8.，設備成本250,000元，圖書成本40,000元；又前列財產獲置基金之分錄35.，因該項在建工程業已完工，而使本基金之房屋增加，與之相關之應付債券亦應隨房屋轉入本基金會計，其分錄如下：

42.房屋	$1,200,000	
設備	250,000	
圖書	40,000	
應付債券		$500,000
財產淨投資		990,000

　　因前述債務償還基金之應付票據與應付債券之本金業已償還（參閱分錄40.），隨之，使本基金之業權帳戶為之增加。

43.應付票據	$ 50,000	
應付債券	500,000	
財產淨投資		$550,000

（注意：此項債務之償還，於分錄 40. 係借基金餘額，並非借負債。）

　　有部分地上設施損壞，另有些設備不合用而出售。

44.財產淨投資	$210,000	
土地改良		$110,000
設備		100,000

　　再予特別強調一點：上述對固定資產與長期負債之處理方式，與政府機關業權基金之會計處理方式迥不相同，而且院校並不把其附屬事業之固定資產與長期負債，

與為教育目的及行政管理而用之固定資產與長期負債加以區分，兩者一同歸於財產投資基金會計予以同樣對待。

第五節　代理基金會計

大學院校常以代理者之地位，為他人經管其資產，而為收取、保管與支付之行為，假若所代理之資產為數不大，即不必另立其會計個體，可逕行混入流動基金之資產負債而列報之，然而，若其資產負債為數頗鉅者，即必須單獨成立代理基金，而視為單一會計個體。大學所掌代理基金之資產較之政府代理基金為時較長，這些資產除現金、應收款外，尚包括短期投資及其他基金、個人與機構之欠款，在這種情形下，學校即成為其財務代理人，資產之保管者，短期投資之收益，可列為適當負債帳戶之增加數，於是，負債之合計數，必然等於全部資產之合計，而無基金餘額帳戶存在之必要。

基於上項說明，代理基金不設基金餘額帳戶是則，有關代理基金之增加與減少，即不必於基金餘額變動表上列報，而可將之列入代理基金之資產負債變動表，但這項報表一些大學院校也少有編製；而僅把代理基金之資產及其相對之負債逕編成平衡表，即以此表表露其代理關係之現存現象。茲將其會計事項之處理，以分錄舉例說明之。設該校20×A年7月1日代理基金各帳戶餘額如下列。

現金	$ 80,000	
投資	220,000	
保管存款		$300,000
	$300,000	$300,000

假設學生與其他人士存來款項130,000元，其後又提去110,000元，另以60,000元現金拿去投資。

45.現金	$130,000	
保管存款		$130,000
46.保管存款	$110,000	
現金		$110,000
47.投資	$60,000	
現金		$60,000

學校既為代理者，即應為每一學生團體及其他存款人士設置明細帳戶。

茲根據上述中西大學各項基金之會計實例，進而再將該校20×B年至6月30日年

度終了時所編出之主要財務報表，分別列示如次。詳閱各表內容，對大學院校會計即可能獲得通體澈底之瞭解。

中西大學
平衡表（並列上年數）
20×B年6月30日

資　產	本　年	上　年	負債與基金餘額	本　年	上　年
流動基金			流動負債		
無限制			無限制		
現金	$ 150,000	$ 60,000	應付帳款	$ 217,000	$ 100,000
投資	428,000	300,000	應計負債	7,000	15,000
應收帳款			學生存款	30,000	35,000
減：備抵$18,000兩年	87,000	130,000	遞延貸項	35,000	20,000
存貨			基金餘額	500,000	420,000
成本市價孰低及先進先出					
基礎	95,000	80,000			
預付費用與遞延借項	29,000	20,000			
合計—無限制	$ 789,000	$ 590,000	合計—無限制	$ 789,000	$ 590,000
有限制			有限制		
現金	161,000	90,000	應付帳款	50,000	40,000
投資	265,000	250,000	基金餘額	399,000	350,000
應收帳款	23,000	50,000			
合計—有限制	$ 449,000	$ 390,000	合計—有限制	$ 449,000	$ 390,000
合計流動基金	$ 1,238,000	$ 980,000	合計流動基金	$ 1,238,000	$ 980,000
貸款基金			貸款基金		
現金	$ 43,000	$ 20,000	基金餘額		
投資	98,000	98,000	聯邦撥款	$ 238,000	$ 205,000
貸給學生教職員款			大學基金		
減：備抵本年$12,000			有限制	148,000	38,000
上年$10,000	613,000	450,000	無限制	368,000	325,000
合計貸款基金	$ 754,000	$ 568,000	合計貸款基金	$ 754,000	$ 568,000
捐助基金			捐助基金		
現金	$ 4,000	$ 60,000	基金餘額		
投資	10,450,000	8,250,000	捐助	$ 7,349,000	$ 6,150,000
			條件捐助	1,632,000	1,180,000
			類同捐助—		
			無限制	1,123,000	630,000
			類同捐助—		
			有限制	350,000	350,000
合計捐助基金	$10,454,000	$ 8,310,000	合計捐助基金	$10,454,000	$ 8,310,000
養老與退休基金			養老與退休基金		
養老年金			養老年金		
現金	$ 52,000	$ 40,000	應付年金	$ 1,835,000	$ 1,700,000
投資	2,825,000	2,600,000	基金餘額	1,042,000	940,000
合計養老年金	$ 2,877,000	$ 2,640,000	合計養老年金	$ 2,877,000	$ 2,640,000
退休基金			退休基金		
現金	$ 30,000	$ 30,000	應付收益	$ 20,000	$ 20,000

投資	2,365,000	2,040,000	基金餘額	2,375,000	2,050,000
合計退休基金	$ 2,395,000	$ 2,070,000	合計退休基金	$ 2,395,000	$ 2,070,000
合計養老與退休基金	$ 5,272,000	$ 4,710,000	合計養老與退休基金	$ 5,272,000	$ 4,710,000
財產基金			財產基金		
獲置基金			獲置基金		
現金	$ 298,000	$ 250,000	基金餘額		
投資	1,070,000	1,400,000	有限制	$ 1,188,000	$ 1,300,000
			無限制	180,000	350,000
合計獲置基金	$ 1,368,000	$ 1,650,000	合計獲置基金	$ 1,368,000	$ 1,650,000
更新基金			更新基金		
現金	$ 55,000	$ 10,000	基金餘額		
投資	75,000	220,000	有限制	$ 180,000	$ 275,000
信託存款	90,000	85,000	無限制	40,000	40,000
合計更新基金	$ 220,000	$ 315,000	合計更新基金	$ 220,000	$ 315,000
債務基金			債務基金		
現金	$ 37,000	$ 35,000	基金餘額		
信託存款	373,000	350,000	有限制	$ 375,000	$ 300,000
			無限制	35,000	85,000
合計債務基金	$ 410,000	$ 385,000	合計債務基金	$ 410,000	$ 385,000
投資基金			投資基金		
土地	$ 650,000	$ 650,000	應付票據	650,000	700,000
土地改良	1,190,000	1,300,000	應付債券	25,000,000	25,000,000
房屋	51,200,000	50,000,000	財產淨投資	40,580,000	39,250,000
設備	11,150,000	11,000,000			
圖書	2,040,000	2,000,000			
合計投資基金	$66,230,000	$64,950,000	合計投資基金	$66,230,000	$64,950,000
合計財產基金	$68,228,000	$67,300,000	合計財產基金	$68,228,000	$67,300,000
代理基金			代理基金		
現金	$ 40,000	$ 80,000	代管存款	$ 320,000	$ 300,000
投資	280,000	220,000			
合計代理基金	$ 320,000	$ 300,000	合計代理基金	$ 320,000	$ 300,000

中西大學
流動基金收支表
至6月30日止之20×B年度

收　入	本年度			上年合計數
	無限制	有限制	合計數	
學雜費	$2,690,000		$2,690,000	$2,300,000
聯邦撥款	230,000		230,000	200,000
州撥款	2,150,000		2,150,000	2,050,000
聯邦贈款與合約款	35,000	$ 400,000	435,000	430,000
私人捐款與合約款	40,000	410,000	450,000	445,000
捐助收益	880,000	215,000	1,095,000	950,000
附屬機構銷售與服務	2,300,000		2,300,000	1,975,000
其他	28,000		28,000	23,000
流動收入合計	$8,353,000	$1,025,000	$9,378,000	$8,373,000
支出與規定移轉				
教育與總務:				
教學	$3,298,000	$ 496,000	$3,794,000	$3,282,000
研究	220,000	404,000	624,000	701,000
公眾服務	146,000	25,000	171,000	180,000
學術支援	232,000		232,000	231,000
學生服務	207,000		207,000	204,000
校務支援	425,000		425,000	410,000
財產維護	230,000		230,000	227,000
獎助學金	377,000	100,000	477,000	456,000
教育與總務支出	$5,135,000	$1,025,000	$6,160,000	$5,691,000
規定移轉:				
本金與利息	120,000		120,000	116,000
更新與汰換	100,000		100,000	97,000
配合貸款基金捐助	3,000		3,000	2,000
教育與總務合計	$5,358,000	$1,025,000	$6,383,000	$5,906,000
附屬事業				
支出	$2,035,000		$2,035,000	$1,698,000
規定移轉				
本金與利息	240,000		240,000	246,000
更新與汰換	85,000		85,000	85,000
附屬事業合計	$2,360,000		$2,360,000	$2,029,000
支出與規定移轉合計	$7,718,000	$1,025,000	$8,743,000	$7,935,000
其他移轉與增（減）				
附制收入超逾收入之移轉		$ 49,000	$ 49,000	$ 40,000
無限制捐款分配予其他基金	$ (580,000)		(580,000)	(400,000)
隨意捐助收益與分配	25,000		25,000	
基金餘額之淨增	$ 80,000	$ 49,000	$ 129,000	$ 78,000

中西大學
流動基金收支表
至6月30日止之20×B年度

	流動基金		貸款基金	捐助基金	年金與退休基金	財產基金			
	無限制	有限制				獲置	更新	償債	投資
收入與其他加項									
無限制流動基金收入	$ 8,353,000								
捐助條件消失—有限制						$ 98,000			
—州撥款—有限制								$1,800,000	
—聯邦捐贈與契約—有限制		$ 525,000							
—州捐贈與契約—有限制						220,000			
—私人餽贈與契約—有限制		400,000	$ 115,000	$ 1,610,000	$ 525,000			260,000	
—投資收益—有限制		184,000	8,000	17,000		50,000	$ 10,000	5,000	
—投資已實現利益—無限制				50,000					
—投資已實現利益—有限制				109,000		20,000	10,000		
應收貸款之利息			7,000						
政府墊款			35,000						
—財產設備取得費用									$ 990,000
（內含由流動基金列支）									
—債務清償									550,000
—年金退休金限予捐贈				13,000					
收入與其他加項合計	$ 8,353,000	$1,109,000	$ 165,000	$ 1,799,000	$ 525,000	$ 388,000	$ 20,000	$2,065,000	$ 1,540,000
支出與其他減項									
教育與總務支出	$ 5,135,000	$1,025,000							
附屬事業	2,035,000								
間接成本		35,000							
退還贈款			$ 20,000						
貸款壞帳註銷			2,000						
年金負債調整					$ 85,000				
財產設備支出						$ 700,000	$300,000		
（含不能資本化者）									
債務償還								$ 550,000	
負債利息								1,850,000	
財產處分									$ 210,000
捐助條件消失				$140,000					
年金與退休到期轉捐助					13,000				
支出與其他減項合計	$ 7,170,000	$1,060,000	$ 22,000	$ 140,000	$ 98,000	$ 700,000	$300,000	$2,400,000	$ 210,000
基金間之移轉									
規定移轉：									
本金與利息	$ (360,000)							$ 360,00	
更新汰換	(185,000)						$185,000		
貸款基金配合捐贈	(3,000)		$ 3,000						
未限制餽贈之分配	(580,000)			40,000	$510,000	$ 30,000			
未限制捐助基金投資收益									
之分配	25,000			(25,000)					
合計移轉	$(1,103,000)		$ 43,000	$ 485,000		$ 30,000	$185,000	$ 360,000	
本年淨增（減）	$ 80,000	$ 49,000	$ 186,000	$ 2,144,000	$ 437,000	$ (282,000)	$(95,000)	$ 25,000	$ 1,330,000
期初基金餘額	420,000	350,000	568,000	8,310,000	2,990,000	1,650,000	315,000	385,000	39,250,000
期末基金餘額	$ 500,000	$ 399,000	$ 754,000	$10,454,000	$3,427,000	$1,368,000	$220,000	$ 410,000	$40,580,000

問　題

一、大學院校之流動基金在那些方面與地方政府之普通基金相近似，又有那些與之不相同？

二、有限制的資產與無限制的資產其重大區別何在？

三、收入與支出不能在有限制的流動基金認列，資源之流入與流出又須在有限制的基金餘額列為增加和減少，你是否同意？為何？又為何不同意？

四、支出與移轉有所區別，而法定移轉與非法定移轉又如何區分？

五、貸款基金之收益與費用須依權責基礎認列，包括了管理費用，投資損失，貸款損失準備，你是否同意？理由各如何？

六、試充分說明大學院校之財產基金會計與地方政府之固定資產帳有何不同？

習　題

一、某州立大學於其年度終了日之平衡表如下：

××大學

流動基金平衡表

20×A年7月31日

資　產		負債與基金餘額	
無限制者		無限制者	
現金	$200,000	應付帳款	$100,000
應收帳款——學雜費		應付他基金款	40,000
減：備抵壞帳$15,000	370,000	遞延收入——學雜費	25,000
預付費用	40,000	基金餘額	445,000
合計——無限制	$610,000	合計——無限制	$610,000
有限制者		有限制者	
現金	$ 10,000	應付帳款	$ 5,000
投資	210,000	基金餘額	215,000
合計——有限制	$220,000	合計——有限制	$220,000
合計——流動基金	$830,000	合計——流動基金	$830,000

該校次年度（至7/31，20×B年）有下列財務事項：

1.學生學費共收現金$3,000,000，其中$362,000為上年度之應收款，$2,500,000是屬本年度的學費，另$138,000應歸秋季開始的那學期的學費。

2.上年度所列之遞延收入已為本年度應獲之收入。

3.應收帳款有$13,000，確收不到，應而備抵予以註銷，至本年度終了日備抵壞帳估計數

$10,000。

4. 本年度州政府擬給予經費$60,000，未限制使用，但須至八月份方始撥付。

5. 本年度收到校友會捐款現金$80,000，不限制用途，但該校信託人董事會決定將這筆捐款中之$30,000分配為學生貸款基金。

6. 原有投資成本$25,000售得$31,000；又以限制基金投資，購入成本$40,000；另有投資收益$18,000業已收到。

7. 未限制部分發生費用$2,500,000，業以憑單登帳，至年度終了日，未限制部分之應付帳款餘額為$75,000。

8. 上年度終了時限制部分之應付帳款餘額業經付清。

9. 上年度終了時之應付他基金款計$40,000，應財產基金之需，予以如數付託。

10. 上年度終了時所預付一季之費用，應歸本年度之費用，且應屬普通教學費用，本年度並未為任何費用之預付。

試問：

1. 試將上述財務事項，依次記入本年度帳內，其記法如下：

		流動基金			
		無限制		有限制	
事項次序	帳戶名稱	借	貸	借	貸

2. 試編20×B年度（至7/31止）基金餘額變動表。

附　錄

國家考試政府會計試題

八十年高等考試

一、是非題：（對者打○，錯者打×。）

(一)「土地」係我國公務機關經費類會計之資產科目。

(二)為免中央總預算歲出經費過度膨脹，重大交通建設應編特別預算支應。

(三)我國公庫出納會計之會計基礎係採現金收付制。

(四)資力係潛在之資產，負擔係潛在之負債。

(五)臺灣鐵路局因折舊費用偏高，造成鉅大虧損；最佳決策係請求省政府核可將其所有固定資產移轉為省務財產，再以無償方式撥交鐵路局使用。

(六)普通公務機關之經費支出明細表，可能被二個以上之總帳科目所控制。

(七)民航事業作業基金預算係屬非營業循環基金預算。

(八)支出與費用係同義語。

(九)高速公路之建設成本，如擬由未來之通行費收入回收可採特賦基金會計方式處理。

(十)財產與固定資產係同義語。

二、選擇題：

(一)我國現行政府之普通基金會計歲出部分之會計基礎係採：

　　(A)現金基礎　(B)應計基礎　(C)聯合基礎　(D)權責發生基礎

(二)下列何項歲入最適合採權責發生基礎：

　　(A)高速公路通行費收入　(B)證照與許可收入　(C)地價稅收入　(D)罰款收入

(三)下列何項係現行我國普通公務單位會計獨有之特性：

　　(A)預算須送議會審議　(B)財產不計提折舊　(C)須經獨立審計　(D)年終須辦決算

(四)中央銀行預算係屬：

　　(A)單位預算　(B)中央總預算　(C)附屬單位預算　(D)以上皆非

(五)下列何項不是普通公務機關經費類平衡表之資產帳戶：

　　(A)可支庫款　(B)專戶存款　(C)保留庫款　(D)機械及設備

(六)歲入分配數是屬下列何類會計科目：

　(A)資產　(B)負債　(C)業主權益　(D)資力

(七)資本計畫基金，以發行公債獲取財源時，該基金應貸記：

　(A)歲入預算數　(B)收入　(C)應付公債　(D)預計償債數

(八)歲出分配數係屬下列何類會計科目：

　(A)資產　(B)負債　(C)資力　(D)負擔

(九)下列何一科目是參加集中支付機關專用之會計科目：

　(A)可支庫款　(B)保留庫款　(C)零用金　(D)以上皆是

(十)下列何一科目並不包含在年終結帳後平衡表內：

　(A)經費結存　(B)保留庫款　(C)代收款　(D)預計領用數

三、東京都1990年度結帳後平衡表如下：

東京都政府

普通基金平衡表

1990年12月31日

　　資產：

　　　現金　　　　　　　　　　　　　　　　$180,000

　　　應收稅款　　　　　　　$468,938

　　　(減)備抵呆帳　　　　　 25,654　　　 443,284　　 $623,284

　　負債及基金餘額：

　　　應付借入款　　　　　　　　　　　　　$347,246

　　　基金餘額　　　　　　　　　　　　　　 276,038　　 $623,284

1991年度東京都之會計事項如下：

　(1)1991年年度法定歲入及歲出預算數各為$5,400,000。

　(2)發出地價稅單$270,000，估計呆帳5%。

　(3)收到應收稅款$440,000。

　(4)收到本年度地價稅款$250,000。

　(5)以國庫擔保向住友銀行借入$1,000,000。

　(6)簽開支票償付應付借入款$100,000。

　(7)都政府員工薪津款計$840,000，代扣所得稅$100,800後簽開住友銀行支票乙紙付予員工。

　(8)現購材料$612,000。

　(9)收到本年度罰金收入$54,800。

試根據上述東京都期初普通基金平衡表及1991年度會計事項，求算年終結帳後下列各科目之餘額：

(一)現金。

㈡應收稅款。

㈢應付借入款。

㈣基金餘額。

㈤支出保留數準備。

四、下列為交通部特賦基金八十年度所發生之會計事項：

　　⑴特賦計畫總額為$13,500,000分二十年回收。

　　⑵照面值發行特賦債券$1,350,000。

　　⑶收到第一年特賦收入$67,500。

　　⑷工程發包並簽約計價$1,270,000。

　　⑸支付承包商價款$400,000。

　　⑹支付債券利息$24,300。

　　⑺應付債券利息$12,000。

試根據上述會計事項，求算八十年度結帳後下列各科目之餘額：

㈠應收特賦款項——遞延。

㈡現金。

㈢應付利息。

㈣基金餘額。

㈤支出保留數準備。

五、試採普通基金會計與營業基金會計方法，分別列示下列交易應有之會計分錄。

　　⑴八十一年度收入預算數為$5,000,000，支出預算數為$4,000,000。

　　⑵支付員工薪資$1,000,000。

　　⑶訂購交通設備$2,000,000。

　　⑷上項交通設備驗收付款。

　　⑸發行長期債券$3,000,000，如款收現。

請照下列格式作答：

	普通基金會計	營業基金會計
1.		
2.		
3.		
4.		
5.		

八十年普通考試

一、是非題：（對者打○，錯者打×）

(一)權責發生制與應計制係同義語。

(二)單位會計之會計報告書表係總會計之原始憑證。

(三)政府各機關之內部審核係審計人員之職權。

(四)歲出預算數係政府會計之負擔類會計科目。

(五)某一政府之總預算額度係其所屬單位預算與附屬單位預算歲出之總合數。

(六)政府公務機關之財產帳，即為商業會計所稱之固定資產。

(七)核定動支第二預備金與核定各總籌科目撥付款之會計分錄係相同。

(八)政府會計又稱基金會計。

(九)經費支出與歲出實支數係同義語。

(十)在普通公務之經費類會計下，支付用人費與支付設備價款之會計分錄是相同的。

二、選擇題：

(一)下列何一科目係普通公務單位會計經費類平衡表之資產科目：

　(A)交通及運輸設備

　(B)可支庫款

　(C)歲出預算數

　(D)歲出分配數

(二)我國國庫之主管機關為：

　(A)中央銀行

　(B)國庫署

　(C)財政部

　(D)臺灣銀行

(三)政府內部服務基金之現購運輸設備$50,000之分錄為：

　(A)借：經費支出　貸：現金

　(B)借：運輸設備　貸：現金

　(C)借：設備費　　貸：可支庫款

　(D)借：運輸設備　貸：可支庫款

(四)所有政府機關擁有之長期性資產：

　(A)不計提折舊

　(B)僅普通基金之長期性資產不計提折舊

　(C)僅營業基金計提折舊

(D)以上皆非

㈤下列何種預算係屬非營業循環基金預算：

　(A)中鋼公司預算

　(B)臺電公司預算

　(C)農業發展基金預算

　(D)以上皆是

㈥下列何機關預算得設第二預備金：

　(A)總統府

　(B)行政院

　(C)交通部

　(D)臺北縣政府

㈦我國公庫制度，係採下列何種制度：

　(A)獨立公庫制

　(B)委託保管制

　(C)銀行存款制

　(D)以上皆是

㈧下列何一科目係非集中支付制度機關專用之會計科目：

　(A)保留庫款

　(B)可支庫款

　(C)經費結存

　(D)零用金

㈨在普通基金中，購入長期性資產驗收付款時，應借記：

　(A)經費支出

　(B)歲出保留數

　(C)應付憑單

　(D)以上皆非

㈩二重制係指：

　(A)固定資產與基金之資產負債項目分開

　(B)歲入類與經費類帳目分開

　(C)預算帳目與業權帳目分開

　(D)以上皆是

三、假定某市政府八十年度總會計年終結帳前各科目餘額如下：

市府結存	$ 154,000
各機關結存	22,000
歲出預算數	1,920,000
歲出保留數	34,000
經費支出數	1,800,000
歲入應收款	66,000
保留數準備	34,000
歲出應付款	34,000

試求計:

㈠本年度結帳前歲計餘絀數。

㈡本年年底累計餘絀數。

㈢本年度結帳後歲計餘絀數。

四、某市政府普通基金七十九年度期初基金餘額為$480,000,假定當年度歲入預算數為$1,000,000,歲入實收數為$1,500,000,歲出預算數為$1,000,000,經費支出數為$900,000,歲出保留數準備為$10,000,試求算七十九年度期末基金餘額為若干?

五、下列為某實施集中支付機關經費類單位會計,某年度七月份發生之交易事項:

㈠立法院審定全年歲出預算數$10,000,000。

㈡核定七月份分配預算數$1,000,000。

㈢支付用人費$100,000。

㈣訂購小汽車一輛$400,000。

㈤小汽車驗收並付款。

㈥奉核定動支第二預備金$500,000,第一預備金$100,000。

㈦奉核定支付員工子女教育補助費$50,000。

㈧支付國外旅費$60,000。

㈨支領零用金$1,000。

㈩收回本年度支出用人費$5,000。

�11支付電話押金$1,000。

試根據上述資料,求算七月底下列各科目餘額:

(1)可支庫款。

(2)歲出分配數。

(3)預計支用數。

(4)經費支出。

(5)歲出預算數。

八十二年薦任升等考試

一、是非題：（是寫○，非寫×）

1. 政府機關不以牟利為目的，故基金會計是否須絕對採用權責發生制，已不再是首要議題。

2. 中央總會計之統制紀錄不設普通序時簿，而以分錄轉帳傳票代替，設置總分類帳，以為編製平衡表之依據。

3. 政府預算劃分資本支出的基本用意並不是要記錄及衡量政府資產的變動，亦不是如經濟學家所說的在衡量社會資本的增加。

4. 依我國中央總決算為例，決算所列歲入應收款，歲出應付款，經政府催收或通知申請領取，於其年度終了屆滿五年，而仍未能實現者，除法令另有規定，應不得再繼續編入決算書內。

5. 依據美國政府會計名詞之解釋，基金是一獨立的財務與會計個體，故各基金之資產、負債均須各自表達在其平衡表中。

6. 複式預算的起源，主要係歸因於政府想瞭解其支出與向外舉債的關係。

7. 依照現行普通公務單位會計一致規定，期末貸記「歲出應付款」科目之金額應包括：期末應付未付之費用、歲出保留數準備轉入下年度繼續處理及暫付款未核銷部分。

8. 國庫代庫會計分總庫、分庫、支庫三個層次，總庫僅設資產負債科目，分庫僅設收支科目，支庫則兩者兼有。

9. 某資本計畫基金以現金100萬元購入電腦一部，於該基金帳上應借記：電腦設備$1,000,000，貸記：現金$1,000,000。

10. 普通公務單位會計中，若每月份契約責任過多時，可另備預算控制登記簿，於月終彙總，一次借記：歲出保留數，貸記：歲出保留數準備，無須逐筆記錄，並於次月初再予沖回。

二、某市政府發行公債，用以彌補普通基金歲入預算，並設置債務基金積聚資金，以備公債之償付。

該債務基金於七十五年度期初之帳戶餘額如下：

現金	$ 12,400	未攤銷投資折價	$ 3,200
投資	$320,000	基金餘額	$329,200

該年度會計事項，有如下幾項：

(1) 預計應增額$160,000，預計收益數$8,000，預計支出數$80,000。

(2) 收到普通基金撥款$140,000。

(3) 照票面購入投資證券$120,000，並加付應計利息$2,400。

(4) 收到投資利息$9,600，內含購入時加付之利息$2,000。

(5) 支付代理銀行手續費$1,000。

(6)年終計有應付公債利息$60,000。

(7)年終結清實收數，實付數與預計數。

試計算該基金：

(1)年終投資淨額。

(2)年終基金餘額。

(3)年終資產總額。

(4)本年度預計支出數與實付數之差額。

(5)本年度利息收入總額。

三、試就某機關歲入類會計之下列會計事項，分別列示其分錄。

(1)核定本年度歲入預算$890,000。

(2)核准月分配數$100,000。

(3)接國庫通知收到本年度歲入$22,000，預算外收入$5,000及以前年度歲入應收款$2,000，以前年度歲入款$1,000。

(4)機關零星收到預算外收入$3,000，並予繳庫。

(5)接國庫通知退還以前年度所收之歲入款$8,000，及收回本機關以前年度支出$6,600。

(6)核定追加歲入預算$80,000並核准分配。

四、何謂固定項目分開原則？政府會計採行此項原則之理由何在？政府那些基金適用此項原則？又按我國現行預算法規定，此項原則有何例外？

八十二年簡任升等考試

一、下列為某參加集中支付機關八十二年度發生之事項：

(一)核准本年度歲入預算數$10,000,000。

(二)自行收到以前年度歲入應收款$20,000。

(三)接代理公庫銀行報告，收到本年度歲入款$100,000。

(四)將上述(二)之款項$20,000繳納代理公庫銀行。

(五)經核定並動支第一預備金$100,000。

(六)經核定並動支第二預備金$1,000,000。

(七)支領零用金$50,000。

(八)由零用金支付費用，並撥還零用金$30,000。

(九)支付某項計畫經費$200,000。

(十)暫付款$60,000，予以轉正列支。

上述各事項均為獨立發生，試依下列格式作某機關單位會計應有之分錄及總會計之相關分錄。

事項別	單位會計分錄	總會計分錄
(一)		
(二)		
⋮		

二、(一)假定八十三年度中央總預算摘要如下：

歲入部分：

經常收入	8,000億元
資本收入	
債務收入（長期）	1,500億元
其他資本收入	500億元

歲出部分：

經常支出	7,000億元
資本支出	
償債支出（長期）	500億元
其他資本支出	2,500億元

(二)當年度預算執行情形如下：

⑴所有歲入項目，均如數收現並繳入國庫。

⑵所有歲出項目，除其他資本支出，因發生契約責任部分奉准保留四成外，餘均由國庫
　如數付現。

試求：

㈠按現行預算法及會計法規定編製。

　⑴八十三年度收支餘絀表。

　⑵八十三年度底平衡表。

㈡假定預算法第六條修正為「稱歲入者，謂一會計年度之一切收入。但不包括舉借之長期
　債務。稱歲出者，謂一會計年度之一切支出。但不包括長期債務之償還。」試依新規定重
　編：

　⑴八十三年度收支餘絀表。

　⑵八十三年度底平衡表。

㈢依新修正預算法第六條，會計法相關規定應如何因應？傳統公務會計之長期項目分開原
　則如依然維持，總會計決算報表應如何因應？試各抒己見。

三、交通部計畫成立一特別基金辦理某一高速公路建設計畫，其相關財務計畫資料如下：

　⑴建造期五年，總工程費500億元，每年工程款均於年終一次向銀行借款，一次撥付包商，
　　每年工程款均為100億元。

　⑵銀行借款利率百分之十，並約定每年計息一次。

　⑶建造完成時即行通車，預估每年通行輛次均為1億輛次，第一年每輛次收費50元，以後
　　每年調漲百分之十，通行費委託銀行代收，代收銀行每年年終將當年度通行費收入一
　　次撥交貸款銀行償付貸款本息。

　⑷預計收費十年，十年屆滿停止收費，並將此一高速公路經營權移轉地方政府。

　⑸營運期每年維護管理成本均為20億元，亦於年終一次撥付廠商。

試作：

㈠此一建設財務計畫之自償率為多少？亦即營運十年屆滿可償借款本息佔總貸款本息比例
　為多少？

㈡假定營運第二年起立法院反對通行費調漲，試問自償率將降低多少？國庫負擔比例將增
　加多少？

【參考資料】

複利終值公式 $=(1+i)^{N}$

複利現值公式 $=\dfrac{1}{(1+i)^{N}}$

年金終值公式 $=\dfrac{(1+i)^{N}-1}{i}$

$$年金現值公式 = \frac{1 - \dfrac{1}{(1+i)^N}}{i}$$

四、下列係某市政府八十二年度七月份普通基金之會計事項：

　　⑴核定歲入歲出預算各為$10,000,000。

　　⑵發單開徵財產稅$600,000。

　　⑶收到財產稅$500,000。

　　⑷支付員工薪津$500,000，代收所得稅$30,000。

　　⑸訂購辦公設備$200,000。

　　⑹上項訂購設備二分之一驗收付款。

　　⑺向銀行臨時借款$100,000。

　　⑻現購文具用品$10,000。

試作：

㈠根據上述資料作成會計分錄。

㈡編七月底試算表。

八十三年簡任升等考試

一、試就政府公務機關之會計與企業會計比較說明其重大不同之點。

二、有稱普通基金會計為流動性會計，亦有稱之為預算會計，試申論之；並列舉其資力負擔帳戶。

三、某市為建設捷運系統成立資本計畫基金，其財源有普通基金撥款，發行公債，試就下列事項分別列其會計分錄，並一一註明該事項由何類會計處理。

    ⑴普通基金承諾撥款。

    ⑵收到普通基金撥款。

    ⑶公債半數以折價發行，並將折價沖銷。

    ⑷公債部分以溢價並逾期出售，加收補息。

    ⑸溢價與補息移給債務基金。

    ⑹招商承建捷運工程，訂定合約。

    ⑺工程完成驗收，收到包商帳單。

    ⑻建築費用依約付訖。

    ⑼公債還本付息。

    ⑽年終結帳。

四、下述交易分別按普通基金及營業基金會計列示應有之分錄。

    ⑴年度收入預算與支出預算已經完成立法。

    ⑵支付員工薪資。

    ⑶訂購交通設備。

    ⑷上項設備驗收付款。

    ⑸發行長期債券，為數收現。

八十四年薦任升等考試

一、某政府集中支付機關單位某月份之會計事項擇列如下：

　　(1)核定本月份歲入分配預算數$5,000,000，歲出分配預算數$4,800,000。

　　(2)支付下列款項：①文具用品$55,000，②押金$2,000，③購置土地價款$1,000,000，④購置交通車價款$450,000。

　　(3)收回下列款項：①本年度支出$7,000，②以前年度支出$9,000，③本年度押金$500，④以前年度押金$1,600。

　　(4)上月份暫付其他設備國外採購結匯款美金$3,000（暫付時臺幣對美金匯率為26.2）辦理驗收結報，並收回結匯餘款美金$100（收回時匯率為26.5）。

　　(5)報廢已達使用年限之交通車一輛$350,000及其他設備一批$110,000，其殘值以廢品出售，收到出售價款$12,000。

　　(6)收到：①預算外收入$57,000，②廠商押標金$40,000（其中$30,000為現金，$10,000為有價證券）。

　　(7)支付購置機械設備價款$330,000，因廠商逾期交貨，並扣其逾期罰款$6,600解繳國庫。

上述會計事項涉及該單位會計之經費類會計、歲入類會計及財產統制帳類會計，試根據上述資料，計算：

(一)經費類會計之：

　　(1)當月份經費支出總額。

　　(2)當月份可支庫款帳戶增減淨額。

　　(3)當月份專戶存款帳戶增減淨額。

(二)歲入類會計之當月份歲入實收數總額。

(三)財產統制帳類會計之當月份現存財產權利總額帳戶增減淨額。

二、中央政府總會計八十三年度結帳前各帳戶餘額（除歲計餘絀與累計餘絀應另行計列外）如下：

國庫結存	$55,250	各機關結存	$ 3,000
預定舉債數	500	預收款	1,000
歲入收入數	90,000	歲入分配數	70,000
歲出預算數	1,500	歲出保留數準備	3,000
歲入應收款	150	經費支出數	61,500
保管款	150	歲出應付款	250
押金	500	歲出分配數	72,000
歲出保留數	3,000	歲計餘絀	？
		累計餘絀	

該年度為保持歲入與歲出預算之平衡，歲入預算內編列公債收入$3,500，年度終了，上項預定舉債數之公債未發行部分，已確定不再發行。

試根據上述資料：

(一)計算：

　(1)結帳前歲計餘絀帳戶餘額。

　(2)結帳前累計餘絀帳戶餘額。

(二)編製當年度結帳後平衡表。

三、八十三年度國庫出納會計有關之收支事項如下，並均已由分庫及地區支付處報告國庫署。

　(1)地區支付處憑各機關簽開之付款憑單，簽發國庫支票支付各機關當年度歲出$140,000，以前年度歲出應付款$16,000，及特種基金保管款$10,000。

　(2)支庫收到本年度歲入$200,000，以前年度歲入$40,000及收回以前年度歲出$10,000。

　(3)某機關本年度經費支出$12,000，嗣經查明已不須支付，乃將支付處已簽開該項支出之國庫支票送還註銷。

　(4)支庫兌付國庫支票$130,000，退還以前年度歲入$8,000；支付及收存機關專戶存款分別為$160,000及$190,000；收到本年度支出收回$6,000，並已由各該機關通知支付處原支出應歸屬之預算科目。

　(5)地區支付處發現誤簽國庫支票溢付$4,000，已將溢付款追回並存入國庫。

其他資料：期初國庫存款帳戶餘額為$200,000，未兌國庫支票帳戶餘額為$100,000。

試根據上述資料，計算該年度結帳前下列各帳戶餘額：

(一)國庫收入。

(二)國庫存款。

(三)支付費款。

(四)簽發國庫支票。

(五)未兌國庫支票。

四、某市政府八十三年度計畫興建市政大樓，設置資本計畫基金處理，因部分財源係發行公債支應，故另設置償債基金，下列為有關之事項：

(一)年初預算成立：

　(1)資本計畫基金：計畫總成本$1,200,000，普通基金分擔$300,000，另外$900,000發行公債。

　(2)償債基金：預計需增額$75,000，預計收益額$21,000，預計支出額$54,000。

(二)實際發行公債，溢價$15,000，另加收補息$3,000。

(三)普通基金撥款給資本計畫基金及償債基金。

(四)支付利息支出$54,000。

(五)將溢價及補息移轉給償債基金。

試分別就普通基金、償債基金、資本計畫基金及長期負債帳類會計，依上列事項作應為之
分錄，請依下列格式作答：

會計事項	普通基金	償債基金	資本計畫基金	長期負債帳類
(一)				
(二)				
(三)				
(四)				
(五)				

八十四年簡任升等考試

一、政府會計制度之組織與運用乃以基金為基礎，試說明：

　(一)基金之意義。（依中外政府會計之論述，不必引用我國現行預算法之規定。）

　(二)政府基金之主要型態及各該類基金之重要特質。（依中外政府會計之最新論列，不必引用
　　　我國現行預算法之規定。）

　(三)上述各類基金型態內所含之各種基金名稱，其性質及設置目的。（不必引用我國現行預算
　　　法之規定；如其性質或目的不同者，應分別列其名稱。）

二、政府會計之基礎有採修正權責制者，試說明：

　(一)修正權責制之要義。

　(二)那些個基金會計須適用修正權責制？

　(三)其與完全權責制有何項重大差別？

　(四)政府那些基金會計是採完全權責基礎？

　(五)何謂契約責任制？其目的及適用範圍各如何？

三、在下列各種情況下，試分別列示各該會計事項應用之會計科目及應為之分錄。

　(一)某機關之歲入會計採現金基礎，但對大宗收入之財產稅於發單徵課時仍須為會計之控制
　　　（即正式會計記錄）。

　　(1)發單稽徵時。

　　(2)稅款實收時。

　(二)某稅收機關為鼓勵納稅人儘早繳稅，對應收稅款採用2/10現金折扣辦法。

　　(1)該月應開徵之稅款計$5,000,000於月之一日發出稅單。

　　(2)上項稅款於發單後十日內收到。

　(三)如稅收機關對欠稅提列0.1%壞帳。

　　(1)應收稅款一千萬元轉列欠稅時。

　　(2)確定$10,000欠稅無法收到時。

　(四)某公務機關之文具用品，於期末實際盤點尚結存$120,000。

　　(1)試列上述盤存有關帳戶之調整分錄。

　　(2)如該機關對於用品盤存之會計，不採耗用法而採購入法者，應如何分錄？

　(五)美國聯邦政府為綜計各機關業務成果，乃對其所用設備計提折舊，試列：

　　(1)公務機關計提折舊之分錄。（該項設備雖為固定資產，但已以其為政府權益列入平衡
　　　表。）

　　(2)公務機關各項費用之結帳。（未用支出帳戶。將各費用構成業務成果數，再分別就有預
　　　算與無預算者將業務成果戶結平，請注意折舊費用原無預算數。）

四、某市政府經議會通過於19X0年1月1日發行面額$2,000,000之遞延分期公債，自19Y1年起分期還本，每期還$200,000，公債利息年率10%，每年1月1日及7月1日各付息一次；另設債務基金以稅收為財源，其數額除當年應付利息外，另加收$80,000，由債務基金投資，俾供每期還本之用，債務基金投資之淨收亦為其財源。上項公債發行後至第十年底（即19Y0年）債務基金之帳戶餘額如下：

現金	$300,000	基金餘額	$1,157,375
投資	830,625		
應收利息	26,750		

本基金19Y1年之支出預算包括1月1日須付之利息$100,000及該日到期之分期還本$200,000以及在外公債本年7月1日須付之利息$90,000。至於本年之收入預算，來自稅收者$260,000（內$90,000為7月1日須付之利息，另$90,000為19Y2年1月1日須付之利息，$80,000撥供投資之用）。本年可獲之投資利息預計$98,600。試列出下列各項之分錄：

㈠將本年度預算入帳。

㈡1月1日應付公債之本息登帳。

㈢本年應收稅款入帳，外加$8,000為備抵壞帳。

㈣實收稅款$49,250，另應收數收到$120,000，投資利息收現$26,750。

㈤以現金投資$106,000。

㈥7月1日應付公債利息$90,000。

㈦年底調整應收投資利息$2,500。

㈧年終結帳。

㈨編19Y1年12月31日本基金之平衡表。

八十五年高等考試二級試題

科目：政府會計

一、試就下列長期負債相關會計事項，分別參照現行中央政府、臺灣省政府及臺北市政府之實務作法，比較其總會計之會計分錄及總會計平衡表。

　　1.八十六年度法定總預算歲入預算為$1,000,000。

　　2.歲入預算中列有公債收入$200,000。

　　3.接公庫報告收到公債收入$200,000。

　　4.接單位決算報告悉公債收入為$200,000。

　　5.年度結束，悉本年度發行公債增加結欠額為$200,000。

　　註：請參考下列格式作答。

㈠會計分錄部分。

會計事項	會計分錄	所屬會計個體名稱
㈲中央政府 　(1) 　⋮ 　(5)		
㈡臺灣省政府 　(1) 　⋮ 　(5)		
㈢臺北市政府 　(1) 　⋮ 　(5)		

㈡會計年報平衡表有關公債之表達方式。

　⑴中央政府：

　⑵臺灣省政府：

　⑶臺北市政府：

二、上題有關中央、省、市政府對長期負債之會計處理及報表表達方式是否符合會計法第二十九條規定？如符合規定，其理由何在？如不符合規定，應如何改進？

三、洛杉磯市政府於1997年7月1日核定發行6%，二十年期之債券$380,000，支應新市政中心之

建設，總資金需求$570,000，餘$190,000加州政府同意補助（尚未收現），成立資本計畫基金管理之，並命名為「市政中心建設基金」。（計畫核定部分，以備忘記錄表示。）

下列係1998年度（1997年7月1日至1998年6月30日止）之會計事項：

1. 1997年8月1日為支付設計及其他相關費用，普通基金貸款$19,000。

2. 應收州政府補助款$190,000預計州政府於下一會計年度始行支付。

3. 支付基本規劃設計費$12,016予泛美工程設計公司，此項經費並未先行辦理保留。

4. 1997年12月1日債券按101價格出售，債券溢價轉債務基金。

5. 1998年3月15日與大杜建設公司簽訂工程建造合約$456,000。

6. 1998年4月1日訂購材料$2,090。

7. 上項訂購之材料於1998年4月15日驗收並付款計$1,938。

8. 1998年6月15日收到大杜建設公司寄來請款帳單$76,000乙紙，根據合約條款規定，任何未完工前之請款帳單，均須保留6%之帳款，俟全部完工驗收合格後，始發還。

9. 償還前向普通基金借款$19,000，約定無息。

試作：

㈠為「市政中心建設基金」之上述會計事項1997年7月1日至1998年6月30日之分錄，並作1998年6月30日之應有結帳分錄。

㈡編製「市政中心建設基金」1998年6月30日之平衡表。

四、試就下列各項比較臺灣省政府總會計制度與臺北市政府總會計制度之異同點：

㈠會計科目名稱。

㈡統制分錄之分錄依據。

㈢結帳分錄。

㈣新年度之開帳分錄。

五、某機關奉行政院核定一重大交通工程計畫總資金需求為600億元，工期五年，第二年奉立法院審議通過之法定預算為200億元，為利整體工程計畫施工需要，於第二個年度決標並簽約，價款為400億元，試問此工程合約簽訂時，應如何作會計分錄？並就現行預算及會計相關法規規定，說明您所作分錄方式之理由。

八十五年高等考試三級試題

科目: 政府會計

一、普通公務機關財務會計包括那幾類? 其特質為何? 試說明之。

二、某市政府普通基金某年度結帳前有下列各統制帳目餘額,試據以編製結帳前平衡表:

現金	$ 223,370	零用金	$ 3,500
用品盤存	5,317	有價證券	84,000
應收賦稅	373,500	預計所入	4,873,000
備抵壞稅	6,130	所入	5,206,284
應付憑單	92,800	代收款	4,670
預收稅款	1,400	保留數準備	165,000
核定經費	4,873,000	經費支出	4,629,353
保留數	165,000	基金餘額	7,756

三、有關某資本計畫基金之資料如次:

1. 以前年度「經費支出」為$850,000。

2. 本會計年度開始各帳戶餘額為:

現金	$1,277,500	應付憑單	$?
未發額定債券	4,000,000	核定經費	5,150,000
保留數	?	保留數準備	3,612,500

3. 本會計年度終了結算前各帳戶餘額為:

現金	$?	應付憑單	$ 282,545
未發額定債券	2,000,000	核定經費	5,150,000
未攤銷債券折價	50,000	保留數	1,810,930
經費支出	2,173,424	保留數準備	?

試求:

(一)全部工程計畫預算總額。

(二)應付憑單期初餘額。

(三)本年度發行債券收現金額。

(四)本年度經費支出付現金額。

(五)本年度終了未保留預算餘額。

四、某機關經費類單位會計結帳前各帳戶餘額如下:

可支庫款	$　479,500	經費支出	$18,710,500
押金	20,000	經費賸餘——	
歲出分配數	19,200,000	押金部分	10,000

年終查明有歲出應付款$415,000及契約責任$63,000，尚未入帳，並經本准保留。

試作：

㈠整理結帳分錄。

㈡編製結帳後平衡表。

八十五年普通考試試題

科目：政府會計概要

一、試述債務基金於公債本息到期支付時之會計處理。

二、分錄題：

下面是某機關某年度七月份歲入類單位會計發生的事項：

1. 上年度結轉各帳戶餘額，計：歲入結存$420,000，歲入應收款$480,000，應納庫款$480,000，暫收款$100,000，保證金$320,000。

2. 核定本年度歲入預算數$12,000,000。

3. 核定七月份歲入分配數$1,000,000。

4. 本機關自行收納本年度零星歲入款$50,000。

5. 上項零星歲入款全數繳庫，已據公庫報告收到。

6. 公庫報告收到本年度歲入款$860,000（不包括上項零星收款）。

7. 公庫報告收到暫收款$40,000。

8. 公庫報告發還保證金$280,000。

9. 公庫報告收到預收款$120,000。

10. 公庫報告退還以前年度所收的歲入款$56,000。

11. 公庫報告收到以前年度歲入應收款$42,000。

三、計算題：

寶珍市政府總會計上年度結轉累計餘絀帳戶借方餘額$916,000。下面是本年度發生有關該帳戶的資料：

1. 註銷以前年度歲出應付款$560,000。

2. 註銷以前年度歲入應收款$320,000。

3. 註銷以前年度歲出保留數準備$1,284,000。

4. 上年度歲計餘絀貸方餘額結轉$1,452,000。

試應用T字式開立累計餘絀帳戶，先記入該帳戶的餘額，再將各有關事項逐一記入，然後結出該帳戶的最後餘額，並註明是賸餘，還是虧絀。

四、配對題：請將題號及所配對之類別編號，依照順序寫在試卷上，於本試題上作答者，不予計分。

政府的支出，通常可按　(A)政事別(B)業務別(C)用途別(D)性質別(E)機關別等予以分類。試就下列名稱，依照上項分類，標明其所屬類別。

㈠經濟部　　　　　　　　㈨國家圖書館

㈡委辦費　　　　　　　　㈩土地

㈢資本支出　　　　　　㈩經常支出
㈣社會救濟支出　　　　㈪設備費
㈤商業行政　　　　　　㈫材料費
㈥航業管理　　　　　　㈬社會教育行政
㈦用人費　　　　　　　㈭衛生支出
㈧教育科學文化支出

八十五年升等考試試題

等別：薦任

科目：政府會計

一、某市政府本年度有關其基金與帳類記載錯誤或遺漏之交易事項情形如下：

1. 該市普通基金接受營業基金贈與設備一批，該設備原始成本$60,000，現時價值$40,000。此事項於普通基金借記：經費支出$60,000，貸記：現金$60,000，於其他有關基金或帳類並未記帳。

2. 該市某公營事業機構出售房屋一棟於該市普通基金，是項房屋原始成本$220,000，累計折舊$140,000，雙方約定依帳面價值讓售，業經交付，並已付訖。此事於營業基金借記：現金$80,000及累計折舊$140,000，貸記：房屋$220,000；另於長期資產帳借記：房屋$220,000，貸記：長期資產投資$220,000，而其他有關基金或帳類並未記帳。

3. 該市為籌建市政廳發行定期資本計畫公債，票面$500,000，以溢價$10,000售出。其於普通基金借記：現金$510,000，貸記：收入$510,000，但有關其他基金或帳類並未入帳。

4. 該市興建體育館之資本計畫，其工程於本年度完工，全部成本計$600,000(其中$400,000已於以前年度登錄資產帳無誤)。此事項於資本計畫基金已正確記帳，惟於資產帳類對本年度該項完工記錄均漏未登列。

5. 定期資本計畫公債$400,000於本年度到期並予償付。該事項僅於普通基金借記：收入$400,000，貸記：現金$400,000，餘均未登帳。

試將上述錯誤或遺漏之交易事項予以更正調整，其更正調整對下列各基金或帳類之各該科目原餘額之增減變動總額為何，請計算之。(不必列示更正調整分錄)

(一)資本計畫基金之現金科目。

(二)長期資產帳之長期資產投資科目。

(三)普通基金之經費支出科目。

(四)普通基金之現金科目。

(五)長期負債帳之償付定期公債應備款項科目。

二、政府會計以基金為基礎，試說明：(a)基金之設置目的，(b)基金之劃分類別，(c)基金之個體觀念，(d)基金之會計等式，(e)基金會計於我政府會計組織內之歸屬。

三、信義市普通基金中經費不足，經採下列各種途徑支應：

1. 追加歲出預算8,000,000元。

2. 動支意外準備金600,000元。

3. 事務費不足流用用人費預算500,000元。

4. 由債務基金賸餘移入300,000元。

試依上列事項作成分錄。

四、下列為某實施集中支付機關經費類單位會計本月份發生之事項：

　1.核定全年度歲出預算$1,050,000。

　2.核定本月份分配預算$90,000。

　3.核定動支第二預備金$40,000，由本月份及下月份平均分配。

　4.支付用人費$65,000，押金$10,000，設備費$20,000，暫付款$3,000，以前年度歲出應付款$60,000。

　5.收回本月份支出$4,500，以前年度押金$8,000及收回剔除經費$3,000。

　6.代收款項$600。

試計算本月底下列各科目餘額：

㈠歲出分配數。

㈡預計支用數。

㈢經費支出。

㈣可支庫款。

八十六年高等考試三級試題

科目： 政府會計

一、試就下列會計事項，分別列示其所涉基金及帳類應有之分錄：

1. 債務基金因未有足夠現金償付到期債務，先行向普通基金墊款$100,000支應。

2. 特賦基金由於發生工程虧絀，追加政府分擔款$200,000，即由普通基金照數撥付。

3. 普通基金撥款$3,000,000創設營業基金。

4. 營業基金宣告發放現金股利，普通基金應分得$40,000。

5. 普通基金將舊汽車乙輛，其原始取得成本$500,000，作價$42,000，除換得新機車乙輛外，並收到現金$12,000。

6. 某行政機關支付$60,000，將一棟已不堪使用之辦公大樓拆除，殘品出售得款$84,000；該棟大樓原係設置資本計畫基金以$24,930,000興建完成。

7. 債務基金支付分期償付債券本金$700,000與利息$70,000。

8. 某善心人士將其價值$80,000,000之土地，無償贈與政府籌建國立大學。

9. 特賦基金以溢價3%發行分期償付債券面額$9,000,000。

10. 政府內部服務基金對普通基金提供服務，開出收費通知單，價款$10,000。

二、試就下列某政府總會計，在年度終了結帳前各科目餘額，作成結帳分錄，並計算累計餘絀結帳後之餘額（應註明借餘或貸餘）：

公庫結存	$ 6,650	各機關結存	$ 6,000
歲入應收款	7,700	保管款	1,400
備抵壞帳	380	應付庫券	500
押金	1,000	歲出預算數	20,000
歲入預算數	25,000	歲出分配數	105,800
預定舉債數	30,000	經費支出數	98,950
歲入分配數（借餘）	57,890	歲出保留數	1,500
歲入收入數	101,260	保留數準備	1,500
歲計餘絀（貸餘）	850	累計餘絀	？

三、試說明政務基金之特性，並區分基金與經費有何不同？若設置基金數量太多有何缺點？

四、分錄題：

下面是某機關某年度發生物材會計事項之彙總：

1. 本期採購$150,000。

2. 本期耗用$147,500。

3. 期末盤存（設期初無存貨）$2,500。

試按：

㈠採購基礎，無盤存記錄。

㈡採購基礎，有盤存記錄。

㈢耗用基礎，定期盤存制。

㈣耗用基礎，永續盤存制。

分別作成應有之分錄。

八十六年普通考試試題

科目：政府會計概要

一、何謂績效預算制度？其所應具備之基本要素為何？請說明之。

二、某市政府為一次到期債券設置債務基金，以房屋稅為償債財源，試就下列本年度發生之會計事項，作應有之分錄：

1. 本年度應提增加額$217,000，應提收益$13,017。

2. 查定當期應收賦稅$218,550，提列2%備抵壞稅。

3. 收到當期應收賦稅$211,660。

4. 購入面值$100,000有價證券，購價$106,200，並另付利息$750。

5. 收到投資利息$8,500，內含購入時加付利息$750，並應攤銷投資溢價$1,500。

6. 出售面值$13,200之有價證券，尚有未攤銷折價$265，售價$13,255。

7. 購入面值$120,000之有價證券，購價$119,320。

8. 出售面值$50,000之有價證券，尚有未攤銷溢價$2,350，售價$52,100，另加計利息$2,000。

9. 年度終了應計投資利息$7,400，攤銷溢價$1,200與折價$340。

10. 年度終了，辦理結帳。

三、某公務單位歲入類會計本年六月卅日各帳戶餘額如下：

歲入結存	$ 400	預收款	$ 160
所屬機關歲入結存	720	暫收款	280
收回以前年度納庫數	240	歲入應收款	49,200
退還以前年度歲入款	240	歲入分配數	600,000
歲入納庫數	543,800	歲入實收數	593,000
預計納庫數	600,000	有價證券	540
保管款	1,220		

年度終了，發現尚須更正或調整之會計事項如下：

㈠接代理公庫銀行報告收回以前年度支出$4,000，漏未登帳。

㈡暫收款$200應屬本年度歲入，所屬機關應辦更正並予繳庫。

㈢查明歲入應收款少列$1,200。

試根據上列資料，編列該歲入會計正確之結帳後平衡表。

四、下列為玉山市於本年九月卅日，普通基金分類帳戶之餘額表：

現金	$ 300,223	經費預算數	$1,486,562
歲入收入數	1,232,424	應付其他基金款	15,901
收入預算數	1,498,959	經費保留數	32,340

應付繳稅單借款	323,400	備抵本年度稅收壞帳	59,290
應收稅款——本年度	1,032,185	經費支出數	347,655
應付帳款	28,837	保留數準備	32,340
零用金	1,348	基金餘額	?

試根據上項資料：

㈠計算該日之基金餘額。（應將計算過程列出但不必編製平衡表）

㈡編製該基金之期中平衡表。

八十六年升等考試試題

等別：薦任升等考試

科目：政府會計

一、試說明下列政府預算制度之意義及其優劣點。

　　㈠傳統預算制度。

　　㈡績效預算制度。

　　㈢設計計畫預算制度。

　　㈣零基預算制度。

二、試就下列各種會計列舉其預算成立之分錄。

　　㈠普通基金會計。

　　㈡普通公務單位會計歲入類。

　　㈢普通公務單位會計經費類。

　　㈣中央總會計。

　　㈤中央公債會計。

　　㈥定期公債債務基金會計。

　　㈦資本計畫基金會計。

三、某實施集中支付機關經費類單位會計本年度七月份發生下列事項：

　　1.奉核定本年度歲出預算數$5,000,000。

　　2.尚未奉核定分配預算，由國庫預撥$400,000。

　　3.支付員工薪資$200,000。

　　4.已奉核定分配預算。

　　5.支付押金$100,000。

　　6.收回以前年度支付之押金$80,000，尚未繳庫。

　　7.收到代為保管之押標金$300,000。

　　8.收到代收款$50,000。

　　9.支付以前年度歲出應付款$120,000。

　　10.追回審計機關通知剔除之經費$150,000，尚未繳庫。

　　試計算該機關七月底平衡表中下列各科目之餘額（註明借方或貸方）：(a)預計支用數，(b)可支庫款，(c)經費支出，(d)專戶存款，(e)預領經費。

四、下列為國庫代庫之會計事項：

　　1.支庫經收庫款$7,500,000。

　　2.支庫兌付庫款$2,250,000。

3.支庫收存各機關之專戶存款$3,450,000。

4.總庫收存國庫存款$7,500,000。

5.總庫支付國庫存款$2,250,000。

6.支庫支付各機關之專戶存款$450,000。

7.年度終了辦理結帳。

試作必要分錄。

八十六年升等考試試題

等別：簡任升等考試

科目：政府會計

一、假設中央政府、臺灣省地方政府及臺北市地方政府八十五會計年度有關公債會計資料如下述：

⑴總預算歲入部分奉審定並依法公布數為$200,000,000,000。

⑵法定歲入預算中列有公債部分為$20,000,000,000。

⑶接到公庫收支報告，悉公庫收到公債發行收入$15,000,000,000。

⑷本年度結束時公債本金結欠數淨增$10,000,000,000。

又假設八十五年度結束時，此三政府累積公債本金結欠數均為$190,000,000,000，試根據此三政府現行總會計制度規定及八十五年度實務作法分別列示：

㈠總會計之相關分錄。（參照下列格式作答）

政府別總會計：（分別按中央、省、北市編製）		
分錄　　　　　　　區別　會計事項	制度規定	實務作法
1.總預算公布時：		
2.歲入預算列有公債部分：		
3.悉公庫收到公債收入時：		
4.悉年度公債本金結欠淨增數時：		

㈡試就此三政府總會計制度規定及八十五年度實務上作法分別說明八十五年度結束時，累積公債本金結欠數$190,000,000,000在其總會計平衡表之表達方式。

二、試根據上題各政府總會計制度規定及實務上之作法評述其合理性，並根據會計法第二十九條規定提出理想之處理方式。

三、交通部成立一資本計畫基金，負責辦理鐵路地下化工程，總工程經費$300,000,000，期程三年，每年各支付三分之一工程款，完工驗收後，交由交通部列管為交通部之財產。

試作：

㈠資本計畫基金每年支付工程款之分錄。

㈡完工驗收後交通部列管此一財產之分錄。

四、我國各級政府年度總預算收支之編列基礎，究為現金基礎或權責發生基礎？試就現行預算法、會計法、決算法及機關營繕工程及購置定製變賣財物稽察條例相關規定評析之。

五、試簡答下列問題：

　　㈠部分主計人員常稱「公務預算」及「基金預算」，請問其原意為何？請就預算法及相關規
　　　定評述之，並說明正確之用法。

　　㈡試舉出「政府會計」及「政務基金會計」之特質。

八十六年第一次檢覈考試試題

科目：政府會計

一、某縣政府為興建文化活動中心，決定設置資本計畫基金，試就下列該基金成立開始年度發生之會計事項，作成應有之分錄：

　　1.全部工程預算案審定為 $7,500,000，上級政府補助及縣政府普通基金負擔各為$2,000,000，其餘以發行公債為財源。

　　2.收到上級政府補助款$2,000,000。

　　3.部分工程公開招標，決標金額$3,600,000，經已與承包廠商簽訂合約。

　　4.訂購材料$850,000。

　　5.債券按票面之103%溢價全數發行。

　　6.支付自建催工薪資$183,750與監工薪資$26,500。

　　7.前訂購之材料業已運達驗收，發票金額$852,610，照數付訖。

　　8.將債券溢價移轉於債務基金。

　　9.承包廠商依約開來第一期工程帳單$400,000。

　　10.辦理年終結算。

二、備抵壞稅或備抵壞帳之處理，為歲入單位或徵課會計之重點，請問：

　　㈠備抵壞稅金額，應如何決定？

　　㈡遇有應收賦稅，實際成為壞稅時，應如何記錄？

　　㈢若備抵壞稅溢估，溢估之數，應如何轉銷？

　　㈣賦稅以外應收帳款所設之備抵壞帳，設非證明估計過與不及，有無調整之必要？

　　㈤在賦稅徵課以後，而在收納以前的免稅或減稅，應如何處理？

　　㈥此等可能減免賦稅之假定，應於何時及如何估列？

　　㈦已納賦稅的退還，如何沖銷？

　　㈧簽撥退稅，應用何項會計文書？

　　㈨若干國家對於退稅有編列退稅經費處理者，年度終了時應如何作適當之處理，何故？

　　㈩採現金制或修正現金制之場合，有無估列備抵壞稅或備抵壞帳之需要？

三、某政府總會計八十五年八月份發生下列事項試作分錄：

　　1.歲入、歲出預算各奉准$450,000（歲入預算中公債收入$50,000）。

　　2.本月份分配數：歲入$50,000，歲出$45,000。

　　3.查徵本年度歲入$40,000，並提5%不能收繳之準備。

　　4.收到公債收入$35,000。

　　5.收到歲入應收款$60,000，另有歲入應收款$4,000確定無法徵收。

6. 收到雜項收入$7,000。

7. 發生訂單及契約責任$10,000。

8. 支出歲出各款$30,000。

9. 收回本年度支出$500，及以前年度支出$800。

10. 註銷以前年度歲出應付款$6,000。

11. 清理前項契約責任之60%，除實付$3,000，並列歲出應付款$2,500外，餘$500註銷。

12. 收繳本年度剔除經費$600。

四、政府會計有許多特質與商業會計不同，其中之一為所謂固定項目劃分原則，試問：

　　㈠何謂固定項目？

　　㈡固定項目如何劃分？

　　㈢劃分之原因為何？

　　㈣劃分後固定項目如何表達？

八十六年第二次檢覈考試試題

科目：政府會計

一、試說明政府經費支出之意義，並列出支出控制之原則。

二、某市政府普通基金會計八十三年底，有部份帳戶餘額如下：

現金	$ 400,000	保留數	$ 40,000
經費支出數	980,000	應收賦稅	8,500
歲入收入數	1,000,000	基金餘額	360,000
歲出預算數	10,000	歲入預算數	5,000
備抵稅收壞帳	15,000		

該年度有下述會計事項經發現記載錯誤或遺漏登帳：

1. 全年度歲出預算數核定為$980,000，入帳時誤記為$890,000。

2. 全年度歲入預算數核定為$1,010,000，入帳時誤記為$1,000,000。

3. 某月份入帳之歲出分配數，較核定分配數少記$7,000。

4. 年度進行一半時，該市基於事實需要，經法定程序修正預算增加衛生與社會福利支出 $40,000，同時增加服務費收入$40,000，惟該基金會計漏未作分錄。

5. 查定某月份應收賦稅$80,000，估計5%難以收起，該基金會計並未作任何分錄。

6. 根據該市財務官員查報欠稅中有$5,600已無法收起，經奉核准可予銷帳，入帳時誤為下列 分錄：借記：應收賦稅$5,600，貸記：備抵稅收壞帳$5,600。

7. 以現金支付員工薪津$20,000及文具等用品$1,000，該基金會計對此二事項曾借記：經費 支出$21,000，貸記：應付憑單$21,000，其後並未作任何入帳分錄。

8. 期末用品盤存有$50,000（期初無用品盤存），該基金購置用品時，係以經費支出出帳，年 終並以用品盤存科目表達，惟未作調整分錄。

試計算下列科目經過調整或更正後之正確數額（不須列示分錄）：

(一)現金帳戶餘額。

(二)結帳前歲出預算數額。

(三)備抵稅收壞帳餘額。

(四)結帳前基金餘額。

(五)未支用未保留之預算數額。

三、試列示在下列情況下應為之分錄：

1. 在中央總會計中，如接審計部決算審核報告，應修正：

(1)增加歲入款時。

(2)減列歲出款時。

2.在普通公務單位會計中，如於年度開始後，接審計機關通知：

　⑴上年度歲入決算表，應修正增列某些收入數時。

　⑵上年度經費決算表，應修正支付實現數改列權責發生數時。

3.在普通公務單位會計中，如於年度進行中，接審計機關通知：

　⑴剔除本年度經費時。

　⑵剔除上年度經費時。

四、民國八十一年六月三十日某政府總會計總分類帳各科目餘額如下：

公庫結存	$1,200,000	應付借款	$　200,000
各機關結存	300,000	歲出應付款	450,000
歲入應收款	50,000	歲出預算數	50,000
押金	100,000	歲出分配數	3,550,000
歲入分配數	3,600,000	歲入收入數	3,700,000
經費支出數	3,500,000	歲出保留數準備	20,000
歲出保留數	20,000	累計餘絀	800,000

審計機關修正上年度決算數，修正減列經費支出數$50,000，其中$10,000改列押金，$20,000改列暫付款，尚待補列分錄。

試作有關修正及結帳分錄並編製結帳後平衡表。

八十七年高等考試三級試題

科目：政府會計

一、財務會計之基本方程式為資產＝負債＋業主權益，政府會計以基金為會計個體，其基金之來源與企業來自於業主投資不同，故基本方程式有所差異，試述下列各政府基金會計之方程式：

　　(一)基本方程式（初步等式）。

　　(二)經立法程序後，尚未執行前。

　　(三)收入支出預算執行產生資產、負債、及預算保留之準備。

　　(四)歲入歲出納入並產生餘額。

二、政府某機關經費類單位會計部分帳戶月初餘額如下：

可支庫款	$ 3,900	經費支出數	$25,500
歲出預算數	360,000	歲出保留準備	3,000
歲出分配數	30,000	保留庫款	15,000

本月份部分會計事項如下：

歲出分配數	$36,000	收回本年度支出	$3,000
經費支出數	31,500	償付以前年度歲出應付款	9,000
支付暫付款	2,100	收到代收款	2,400

試計算本月底下列各帳戶之餘額：

　　(一)可支庫款。

　　(二)預計支用數。

　　(三)未支用之預算總額。

　　(四)本年度已支用及已保留經費總額。

三、政事基金中對長期固定資產，係另設自行平衡之帳類處理，何故？又在政事基金中，長期固定資產可從那幾個基金中取得？並請列示其分錄。

四、試評述現行中央總會計之缺失及改進之道。

八十七年普通考試第二試試題

科目：政府會計概要

一、問答題：

政府會計是各級政府及其所屬機關，依據會計法規、設計會計制度，處理會計事務的一切程序和方法。請問：

㈠在資訊時代中，政府會計導向有何演進？關鍵何在？

㈡預算法所定之基金與經費之定義各若何？

㈢基金的支出應經那幾個步驟？

㈣政府預算的政策功用，包括那三項主要的考慮？

㈤零基預算的主要文件是什麼？採用什麼分析技術？

二、某市政府設置資本計畫基金，全部工程經費以發行公債為財源，其有關會計資料如次：

1. 以前年度已發行公債為$3,000,000。

2. 本會計年度期初各帳戶餘額為：

現金	$2,383,808
未發額定債券	7,000,000
保留數	4,730,000
應付憑單	463,946
核定經費	8,919,862
保留數準備	4,730,000

3. 本會計年度終了結帳後各帳戶餘額為：

現金	$3,260,986
未發額定債券	3,500,000
保留數	2,842,500
應付憑單	1,079,849
核定經費	5,681,137
保留數準備	2,842,500

試求：

㈠全部工程計畫預算總額。

㈡以前年度經費支出數。

㈢本年度債券發行數。

㈣本年度經費支出付現數。

㈤本年度終了未保留預算餘額。

三、某實施集中支付之機關，其會計年度歲出預算數為12,000,000元，歲入預算數為1,000,000元，試作下列事項之分錄：

1. 歲入預算成立時。

2. 歲出預算成立時。

3. 七月份設置零用金10,000元。

4. 歲出預算係按月平均分配，辦理七月份分配預算。

5. 十月份收到代理國庫銀行報告收到本年度歲入款200,000元。

四、下列是關於某政府單位固定資產的一些交易，那些需要借記普通固定資產帳戶？（以"〇"表示需要，以"×"表示不需要。）

1. 房屋規畫設計成本，這些設計規畫後來建築房屋時沒有採用。

2. 土地的契約價格。

3. 新房屋的契約價格。

4. 土地所有權登記成本。

5. 將舊房屋拆毀及移走（為了新建房屋）的成本。

6. 為了購買新屋所借的錢6個月之利息。

7. 為土地除草及其他維護活動。

8. 購買設備的運費。

9. 裝配及試驗一組複雜機械的成本。

10. 買進舊房屋，在提供服務以前重新修理、改裝的成本。

11. 土地排水之支出$75。

12. 毗鄰財產一條新街道的特賦分攤額。

13. 監工薪資的分攤額，視其實際監督新建廠房的時間來分攤。

14. 辦公室的定期重新裝飾。

15. 承擔新取得財產（從私人處）的未付稅款。

八十七年特種考試監察院監察調查人員考試試題

等別：一等考試

科目：政府會計

一、某市地方政府除成立普通基金外，另成立資本計畫基金及債務基金等政務基金。資本計畫基金之資金來源，除普通基金之撥充外，主要是發行公債收入。資金運用，主要是購建資本財支出。另成立長期性資產及長期性負債帳組等純會計個體。

假定民國八十八年度資本計畫基金發行公債\$1,000,000，購置房屋\$1,000,000，九十年度一次償清公債本金\$1,000,000。

試作：

㈠八十八年度發行公債之相關基金及帳組分錄。

㈡八十八年度支付房屋價款之相關基金與帳組分錄。

㈢九十年度償清公債本金之相關基金與帳組分錄。

二、我國各級政府為應總預算歲入與歲出平衡所發行之公債，究係為各級政府總會計個體之收入或負債，現行各級政府總會計之處理方式，並不一致。試比較現行中央政府、臺灣省地方政府及臺北市地方政府等總會計對發行公債之會計分錄方式及其總會計平衡表對公債之表達方式。又依據會計法第二十九條規定意旨，說明其應有之會計處理方式。

三、試簡答下列我國現行政府會計相關問題：

㈠我國各級政府最近一、二十年來，大力推動大型資本建設計畫，如高速公路建設、捷運建設等，是否應設立資本計畫基金？如設立資本計畫基金究應編單位預算或附屬單位預算？試述己見。

㈡我國現行汽車燃料使用費之收支依規定係由交通部主管，並專款專用於各級政府之道路維護及道路安全管理等業務，試問如欲成立基金管理之，究應成立何種基金？其理由安在？

㈢試根據現行財政收支劃分法、省縣自治法等規定說明我國鄉（鎮、市）究應編總預算或單位預算？現行實務為何？有無違法？

㈣何謂「資力」科目？何謂「負擔」科目？試各列舉兩科目名稱，並說明其科目意義。

四、試根據下列會計事項，分別採政務基金與業權基金之會計處理方式，作成應有之會計分錄：

1. 1998年度收入預算數\$95,000。

   1998年度支出預算數\$76,000。

2. 1998年10月1日支付員工薪津\$19,000。

3. 1998年11月1日訂購交通設備\$10,000。

4. 1998年12月1日發行長期債券如數收訖\$30,000。

5.1998年12月15日前項交通設備驗收付款。

答案請依下列格式作答：

　政務基金　相關帳組　業權基金

(一)

(二)

(三)

(四)

(五)

五、任一政府之財政收支，均需設立基金管理之，通常分為政務基金、業權基金及信託與代理基金三大類；試問：

(一)三類基金之會計基礎各為何？

(二)何謂政府會計？其範圍是否包括上述三類基金之會計？

(三)我國現行會計法第十七條所稱政府會計，其意義為何？

六、設中央政府總會計年度開始時，各科目餘額如下：

國庫結存	$6,380	歲出應付款	$6,670
各機關結存	2,697	材料	1,450
歲入應收款	1,653	累計餘絀	5,307
預收款	203		

本年度發生之會計事項彙列如下：

1.本年度總預算成立，計歲入預算數$101,500、歲出預算數$101,500（包括統籌科目$7,830），除統籌科目外，餘均分配。

2.按各機關歲入類會計報告入帳之資料：

(1)收到歲入應收款$725，係以同值之有價證券繳納。

(2)收到各項收入$50,170。

(3)出售有價證券$406。

(4)將歲入款$47,850解繳國庫。

3.按未參加集中支付制度機關經費類單位會計報告入帳資料：

(1)向國庫支領經費$18,560。

(2)支付歲出各款$15,370。

(3)申請核撥統籌經費$3,480，經核定並由庫領到經費隨亦支付。

(4)支付暫付款$2,088。

4.按參加集中支付制度機關經費類單位會計報告入帳之資料：

(1)簽發付款憑單支付款項$52,780。

(2)簽訂契約購買材料二批，第一批$2,900、第二批$4,350。

　　(3)收到第一批材料並支付價款$2,813。

　　(4)繳還上年度支出$1,943。

　　(5)收到審計處機關決算審核報告，減列歲出應付款$2,494。

　　(6)支付暫付款$870。

　　(7)本年度材料耗用$3,567。

5.按國庫收支報告入帳（事前皆未據機關報告者）。

　　(1)自行收到歲入款$49,880。

　　(2)支付緊急命令撥付款$3,770。

　　(3)收到預收款$1,160。

　　(4)直接撥付地方政府補助款$8,555。

請作上列交易事項之會計記錄、結帳分錄，並編製結帳後平衡表。

八十七年特種考試監察院監察調查人員考試試題

等別：二等考試
科目：政府會計

一、試述現行法規對信託基金之管理方法。又數年來，政府各機關對信託基金之設置日益增加，且金額極為龐大，應如何加強管理監督？請加說明。

二、試比較「績效預算制度」、「設計計畫預算制度」、「零基預算制度」之異同，並說明現行我國政府預算籌編係採行何種制度。

三、某機關經費類會計，於八十六年度五月底帳戶餘額如下：

可支庫款	$ 575,000	代收款	$ 142,000
專戶存款	181,000	保留庫款	?
保管款	39,000	歲出應付款	256,000
預計支用數	615,000	經費支出	17,343,000
歲出分配數	18,473,000	歲出預算數	615,000
經費賸餘──押金	1,000	押金	6,000
零用金	4,000	暫付款	708,000

六月份會計事項如下：

1. 本月份核定歲出分配數600,000元。

2. 支付薪資100,000元，代扣所得稅12,000元。

3. 訂購設備50,000元。

4. 審計機關審定減列歲出應付款56,000元，其中50,000元係已暫付尚未轉正，其餘6,000元係國庫尚未撥款部分。

5. 支付以前年度歲出應付款80,000元，核銷以前年度暫付款20,000元，並註銷以前年度歲出應付款8,000元，該項經費尚未開具付款憑單。

6. 收回以前年度押金1,000元，並予以繳庫。

7. 收回零用金4,000元。

8. 除前項訂購設備外，另查明本年度歲出應付款700,000元。

9. 前項審計機關減列暫付之以前年度歲出應付款50,000元已收回繳庫。

請試作六月份之分錄及結帳分錄，並編製結帳後平衡表。

四、某市議會通過成立資本計畫基金建設快速道路，該計畫總成本共計需3,000,000元，其中2,000,000元由發行公債支應，其餘1,000,000元則由普通基金補助。本計畫發行債券所收之溢價及補息均移轉至債務基金。該計畫完工後，若有餘額將移轉至債務基金。以下為該基金發生之事項：

1. 核准發行公債2,000,000元專充建設快速道路之用。

2. 公債半數以溢價出售，得款1,200,000元，另加收已發生之利息50,000元。

3. 招商承建訂妥合約，預計成本為2,950,000元。

4. 依約支付包商第一期工程款20%，以現金付訖。

5. 收到普通基金撥款1,000,000元。

6. 公債半數以折價出售，得款990,000元，債券折價並予以沖銷。

7. 將債券溢價與已收補息移轉至債務基金。

8. 建築完成，收到承包商所開尾款工程帳單2,390,000元。

9. 驗收合格，核准付清賸餘工程款。

試作以上分錄，並計算年終結帳後該基金之餘額及本年度移轉至債務基金之總額。

八十七年特種考試監察院監察調查人員考試試題

等別：三等考試

科目：政府會計

一、試述成本效益分析與政府預算間之關聯。

二、某省庫某年度收支有如下數項，並均已由分庫及地區支付處報告該省財政廳。

　　1.支庫收到本年度歲入$50,000，以前年度歲入$10,000及收回以前年度歲出$2,500。

　　2.地區支付處憑各機關簽開之付款憑單，簽發省庫支票支付各機關當年度歲出$35,000，以前年度歲出應付款$4,000，與特種基金及保管款$2,500。

　　3.支庫兌付省庫支票$32,500，退還以前年度歲入$2,000，支付及收存機關專戶存款分別為$40,000及$47,500。

　　4.某機關本年度經費支出$3,000，嗣經查明已不須支付，乃將支付處已簽開該項支出之省庫支票追回送還註銷。

　　5.地區支付處發現誤簽省庫支票溢付$1,000，已將溢付款追回並存入省庫；又發現所簽省庫支票$2,000誤付受款人，正依法追回中，並另簽支票，交付合法受款人。

　　6.支庫收到本年度支出收回$1,500，並已由各該機關通知支付處，調整原支出應歸屬之預算科目。

試根據上列資料計算該年度結帳前下列各帳戶之餘額（不須考慮其期初餘額），並分別註明各該科目係屬於省庫出納會計制度之統制會計、支付會計或代庫會計。

㈠簽發省庫支票。

㈡省庫存款。

㈢未兌省庫支票。

㈣省庫收入。

㈤支付費款。

三、下列為興中市本年9月30日止，普通基金之各收入預算和實收數。

收入項目	預算數	實收數
財產稅	$1,484,878	$1,620,986
市政府收取的摩托車牌照稅	168,529	199,356
鄉鎮負擔的社會福利攤額	121,177	124,645
特別治安服務收入	5,250	6,574
欠稅罰金與利息	4,200	4,511
車輛罰款收入	87,500	95,842
油井使用費	46,200	46,754

法庭費——手續費和稅金	16,800	22,418
營業執照稅	98,000	131,057
沒收違約保證金	3,500	3,306
對無依孤兒的中央補助金	4,200	4,666
娛樂稅	7,700	7,656
短期投資利息	1,225	1,601
髒亂罰金	350	513
裝貨許可收入	175	239

試作：

按六大收入來源別，將各收入項目分類後，編製收入預算與實收比較表（應同時顯示金額及百分比之增減情形）。

四、某市設特賦基金，其第一年度之會計事項如下：

1. 特賦計畫奉核准課徵總額，由受益者分十年平均繳納，該項工程經費半數以發行特賦債券支應。

2. 特賦債券全數按票面3%溢價售出，共收現$450,625。

3. 第一年應收特賦，除$10,000未收部分轉入過期特賦，餘已全數收現。

4. 特賦工程計畫業已簽約，總價$850,000。

5. 包商工程帳單$400,000，業以現金付訖。

6. 收到特賦利息$20,000；支付債券利息$15,150，並攤銷債券溢價$150。

7. 應計特賦利息$27,000；應付債券利息$6,060，並攤銷債券溢價$60。

試根據上述資料：

(一)計算該基金：

　(1)核准課徵特賦總額。

　(2)第一期應徵特賦收現數額。

　(3)全年度經費支出總額。

(二)編製該基金第一年度結帳後平衡表。

八十七年特種考試基層公務人員考試試題

等別：三等考試

科目：政府會計

一、採行基金制度是政府會計特徵之一，試簡述基金對政府會計之影響。

二、某資本計畫基金核准發行一次到期債券$2,200,000，債券之半數以溢價$11,000出售，其中部分逾期售出，加收補息$5,500，隨後即將所收之溢價與補息，移轉於債務基金。

　　試作：

　　(一)記載核准發行債券之分錄。

　　(二)記載出售債券之分錄。

　　(三)普通長期債務帳類之對應分錄。

　　(四)記載移轉溢價與補息之分錄。

　　(五)債務基金記載收到溢價與補息之分錄。

三、某政府機關歲入類單位會計某年度年底結帳前部分帳戶餘額如下：

歲入結存	$ 7,000	預計納庫數	$870,000
歲入應收款	32,610	歲入實收數	769,500
應納庫款	32,610	歲入納庫數	762,300
歲入預算數	20,000	以前年度歲入退還數	4,270
歲入分配數	850,000	以前年度納庫收回數	4,270

　　經查年終尚有歲入應收款$26,000尚未入帳。

　　試作年終調整及結帳分錄。

四、某機關某月份歲出會計事項及該月底歲出類帳戶餘額如下：

　　1.當月預算分配數$420,000。

　　2.動支並分配第一預備金$20,000。

　　3.支付費用$15,000，暫付款$2,000，押金$3,000。

　　4.收回本年度支出$5,000。

　　5.本年度材料均為上年度所結存，本年度計畫耗用材料$20,000，以前年度計畫耗用材料$9,000。

　　6.審計機關審定剔除經費$6,000，業已追回，尚未繳庫。

　　7.註銷以前年度歲出應付款$1,000。

可支庫款	$427,000	歲出預算數	$1,080,000
押金	19,000	保留庫款	20,000
歲出分配數	560,000	歲出應付款	20,000

代收款	6,000	暫付款	4,000
經費賸餘——押金部分	12,000	專戶存款	14,000
經費賸餘——材料部分	20,000	預計支用數	1,080,000
經費賸餘——待納庫部分	6,000	材料	20,000
經費支出	?		

試依據上述資料計算：

㈠當月初可支庫款帳戶餘額。

㈡當月初保留庫款帳戶餘額。

㈢截至當月底止收回以前年度押金尚未繳庫數。

㈣截至當月底止尚未支用之預算總額。

㈤截至當月底止已分配預算得轉入下月繼續支用數額。

八十七年特種考試基層公務人員考試試題

等別: 四等考試

科目: 政府會計概要

一、依普通公務單位會計制度之一致規定,審核期終結帳整理應注意事項為何?

二、某市政府本年度部分會計事項如下,試就其所涉基金與帳類列示應有之分錄:

  1.該市政府以一般行政費購置辦公設備一批$300,000。

  2.該市電力公司,將發電設備一批無償贈予某行政機關,其原始成本為$2,000,000,帳面值 $200,000,公平市價$400,000。

  3.資本計畫基金賸餘$500,000移轉於債務基金。

  4.普通基金支付償債基金該年度應分攤之一次到期債券攤提款$600,000。

三、政府某機關單位經費類會計七月份之會計事項擇列如下:

  1.奉核定本年度歲出預算數$196,000。

  2.本月份核定分配預算$16,000,並已領到該月經費。

  3.訂購文具用品一批$8,000。

  4.核准動支第二預備金$12,000,並全數列入分配,且已領到該項經費。

  5.前項訂購用品半數送到,照發票價格支付$4,400。

  6.支付用人費$7,600,零用金$2,000,暫付款$1,000。

  7.收回本年度用人費$400。

(一)試分別就: (a)已實施集中支付,(b)未實施集中支付,列示上述第4.、5.項會計事項應有之分錄。

(二)若該機關已實施集中支付,試依上述資料,計算其下列各帳戶月底餘額:

  (1)歲出預算數。

  (2)經費支出。

  (3)經費結存。

四、政府公庫制度之目的,主要是基於財務行政之分工制衡,使現金濫用的可能性減至最低限度。請問:

(一)其前提條件是什麼?應規定那些事項?

(二)就經管公款的方法來說,公庫制度可分那幾種?我國現行是採那一種?

(三)我國公庫存款分為那兩種?其處理方式各若何?

(四)國庫出納會計制度中規定公庫會計組織系統分為那幾種?各由那些單位辦理?

(五)國庫分支庫應設那四個科目?凡分庫根據支庫經收經付庫款,彙總劃轉總庫列帳之款項,應用什麼科目處理?其借方或貸方餘額表示什麼意義?

八十七年升等考試試題

等別：薦任升等

科目：政府會計

一、下列為某機關經費類單位會計本月初部分帳戶餘額如下：

可支庫款	$ 400,000
經費支出	520,000
預計支用數	3,800,000
歲出分配數	900,000
押金	7,000
歲出保留數準備	20,000

本月份發生之會計事項如下：

1. 核定分配預算數$320,000。

2. 訂購材料$20,000。

3. 支付押金$10,000。

4. 經費支出$250,000。

5. 支出收回$25,000。

6. 收到上月份訂購之材料價款$10,000，實付$9,500。

7. 與廠商簽約$100,000。

8. 收到上項合約25%之帳單。

試根據上述資料，計算該經費類單位會計本月底下列各帳戶餘額：

(一)歲出預算數。

(二)經費支出。

(三)歲出保留數。

(四)可支庫款。

(五)押金。

二、某政府總會計在某年度結帳前，除歲計餘絀與累計餘絀帳戶餘額外，其餘各帳戶餘額如下：

公庫結存	$ 10,500	經費支出	$135,300
歲出分配數	144,000	歲入實收數	148,500
保留數準備	2,550	歲出應付款	2,550
預收款	1,000	保留數	2,550
暫付款	1,000	歲入分配數	150,000
各機關結存	1,500	歲入應收款	4,950

試計算:

(一)結帳前歲計餘絀帳戶餘額。

(二)結帳前累計餘絀帳戶餘額。

(三)結帳後歲計餘絀帳戶餘額。

(四)並列示年終結帳分錄。

三、基金之創設與支用,應經若何程序? 試簡要說明之。

四、分錄題:

萬方市議會通過發行一次到期債券,供建設體育場之用。決定設置資本計畫基金處理。債券面額計$2,000,000,先發行半數,並以溢價$10,000出售。其中部分債券逾期售出,加收補息$5,000。隨後即將所收溢價及補息移轉於債務基金。

試求:

(一)記載核准發行債券之分錄。

(二)記載出售債券之分錄。

(三)普通長期債務帳類之對應分錄。

(四)記載移轉溢價與補息之分錄。

(五)債務基金收到溢價與補息之分錄。

八十八年高等考試三級試題

科目：政府會計

一、試簡答下列問題：

㈠政務基金會計之會計基礎為何？業權基金會計之會計基礎為何？會計法第十七條所稱政府會計基礎係何所指？

㈡最近部分會計界人士主張政務基金會計對長期性資產及長期性負債兩者，均應列入總會計平衡表。試評述之。

㈢特賦基金所購置之設備資產及舉借之長期負債應否列入特賦基金之平衡表？

㈣美國政府會計準則委員會所稱之營業基金相當於我國預算法所稱之那幾種基金？

㈤民國八十八年一月二十五日修正公布之財政收支劃分法第三條與修正前第三條規定，對鄉（鎮、市）之預算編列方式有無不同？如有不同，試問修正前後鄉（鎮、市）各應設總會計、單位會計，兩者兼具或兩者合一？請說明理由。

二、我國現行中央政府、臺灣省地方政府及臺北市地方政府等總預算會計，對公債之會計處理及報表之表達並不一致。試就制度規定及實務作法，列表說明之，並擬具正確（合法）之作法。

註：答案請照下列格式書寫，否則不計分。

㈠制度規定：

區分 ＼ 政府別	中央	省	北市	正確作法（合法）
甲、總會計分錄				
1.悉，公庫收到公債收入時：				
2.悉，公債未償本金淨增時：				
乙、長期負債帳類會計分錄				
3.悉，公債未償本金淨增時：				
丙、總會計平衡表				
4.借方科目：				
5.貸方科目：				
丁、長期負債帳類會計報告				
6.借方科目：				
7.貸方科目：				

㈡實務作法：（格式同制度規定）

三、某地市政府除普通基金外，另成立資本計畫基金、債務基金及長期性資產及負債兩帳組，

1999年以資本租賃方式取得一部新式消防車,於租賃開始日支付$1,805,000,以後九年,每年年初應支付租金$1,805,000,故租金總額為$18,050,000,假定市政府於此九年中之借款利率均為10%。消防車於租賃開始日之公平市價為$12,274,000。

試作:

㈠租賃開始日,資本計畫基金應有之分錄。

㈡租賃開始日,長期性資產帳組應有之分錄。

㈢租賃開始日後,第一年終,債務基金應有之分錄。

㈣租賃開始日及第一年年終長期性負債帳組應有之分錄。

註: P$\overline{10}$ 0.1=6.144567　　　　P$\overline{9}$ 0.1=5.759024

　　 A$\overline{9}$ 0.1=13.579477　　　A$\overline{10}$ 0.1=15.937425

四、下列係我國中央政府某一已參加集中支付制度之單位預算機關,民國八十七年度之彙總會計事項: 試分別為其歲入類單位會計、歲出類單位會計及財產帳類會計等會計個體,求計相關科目餘額:

1. 年度法定歲入預算數$14,925、法定歲出預算數$4,923,625。

2. 歲入預算全年分配$13,930、歲出預算全年分配$4,650,000。

3. 接國庫代庫銀行報告,悉國庫收到預算內及預算外收入各為$12,070。

4. 簽發付款憑單支付各項費用$4,364,875,並代扣所得稅$261,892。

5. 自收本年度歲入款$30,240。

6. 本機關收到暫收款$21,910。(歲入類單位會計)

7. 年底應收未收歲入款為$2,500。

8. 訂購碎紙機十臺,每臺$25,000。

9. 上項碎紙機驗收付款。

10. 暫付建築工程款$11,940。

11. 第一預備金預算$3,500,全數未動支。

12. 某一交通工程計畫,總資金需求核定數$495,000,分五年施工。第一年(八十七年度)法定歲出預算數$95,000,決標簽約數$200,000,暫付工程款$5,000。

試作:

㈠求計歲入類單位會計八十七年結帳前下列科目餘額:

　⑴歲入實收數。

　⑵歲入預算數。

㈡求計歲入類單位會計八十七年結帳後下列科目餘額:

　⑶待納庫款。

　⑷應納庫款。

　⑸歲入結存。

㈢求計歲出類單位會計八十七年結帳前下列科目餘額：

(6)歲出預算數。

(7)可支庫款。

(8)經費支出。

(9)歲出保留數準備。

(10)歲出分配數。

㈣求計歲出類單位會計八十七年結帳後下列科目餘額：

(11)歲出應付款。

(12)專戶存款。

(13)代收款。

㈤求計財產帳類會計八十七年結帳前下列科目餘額：

(14)辦公設備。

(15)現存財產權利總額。

八十八年普通考試第二試試題

科目：政府會計概要

一、假定我國中央政府某一已參加集中支付制度之單位預算機關，民國八十七年度部分會計事項彙列如下：

1.年度法定歲入預算數$140,000,000、法定歲出預算數$700,000,000。

2.七月份奉核定歲入分配預算數$20,000,000、歲出分配預算數$60,000,000。

3.接代理公庫銀行報告，悉其收到本機關本年度預算內及預算外歲入款分別為$4,000,000及$2,000,000。

4.訂購公務用轎車兩輛計$1,800,000。

5.上項公務轎車驗收後實際購價$1,780,000，開具付款憑單送支付處開立支票付清價款。

6.本機關零星收到本年度歲入款$5,000,000，同日予以繳庫。

7.奉核定動支第二預備金$300,000，支付購置電腦乙套。

8.設置零用金$200,000，開具付款憑單向支付處洽領支票，並向代庫銀行領取現金，交總務人員保管。

9.支付電話裝置押金$20,000，由零用金墊付，同時補充零用金。

試作：

㈠求計歲入類單位會計期中之下列科目餘額：

(1)歲入預算數。

(2)歲入納庫數。

(3)歲入實收數。

㈡求計歲出類單位會計期中之下列科目餘額：

(4)歲出預算數。

(5)可支庫款。

(6)經費支出。

(7)零用金。

(8)押金。

㈢求計財產帳類會計期中之下列科目餘額：

(9)交通及運輸設備。

(10)現存財產權利總額。

二、試簡答下列問題：

㈠試述政務基金會計之特質。

㈡何謂會計基礎？營業基金之衡量焦點為何？

㈢指出非「歲入」而係「收入」及非「歲出」而係「支出」之項目各一種。

㈣試區別「待納庫款」與「應納庫款」。

㈤試區別「虧絀之彌補」與「待籌償債數」。

三、試根據財政部民國七十三年六月訂定之徵課會計制度之一致規定，將下列內地稅會計事項作成徵課會計之會計分錄，並編試算表。

　1. 奉核定本年度法定稅收預算數$31,500。

　2. 奉核定本年度一月份稅收分配預算數$3,000。

　3. 訂定本年度稅收目標數$42,000。

　4. 分配一月份稅收目標數$4,000。

　5. 查定一月份各項稅捐$5,000。

　6. 稅款經收處報告：經收徵起國稅款$8,000。

　7. 稅款經收處將上項稅款徵起數解存國稅局於國庫代庫銀行設立之稅款結存專戶。

　8. 國稅局將上項稅款全數解繳國庫。

　9. 假定年度稅收預算全數分配，試作成年終結清預算科目之分錄。

　10. 假定年度稅收目標數已全數分配，試作成年終結清稅收目標科目之分錄。

四、現行中央政府總會計制度規定總會計統制紀錄，係根據單位會計報告為之。試指出下列歲入單位會計、歲出單位會計科目，轉換為總會計之會計科目名稱為何?

㈠歲入納庫數。

㈡專戶存款。

㈢經費結存。

㈣歲入實收數。

㈤經費支出。

八十八年第一次檢覈考試試題

科目：政府會計

一、某地方政府成立「資本計畫基金」負責建購資本財，並成立「債務基金」負責辦理長期債券之還本付息事宜。資本財列帳於「長期性資產帳組」，應付長期債券列帳於「長期性負債帳組」。

某地方政府八十七年度及八十八年度發生下列會計事項，試分別在相關基金或帳組列記應有之會計分錄：

1. 八十七年一月一日照面值發行分期償付公債$10,000,000，利率8%，期限10年，每年一月一日付息一次，並還本十分之一。

2. 八十七年一月三十一日與承攬廠商簽訂工程合約$9,500,000。

3. 八十七年七月三十一日工程完成一半，估付工程款$4,500,000。

4. 八十七年十二月三十一日債務基金已籌得應付債券可償本資金$1,000,000。

5. 八十八年一月一日償付債券本息款。

二、試比較現行中央政府、臺灣省地方政府、及臺北市地方政府，對因應總預算收支平衡所發行公債之會計紀錄及報表表達方式，並指出最佳之處理方式為何？

三、某已參加集中支付制度之機關，八十七年度發生下列會計事項，試作成相關歲入類單位會計、歲出類單位會計、及財產帳類會計之應有會計分錄：

1. 年度歲入預算$10,000,000、歲出預算$90,000,000成立。

2. 核定歲入預算分配數$2,000,000、歲出預算分配數$12,000,000。

3. 接代理公庫銀行報告收到規費收入$1,500,000。

4. 訂購辦公設備$9,000,000。

5. 上項辦公設備驗收付款。

6. 奉核定支付員工子女教育補助費$1,000,000。

7. 支付國外旅費$100,000。

8. 支付電話押金$2,000。

9. 年度終了查明歲出應付款$60,000。

10. 本機關自行收納預算外收入$50,000，並繳庫。

四、解釋下列名詞：

(一)政務基金與業權基金。

(二)會計報告與財務報告。

(三)應納庫款與待納庫款。

(四)待籌償債數與可用償債數。

(五)附屬單位會計與營業基金會計。

八十八年第二次檢覈考試試題

科目：政府會計

一、試簡答下列問題：

　　㈠政府會計之特質。

　　㈡會計基礎之意義。

　　㈢政府總預算會計之意義及範圍。

　　㈣單位預算會計之意義及範圍。

　　㈤基金之意義。

　　㈥機關與單位之不同。

　　㈦收支調度數之意義。

　　㈧歲計餘絀之意義。

二、我國各級政府「總預算會計」辦理統制分錄前之準備工作為何？

三、下列係「單位預算會計」之會計科目，試指出其相應「總預算會計」之會計科目？

　　㈠專戶存款。

　　㈡歲入納庫數。

　　㈢經費支出。

　　㈣歲入結存。

　　㈤應納庫款。

　　㈥待納庫款。

　　㈦應付保管款。

　　㈧應付代收款。

四、下列係國防部及所屬單位預算，於八十八年度發生之會計事項，試分別於其歲入類單位會計、歲出類單位會計及財產帳類會計作成應有之分錄：

　　1.訂購新型戰機20架，合約價每架折合$500,000,000。

　　2.自行收納規費收入$3,800,000。

　　3.上項規費收入繳國庫。

　　4.第1.項訂購之戰機，經驗收合格並付款，每架實際購價為$490,000,000。

　　5.現購辦公設備乙批，計$5,000,000。

五、精省後，臺灣省各縣（市）地方政府會計制度之一致規定，須送請中央政府核定；目前縣（市）地方政府會計之架構與中央政府同性質之會計制度是否一致？如不一致，未來究應修正使其與中央政府相應之會計制度一致？或中央政府會計制度修正使其接近現行縣（市）地方政府會計制度？試論述己見。

八十八年升等考試試題

等別：薦任升等考試

科目：政府會計

一、某市為某區市民修建休閒設施，特設特賦基金用以辦理，所涉會計事項如下：

  1.特賦計畫核定徵收總額$(A)，由該區居民分十年繳納。

  2.該項休閒工程經費半數以發行債券支應。

  3.特賦債券全數售出，共收現金$437,500。

  4.工程計畫業已簽約發包總價$850,000。

  5.第一期應徵特賦共收現金$(B)。

  6.以現金支付包商工程款$(C)。

  7.收到特賦利息$(D)；支付債券持有人利息$15,000。

  8.應計特賦利息$27,000，應計債券利息$(E)。

  9.基金本年度利息收入總額$47,000。

  10.經費支出總額$421,000；年終現金餘額$120,000；本期應收特賦結轉應收過期特賦 $10,000。

  根據上述資料，計出A、B、C、D、E各項應有金額。

二、政府會計採用固定項目劃分原則：

  ㈠何謂固定項目？

  ㈡固定項目如何劃分？

  ㈢固定項目為何劃分？

  ㈣固定項目劃分後應如何表達？

三、某政府機關於88年7月份發生下列事項：

  1.奉核定全年度歲出預算數$2,500,000。

  2.奉核定七月份分配數$250,000。

  3.購置機器設備$40,000。

  4.奉准並支付員工生育補助費$20,000。

  5.某員工預借薪資$15,000。

  6.支付員工薪資$50,000。

  7.支付某計畫業務費用$25,000。

  8.支付辦公室油漆粉刷費用$35,000。

  9.支付零星購買材料價款$10,000。

  10.支付87年度奉准保留到88年度繼續執行經費$30,000。

試計算88年7月底平衡表中下列各科目餘額（註明借方或貸方）：

㈠預計支用數。

㈡歲出分配數。

㈢機器設備。

㈣經費支出。

㈤可支庫款。

四、某市政府普通基金本年度五月底各科目餘額如次：

應收欠稅款	$ 30,000	收入預算數	$600,000
經費支出數	100,000	備抵本年度稅收壞帳	10,000
備抵欠稅壞帳	5,000	應收稅款——本年度	？
現金	？	保留數準備	40,000
歲入收入數	？	經費預算數	500,000
基金餘額（貸方）	200,000	應付憑單	？
經費保留數	？		

由會計報告得知下列各科目之五月底餘額：

1. 歲入收入數較應付憑單多$100,000。

2. 應收稅款較歲入收入數少$40,000。

3. 應收稅款為應付憑單之4倍。

試作：

㈠計算打“？”之各會計科目五月底餘額。

㈡編製五月底之平衡表。

八十八年升等考試試題

等別：簡任升等考試

科目：政府會計

一、政府會計以基金為基礎，且採修正權責制。下舉平衡表顯不符上述要求，希予改編，分別列示各基金與帳類，假定現金與投資按各基金餘額劃分，又假定債務準備全部為還本不含利息。

資　產		負債，基金餘額		
現金	$　600	應付公債		$1,700
投資	1,800	基金餘額		
在建工程	500	資本計畫準備	$　600	
固定資產	1,200	債務準備	200	
	$4,100	無限制	1,600	2,400
				$4,100

二、下列各帳戶金額有些遺漏，惟均與當年度經費支出有關，希尋出其適當金額，一一以分錄補正之。

	借	貸
現金	$　0	$28
應付憑單	？	？
經費預算數	0	55
歲出保留數	？	？
經費支出	30	0
保留數準備	32	50
基金餘額	？	0

三、某市為修污水道，預計成本需$10（此與以下單位均為百萬），其中$8.5發行公債支應，另$1.0由州政府撥贈，其餘由普通基金支付，然後向工程受益者徵收特賦，以支付公債本金與利息。希就下列第一年發生之財務事項，一一登入資本計畫基金帳，並為該基金編具該年度收支與基金餘額表，列示實際數與預計數之比較（不必結帳）。

1. 將資本計畫預算入帳。以公債實收數作短期投資預計可賺到利息$0.20，因此，可減少普通基金之移撥數，預計公債發行成本$0.18。

2. 發行公債$8.5，溢價$0.30，同時發生發行費用$0.18，溢價減發行費後之淨額移轉債務基金。

3. 收到州政府撥贈$1，視為遞延收入，等到建築成本達於此數時轉正。

4. 以$7.62投資短期證券。

5. 發出訂購單及簽訂承建合約數共計$9.2。

6. 出售投資證券$5，售價$5.14，其差額為利息收入，年底未出售投資證券評價增加 $0.06，亦視為利息收入。

7. 收到承建商帳單$5.7，扣除工程完工保證款$.4，其餘$5.3照付。同時將州政府撥贈轉正列收。

8. 移轉$0.12予債務基金。

四、現行我國政府會計制度是否完滿各有見地，希就(a)會計組織，(b)基金會計，(c)會計基礎，(d)會計個體，(e)公務成本，(f)資本支出等方面，提出批判與建議。

八十九年特種考試臺灣省及福建省基層公務人員考試試題

等別：三等考試

科別：會計審計

科目：政府會計

考試時間：二小時

一、經費類單位會計與歲入類單位會計，若預算未編列，試說明何者可以執行？何者不可以執行？其理由安在？（20分）

二、下列為已實施集中支付機關經費類單位會計，89年度元月份所發生之交易事項：

　　1.核准本年度經費$1,960,000。

　　2.核准本月分配數$196,000。

　　3.支付用人費$117,600。

　　4.發生契約責任$58,800。

　　5.維護費不足，奉准流用事務費$4,200。

　　6.核定動用第一預備金$49,000。

　　7.支付子女教育補助金$78,400。

　　8.支付旅運費$26,460。

　　9.收回以前年度歲出款$11,760。

　　10.領取本年度零用金$9,800。

　　11.收回本年度用人費支出$5,880。

　　12.支付押金$4,900。

　　13.零用金付事務費$1,960。

試作：（20分）

將上項交易處理後，編製

㈠89年元月底結帳前平衡表。

㈡該月之現金出納表。

三、太平市資本計畫基金88年度發生事項如下：

　　1.核准發行建設債券及工程計畫$260,000。

　　2.債券全部出售，溢價$1,300。

　　3.建設工程已發包，合約價$247,000。

　　4.現金支付第一期工程款16.5%。

　　5.支付監工費$1,560。

　　6.將溢價轉至債務基金。

7.年終結帳。

試作：（20分）

編製該市資本計畫基金88年12月31日結帳後之平衡表。

四、88年12月31日結帳後，大甲市普通基金之基金餘額之貸餘為\$3,255，1月1日為記載89年度之法定預算，作成下列分錄：

1/1	歲入預算數	82,887	
	歲出預算數		81,018
	基金餘額		1,869

89年度該市並未修正法定預算，同年12月31日作成下列結帳分錄：

12/31	歲入收入數	83,150	
	歲出預算數	81,018	
	基金餘額	1,418	
	經費支出數		80,798
	歲入預算數		82,887
	歲出保留數		1,901

89年度該市收到上年度支出之退還\$5，即記入基金餘額之貸項。

試作：（20分）

㈠編製大甲市89年度之基金變動分析表。

㈡若將用品存貨成本\$840，從「基金餘額」中轉出並另成立「用品盤存準備」科目，則「基金餘額變動分析表」會有何不同？試另編製餘額變動分析比較表說明之。

五、88年度國庫統制會計發生之事項如下：

1.國庫分庫報告收到本年度課稅收入\$1,050,000,000，以前年度收入\$75,000。

2.國庫分庫報告收回以前年度歲出\$225,000，收到剔除經費\$3,750。

3.國庫分庫報告收到各機關本年度支出之收回\$5,850。

4.地區支付處報告收回各機關本年度各項支出\$5,850。

5.地區支付處報告支付各機關本年度各項歲出\$675,000,000，以前年度歲出應付款\$10,800,000。

6.年度終了時，結清收支科目。

試作：（20分）

編製該年度簡明國庫收支總表。

八十九年特種考試臺灣省及福建省基層公務人員考試試題

等別：四等考試

科別：會計審計

科目：政府會計概要

考試時間：一小時三十分

一、試繪製我國現行政府會計結構圖，並舉例說明其相互之關係。(25分)

二、下列為甲政府88年度結帳前各科目餘額。

國庫結存	$858,000
暫付款	316,800
歲入預算數	528,800
各機關結存	580,800
歲入應收款	91,200
經費支出數	91,200
歲出保留數準備	132,000
歲出應付款	322,080
歲入收入數	381,480
代收款	52,800
歲出預算數	528,000
累計餘絀	待解數

另甲政府應調整會計事項如下：

1.漏記註銷以前年度應付款$57,750。

2.漏記訂單及契約責任$96,250。

3.漏記應付本年度支出$41,250。

4.漏記購入材料款$31,625。

5.漏記應收本年度收入$27,500。

6.各機關結存多計，因代收款已全部繳清，尚未入帳。

7.暫付款多計與各機關結存少計$11,000。

試作：根據上項資料 (25分)

㈠編製甲政府88年度調整前試算表。

㈡編製甲政府88年度調整後試算表。

三、下列為某機關88年度歲入類會計所發生之交易事項：

1.本年度歲入預算數$118,800，各月平均分配。

2.轉入上年度暫收款$9,900，保管款$6,600，歲入應收款$19,800。

3.查明上項暫收款$3,300為支出收回，其餘為本年度歲入。

4.按國庫通知收到本年度歲入$75,900，及預算外收入$39,600。

5.收到本年度歲入$33,000，除支票$6,600金額錯誤外，餘均已納庫。

6.國庫通知退還以前年度歲入$3,960，本機關退還本年度預算外收入$6,600。

7.審計部通知剔除經費$990，由國庫收回二分之一。

8.查定本年度應收款$6,600，以前年度歲入應收款$17,160，餘註銷。

試作：(25分)

㈠應有調整分錄。

㈡結帳分錄。

四、下列為玉山縣88年度普通基金結帳後平衡表。

玉山縣政府

普通基金平衡表

八十八年底

資　產			負債及基金餘額	
現金		$　85,500	應付借入款	$164,942
應收賦稅	$222,746		基金餘額	131,118
減：備抵壞稅	12,186	210,560		
總　計		$296,060	總　計	$296,060

89年度之會計事項如下：

1.年度法定歲入及歲出預算數各為$2,565。

2.發放地價稅單$128,250，估計壞稅4%。

3.收到應收稅款$209,000。

4.收到本年度地價稅款$118,750。

5.以國庫擔保向銀行借入$475,000。

6.簽開支票償付應付借入款$47,500。

7.縣府員工薪資計$399,000，代扣所得稅$47,880後簽發銀行支票支付。

8.現購材料，全已領用$290,700。

9.收到本年度罰金收入$26,030。

試作：根據上項資料計算該縣89年度結帳後下列各科目之餘額。(25分)

㈠現金。

㈡應收稅款。

㈢應付借入款。

㈣基金餘額。

㈤歲出保留數準備。

八十九年公務人員普通考試第二試試題

科別：會計審計

科目：政府會計概要

考試時間：一小時三十分

一、試採業權基金、政務基金及其相關帳組會計，分別列示下列各會計事項應有會計分錄：

(一)訂購房地產乙幢；計房屋$2,000,000、土地$3,000,000。

(二)上項房地產驗收付款。

(三)擬發行長期債券之預算$6,000,000。

(四)上項長期債券照面值如數發行並收現。

請照下列格式作答：（每小題5分，共20分）

業權基金	政務基金	長期性資產帳組	長期性負債帳組
(一)			
(二)			
(三)			
(四)			

二、簡答題：（每小題4分，共20分）

(一)歲出類單位會計之專戶存款、經費結存及零用金，其總會計相應之會計科目為何？

(二)我國現行徵課會計之會計基礎為何？

(三)試說明歲出類單位會計設置「經費賸餘——押金部分」科目之目的何在？其與押金科目有何相關？

(四)某政府根據各歲入類單位會計彙總科目變動表及歲入類單位會計現金出納表彙總資料，分析出「存入保證金」增加$10,000、減少$4,000，試作該政府總會計相應之統制分錄。

(五)某政府根據各歲出類單位會計平衡表彙總科目變動表及歲出類單位會計現金出納表彙總資料，分析出「經費支出」科目增加$17,889，試作該政府總會計相應之統制分錄。

三、某單位預算機關於民國89年1月份，發生下列會計事項：（假定已參加集中支付制度）

1.年度法定歲出預算數$19,000,000。

2.1月份分配數$5,000,000。

3.奉核定並支付員工子女教育補助費$500,000。

4.訂購汽車乙部，價款$1,500,000。

5.發放員工薪資$950,000，並代扣所得稅6%。

6.前項訂購之汽車交貨、驗收，並付款$1,490,000結清。

7.賒購材料乙批計價$76,000。

8. 1月份材料耗用$38,000。

試作：（每小題4分，共20分）

根據上述資料，求計某單位預算會計機關下列各科目之餘額：（應註明所屬會計個體）

㈠歲出分配數。

㈡經費支出。

㈢交通及運輸設備。

㈣應付代收款。

㈤歲出預算數。

四、假定我國某地方政府民國90年11月30日總會計平衡表部分科目餘額如下：

借　方		貸　方	
公庫結存	$ 66,906	應付代收款	$ 6,000
各機關結存	6,150	應付保管款	6,784
歲入預算數	40,412	暫收款	220
歲入分配數	444,526	預收款	100
公債收入預算數	23,400	歲入收入數	441,082
賒借收入預算數	10,000	公債收入	15,000
移用以前年度歲計		賒借收入	5,000
賸餘預算數	24,052	歲出應付款	7,000
經費支出數	330,924	歲出預算數	42,978
歲出保留數	46,000	歲出分配數	472,750
歲計餘絀	30,790	債務還本支出預算數	26,662
		歲出保留數準備	46,000
		收支調度數	30,790

甲、民國90年12月31日公庫報告而未據各單位預算機關會計報告之資料如下：

　1. 收到公債收入$8,400。

　2. 收到賒借收入$3,000。

　3. 支付債務還本數$26,662。

乙、民國90年12月31日全體歲入類單位會計平衡表主要科目餘額彙總如下：

借　方		貸　方	
歲入結存	$ 640	存入保證金	$ 140
歲入應收款	12,560	暫收款	100
有價證券	200	預收款	60
歲入分配數	484,938	歲入收入數	471,662

丙、民國90年12月31日全體歲出類單位會計平衡表主要科目餘額彙總如下：

借 方		貸 方	
專戶存款	$ 1,680	應付保管款	$ 520
可支庫款	73,994	應付代收款	1,600
保留庫款	40	歲出應付款	300
有價證券	400	歲出預算數	800
材料	122	歲出分配數	514,928
暫付款	29,356	經費賸餘──押金部分	100
押金	102	經費賸餘──材料部分	118
經費支出	413,652		
歲出保留數	48,000		

試根據上述資料，求計民國90年12月31日該地方政府總會計平衡表下列各科目之餘額：（每小題8分，共40分）

㈠應付保管款。

㈡應付代收款。

㈢各機關結存。

㈣收支調度數。

㈤歲計餘絀。

八十九年關務人員升等考試試題

等別：薦任升等

類科：會計審計

科目：政府會計

考試時間：二小時

一、請扼要回答下列問題：

　　㈠政府會計之主要特質為何？（12分）

　　㈡政府會計所謂「固定項目分開原則」，其意義為何？（13分）

二、信義市採行曆年制會計年度，茲該市普通基金A年度期初帳列各科目餘額如下：

現金	$3,250,000
應收賦稅——過期	2,210,400
備抵壞稅——過期	165,800
應收帳款	114,300
備抵壞帳	19,200
應付帳款	219,700
預收款	78,000
以前年度保留數準備	1,984,600
基金餘額	？

該市普通基金A年度發生下列會計事項：

㈠市議會通過之年度預算，已完成法定程序，計列收入$13,840,000，支出$13,500,000。

㈡稅捐稽徵部門查定當年度各項市稅共$10,286,000，應提列備抵壞稅3%。

㈢收到當年度各項稅款$9,126,800，以前年度稅款$796,400。

㈣檢查應收過期賦稅，確定其中$127,800已無法收到，經核准後，予以註銷。

㈤支付當年度人事費$4,216,000，業務費$2,387,300。

㈥以前年度保留數準備期初餘額，係備付衛生局辦公房屋建築工程合約末期工程款，該工程業已完工驗收，經結算後，工程尾款僅需$1,950,000，並已支付完畢。

㈦除稅款外，其他各項收入共計收到$3,920,540。

㈧當年度預算道路建設工程，業已完成發包，合約價格為$6,720,000。

㈨當年度各項市稅截徵期限已屆。

㈩道路建設第一期工程已完成估驗，依約支付$2,135,400。

㈩一年度終了，辦理結帳。

　　請根據上述資料，逐一作成應有之分錄，並編製結帳後平衡表。（25分）

三、和平市政府為促進商機，研議設置行人徒步區計畫，並成立特賦基金，該基金之會計事項如下：

(一)行人徒步區計畫業經核定，計畫總額$100,000,000。

(二)該計畫財源分配完成攤派，其中市政府分擔工程成本$30,000,000，其餘$70,000,000以徵收特賦支應。第一期特賦$20,000,000並已發單，另$50,000,000為遞延特賦。

(三)發行特賦債券，面額$50,000,000，溢價$200,000。

(四)主要工程業已發包簽約，總價$81,000,000。

(五)第一期特賦已收到$14,000,000。

(六)收到政府分擔工程款$10,000,000。

(七)第一期特賦繳款期限已屆。

(八)主要工程部分完工，依約估驗工程款為$18,000,000。

(九)第二期特賦$20,000,000，業已發單徵收。

(十)支付工程款$18,000,000。

請根據以上事項作成應有之分錄，並編製平衡表。(25分)

四、某部為我國中央政府已實施集中支付制之單位會計機關，請根據我國現行普通公務單位會計制度之一致規定，就該部下列會計事項作成分錄，並註明各該分錄應記入歲入類會計抑記入經費類會計：(25分)

(一)奉核定本年度歲出預算數$137,654,000，歲入預算數$11,200,000。

(二)奉核定一月份歲出分配預算數$12,000,000，歲入分配預算數$1,080,000。

(三)支付以前年度歲出應付款$8,432,000。

(四)接代理國庫銀行報告收到本年度歲入款$743,000。

(五)收回以前年度支付之押金$1,200,000。

(六)支付一月份人事費$4,400,300。

(七)採購電腦設備已完成簽約，合約價格$1,194,000。

(八)接代理國庫銀行報告收到以前年度歲入應收款$214,800。

(九)接到審計機關通知審定剔除上年度經費$20,000，並予繳庫。

(十)收到零星收入共$17,800，並予繳庫。

八十九年公務人員高等考試三級考試第二試試題

科別: 會計審計

科目: 政府會計

考試時間: 二小時

一、假定某市地方政府某一單位預算機關,民國89年12月31日歲出類單位會計結帳前平衡表如
下:

××政府

××部歲出類單位會計平衡表

民國89年12月31日   單位: 元

資產及資力		負債及負擔		
專戶存款	$ 27,635	應付保管款		$ 12,500
可支庫款	5,072,583	應付代收款		15,135
零用金	1,250	歲出預算數		30,000
暫付款	270,375	歲出分配數	$49,207,543	
押金	1,430	(減)經費支出	43,863,305	
預計支用數	30,000	歲出保留數	711,425	4,632,813
		歲出保留數準備		711,425
		小 計		$5,401,873
		餘 絀		
		經費賸餘——押金部分		1,400
合 計	$5,403,273	合 計		$5,403,273

補充資料:

1.零用金年終應收回繳庫。

2.暫付款中計有$10,000未符法定保留要件,應收回繳庫。

3.第一預備金預算$30,000全數未執行。

4.本年度押金增加$30。

5.截止年終依法得保留並經核准之歲出保留數為$1,199,325(包括未暫付之契約責任數
$660,450,已暫付之契約責任數$260,375,繼續經費保留數$278,500)。

試作: 根據上述結帳前歲出類單位會計平衡表及補充資料,求計調整及結帳後歲出類單位
會計平衡表,下列各科目之餘額:(20分)

(1)保留庫款。

(2)暫付款。

　　(3)歲出應付款。

　　(4)經費賸餘——押金部分。

二、選擇題：（每小題2分，共20分）

　　1.下列何項敘述為真：

　　　(A)政府會計分公務會計與營業會計兩種

　　　(B)財產帳類會計與長期債務帳類會計所產生之報告係非財務之會計報告

　　　(C)國營事業機關會計須計算盈虧，故非政府會計範圍

　　　(D)「庫存債票」與「公債納庫數」係我國公債會計之資產科目

　　2.以租稅為擔保之應付債券，其利息支出應於何時列記於債務基金？

　　　(A)利息支票簽開日

　　　(B)會計年度終了日

　　　(C)應付利息歸屬期間

　　　(D)法定應付利息應付日

　　3.下列何項敘述為假：

　　　(A)各級政府總會計平衡表之負債總額應包括應付公債餘額

　　　(B)特別預算執行結果之會計，應另行辦理決算並編特別決算平衡表

　　　(C)歲出預算數、歲出分配數均屬負擔科目

　　　(D)國庫出納會計包括：國庫代庫會計、國庫支付會計與國庫統制會計

　　4.如政府不必承擔特賦債務責任，則特賦債務面之交易事項應列報於下列何種基金？

　　　(A)特別收入基金

　　　(B)債務基金

　　　(C)普通基金

　　　(D)代理基金

　　5.政務基金所建購之長期性資產，如計提折舊時，其累計折舊，應如何列報？

　　　(A)列記於長期性資產帳組資產之減項

　　　(B)列記於政務基金

　　　(C)列記於總決算平衡表資產科目之減項

　　　(D)列記於公營事業平衡表資產科目之減項

　　6.政務基金以資本租賃方式取得長期性資產：

　　　(A)不應資本化

　　　(B)應採成本或市價孰低法，予以資本化

　　　(C)採行與業權基金營業租賃相同會計原則，予以資本化

　　　(D)依據①最小租賃支付現值或②租賃資產公平價值，二者較低者，予以資本化

　　7.某一公用事業機構取得另一公用事業機構資產之列帳基礎為何？

(A)取得時之公平市價列為資產

(B)照成本與市價孰低法入帳

(C)採讓出人之歷史成本列帳，不考慮原累計折舊數

(D)採讓出人資產之原始成本入資產帳，並記載相關之原累計折舊數

8.「應計退休金未提基金之精算現值」係公務人員退休基金平衡表之下列何種性質科目：

(A)負債科目

(B)餘絀科目

(C)貸方餘額科目

(D)基金餘額之減項科目

9.有關鄉（鎮、市）之年度預算編列方式下列何一敘述為非：

(A)八十八年度以前依法應編單位預算列入縣總預算內

(B)八十九年度以後依法應編收支平衡之總預算

(C)依據地方制度法規定應編收支平衡之總預算

(D)自民國三十九年度起依法均應編總預算

10.「防護及災害搶修準備」之會計處理，下列何一敘述係正確者：

(A)年度終了，將防護及災害搶修預算未動用數，提列為準備係違法行為

(B)年度終了，提列「防護及災害搶修準備」，係合法行為

(C)年度終了，提列「防護及災害搶修準備」，係不合理行為

(D)我國各級政府會計制度均列有提列「防護及災害搶修準備」之規定

三、假定美國某一州政府，除普通基金外另設資本計畫基金及債務基金等政務基金。資本計畫
基金擔負資本支出建設、購置及其相關財源籌措會計事宜。債務基金擔負長期債務本息償
付及相關財源收入之會計事宜。公元2000年度（採曆年制）州政府各政務基金相關會計事
項如下：

㈠年度法定預算資料：

1.高速公路建設計畫——本年度支出預算$10,000,000，全部財源為發行公債。

2.償還長期債務到期本金$500,000、利息$250,000，財源為稅課收入。

㈡2000年度預算執行情形如下：

1.2000年1月16日：發行公債$10,000,000、期限5年，利率10%，每半年償本十分之一。

2.高速公路建設計畫分段招標之決標價為$9,000,000，於2000年2月1日簽約生效。

3.2000年6月30日：收到稅課收入$800,000。

4.2000年7月16日：支付公債應償本金$500,000及利息$250,000。

5.2000年12月31日：高速公路完工五分之一，驗收付款$8,500,000。

試根據上述資料，採政務基金會計原理作成資本計畫基金、債務基金、長期性資產帳組、
長期性負債帳組等，作應有之會計分錄：

希照下列格式於試卷上畫表作答：（20分）

會計事項	資本計畫基金之分錄	債務基金之分錄	長期性資產帳組之分錄	長期性負債帳組之分錄
(一)				
1.				
2.				
(二)				
1.				
2.				
3.				
4.				
5.				

四、假設我國某市地方政府年度總預算共有180個單位預算機關及基金。單位預算會計共設90個歲入類單位會計、180個歲出類單位會計及150個財產帳類會計等會計個體。

總預算會計設置總會計、財產帳類會計及長期債務帳類會計等會計個體。下列係總預算會計與單位預算會計相關資料：

(一)民國91年度法定總預算資料：

歲入預算數	$ 960,000
公債收入預算數	208,000
移用以前年度歲計賸餘預算數	32,000
歲出預算數	1,120,000
債務還本支出預算數	80,000

(二)民國90年12月31日總會計平衡表：

××市地方政府

總會計平衡表

民國90年12月31日　　　　　　　　　單位：元

資　產		負　債	
公庫結存	$204,520	應付保管款	$ 3,480
各機關結存	6,360	暫收款	200
歲入應收款	32,000	歲出應付款	136,000
押金	800	負債合計	$139,680
暫付款	56,000		
		餘　絀	
		累計餘絀	$160,000
		餘絀合計	$160,000
總　計	$299,680	總　計	$299,680

㈢民國91年1月份公庫報告而未據各單位預算機關或基金報告之資料：

A.收到公債收入款　　　$40,000

B.支付債務還本支出　　48,000

㈣民國90年12月31日各歲入類單位會計平衡表彙總（結帳後）：

××市地方政府

各歲入類單位會計平衡表彙總（結帳後）

民國90年12月31日　　　　　　　　　單位：元

資　產		負　債	
歲入結存	$ 1,400	暫收款	$ 200
歲入應收款——以前年度	32,000	存入保證金	120
		應納庫款	32,000
		待納庫款	1,080
合　計	$33,400	合　計	$33,400

㈤民國91年1月份各歲入類單位會計現金出納表彙總：

××市地方政府

各歲入類單位會計現金出納表彙總

民國91年1月1日至1月31日　　　　　單位：元

科目及摘要	金　額		
	小　計	合　計	總　計
一、收項			
1.上期結存			$ 1,400
(1)歲入結存		$ 1,400	
2.本期收入			93,664
(1)歲入收入數		80,000	
(2)歲入應收款		12,000	
(3)暫收款		40	
收入數	$ 60		
（減）沖減數	(20)		
(4)存入保證金		24	
收入數	94		
（減）沖減數	(70)		
(5)收回以前年度納庫款		1,600	
收項總計			$95,064
二、付項			

1.本期支出		
(1)歲入納庫數	78,000	$91,600
(2)應納庫款	12,000	
(3)退還以前年度入款	1,600	
2.本期結存		
(1)歲入結存	2,424	3,464
(2)有價證券	1,040	
付項總計		
		$95,064

(六)民國91年1月31日各歲入類單位會計平衡表彙總：

××市地方政府

各歲入類單位會計平衡表彙總

民國91年1月31日　　　　　　單位：元

資產及資力		負債及負擔	
歲入結存	$　　2,424	暫收款	$　　240
有價證券	1,040	存入保證金	144
歲入應收款——以前年度	20,000	應納庫款	20,000
歲入預算數	880,000	待納庫款	1,080
歲入分配數	80,000	預計納庫款	960,000
歲入納庫數	78,000	歲入收入數	80,000
退還以前年度歲入數	1,600	收回以前年度納庫款	1,600
合　計	$1,063,064	合　計	$1,063,064

(七)民國90年12月31日各歲出類單位會計平衡表彙總（結帳後）：

××市地方政府

各歲出類單位會計平衡表彙總（結帳後）

民國90年12月31日　　　　　　單位：元

資　產		負　債	
專戶存款	$　4,960	應付保管款	$　3,360
保留庫款	80,000	歲出應付款	136,000
暫付款	56,000	小　計	$139,360
押金	800	餘　絀	
		經費賸餘——待納庫部分	$　1,600
		經費賸餘——押金部分	800
		小　計	$　2,400
合　計	$141,760	合　計	$141,760

㈧民國91年1月份各歲出類單位會計現金出納表彙總:

××市地方政府
各歲出類單位會計現金出納表彙總
民國91年1月1日至1月31日　　　　　單位: 元

科目及摘要	小　計	合　計	總　計
一、收項			
1.上期結存			$ 84,960
(1)專戶存款		$ 4,960	
(2)保留庫款		80,000	
2.本期收入			87,844
(1)預計支用數		88,000	
(2)應付保管款		(156)	
收入數	$　408		
(減)沖轉數	(564)		
收項總計			$172,804
二、付項			
1.本期支出			$ 97,492
(1)經費支出		76,004	
(2)歲出應付款		16,400	
(3)暫付款		4,000	
暫付數	12,000		
減: 沖轉數	(8,000)		
(4)押金		(52)	
支付數	48		
減: 沖轉數	(100)		
(5)經費賸餘——待納庫部分		1,040	
(6)經費賸餘——押金部分		100	
2.本期結存			75,312
(1)專戶存款		4,764	
(2)可支庫款		10,484	
(3)保留庫款		59,600	
(4)有價證券		320	
(5)零用金		144	
付項總計			
			$172,804

(九)民國91年1月31日各歲出類單位會計平衡表彙總：

××市地方政府

各歲出類單位會計平衡表彙總

民國91年1月31日　　　　　　　　　　單位：元

資產及資力		負債及負擔	
專戶存款	$ 4,764	應付保管款	$ 3,204
可支庫款	10,484	歲出應付款	119,600
保留庫款	59,600	歲出預算數	1,032,000
零用金	144	歲出分配數	88,000
有價證券	320	歲出保留數準備	1,000
暫付款	60,000	小　計	$1,243,804
押金	748	餘　絀	
歲出保留數	1,000	經費賸餘——待納庫部分	$ 560
預計支用數	1,032,000	經費賸餘——押金部分	700
經費支出	76,004	小　計	$ 1,260
合　計	$1,245,064	合　計	$1,245,064

試根據上述(一)～(九)資料，求計民國91年1月31日總會計平衡表，下列各科目餘額：

(1)公庫結存。（10分）

(2)各機關結存。（5分）

(3)累計餘絀。（5分）

(4)應付保管款。（5分）

(5)收支調度數。（5分）

(6)歲計餘絀。（5分）

(7)債務還本支出數。（5分）

九十年公務人員高等考試一級暨二級考試試題

等級：二級考試

科別：會計審計

科目：政府會計

考試時間：二小時

一、試簡答下列問題：（每小題5分，共20分）

　　㈠政務基金所謂之權責發生基礎與商業會計之應計基礎有何不同？

　　㈡何謂「契約責任基礎」？

　　㈢何謂政府會計之「衡量焦點」？

　　㈣試討論我國徵課會計對已開單但無法實際收款之稅款之會計處理方式。

二、試表達下列事件或交易有關之所有分錄。某政府擬興造橋樑一座，核定全部成本總額
　　800,000元，其中600,000元由普通基金撥款，另200,000元則發行公債募集，其債券係以2,000
　　元折價出售。政府與某建築公司簽訂合約，由其承攬部分工程，估計成本600,000元。（20分）

三、某市政府普通基金上年度結帳後，「歲計餘絀」帳戶的貸方餘額為18,000元，本年度核定歲
　　入預算數800,000元，歲出預算數750,000元，年度進行中並無追加減預算，本年度終了，核
　　計歲入實收765,000元，經費支出683,000元，收回以前年度支出800元，未了契約責任16,000
　　元。根據上述資料，請編製基金餘額變動分析表，表中應包括實務數與預算數。（20分）

四、請根據預算法之基金分類，簡要討論各類別基金會計事務之特性與重點。（20分）

五、請列出下列事件或交易應作之分錄：（每小題5分，共20分）

　　㈠上年度結轉未收賦稅800,000元。

　　㈡本年度查定應徵稅課40,000,000元。

　　㈢收到當期賦稅50,000,000元，過期賦稅800,000元。

　　㈣註銷過期賦稅60,000元。

九十年特種考試臺灣省及福建省基層公務人員考試試題

等別：三等考試
類科：會計審計
科目：政府會計
考試時間：二小時

一、政府為穩定國家金融所設立之「國家安全基金」，就基金分類而言應屬於那一類基金，試申論之。（10分）此外，國家安全基金所購入之上市、上櫃公司之股票，若市場價值低於原來購入成本，應為何種會計處理，試討論之。（10分）

二、請列出下列普通基金發生之事件或交易之分錄：（每小題5分，共20分）
　㈠假設全年收入預算數為2,500,000元，經費預算數為3,000,000元。
　㈡發出訂購單購買材料及用品數56,000元。
　㈢應付員工薪資420,000元，但未經預算保留程序，其中須代扣健保費24,570元，所得稅56,640元。
　㈣分錄㈡所訂購之材料及用品送達並經驗收完畢。

三、某市於2000年1月1日發行市政公債，做為建造市立公園之用。利率5.5%，20年到期，一次償還，並於2001年起每年年終由普通基金劃撥款項歸入償債基金，以使20年後可得2,000,000元，以供還本。假設償債基金年收益率為6%，年金$1按6%計算，20年後之終值為36.786。試問普通基金前5年應撥入償債基金之金額，每年各為多少？（20分）

四、假設政府原擬以每股102釋出中華電信股票20,000,000股，但因股市不佳，僅釋出3,000,000股。次年，政府降低釋股價格至80元，擬釋出上年度未釋出之股票，又因市況不佳中途決定撤銷該釋股案。請將上述事件或交易應為之會計分錄完整列出。（20分）

五、請區分政府之「內部控制」與「內部審核」有何不同？試以其適用範圍及重點說明之。（20分）

九十年特種考試臺灣省及福建省基層公務人員考試試題

等別：四等考試

類科：會計審計

科目：政府會計概要

考試時間：一小時三十分

一、民國87年10月修正公布之預算法第6條規定，不再將債務之舉借及以前年度歲計賸餘之移用列為歲入。亦不再將債務之償還列為歲出。又同法第17條規定，將總預算定義為政府每一會計年度，就其歲入歲出、債務之舉借、以前年度歲計賸餘之移用及債務之償還全部所編之預算。配合此項修正，中央總會計制度相關會計分錄已作修正。試就下列會計事項，列舉修正後應有之分錄：（25分）

　　㈠中央政府年度總預算或特別預算公布，列有：

　　　　1.發行公債及賒借時

　　　　2.債務還本時

　　　　3.移用以前年度歲計賸餘時

　　㈡按國庫收支報告表列收到公債及賒借時。

　　㈢核定債務還本計畫時。

　　㈣債務還本支付或撥款時。

　　㈤年度結束移用數沖轉時。

二、普通基金年度結帳前平衡表之各科目餘額：

現金	$ 11,200,000
應收稅賦	69,550,000
備抵壞稅	11,050,000
應收帳款	21,000,000
備抵壞帳	1,000,000
預收稅款	1,000,000
預計收入	431,000,000
經費支出	399,900,000
保留數	20,000,000
應付憑單	29,900,000
應付帳款	30,000,000
核定經費	426,000,000
保留數準備	20,000,000
收入	428,700,000
基金餘額	5,000,000

該基金本年度購置辦公房舍$60,000,000，舉借長期債務$20,000,000，償還長期債務$10,000,000。

試計算該基金年終結帳後平衡表之下列各科目餘額：（25分）

㈠基金餘額

㈡核定經費

㈢保留數及保留數準備

㈣固定資產及長期負債

㈤資產總額及負債總額

三、某機關年終結帳前歲入類平衡表之各科目餘額：

歲入結存	$ 100,000
所屬機關歲入結存	100,000
有價證券	500,000
預收款	40,000
歲入應收款	24,600,000
暫收款	60,000
保證金	600,000
歲入預算數	20,000,000
歲入分配數	130,000,000
歲入納庫數	121,880,000
退還以前年度歲入款	60,000
歲入實收數	?
應納庫款	?
預計納庫數	?
收回以前年度納庫數	?

試計算該機關結帳前、後歲入類平衡表之下列資料：（25分）

㈠結帳前：上述未列示金額之四科目之餘額。

㈡結帳後：應納庫款及預計納庫數兩科目之餘額。

四、已知某機關結帳前經費類平衡表之部分科目餘額為：

資產總額（不含經費支出）	$ 12,300,000
歲出分配數	269,070,000
經費支出數	265,470,000
專戶存款	3,000,000
代收款	450,000
零用金	450,000
歲出應付款	8,250,000
保留庫款	8,250,000

又知該機關結帳後經費類平衡表列有經費賸餘——材料部分及經費賸餘——押金部分兩科目，金額分別為$200,000及$400,000。

試計算下列各科目餘額：（25分）

㈠結帳前經費類平衡表所載科目：

　1.歲出預算數

　2.材料及押金

㈡結帳後經費類平衡表所載科目：

　3.保留庫款

　4.經費賸餘——待納庫部分

　5.資產總額

九十年第一次國軍上校以上軍官外職停役轉任公務人員檢覈筆試試題

職系：會計審計
科目：政府會計
考試時間：二小時

一、我國現行各級政府每一政府一定會編一總預算，其預算執行的財務面會計謂之總會計，而總會計主要係根據各單位預算機關或基金之歲入類單位會計及歲出類單位會計之會計報告為原始憑證，按會計程序為之，試根據現行單位預算會計制度規定原則，說明各級政府總會計統制分錄應有之前置準備工作為何？（20分）

二、試評述我國現行中央政府總會計實務面與制度面之落差，並提出改善之良方。（20分）

三、下列係中央政府某單位預算機關九十年度發生之會計事項，試就各會計事項之性質，分別於其歲入類單位會計、歲出類單位會計及財產帳類會計等會計個體作成應有之會計分錄：（20分）

　㈠年度歲入預算數$50,000,000、歲出預算數$200,000,000。

　㈡訂購辦公用品乙批計$500,000、房地產$2,000,000（土地$1,500,000、房屋$500,000）。

　㈢自行收納規費$400,000。

　㈣上項規費繳庫。

　㈤第㈡項訂購之辦公用品驗收付款，計$490,000。

　㈥第㈡項訂購之房地產如數驗收付款。

　㈦年終盤點用品尚有$250,000，未使用。

　㈧第㈥項驗收付款之房地產，另付房屋契稅$50,000。

四、我國中央政府財政部主管之債務基金係編附屬單位預算，於其八十八年下半年及八十九年度作業收支預算表中編列債務收入$30,005,382,000、債務支出$30,005,382,000。試回答下列相關問題：（20分）

　㈠根據我國現行預算法第四條規定，說明債務收入，是否為歲入？如非為歲入，是否得編列為債務基金之償債財源？

　㈡試根據現行各級政府附屬單位會計之會計制度規定，說明長期債務舉借應如何表達於附屬單位會計之會計報告？究應表達於收支餘絀表之收入或平衡表之負債？如列為收支餘絀表之收入，基金之負債餘額，應如何於會計報告中表達？

五、試述政務基金取得及處分長期資產、舉借與償付長期負債之基金個體及其相關會計帳組之會計分錄。（20分）

九十年特種考試退除役軍人轉任公務人員考試試題

等別：三等考試

類科：會計審計

科目：政府會計

考試時間：二小時

一、假定某市地方政府民國91年度總預算會計之相關資料如下：

甲、民國91年度法定預算：

歲入	$242,469
歲出	257,864
債務舉借	16,700
債務還本	13,331
移用以前年度歲計賸餘	12,026

註：歲出含統籌經費 $22,435
　　第二預備金 1,500

乙、民國90年12月31日總會計平衡表：

某市地方政府總會計平衡表
民國90年12月31日　　　　　　　　單位：元

資　產		負　債	
公庫結存	$ 60,377	應付保管款	$ 1,160
各機關結存	1,160	暫收款	930
應收歲入款	8,280	應付歲出款	34,150
材料	112	合　計	$36,240
暫付款	55,181	餘　絀	
		收支調度數	$ 4,995
		歲計餘絀	(4,995)
		累計餘絀	88,870
總　計	$125,100	總　計	$88,870

丙、民國91年1月份接代理公庫銀行報告；而未據各單位預算機關或基金報告之資料為：

⑴收到公債收入　　　　$ 1,700

⑵支付債務還本支出　　　10,000

試根據上述資料作某市地方政府91年1月份總會計下述分錄：

㈠總預算各項收支預算成立之分錄。（10分）

㈡核定債務還本計畫之分錄。（5分）

㈢接代理公庫銀行報告之分錄。（5分）

二、甲、某機關歲入類單位會計89年度結帳後平衡表各科目餘額如下：

歲入結存	$13,741
應收歲入款	4,990
待納庫款	13,741
應納庫款	4,990

乙、90年1月份相關會計事項如下：

⑴90年度法定歲入預算數$1,492,505。

⑵90年1月份奉核歲入分配數$116,084。

⑶接代理公庫銀行報告，悉收到本單位預算年度歲入款$110,000，預算外收入$500。

⑷接代理公庫銀行報告，悉收到以前年度應收歲入款$14,975。

⑸本單位預算機關零星自收到本年度歲入款$1,995、預算外收入$29、以前年度應收歲入款$1,000。

⑹上項收到之各項款項予以解繳代理公庫銀行。

⑺將上年度結轉之待納庫款全數繳庫。

⑻以前年度應收歲入款$990催收無望，奉核註銷。

⑼收到預收款$399、存入保證金$1,195。

試作：（20分）

㈠根據上述資料作：

　1.歲入類單位會計之年初開帳分錄。

　2.將90年1月份相關會計事項作成歲入類單位會計之分錄。

㈡將上述分錄予以過帳，並編歲入類單位會計90年1月31日之試算表。

三、某縣地方政府除成立普通基金外，另成立資本計畫基金及債務基金等政務基金。資本計畫基金之資金來源，除普通基金之撥充資金外，主要是發行公債收入，資金運用主要是購建資本財支出。債務基金負責債務之還本付息。另成立長期性資產及長期性負債帳組等純會計個體。

假定民國九十年度資本計畫基金發行公債$50,000,000、購置房屋$40,000,000。九十一年度一次償還公債本金$10,000,000，利息$4,000,000。

試作：（20分）

㈠九十年度發行公債之相關基金及帳組分錄。

㈡九十年度支付房屋價款之相關基金及帳組分錄。

㈢九十一年度償還公債本息之相關基金及帳組分錄。

（均應註明基金或帳組名稱）

四、試採政務基金及其相關帳組會計與營業基金會計方法，分別列示下列交易應有之會計分錄。
（20分）

（一）90年度收入預算數為$5,000,000，支出預算數為$4,000,000。

（二）支付員工薪資$1,000,000。

（三）訂購交通設備$2,000,000。

（四）上項交通設備驗收付款。

（五）發行長期債券$3,000,000，如數收現。

（請按照下列格式作答）

　　　政務基金會計　　　相關帳組　　　營業基金會計

五、試釋下列名詞：（20分）

（一）代理基金

（二）應計現有員工退休金之精算現值——員工捐助

（三）歲入納庫數

（四）歲入收入數

（五）應納庫款

九十年公務人員高等考試三級考試第二試試題

科別：會計審計

科目：政府會計

考試時間：二小時

一、簡答題：（每小題7分，共35分）

(一)某政府歷年為期總預算收支平衡，所實際舉借長期負債截止民國89年12月31日之餘額，為$2,000億元，該政府同一時點之財產帳類會計所列財產價值淨額，為$50,000億元，奉核定法定債務限額比率，為財產價值淨額之5%。

試計算此政府民國89年12月31日之債務邊際？

(二)某政府設置公務人員退休基金，於公元2000年12月31日結帳前平衡表顯示基金餘額各科目餘額如下：

應付退休金之精算現值──當期退休及受益者	$11,200
應付退休金之精算現值──離職者	3,800
應計現有員工退休金之精算現值──員工捐助	33,600
應計現有員工退休金之精算現值──雇主資助	11,400
應計退休金未提基金之精算現值──基金餘額	(5,000)
基金餘額合計	$55,000

公元2001年度公務人員退休基金之營運收入$16,800，營運支出$800。

公元2001年度基金餘額各科目應有餘額如下：

應付退休金之精算現值──當期退休及受益者	$14,000
應付退休金之精算現值──離職者	4,750
應計現有員工退休金之精算現值──員工捐助	42,000
應計現有員工退休金之精算現值──雇主資助	14,250

試作：

1. 2001年度終了結束營運收　入與營運支出帳戶之分錄。

2. 營運淨利結轉相當基金餘額帳戶之分錄。

(三)假設××稅捐稽徵處於民國89年12月31日結帳前徵課會計平衡表如下：

××稅捐稽徵處

徵課會計平衡表

資力及資產		負擔及負債	
稅款結存	$　1,500	代收稅款	$　500
應收查定稅款	1,500	徵課收入數	15,000
徵課納庫數	12,500		
	$125,100		$88,870

試作：根據上述徵課會計平衡表資料，作成××稅捐稽徵處歲入類單位會計之統制分錄。

㈣試述「年度總會計支出實現決算數與公庫實支數差額解釋表」中之總會計「支出付現決算數」與「公庫實支數」兩欄數據可能差異之原因為何？

㈤民國八十五年度以前，臺灣省地方政府與臺北市地方政府，均將為期總預算收支平衡所舉借長期負債列入其總會計平衡表之負債科目中。試問兩政府之處理方式，是否合法？兩政府總會計平衡表所列應付債款相對應之借方科目，各為何？

二、某主管機關於民國九十年度奉核列其所轄公營事業機構釋股之歲入預算數$1,000,000，年度結束時，尚未釋股成功。

試作：（15分）

㈠根據現行預算法規定，說明此案例得否辦理歲入預算保留？如可辦理，其要件為何？

㈡如符合歲入預算保留條件，試依照行政院主計處89.8.2臺八十九年處會一字第一二四五三號函增修訂「普通公務單位會計制度之一致規定」，列示此歲入預算數$1,000,000於年度終了確定釋股未成功之分錄，以及奉准歲入預算保留之分錄。（均請指出借貸各科目所屬之科目性質）

㈢試根據現行歲入類單位會計架構及會計學原理，指出上述分錄之妥適性。如不妥適，試問合理的分錄方式及其借貸科目之歸屬應為何？

三、A市地方政府成立債務基金，辦理分期償付債券之債務還本付息事項，其2000年12月31日平衡表如下：

A市地方政府

債務基金平衡表

2000年12月31日　　　　　　單位：元

資　產		基金權益	
現金	$　20	基金餘額	$10,000
投資	9,500		
應收利息	480		
	$10,000		$10,000

2001年度會計事項:

(一)2001年度收入預算數$8,600, 包括:

税課收入　　　　$8,000

投資利息收入　　　$600

　2001年度支出預算數$2,400, 包括:

1月1日應付債券利息　$1,200

7月1日應付債券利息　$1,200

(二)應收稅款$6,500, 預估呆稅$500。

(三)上項應收稅款之二分之一, 如數收現。

(四)認列2001年1月1日應付債券利息$1,200。

(五)應付債券利息現付$1,200。

(六)現付投資有價證券$1,300。

(七)收到2000年12月31日之應收投資利息。如數再投資。

(八)收到應收稅款$2,750。

(九)現付2001年7月1日應付債券利息。

(十)現收投資利息$450, 另加現金$1,550, 全數投資有價證券。

(十一)年終應收未收投資利息$500。

(十二)應收稅款──本年度未收現部分及相關備抵科目應轉入逾期帳戶。

試編製2001年12月31日結帳後平衡表。(15分)

提示: 分錄(包括結帳分錄)可直接過入T字帳。

四、假定我國某地方政府民國89年11月30日總會計平衡表各科目餘額如下:

借方科目	借方餘額
公庫結存	$ 501,795
各機關結存	46,125
應收歲入款	160,500
有價證券	10,050
材料	1,740
暫付款	408,315
歲入預算數	303,090
歲入分配數	3,333,945
(減)歲入收入數	(3,308,115)
公債收入預算數	250,500
(減)公債收入	(150,000)
移用以前年度歲計賸餘預算數	180,390
特別預算會計往來	1,353,000
	$3,091,335

貸方科目	貸方餘額
應付保管款	$　56,400
暫收款	2,400
應付歲出款	69,600
特別決算會計往來	9,000
歲出預算數	322,335
歲出分配數	3,545,625
（減）經費支出數	(2,481,930)
歲出保留數	(345,000)
債務還本支出預算數	199,965
歲出保留數準備	345,000
收支調度數	230,925
歲計餘絀	(230,925)
累計餘絀	1,367,940
	$3,091,335

㈠融資調度相關資料:

⑴核定89年12月份債務還本計畫數$199,965。

㈡此一地方政府主計機構，根據所轄單位預算會計之89年12月份會計報告，經分析整理後，得出下列資料:

1.根據歲入類單位會計平衡表彙總科目變動表及歲入類單位會計現金出納表彙總資料，分析出各科目之月份借貸發生數如下:

⑵「歲入分配數」及「歲入預算數」分別同額增、減$303,090。

⑶「存入保證金」增加$150。

⑷「暫收款」減少$1,200。

⑸「歲入收入數」增加$299,350，「歲入納庫數」增加$225,000。

⑹「應收歲入款」減少$36,300。

⑺「應納庫款」減少$9,150。

⑻「退還以前年度歲入款」增加$300。

⑼「待納庫款」減少$1,200。

2.根據歲出類單位會計平衡表彙總科目變動表及歲出類單位會計現金出納表彙總資料，分析出各科目之月份借貸發生數如下:

⑽「歲出分配數」與「歲出預算數」分別同額增、減$316,335。

⑾「應付保管款」減少$34,600。

⑿「應付歲出款」減少$63,150。

⒀「材料」與「經費賸餘──材料部分」同額減少$60。

⒁「暫付款」減少$188,100。

⒂「經費支出」增加$620,460。

⒃「歲出保留數」與「歲出保留數準備」同額增加$165,000。

㈢接公庫報告未據單位預算會計或特別預算會計報告之資料：

⒄收到總會計發行公債收入款$90,000。

⒅支付總會計債務還本支出款$199,965。

⒆收到特別預算會計歲入款$750,000。

㈣其他資料：

⒇「移用以前年度歲計賸餘預算數」為$180,390，本年度共移用$34,890，餘未移用。

試作：

　1.根據上述⑴～⒇之資料作89年12月份總會計之統制分錄。（20分）

　2.作89年年終結帳分錄。（3分）

　3.求計89年12月31日總會計結帳後平衡表下列各科目之餘額。（12分）

　　⑴公庫結存。

　　⑵各機關結存。

　　⑶應付保管款。

　　⑷收支調度數。

　　⑸歲計餘絀。

　　⑹累計餘絀。

九十年公務人員普通考試第二試試題

科別：會計審計

科目：政府會計概要

考試時間：一小時三十分

一、選擇題：（每小題2分，共20分）

1. 我國中央政府發行之公債與國庫券之會計處理方式為：
   (A)公債與國庫券均為中央政府總會計之負債
   (B)公債係中央政府總會計之收入、國庫券係中央政府總會計之負債
   (C)公債係中央政府之負債、國庫券係財政部之負債
   (D)公債係中央銀行之負債、國庫券係財政部之負債

2. 下列何者係特賦基金之特質？
   (A)長期性負債不列入基金平衡表，而長期性資產係列入基金平衡表中
   (B)遞延收入係特賦基金之主要收入科目
   (C)特賦基金結束前基金餘額科目通常係負值
   (D)特賦基金與資本計畫基金性質係完全相同

3. 下列那一組科目應列入營業基金平衡表中？

	支出保留數準備	應付債券	保留盈餘
(A)	否	否	是
(B)	是	是	否
(C)	否	否	否
(D)	否	是	是

4. 有關「應計現有員工退休金之精算現值」，下列敘述何者正確？
   (A)「應計現有員工退休金之精算現值」係公務人員退休基金之負債科目
   (B)「應計現有員工退休金之精算現值」係公務人員退休基金之支出科目
   (C)「應計現有員工退休金之精算現值」係公務人員退休基金之基金餘額科目
   (D)「應計現有員工退休金之精算現值」係公務人員退休基金之隱藏性負債科目

5. 下列敘述何者正確？
   (A)公務會計係公務機關會計之法定名稱
   (B)普通基金與總會計係同義詞
   (C)長期性債務帳類會計係總預算會計之一部分
   (D)長期性負債應列為總會計平衡表之負債

6. 我國現行徵課會計，下列敘述何者正確？

　　(A)徵課機關之會計稱為徵課會計

　　(B)徵課會計之會計制度核定之權責機關係財政部

　　(C)「稅捐徵起數」係徵課會計之徵課類會計科目

　　(D)徵課會計係歲入類單位會計之上游會計

7. 「存放代庫銀行」係國庫代庫會計總庫之資產科目，下列敘述何者正確？

　　(A)「存放代庫銀行」係中央銀行之資產科目

　　(B)「存放代庫銀行」係財政部國庫署之資產科目

　　(C)「存放代庫銀行」係財政部之資產科目

　　(D)「存放代庫銀行」係國庫之資產科目

8. 有關會計基礎，下列敘述何者正確？

　　(A)商業會計之會計基礎與政府會計之會計基礎均為權責發生制

　　(B)商業會計之會計基礎係採收支衡量焦點，政府會計之會計基礎係採餘絀衡量焦點

　　(C)政務基金會計與業權基金會計均為政府會計範圍，故其會計基礎均採權責發生制

　　(D)商業會計與我國政府營業基金會計之會計基礎均採應計基礎，政務基金會計之會計基
　　　礎係採收支餘絀衡量焦點之權責發生制

9. 下列何一會計個體所編製之報表係屬非財務之會計報表？

　　(A)長期債務帳類會計之會計報表

　　(B)歲出類單位會計之會計報表

　　(C)總會計

　　(D)債務基金

10. 下列何一會計個體之會計科目無餘絀類科目之設置？

　　(A)歲出類單位會計

　　(B)總會計

　　(C)特別預算會計

　　(D)歲入類單位會計

二、簡答題：(30分)

　(一)試問歲入類單位會計有無餘絀科目？請列舉說明之。

　(二)試指出「歲出類單位會計」結帳後平衡表，「保留庫款」及「暫付款」兩科目之貸方相對
　　　應科目名稱為何？

　(三)下表係行政院主計處於民國八十八年七月三十一日以臺八十八處會字第○七○○三號函
　　　知審計部、財政部、省（市）政府、縣（市）政府等機關，有關中央總會計——融資調
　　　度平衡表格式：

中央總會計

融資調度平衡表

年　　月　　日　　　　　單位：新臺幣元

科　目	借方金額		科　目	貸方金額	
	小　計	合　計		小　計	合　計
國庫結存			債務還本預算數		
公債收入預算數			債務還本核定數		
（減）公債收入			（減）債務還本		
賒借收入預算數			應付債務還本數		
（減）賒借收入			應付債款		
應收公債收入			應付借款		
應收賒借收入					

試作：

　　1.評述上述融資調度平衡表格式。

　　2.提出您認為較為妥適之融資調度平衡表格式。

三、某地方政府民國89年12月31日總會計結帳後平衡表如下：

××地方政府

總會計平衡表（結帳後）

民國89年12月31日　　　　　單位：元

資　產		負　債	
公庫結存	$2,000	應付代收款	$ 200
各機關結存	1,200	應付保管款	1,000
應收歲入款	150	應付歲出款	700
應收剔除經費	80	負債合計	$1,900
材料	800	餘　絀	
暫付款	300	收支調度數	$1,000
		歲計餘絀	(1,000)
		累計餘絀	2,630
		餘絀合計	$2,630
資產合計	$4,530	負債及餘絀合計	$4,530

㈠民國90年度法定總預算資料如下：

　　(1)歲入預算數　　　　$12,000

　　(2)歲出預算數　　　　15,000

　　(3)公債收入預算數　　　　　4,000

　　(4)債務還本支出預算數　　　1,000

　㈡根據所轄各單位預算會計之90年1月份會計月報資料所推計出之各科目月份借貸發生數
　　如下：

　　(5)「歲入分配數」與「歲入預算數」同額增、減$900

　　(6)「存入保證金」增加數$100

　　(7)「歲入收入數」增加數$1,000、「歲入納庫款」增加數$900

　　(8)「應納庫款」減少數$150

　　(9)「歲出分配數」與「歲出預算數」同額增、減$1,200

　　⑽「應付保管款」減少數$500

　　⑾「應收剔除經費」減少數$60

　　⑿「經費賸餘──材料部分」減少數$700

　　⒀「經費支出」增加數$800

　　⒁「暫付款」減少數$200

　　⒂「應付代收款」增加數$300

試作：

　1.將上述(1)～⒂之事項作90年1月份總會計之統制分錄。(15分)

　2.求計90年1月31日總會計平衡表下列各科目餘額：

　　(1)公庫結存（5分）

　　(2)各機關結存（5分）

　　(3)歲入預算數（1分）

　　(4)應付保管款（1分）

　　(5)歲出預算數（1分）

　　(6)收支調度數（1分）

　　(7)歲計餘絀（1分）

四、我國某中央機關歲入類單位會計民國89年12月31日結帳前試算表如下：

××機關歲入類單位會計

結帳前試算表

民國89年12月31日　　　　　單位：元

會計科目	借方餘額	貸方餘額
歲入結存	$52,440	
有價證券	400	
暫收款		$39,840
存入保證金		4,400

歲入預算數	3,980,000	
歲入分配數	55,720,200	
歲入納庫數	46,938,580	
歲入收入數		46,947,180
預計納庫數		59,700,200
	$106,691,620	$106,691,620

年終應行調整事項如下：

㈠年度終了查明應收歲入款$7,791,000。

㈡年度終了歲入預算奉准保留數$2,000,000。

試作：（20分）

1. 歲入類單位會計89年度年終調整分錄。

2. 歲入類單位會計89年度年終結帳分錄。

3. 編製89年度年終歲入類單位會計結帳後平衡表。

九十年第二次國軍上校以上軍官外職停役轉任公務人員檢覈筆試試題

職系：會計審計
科目：政府會計
考試時間：二小時

一、某一地方政府根據民國90年1月份歲入類單位會計平衡表彙總科目變動表及歲入類單位會計現金出納表彙總資料，分析出各科目之1月份借貸發生數如下述：

　　1.存入保證金增加數$760、減少數$570。

　　2.暫收款增加數$1,900、減少數$570。

　　3.應納庫款減少$1,020。

　　4.歲入收入數$28,580、歲入納庫數增加$34,000。

　　5.歲入分配數及歲入預算數分別同額增、減$40,412。

　　試根據上述資料作成總會計之統制分錄。（20分）

二、㈠試根據行政院主計處89.8.2修正公布之普通公務單位會計制度之一致規定（單位預算會計之會計制度一致規定），回答下列問題：（10分）

　　⑴未實現收入係屬何性質之科目。

　　⑵查明當年度未實現收入$1,000,000之歲入類單位會計分錄。

　　⑶上項未實現收入$1,000,000奉核保留之歲入類單位會計分錄。

　　㈡上項行政院主計處之規定是否妥適？請提出您認為正確之答案。（10分）

三、試簡答下列問題：（24分）

　　㈠行政院主計處最近將每月月底簽發訂單、簽定契約及其他之承諾等，應為之預算控留分錄，予以刪除，試評述之。

　　㈡行政院主計處擬訂定普通基金會計制度乙種，而仍維持現行總會計制度。試問此兩制度關係何在？並評述有無另定普通基金會計制度之必要？

　　㈢試述政務基金會計與長期性資產帳組、長期性負債帳組之關係？

　　㈣債務基金，究應編單位預算或附屬單位預算，試問在何種情形下可編附屬單位預算？如編附屬單位預算，債務舉借究應列帳為收入或負債，試評述之。

四、試以系統圖方式說明我國各級政府預算會計體系。（16分）

五、假定中央政府民國90年度融資調度相關會計事項如下：

　　1.法定預算數：

　　　⑴公債收入預算數　　　　　　$4,000,000

　　　⑵賒借收入預算數　　　　　　$1,500,000

(3)債務還本預算數　　　　　　　$1,400,000

(4)移用以前年度歲計賸餘預算數　$　500,000

2.根據國庫收支報告，得悉下列資料：

(1)收到公債收入　　　　　　　$2,000,000

(2)收到賒借收入　　　　　　　$1,000,000

(3)支付債務還本款　　　　　　$1,400,000

3.年度結束時：

(1)未發行公債預算$2,000,000全數奉核留待下年度執行。

(2)未賒借之賒借預算數$500,000放棄執行。

(3)年度結束移用以前年度歲計賸餘預算數全數移用。

試問：（20分）

㈠根據民國八十八年七月三十一日行政院主計處臺八十八處會字第〇七〇〇三號函規定，作下列有關總會計融資調度相關會計分錄：

(1)年度法定預算成立時，有關融資調度之總會計分錄。

(2)總會計收到國庫收支報告之分錄。

(3)年度結束時：

A.公債預算保留之分錄。

B.賒借預算放棄執行部分之總會計分錄。

C.移用以前年度歲計賸餘預算之總會計分錄。

D.結帳分錄。

㈡第㈠項依據行政院主計處規定之分錄是否妥適？有無改進之處？試提出您的看法。

九十年中央暨地方機關公務人員升官等考試試題

等別： 薦任升官等考試
科別： 會計審計
科目： 政府會計
考試時間： 二小時

一、試說明我國各級政府總預算會計、單位預算會計、附屬單位會計與基金等意義並繪圖說明其內容及相互之關連性。（20分）

二、我國中央政府現已成立債務基金並編列附屬單位預算，假定某年度發生下列會計事項：

　1. 發行公債$1,000,000，如數收現。

　2. 償付以前年度公債本金款$1,000,000，如數付現。

試作：（15分）

⑴根據現行預算法規定，說明公債舉借究為歲入或收入？

⑵將上述債務基金之會計事項作成附屬單位會計應有之會計分錄。

⑶試問債務基金所籌借之應付公債餘額應於附屬單位會計之何一報表表達？

三、某一地方政府除編列「總預算」外、另編列一「特別預算」，特別預算分由兩個機關辦理，每一機關除設「總預算會計」下之單位預算會計外，另設特別預算會計下之歲入類及歲出類單位會計。此一「特別預算會計」係由該政府之主計機關兼辦。某年度該政府有關特別預算體系下之相關會計事項如下：

　1. 特別預算執行機關：

　　歲入收入數$1,000,000，全數納庫。

　2. 特別預算執行機關：

　　經費支出$500,000，全數向庫領取。

試作：（15分）

根據上項會計事項作：

⑴「特別預算」體系下之歲入類單位會計及歲出類單位會計之會計分錄。

⑵「特別預算會計」應有之統制會計分錄。

⑶「總會計」應有之統制會計分錄。

四、下列係某政府總會計2001年度相關會計資料：

　㈠法定總預算：

1. 歲入	$484,000
2. 歲出	$514,000
3. 公債舉借	$ 32,000

4. 公債償還　　　　　　　$　2,000

(二)公庫報告:

1. 收到公債收入款　　$ 22,000

2. 支付公債還本款　　$　1,000

(三)根據各歲入類單位會計平衡表彙總科目變動表及歲入類單位會計現金出納表彙總資料,

分析出各科目之1月份借貸發生數如下:

1. 「存入保證金」減少$60

2. 「暫收款」增加$40

3. 「應納庫款」減少$500

4. 「歲入收入數」增加$28,000

5. 「歲入納庫數」增加$27,000

(四)根據歲出類單位會計平衡表彙總科目變動表及歲出類單位會計現金出納表彙總資料, 分

析出各科目之1月份借貸發生數如下:

1. 「應付代收款」增加$800

2. 「應付歲出款」增加$65

3. 「歲出分配數」增加$210

4. 「經費支出」增加$900

5. 「押金」增加$20

試作: (20分)

根據上述資料為某政府作2001年1月份之總會計統制分錄。

五、下列係某參加集中支付制度機關單位預算會計, 90年度1月份發生之會計事項:

(1)年度法定歲出預算數$19,000,000。

(2)奉核一月份歲出分配預算數$1,200,000。

(3)訂購小汽車乙輛$500,000。

(4)支付員工薪津$200,000, 代扣所得稅6%。

(5)第(3)項訂購之小汽車驗收並開具付款憑單$490,000。

(6)奉核定動支第二預備金$950,000、第一預備金$190,000。

(7)奉核並支付員工生育補助費$95,000。

(8)支付員工國外出差旅費$1,140,000。

(9)支領零用金$10,000。

(10)支付電話押金$2,000。

試作:

1. 作歲出類單位會計及相關財產帳類會計民國90年度1月份之會計分錄。 (20分)

2. 編製歲出類單位會計90年1月底平衡表。 (10分)

九十年中央暨地方機關公務人員升官等考試試題

等別: 簡任升官等考試

科別: 會計審計

科目: 政府會計

考試時間: 二小時

一、長期性資產及長期性負債不列為政務基金平衡表之資產、負債中，係政府會計中政務基金
　　會計之基本特質。惟近來，若干學者主張應比照商業會計原則，將長期性資產及負債均列
　　入基金平衡表；甚而，強調澳洲、紐西蘭、美國均已將長期性資產及負債列入政務基金之
　　基金平衡表中表達。

　　試問: (每小題5分，共20分)

　　㈠澳、紐、美國等是否均已將長期性資產及負債列入政務基金之基金平衡表中?

　　㈡請就政務基金會計特質及政務基金財務決策目標，說明政務基金會計之長期帳項分開原
　　　則是否應予以維持?

　　㈢我國現行會計法對長期帳項分開原則如何規定?

　　㈣我國中央政府現行總會計實務，將長期負債列為平衡表之負債，而長期性資產不列為平
　　　衡表之資產，試問其是否合法、合理? 改進之道為何?

二、紐約市地方政府「分期償付債券債務基金」2000年12月31日會計年度終了日之平衡表列示
　　如下:

紐約市地方政府

分期償付債券債務基金

2000年12月31日　　　　　　　　　單位: 元

資　產		基金權益	
現金	$　9,000	基金餘額	$5,270,000
投資	5,000,000		
應收利息	261,000		
總　計	$5,270,000	總　計	$5,270,000

2001年度紐約市地方政府相關會計事項彙總如下:

㈠法定收入預算$3,800,000 (包括稅課收入$3,300,000、投資利息$500,000); 法定支出預算
　$2,000,000 (包括1月1日及7月1日債券利息各$100,000)。

㈡發出財產稅單計$3,400,000、預估呆稅$100,000。

㈢現收財產稅款$1,700,000。

㈣認列2001年1月1日應付債券利息。

㈤現付上項應付債券利息。

㈥現購有價證券$700,000。

㈦2000年12月31日表列應收利息如數收現，並如數投資購買有價證券。

㈧現收財產稅款$1,600,000。

㈨認列2001年7月1日應付債券利息。

㈩現付上項應付債券利息。

㈪現收投資利息收入$250,000。

㈫現購有價證券$849,000。

㈬年終應收利息為$300,000。

試作：

　1.分期償付債券債務基金2001年度之平時分錄。（13分）

　2.2001年度年終結帳分錄。（2分）

　3.2001年12月31日分期償付債券債務基金平衡表。（5分）

三、我國行政院函送立法院審議之會計法修正草案之第五條第一項第二款稱：「普通基金之會計
　　事務：謂普通基金管理機關辦理之會計事務，……。」；第二十一條第一項稱：「中央總會計
　　制度普通基金會計制度之設計及核定，由中央主計機關為之。」

　　如立法院審議會計法修正草案，有關普通基金會計制度部分均照行政院版本通過並經總統
　　公布生效。

　　試回答下列問題：（每小題5分，共20分）

　　㈠中央政府普通基金之管理機關為何？

　　㈡編列單位預算之中央政府各機關或基金，其會計究為單位預算會計或普通基金會計？

　　㈢中央政府總會計與中央政府普通基金會計所涵蓋之內容是否相同？如相同；何以設兩個
　　　個體？如不相同；請指出其差異何在？

　　㈣中央政府普通基金會計究應由何一機關辦理？其會計資料之來源又如何？

四、簡答題：（每小題5分，共20分）

　　㈠試區別會計報告與財務報告？

　　㈡何謂單位預算會計（法律上稱單位會計），共分幾個會計個體？

　　㈢總會計統制分錄前之準備工作為何？

　　㈣何種會計個體其平衡表僅設資產與負債兩類科目，試舉二種？

五、假定某一政府主計機關（機構），某月份根據各歲出類單位會計之彙總會計報告，推計出相
　　關會計科目之借貸發生數如下：

㈠「押金」增加$50,000、「經費賸餘──押金部分」減少$50,000。

㈡「經費支出」增加$1,000,000。

㈢「暫付款」減少$100,000。

㈣「應付保管款」減少$30,000。

㈤「應付歲出款」減少$80,000。

試作：

1.作成該政府總會計應有之統制分錄。（15分）

2.歲出保留數準備究係為負債或淨值科目。（5分）

九十年專門職業及技術人員高等考試 律師、民間之公證人會計師、社會工作師 考試試題

類科： 會計師

科目： 高等會計學（政府會計及非營利事業會計部分）

四、中華會計人員協會為一會計界人士所組織之民間非營利機構，設立之主要目的為提昇會計之發展及培育優秀會計人才。該協會經常舉辦會計學術及實務研討會，並定期頒發會計系清寒優秀學生獎學金，其主要收入來源為會員之會費收入及捐贈收入。為清楚表達協會之財務狀況及營運成果，該協會擬依據美國財務會計準則第116號公報（捐贈之會計處理）及117號公報（非營利機構之財務報表）之規定，處理其會計事務及編製財務報表，並將其淨資產分為永久性限制用途(permanently restricted netassets)、暫時性限制用途(temporarily re-stricted net assets)及無限制用途(unrestricted net assets)三類。試為該協會本年度下列交易作必要之分錄，請於適當科目後註明所屬淨資產之類別，未註明者不予計分：（5分）

(1)收到現金捐款$230,000，其中$50,000業經捐贈者指定作為清寒優秀學生獎學金。

(2)數位會計師同意無條件捐贈$500,000，作為舉辦學術研討會之用。

(3)收到捐贈台積電股票一筆，面額共計$1,000,000，市價為$8,000,000，捐贈人指定該筆捐款只能支用股息，不能動用本金。

(4)收到現金$1,300,000，捐贈人指定該筆捐款必須用於出版具水準之會計學術期刊，若協會無法在六個月內出版第一期，該款必須退回捐贈人。協會於接到款項後開始進行期刊之徵稿及發行事宜。

(5)自會員收到年度會費，共計現金$800,000。

五、假定我國某一地方政府係於民國90年度新成立，其民國90年度總會計相關資料如下：

(一)民國90年度法定總預算：

總預算收入		$756,000
歲入	$606,000	
公債收入	118,000	
賒借收入	32,000	
總預算支出		756,000
歲出	756,000	

(二)民國90年1月31日各歲入類單位會計平衡表彙總：

××地方政府

各歲入類單位會計平衡表彙總

民國90年1月31日　　　　　　單位：元

資力及資產		負擔及負債	
歲入結存	$　　390	存入保證金	$　　210
應收歲入款	16,440	預收款	180
歲入預算數	500,000	預計納庫數	606,000
歲入分配數	106,000	歲入收入數	104,272
歲入納庫數	87,832		
合　計	$710,662	合　計	$710,662

㈢民國90年1月31日各歲出類單位會計平衡表彙總：

××地方政府

各歲出類單位會計平衡表彙總

民國90年1月31日　　　　　　單位：元

資力及資產		負擔及負債	
專戶存款	$　1,995	應付保管款	$　1,995
可支庫款	2,856	應付歲出款	1,000
押金	144	歲出保留數準備	200
暫付款	3,000	歲出預算數	650,000
歲出保留數	200	歲出分配數	106,000
預計支用數	650,000		
經費支出	101,000		
合　計	$759,195	合　計	$759,195

㈣民國90年1月份各歲入類單位會計現金出納表彙總：

××地方政府

各歲入類單位會計平衡表彙總

民國90年1月31日　　　　　單位：元

科目及摘要	金　額		
	小　計	合　計	總　計
一、收項			
1.本期收入		$88,222	
(1)歲入收入數	$87,832		

(2)存入保證金	210	
(3)預收款	180	
收項總計		$88,222
二、付項		
1.本期支出		$87,832
(1)歲入納庫數	87,832	
2.本期結存		390
(1)歲入結存	390	
付項總計		$88,222

㈤民國90年1月份各歲出類單位會計現金出納表彙總：

××地方政府

各歲出類單位會計平衡表彙總

民國90年1月31日　　　　單位：元

科目及摘要	金　額		
	小　計	合　計	總　計
一、收項			$107,995
1.本期收入			
(1)預計支用數		$106,000	
(2)應付保管款		1,995	
收入數	2,595		
減：發還數	(600)		
收項總計			$107,995
二、付項			
1.本期支出			$103,144
(1)經費支出		100,000	
(2)押金		144	
支付數	144		
(3)暫付款		3,000	
支付數	3,000		
2.本期結存			4,851
(1)專戶存款		1,995	
(2)可支庫款		2,856	
付項總計			$107,995

(六)民國90年1月份代理公庫報告而未據各單位預算會計報告資料如下：

　　1.收到賒借收入　　　$150,000

試作：

根據上述資料，求計此一地方政府民國90年1月31日總會計之下列各科目餘額：

　　1.公庫結存。（4分）

　　2.各機關結存。（2分）

　　3.應付保管款。（2分）

　　4.收支調度數。（1分）

　　5.歲計餘絀。（1分）

六、簡答題：（每小題各2分，共計10分）

(一)我國中央政府長期以來均將為期年度總預算收支平衡所舉借債務之餘額列為總會計平衡
　　表之負債。

　　試問：

　　1.此種作法合法及合理嗎？如合法又合理請說明理由。

　　2.如不合法請指出所違反之法條內容；如不合理請指出其不合理之緣由？

(二)我國某國立大學校院校務基金發生下列會計事項：

　　1.接受民間捐款$1,000,000指定用於資本支出。

　　2.上述捐款購買電腦設備乙套。

　　試將上述交易作成應有之分錄。

(三)試述政府政務基金與業權基金之會計基礎各如何？又會計法第十七條所稱政府會計之會
　　計基礎係指何類基金？

(四)試述債務基金與長期負債帳組之關係？

(五)總會計統制分錄前之準備工作為何？

乙、測驗題部分：（50分）

(一)本科目測驗式試題為單一選擇題，請就各題選項中選出一個最正確或最適當的答案，複
　　選作答者，該題不予計分。

(二)每題1分，須用2B鉛筆在試卡1～50題劃記，於本試題上作答者不予計分。

　1.至真公司財務困難，無力按約定期日償還積欠至善公司之債務$500,000。今至善公司同意
　　接受至真公司之機器一部以抵償全部債權，此機器之帳面價值$300,000，目前的公平價值
　　為$420,000。試問至真公司帳上應如何處理？

　　(A)應認列處分資產利益$200,000

　　(B)應認列債務整理利益$200,000

　　(C)應認列處分資產利益$80,000及債務整理利益$120,000

　　(D)應認列處分資產利益$120,000及債務整理利益$80,000

2. 日本子公司89年度進貨（年度中平均發生）成本為500,000日幣，期初存貨成本80,000日幣係於日幣之直接匯率為\$0.25時購入，期末存貨100,000日幣則是於89年12月2日購買，存貨係採先進先出法計價。日本子公司之功能性貨幣為新臺幣，89年12月2日、89年12月31日、以及89年平均之日幣與新臺幣的兌換率分別為1日幣＝新臺幣\$0.29、\$0.3及\$0.28。試問89年度轉換後之銷貨成本為何？

(A) \$131,000

(B) \$134,400

(C) \$144,000

(D) \$149,000

28. 臺北總公司誤將應送往宜蘭分公司之商品運往新竹分公司，後再由新竹分公司轉運至宜蘭分公司，其運費金額如下：臺北至新竹\$a，新竹至宜蘭\$b。若該商品直接由總公司運至宜蘭分公司，則只需運費\$c。有關上項交易，總公司所應認列的損失以及宜蘭分公司所應認列的運費成本各為若干？

	總公司	宜蘭分公司
(A)	\$a	\$b
(B)	(a+b)/2	(a+b)/2
(C)	a+b–c	c
(D)	c	a+b–c

29. 某一地方政府根據歲出類單位會計之平衡表彙總科目變動表及歲出類單位會計現金出納表彙總資料表，分析出民國89年12月份「經費賸餘——押金部分」減少\$300、「押金」借方發生數\$200、貸方發生數\$500，下列何一分錄係此政府民國90年9月份總會計應有之統制分錄：

(A)借：經費賸餘——押金部分\$300　　貸：押金\$300

(B)借：押金\$200　　貸：公庫結存\$200　　借：各機關結存\$500　　貸：押金\$500

(C)借：各機關結存\$300　　貸：押金\$300

(D)借：押金\$200　　貸：公庫結存\$200　　借：公庫結存\$500　　貸：押金\$500

30. 下列所述編製期中報表時的存貨計價處理方式，何者正確？

(A)甲公司採後進先出法，其第一季之銷貨成本為\$200,000，此季銷貨動用到基期存貨，但此現象僅為暫時性，公司將會補足此批基期存貨；而由於期中期間為一獨立之期間，故在該季期中報表中仍以\$200,000為其銷貨成本。

(B)乙公司採成本與市價孰低法，第三季期末存貨成本為\$30,000，其市價下跌至\$25,000，由於市價之下跌僅為暫時，因此期中報表中仍以\$30,000入帳而不認列存貨跌價損失。

(C)丙公司採成本與市價孰低法，第三季期末存貨成本為\$50,000，其市價下跌至\$40,000，且預期為永久性下跌，故於該季認列存貨跌價損失\$10,000；而由於年度結束前市價回

升$15,000，因此於回升當期認列$15,000之存貨回升利益。

(D)丁公司採標準成本制，第一季時預計該季差異至年度結束前亦無法回轉沖銷，但基於期中期間僅是會計年度整體的一部分，故將差異遞延至年底再一併認列。

31. 甲與乙合夥經營某事業，各有資本$200,000，損益分配比例為3：2。今二人同意丙投入現金$300,000加入合夥而取得新合夥資本及損益權益的50%。下列有關丙入夥後之敘述何者正確？

(A)在商譽法下，甲、乙二人之資本帳戶餘額仍各為$200,000

(B)在商譽法下，甲、乙二人之資本帳戶餘額將分別為$260,000及$240,000

(C)在紅利法下，甲、乙二人之資本帳戶餘額將各為$175,000

(D)在紅利法下，甲、乙二人之資本帳戶餘額將分別為$230,000及$220,000

32. 合夥契約中若無約定合夥損益之分配方法時，則在我國及美國如何分配？

(A)皆為平均分配

(B)皆按出資比例分配

(C)我國為平均分配，美國則按出資比例分配

(D)我國按出資比例分配，美國則平均分配

33. 大智公司已進入清算程序，大仁公司持有大智公司開出之票據$300,000及應計利息$20,000，並有大智公司廠房作為擔保，當時廠房之帳面價值為$330,000，而公平市價為$250,000。若大智公司無擔保之一般債權的估計獲償率為60%，則大仁公司可預期獲得償還的金額為多少？

(A)$320,000

(B)$292,000

(C)$280,000

(D)$262,000

34. 當企業面臨下列那一情況時，則被視為是不具清償能力(insolvency)？

(A)總資產小於總負債

(B)流動資產小於流動負債

(C)營運資金(working capital)呈負數

(D)保留盈餘呈負數，即產生累積虧損

35. 某一地方政府根據歲入類單位會計之平衡表彙總科目變動表及歲入類單位會計現金出納表彙總資料表，分析出「待納庫款」民國90年8月份增加$10,000，試問民國90年8月份該政府總會計之統制分錄為下列何項：

(A)借：公庫結存$10,000　　　貸：待納庫款$10,000

(B)借：各機關結存$10,000　　貸：待納庫款$10,000

(C)借：公庫結存$10,000　　　貸：歲入收入數$10,000

(D)借：各機關結存$10,000　　貸：歲入收入數$10,000

36.普通基金開具稅單$1,500,000，預估呆稅2%，試問下列何項係普通基金應有之分錄：

　(A)借：應收稅款$1,500,000　　貸：歲入收入數$1,500,000

　　借：呆帳$1,500,000　　　　貸：備抵呆帳$1,500,000

　(B)借：應收稅款$1,500,000　　貸：歲入收入數$1,470,000　備抵呆帳$30,000

　(C)借：應收稅款$1,500,000　　貸：歲入收入數$1,500,000

　　借：經費支出$30,000　　　　貸：備抵呆帳$30,000

　(D)借：應收稅款$1,500,000　　貸：歲入收入數$1,470,000　呆帳$30,000

37.徵課會計包括內地稅與關稅會計兩類，試問下列何項敘述係屬正確者：

　(A)徵課會計與單位會計係同等位階之會計，兩者均分別列入總會計內

　(B)徵課會計係國稅局與稅捐稽徵處唯一之會計個體

　(C)徵課會計與關稅會計均係特種公務機關唯一之會計個體

　(D)徵課會計係歲入類單位會計之上游會計

38.下列何一會計個體之會計報表係屬財務報表：

　(A)普通基金會計

　(B)長期性資產帳類會計

　(C)長期性負債帳類會計

　(D)公庫支付會計

39.下列何一會計個體平衡表應列報長期性負債、而不列報長期性資產：

　(A)我國中央政府總會計

　(B)特賦基金

　(C)普通基金

　(D)代理基金

40.張三、李四、王五之合夥事業決定進行清算，此時三人資本餘額分別為$90,000、$50,000及$60,000，損益分配比例為5：2：3；於償還負債後若張三共分配到現金$40,000，則試問清算至此，李四與王五分別可分得多少現金？

	李四	王五
(A)	$30,000	$30,000
(B)	$24,000	$36,000
(C)	$20,000	$30,000
(D)	$16,000	$24,000

41.某地方政府資本計畫基金現購房屋乙幢$10,000，下列何項會計處理方式係正確者：

　(A)資本計畫基金：借：房屋$10,000　　貸：現金$10,000

　(B)資本計畫基金：借：支出$10,000　　貸：現金$10,000

　　　　長期性資產帳類：借：房屋及建築物$10,000　貸：長期性資產投資——資本計畫基金$10,000

(C)某地方政府：借：支出$10,000　　貸：資產$10,000

　　　　　　　　借：財產$10,000　　貸：現存財產權利總額$10,000

(D)資本計畫基金：借：支出$10,000　　貸：現金$10,000

　　　　長期性資產帳類：借：房屋$10,000　　貸：長期性資產投資——資本計畫基金$10,000

42.某機關徵課會計平衡表顯示「應收查定稅款」$3,000,000，試問歲入類單位會計之相應分錄為下列何項：

(A)借：應收查定稅款$3,000,000　　貸：徵課收入數$3,000,000

(B)借：應收歲入款$3,000,000　　貸：徵課收入數$3,000,000

(C)借：應收歲入款$3,000,000　　貸：歲入收入數$3,000,000

(D)借：應收稅款$3,000,000　　貸：歲入收入數$3,000,000

43.趙明與錢平組成合夥事業，合夥契約中規定每年給予趙明薪資$10,000後，其餘損益按3：2之比例分配予趙明與錢平。89年度結帳後發現有一筆費用$5,000實為錢平私人之提取，卻誤記為合夥事業之費用，結帳後趙明與錢平之資本帳戶餘額分別為$30,000及$25,000。試問正確之資本帳戶餘額應為若干？

	趙明	錢平
(A)	$33,000	$22,000
(B)	$33,000	$27,000
(C)	$35,000	$20,000

(D)因題目中未告知合夥損益資料，故無法得知

44.「虧絀之彌補」係下列何一會計個體之會計科目：

(A)中央政府總會計之資產科目

(B)臺北市地方政府總會計之資產科目

(C)各縣（市）地方政府總會計之負債科目

(D)各縣（市）地方政府總會計之資產科目

45.我國各級政府總預算執行結果之會計，下列何項係正確者：

(A)政府總預算

(B)政府總預算會計；包括總會計、財產帳類會計與長期債務帳類會計

(C)普通基金會計、財產帳類會計與長期債務帳類會計

(D)總會計與附屬單位會計

46.下述何一會計個體之會計科目，包括資產、負債及餘絀類科目：

(A)歲入類單位會計

(B)財產帳類會計

(C)代理基金會計

(D)歲出類單位會計

47.我國各級政府為應年度總預算收支平衡所發行之公債，以及為應公庫資金調度需要所發行之公庫券，其會計處理方式，下列何項敘述係正確者：

(A)公債與公庫券均為總會計之負債

(B)公債係總會計之負債，公庫券係總會計之收入

(C)公債係總會計之收入，公庫券係總會計之負債

(D)公債與公庫券均為政府之負債，然公債係總會計之負債，公庫券係總會計之收入

48.歲入類單位會計之「存入保證金」，其總會計之相應會計科目為下列何項：

(A)保證金

(B)存入保證金

(C)應付代收款

(D)應付保管款

49.我國國立大學校院校務基金前受贈機器乙臺計$10,000，於民國89年12月31日奉准報廢，報廢時售得現款$500，試問其報廢時之分錄為下列何項：

(A)借：現金$500　備抵折舊——機器$9,500　貸：機器$10,000

(B)借：現金$500　受贈公積$9,500　貸：機器$10,000

(C)借：現金$500　貸：出售資產盈餘$500　借：受贈公積$10,000　貸：機器$10,000

(D)借：現金$10,000　貸：應付捐贈者款項$10,000

50.下列何一會計個體，既係政府會計又係非營利會計：

(A)公私立大學校院校務基金會計

(B)財團法人醫療基金會計

(C)公立大學校友會會計

(D)國立大學校院校務基金會計

九十一年特種考試臺灣省及福建省基層公務人員考試試題

等別：三等考試

科別：會計審計

科目：政府會計

考試時間：二小時

一、何謂中央統籌分配稅款，並請說明設置目的，對地方政府財政收支之影響及其預算編列之方式？（25分）

二、立法院於民國八十九年修正通過決算法第二十八條「立法院應於審核報告送達後一年內完成審議，如未完成，視同審議通過。總決算最終審定數額表，由立法院審議通過後，送交監察院，由監察院咨請總統公告。」此一修正結果，與憲法所定「財政分權」之精神，是否有所牴觸？試申論之。（25分）

三、以下為某實施集中支付機關歲出類會計，元月份所發生之交易事項：

㈠全年度歲出法定預算數$10,000,000。

㈡元月份因分配預算尚未核定，經由國庫先行預撥$500,000。

㈢支付元月份薪津$45,000，並以暫付款先行列帳。

㈣核定元月份歲出分配預算$1,000,000，上述暫付款轉正開支。

㈤支領零用金$50,000，並支付$20,000。

㈥支付計畫經費$80,000。

㈦訂購文具、紙張$8,000，經驗收後並付款。

㈧訂購電腦設備$400,000。

㈨支付以前年度歲出應付款$60,000。

㈩接到審計機關通知剔除上年度決算歲出數$4,000，並予繳庫。

試根據以上事項作必要之分錄。（25分）

四、以下是中央政府普通基金在年度結帳前總分類帳部分帳戶餘額：

歲入預算數	$25,000
歲入分配數	43,370
預定舉債數	30,000
歲出預算數	20,000
歲出分配數	9,800
歲出保留數	1,500
累計賸餘（期初）	900

試據以作成結帳分錄，並求出歲計餘絀與累計餘絀之結數。（25分）

九十一年特種考試臺灣省及福建省基層公務人員考試試題

等別：四等考試
科別：會計審計
科目：政府會計概要
考試時間：一小時三十分

一、解釋名詞：(25分)
　　㈠總預算
　　㈡繼續經費
　　㈢內部審核
　　㈣總預算案之覆議
　　㈤委託審計

二、政府收支劃分為經常門與資本門，試說明其內容及劃分之目的為何？又目前中央政府總預算案之編製，面臨經常收支無法平衡之情勢，應如何因應？請提出五項具體之措施。(25分)

三、某機關1990年度歲入類會計事項如下：(25分)
　　1.本年度歲入預算數$1,200,000，業經全數分配於各月份。
　　2.代理公庫銀行報告，收到本年度歲入款$1,050,000及預算外收入$50,000。
　　3.代理公庫銀行報告，收到以前年度歲入應收款$8,000,及註銷以前年度歲入應收款$2,000。
　　4.本機關零星收入$6,000，並予繳庫。
　　5.代理公庫銀行報告，收到本機關暫收款$5,000，保管款$6,000。
　　6.代理公庫銀行報告，收回本機關以前年度支出$3,000。
　　7.年度終了查明歲入應收款為$50,000。
　　試根據以上事項㈠作成分錄及年終結帳分錄。
　　　　　　　　　　㈡編製結帳後平衡表。

四、某年度中央政府總會計所發生之事項如下，試作應有之會計分錄：(25分)
　　㈠本年度總預算成立計歲入預算數$30,000,000，歲出預算數$35,000,000，公債收入預算數$5,000,000。
　　㈡核定歲入預算分配數$30,000,000，歲出預算分配數$32,000,000。
　　㈢接到各單位機關會計報告共收到歲入$28,000,000，及歲入應收款$1,200,000。
　　㈣接到已實施集中支付機關會計報告：
　　　　1.撥給本年度零用金$500,000，並支付各項經費$420,000。
　　　　2.核定動支第二預備金$600,000。
　　　　3.審計機關審核決算，修正減列歲出款$8,000。
　　㈤接到公庫報告，撥付地方政府之補助款$20,000。

三民大專用書書目——會計・審計・統計

三民大專用書書目——教育

輔導原理與實務　　　　　　劉　焜　輝主編　　文　化　大　學
教育理念的改造與重建　　　李　錫　津　著　　臺北市政府